Der Kommentar

zum bedeutsamen Teil des Vertragsrechts

朱庆育 主编　辛正郁 副主编

Der Kommentar
zum bedeutsamen Teil des Vertragsrechts

合同法评注选

北京大学出版社
PEKING UNIVERSITY PRESS

本书受 南京大学双一流建设经费 资助
北京市天同律师事务所

主　编

朱庆育，法学博士，南京大学法学院教授，博士生导师，南京大学法典评注研究中心主任。曾任教于中国政法大学、浙江大学光华法学院。德国马普外国私法与国际私法研究所访问学者。研究领域为民法学、法学方法论、德国近现代民法史与法律哲学。代表作主要有著作《意思表示解释理论——精神科学视域中的私法推理理论》《民法总论》，论文《法律行为概念疏证》《法典理性与民法总则》《私法自治与民法规范》《〈合同法〉第52条第5项评注》等。

副主编

辛正郁，北京市天同律师事务所高级合伙人，国内主要仲裁机构仲裁员。法学学士（中国政法大学，1994年）、法学硕士（日本九州大学，2002年）。供职最高人民法院期间（1994—2016年），近20篇裁判被遴选为指导案例、年度十大案件、公报案例及精品裁判文书。执笔或负责起草建筑物区分所有权、物权法解释（一）等多部重要司法解释，参加物权法、民法总则等立法工作。

作者及分工

（以姓氏拼音为序）

贺　剑（北京大学法学博士、德国曼海姆大学法学博士，北京大学法学院助理教授）：第54条第1款第2项

贺栩栩（德国慕尼黑大学法学博士，华东政法大学副教授）：第40条后段

纪海龙（德国哥廷根大学法学博士，华东师范大学法学院教授）：第48条

金　晶（德国明斯特大学法学博士，中国政法大学副教授）：第111条

孙维飞（华东政法大学法学博士，华东政法大学副教授）：第42条

王洪亮（中国政法大学法学博士、德国弗莱堡大学法学博士，清华大学法学院教授，博士生导师）：第66条

吴香香（中国政法大学法学博士，中国政法大学副教授）：第142条

肖　俊（意大利罗马第二大学法学博士，上海交通大学凯原法学院副教授）：第84条

徐涤宇（中国社会科学院研究生院法学博士，中南财经政法大学法学院教授，博士生导师）：第80条

杨代雄（吉林大学法学博士，华东政法大学教授，博士生导师）：第14条

杨　芳（中国政法大学法学博士，海南大学法学院副教授）：第49条

姚明斌（清华大学法学博士，华东政法大学副教授）：第114条

叶名怡（中国社会科学院研究生院法学博士，上海财经大学法学院教授，博士生导师）：第122条

翟远见（意大利罗马第二大学法学博士，中国政法大学副教授）：第45条

朱庆育（中国政法大学法学博士，南京大学法学院教授，博士生导师）：第52条第5项

庄加园（德国科隆大学法学博士，上海交通大学凯原法学院副教授）：第79条

民法评注流水账(代序)

朱庆育

一

《法学家》"评注"专栏发表的《合同法》评注作品结集出版在即,出版方嘱我提供一篇序言,记述其事。

苦思旬月,片言未获。

正焦虑间,想起数月之前,因着与正郁之约,曾以与我有关的民法评注过往为线索,草成一篇流水账,其核心内容,即本书所辑评注之前因后果。遂以流水账为底本,略作修订,权充书序。

二

学德语之前,不知评注为何物;去德国之前,不知评注有何用。世事难料,如今十年过去,德语离我越来越远,评注的泥沼却越陷越深,无论怎么拽自己的头发,都出不来。

2009年5月,我结束德国一年访学回国。半吊子德国法的兴奋还没消退,冒冒失失向当时所在的中国政法大学民法研究所建议,集法大民法之力撰写评注。现在想想,当初对评注的功能及写法均无半点体会,既有学说、立法及司法亦远未成熟,所幸没有贸然启动,否则是否有益,还真不敢断言。唯一的遗憾是,当时曾译出一条帕兰特评注供同事参考,如今译文四寻不见,恐怕是佚失了。

就这样,第一次与评注相遇,以 H&G 的方式匆匆打了个照面。等到旧话重提,已在四年之后。

2013年8月,黄卉教授组织第三届德中法律论坛,会议地点在德国柏林自由大学,我有幸忝列其中。会议最后一个环节是关于法典评注的圆桌论坛,可惜因为身体不适,我未能出席恭聆与会高论。不过,在此前后,与黄卉教授、张谷教授及张双根教授几位会议发起人通过邮件数次讨论评注事宜。我的基本看法是,在对民法基本概念作出系统梳理之前,评注不宜先行。

接着又是两年过去。在此期间,我离开求学十年任教十二年的母校中国政法大学,南下转赴浙江大学光华法学院。

2015年12月,在金可可教授与李秀清教授的支持下,第四届德中法律论坛在华东政法大学召开,主题是民法评注。筹备期间,组织者设想,如果提交几篇评注样本,供会议讨论并请德国教授现场指导,应该可收对症下药之效。我受命撰写其中一篇。接到指派后,我以《合同法》第52条第5项为对象,写出一万多字,勉强凑成一篇"简明评注",提交会议。为方便德国教授指导,又特别约请纪海龙教授将全文译为德文。

也许是因为语言障碍,也许再加上对中国法律及法律环境的隔膜,坦率地说,个人感觉,德国教授的指导似乎帮助不大。也正是在这次会议上,我意识到,指望依赖德国或某国教授的指导,让自己学会写作本国评注,几无可能。真正有效的学习,是通过阅读其评注作品,揣摩写法并践行之。

这次会议名为第一期"中德民法评注会议",组织者陈意甚高,气氛则略显悲壮,颇有点誓师大会的意思。会议第一天晚上,黄卉、张谷、张双根、田士永、纪海龙与孙维飞诸教授聚集在我酒店房间,谈论评注前景与工作规划。彼此意见不一,激烈争论持续到第二天凌晨两三点。虽然所有人都高度认可评注的意义,但下一步该怎么走、为评注应该付出什么,争论到最后,仍未能抵挡倦意的袭击。

会议第二天,最后一个环节是"评注的海外经验及本土化"。会议组织者抬爱,环节开始前,临时决定让我也上台续貂谈谈感受。我不知道该说什么,就简单结合前一天晚上的争论,讲了个胡适的故事。胡适很重视自传的史料价值,见人就劝,但收效甚微。屡屡碰壁后,胡适决定拿自己开刀,于是有了《四十自述》。我说,评注已经谈论很多,当然还可以继续谈论下去,但如果认为这是值得为之付出的,与其劝说别人,不如效法胡适,拿自己开刀。

民法评注流水账（代序）

但我其实对评注写作依然心存疑虑。疑虑不仅来自于学术、立法与司法现状，还来自于一个非常重要的外部环境。

在德国，评注是学者最引以为傲的成就之一，无论学术地位多高，均以参与评注撰写为荣，罕有例外，或者说，高质量的评注本就是铸造学术声望的途径之一。不仅德国，荷兰法学家海塞林克告诉我们："对于很多欧洲国家的私法学者而言，最为典型和最能获得学术声名的活动就是为法律（法典）的某一部分撰写评注。"受欧洲法律文化影响的亚洲国家亦是如此。2013年2月，我随王卫国教授到韩国全北大学法学院学术交流。参观法学院图书馆时，东道主特意隆重其事地介绍他们的民法典评注，还不忘强调一句：东亚国家，只有日本和韩国拥有民法典评注。这句话也可以换一种表述：东亚国家，只有中国、朝鲜与蒙古没有民法（典）评注。

中国的学术环境有所不同。

受制于学术评价机制，如果无法发表于C刊，无法转换成评比升等所需的量化成果，无论该项研究有多大意义，也很难期望有多少人愿意为之用心投入，况且评注需要的是团队合作与持久投入，又况且评注写作的难度，至少在初始阶段，比一般的学术论文高出何止一倍。

誓师容易实施难。会议结束后，直觉告诉我，至此为止，评注话题大概又可盖印封存了。直到高圣平教授给我打了一个电话。

三

会议结束不到一个月，圣平电话约我那篇评注稿。我当然乐意之极。交谈中，圣平表示，愿在《法学家》杂志开辟"评注"专栏，每期刊登一到两篇评注文章，希望我来负责组稿。这一提议无异于雪中送炭，山穷水尽的评注一下变得柳暗花明。我虽然对组稿的难度有所预感，但还是应承下来。

这以后的一个多月，我一边修改评注稿，一边物色人选邀请作者。

评注稿修改后纯字数大约三万字，发表在《法学家》2016年第3期。专栏这就算开张了。因为是第一篇，我用脚注稍微作了个简单说明。不过，脚注里提到的"中国民法评注工作小组"其实并不存在，当时自作主张来这么一笔，是幻想着自己是这个神秘小组的一员，也显得背后有组织的支持。

既称专栏,连续性是题中之义。可是,时间仓促,作者明显准备不足。第3期刚开张,第4期马上就要断稿。所幸吴香香教授对于《物权法》第245条有长期积累,亦对评注多有关注,手头又正好有一篇文稿接近完成,于是紧急改写,发表于第4期。燃眉之急暂时纾解。

也只是暂时纾解而已,稿件依然未能续上。

圣平决定,一边完成之前的专题策划,一边等待稿件。2016年第5、第6两期,未再刊登评注文章。在此期间,贺剑教授与王洪亮教授先后赐稿。因为这两篇稿件,"评注"专栏于2017年第1期得以重装上阵,其他作者亦获得较为从容的写作时间。

此后,虽然又出现数次预警,但总算有惊无险,稿源未再中断。

2017年初,黄卉教授曾组织一次法律评注四人谈,问及为《法学家》组稿的一些基本情况。偷一下懒,照录我的回答如下:

> 目前组稿的基本方策,就像刚刚说过的,约请业有专攻的学者评注自己擅长的条文。我约作者或者作者跟我联系的时候,都是请作者自己选择条文。我所做的,只是选择学术能力和治学态度可信赖并且便于合作的作者,请他们自行确定撰写条文及完成时间,然后就是厚着脸皮催稿。剩下的事情,都交给作者自己把握。所有人都是评注新手,还不足以形成固定成熟的写法。我算是先吃了一口螃蟹,又负有组稿之责,所以审稿的时候会针对不同情况提出修改意见。但总的来说,不同作者的评注还是保留了作者自己的规范理解和写作风格。尤其是,我审稿的时候,基本上不会要求作者改变观点,顶多会以假设反驳的形式提请作者完善论证。我想,特别是在前期摸索阶段,如果作者学术能力和治学态度都是可信赖的,在写作方面放开一些,对于积累写作经验也许会有集思广益的效应。同时,一篇一篇用心写就的评注能成规模的话,可以为后续写作提供学习反思文本,从而推动评注写作趋向成熟。当然我这种处理也会有问题,最严重的可能就是,如果作者之间观点相去甚远,会为将来形成一部体系化的统一评注埋下隐患。要真有那么一天,作者恐怕还得再次遴选。
>
> 评注文本以《合同法》为主。这是考虑到《合同法》已施行日久,

民法评注流水账(代序)

学说资料和司法判例相对比较丰富,而且合同法是最有可能超越国界形成统一规则的领域,因而比较法资料用起来也更方便。到现在为止已完成和正在进行的写作计划中,只有一篇是《物权法》的评注文章,那是因为着急用稿,当时又没有合适的《合同法》评注文章可用。

至于作者的构成,不局限于德国背景。许多作者包括有留学经历的作者其实不好简单归入什么背景。就目前约请的情况来看,有留德经历的当然是多数,不过也有部分拥有意大利(罗马法)、法国背景或对英美法熟悉或干脆没有留学经历的作者。随着撰写的深入,作者群还需要慢慢扩大。总的来说,任何有兴趣愿用心投入的同仁都在欢迎之列,不会因为背景问题遭到排斥。我想,德国虽然能提供最具可借鉴性的评注经验,但其他法典法国家乃至英美国家都不乏评注或类评注经验,没必要自我设限。况且,我们应该不想事实上也不可能跟着某国经验亦步亦趋,最终还是要形成我们自己的评注经验与写法。

组稿时,圣平和我的工作模式是,我负责约稿、催稿、审稿,圣平负责安排发表。三年来,圣平给我最大的自由以约请作者,给我最大的信任以控制稿件质量,亦给我最稳定的支持以发表评注作品。彼此合作可称默契而富有成效。

截至 2019 年第 3 期,共有十六名作者在《法学家》评注专栏发表十七篇评注,除一篇《物权法》外,其余均为《合同法》。十六名作者按照发表先后,分别是朱庆育、吴香香(两篇)、贺剑、王洪亮、庄加园、纪海龙、姚明斌、杨芳、孙维飞、肖俊、金晶、杨代雄、翟远见、贺栩栩、徐涤宇与叶名怡。其中,徐涤宇教授尤其让我感动。涤宇担任中南财经政法大学法学院院长,事务繁多,百忙之中仍不忘赐稿一篇,而且甫一出手,便是典范。

包括已排期作品,三年二十篇评注,规模初具,零敲碎打的摸索应该可以告一段落。但如何进入下一阶段,我完全没有概念,直到接到另外一个电话。

四

2019年1月,我入职南京大学法学院。与此同时,院长叶金强教授为我向校方申请设立法典评注研究中心。

3月27日晚上,正郁打来电话,商量为天同律师事务所授课事宜。接通电话的那一刻,彼此应该都没有意识到,接下来的通话,将为评注揭开新的一页。

北京天同律师事务所高级合伙人辛正郁曾任最高人民法院法官二十余年,近二十份裁判入选最高法院公报案例,有丰富的司法解释起草经验,对法律概念与规范适用的准确性有着近乎偏执的讲究。

志趣相投者,三言两语即可同行。电话中,与正郁聊到法律人专业素养及法律人共同体。我告知正郁,南大即将成立法典评注研究中心,想寻求若干合作者,共同推进评注事业。正郁当即表示,评注正是天同的关注重点,有可能的话,希望独家合作。

微信公众号"天同诉讼圈"的"民商辛说"栏目经常第一时间推送《法学家》刊载的评注作品,关注不可谓不密切,不过,在合作问题上,正郁态度如此干脆,还是多少有点出乎我的意料。接下来的合作商谈,顺利得同样出乎我的意料。

4月彼此都忙,也需要时间对合作事宜作一冷静评估,遂约正郁5月从美国回来面叙。

5月13日,我依约到天同北京总部拜会正郁,言犹未尽,又约改日南京再谈。

6月1日,南大法学院院长叶金强教授、书记王丽娟研究员、院长助理杨阳教授与我,拜访天同南京分所,承正郁与天同首席合伙人蒋勇主任、天同创始合伙人暨南京分所王峰主任、合伙人曹文衔博士及天同南京同仁热情接待,宾主尽兴。

6月17日下午,"南京大学法典评注研究基金"签约仪式正式举行。正郁代表天同致辞。致辞的最后,正郁说:"今天我们在这里为中国法律评注播种,相信未来当它长成参天大树的时候,我们在场的各位都可以自豪地说,我见证了这个时刻。"听到这句话,我突然感觉一股豪气充溢胸

民法评注流水账(代序)

腔。随即,是加倍的不安。因为,我又突然想起十几天前正郁的另一句话:"我下半辈子的学术寄托,就在评注上了。"

我会辜负这个时刻吗?

五

十余年的教学生涯里,我总要重复一句话——"通过教义法学,超越教义法学"。个人研究旨趣,其实更心仪"超越教义法学",也经常误以为,自己算是已经"通过"教义法学。但正如贺剑教授一篇开创性文章的标题所示,评注是"法教义学的巅峰"。登上峰顶之前,一切"超越"之论,都是炎炎大话。

黄卉教授在那次四人谈里问我:尽管觉得条件不成熟,为何却在帮助《法学家》组织"评注"专栏?我说:这确实是个矛盾,如果非要解释,也许可以说,"这大概首先是因为评注确实太有意义,同时当然也不排除事功诱惑"。

直到今天,我依然认为,中国法典评注所需条件尚未成熟,或者更准确地说,之前被当作模板的德式评注所需条件尚未成熟。

德式评注的基本功能,在于概览、收集、整合与梳理。与之相应,评注撰写的戒律之一是,尽量避免撰写者的个人评价,尽量淡化批判色彩。这种评注,当然须以立法、学术与司法俱臻成熟为前提。以此为标准,悲观一点说,我们的评注在相当长的时期内,恐怕都看不到条件成熟的希望。

不过,我们对于评注的期待,也许无妨稍作调整:

立法质量不高,也许恰恰可以通过直面实证法条,以技术性解释力求化解其错讹混乱,并为之后修法提供可参考方案。

学术质量不高,也许恰恰可以通过直面法律解释,作真实有效的学术对话,从而推动通说之形成。

裁判质量不高,也许恰恰可以通过直面裁判案例,拆除理论与实务的藩篱,探索裁判质量提升的可行路径。

法律共同体尚未形成,将立法、学术与司法熔于一炉的评注,也许恰恰适于架设交流平台,反促法律人思维相互趋近。

……

语境不同,功能不必一致。当德国学者以描述性评注观念指导中国评注时,也许他们从未想过,二者会有如此的不同。只不过,无论功能如何不同,无法回避的都是,评注有其基本的写法要求,不可逾越。

为《法学家》组稿以来,尤其是《民法总则》颁行后,不时有同仁建议,鉴于目前尚不具备撰写大型评注的能力与条件,不如由简入繁,先行出版简明评注。我思之再三,还是决定"一意孤行",以大型评注为工作目标。其中最重要的一个考虑是,没有经过一招一式的细致拆解,写作者不太可能做到取舍有度,也不太可能做到言简义明,反倒是稍有不慎,简明评注即泯然于众,为当下流行的各类释义书所淹没。

况且,由简入繁难,简明评注的写作经验恐怕难以撑起大型评注。相反,若是具备驾驭大型评注之能力,由繁入简处理简明评注,则游刃有余。《法学家》以体制资源支持大型评注之试验,如此良机,焉有不加善用之理?

毕竟,至少就目前而言,撰写评注的目的,应该不在于出版第一部或第N部名为"评注"的释义书,而以探索评注写法为第一要义。在有能力写作最规范的评注之前,评注的各项功能设定都只是想象。

六

所有的选择都意味着付出代价。

放弃简明评注,代价很可能是,穷极一生都无法完成一部体系性评注。我在作者群里说,目标是慕尼黑评注的规模。但其实我很清楚,这仅仅是美好的愿望而已。

法学研究讲究个性,须团队合作始克完成的项目,屈指可数。评注恰好是这屈指可数之一。很不巧,我也恰好是最不擅长组织团队的那种人。

此前虽然已为《法学家》组稿三年,亦先后邀集四十余位作者参与其中,但迄未形成任何意义上的团队。三年来,我未为作者组织过一次评注会议,与作者的沟通,也以最简约的方式,通过微信、邮件及电话完成,而且绝大多数情况下,沟通仅限于每位作者自己的评注作品,甚至在各类学术会议或其他场合遇见作者,除了偶尔催催稿,几乎不会谈及评注。

如今,虽然成立法典评注研究中心,虽然《法学家》愿意继续支持,并且将来也许还会得到其他期刊的支持,虽然天同慷慨捐资,并许诺协助作者检索案例,但今后的合作能紧密到什么程度,作者愿意为之投入多少时间精力,我依然不敢预判。而评注能走多远,又毫无疑问取决于每一位作者,以及每一位作者的合力。

零敲碎打阶段,每位作者完成自己择定条文即大功告成,既不必考虑其他作者立场观点,甚至亦不必关心所撰条文在规范体系中的坐标与脉络,每篇评注都是一篇独立的"论文"。但如果下一步要进入体系评注阶段,作者之间、法条之间的协调融贯就不可或缺。这意味着,组织评注写作的难度将大大增加,作者时间精力的投入亦将大大增加。一旦作者兴趣转移,停止写作,评注就可能随时陷入停顿。所以,评注尤其是体系评注是否有其未来,我没有任何信心。

不过,我相信功不唐捐。如果真有那么一天,评注无法继续,所留下的,未必仅仅是遗憾。

我相信,所有的付出都会留下印记,或者在纸上,或者在心里。

七

本书系发表于《法学家》2016年第3期至2019年第3期的《合同法》评注作品合集,凡十六篇,取名《合同法评注选》,既是中国法律评注的雏莺新啼,亦是将来体系性《中国民法典评注》的先声。

评注发表时间跨度较大,作品收入本书时,作有不同程度修订,以呼应司法实务、立法以及学术变迁。

本书出版,有赖于北京大学出版社蒋浩副总编辑、杨玉洁编辑与靳振国编辑诸位鼎力支持与悉心制作,特致谢忱。

2019年9月16日

目 录

第 14 条	要约的构成	/ 001
第 40 条后段	格式条款效力审查	/ 025
第 42 条	缔约过失责任	/ 059
第 45 条	附条件合同	/ 082
第 48 条	无权代理	/ 122
第 49 条	表见代理	/ 154
第 52 条第 5 项	违法合同	/ 186
第 54 条第 1 款第 2 项	显失公平合同	/ 223
第 66 条	同时履行抗辩权	/ 261
第 79 条	债权让与	/ 284
第 80 条	债权让与通知	/ 316
第 84 条	债务承担	/ 343
第 111 条	质量不符合约定之违约责任	/ 370
第 114 条	约定违约金	/ 409
第 122 条	责任竞合	/ 446
第 142 条	交付移转风险	/ 481
附　录	法律、司法解释等法律文件简全称对照表	/ 519

第 14 条 要约的构成*

杨代雄

《中华人民共和国合同法》第 **14** 条
要约是希望和他人订立合同的意思表示,该意思表示应当符合下列规定:
(一)内容具体确定;
(二)表明经受要约人承诺,要约人即受该意思表示约束。

细　目

一、规范意旨……1—2
二、要约的构成要件……3—14
三、要约与类似行为的辨析……15—48
　(一)要约与要约邀请……15—30
　　1. 商业广告……16—19
　　2. 寄送商品……20—22
　　3. 商店橱窗里展示商品……23
　　4. 网店商品信息……24—25
　　5. 超市货架上陈列商品……26
　　6. 自动售货机的设置……27
　　7. 公共交通工具的运营……28—29
　　8. 饭店的菜单……30
　(二)要约与情谊关系中的表示……31—36
　(三)要约与君子协议中的表示……37—39

---

* 本文首发于《法学家》2018 年第 4 期(第 177—190 页),原题为《〈合同法〉第 14 条(要约的构成)评注》。

（四）要约与交易意向……40—43

（五）要约与备忘录或草约中的表示……44—48

四、举证责任……49

一、规范意旨

1　　合同是法律行为最重要的类型，实践中大多数法律行为都是合同。合同的订立需要各方当事人作出意思表示，意思表示达成一致的，合同成立。一般而言，缔约当事人作出意思表示的方式是一方发出要约，另一方作出承诺。当然，有时很难区分哪一方的意思表示是要约，哪一方的意思表示是承诺。比如，双方在对其内容已经达成共识的同一份合同书上签章。有学者认为，此时当事人并非以要约与承诺的方式订立合同，所以不适用民法上关于要约与承诺的规定。① 非要区分要约与承诺的话，只能依双方签章的时间顺序予以确定，先签章者发出要约，后签章者作出承诺。如果甲、乙、丙先后在一份合伙合同上签字，则甲发出要约，乙签字一方面是向甲作出承诺，另一方面也是向丙发出要约，丙签字则是同时向甲、乙作出承诺。仅当没有证据证明签章顺序时，才无法区分要约与承诺。因此，要约与承诺依然是订立合同的常规方式。

2　　要约的成立是合同成立的前提。《合同法》第 14 条规定了要约的概念与构成要件，旨在为实践中判断是否成立要约确立法定基准。

二、要约的构成要件

3　　依《合同法》第 14 条之规定，要约是一种意思表示，而依同法第 15 条之规定，要约邀请也是一种意思表示。此处存在一个概念上的误解，要约邀请在性质上并非意思表示，尽管也是一项意愿的表达，但其并无法律约束力，因为当事人显然无意于使自己受约束。《合同法》第 14 条规定要约应具备的两个要件体现的并非作为意思表示的要约邀请与要约之区

---

① 〔德〕维尔纳·弗卢梅：《法律行为论》，迟颖译，法律出版社 2013 年版，第 740 页；王洪亮：《债法总论》，北京大学出版社 2016 年版，第 54 页。

别,毋宁是作为意思表示的要约与不构成意思表示的要约邀请之区别,或者简单地说,是意思表示与其他行为之区别。

作为一种意思表示,要约须符合意思表示的构成要件。在传统民法理论上,一般认为意思表示包括主观要件与客观要件。客观要件即表示。至于主观要件,则众说纷纭。主流学说认为,意思表示主观要件包括:行为意思(Handlungswille)、表示意识(Erklärungsbewußtsein)、效果意思(Geschäftswille)。不过,在当代德国、瑞士、奥地利等国民法学中,通说认为,效果意思并非意思表示不可或缺的构成要件,因为欠缺效果意思并不导致意思表示不成立,仅导致其可撤销。表示意识亦然,虽欠缺表示意识,但如果表意人具有可归责性,仍可以成立意思表示。该意思表示存在错误,表意人可以撤销之。② 如此,则意思表示不可或缺的主观要件仅余行为意思。③ 当然,是否有必要将行为意思视为不可或缺,亦不无疑问。事实上,与表示意识类似,在特殊情形中,即便表意人欠缺行为意思,亦不妨成立一项可撤销的意思表示。意思表示真正不可或缺的构成要件只有客观要件,即具备特定效果意义的表示。此项表示要么与行为意思、表示意识等主观因素相结合构成意思表示,要么与表意人的可归责性相结合构成意思表示。至于归责原则,有学者主张采用过错原则④,有学者则主张采用风险原则⑤。

《合同法》第 14 条规定的两个要约要件并未明确指向意思表示的主观要件。其中"内容具体确定"是指通过意思表示解释可以认定一项表示包含确定的关于合同权利义务关系的具体内容。此项内容就是效果意

---

② 学说争议详见杨代雄:《意思表示中的意思与意义——重新认识意思表示概念》,载《中外法学》2017 年第 1 期。

③ 我国民法学界持表示意识否定说的学者主要有朱庆育(朱庆育:《民法总论》,北京大学出版社 2013 年版,第 194 页)、梁慧星(梁慧星:《民法总论》,法律出版社 2001 年版,第 192 页。梁先生所用的术语是表示意思,其内涵与表示意识略有不同)、邵建东(邵建东:《表示意识是否意思表示的要素》,载梁慧星主编:《民商法论丛》(第 17 卷),金桥文化出版(香港)有限公司 2000 年版,第 354—358 页)。

④ 杨代雄:《意思表示中的意思与意义——重新认识意思表示概念》,载《中外法学》2017 年第 1 期。

⑤ 纪海龙:《走下神坛的"意思"——论意思表示与风险归责》,载《中外法学》2016 年第 3 期。

义,传统民法理论称之为效果意思,但"意思"是表意人视角下纯粹内在的东西,当代民法理论强调受领人视角,只要尽到合理注意的受领人可以从表示中获取指向特定法律效果的意义且该意义可归责于表意人,即成立意思表示。因此,《合同法》第 14 条规定的第一个要件应当解释为:要约必须包含具体确定的效果意义。

6 《合同法》第 14 条规定的第二个要件在传统民法理论中被称为约束意思(Bindungswille),有些学者将其视为一个独立的构成要件⑥,目前大多数学者则将其包含于效果意思之中⑦。相较之下,第二种观点更为可取。完整的效果意思不仅仅包含表意人关于特定法律关系内容的想法,毋宁还包含使该内容(效果)发生法律约束力的决定。欠缺该决定的,意味着表意人的意愿并非终局性的。依受领人视角,只要从外观上看表意人的表示包含了该决定即可。因此,传统民法理论中所谓的约束意思在客观—信赖主义下就是约束意义,它是效果意义的组成部分。是否具备约束意义,是要约与很多其他行为的区别所在。

7 除了《合同法》第 14 条规定的构成要件,我国民法学说还包括若干其他要件。有学者认为,要约须由特定人所为,因为只有如此,受要约人始能承诺并成立合同。⑧ 有学者认为,要约须向相对人发出,仅形成一项内容具体确定的意思,但未向相对人发出的,也不构成要约。⑨ 有学者认为,要约原则上须向特定相对人发出,仅在例外情形下才可以向不特定多数人发出⑩,因为如果相对人不特定,则意味着发出提议的人并未选择真正的相对人,其缔约提议不过是为了唤起他人发出要约,本身并非要约。⑪

---

⑥ Vgl. Rudolf Leonhard, Der Allgemeine Theil des Bürgerlichen Gesetzbuchs, J.Guttentag Verlagsbuchhandlung, Berlin,1900, S.456.

⑦ Vgl. Münchkomm/Kramer, Buch 2, Einleitung, Rn. 30; Staudinger/Bork, Vor §§ 145-156, Rn. 2-3.

⑧ 参见韩世远:《合同法总论》(第 3 版),法律出版社 2011 年,第 77 页;王利明:《合同法》,中国人民大学出版社 2015 年版,第 31 页。

⑨ 参见韩世远:《合同法总论》(第 3 版),法律出版社 2011 年,第 81 页;朱庆育:《民法总论》,北京大学出版社 2016 年版,第 148 页。

⑩ 参见崔建远主编:《合同法》,法律出版社 2016 年版,第 28 页;李永军:《合同法》,中国人民大学出版社 2016 年版,第 41 页。

⑪ 参见王利明:《合同法》,中国人民大学出版社 2015 年版,第 31 页。

有学者认为,要约不但需要向相对人发出,非对话要约还必须送达相对人,此亦为要约构成要件。⑫

结合我国现行法规定与学说,要约的构成要件可以归结为三个:其一,要约是一项表示,这意味着要约必须外部化,不仅仅是停留在心中的想法。至于外部化过程是否基于表意人的行为意思和表示意识,则并非唯一决定性因素。其二,该表示原则上须向特定人作出,例外情形下也可以向不特定多数人作出,此即所谓公众要约。其三,该表示包含特定的效果意义。⑬

第三个要件尤为重要。据此,一方面,表示意义必须指向拟订立合同的必备条款或要素(essentialia negotii);另一方面,表示意义必须指向法律约束力,即"表明经受要约人承诺,要约人即受该意思表示约束"。就第一方面而论,哪些条款属于合同的必备条款,颇有疑问。依《合同法》第12条之规定,合同条款一般包括:当事人的名称或姓名、住所、标的、数量、质量、价款或报酬、履行期限、履行地点、履行方式、违约责任、解决争议的方法。这些条款显然并非全都是合同的必备条款。毋宁说,该条对合同条款的列举仅仅是示范性的。实践中,不能依据一份合同是否完全具备这些条款判断其是否成立。相应的,也不能依据一项表示是否包含这些条款判断其是否构成要约。依最高人民法院《合同法解释(二)》第1条第1款之规定,法院能够确定当事人名称或者姓名、标的和数量的,一般应当认定合同成立。这表明,最高人民法院将当事人名称或者姓名、标的和数量视为合同的必备条款。

至于价款或报酬,最高人民法院并未视之为合同的必备条款。依《合同法解释(二)》第1条第2款之规定,此类条款欠缺的,当事人达不成协议的,人民法院应当依据《合同法》第61条、第62条、第125条等规定予

---

⑫ 参见王利明:《合同法》,中国人民大学出版社2015年版,第32页。
⑬ 欠缺效果意义的典型情形如单位为职工划定无偿停车区域,学校为学生指定无偿停放自行车的区域。单位或学校的此类举动均不包含欲订立一项保管合同或其他合同之意,毋宁只是为了对公用空间进行规划与管理。对于该公共空间,职工或学生基于其与单位或学校的关系本来就可以合理使用,无须另行订立合同。相关判例参见重庆市第五中级人民法院对"彭某某与重庆医科大学保管合同纠纷上诉案"作出的"(2015)渝五中法民终字第00333号"民事判决。

以确定。依《合同法》第 62 条第 2 项之规定,价款或者报酬不明确的,按照订立合同时履行地的市场价格履行,依法应当执行政府定价或者政府指导价的,按照规定履行。有疑问的是,对于那些不必执行政府定价或政府指导价的物品或服务,如何按照市场价格履行。某些物品或服务很难说存在市场价,比如艺术品、古董、宠物、牲畜、二手车、授课、广告代言、演出等。某些物品或服务虽然有市场价,但市场价存在一个波动区间,不同供应商或服务商的价格有所差别,比如建材、布料、耗材等。在双方没有约定的情况下,究竟依市场价格区间的较低价抑或较高价确定合同价款,仍然是个问题。

11　　在德国法上,通说认为,如果双方拟订立的合同是有偿合同,则要约的内容原则上应当包含价款或报酬。⑭《联合国国际货物买卖合同公约》(the United Nations Convention on Contrads for the International Sale of Goods,CISG)第 14 条第 1 款第 2 句也规定要约必须包含价格或者用于确定价格的条款。不过,依该公约第 55 条之规定,在合同已被有效订立的情况下,如果合同未明示或默示地确定价格或者约定据以确定价格的条款,除非有相反证据,否则视为当事人默示地参照了合同订立时相关交易中在类似情况下(under comparable circumstances)此种货物的通常买卖价格。⑮ 这表明,价款对于合同的成立并非不可或缺的内容。欠缺价格条款的,可以参照类似交易中的通常价格。

12　　《国际商事合同通则》(UNIDROIT Principles of International Commercial Contracts)第 5.1.7 条借鉴了《联合国国际货物买卖合同公约》第 55 条之规定,但增加了一句:如果不存在此类通常价格,则依合理价格(a reasonable price)履行。值得注意的是,该通则第 2.1.2 条虽然规定要约的内容必须足够确定,但并未像《联合国国际货物买卖合同公约》第 14 条第 1 款第 2 句那样要求要约必须包含价格或者用于确定价格的条款。依评注,一项表示是否满足要约的确定性要件,不可一概而论。即便是合同的基本条款,比如关于标的物的精确描述、价格条款,也可以悬而未

---

⑭ Vgl. Staudinger/Bork, §145, Rn. 17; Palandt/Ellenberger, Einführung vor §145, Rn. 3; Dieter Medicus, Allgemeiner Teil des BGB,10.Aufl., C.F.Müller, Heidelberg, 2010, S.146.

⑮ 有学者认为,《联合国国际货物买卖合同公约》第 14 条第 1 款第 2 句与第 55 条之间存在规范冲突。参见韩世远:《合同法总论》(第 3 版),法律出版社 2011 年,第 80 页。

决,而且并不必然损害要约的确定性。关键取决于一方发出要约时以及对方作出承诺时是否真的想缔结一份具有约束力的协议,并且,所欠缺的条款可否通过合同解释、合同目的、惯例、双方以往交易实践或者《国际商事合同通则》第 5.1.7 条之类的特别规定予以填补。⑯ 我国《合同法》第 14 条、第 61 条、第 62 条、第 125 条等规定与《联合国国际货物买卖合同公约》以及《国际商事合同通则》的上述规定存在类似之处,在解释上应否参考后者,不无疑问。

实际上,要约内容的确定性与合同内容的完整性并非完全等价的问题。应当区分两种情况:其一,双方当事人未签订合同书,只是先后向对方作出一项表示。如果一方当事人的表示内容中未包含价格或报酬,并且交易的物品或服务不存在市场价,该表示通常不应认定为构成要约,毋宁说仅构成要约邀请。⑰ 虽存在市场价,但市场价有较大波动区间的,也不宜认定未包含价格或报酬的表示构成要约。当然,有时可以通过解释确定价格或报酬。比如,甲向乙商店表示购买某种货物若干,乙商店的惯常做法是顾客购买货物超过一定数量的,依本店批发价结算,否则,依本店零售价结算。此时,乙商店可以合理地将甲的表示理解为愿意依本店当日批发价或零售价购买此种货物,所以,依受领人视角解释,甲的表示内容中包含了价格,该表示理应构成要约。要而言之,如果既不存在政府定价或政府指导价,也不存在统一的市场价,未明确包含价格或报酬条款的表示原则上不应认定为要约,除非可以通过规范性解释确定价格或报酬。此外,如果当事人已经实际履行合同,则视个案情况也可以将当事人欠缺价格或报酬条款的表示认定为要约,并参照市场价(尽管有弹性)确定一个合理的价格或报酬,尤其是租赁、承揽等交易。⑱

其二,双方当事人已经签订合同书,该合同书中未包含价格或报酬条

---

⑯ See Art.2.1.2 UNIDROITPrinciples(2010).

⑰ 在西藏自治区高级人民法院对"王某某与陈某某合同纠纷案"作出的"(2015)藏法民申字第 15 号"民事裁定中,双方当事人口头约定转让一处门面房,但未约定价款,法院认定合同不成立。

⑱ 最高人民法院在对"郑某某与莆田市中医院、莆田市闽中田野汽车贸易有限公司、莆田市志强汽车贸易有限公司建设用地使用权纠纷案"作出的"(2014)民提字第 125 号"民事判决即依同地段租金标准确定土地使用权租赁合同的租金数额。

款。此时,既然双方当事人已经在合同书上进行签章,表明他们确实想缔结一份具备约束力的合同,关于是否订约,双方都已经作出了终局性的决定,因此,认定合同已经成立也未尝不可。即便不存在政府定价、政府指导价或统一的市场价,而且无法通过规范性解释确定价格或报酬,但涉及的是种类物买卖或者个性化特征不强的给付,裁判者也应尽量参考类似交易或考量其他相关情势确定一个合理价格或报酬。当然,如果涉及的是特定物买卖或者个性化特征较强的给付,而且双方当事人所主张的价格、报酬差距甚大,难以确定一个合理价格或报酬,则应认定合同因欠缺合意而不成立。

三、要约与类似行为的辨析

(一)要约与要约邀请

15 要约邀请也是一项意愿表达,但与要约不同,要约邀请并非意思表示,因为从受领人视角看,其欠缺作为效果意义组成部分的约束意义。尽管在理论上要约邀请与要约迥然有别,但在实践中如何辨别二者有时却并非易事。存在疑问的主要有如下情形:

1. 商业广告

16 依《合同法》第15条之规定,寄送的价目表、拍卖公告、招标公告、招股说明书、商业广告等为要约邀请,但商业广告的内容符合要约规定的,视为要约。这表明,商业广告原则上是要约邀请,但也可能构成要约。之所以通常应将商业广告认定为要约邀请,是因为广告主一般并不具备无限的履行能力,其必须在订立合同之前审查自己的履行能力,一旦将商业广告认定为要约,则意味着其不得不接受大量超出自己履行能力的合同。

17 如果商业广告中包含了合同必备条款,且包含"(一定期限内)保证现货供应"之类的表述,或者声称"本月13日在某某分店以500元每台价格特惠出售某品牌某型号电视机50台,售完为止",则可以解释为要约。[19]

---

[19] 参见朱广新:《合同法总则》(第2版),中国人民大学出版社2012年,第58页;韩世远:《合同法总论》(第3版),法律出版社2011年,第84页。

至于广告中包含"先来先买""只要存货充足即刻供货"之类的条款,可否仅仅据此将其解释为要约,则有疑问。学理上有持肯定说者。[20] 考虑到商业广告以宣传、推广为主要目的,仅当其内容确定包含自我约束之意时才可认定为要约,表示"只要存货充足即刻供货"的广告主为自己保留了一定的回旋余地,其表述欠缺足够确定的约束意义,所以不宜认定为要约。包含"先来先买"语句的广告如果已经明确限定了欲出售货物的总量,也可以认定为要约[21],否则不构成要约。

有时,商业广告在整体上虽然不构成一项要约,但在合同成立时,广告中的某些信息却可以成为合同的内容。比如,最高人民法院《商品房买卖合同解释》第3条第1句规定:"商品房的销售广告和宣传资料为要约邀请,但是出卖人就商品房开发规划范围内的房屋及相关设施所作的说明和允诺具体确定,并对商品房买卖合同的订立以及房屋价格的确定有重大影响的,应当视为要约。"此处所谓"视为要约"并非精确的表述。在商品房买卖过程中,开发商发布广告或散发宣传资料终究只是发出要约邀请,购房者向开发商表示愿意以特定价格购买某一处房屋才是发出要约。在此项要约中,购房者未必都对所有事项作出明确表述。一般而言,购房者了解商品房销售广告和宣传资料中关于房屋及相关设施所作的说明和允诺后决定购买,意味着其已经认可了这些说明和允诺。因此,在发出要约时即便其对此未加以复述,也应认定这些信息构成其要约的部分内容,易言之,购房者默示地表示愿意购买符合这些信息的房屋。从这个意义上说,上述"视为要约"应理解为"构成购房者要约的部分内容",其实本应表述为"视为合同的部分内容"。

在某些判例中,法院对司法解释的上述规定予以扩张解释,将商品房销售广告中关于商品房开发规划范围外的教育、医疗等重要公共资源的说明或允诺也视为合同内容。[22] 相反,在某些判例中,由于商品房销售广告和宣传资料声明其关于房屋及相关设施的说明仅供宣传参考,买卖双方权利义务以最终订立的合同条款为准,法院据此认为此类说明不符合

---

[20] 参见韩世远:《合同法总论》(第3版),法律出版社2011年,第84页。
[21] 参见王利明:《合同法》,中国人民大学出版社2015年版,第36页。
[22] 参见上海市第二中级人民法院对"俞某某等诉上海新黄浦置业股份有限公司商品房预售合同案"作出的"(2007)沪二中民二(民)终字第361号"民事判决。

司法解释所要求的"具体确定"标准,判定其不构成合同内容。[23] 在某些房屋装修合同纠纷案件中,由于装修合同中声明"交付房屋的装饰装修、设备标准应符合本协议的标准,如样板房的展示与本协议不一致,以本协议约定为准",法院也认为关于装修效果的宣传仅为要约邀请,不构成合同内容。[24]

2.寄送商品

20 有时,商家向潜在客户寄送商品。其行为是否构成要约,不可一概而论。如果寄送的只是试用品或样品,应当解释为要约邀请。这种行为实际上是商业广告的一种特殊形式:试用品或样品本身并非买卖的标的物,商家向潜在客户提供试用品或样品的目的是使其更充分了解产品从而形成购买意愿并发出购买一定数量此种产品的要约。反之,寄送未经订购的商品则是要约[25],因为此项表示涉及完全确定的标的物,要约人的给付能力已经确定,同时,要约人通过此项举动表明其放弃了对受领人支付能力的审查。[26] 在学理上,此种要约被称为现物要约。潜在客户可以拒绝接收包含商品的邮件。

21 如果已经接收了包含商品的邮件,该如何处理,不无疑问。一般认

---

[23] 参见重庆市第五中级人民法院对"袁某与重庆骏建房地产开发公司商品房预售合同纠纷案"作出的"(2015)渝五中法民终字第00355号"民事判决;海南省高级人民法院对"陈某某与海南易通生态科技有限公司商品房预售合同纠纷上诉案"作出的"(2012)琼民一终字第44号"民事判决。类似判例参见无锡市高新技术产业开发区人民法院对"骆某学、骆某杰、蔡某珍因与无锡保胜香梅房地产开发有限公司商品房预售合同纠纷案"作出的"(2014)新硕民初字第0800号"民事判决;在该案二审判决[(2015)锡民终字第1983号民事判决]中,无锡市中级人民法院虽然维持一审判决,但认为香梅房地产公司在宣传材料中关于"乐购超市将入驻案涉项目……但以实际入驻情况为准"符合"具体确定"标准,构成要约内容,只是应解释为"乐购超市将入驻案涉项目,但以实际入驻的相似市场影响力的超市为准",香梅公司实际引进的好买得超市具备与乐购相似的市场影响力,所以并未违约。

[24] 参见南京市栖霞区人民法院对"戴某某与南京金郡房地产开发有限公司装饰装修合同纠纷案"作出的"(2015)栖民初字第3号"民事判决。

[25] 有时,双方事先达成一项供货协议,约定出卖人定期向买受人发送货物,按照发货时的通常价格定期结算价款。此种情形中,发送货物的行为并非寄送未经订购的商品,毋宁是履行合同义务的行为,无须将其解释为要约。相关案例参见湖南省邵阳市双清区人民法院对"黎某某诉邹某等买卖合同纠纷案"作出的"(2015)双民初字第1027号"民事判决,但法院在裁判理由中将发送货物定性为发出要约,有欠妥当。

[26] Vgl. Staudinger/Bork, §145, Rn. 6.

为,收件人对该商品并无保管义务。当然,该商品毕竟是他人所有之物,收件人应尊重他人之所有权,不得任意毁弃。㉗ 在英国法上,寄件人超过6个月未取回商品的,视为无条件赠与,收件人取得其所有权。在我国台湾地区"消费者保护法"上,经收件人定相当期限通知取回而逾期未取回或无法通知者,视为寄件人抛弃商品所有权。虽未经通知,但寄送后逾1个月仍未取回商品者,亦同。此时,收件人可依先占取得该商品所有权。㉘

寄送的产品究竟是试用品、样品抑或作为买卖标的物本身的商品,有时需要予以辨别。一般而言,寄送试用品时商家会声明此为试用品。如果不存在这种声明,而且未标注价格,则很可能是样品。如果标注了价格,而且未声明是试用品或样品,则通常应解释为寄送作为买卖标的物本身的商品。

3. 商店橱窗里展示商品

如果仅在橱窗里展示商品,未标注价格,当然仅构成要约邀请,如同一般的商业广告。标注价格的,是否构成要约则有疑问。德国法通说认为,即便标示了价格也不应被视为要约,因为商家仍然需要审查自己是否有可供销售的商品,同时还要避免多个顾客就同一件商品向不同的店员作出承诺。㉙ 我国多数学者持类似观点。㉚ 但有学者认为,如果橱窗里的商品标注了价格且标明"正在出售",则可视为要约。㉛ 反之,虽标注价格但同时标明"样品"的,不构成要约。㉜

㉗ 参见王泽鉴:《债法原理》(第二版),北京大学出版社2013年,第177页。
㉘ 同注㉗。
㉙ Vgl. Staudinger/Bork, §145, Rn. 7; Dieter Medicus, Allgemeiner Teil des BGB, 10. Aufl., C.F. Müller, Heidelberg, 2010, S.147; Larenz/Wolf, Allgemeiner Teil des bürgerlichen Rechts, 9.Aufl., C. H. Beck, München, 2004, S.553—555.
㉚ 参见朱庆育:《民法总论》,北京大学出版社2016年版,第149页;韩世远:《合同法总论》(第3版),法律出版社2011年,第82页;朱广新:《合同法总则》(第2版),中国人民大学出版社2012年,第60页;王家福主编:《中国民法学·民法债权》,法律出版社1991年版,第284页。
㉛ 参见王利明:《合同法》,中国人民大学出版社2015年版,第33页。
㉜ 参见王泽鉴:《债法原理》(第二版),北京大学出版社2013年,第175页。

4. 网店商品信息

24   网店显示的商品信息通常只是要约邀请㉝，因为可能有众多客户打算购买该商品，商店必须有机会审查自己的给付能力。不过，如果网店商品信息不但包含商品名称、外观、规格、型号、售价，而且还包含库存状态，比如显示"有货""剩余30件"，则可以将其视为要约，客户在网店系统中完成订单的提交即为承诺。㉞ 网店的库存信息若与订单系统衔接不畅，导致收单后才发现库存不足，此种风险应由网店承担。就目前的技术水平而论，库存与订单系统的无缝衔接并非难事，网店既然选择在页面上显示库存信息，就应该确保其准确无误，以免客户的信赖落空。有判例在网店商品信息不包含库存状态的情况下将其认定为要约㉟，似乎有欠妥当。

25   实践中，有些网店在用户注册协议中设置如下条款："本网站上的商品图片展示、说明和价格并不构成要约。如果您通过我们网站订购产品，您的订单就成为一种购买产品的申请或要约。我们将发送给您一封确认收到订单的电子邮件，其中载明订单的细节。但是只有当我们向您发出送货确认的电子邮件通知您我们已将产品发出时，我们对您合同申请的批准与接受才成立。"在商品信息包含价格与库存信息的情况下，此类条款是否导致订单成为要约而不是承诺，不无疑问。有判例认为，此类条款属于格式条款，且减轻格式条款提供方的责任、排除相对人主要权利，网店未尽充分提示义务，所以不能发生效力，依一般交易观念，包含价格与库存状态的网店商品信息仍构成要约，客户提交订单构成承诺。㊱ 如果网店在客户提交订单之前的某一步骤中声明商品信息仅为要约邀请或者订单仅为要约，则此项声明有效。

㉝ Münchkomm/Kramer，§145，Rn. 10；Staudinger/Bork，§145，Rn. 9.

㉞ 参见江西省南昌县人民法院对"万某与酒仙网电子商务股份有限公司买卖合同纠纷案"作出的"（2015）南民初字第141号"民事判决。

㉟ 参见河北省唐山市路北区人民法院对"张某与杭州老板电器股份有限公司网络购物合同纠纷案"作出的"（2016）冀0203民初4908号"民事判决。

㊱ 参见上海市浦东新区人民法院对"薛某某与北京京东叁佰陆拾度电子商务有限公司买卖合同纠纷案"作出的"（2012）浦民一（民）初字第30521号"民事判决（《人民法院案例选》2016年第10辑）。

5. 超市货架上陈列商品

通说认为,超市在货架上陈列商品构成要约。㊲ 货架上既然有可供销售的商品,超市当然无需审查自己的给付能力,况且每种商品都已标注价格,所以将陈列商品解释为要约并无不妥。顾客将商品放入购物车尚不构成承诺,其必须保留更改主意的可能性,此外,其也不想承担商品意外毁损时的对价风险,所以在收银台出示商品才构成承诺。㊳ 服装店、书店等商店在货架上悬挂或放置若干商品并标注价格的,也应作相同解释。不过,商品必须摆在货架上且标注价格,如果只是置于包装箱内放在货架顶上且未标注价格,则不属于"货架上陈列商品",不构成要约,因为超市并未打算将其出售,未作出出售商品的意思表示。㊴

6. 自动售货机的设置

一般认为,该行为构成要约。这是向不特定人发出的要约(Angebotadincertampersonam),以售货机能够正常运转且存货充足为前提,否则将使售货机所有人陷入违约损害赔偿责任。此项要约只能通过投入所要求数额的货币予以承诺。㊵ 不过,有些学者认为,既然将自动售货机的设置视为要约取决于众多前提,莫不如将其视为要约邀请,将顾客投币行为视为要约,售货机的自动回应构成承诺。㊶ 当然,从实践效果上看,将自动售货机的设置解释为要约邀请抑或附条件要约并无实质区别。

7. 公共交通工具的运营

一般而言,此种行为构成要约而不是要约邀请。具体言之,公交车按照既定路线行驶并且停靠于各站点,车门开启即发出要约,乘客上车即作出承诺。乘坐地铁需要提前购票,究竟购票时成立运输合同还是通过检票口时成立运输合同,不无疑问。如果以购票时为准,那么某乘客购完票后故意未检票即上车,打算返程再使用该车票,该如何处理?途中发生损

㊲ 参见王泽鉴:《债法原理》(第二版),北京大学出版社 2013 年,第 175 页。

㊳ Vgl. Staudinger/Bork, §145, Rn. 7.

㊴ 参见江苏省南京市中级人民法院对"汪某某与南京悦家超市有限公司买卖合同纠纷上诉案"作出的"(2014)宁民终字第 4738 号"民事判决。

㊵ 参见韩世远:《合同法总论》(第 3 版),法律出版社 2011 年,第 82 页;〔德〕维尔纳·弗卢梅:《法律行为论》,迟颖译,法律出版社 2013 年版,第 759 页。

㊶ 参见朱广新:《合同法总则》(第二版),中国人民大学出版社 2012 年,第 61 页。

害可否适用违约责任?如果乘客购买的是可多次使用的地铁充值卡(公交卡),则购卡行为仅仅在乘客与地铁公司之间成立一份以充值卡的使用为内容的合同,该合同显然并非运输合同。如果乘客在地铁站自动售票机上购票,虽然是只能一次性使用的地铁票,但考虑到该地铁票在一定期限内可以任意选择时段使用,购票时尚未确定具体的运输合同标的,与购买充值卡并无本质区别,所以也不宜认定为已经成立运输合同。地铁站自动检票机显示处于工作状态构成要约,乘客在自动检票机上刷卡(票)之行为构成承诺,此时才成立运输合同。如果乘客持公交卡乘坐公交车,构成承诺的是其上车行为而不是上车后的刷卡行为,所以,在上车后刷卡前如果发生伤害事故,应适用违约责任规则。㊷

29 出租车指示灯显示"空车"或"待运"通常也应构成要约㊸,该要约的内容至少应当解释为愿意将乘客运送至本市范围内的任何地点,乘客扬招之行为则构成承诺㊹。

8. 饭店的菜单

30 通说认为,摆在桌面上的菜单仅为要约邀请。店主必须有机会查看其当时是否具备给付能力,比如某一道菜的配料是否已经用完。顾客点菜即发出要约,服务员当场予以记录构成承诺。如果桌面上放着面包篮,则是要约,顾客通过自取面包作出承诺。㊺

(二)要约与情谊关系中的表示

31 情谊行为(Gefälligkeitshandlung)或情谊关系(Gefälligkeitsverhältnis),也

㊷ 参见北京市石景山区人民法院对"王某某与北京公共交通控股(集团)有限公司第三客运分公司城市公交运输合同纠纷案"作出的"(2014)石民初字第9869号"民事判决。

㊸ 参见谢鸿飞:《合同法学的新发展》,中国社会科学出版社2014年版,第98页。

㊹ 有判例认为,在出租车交接班期间,如果乘客要求的目的地与交接班地点不属于同一方向,出租车司机可以拒绝乘客的运输要求,如乘客要求的目的地太远,出租车司机不能按时到达交接班地点,出租车司机亦可以拒绝乘客的运输要求,但是交接班的时间和地点应提前向乘客明示,否则出租车指示灯显示"空车"或"待运"仍构成要约。参见西安市雁塔区人民法院对"段某某与西安天子出租汽车有限公司出租汽车运输合同纠纷案"作出的"(2013)雁民初字第03376号"民事判决。

㊺ Vgl. Staudinger/Bork, §145, Rn. 11.

称好意施惠⁴⁶,仅仅是日常生活中的社会交往,不构成法律行为。情谊关系中的表示与要约的根本区别在于:前者不具备约束意义(意思),后者具备。不过,有学者认为,此处所谓的约束意思纯属虚构,关键不在于当事人是否具备约束意思,毋宁取决于应否承认情谊行为产生一项注意义务,违反该义务将导致契约或准契约上的损害赔偿请求权。⁴⁷ 当然,依通说,仍应以是否具备约束意思为准辨别情谊许诺与要约。对此,应依表示受领人视角判定,关键是在个案情形中依诚实信用原则并考虑交易习惯,受领人可否推断出对方当事人具备约束意思。⁴⁸

需要考虑的相关具体因素包括:恩惠的种类、其动机或目的、其对于受领人的经济和法律意义、该意义得以体现的情境、双方当事人的利益状况、所托付物品的价值、受益人对给付产生的信赖、给付方因瑕疵给付而陷入的责任风险,等等。⁴⁹ 至于行为的无偿性和利他性,并非决定性因素。因为民法上也存在诸多无偿合同,比如赠与合同、无偿委托合同、无偿保管合同、借用合同等,学理上称此类合同为"情谊合同"(Gefälligkeitsverträgen)。⁵⁰ 无偿给予他人一项好处,可能是情谊行为,但也可能构成无偿的情谊合同。实践中应综合考虑上述因素予以判定。⁵¹

学理上一般认为,构成情谊行为的如:邀请参加宴会或郊游、搭乘便

---

⁴⁶ 参见王泽鉴:《债法原理》,北京大学出版社2013年第2版,第209页。

⁴⁷ 参见〔德〕维尔纳·弗卢梅:《法律行为论》,迟颖译,法律出版社2013年版,第106页。

⁴⁸ 参见王泽鉴:《债法原理》,北京大学出版社2013年第2版,第209页。

⁴⁹ 参见 Staudinger/Bork, Vor §§145-156, Rn. 81; Münchkomm/Kramer, Buch 2, Einleitung, Rn. 32;王洪亮:《债法总论》,北京大学出版社2016年版,第16页。

⁵⁰ Vgl. Staudinger/Bork, Vor §§145-156, Rn. 80; Münchkomm/Kramer, Buch 2, Einleitung, Rn. 32.

⁵¹ 有学者认为存在情谊关系与法律关系混合之情形,此时当事人具备限制性的约束意思,所以负有特定的注意和保护义务,比如帮邻居或熟人照看小孩、医生提供免费治疗、关于投资的自愿咨询与建议。参见朱庆育:《民法总论》,北京大学出版社2016年版,第82页。

车(好意同乘)[52]、火车过站叫醒[53]、在邻居外出度假期间照看其房子、为邻居照管小孩[54]、汽车销售商允许他人将汽车停放在其场地上、在他人汽车电瓶出现故障时无偿为其提供启动辅助、彩票共同体(Lottotippgemeinschaft)的一个成员为众人填写彩票、答应参加一场游行活动、为他人免费提供食宿(即便受惠者为此向施惠者提供辅助性劳务亦然)等[55]。此外,为问路者指路、为亲友高考填志愿提供咨询[56]、私人之间无偿帮忙干活等也应认定为情谊行为。反之,通常构成情谊合同的如:运输企业之间借用卡车司机、医生提供免费诊疗、合伙用车(Fahrgemeinschaft)、对受领人具有重大经济意义的专业咨询、亲属之间达成的贵重物品保管约定、宣称把建筑任务交给一个建筑师竞赛获奖者完成。[57]

在双方之间已经存在合同关系的情况下,一方为另一方提供额外服务或便利,或者双方因该合同关系发生纠纷时一方为了妥协而向另一方许诺一项利益,通常不是情谊行为,应当具备法律约束力。第一种情形比如顾客请求宾馆帮其保管贵重物品,宾馆同意保管。第二种情形比如建筑工程质量有瑕疵但已过保修期,发包方要求维修,承包方表示"瓷砖脱落、墙面开裂、水管爆裂等事宜……为维护与你司友好关系,公司在资金异常紧张的情况下,一直努力尽责,并决定安排对上述已过保修期的项目进行修复,以表示我方的诚意",此项许诺并非无约束力的情谊行为。[58] 再比如租赁合同约定承租人提前终止合同时无权要求退还预付的租金,但当承租人终止合同并要求返还租金时,出租人同意退还部分租

---

[52] 如果营运车辆允许某人免费搭乘,则另当别论。依我国《合同法》第302条第2款规定,此时也适用运输合同中的损害赔偿责任。这表明双方当事人之间也成立一项(无偿)运输合同,并非情谊行为。相同观点参见王雷:《论情谊行为与民事法律行为的区分》,载《清华法学》2013年第6期。

[53] 参见王泽鉴:《债法原理》(第二版),北京大学出版社2013年,第209页。

[54] 参见谢鸿飞:《论创设法律关系的意图:法律介入社会生活的限度》,载《环球法律评论》2012年第3期。

[55] Münchkomm/Kramer, Buch 2, Einleitung, Rn. 33.

[56] 参见王雷:《论情谊行为与民事法律行为的区分》,载《清华法学》2013年第6期。

[57] Staudinger/Bork, Vor §§ 145-156, Rn. 82; Münchkomm/Kramer, Buch 2, Einleitung, Rn. 33.

[58] 参见广东省高级人民法院对"深圳华泰企业公司与东莞市龙城房地产开发有限公司建设工程合同纠纷案"作出的"(2014)粤高法民申字第2175号"民事裁定。

金,此项合意也不宜认定为情谊行为。(59)

35 有学者认为,商事营利性营业中的无偿行为不构成情谊行为,比如商场用班车免费运送前来购物之顾客,开发商免费运送乘客前去看房等。(60) 彩票销售点的销售员与潜在客户建立竞彩 QQ 群,客户向销售员发送拟购买的当期 6 张彩票数据,销售员回复称均已出票,但开奖后却只交给客户 5 张彩票,缺少的那张恰恰是中奖的彩票,销售员称当时忘记购买这张彩票。法院认为客户与销售员之间成立无偿委托合同关系,但销售员不可能预见到客户欲购买的彩票是否能够中奖,故其不存在故意或重大过失,无需赔偿客户之损失。(61) 此种情形究竟构成委托合同抑或情谊行为,不无疑问。

36 区分要约与情谊关系中的许诺之意义在于,前者经对方当事人承诺后成立合同,发生合同债权债务关系,后者不发生意定债权债务关系。当然,这不等于说情谊行为不会引起任何债权债务关系。目前一种强有力的学说认为,尽管契约外的情谊行为不发生原给付请求权(primärer Leistungsanspruch),但施惠者尤其是职业人士仍可能承担保护与注意义务。一般认为,这是一种法定债务关系,类似于缔约过程中的先合同义务,二者都属于特别结合关系。(62) 在任何特定人之间有意识且有目的进行的业务接触中都应承认这种旨在关照交往伙伴的债务关系。这种接触使受惠者有权信赖其相对人(尤其是作为专业人士的相对人)将以特别的注意对待其和其财产。此项义务的归责基础是受惠者对施惠者的具备规范正当性且可归责于施惠者的信赖。(63) 如果施惠者违反该义务,需要向遭受损害的受惠者承担债务不履行赔偿责任。

(59) 持相反观点的判例参见安徽省宿州市中级人民法院对"杨某某与吴某某房屋租赁合同纠纷案"作出的"(2016)皖 13 民终 74 号"民事判决。

(60) 参见王雷:《论情谊行为与民事法律行为的区分》,载《清华法学》2013 年第 6 期。

(61) 重庆市渝中区人民法院对"李某与重庆市体彩中心、马某、向某、谢某等彩票纠纷案"作出的"(2011)中区民初字第 03148 号"民事判决。

(62) Staudinger/Bork, Vor §§145-156, Rn. 84-85.

(63) Münchkomm/Kramer, Buch 2, Einleitung, Rn. 36-38.

(三)要约与君子协议中的表示

37　君子协议(gentlemen's agreement)是指当事人虽然就某项给付达成约定,但欠缺法律上的约束意思,所以不发生法律约束力。[64] 君子协议不构成民法上的合同,当事人缔结君子协议时作出的表示不构成要约。之所以达成君子协议,通常是因为当事人知道法律不会承认其约定的效力,比如约定的内容违反禁止性法律规定,也可能是因为当事人相信无约束力的允诺也会被遵守,所以法律约束是不必要的[65],或者当事人根本不愿意让法律介入,有意识地将协议的执行力限制在道德层面上[66]。

38　这种约定不能产生可诉请履行的原给付义务,也就是说其欠缺"正常的合同效力",但不可否认的是,当事人经常出于社会、经济或道德原因事实上履行了约定。究竟是否存在约束意思,需要在个案中通过解释予以确定,至于是否使用"君子协议"这一用语,则并非唯一的决定性因素。[67] 即便当事人没有将自己的约定称为"君子协议",但如果明确表示"本协议无法律效力",或者虽无明确表示,但依客观标准,通常情况下一般人不认为当事人具有受法律约束的意思,也应认定该约定属于君子协议。[68] 就约定内容违反禁止性法律规定而论,如果双方当事人明知道违法,则其约定显然欠缺约束意思,构成君子协议,比如两家企业达成我国《反垄断法》第13条规定的以分割市场为内容的垄断协议,多数情况下双方都知道违法,但都期望对方能自觉遵守协议。如果双方当事人不知道违法,则其约定具备约束意思,构成无效的法律行为。如果双方当事人误以为违法但

---

[64] 我国民法学界对于"君子协议"概念的理解存在分歧。有学者以"君子协议"泛指各种没有法律拘束力的道德协议,包括家庭成员之间的协议、朋友之间的协议、其他社会行为导致的君子协议。据此,情谊行为也被视为君子协议(参见张平华:《君子协定的法律分析》,载《比较法研究》2006年第6期)。有学者认为,"君子协议"仅指从事本应由法律调整的行为的当事人,明示或默示排除司法管辖、履行请求权或违约责任的协议,不包括家庭协议和情谊行为(参见谢鸿飞:《论创设法律关系的意图:法律介入社会生活的限度》,载《环球法律评论》2012年第3期)。

[65] Staudinger/Bork, Vor §§145-156, Rn. 3.

[66] 参见朱广新:《合同法总则》(第二版),中国人民大学出版社2012年,第158页。

[67] Münchkomm/Kramer, Buch 2, Einleitung, Rn. 44.

[68] 参见张平华:《君子协定的法律分析》,载《比较法研究》2006年第6期。

实际上不违法,则究竟构成君子协议抑或法律行为存在争议。有学者认为,此时不构成法律行为,因为双方当事人达成约定时并不想发生法律效果。[69] 有学者认为,此时双方当事人并未放弃合同的约束力,只是容忍了对臆想中的禁止性法律规定之违反而已,所以仍构成法律行为。[70]

很多学者认为,尽管不构成合同,但君子协议当事人之间的关系可能比较紧密,由此产生一种以注意和保护为内容的法定债务关系,违反该债务关系导致损害赔偿责任。在这方面与情谊关系类似。[71] 不过,对此应当持审慎态度,仅当在君子协议履行过程中一方对另一方确实产生值得保护的信赖时,才能认定另一方负担相应的注意或保护义务。

(四)要约与交易意向

在交易实践中,缔约当事人有时向对方表达交易意向,比如发送意向函(letter of intent),或者当场在一份交易意向书上签字。一般而言,意向函欠缺约束意思,不构成要约。它只是一种意图表示,当事人借此表示进入认真的缔约谈判。当事人也经常明确表示相关条款没有约束力。此时,它充其量只是一项要约邀请。但这种信函可以导致信赖,并成为缔约过失责任的基础,比如后来情况表明,当事人根本没打算进行认真的谈判。随着谈判的进展,意向函中包含的意图表示可能获得相对人的同意,从而形成一项预备协议(Vorfeldvereinbarung),对谈判费用、告知义务、保密义务、独占协商[72]等事项进行约定[73],此项协议具备法律约束力。[74] 当然,拟订立的合同本身尚未成立。

---

[69] Enneccerus/Nipperdey, Allgemeiner Teil des Bürgerlichen Rechts, 15. Aufl., J. C. B. Mohr, Tübingen, 1960, S.897.

[70] 参见〔德〕维尔纳·弗卢梅:《法律行为论》,迟颖译,法律出版社2013年版,第109页。

[71] Staudinger/Bork, Vor §§ 145–156, Rn. 3; Münchkomm/Kramer, Buch 2, Einleitung, Rn. 44.

[72] 在"山西金盟实业有限公司、太原市锅炉修理安装公司与山西华嘉盛房地产开发有限公司合同纠纷案"中,被告与原告签订了包含独占协商条款的意向书,但仍然与第三人协商并购事项,最后因与第三人订立了合同而导致违反意向书,被法院判决承担违约责任。详见山西省高级人民法院"(2000)晋经二终字第10号"判决书。

[73] 有学者将此类约定称为意向书程序性条款,并认为其具备法律效力,违反者需要承担损害赔偿责任。参见许德风:《意向书的法律效力问题》,载《法学》2007年第10期。

[74] Münchkomm/Kramer, Vor § 145, Rn. 48.

41　　如果双方当事人经过磋商之后达成初步共识并据此订立一份交易意向书,其效力如何,不无疑问。意向书可能不具备法律约束力,也可能构成预约,甚至个别情况下还可能构成本约。⑦ 具体言之,如果意向书中包含了"本意向书不具有法律约束力""双方的具体权利义务由正式合同确定"或"本意向书对任何一方都不产生权利或义务"等效力排除条款,则其当然不具备法律约束力。⑦ 如果意向书中未包含此类条款,但约定了下一步缔约过程中各方当事人的某些义务,则至少可以认定其构成具有约束力的预备协议。⑦ 如果意向书未包含此类约定,则需要通过解释确定其应否发生预约的效力。⑦

42　　依据《买卖合同解释》第2条的规定,如果当事人订立的意向书中约定将来一定期限内订立买卖合同,则该意向书构成预约。如果没有作这样的约定,则通常不能认定为预约,也不宜认定为本约。比如,在"澳华资产管理有限公司与洋浦经济开发区管理委员会建设用地使用权纠纷案"中,澳华资产管理有限公司此前受让的两块土地使用权因规划调整无法建设为酒店,遂与洋浦经济开发区管理委员会交涉,双方订立《关于建设高档酒店的投资意向书》,约定"洋浦管委会同意为澳华公司在新英湾沿海一带协调置换相同面积的土地使用权,澳华公司对置换后的土地应进行酒店开发"。最高人民法院认为,本案《关于建设高档酒店的投资意向书》并不具备合同的基本要素。从标题看,该文件明确为"意向书",并非常用的"合同""协议"

---

⑦　参见崔建远主编:《合同法》,法律出版社2016年版,第26页。
⑦　参见谢鸿飞:《论创设法律关系的意图:法律介入社会生活的限度》,载《环球法律评论》2012年第3期;陆青:《〈买卖合同司法解释〉第2条评析》,载《法学家》2013年第3期;朱广新:《合同法总则》(第2版),中国人民大学出版社2012年,第157页。
⑦　在北京市第一中级人民法院审理的"北京靓妃生物科技有限公司与北京喜隆多购物中心有限公司租赁合同纠纷案"中,原、被告在一份《商户租赁意向协议书》中约定"乙方同意在本意向协议书签订之日向甲方一次性支付人民币壹万元整为租赁该铺位的认租意向金,乙方在如约支付认租意向金后,享有在同等条件下优先承租上述意向商铺的权利"。法院认为该意向书构成合同,但并非租赁合同本身,而是关于意向金与优先承租权(形成权)的合同。其实该合同属于预备协议。案情详见北京市第一中级人民法院"(2011)一中民终字第987号"民事调解书。
⑦　在上海市第二中级人民法院对"仲某某与上海市金轩大邸房地产项目开发有限公司合同纠纷案"作出的民事判决(载《最高人民法院公报》2008年第4期)中,双方当事人在一份《金轩大邸商铺认购意向书》中约定"仲某某向金轩大邸房地产公司支付购房意向金2 000元,取得小区商铺优先认购权,金轩大邸房地产公司负责在小区正式认购时优先通知仲某某前来选择认购中意商铺,预购面积为150平方米,小区商铺的均价为每平方米7 000元(可能有1 500元的浮动)"。法院认为该意向书构成预约。

等名称;从内容看,该文件对于双方的权利义务以及法律责任约定并不明确。从具体措辞看,双方约定洋浦经济开发区管理委员会"协调置换土地",表明从"协调"到真正"置换"还是需要经过再协商、再约定。因此,投资意向书的性质仅为磋商性、谈判性文件,不构成合同。[79]

当然,个别情形中,双方当事人达成的书面合意尽管名为"意向书",但包含了交易主要事项的明确约定,且约定"本协议自签订之日起生效",此意向书应认定为合同。[80] 约定以将来特定事实的发生为生效要件且内容完备的意向书应当解释为附条件合同。[81] 我国实践中存在持这种观点的判例。[82] 有时,虽未约定"本协议自签订之日起生效",但达成意向书后,当事人已经实际履行部分义务,对方接受了,也应认定该意向书构成合同,具备法律效力。[83] 依意思表示解释规则,从实际履行和受领的行为可以推断出当事人对于意向书内容具备约束意思。

(五)要约与备忘录或草约中的表示

备忘录(memorandum)是指双方当事人对于在合同谈判过程中就合同要点达成的共识所作的记录。在欧陆普通法时代以及在当代德国、奥地利民法中,这种记录被称为 Punktation[84],我国学者通常将其译为"草约"[85]或

---

[79] 参见最高人民法院对"澳华资产管理有限公司与洋浦经济开发区管理委员会建设用地使用权纠纷申请案"作出的"(2014)民申字第263号"民事裁定。

[80] 参见福建省高级人民法院对"何某某与厦门名龙企业有限公司、谢某某研究成果权属、返还侵占财物纠纷案"作出的"(1997)闽知终字第01号"民事判决。

[81] 参见陈进:《意向书的法律效力探析》,载《法学论坛》2013年第1期。

[82] 参见广东省广州市中级人民法院对"广东华骏经济发展有限公司与湖北铁兴科贸有限公司合作协议纠纷案"作出的"(2010)穗中法民二终字第943号"民事判决。

[83] 参见许德风:《意向书的法律效力问题》,载《法学》2007年第10期。

[84] 在欧陆普通法时代,Punktation 具有多种含义:其一,指已经构成一项完备合同的文件;其二,指对谈判内容的书面记录;其三,指对合同主要内容的记录,而次要事项尚需进一步协商,此时实际上也已经成立合同;其四,指一份尚需正式拟定的合同文书的草案,其已经包含了合同的主要事项。当时的德国法学家辛滕尼斯(Sintenis)认为,只有第四种情形才是真正的 Punktation,其余三种情形都是不真正 Punktation. Vgl. Sintenis, Das practische gemeine Civilrecht, Bd.2, Das Obligationenrecht, Leipzig, 1847, S.249.

[85] 〔德〕维尔纳·弗卢梅:《法律行为论》,迟颖译,法律出版社2013年版,第755页;《奥地利普通民法典》,周友军、杨垠红译,清华大学出版社2013年版,第142页。

"临时协议"⑧。

45　　从比较法看,依据《奥地利普通民法典》第885条之规定,如果当事人就合同主要条款已经草拟文件并经双方当事人签名,虽然尚未形成正式文件,但据此已经确立了权利义务关系。《德国民法典》制定之前,若干立法文本中也采用类似于奥地利民法的立场。比如《德意志普通债法草案》(即1866年《德累斯顿草案》)第82条规定:"如果缔约当事人对于依法构成合同本质的事项达成合意,为了对该合意进行固定签署了一份草约,仅仅将次要事项留待日后协商,有疑义时,应认定该记录本身包含了一项有约束力的合同……"《萨克森民法典》第827条也有类似规定。温德沙伊德认为,当事人达成草约可能仅仅为了便于记忆,并不想使自己受到约束,此时其没有法律意义。不过,当事人也可能具备约束意图。比如,当事人已经就合同主要事项达成合意,次要事项可以依据法律规则予以确定,此时当事人可以请求执行合同。如果当事人已经就所有事项达成合意,但需要附加一个特殊形式,则要么成立预约,要么名为草约实为合同本身。就后者而论,如果是法定形式,则草约无约束力;如果是意定形式,则可以请求完成形式。⑧《德国民法典》并未完全采纳上述立场。依据《德国民法典》第154条第1款第2句,有疑义时,即便关于个别事项达成的谅解已经被记录于书面文件,也不产生约束力。因为起草者认为此种记录并未给意思的解释提供线索,不能据此断定当事人具备约束意图。⑧ 不过,该款仅仅是解释规则,并未绝对排除草约发生效力的可能性。某些情形中的草约,依据通过解释而确定的当事人意思,也能产生约束力,前提是其内容比较完备,通过合同漏洞填补即可以确定其未达成合意的内容。⑧

46　　我国《合同法》未规定备忘录的效力问题,但依《买卖合同解释》第2条规定,当事人签订备忘录,约定在将来一定期限内订立买卖合同,构成预约。据此,备忘录可能构成预约,相应的,备忘录中的表示可能构成预

---

⑧　汤文平:《德国预约制度研究》,载《北方法学》2012年第1期。

⑧　Vgl. Bernhard Windscheid, Lehrbuch des Pandektenrechts, 6.Aufl., Bd.2, Frankfurt a. M.1887, S.204.

⑧　Vgl. Mugdan, Die gesammten Materialien zum Bürgerlichen Gesetzbuch für das Deutsche Reich, Bd.1, R.v.Decker's Verlag, Berlin, 1899, S.442.

⑧　Vgl. Staudinger/Bork, §154, Rn. 11.

约的要约。实际上,在实践中,备忘录有多种类型。有些备忘录纯粹是为了记录谈判的阶段性成果,作为下一步谈判的基础,因此没有法律约束力;有些备忘录构成预约,具有法律约束力;有些备忘录内容完备且包含约束意义,构成本约。

从司法判例看,最后一种备忘录不在少数。在"黄某某、苏某某与周大福代理人有限公司、亨满发展有限公司以及宝宜发展有限公司合同纠纷案"中,当事人签订《有关买卖宝宜发展有限公司股份的备忘录》,约定周大福公司和亨满公司向黄某某转让宝宜公司股权和股东贷款权益,黄某某须支付2000万元诚意金。最高人民法院认为"从合同形式、当事人订约资格、意思表示、对价、合同目的等方面考察,《备忘录》《买卖股权协议》及其四份补充协议均符合合同法上关于合同有效的条件"[90]。在"香港锦程投资有限公司与山西省心血管疾病医院、第三人山西寰能科贸有限公司中外合资经营企业合同纠纷案"中,订立中外合资企业合同后,当事人对出资义务履行时间予以变更并形成备忘录,最高人民法院认为,《备忘录》系合资三方在平等、自愿、协商一致的基础上达成的,其内容反映了合资各方的真实意思表示,虽未经原审批机关批准,但因为不构成对原合同的实质性变更,其目的并非刻意规避审批机关的审批事项,所以仍然有效,具有约束力。[91] 此为关于合同变更事宜的谈判备忘录。实践中比较常见的还有当事人在合同履行过程中发生纠纷,为了解决纠纷达成关于和解或债务承认的谈判备忘录,法院通常也认定其具有法律效力。[92]

---

[90] 最高人民法院对"黄某某、苏某某与周大福代理人有限公司、亨满发展有限公司以及宝宜发展有限公司合同纠纷案"作出的"(2015)民四终字第9号"民事判决。

[91] 最高人民法院对"香港锦程投资有限公司与山西省心血管疾病医院、第三人山西寰能科贸有限公司中外合资经营企业合同纠纷案"作出的"(2010)民四终字第3号"民事判决。

[92] 参见最高人民法院对"武汉长发物业有限公司与武汉东富物业发展有限公司联建纠纷案"作出的"(1997)民终字第27号"民事判决;最高人民法院对"中铁二十二局集团第四工程有限公司与安徽瑞讯交通开发有限公司、安徽省高速公路控股集团有限公司建设工程施工合同纠纷案"作出的"(2014)民一终字第56号"民事判决;山东省青岛市中级人民法院对"香港维达科技有限公司与青岛前湾集团公司中外合资经营合同财产返还纠纷案"作出的"(2003)青民四初字第117号"民事判决;云南省昆明市中级人民法院对"昆明策骏贸易有限责任公司与李某某租赁合同纠纷案"作出的"(2015)昆民一终字第27号"民事判决;广东省深圳市中级人民法院对"广东五华二建工程有限公司与深圳亚太房地产开发有限公司建设工程施工合同纠纷案"作出的"(2014)深中法房再字第6号"民事判决。

48　　无论构成预约、变更协议、和解合同、债务承认合同,备忘录中一方当事人的表示均构成要约。

四、举证责任

49　　关于要约的成立及其内容,由主张其存在的当事人负担证明责任。该当事人需要提出证据证明存在其认为应被认定为要约的事实情况,并且承担如下风险:法官依解释规则仅仅将该事实情况认定为要约邀请之类的无约束力表示。[93] 主张要约存在的当事人通常是"受要约人",其认为自己作出的意思表示构成承诺,与对方当事人的要约达成合意,合同成立。当然,"要约人"也可能主张存在要约,其认为自己收到的对方意思表示构成承诺,与自己先前作出的意思表示达成一致,合同成立。但对方当事人却认为先作出的那项表示仅仅是要约邀请,后作出的那项表示才是要约,由于只有要约,没有承诺,所以合同不成立。此时,"要约人"须证明自己先前作出的表示构成一项要约。

---

[93] Vgl. Staudinger/Bork, § 145, Rn. 38.

第 40 条后段　格式条款效力审查[*]

贺栩栩

《中华人民共和国合同法》第 40 条

格式条款具有本法第五十二条和第五十三条规定情形的,或者提供格式条款一方免除其责任、加重对方责任、排除对方主要权利的,该条款无效。

细　目

一、规范内容、意旨与立法历史……1—12
　（一）规范内容和意旨……1—2
　（二）条文结构及其立法历史……3—5
　　1. 评注范围限定……3
　　2. 立法历史……4—5
　（三）《合同法》第 40 条与相关条款的解释协调……6—12
　　1.《合同法》第 40 条与第 39 条……7—9
　　2.《合同法》第 40 条与第 53 条……10—11
　　3.《合同法》第 40 条与第 54 条第 1 款第（二）项（《民法总则》第 151 条）……12
二、格式条款内容控制的排除范围……13—25
　（一）"个别协商"条款……14—19
　　1. 制定法与司法实践……15
　　2. 比较法观察……16
　　3. 评价……17—19

---

[*] 本文首发于《法学家》2018 年第 6 期（第 173—190 页），原题为《〈合同法〉第 40 条后段（格式条款效力审查）评注》。

(二)核心给付条款……20—22

(三)任意法规定的复述条款……23

(四)违反强行法、违反法律禁令。以及因显失公平而悖俗的条款……24

(五)小结……25

三、格式条款效力审查制度的功能定位与评价标准……26—50

(一)"免除其责任、加重对方责任、排除对方主要权利"作为效力评价标准？……27

(二)"公平"原则作为效力评价标准？……28—29

(三)公平原则的具体化:利益衡量……30—50

1. 评价标准之一:任意法规范……31—35

2. 评价标准之二:对影响当事人合同利益实现的权利、义务、责任的限制……36—50

四、法律后果……51—55

五、举证责任……56

一、规范内容、意旨与立法历史

(一)规范内容和意旨

1　格式条款系为重复使用而预先拟定,由合同当事人一方(使用人①)在合同订立时向相对方提出,未与对方协商的条款(§39 II)。格式条款的规制角度是对基于意思自治的合同拘束力正当性的填补。私法奉"行为自由,效果自主"为圭臬,在私领域,法效果由本人承担的合同行为,不必自证其正当性。然而,民法即使承认形式上的合同正义,也是基于给付和对待给付之间的"主观等值"和非必要之点的"主观对等",因为私人间的平等地位而推定法律上理性人、自利人的决定,应该与"客观等

---

① "使用人"和"拟定人"非同一概念,使用人可接受由第三方(行政机关、行业协会、公证机关等)拟定的条款以使用,本文统一使用前者。

值"接近,才有无须立法和司法体系化的干预之结论。② 至于个案中"主观对等"和"客观对等"存在重大偏差的情况,由民法中的悖俗原则(《民法总则》§153 II)规制。

格式条款内容控制制度,并不旨在为法官进行个案公正的自由裁量提供多一重工具,亦非"消费者—经营者社会"特殊法政策下针对特殊交易类型的例外法,而是对私法自治的立法和司法体系化的干预,控制和防止不公平的格式条款造成相对方不合理的利益减损,抵消因使用格式合同提升的社会效率。③ 此问题关涉格式条款进行审查和效力填补时的价值选择,也将进一步决定内容控制实体法体系构建的方向和具体细节。

(二)条文结构及其立法历史

1.评注范围限定

格式条款司法控制有其完整的结构体系④,囿于条款限定,在此仅探讨为了重复使用而预先拟定,并在订立合同时未与对方协商的,经由"订入控制"已成为合同内容,又经由"不明确条款解释"评价后的格式条款,如何对其进行"内容控制"的部分(《合同法》第40条后段⑤)。

2.立法历史

合同法立法经1995年1月学者建议稿[《合同法(试拟稿)》(第一稿)]、1995年10月法工委民法室试拟稿[《合同法(试拟稿)》(第二稿)]、1996年6月第三次试拟稿[《合同法(试拟稿)》(第三稿)]、1997年5月征求意见稿[《合同法(征求意见稿)》],1998年8月形成草案,通过

---

② 参见陈自强:《契约之成立与生效》,法律出版社2002年版,第198—199页;参见解亘:《论格式条款内容规制的规范体系》,载《法学研究》2013年第2期。

③ Auer, Materialisierung, Flexibilisierung, Richterfreiheit. Generalklauseln im Spiegel der Antinomien des Privatrechtsdenkens, 2005, S. 24.

④ 格式条款司法控制结构:首先依据《合同法》第39条第2款判定系争条款是格式条款,其次依据该条第1款进行订入控制(条款得否成为合同之审查),对条款有两种以上解释的,以先简单解释再不利解释之顺序确定条款含义(《合同法》第41条),最后才成为内容控制的审查对象。

⑤ 在此主要以第40条后段为评注对象。前段规定了格式条款"违反法律禁令""违背善良风俗"无效(《合同法》第52条),以及"免责"的格式条款亦无效(《合同法》第53条);法技术上,前段仅有(似多余的)引致功能和提示说明功能。

三次审议,最终公布。在此期间所有的立法文件中,均对格式条款的规定作有调整。其中对现行合同法内容控制制度的解释适用,最具意义的是试拟稿第一稿,即学者建议稿。其曾在第三章"合同的效力"第六节中规定了定式合同。第55条规定了格式条款的定义:"由当事人一方为与不特定多数人订约而预先拟定的,且不允许相对人对其内容作变更的合同条款,为定式合同条款。"第56条规定了"订入控制":"依定式合同条款订立合同时,定式合同条款使用人应以明示方法提请相对人注意定式合同条款,并使其能够以合理方法了解定式合同条款的内容。"第57条即现行《合同法》第40条的前身,格式条款"内容控制"的核心条款:"定式合同条款违背诚实信用原则而予相对人不合理的不利益的,无效。有下列情形之一的,核定其违背诚实信用原则而予相对人不合理的不利益;(一)定式合同条款与法律基本原则不相符合或者规避法律强行性规定的;(二)定式合同条款排除或者限制因合同而发生的重要权利或者义务,致使合同目的不能达到的。"⑥第58条系格式条款解释规则,明确了先单纯解释再不利解释的原则。

学者建议稿[《合同法(试拟稿)》(第一稿)]构建了相对完善的格式条款司法审查制度。然而遗憾的是,其后公布的《合同法》9项立法文件⑦中,对于格式条款的条文几乎每次均略有修改,但提供的修改说明阙如。解读第一稿的规范体系,可以解决目前格式条款适用中很大部分的问题:首先,在解释现行《合同法》第39条第2款格式条款定义时,学者提出的"未与对方协商"应当理解为"不能与对方协商"。⑧ 在第一稿第55

---

⑥ 何勤华、李秀清、陈颐编:《新中国民法典草案总览(增订本)》(下卷),北京大学出版社2017年版,第1857页。

⑦ 即《中华人民共和国合同法(试拟稿)》(第一稿)(1995年1月)、《中华人民共和国合同法(试拟稿)》(第二稿)(1995年10月16日)、《中华人民共和国合同法(试拟稿)》(第三稿)(1996年6月7日)、《中华人民共和国合同法(征求意见稿)》(1997年5月14日)、《中华人民共和国合同法(草案)》(1998年8月20日)、《中华人民共和国合同法(草案)》(二次审议稿)(1998年9月7日)、《中华人民共和国合同法(草案)》(三次审议稿)(1998年12月21日)、《中华人民共和国合同法(草案)》(四次审议稿)及《中华人民共和国合同法》。

⑧ 王利明:《对〈合同法〉格式条款规定的评析》,载《政法论坛(中国政法大学学报)》1999年第6期。王利明:《合同法研究》(第一卷),中国人民大学出版社2011年版,第408—409页。

条中本有明确规定。其次,关于订入控制和内容控制的对象问题,第一稿第56条明确规定"定式合同条款使用人应以明示方法提请相对人注意定式合同条款",即格式条款的订入控制和内容控制制度,不仅限于免责条款,而应当包括所有格式条款,对本项的争议,无论学理抑或司法解释,均未有定论,下文详述〔13—25〕。再次,第57条为内容控制的核心条款,从规范内容与功能上,本应确定权利义务偏离任意法,且违背给付均衡时,格式条款无效的总原则。然而,最终文义暴露了立法借鉴时因未查明法规目的而造成翻译舛误,致使第一项在文义上易曲解为"违反法律原则无效"[9]和"违反强行性规定无效",从而在《合同法(试拟稿)》(第三稿)中,此条文被并入判定一般合同条款无效的条文中。[10] 而本条中的"法律",应主要指有名合同中的任意法规范,对法律任意性规定以及它所包含的正义性内涵严重偏离时,可以推定构成"不合理的利益减损"。同样的问题也存在于第二项中,第二项"排除或者限制因合同而发生的重要权利或者义务,致使合同目的不能达到",则被理解为免责条款,《合同法(试拟稿)》(第二稿)修改时,应学者和法工委领导要求,"为求简明,对合同效力类型作了简化和归并",将定式合同条款的无效归入免责条款的无效。在第38条中,免责条款存在三种无效情形:(1)免除故意和重大过失的责任的。(2)免除人身伤害的责任的。(3)排除一方基本权利或者免除一方基本义务的。[11] 而本项原意专为无名合同所设,不同于第一项,当格式条款已经足以发展和形成新的合同类型时,需要特别注意格式条款是否有免除、限制使用人之义

---

[9] 学者建议稿"定式合同"部分从体系至语言,均与《德国一般交易条件法》如出一辙。该法已于2002年债法改革时并入《德国民法典》,建议稿第57条的对应条款为该法第9条。第9条第1款规定:"如果格式条款违反了诚实信用原则而给相对方造成"不合理的利益减损",该条款无效。第9条第2款规定了两种存在疑义时可推定构成"不合理的利益减损"的情形:(1)与法律的基本思想意旨不相符合(mitwesentlichenGrundgedanken der gesetzlichenRegelung, von der abgewichenwird);(2)排除或者限制因合同而发生的重要权利或者义务,致使合同目的不能达到的。第57条将第1项第一种情况译为"与法律基本原则不相符合",有两项错译:第一,此处的法律,意为(任意)法律(规范);第二,法律基本原则,极易误解为民法原则,此处指被格式条款偏离或补充的(任意)法律(规范)的基本思想意旨。

[10] 学者建议稿第34条规定了合同及(合同条款)无效:违反法律强制性或者禁止性规定的合同,无效。合同中免除下列责任的条款无效:(1)故意或者重大过失的责任;(2)人身伤害的责任;(3)消费者权益保护法禁止免除的责任;(4)其他违反公序良俗的责任。

[11] 参见梁慧星:《关于中国统一合同法草案第三稿》,载《法学》1997年02期。

务,或限制对方权利,并导致对方当事人失去缔约目的的内容。⑫公布前,立法机关又增加"法律禁止免除或者限制的责任"一项⑬,删除第 3 项⑭。至此,学者建议稿中原本独立的格式条款内容控制制度被拆解,(立法者以为)合并入一般条款的免责无效条款中。从而在条文语言中,再无线索解释对于任意法中权利义务设定的偏离,抑或无任意法规定时,对确定合同目的的权利义务的排除,作为判定格式条款效力最具决定性标准之含义。

正是由于经历了这一拆分调整过程,无论此后征求意见稿和审议稿对格式条款的条文内容和体系安排一再作出调整,立法者在条文里一直保留了《合同法》第 40 条前段的规定,即"格式条款具有本法第五十二条和第五十三条规定情形的,或者……无效"。且在《合同法(征求意见稿)说明》,立法者指出,对于格式合同作出了两大方面的规定,其中一方面即为规定了免责条款无效⑮,而在此,立法者所指的是《合同法》第 53 条的规定。因此,尽管在今天的法律适用者看来《合同法》第 40 条前段仅系参引条款,事实上当初的立法者在理解格式条款内容控制制度之时,很大程度上系以免责条款为基本模型,将原本独立的免责格式条款无效的规定,并入了《合同法》第 53 条。

(三)《合同法》第 40 条与相关条款的解释协调

诚如上文已经说明,在此仅以已经订入合同之格式条款的效力判定(《合同法》第 40 条)为评注对象。唯学术探讨中,认为《合同法》第 40 条

---

⑫ 参见詹森林:《民事法理与判决研究(四)》,中国政法大学出版社 2009 年版,第 70—72 页。

⑬ 推测系与第一稿中第 34 条第 2 款第(三)项"消费者权益保护法禁止免除的责任"合并所得。

⑭ 然而,在 1998 年《合同法》正式草案中,又出现"免除提供条款一方当事人主要义务、排除对方当事人主要权利的,该条款无效"的规定。该条文虽然用语上接近现行《合同法》第 40 条后段的规定,实则为第一稿学者建议稿第 57 条第 2 款中偏离任意法规定的或用以确定合同目的的权利义务。笔者认为,现行《合同法》第 40 条后段的规定,应当按照此历史解释确定其含义。条文全文,详见何勤华、李秀清、陈颐编:《新中国民法典草案总览(增订本)》(下册),北京大学出版社 2017 年版,第 2086 页。

⑮ 参见何勤华、李秀清、陈颐编:《新中国民法典草案总览(增订本)》(下册),北京大学出版社 2017 年版,第 2039 页。

与第39条、第53条存在矛盾冲突的意见⑯不在少数,有必要稍作澄清。

1.《合同法》第40条与第39条

《合同法》颁行之初,即有学者撰文《统一合同法:成功与不足》指出,"按照第39条第1款的规定,格式合同中的免责条款,如果履行了提示义务和说明义务有效。法律通过时在第40条加上'免除其责任'五字,导致依该条免责条款应绝对无效,因而与第39条和第53条的规定矛盾"⑰。另有学者回应认为"从表面上看这两条之间似乎存在着矛盾",事实上,第39条中的"免责条款"只是对"未来可能发生的责任予以免责,而《合同法》第40条所提到的免除责任,是指条款的制定人在格式条款中已经不合理地不正当地免除其应当承担的责任"⑱。然而,合同条款本意即为将来设定义务,义务违反始发生责任(主要指损害赔偿责任),何谈"将来""现在"之分。学界此类分歧和解释路径,揆诸理由,应系对于格式条款的审查对象和制度功能不明,以及对于订入控制前置未作考虑⑲,导致后续问题的解释障碍。⑳

---

⑯ 梁慧星:《统一合同法:成功与不足》,载《中国法学》1999年第3期;梁慧星:《合同法的成功与不足(上)》,载《中外法学》1999年第6期;崔建远:《新合同法若干制度及规则的解释与适用》,载《法律科学》2001年第3期;王利明:《对〈合同法〉格式条款规定的评析》,载《政法论坛(中国政法大学学报)》1999年第6期;傅锦:《略论格式条款提供方的法定义务》,载《法学评论(双月刊)》2001年第4期;周清林:《论格式免责条款的效力层次》,载《现代法学》2011年第4期。

⑰ 梁慧星:《统一合同法:成功与不足》,载《中国法学》1999年第3期。

⑱ 参见王利明:《对〈合同法〉格式条款规定的评析》,载《政法论坛(中国政法大学学报)》1999年第6期。

⑲

订入控制(提示说明义务)的对象	内容控制的对象	立法文件
格式合同条款	格式合同条款	第一稿
负有义务的条款	并入免责条款后,无独立规定	第二稿,第三稿
免除或限制其责任的条款	并入免责条款后,无独立规定	征求意见稿
免除或限制其责任的条款	免除使用人主要义务,排除对方主要权利的条款无效	审议稿一、二、三、四
免除或限制其责任的条款	使用人免除其责任、加重对方责任、排除对方主要权利的条款无效	合同法

⑳ 参见王剑一:《合同条款控制的正当性基础与适用范围——欧洲与德国的模式及其借鉴意义》,载《比较法研究》2014年第1期;马一德:《免除或限制责任格式条款的效力认定》,载《法学》2014年第11期。

8 　《合同法》第 39 条第 1 款前段规定了采用格式条款订立合同的,提供格式条款的一方应当遵循公平原则确定当事人之间的权利和义务,属于不完全法条,缺少法律效果部分。司法解释为明确适用,于《合同法解释(二)》第 9 条规定违反提示和说明义务的他方当事人享有撤销权,第 10 条规定违反上述义务且落入《合同法》40 条后段三种情形之一时,条款无效。司法解释制造混乱,虽属常有不为奇,然而此处两个条文的规定,一来未正确回答,使用人单方提供的格式条款不符合公平原则时,效力为何的问题;二来使得订入控制和内容控制界分不明,在文义上冲突的第 39、40 条之上,追加一层效力判定的矛盾,似乎未为司法裁判提供任何助益,反而导致审判实践[21]以及后续特别法的司法解释[22]将裁判重点置于提示说明义务的审查上,因为这一审查系"是—否"判定,在此有所定论,可逃避内容控制中利益均衡"多—少"的说理论证。而"是否"以及"如何"履行提示说明义务,满足"足以"之标准系事实判定问题,利益权衡才是法律评价的问题。

9 　事实上,《合同法》第 39 条规定的提示说明义务,乃合同合意原则之必然要求。[23]仅当相对方对要约内容知晓并理解后作出之承诺,才构成合意,意思表示内容的效果意思才体现其真实意思。换言之,未履行提示说明义务的,构成不合意,未订入合同,自无效力之说。合同法立法文件中,也曾明文出现过"应当采取合理方式……""未尽到提示义务或者拒

---

[21] 参见王静:《我国〈保险法〉第 19 条司法适用研究——基于保险格式条款裁判的实证分析》,载《政治与法律》2014 年第 11 期;胡志超、陈俊丰:《〈合同法〉格式条款法律适用中的问题与对策》,载《法律适用》2001 年第 3 期。

[22] 参见《保险法解释(二)》第 9 条—第 14 条。

[23] 从格式条款的定义看,其系当事人为了重复使用而预先拟定,并在订立合同时未与对方协商的条款,背离契约自由原则要求的"当事人协商意思表示一致",构成对仅仅由契约自由即得成立的契约正义的减损和对私法自治的背离,需要提供正当性理由:现行民法理论采取"主观等值原则",对合同实质是否公平,原则上不再个别认定,双方当事人若能依据自由、平等原则个别磋商,存在表达各自意志、维护利益之机会,意思自治之结果应受到尊重。唯若格式条款提供方仅专注追求自身利益,完全不顾他方正当权益,拟定或使用不符合经济效率、违反任意法所包含之基本原则和内核、致使合同目的不达之条款,可谓滥用合同内容自由,与合同正义相悖。契约自由原则在此无法达到保障契约内容实质公平的功能,亦即,形式上的契约自由是以实质上的合同给付均衡作为假设的基础。若无实质上的契约公平和正义,则需要特殊衡平机制的介入。此所言之"介入",分别针对"预先单方拟定"与"未协商"两项要件,前者由"提示说明义务"制度完成,以保证合意;后者由"利益权衡"制度完成,以保证权利义务主客观等值。

绝说明的,该条款不发生效力",可为佐证。㉔ 唯格式条款往往以细微之文字,印于烦琐之文件,使用专门之术语,欠缺相关知识的相对人无法也无意阅读,故而提示说明义务常被特别强调,比较法上称此过程为"订入控制"。

而对于订入控制(提示与说明义务)的对象,原则上应当包括全部格式条款,学者建议稿[《合同法(试拟稿)》(第一稿)]即采此规范模式,笔者赞同。当然,格式条款中存在纯粹复述实定法规范内容,自当无须特别说明㉕,因为对于法律的知晓和认知,使用人所处之地位,并未优于相对人。除此之外,相对方对条款内容应当知晓、理解,才构成有效承诺(合意原则)。

2.《合同法》第 40 条与第 53 条

诚如梁慧星教授言,"免除其责任,加重对方主要责任"系法律通过时增加,导致第 40 条文意上与第 39 条和第 53 条的规定矛盾。之前的四稿审议稿中均为"免除使用人主要义务,排除对方主要权利的条款无效",保留学者建议稿[《合同法(试拟稿)》(第一稿)]第 57 条第 2 款之规定。法律通过时所作之修改,若依文意与体系解释,则合同法中的格式条款规制,应理解为:仅过失造成财产损害的免责条款可订入合同(第 53 条),然而对于此类条款,使用方需要提示说明(第 39 条)。在此范围内,使用人"免除其责任、加重对方责任、排除对方主要权利的"条款违反公平原则㉖的,无效。

㉔ 《合同法(征求意见稿)》第 23 条,参见何勤华、李秀清、陈颐编:《新中国民法典草案总览(增订本)》(下册),北京大学出版社 2017 年版,第 2001 页。

㉕ 例如《保险法解释(二)》第 10 条规定:"保险人将法律、行政法规中的禁止性规定情形作为保险合同免责条款的免责事由,保险人对该条款作出提示后,投保人、被保险人或者受益人以保险人未履行明确说明义务为由主张该条款不生效的,人民法院不予支持。"

㉖ 在《合同法(试拟稿)》(第一稿)的起草过程中,王利明、徐涤宇等学者曾建议:对标准合同条款效力的审查可依据民法的平等、公平、诚实信用、等价有偿等原则,以及民事法律行为等规定;对违反民法的规定,损害广大消费者利益的条款应确认其无效。参见王利明:《标准合同的若干问题》,载《法商研究(中南政法学院学报)》1994 年第 3 期;徐涤宇:《关于标准合同若干问题的探讨》,载《法商研究(中南政法学院学报)》1994 年第 6 期。《合同法(试拟稿)》(第一稿)也最终将诚实信用原则写入第 57 条,作为判定格式条款效力的评价依据。在《合同法(试拟稿)》(第三稿)的起草过程中,学者们对前两稿提到的诚实信用原则展开了讨论,争议集中在法院可否直接引用诚实信用原则裁判案件。持反对意见的学者担心诚实信用原则的滥用会损害法律的安定性。他们特别指出,当下中国法官的法律素养参差不齐,滥用的危险更大。《合同法(试拟稿)》(第三稿)最终借鉴了反对者的观点。参见梁慧星:《中国合同法起草过程中的争论点》,载《法学》1996 年第 2 期。

11 　　依学理分析,民法中的责任规范,均具任意法属性。诸如《合同法》违约责任条款:当事人一方不履行合同义务或者履行合同义务不符合约定的,应当承担继续履行、采取补救措施或者赔偿损失等违约责任。当事人是否请求对方承担违约责任,得以其自由意志决定。侵权责任亦同。比较法上,《德国民法典》第309条(绝对无效条款目录)第7项规定:下列免责格式条款无效:①造成对方人身伤害的;②因故意或者重大过失造成对方财产损失的。而对于一般合同条款,《德国民法典》第276条第3款仅规定故意责任事先免除无效,意在防范道德危险。相较而言,我国合同法将责任规范从任意法上升为强行法,一则对私法自治的限制过度,二则事实上也无法达到法条所欲达到之效果。倘若果真严格解释第53条,则人身损害赔偿协议、竞技体育自甘冒险等均被严格禁止,不合生活经验,难谓合理。因此,《合同法》第53条属"时间上的半强制性规范"㉗,亦即仅得在责任时间发生后,由当事人得以其意志排除适用。

3.《合同法》第40条与第54条第1款第2项(《民法总则》第151条)

12 　　《合同法》第40条与第54条第1款第2项分别规制了两类合同内容控制制度,亦即民事法律行为因显失公平而可撤销与格式条款违反公平原则而无效。凭借优势地位使给付利益严重失衡,从而导致悖俗对一般合同条款进行效力控制与格式条款拟定方有违公平地"免除其责任""加重对方责任""排除对方主要权利"的条款无效制度的适用层次与界限为何,应对两者作怎样的体系化整理? 是需要特别澄清的问题。㉘ 功能上,显失公平制度及其上位概念违反公序良俗无效制度系对个案公正的自由裁量,所承担的是普遍性、兜底性、最低限度的合同正义性审查的功能,适用于所有合同条款;而格式条款效力控制制度是对合同自治的立法和司法体系化干预,主要着眼于解决由合同当事人间的结构性差异所引

㉗ 另有适例,参见《合同法》第200条。
㉘ 江苏曙光光电有限责任公司与王某房屋买卖合同纠纷上诉案(载《人民司法·案例》2007年第22期),法院认为格式条款要求劳动者"购房后,需为企业须服务23年","限制了劳动者的劳动自由权,违反了我国宪法和劳动法的基本精神,格式条款无效"。而限制基本权利的合同条款效力判定,应当适用"悖俗无效"制度。

发的问题。㉙ 审查范围上,目前我国学界与实务界对后者适用范围的理解基本上忠实于字面涵义,不作限制。而通过比较法的观察,德国法和欧洲私法统一的立法文件中已经为两种内容控制进行了有效分工:格式条款效力审查和控制制度的适用对象仅为那些"偏离或补充任意法规定的条款"㉚,这一限定的主要立法目的在于排除任意法规范的复述条款、给付描述条款与价格条款[合同必要之点(essentialianegotii)]㉛。而显失公平制度在评价客观要件方面时,并不区分条款类型,且给付的价值比例是重要考量因素。㉜

二、格式条款内容控制的排除范围

经订立控制后,进入合同的格式条款,均可(应)受到内容控制审查,仅有以下四类条款排除于审查范围之外:(1)经个别协商的条款;(2)核心给付条款;(3)任意法规定的复述条款;(4)违反强行法、因显失公平而悖俗的条款。

(一)"个别协商"条款

格式条款是当事人为了重复使用而预先拟定,并在订立合同时未与对方协商的条款(§39 II)。从法定定义分析,格式条款内容控制的对象须满足三项要件:"预先拟定""重复使用"及"未与对方协商"。对于前两项,学界争议不多,以下主要讨论第三项:

㉙ 不同观点认为,《合同法》第39、40条系显失公平制度在格式条款领域的体现,两项制度可谓"近亲"。因为两者满足主客观双重要件下的"利用结构优势"以及客观上权利义务的失衡。法效上第39条为可撤销同显失公平制度,第40条为无效同悖于善良风俗,均落入显失公平及其上位制度悖俗无效的法律效果之射程。参见贺剑:《〈合同法〉第54条第1款第2项(显失公平制度)评注》,载《法学家》2017年第1期,第167页。

㉚ 参见《德国民法典》第307条第3款;《关于消费者合同中不公平条款的指令》(RL 93/13/EWG)第1条第2款。

㉛ Fuchs in Ulmer/Brandner/Hensen, AGB-Recht kommentar, §307, Rn. 18.

㉜ 参见《合同法解释(二)》第19条,如果低于当地指导价或者市场交易价的70%,一般可以视为"明显不合理"的低价;如果高于前述价格的30%,则视为"明显不合理"的高价。

1. 制定法与司法实践

探讨效力审查构成要件的文献中,提及"个别协商"问题的阙如。㉝ 王利明教授于《合同法》颁布之初,首先提出应将"未与对方协商"理解为"不能与对方协商"。㉞晚近主流教科书多从之,对此未作更多展开:学者指出格式条款必须是对方不能协商的,相对人仅能表示同意或不同意,而无变更、修改的权利,如果仅双方协商确定,则非格式条款。㉟ 当事人一方在能够协商而不协商,或放弃协商的情况,无格式条款制度保护之必要。笔者在北大法宝以"格式合同"为关键词检索,收集整理涉及"协商"这一构成要件的仅有5例典型案例㊱:对"协商"这一要件的解释路径,基本上是以《合同法》

㉝ 参见王利明:《对〈合同法〉格式条款规定的评析》,载《政法论坛(中国政法大学学报)》1999年第6期。

㉞ 参见王利明:《对〈合同法〉格式条款规定的评析》,载《政法论坛(中国政法大学学报)》1999年第6期。王利明:《合同法研究》(第一卷),中国人民大学出版社2011年版,第408—409页。

㉟ 参见谢鸿飞:《合同法学的新发展》,中国社会科学出版社2014年版,第144—145页;崔建远:《合同法》,法律出版社2010年版,第62页;王洪亮:《债法总论》,北京大学出版社2016年版,第58页。

㊱ (1)无锡恒茂时代不动产经纪有限公司与张某某、顾某某居间合同纠纷案[(2011)南民初字第11号]中,法院认为"房产中介机构为重复使用而预先拟定,并在订立合同时未与对方协商的条款,属于格式条款"。(2)肖某与铁道通信信息有限责任公司衡阳分公司电信代理合同案[(2004)衡铁法民初字第8号]中,原告认为与衡阳铁通公司签订的合同是先印刷好后填写的,应是格式合同。……衡阳铁通公司认为为发展电信业务和工作方便印制了一些合同,但在签订合同时都与对方进行了协商,因此他们签订的合同不是格式条款合同,得到支持。(3)合川市清平镇川心完全小学校与合川市农村信用合作联社清平信用社等借款合同纠纷再审案[(2004)合民再初字第25号]中法院认为"本案所涉及的转让协议并非格式合同,而是当事人双方充分协商后自愿签订的协议,不存在格式条款"。(4)吴某某与上海德康拍卖公司等案[(2001)沪二民终字第2402号]法院认为"格式合同是指当事人在订立合同时未与对方协商,单方预先拟定的,不允许修改的,供反复使用的合同。本案涉及的《拍卖规则》符合上述特征,应认定为格式合同"。(5)上海诺盛律师事务所与上海圆迈贸易有限公司买卖合同纠纷案[(2010)沪二中民四(商)终字第1423号]中,关于退换货政策的特殊说明第1条的内容规定:"为了享受商品的正常质保,我们建议您将发票开具为商品明细,否则您将无法享受产品厂商或京东商城的正常质保。"圆迈公司以发票载明的货物名称为办公用品予以拒绝,即系争条款是否适用于双方的买卖合同关系取决于对于发票内容的选择,如购物者选择发票的内容为办公用品,则系争条款即自动适用。在此种情况中,尽管购物者对于该条款是否适用拥有自主选择权,但该条款是由网站事先针对不特定的消费者所拟定,且对于条款的内容并不能进行协商,合同缔结行为在瞬间完成,作为消费者只能接受,故其性质仍然是格式条款。由以上案例可以看出,法院基本上是以《合同法》第39条第2款为导向,以"是否进行事实上的协商"作为决定性标准来判断是否构成"格式条款"。

第 39 条第 2 款为导向,以"是否进行事实上的协商"作为决定性标准。

2. 比较法观察

比较法上,德国法院在这个问题上的立场是:相对方需具有施加实际影响之可能[37],并且通常只有在事实上确实存在条款变动时,法院才倾向于承认进行过"磋商"。[38] 欧洲合同法领域学术和立法互动的最新成果《欧洲共同买卖法》(ECSL)代表了欧盟领域合同法研究的最新走向,该法第 79 条第 1 款对格式条款,仅有"单方拟定"之要求。当然,可以预见到反驳的意见可能会是:"未个别磋商"包含在"单方拟定"中,并非完全被专家组摒弃。为求正解,需探寻《欧洲共同买卖法》前期的欧盟法研究成果——《共同参考框架草案》(DCFR)。在《共同参考框架草案》第二编对格式条款的规制中,区分了消费者合同[39]、经营者之间及消费者之间三类合同。仅在后两种合同中,《共同参考框架草案》要求"未个别协商"要件。对于消费者合同,在第 9:403 条[40]中,起草专家组在文本中用括号将该要件标明,说明专家组考虑到,在消费者合同中保留"未个别协商"要件是否有意义,可否删去,可否将内容控制制度的适用范围扩张到所有合同条款。当然,无论从成员国法,抑或欧盟层面法律状况观察,都没有如此宽泛的适用范围之先例。

3. 评价

传统理论多认为此项制度中,规制必要性系基于谈判地位与信息不对等、合意不充分等理由。然此解释路径,及其直接决定的内容控制的适用范围,与该制度的保护目的和功能取向并不吻合。它无限扩大了经营者的博弈地位,忽略了相对方的利益选择和能动性。从格式合同相对方利益考虑,即使是处于劣势的消费者和小型企业,在日常交易中,迫于快速的生活节奏和强烈的市场竞争,也不希望仔细考虑合同内容中的每个细节,反复磋商。此外,相对方也信任由行政机构、第三方提供的通用标

---

[37] Ulmer/Habersack in Ulmer/Brandner/Hensen AGB-Recht Kommentar,§305, Rn. 45.
[38] Ulmer/Habersack in Ulmer/Brandner/Hensen AGB-Recht Kommentar,§305, Rn. 45.
[39] 特指经营者与消费者之间的合同。
[40] 《共同参考框架草案》对消费者合同、经营者合同以及消费者之间的合同,作了区别规定,第 9:403 条系针对消费者合同的规定。

准文本范本类似于商业惯例、行业规则,经交易者反复博弈,不会出现较大利益失衡。即使存在个别偏差,在比较信息成本和合同期待利益后,也往往愿意为相对方所承受。亦即,相对方在存在磋商可能的情况下,主动放弃该权利,此时无论从填补意思自治角度,抑或维护格式合同的效率功能角度,均无保护之必要,不适用内容控制制度。可见,相对方在获取信息的成本和合同价值不成比例的情形中,并不关注"协商"的可能性和事实上的实践性。

18 反之,大额交易合同中,合同价值大于信息成本和交易风险,可期待理性的经济人对权利义务进行个别协商。由此,已有学者[41]提出以保护目的为导向来重新定义格式条款内容控制的适用范围,以"交易成本—合同价值"关系为决定性标准,即审查因使用格式条款造成的相对方的不利,是否有公力救济的必要(这里主要指合同的司法审查)。若交易成本较高,与合同价值不成比例,则推定不存在个别协商。反之,若交易成本低于合同价值,则即使合同内容事实上完全没有修改变动,也推定存在个别协商。这种情况下,使用格式条款造成的相对方的不利益由私人间自力救济是必要和可能的,从保护个人或保护市场两方面来看,公力救济(格式条款内容控制)均无介入必要。若此命题成立,甚至可以说拟定方是否对相对方履行了说明告知义务都变得无关紧要。在平衡私法自治和国家干涉之后,还可以得出更大胆的结论:个别协商在第二种情况下甚至可以定性为"拟制",而非"推定";且若相对方可进行协商而未协商,也"拟制"成立"协商"。依之,可避免依照目前通说的解释路径会造成的相对方拒绝协商时的法律地位优于其真正进行了协商的情形。[42]

19 管见以为,比较法的新趋势,确实符合格式合同发展现实,欧洲学者的研究和论证颇具启发。但是,在我国实证法对格式条款要件规定明确

---

[41] Leuschner, AcP 207 (2007) 491, 524.

[42] 这一标准的不确定性主要在于如何比较交易成本和合同价值(后者系确定项,因而主要是如何确定交易成本)。日常购买中原则上均视为交易成本大于合同价值,推定不存在"磋商",受内控控制审查。反之,经济价值在一定数额以上的,推定当事人有磋商能力及可能性。在1993年欧共体制定《不公平条款指令》(93/13/EEC)时,英国和苏格兰曾经建议将550 000欧元作为指令适用范围的界限,但未被采纳。但是到2008年制定的《消费信贷指令》(2008/48/EG),第2款明文规定指令仅适用于贷款额200~750 000欧元的合同。

的语境下,该理论的意义可能更多的是,令法官在决定是否适用格式条款内容控制时,或言在解释"协商"要件时,区分消费者合同、经营者之间及消费者之间三类合同并作不同处理。在格式条款使用方无法证明相对方对条款内容存在实质影响可能性的情况下,尽可能认定构成《合同法》第39条第2款中所指之"格式条款"。而后进一步讨论系争条款是否属于内容控制对象。

(二)核心给付条款

所谓核心给付条款,即具体的给付与对待给付的描述与确定条款(亦谓"法律行为要素"或"必要之点")。核心给付条款除了仅受显失公平制度中的暴利行为的规制外,一般认为均应由市场经济自身来决定。[43] 格式条款效力审查制度,从产生之时即非为"对所有合同条款进行普遍的正当性审查"这一目的和功能而设立,况且也无法承担起这一功能,其审查内容仅限为"不合理的权利义务的不均衡",前者的功能主要由概括性条款如显失公平、诚实信用等制度承担,且适用于所有合同条款。[44]《共同参考框架草案》和《德国民法典》都为格式条款的司法审查权限划定了严格的范围:《德国民法典》第307条第3款作了明文规定:"偏离或补充任意法规定的格式条款"[45];《共同参考框架草案》则明文排除了核心给付条款[46]。

"给付说明条款与价格条款"不受审查[47],原因有三:首先,具体的给付与对待给付的描述与确定条款,为当事人合意之最低要求,通常必须经

---

[43] 参见《德国债法现代化法立法说明·总则部分》(BT-Drucks. 14/6040,S.153)。

[44] 例如"显失公平"制度中,对价关系相差30%,详见贺剑:《〈合同法〉第54条第1款第2项(显失公平制度)评注》,载《法学家》2017年第1期,第158页。

[45] §307 III:...durch die von Rechtsvorschriften abweichende oder diese ergänzende Regelungen vereinbart werden...

[46] DCFR II.-9:406(2):For contract terms which are drafted in plain and intelligible language, the unfairness test extends neither to the definition of the main subject matter of the contract, nor to the adequacy of the price to be paid.

[47] Vgl. Wolf, in: Wolf/Lindacher/Pfeiffer, AGB-Recht, 11. Aufl, §307 Rn. 104; NK-BGB/Kollmann, 3.Aufl., 2016, §307, Rn. 10-11; Müko-BGB/Wurmnest, 7. Aufl., 2016, §307, Rn. 52.

合同双方磋商确定，因而两类条款不满足"单方拟定，未与对方协商"之要件。其次，给付内容与价格在市场经济中由供求关系平衡和调整。最后，格式条款效力审查的标准与效力填补手段均为任意法规定，而对于构成合同"必要之点"条款的给付条款，通常不存在任意法规范。

22　　申言之，法官不得对给付义务以及交易条件中以（隐藏）的"不合理的利益减损"为代价的对待给付义务（价金、报酬等）的降低作全盘权衡。[48] 此外，内容控制的法效果是构成"不合理的利益减损"的格式条款无效，相对方仍需为对待给付，并且按照原先合同的约定不得调整（通常来说是低价）。此规制路径对"交易信息告知不充分"的行为有惩戒与预防作用[49]：审查"不合理的利益减损"时，若价格因素作为不公平格式条款的让步和补偿因素也被考虑在内，会使市场机制失灵的可能性增加，因为对于价格因素的审查，法官无标准亦无权限。格式条款使用方通过向相对方隐瞒对其不利的合同内容，事实上令风险转嫁，使格式合同使用方得以提供表面上低于其他竞争对手之价格。而若令格式条款所体现的风险负担和价格高低均作为审查构成"不合理的利益减损"的格式合同的考量因素，令法官介入当事人之间的经济安排，干预意思自治，将使竞争机制受破坏的状况加剧。相反，只审查交易条件，只要存在"不合理的利益减损"，条款无效，而仍然保持原来的低价，对相对方有利，对使用方亦有威慑作用。再不济，格式条款审查后，尚有针对个案的概括性条款（或称"兜底条款"）审查。当然，对于核心给付条款的审查，仅在"明显不相当"时，始发生无效之法效，程度上较格式条款审查中的"权利义务不均衡"严格。此法效一旦发生，原则上不仅限于不公平条款无效，而系合同全部无效。因为只有这样的法效果，才可使等价原则严重失衡，造成重大不公平

---

[48]　不同观点，参见贺剑：《〈合同法〉第54条第1款第2项（显失公平制度）评注》，载《法学家》2017年第1期，第167页。

[49]　比较法上，欧盟多数国家采此立法例，参见：Von Bar/Clive, Hrsg., Principles, definitions and model rules of European private law: Draft Common Frame of Reference, Full Edition, Berlin 2009, Bd. 1, S.649；成员国的判例发展，参见：Ranieri, Europäisches Obligationenrecht, 3. Aufl., 2009, S. 323 ff.；比较法分析，参见 Kötz, Europäisches Vertragsrecht, Bd. 1, 1996, S. 213 ff.。

的情况得以克服。当事人仍有缔约意图的,大可重新达成合意。㊿

(三)任意法规定的复述条款[51]

格式条款效力审查制度仅针对"偏离或补充法律规定"的条款,除排除(无任意法规范作参照和效力填补)的核心给付条款外,还可以得出"复述任意法规范"条款不审查的结论。倘使格式条款文义内容均符合法律规定的,法官对其内容控制将违背"法官的裁判活动受法律的约束"这一宪法原则。

(四)违反强行法、违反法律禁令,以及因显失公平而悖俗的条款

内容控制制度对象排除违反强行法规范的条款,乃强行法规范本身属性之要求;其不容当事人意志排除适用,个别磋商条款也罢,格式条款也罢,未进入内容控制制度调整范围前,此类条款即应为无效。后两类条款不受特别审查的理由,亦同。

(五)小结

综上,经订立控制后,进入合同的格式条款,均可(应)受到内容控制审查。不受《合同法》第40条后段效力审查的条款仅有:(1)经个别协商的条款;(2)核心给付条款。(3)任意法规定的复述条款;(4)违反强行法、因显失公平而悖俗的条款,格式条款的审查对象仅限于"偏离和补充任意法规范的条款"。这是因为,有名合同中一般会规定交易可能遭遇的典型风险,对于如何分配,这类规范通常具备一定的提示功能,例如《合同法》第142条买卖合同中的风险负担规则。格式条款使用方排除或偏离这些规范,就需要审查条款内容,并与其所不欲使用之任意法规定进行比

㊿ 我国法律目前采"一部无效,剩余有效"原则,且不区分普通合同条款与格式条款,是否妥当,可以探讨。

[51] 例如:苏某某与萧某某等拍卖合同纠纷上诉案,格式条款中对于艺术品拍卖中的免责声明,系对《拍卖法》第61条第2款的复述参见高海鹏、刘佳洁:《艺术品拍卖中的免责声明是否有效》,载《人民司法·案例》2010年第10期。郑某某与花旗银行(中国)有限公司上海分行贷款合同纠纷上诉案,银行自行调整利率条款系对《商业银行法》第31条、第38条的复述,仅有指示释明功能,不受审查。

较,掌握两者差异,并进一步明确法律规定之立法旨意,探究使用人排除该规定有无必要性和正当性。㊺ 对于补充任意法规定的格式条款,常见于无名合同的情形,需要特别注意条款是否免除、限制当事人使用人之义务,或限制对方权利,并导致对方当事人失去缔约时期待达成之目的。㊻

三、格式条款效力审查制度的功能定位与评价标准

26　　结合《合同法》第39条和第40条的规定,进行体系解释后,格式条款无效应满足:"已经订入合同""经合同解释明确含义""未遵循公平原则确定当事人之间的权利和义务",其表现形式多为"提供格式条款一方免除其责任、加重对方责任、排除对方主要权利"。

(一)"免除其责任、加重对方责任、排除对方主要权利"作为效力评价标准?

27　　《合同法》第39条第1款前段规定采用格式条款订立合同的,提供格式条款的一方应当遵循公平原则确定当事人之间的权利和义务。第40条规定了格式条款的无效情形:"……提供格式条款一方免除其责任、加重对方责任、排除对方主要权利的,该条款无效。"其后制定的特别法,基本与之保持一致,《消费者权益保护法》第26条、《保险法》第19条也作了相同规定。对于《合同法》第39条和第40条的规范内容,需要特别澄清的是:无论《合同法》第40条还是在此之后的特别法规定,都仅描述了无效格式条款的类型,并未提供实质性的评价标准,学界与实务界的研究则主要在条文的字义解释层面展开——纠缠于何谓"主要权利和义务"㊼,至多从比较法的角度介绍德国法上绝对强制规范、相对强制规范及任意规范的参照指引作用。㊽ 事实上,上述各款所述"免除其责任""加

㊺ Vgl. Wolf, in: Wolf/Lindacher/Pfeiffer, AGB-Recht, 11. Aufl, §307 Rn. 104.

㊻ 参见詹森林:《民事法理与判决研究(四)》,中国政法大学出版社2009年版,第70—72页。

㊼ 粮文仲:《保险合同免责条款的理解与法律适用》,载《保险研究》2010年第11期。

㊽ 参见刘宗荣:《新保险法:保险契约法的理论与实务》,三民书局2007年版,第238页;郑玉波:《保险法论》,三民书局2012年版,第121页。

重对方责任""排除对方主要权利""减轻、免除其损害消费者合法权益"以及"免除保险人义务、责任""排除投保人、被保险人权利",至多属格式条款所具备之特质。格式条款之使用,之所以常有争议,正因为条款使用人借由"单方拟定""无磋商余地"之优势而订立利己而不利于相对人之约款。因此,目前我国实体法中的规定所描述的,为格式条款之特征,或内容控制之客体,并非针对效力审查本身提出具有决定性之标准。倘使格式条款对权利义务设定、风险负担分配、违约责任承担等内容与任意法规定无偏离(有名合同情形)或补充(无名合同情形),则使用人还将其写入合同,则仅有澄清和释明功能。使用人不作规定的,争议发生时,任意法规范仍得优先于补充解释而适用。可见,具有实效的、当事人"为己立法"功能的格式条款,事实上均应当是一定程度上调整和变更双方权利、义务以及责任的。单"免除其责任、加重对方责任、排除对方主要权利",恐无法成为效力评价标准。

(二)"公平"原则㊏作为效力评价标准?

《合同法》第39条中的"公平原则",或《消费者权益保护法》第26条中"不公平、不合理的规定"为标准,较为抽象,且公平原则的内涵不明,需要判例和学说对其进行具体化。

然而遗憾的是,国内有关民法中公平原则内涵或细分标准的研究阙如。直接针对格式条款内容控制之对象、首要原则、具体化标准、判例积累和发展的禁止记载事项的列举规定等内容的研究,为实务和司法审判急需。参照法律原则部分的立法文件㊐,《合同法》第5条(同《民法总则》

㊏ 《德国民法典》第307条规定因违反诚实信用原则而有"不合理的利益减损"时,格式条款无效。我国台湾地区"民法"第247条之一规定:依照当事人一方预定用于同类契约之条款而订定之契约,为左列各款之约定,按其情形显失公平者,该部分约定无效……学者指出,《德国民法典》中的"不合理的利益减损",在引入时被译为"显失公平"。参见黄立:《民法摘编总论》,中国政法大学出版社2002年版,第107页。之后的消费保护立法中,我国台湾地区"消费者保护法"第12条使用的是"显失公平"和违反"互惠平等"原则。我国台湾地区"消费者保护法实施细则"第14条对违反"互惠平等"原则进行了具体化:一、当事人间之给付与对待给付显不相当者。二、消费者应负担非其所能控制之危险者。三、消费者违约时,应负担显不相当之赔偿责任者。四、其他显有不利于消费者之情形者。

㊐ 参见胡康生主编:《中华人民共和国合同法释义》,法律出版社2013年版,第9、110页。

第 6 条,当事人应当遵循公平原则确定各方的权利和义务)、第 54 条(同《民法总则》第 151 条,显失公平的民事法律行为可撤销),以及格式条款规制制度中,均有公平原则之适用,总结立法资料与通说,"公平原则"在我国事实上可归纳为类似民法的功能和任务意义上的"公平正义"[58]和"双务合同中的利益均衡"[59]两类定义,后者对于格式条款效力审查的规范意义可能更为直接。亦即,基于交换对等的原理,必要时运用可计算之比例,确定当事人利益与不利益,从而确定某一(主要是财产上)的交易行为的合理性。以双务合同为典型,公平原则体现为一方当事人所以愿意负担给付义务,旨在使他方当事人因此负有对待给付义务。给付与对待给付之间所具有的不可分离的牵连关系。

(三)公平原则的具体化:利益权衡

30 交易关系中的公平原则是否得到遵守,落实为裁判规则应为权利义务是否均衡。格式条款使用方对相对方造成"不合理的利益减损"的,格式条款无效。评价"不合理的利益减损"首先应当综合考量典型的双方当事人群体的利益而为判断。因此,使用人以某一格式条款恣意追求一己之利益,而自始未兼顾相对人之正当利益,或未于同一合同中,以其他条款对相对人为补偿规定者,即为"不合理的利益减损"。反之,某一格式条款虽妨碍相对人之利益,但却因此维护了使用人较高或相等之利益,该格式条款即非无效,得约束相对人。于综合格式条款使用人与相对人之利益时,应考虑所有可能影响典型的双方当事人群体的利益之因素,诸如合同类型、性质、目的和内容,使用人经营效率、相对人的合理信赖、因不可抗力或第三人之行为所造成风险的理合分配,交易成本与交易习惯,等等。[60] 这一具体化方法可谓正确,但并不全令人满意。但凡依据不确定法

---

[58] 参见崔建远主编:《合同法》(第五版),法律出版社 2010 年版,第 13—14 页;易军:《民法公平原则新诠》,载《法学家》2012 年第 4 期。

[59] 参见胡康生主编:《中华人民共和国合同法释义》(第三版),法律出版社 2013 年版,第 9、100 页;梁慧星:《民法总论》(第三版),法律出版社 2007 年版,第 50 页;韩世远:《合同法总论》第 3 版,法律出版社 2011 年版,第 39 页。

[60] 参见台湾地区高等法院民事判决 96 年度上字第 972 号,类似观点,参见:NK-BGB/Kollmann, 3.Aufl., 2016, §307, Rn. 1.

律概念进行裁判,法官均需对当事人利益进行全面的权衡,当无疑义。可考量因素常有:具有相关性之利益(当事人、相关第三人),全部条款内容的叠加效应与补偿效应对利益增减的作用力,交易群体,交易习惯(惯例),价格因素与义务及责任的相关性。全方位的评价,考量个案具体情形,当然对结论的正确性有益,尤其是在法官对个案公正的自由裁量情形下,立法者期待并授权法官进行此类利益权衡。这是因为,个案裁量[61]系保证个案正义的最后一道防线,因而可在一定程度上牺牲法律确定性价值。然而与此不同,格式条款因其(至少是旨在)适用对象之众,故应以一般、典型的交易相对人作为审酌之基础,换言之,应对于某类交易形态中,一般合同相对人典型而通常的利益而为衡量。原则上并不斟酌个案当事人之特殊情况[62],只评价结构性和典型性的利益和行为预期。是为此,其评价标准的确定性要求应当远远高于个案评价,可以胜任格式条款审查标准的,首先应当是任意法规范,在合同法领域,尤指有名合同规范。

1.评价标准之一:任意法规范

格式条款违背任意法规范中包含的体现公平和对等性的法律基本思想,构成对相对方的"不合理的利益减损",需要满足以下构成要件:

(1)任意法规范

违反强行法规范,合同条款无效,无论其为充分协商条款,抑或单方拟定之格式条款。任意法规范可由当事人意志排除,但此处所称之任意性,并非全不受限。[63]这是因为,任意法中同样体现着法律规定的实质性基本思想,而这种实质性基本思想原则上不容背离。此种不容背离的特点即构成格式条款规制上的范式作用:以存有疑义为限,若格式条款违背

---

[61] 有如:诚实信用、暴利行为、是否尽到应有之注意(过错)等。

[62] 理由有二:第一,格式条款制度是对私法自治的结构性的干预,适用对象也为多数人,不考虑兼个案特殊情况,且以此区别于"显失公平"无效制度。第二,审查标准系任意法规范,法律规范是概括性普遍性的。相反观点,参见《关于消费者合同中不公平条款的指令》第4条第1款以及为转化《关于消费者合同中不公平条款的指令》而增加的《德国民法典》第310条第3款第三项。

[63] 参见苏永钦:《走入新世纪的私法自治》,中国政法大学出版社2002年版,第17页。

了法律规定的实质性基本思想,则其不生效力。⁶⁴ 立法者于制定法律前,通常均已综合比较衡量双方当事人所涉之利益,并为适当调整,始以条文表现其价值判断⁶⁵,故若格式条款与所涉任意法规范之基本原则相冲突,除非在格式条款的使用人能够阐明存在重大利益,并且在评价相对人利益的情况下亦构成正当化理由的例外情形,始得以格式条款背离相应的法律规范,从而否认合同法规范所具有的范式功能。⁶⁶ 遗憾的是,法院常常混淆条款违反强行法无效,与"格式条款偏离任意法规范+无正当性理由"无效两项制度,如蒋军与招商银行股份有限公司深圳梅林支行期货强行平仓纠纷上诉案⁶⁷中,法院认为"经纪机构在贵金属延期交易强行平仓前负有通知义务,违反该强行法的格式条款无效"。而事实上,本案应属格式条款偏离最高人民法院《关于审理期货纠纷若干问题的规定》第57条第2款的规定+无正当性理由而无效。类似案件,尚有成路诉无锡轻工大学教学合同纠纷案⁶⁸,法院说理部分指出:"格式合同的条款只在存在法律规定的无效情形时,才能被宣告无效,并非只要是格式合同就一定无效。"

33　　此外,对于任意法规范的理解,可放宽至学说与司法实践承认的原

---

⁶⁴ NK-BGB/Kollmann, 3. Aufl., 2016, §307, Rn. 31; Müko-BGB/Wurmnest, 7. Aufl., 2016, §307, Rn. 64-69; BGHZ 135,116,120f.; BGH NJW-RR 2008, 818 Nr.40; Canaris, Festschrift für Peter Ulmer zum 70. Geburtstag, 2003, S.1095;中文文献较早系统介绍格式条款效力审查制度的,参见王全弟、陈倩:《德国法上对格式条款的规制——〈一般交易条件法〉及其变迁》,载《比较法研究》2004年第1期。

⑥⑤ Vgl. Lakies, AGB im Arbeitsrecht, Heidelberg 2006, Rn. 293.

⑥⑥ 参见周某某、俞某某与余姚众安房地产开发有限公司商品房销售合同纠纷案,载《最高人民法院公报》2016年第11期,格式条款约定开发商承担了逾期交房的责任之后,逾期办证的违约责任就不予承担,因偏离《合同法》第107条而无效;类似案件:罗某某等与连城恒益房地产开发有限公司商品房买卖合同纠纷上诉案,载《人民司法·案例》2017年第5期;另有对定金罚则适用的构成要件"不可归责于当事人双方的事由"的偏离,格式条款应属无效,参见戴某某诉华新公司商品房订购协议定金纠纷案,载《最高人民法院公报》2006年第8期;管辖权条款约定格式条款使用方注册地法院管辖,偏离《民事诉讼法》第23条和第34条的规定,不合理地加重了消费者应诉的负担,格式条款无效,参见北京京东世纪贸易有限公司诉王某某格式合同纠纷案,载《人民司法·案例》2009年第8期。

⑥⑦ 参见蒋某与招商银行股份有限公司深圳梅林支行期货强行平仓纠纷上诉案,载《人民司法·案例》2013年第14期。

⑥⑧ 参见成某诉无锡轻工大学教学合同纠纷案,载《最高人民法院公报》2002年第2期。

则,有如《合同法》第113条规定了损害赔偿计算的可预见性规则,却未规定与有过失、损益相抵、违约赔偿履行利益、不同类型违约金与损害赔偿的折算和累加等原则,而这些合同法的基本原则,承载着义务的对等均衡的实质思想,在权衡利益时,可作为评价标准。

(2)与任意法规范相悖

"相悖"判断,系价值评价问题,要求利益衡量。此时,尤其要对合同条款进行体系解释,注意针对同一事项的合同条款,对双方当事人利益的影响,发生"叠加效应"与"补偿效应"。因为遵循合同内容的总体评价原则,可能发生某一格式条款本身的权利义务分配并未对相对方造成不合理的利益减损,然而结合其他格式条款或个别协商的条款,违背公平原则而无效的情况(叠加效应);同样,也可能发生某一格式条款造成的对相对方的不合理的利益减损,被其他条款中赋予的利益补偿和平衡的情况(补偿效应)。

(3)重大性

即便构成"相悖"要件,仍需进一步判断其重大性,仅当造成严重"利益减损",才发生格式条款无效之法效果。举例言之,《合同法》买卖合同章和违约责任一般规定中,均有瑕疵履行责任,且主要以新物买卖为原型。二手物交易中,双方针对瑕疵的预期与责任的安排,在利益状态上应有较大差别。在新物买卖中,一方面瑕疵较难发现,另一方面当事人一般推定标的物品质与约定和通用效用相符。而二手物买卖中,"已经使用"中会产生的典型瑕疵,对此类瑕疵责任的排除,不存在相对人"利益减损"[69]。此外,在判断"相悖"要件时,需要对合同内容进行总体评估。尤其需要考虑使用人或相对人对责任发生原因的控制可能性问题(尤指保险),亦即以可期待之方式预防发生责任的事实的发生的可能性问题。

2.评价标准之二:对影响当事人合同利益实现的权利、义务、责任的限制

在无任意法规范的领域,可以胜任格式条款审查标准,即判别对相对方构成不合理的"利益减损"的,是"免除其责任、加重对方责任、排除对

---

[69] NK-BGB/Kollmann, 3. Aufl., 2016, § 307, Rn. 31.

方主要权利",且此类权利、义务和责任,对合同目的和合同利益实现至关重要,尤适用于无名合同中的格式条款审查。⑦

(1)合同目的(或称"合同利益")

37　　合同目的和合同利益的确定,首先应当依据当事人的约定,此处无需区分主义务、从义务、附随义务。当事人的约定中无法确定合同目的的,可尝试探究理性当事人于订立合同阶段,为追求何种利益而决定订立合同。㉑ 对某类合同而言,典型的利益分配状况的确定,对格式条款效力判定就至关重要。例如上文中的二手物买卖,即使交付无瑕疵之物的义务,原则上系买卖合同中决定合同性质的重要义务,但仍然会因买卖标的物属性,包括其是否结构复杂,瑕疵是否容易识别等因素,作出不同判断。二手物买卖中出卖人追求的合同利益可以是"以现状出卖标的物,对其后发生之瑕疵损害不承担责任",交易习惯中此类买卖形式亦不少见。当然,当事人也可约定依新物买卖之规则,承担瑕疵履行之违约责任。可见,出卖无瑕疵之物非为二手物买卖中"决定合同性质之重要义务"。

38　　除此之外,保险合同是射幸合同,其指向的对象是未来不确定的危险。保险人在其提供的格式条款中规定,合同期内保险人对已经发生的事故有权单方面决定是否予以承保,则这一约定违背了保险的性质,排除了被保险人的主要权利,且导致合同目的无法实现,格式条款无效。㉒另有责任保险中的"按责赔付和无责免赔"条款,将第三者不能赔偿的风险转移给了被保险人,与财产保险的目的相违背㉓,应判定格式条款约定致使合同目的不达而无效。

---

⑦ "合同目的"和"合同利益"标准,在有名合同中同样发挥作用,只是有名合同中任意法规范往往更为具体,因而在有名合同中可优先考虑格式条款与任意法规范的偏离程度,以及条款使用方是否可对此提供理由或给予其他方面的补偿。

㉑ NK-BGB/Kollmann, 3. Aufl., 2016, § 307, Rn. 37.

㉒ 参见渤海财产保险股份有限公司苏州中心支公司与苏州市宏辉物流有限公司保险合同纠纷上诉案,载《人民司法·案例》2010年第8期。

㉓ 参见应某与中华联合财产保险股份有限公司北京分公司机动车交通事故责任纠纷上诉案,载《人民司法·案例》2015年第16期。代表性保险学理分析,参见韩长印:《责任保险中的连带责任承担问题——以机动车商业三责险条款为分析样本》,载《中国法学》2015年第2期。

居间合同中,通常情况下,如若居间人居间成功,亦只能向委托人收取总房价款的1%作为报酬,而且这意味着居间人不但促成了买方和卖方签订买卖合同,还为委托人办理了产权过户、协助申请贷款、水电煤交接等事务。由此可见,委托人支付总房价款1%的费用于居间人已然表明居间人获得了利益的最大化。在委托人行使合同任意解除权时,违约条款规定"应按委托房价款的2%承担违约责任"明显违背了居间法律规范的本旨。⑭

(2)决定合同性质的重要的权利、义务和责任

合同性质标准与重要的合同义务,实质上系统一标准。后者确定前者。有待评估的主要有以下几个方面⑮:义务的等值性、风险负担的合理性、责任限制是否危及当事人合同利益之实现(或曰合同目的)。需作说明的是,格式条款效力审查制度关注给付均衡,法官可以判定双务合同中,给付与对待给付的内容严重失衡时,格式条款无效。然而,这并不意味着法官应当审查对价关系。此处的给付均衡审查,是指在"必要之点"之外,当事人在签订合同时未作周详考虑和单独约定,但其规定在格式合同使用方的文本中,在合同履行时造成合同权利与给付的严重失衡。⑯

(3)限制

构成"不合理的利益减损",尚需满足对以上权利、义务及责任的限制

---

⑭ 参见舒某某诉上海德佑房地产经纪有限公司居间合同纠纷案,载《人民司法·案例》2013年第22期。比较法上,违约金乃损害赔偿额之预定,该预定额超过依照事务通常之发展可预期之损害,仅当"未给予相对方证明损害未发生,或远低于预定额的可能性"(《德国民法典》第309条第5项b),该条款才无效。

⑮ 笔者以"格式条款无效+主要权利""格式条款+免除其责任、加重对方责任"为关键词,搜索北大法宝"民事案件",依"指导性—公报—典型—参阅"的顺序,找到有效裁判文书7例,在"人民司法·案例"来源项下,找到有效裁判文书20例;在威科先行数据库以"格式条款无效"为关键词,以同时包括"合同目的",或"重要的合同权利",或"合同权利义务"择一,且不包括"不利解释"词条,选择"民事案由",进行全文检索,分别找到北京市、上海市、广州省法院有效裁判文书76例、1例和13例;总结得出五个方面的考量因素。

⑯ MüKo-BGB/Wurmnest, 7.Aufl., 2016, §307, Rn. 52.

的要件。具体可以表现为:使用方扩大其权利、免除其义务与责任[77];排除对方主要权利[78]。"限制"要件的构成,需要进行利益评估与权衡:

第一,等值原则/均衡原则:主给付义务之外的权利义务的等值性。

42　　格式条款违背双务合同的基本原则——给付等值原则/均衡原则的,格式条款应当判定无效。给付等值原则的判定在此并非指给付标的与对待给付的价值是否对等均衡,而系评价核心给付条款之外的,构成对待性质的权利义务严重失衡:消费者在服务合同履行期间,有放弃继续接受服务的权力,服务提供者因此受到损失,可以要求消费者承担一定的责任,但对于消费者未消费的预付服务费,理应予以退还。服务提供者在合同格式条款中约定,如消费者放弃接受服务,未消费的预付服务费不予退还,排除了消费者合法的权利,有违公平原则。由此,美容机构预付卡合同格式条款中约定"如消费者放弃接受服务,未消费的预付服务费不予退还"条款[79],以及《私人教练课程协议》中"私教课程一经售出概不退款"的约定[80],"预存话费必须在一定期间内消费,否则余额自动清零,且电信公司可单方决定对用户停机"条款[81]。除此之外,实践中格式条款使用方也常以相对方违反从给付义务或附随义务而限制对方主要权利,在中国太

---

[77] 杨某某与中国平安财产保险股份有限公司天津市宝坻支公司保险合同纠纷案(载《最高人民法院公报》2007年第11期):机动车辆第三者责任保险合同条款将被保险人或被保险车辆驾驶人员的家庭成员排除在"第三者"之外,条款无效;上海中原物业顾问有限公司与陶某某居间合同纠纷案(最高人民法院2011年指导案例1号):房屋所有权人通过多家中介公司挂牌出售同一房屋,格式条款限制买方从其他中介公司得到同一房源信息并通过其他中介公司签订房屋买卖合同,条款无效;周某某、俞某某与余姚众安房地产开发有限公司商品房销售合同纠纷案(载《最高人民法院公报》2016年第11期):格式条款约定开发商承担了逾期交房的责任之后,逾期办证的违约责任不予承担,条款无效;王某某与中国人寿保险公司淮安市楚州支公司保险合同纠纷案(载《最高人民法院公报》2015年第12期):保险公司以保险合同格式条款限定被保险人患病时的治疗方式,不符合医疗规律,违背保险合同目的。

[78] "免除其义务与责任"同"排除对方主要权利"很多情况下存在一定重合,不赘。

[79] 参见孙某某与上海一定得美容有限公司服务合同纠纷上诉案,(2012)沪二中民一(民)终字第879号,载《人民司法·案例》2012年第22期。

[80] 参见王某某与晶城阳光(北京)国际健身俱乐部有限公司服务合同纠纷上诉案,(2017)京02民终3702号。

[81] 参见刘某某与中国移动徐州分公司电信服务合同纠纷案,载《最高人民法院公报》2012年第10期(总第192期)

平洋人寿保险股份有限公司厦门分公司与张某人寿保险合同纠纷上诉案[82]中,格式条款规定,保险事故发生后,投保人、被保险人或受益人以未履行及时通知义务为由不承担保险责任。[83] 以上格式条款均背离对价平衡原则,应当判定无效。

相反,许多免责条款,尽管对使用方的义务与责任进行了限制,但权衡双方利益,符合等值原则的,应当认定有效。最典型的例子是快递"保价条款"[84],应属有效。首先,严格责任配合责任限额符合权利义务对等原则,为许多比较法立法例以及国际公约所采。其次,快递业收益(相对低廉的运费)与风险存在不对称性。最后,承运人不可能在每单合同订立时与托运人约定具体的损失赔偿额,也不可能对托运货物的真实价值进行核定,在经济上和技术上都不具可操作性。

第二,价格因素。

价格因素是否应当以及在何种程度上得到考量的问题,即同样的权利义务即风险分配条款的效力,是否会因为价格高低有所不同,颇具争议。如上文已述,价格条款非格式条款审查对象[20]。依格式条款制度原理,价格因素应不予考虑:首先,法院不得因无效格式条款合同中对价较低,即认定其有效。倘使允许法院作出此类评价,即意味着其首先需确定一个"合理正当"的合同价格,此"合理正当"的合同价格对应合理有效的格式条款。等同于令法官评价,价格的降低与格式条款在设定权利义务方面的不妥之间,是否足以互相抵消。而事实上,确定一个"合理正当"的合同价格是否可能,即存疑问。法官无法承担起价格确定者之责任,其既无特定领域之专业知识,又缺乏定价或比价所需之信息。格式条款无

---

[82] 中国太平洋人寿保险股份有限公司厦门分公司与张某人寿保险合同纠纷上诉案(载《人民司法·案例》2009年第6期):保险事故发生后,投保人、被保险人或受益人以未履行及时通知义务的,保险人是否承担保险责任?

[83] 然而,投保人、被保险人或受益人未依约定或法律规定履行及时通知义务,导致保险人无法核实保险事故的性质、原因和损失程度的,以及是否属于免责范围无法确定的,投保人、被保险人或受益人要承担不利的法律后果。参见北京市高级人民法院《审理民商事案件若干问题的解答之五(试行)》(2007年5月18日发)第30个问题及其解答。

[84] 参见宋某某诉北京明源圆通快递服务有限责任公司赔偿纠纷案,载《人民司法·案例》2013年第4期;郑州科创电子有限公司与周某某运输合同纠纷上诉案,载《人民司法·案例》2007年第12期,法院判决保价条款无效。

效是否必然导致条款使用人成本提高、提高幅度,以及使用人能否将此成本提高转化为价格提高,附加到商品或服务上。

45 　　需作说明的是,订立合同时,格式条款使用方提供多种价格套餐供相对方选择的,而相对低价的套餐中含有责任免除或限制条款的,应当为法律所允许,此类条款并非一律无效。相对高价的套餐中经常包含商品或服务提供者的保险成本,因而在发生保险风险时,其可以承担相应的责任,继而从保险公司获得理赔。

　　这一因素在责任保险产品中表现得最为突出:责任保险承保的风险本身即为一种对第三人可能承担的责任,因而保险条款中的保险给付描述条款,常被法院认定为《保险法》第17条意义上的"免责条款"。然而,保险产品开发、设计的核心内容本就在于如何在为社会公众提供风险保障的同时合理规避自身的风险。通过对各种风险的甄别,选择设计合理的承保风险范围,通过设计责任免除条款、通过特别约定及免赔额(率)的设定等要求被保险人承担一定的风险管理的义务,通过合理确定保险金额、赔偿责任限额确定保险人自身最大风险承担范围,是保险人合理规避自身风险的方式。保险责任是指保险单上载明的危险发生造成保险标的损失或约定人身保险事件出现(或约定期限届满)时,保险人所承担的赔偿或给付责任。亦即,保险责任是保险人在保险事故发生后依据保险合同约定所承担的赔偿或给付保险金责任,性质上应属于根据保险合同所承担的义务,而非保险人违约所应承担的不利后果。由此,免除保险人责任与合同法上的免责并不相同:前者免除的是(给付)义务,后者免除的是违反义务的法律后果,责任保险合同中的免责条款多为免除保险人应承担的保险义务的条款。因给付义务承担的多寡,对应相匹配的价格套餐,从而形成不同的保险产品,系保险合同中的主给付义务条款,不在格式条款效力审查制度评价范围内。

　　第三,风险控制因素。

46 　　在判定格式条款效力时,还需考虑由谁预防和控制风险最佳的因素,即"最低成本规则"(cheapest cost avoider)。例如,酒店、健身房、超市等公共场所的物品暂存处规定"贵重物品请勿带入,如有丢失,概不负责"的免责条款,以及"贵重物品请放至前台有偿保管",此类格式条款,应当认定有效。同样,车损险格式条款中的"火灾、爆炸、自燃""竞赛、测试,在营业性维修场所修理、养护期间""利用保险车辆从事违法活动""无证驾驶"等情形下发生的事故损失,保险公司免责的条款应为有效。因为此时,相较于保险公司,车辆驾驶人控制风险的成本更低。除此之外,晚近频发的银行卡盗刷案件:第三人利用商业银行对其自助柜员机管理、维护上的疏漏,通过在自助银行网点门口刷卡处安装读卡器、在柜员机上部安装摄像装置的方式,窃取储户借记卡的卡号、信息及密码,复制假的借记卡,将储户借记卡账户内的钱款支取、消费的,应当认定商业银行没有为在其自助柜员机办理交易的储户提供必要的安全、保密的环境,构成违约。储户仍得请求商业银行按照储蓄存款合同承担支付责任。银行利用格式条款免除责任的,该格式条款无效。[85] 类似的,银行格式条款规定"凡是通过交易密码发生的一切交易,均应视为持卡人亲自所为,银行不应承担责任"的,将本应由银行承担的责任也推向储户,加重了储蓄责任,有违公平原则,该格式条款无效。[86]

第四,保险保障因素。

与风险控制因素密切相关的,在评价格式条款是否对相对方造成"不合理的利益减损"时,应当特别考量,条款中规定的由相对方负担的风险,可否由使用方通过投保方式预防与救济。简言之,保险义务方为相对人的,格式条款使用人就该项保险风险对己设定免责条款的,有效;反之无效。有名合同联立和无名合同中,格式条款的效力问题,常需借助保险保障因素,权衡双方利益:承揽合同中,承揽内容为清洗、保养及来料加工

---

[85] 参见王某某与中国银行股份有限公司南京河西支行储蓄存款合同纠纷案,载《最高人民法院公报》2009 年第 2 期(总第 148 期)。类似案件:陈某与甲银行借记卡纠纷案,(2013)沪一中民六(商)终字第 152 号(2013 年度上海法院金融商事审判十大案例);甲某与乙银行储蓄存款合同纠纷案,(2015)浦民六(商)初字第 9326 号(2016 年度上海法院金融商事审判十大案例),将各种形式(复制卡、pos 机、网银、"智付通"等)盗刷银行卡的造成损失的风险,分配给银行。

[86] 参见顾某与上海交行储蓄合同纠纷案,载《最高人民法院公报》2005 年第 4 期(总第 102 期)。类似的案件:甲公司与乙银行股份有限公司储蓄存款合同纠纷上诉案。本案中,银行格式条款规定:"支付密码的效力等同于预留印鉴,顾客对支付密码项下的交易行为承担全部责任。"该格式条款免除《票据法》中明确规定的银行对支票上加盖的印章与预留印鉴的一致性进行审核的义务,及其所应承担相应的违约责任。无效理由有二:首先,其偏离任意法规范中权利义务的分配,且未能提供实质性理由;其次,依本节"风险控制"因素考量,银行预防和控制风险的成本更低。

的,常常含有保管因素,将保险义务归于格式条款使用方,由其投保责任保险应当更为妥当。因为在此类行业中,鲜有可能承揽物由顾客经手而遗失。将此类保险义务归于顾客,不符合交易程序与风险防范原理;而相反,归于格式条款使用方,一则并不为其带来过重负担,二来更为经济可行。而相应的,其格式条款中若存在针对上述特定事项对己免责的条款,应当判定无效。相反,在车船保管合同(实为场地租用)⑧⑦中,考虑到车船主投保损失险为交易习惯,出租人规定不可归责于己的车损免责条款有效。这样的保险义务分担,还大大降低了保管费用。可见,"通常情形"下应当由谁投保的问题,应当参考交易习惯,权衡由一方投保普通财产保险,或由另一方投保责任保险更优而决定。而交易惯例,可以作为该领域大部分交易参与人认为何者更优的重要标志和佐证。尤其涉及车船偷盗和毁损的案件,一般而言,由相对人投保更优,理由有二:首先,其更能判定保险利益的范围;其次,船东投保一项普通财产险相较于保管人分别就其可能发生的责任,投保数项责任保险更有效率。同样,洗车场也不得以格式条款的形式针对车辆毁损分风险对己免责。⑧⑧ 车主投保的车损险理赔范围并不包括因洗车场过失造成的车辆毁损,对此项特定风险,洗车场应当投保责任险。⑧⑨ 同样的情形还有,专家提供有瑕疵的咨询意见等服务或承揽成果,相对方受有纯粹经济损失,此类风险由专家投保责任风

---

⑧⑦ 参见中国人民财产保险股份有限公司成都市分公司与四川安恒停车场管理有限公司高新区分公司保险人代为求偿权纠纷上诉案,(2016)川01民终346号。

⑧⑧ 参见中国平安财产保险股份有限公司江苏分公司诉江苏镇江安装集团有限公司保险人代位求偿权纠纷案"因第三者的违约行为给被保险人的保险标的造成损害的,可以认定为属于《中华人民共和国保险法》第60条第1款规定的'第三者对保险标的的损害'的情形。保险人由此依法向第三者行使代位求偿权的,人民法院应予支持"。类似案件:中国人民财产保险股份有限公司成都市分公司与四川安恒停车场管理有限公司高新区分公司保险人代为求偿权纠纷上诉案,(2016)川01民终346号;黄某诉华泰财产保险有限公司四川省分公司保险合同纠纷案,(2017)川0108民初2364号;林某某等诉中国太平洋财产保险股份有限公司东莞分公司保险人代位求偿权纠纷案,(2014)东中法民二终字第940号。

⑧⑨ 参见永安财产保险股份有限公司珠海中心支公司与珠海市飞驰汽车护理有限公司保险代位求偿权纠纷上诉案,(2007)珠中法民二终字第92号;天安保险股份有限公司淮安中心支公司与于某保险合同纠纷上诉案,(2013)淮中商终字第0064号。

险也更为妥当。⑩

第五,第三人利益考量。

在判定格式条款是否造成"不合理的利益减损"时,原则上仅考虑合同双方当事人利益平衡,第三人利益(例如格式条款相对方的债权人)与公共利益均不予考虑。

然而,存在一些格式条款直接影响第三人利益的特殊情况,例如合同一方当事人取得对方提供的可转让的礼品券,第三人兑换礼品时遭到拒绝,或权利受到限制,即为适例。⑪ 不仅如此,比较法上格式条款使用方规定过短的礼品券使用期限的,法院认为直接影响和限制第三人利益的实现,该条款无效。⑫

除此之外,格式条款也可能间接影响第三人利益,实践中主要案型有两类:第一,格式条款不合理地限制相对方的经营行为,从而间接影响相对方的商品和服务接受者的利益⑬;第二,保险合同、贷款合同以及水电煤等公共服务供给合同中的格式条款侵害的利益除合同相对方以外,往往涉及同类、众多"第三人利益"。不仅如此,格式条款一旦被判定无效,往往直接导致价格上涨,从而间接影响第三人利益。对此类间接影响第三人利益的案件类型,笔者认为,格式条款审查应采谨慎态度为妥,原则上将利益权衡限制在"相对方"+"具特别保护必要"之利益。加之,间接影响第三人利益及公益的情形,可由违反法律禁令无效制度审查[如:第一类案型中适用《反垄断法》第 17 条第(四)项],而第二类案型不仅在所列举的合同类型无效时发生,事实上系所有使用格式条款无效情形中的

---

⑩ 关于专家责任的特别规定,参见《证券法》第 69 条:"发行人、上市公司公告的招股说明书、公司债券募集办法、财务会计报告、上市报告文件、年度报告、中期报告、临时报告以及其他信息披露资料,有虚假记载、误导性陈述或者重大遗漏,致使投资者在证券交易中遭受损失的,发行人、上市公司应当承担赔偿责任……"

⑪ 参见王某某与乌海市俊景房地产开发有限公司商品房买卖合同纠纷,(2015)乌勃民一初字第 00552 号。本案中,恒大绿洲楼宇认购书的格式条款中附带"老客户带新客户"购房优惠券条款,条款规定:"老客户能够享受免交三年物业费,新客户可以享受 1 万元的优惠。"本案中格式条款的效力直接影响新用户(第三人)利益。

⑫ Vgl. NJW-RR 2008, 1233.

⑬ 参见黄某某与刘某某合伙协议纠纷上诉案,(2017)赣 08 民终 50 号;铜陵县五松镇百汇房产信息部与张某某居间合同纠纷案,(2015)铜民二初字第 00636 号。

常态(仅依相对人众寡、涨价幅度和影响范围有别),非属相对方"具特别保护必要"之利益。由此,格式条款也可能间接影响第三人利益,不影响格式条款效力判定。

四、法律后果

51　　在厘清了何种格式条款可能被判定无效后,有必要进一步探讨的是,条款被宣告无效对整个合同产生的影响问题,包括其他条款的效力、合同履行义务的命运、解除权的发生与否和损害赔偿。

52　　对于第一个问题,《合同法》第40条仅规定了无效条款本身效力,而此对合同其他条款有何影响,即生疑问,在此,《民法总则》第156条规定"民事行为部分无效,不影响其他部分效力的,其他部分仍然有效",可资适用。然无效条款所安排之事项如涉争议,当事人是否毫无权利可主张?此时涉及有无合同漏洞的判断,以及如何填补的问题。

　　法律行为部分无效后,对其他部分的影响,存在不同的立法例:《民法总则》第156条的规定有别于《德国民法典》第139条和我国台湾地区"民法"第111条中所确立的"法律行为部分无效者,全部无效"的原则不同,承认"部分无效,其余有效"。"法律行为部分无效者,全部无效"原则是基于在民事法律行为领域完全尊重意思自治作为出发点。[94] 立法者原则上令全部法律行为归于无效,促使当事人作出新的合意,部分无效法律行为造成的漏洞不应由客观法或法官依职权填补,否则即为对意思自治的破坏。同时,基于格式条款内容审查领域与一般民事行为双方当事人得以进行充分协商的情形不同,《德国民法典》第306条和我国台湾地区"消费者保护法"第16条对此采取了"部分无效,其余原则有效"的模式,并且相对民法总则作为特别法,优先适用。从相对人利益保护角度观察,有其合理性:首先,相对人因有缔约之需求而与格式合同拟定方缔结合同,若因一部无效导致整体合同无效,对于相对人而言,反而成为一种制裁(同类行业格式合同文本,经常十分接近)。再者,对现今的社会型态而言,在一般交易上利用格式条款之情况众多,"全部无效"将导致社会交

---

[94] Tuhr, Der Allgemeine Teil des deutschen Bürgerlichen Rechts, S. 1910.

易严重失序。㊽ 除此之外,在格式条款缔约的交易实践中,期待当事人为无效条款个别协商亦不现实。出于效率考虑,这一要求无异于否定合同的整体效力。因为此时当事人双方的法律状况一如他们之前订立合同之时:倘若合意需要个别协商达成,即不会在当事人之间成立契约关系。此即学者探讨格式合同时都会提及的"take it or leave it"㊾现象之原因。相较之下,"部分无效,其余原则有效"更有利于保护相对人利益。可见,区分模式看似采两项对立原则,却同样服务于"意思自治"这一目标。在格式条款领域,立法者作出不同的原则安排,目的在于使当事人合意结果最有效率地得到维持。因而出现部分格式条款无效的情形,并非立即令合同其他条款维持效力,在原无效条款处填补客观法规定。而应首先确定"推定的当事人意思"㊿,若仍难以确定,则应斟酌交易习惯,以一般、典型的交易相对人作为评判基础,依照诚实信用原则解释(《合同法》第61条)。在仍无法确定条款内容,存在合同漏洞的情况下,才考虑适用漏洞填补规则。

对于给付与对待给付的命运问题,因其本身属"法律行为要素",进而非内容控制制度之对象,恒属《民法总则》第156条中的"法律行为的其他部分",非对当事人不可期待者,原则上有效,当事人需继续履行。

对于合同解除权,设若当事人无保留解除权者,此处可考虑适用的仅有法定解除权与情势变更中的解除权。前者主要规定了一方于履行合同阶段的重大违约行为致使合同履行利益(或称合同目的)无法实现时,另一方享有解除权,与效力判定制度在时间维度上存在偏离。后者主要针对"客观情形",而格式条款无效属归因于一方当事人之原因,同样不予适用。

最后,合同条款部分无效,导致其他条款也无效的情形,双方应当依

㊽ 参见刘春堂主编:《消费者保护法专案研究实录》,台湾"行政院"消费者保护委员会编印1996年版,第127页。

㊾ 苏号朋:《格式合同条款研究》,中国人民大学出版社2004年版,第34页;王泽鉴:《债法原理》,北京大学出版社2009年版,第68页;杜景林:《合同规范在格式条款规制上的范式作用》,载《法学》2010年第7期。

㊿ Canaris, Die Feststellung von Lücken im Gesetz, 2.Aufl. (1983), S.46; Larenz, Methodenlehre der Rechtswissenschaft, 5.Aufl. (1983), S.374 f.

据《民法总则》第157条的规定,返还已经履行的给付利益;不能返还或者没有必要返还的,应当折价补偿。格式条款拟定方应当赔偿对方由此所受到的损失。

五、举证责任

56   本条遵循举证责任的一般规则,对于格式条款使用方"未遵循公平原则确定当事人之间的权利和义务",出现"提供格式条款一方免除其责任、加重对方责任、排除对方主要权利的"的情形,由主张格式条款无效者负责举证。法官发现此无效事由时,亦可依职权认定合同无效。

第 42 条 缔约过失责任*

孙维飞

《中华人民共和国合同法》第 42 条
当事人在订立合同过程中有下列情形之一,给对方造成损失的,应当承担损害赔偿责任:
(一)假借订立合同,恶意进行磋商;
(二)故意隐瞒与订立合同有关的重要事实或者提供虚假情况;
(三)有其他违背诚实信用原则的行为。

细 目

一、规范意旨、根据与特点……1—3
二、规范性质与体系定位……4—9
 (一)规范性质……4—6
 (二)《合同法》第 42 条与第 58 条第 3 句之关系……7
 (三)《合同法》第 42 条与第 43 条……8
 (四)《合同法》第 42 条与第 19 条、第 29 条和第 45 条……9
三、适用范围……10—17
 (一)仅有"必须磋商"义务的"预约"……11
 (二)待批准的合同……12—14
 (三)有效合同……15—17
四、构成要件……18—26
 (一)违反诚信磋商义务……19—21
 (二)违反告知义务……22—23
 (三)违反协作义务……24
 (四)违反保护义务……25—26

---

* 本文首发于《法学家》2018 年第 1 期(第 179—191 页)。原题为《〈合同法〉第 42 条(缔约过失责任)评注》。

五、法律效果……27—30

六、举证责任……31

一、规范意旨、根据与特点

1 《合同法》第 42 条第 3 项规定:"当事人在订立合同过程中有下列情形之一,给对方造成损失的,应当承担损害赔偿责任:……(三)有其他违背诚实信用原则的行为。"该规定为缔约过失责任之规定。① 从该规定可以看出:第一,该规定不涉及合同效力问题,不解决意思自由何时可支撑起一个有效合同的问题;第二,该规定涉及的是损害赔偿问题,其规范意旨首先自然是损失的填补,其次也包含着对违背诚实信用原则的过失行为的抑制。不过,虽然《合同法》第 42 条不涉及合同效力问题,但意思自治维护仍在其考量范围,因为就其规范意旨来说,其需要在意思自治的维护和不当行为的抑制之间保持有效的平衡,防止行为抑制功能的过分发挥伤及意思自治。

2 认可缔约过程中当事人负有依诚信而为义务——先合同义务,其根据在于当事人因缔约磋商而接触时对相对方的合理信赖。诚实信用原则要求保护此种合理信赖,从而产生了缔约磋商者之间的协作、照顾和保护等义务。不过,《合同法》第 42 条并非仅依据单纯的信赖保护思想,从而,只要一方信赖是合理的,不论对方的行为是否违反诚实信用,皆须赔偿损失。赔偿损失仍须以行为人违反诚实信用原则为前提。② 抑制违反诚实信用原则的过失行为和保护合理信赖,是为缔约过失责任制度之思想根据。③

---

① 从该规定的文义即可看出,当事人承担责任的情形不仅局限于"过失"的情形。"缔约过失"的用语实为中文表达的惯例,尚未见有学者误以为其仅适用于"过失"的情形。对"缔约过失"用语的质疑,参见吴合振、唐明晓:《是"缔约过失"责任还是"缔约过错"责任》,载《法律适用》2001 年第 7 期,第 14—15 页。

② 自比较法角度看,就意思表示撤销等情形,缔约磋商当事人的赔偿并不一定需要其有过错或违反诚实信用原则。如根据《德国民法典》第 122 条规定,因错误等撤销意思表示的当事人须赔偿相对人或第三人"因信赖该意思表示有效所遭受的损害"。此规定仅言及"信赖",并未言及当事人的过错或违反诚实信用原则,体现的是单纯的信赖保护的思想。而我国涉及缔约过失责任的《合同法》第 58 条和第 42 条与此不同,就缔约磋商当事人的赔偿皆设置了过错或违反诚实信用原则的前提条件。

③ 参见〔德〕卡尔·拉伦茨:《德国法上损害赔偿之归责原则》,王泽鉴译,载王泽鉴:《民法学说与判例研究》(第 5 册)(修订版),中国政法大学出版社 2005 年版,第 235 页。

由于援引诚实信用原则的兜底性内容(即第3项"有其他违背诚实信用原则的行为")的存在,《合同法》第42条之规定具有缔约过失责任一般条款的特点。其调整的范围不局限于明确列举或个别规定的缔约过失情形,对各种违背诚实信用原则的缔约过失行为其皆有适用之余地。④

二、规范性质与体系定位

(一)规范性质

就《合同法》第42条的规范性质,学者间有争议,或认其为侵权责任之一种,或认其为不同于违约责任和侵权责任之独立的责任类型。主流的见解似乎支持后一种。⑤ 由于在我国没有主张缔约过失责任为违约责任之一种的见解,因此,上述两种见解的差异的核心在于所谓的"独立性",即缔约过失责任是否独立于侵权责任。而是否独立于侵权责任问题的核心在于对缔约过程中先合同义务性质的理解:主张"独立性"者认为,该义务"通常要比侵权行为法所要求的注意义务为重"⑥,是"特殊的信赖关系"中的义务⑦;主张"非独立性"者则认为:虽然缔约协商已经使缔约者进入"一个比较紧密的关系"之中,但由此而生的先合同义务,"与侵权行为法上所确认的一般安全注意义务相比并没有本质的区别"⑧。

先合同义务的特点在于:缔约接触者之间形成特殊的联系,相互间的义务强于一般无缔约接触者之间的义务。"独立性"和"非独立性"的赞成者皆同意此点。此种违反先合同义务产生的责任是否应归属于侵权责任的问题,应考察归属与否是否会带来法律适用上的差别而加以分析。

---

④ 自比较法角度看,缔约过失责任之适用情形不应仅局限于个别规定情形,似乎也是发展的方向。例如:我国台湾地区"民法"于1999年所增订的"第245条之1"的规定,2002年德国债法改革后增订的《德国民法典》第311条第2款的规定,皆因对诚实信用原则的援引,而具有一般规定之特点。

⑤ 参见李中原:《缔约过失责任之独立性质疑》,载《法学》2008年第7期,第132页。

⑥ 韩世远:《合同法总论》(第三版),法律出版社2011年版,第133页。

⑦ 崔建远主编:《合同法》(第五版),法律出版社2010年版,第122页。

⑧ 冉克平:《缔约过失责任性质新论——以德国学说与判例的变迁为视角》,载《河北法学》2010年第2期,第118页。另参见于飞:《我国〈合同法〉上缔约过失责任性质的再认识》,载《政法论坛(中国政法大学学报)》2014年第5期,第97页。

比较法上,以认可缔约过失责任独立性的德国法来看,缔约过失责任虽独立于侵权责任,但隶属于债务不履行责任。此时,缔约过失责任应归属于法定债务(的)不履行责任。⑨ 从独立于侵权责任的角度看,《德国民法典》第823条第1款有关一般侵权行为之规定,其保护客体仅限于生命、身体、健康、自由四大法益以及绝对权,独立的缔约过失责任,其保护客体则与之不同,可延伸至绝对权以外法益之保护;从隶属于债务不履行责任的角度看,先合同义务亦为一种债务,因此,得适用《德国民法典》债法总则的相关规定,尤其是其第278条,即债务人应就其法定代理人或履行辅助人的过错行为造成债务不履行的情形对债权人承担无过错责任。⑩ 其与侵权责任相比,有如下重要不同:(1)当缔约磋商者为缔约磋商使用辅助人,且辅助人为缔约磋商者的雇员时,若就缔约过失情形适用侵权责任的规定,则依据《德国民法典》第831条的规定,作为雇主的缔约磋商者仅负过错推定责任;而若就缔约过失情形适用债务不履行责任的规定,则依据《德国民法典》第278条的规定,作为雇主的缔约磋商者应负无过错责任,即雇主不能以证明自己无(选任或监督等的)过错而免责。(2)当缔约磋商者为缔约磋商使用辅助人,且辅助人并非缔约磋商者的雇员,而是与缔约磋商者并无指示服从关系的第三人(如承揽人)时,若就缔约过失情形适用侵权责任的规定,则《德国民法典》第831条不能适用,缔约磋商者只承担一般侵权行为的过错责任。但是,若就缔约过失情形适用债务不履行责任的规定,则依据《德国民法典》第278条的规定,即使辅助人并非缔约磋商者的雇员,也不论缔约磋商者是否有(选任或监督等的)过错,其都应当对缔约相对人因辅助人的过错行为而遭受的损害承担责任,是为无过错责任。

6　　以比较法中上述两项法律适用上的差别为视角,可明了缔约过失责任独立性与否在我国民法体系中被评价时的关键之所在。

---

⑨　我国台湾地区1999年增订"民法"第245条之1规定时,于立法理由部分认为:违反诚信缔约导致损害,"既非侵权行为,亦非债务不履行之范畴"。若认为这里的债务不履行就是违约责任,自无问题。但独立的缔约过失责任,虽然不属于侵权责任(并非侵权行为的责任),也非约定债务的不履行责任(违约责任),仍属于法定债务的不履行责任。因此,主张独立的缔约过失责任时,并不能不加限定地认为其"亦非债务不履行之范畴"。

⑩　参见〔德〕迪尔克·罗歇尔德斯:《德国债法总论》,沈小军、张金海译,法律出版社2014年版,第9、69页。

首先,我国《侵权责任法》第 6 条第 1 款规定:"行为人因过错侵害他人民事权益,应当承担侵权责任。"结合《侵权责任法》第 2 条第 2 款规定,"本法所称民事权益,包括生命权、……继承权等人身、财产权益",可知,我国侵权责任法中的民事权益至少从文义上不能看出仅局限于第 2 条第 2 款所列举的各项"权利",而是还包括由"等"字所涵盖的其他"人身、财产权益"。该有关一般侵权行为的规定,并未如《德国民法典》第 823 条第 1 款限定其保护客体为绝对权(生命、身体、健康和自由,在我国法上皆为绝对权的客体)。这意味着,无论缔约过失责任是否独立于侵权责任,其皆可用来保护绝对权以外的法益。因此,从保护客体的角度来看,缔约过失责任独立于侵权责任的价值或理由不能成立。

其次,在我国侵权责任法中,雇主就雇员造成他人损害的情形应承担无过错责任,这一点不同于德国法上雇主的过错推定责任。当缔约磋商者使用雇员作为辅助人,且因辅助人的过错致缔约相对人损害时,依据我国《侵权责任法》的规定,缔约磋商者对缔约相对人应承担无过错责任,而非过错推定责任。由此,就缔约过失情形,当缔约磋商者使用其雇员作为辅助人,且因辅助人过错而致缔约相对人损害时,适用侵权责任,与适用债务不履行责任的结果一样,缔约磋商者皆承担无过错责任。这一点不同于德国法。以此点而论,缔约过失责任独立于侵权责任的价值或理由也不能成立。

再次,在我国侵权责任法中,通常会严格区分雇佣和承揽关系,雇主就雇员造成他人损害的情形应承担无过错责任,但定作人并不就承揽人造成他人损害的情形承担无过错责任。⑪ 但是,履行辅助人的范围可以容纳承揽人,只要承揽人所为是在帮助定作人履行对他人的债务即可。当缔约磋商者使用的辅助人并非其雇员,而是承揽人时,如果我国民法中也认可债务人应就其履行辅助人造成的债务不履行承担无过错责任,则将缔约过失责任隶属于债务不履行责任,与将缔约过失责任隶属于侵权责任(非独立性)相比,会有重要的不同,即若缔约过失责任属于债务不履行责任,则缔约磋商者应就作为其履行辅助人的承揽人违反先合同义务的过错行为对缔约相对人承担无过错责任;若缔约过失责任属于侵权责任,则缔约磋商者并不就作为其履行辅助人的承揽人违反先合同义务的

---

⑪ 参见《人身损害赔偿解释》(法释〔2003〕20 号)第 10、11 条。

过错行为对缔约相对人承担无过错责任。也就是说,如果我国民法中也认可债务人应就其履行辅助人造成的债务不履行承担无过错责任,则在缔约磋商者使用的辅助人并非其雇员,而是承揽人时,就对缔约相对人的保护而言,使缔约过失责任隶属于债务不履行责任,与使缔约过失责任隶属于侵权责任相比,保护程度更高。如果我国民法并不认可债务人应就其履行辅助人造成的债务不履行承担无过错责任,则上述保护程度更高的结论并不成立,即缔约过失责任是否独立于侵权责任从而隶属于债务不履行责任,对当事人权益并无影响。从立法上来看,我国民法几乎没有关于债务不履行责任的一般性规定⑫,债务人应就其履行辅助人造成的债务不履行承担无过错责任的规定则更是付之阙如。

总的来说,就缔约过失责任独立性问题,应考虑其与债务不履行责任的关联,除非在我国民法中有关于债务不履行责任的一般规定,或通过类推适用《合同法》第121条等途径建立债务人应就其履行辅助人造成的债务不履行承担无过错责任的制度⑬,否则,主张缔约过失责任独立于侵权责任,从法律适用的角度看,价值甚微。⑭

从实践来看,多数法院认为《合同法》第42条所规定的责任属于独立

---

⑫ 《民法通则》第六章"民事责任"第一节"一般规定"中,第106条第1款规定:"公民、法人违反合同或者不履行其他义务的,应当承担民事责任。"从此规定可以看出,立法者并无确立债务不履行责任一般规定的目的,理由是:此条中"其他义务"既包括债务,也包括并非债务的侵权法上的义务(此种义务违反,导致侵权责任,而非债务不履行责任),可见立法者并无意将合同义务和其他债务归为一类,就其违反,统合为债务不履行。唯一可称得上是债务不履行责任一般规定的,似乎只有一条,即《民法通则》第108条:"债务应当清偿。暂时无力偿还的,经债权人同意或者人民法院裁决,可以由债务人分期偿还。有能力偿还拒不偿还的,由人民法院判决强制偿还。"

⑬ 有学者认为:"缔约上过失,……法律效果上进入合同法法律效果轨道……在订立合同过程中,缔约人派遣履行辅助人的,因履行辅助人的过错违反附随义务,致使他方受损的,应由缔约当事人承担责任。"但此种观点并未详细言明为何以及如何"进入合同法法律效果轨道"。参见王洪亮:《债法总论》,北京大学出版社2016年版,第81页。另外,《合同法》第121条和履行辅助人制度的关联,参见解亘:《再论〈合同法〉第121条的存废——以履行辅助人责任论为视角》,载《现代法学》2014年第6期,第27—38页。

⑭ 不过,如果主张缔约过失责任,本就不应适用履行辅助人制度,就其适用履行辅助人制度,是对侵权法的"隐秘变革",那么,依此主张,即使有履行辅助人制度,也不应承认缔约过失责任的独立性。此种主张,参见张金海:《耶林式缔约过失责任的再定位》,载《政治与法律》2010年第6期,第107页。

的责任类型,但也有少数法院判决明确认定其属于侵权责任的范畴。⑮

(二)《合同法》第42条与第58条第3句之关系

《合同法》第58条第3句规定中关于损害赔偿的部分——"合同无效或者被撤销后……有过错的一方应当赔偿对方因此所受到的损失,双方都有过错的,应当各自承担相应的责任"——为第42条的特别法⑯,因此,依据特别法优先于一般法的法理,发生规范排除的竞合⑰,合同若因适用《合同法》第52条而无效或者因适用第54条被撤销而无效时,就损害赔偿的法律后果,应首先适用《合同法》第58条第3句。另外,由于《合同法》第42条关于损害赔偿法律后果的规定并无超出第58条规定范围的内容,因此,在符合第58条的情形下,无须也不应适用第42条。⑱ 但

---

⑮ 例如,武汉正大有限公司与杜某某等公司侵权责任纠纷上诉案,(2015)鄂武汉中民二终字00725号。另外,本文所引案例,未作特别注解的,皆来源于北大法宝法律数据库(http://www.pkulaw.cn/)。

⑯ 就损害赔偿,《合同法》第58条的用词为"过错",第42条之用词并非"过失"或"过错",而是在其第(三)项的兜底条款中使用"有其他违背诚实信用原则的行为"。因此,如果认为某些有过错的行为并非属于"违背诚实信用原则的行为",则第58条第3句和第42条之间有交叉关系,由此发生的法条竞合则包含了特别关系之外的交叉关系。不过,即使如此,在某情形符合第58条第3句的适用条件时,不应适用第42条,此结论无须改变。

⑰ 参见〔德〕卡尔·拉伦茨:《德国民法通论》(上册),王晓晔等译,法律出版社2003年版,第348—349页。

⑱ 检索北大法宝法律数据库(http://www.pkulaw.cn/,2017年3月20日访问),对"司法案例"下"案例与裁判文书"数据库中审结日期在2017年3月17日之前的案例进行检索发现:含"《合同法》第五十四条"字样的案例共有224例,在该224例的结果中,含"《合同法》第五十八条"字样的案例共有3例,含"《合同法》第四十二条"字样的案例则为0例;检索含"《合同法》第五十二条"字样的案例共有1 180例,在该1 180例的结果中,含"《合同法》第五十八条"字样的案例共有27例,含"《合同法》第四十二条"字样的案例则亦为0例。上述检索结果意味着:当合同因适用《合同法》第52条或第54条的结果而无效时,无效以外的法律后果(如赔偿损失等),在实践中通过适用《合同法》第58条来确定,无须引用第42条。不过,上述检索受检索用词的限制,如"《合同法》第四十二条、第五十八条"的并列用法则未在检索范围,为此,以全文中含"《合同法》第四十二条"且结果中含"五十八条"字样为检索标准,检索得3例。此3例中,2例判决主文皆同时引用了《合同法》第42条和第58条,1例涉及集体工业用地使用权转让合同无效后的缔约过失责任承担[姚某某等与开化县××储备中心建设用地使用权合同纠纷上诉案,(2012)浙衢民终字第70号],另1例涉及租赁合同未订立时的缔约过失责任承担(泉州花卉城有限公司诉被告王某某土地租赁合同案,(2004)泉民终字第802号);另有1例中,判决主文只引用了《合同法》第四十二条[浙江天程律师事务所与浙江东菱股份有限公司缔约过失责任纠纷上诉案,(2015)浙嘉商终字第757号]。

是，判决书的主文中称《合同法》第58条中的损害赔偿责任为缔约过失责任则并无不妥，在实践中，也有体现。[19] 由此，进一步看，则《合同法》之外涉及因合同无效或被撤销的损害赔偿的相关规定应视为《合同法》第58条的特别法，而不能直接视为《合同法》第42条的特别法，例如：最高人民法《商品房买卖合同解释》第9条规定："出卖人订立商品房买卖合同时，具有下列情形之一，导致合同无效或者被撤销……的，买受人可以请求……赔偿损失……"

《合同法》第58条第3句规定的损害赔偿，其构成要件有两处限定：第一，发生情形限定于"合同无效或者被撤销后"；第二，损失限定于"因此所受到的损失"，即因"合同无效或者被撤销"所受到的损失。由此，就其与《合同法》第42条的关系而言，可发生两项排除性后果：第一，合同不成立、合同成立但不生效以及合同有效三种情形下[20]，《合同法》第58条不能适用[21]，可能适用的是《合同法》第42条；第二，虽然发生了"合同无效或者被撤销"的情形，但是损失并非因"合同无效或者被撤销"引起，而是因为其他与"合同无效或可撤销"无关的缔约过失事由引起时，则《合

---

[19] 参见南京金榜佰业贸易有限公司与胥某某等租赁合同案，(2002)宁民四终字第139号；荣某与新疆聚天房地产开发有限公司商品房买卖合同纠纷案，(2005)乌中民一终字第1632号；潘某某与章某某买卖合同纠纷上诉案，(2011)浙绍商终字第58号；

[20] 从《合同法》第58条的规定的体系位置看，其所谓"被撤销"，应仅限于"法定撤销"的情形。我国《合同法》第186条第1款就一般的赠与合同尚规定了"任意撤销"的情形。因此，在赠与人行使任意撤销权撤销赠与合同的情形下，是否以及在何种情形须赔偿受赠人的信赖利益损失，成为问题。不过，笔者认为，即使认可特殊情形下受赠人信赖利益的赔偿，由于任意撤销权的行使亦与法定撤销权的形式一样，为事后否定法律行为的效力，应类推适用《合同法》第58条来解决。其导致撤销的原因亦非缔约中行为或事实，因此，不论法定撤销，还是任意撤销的情形，若涉及损害赔偿，皆不应适用《合同法》第42条。

[21] 例如，在泉州花卉城有限公司与被告王某某土地租赁合同案，(2004)泉民终字第802号中，法院认定合同不成立，却同时引用了《合同法》第42条和第58条，其对第58条的引用实属不当。

同法》第58条也不能适用,可能适用的是《合同法》第42条。㉒

(三)《合同法》第42条与第43条

《合同法》第43条规定:"当事人在订立合同过程中知悉的商业秘密,无论合同是否成立,不得泄露或者不正当地使用。泄露或者不正当地使用该商业秘密给对方造成损失的,应当承担损害赔偿责任"。该条规定从体系位置上看显然是第42条缔约过失责任一般规定的特别法。将《合同法》第43条作为第42条的特别法,在第42条的解释论上可能产生某种影响。由于第43条明文规定"无论合同是否成立",其构成要件显然不以合同不成立或不生效为前提,法律后果则包含了对固有利益(商业秘密的存在往往与缔约并无关联)的赔偿,因此,若不认为第43条是对第42条的偏离,则在第42条缔约过失一般规定的解释中亦可借鉴对第43条的上述解释结论。㉓

(四)《合同法》第42条与第19条、第29条和第45条

《合同法》第42条为损害赔偿类规范,并不涉及合同效力认定问题。当一方发生缔约不当行为时,另一方因缔约而投入的成本即可能落空。法律的应对可能有两种:一种为损害赔偿,另一种则通过使另一方因缔约而投入的成本因合同可能有效而不致落空。《合同法》第42条涉及前者[1],而《合同法》第19条、第29条和第45条涉及后者。《合同法》第19条、第29条和第45条分别可能涉及意图撤销不可撤销的要约、未及时通知受要约人(因承诺超过期限而不予接受承诺)以及不正当地阻止条件成

㉒ 有疑惑的是,是否存在此种情形:虽然合同无效或被撤销,但当事人一方有违反诚信原则的行为而无过错?若存在此种情形,则就此情形,《合同法》第58条不能适用,但可能适用《合同法》第42条。如此,则就合同无效或被撤销情形,亦可发生《合同法》第42条的法律适用问题。笔者认为,若限定某一种类的过错,如故意,则违反诚信原则的行为可能并非故意,从而与该类过错有分列的可能;若不限定过错的种类,则违反诚信原则的行为自然是有过错的行为。因此,就合同无效或被撤销时的缔约过失责任承担问题,皆应诉诸《合同法》第58条解决,无须适用《合同法》第42条。

㉓ 如此借鉴的,参见北京市朝阳区人民法院民一庭:《论合同有效成立情况下的缔约过失责任》,载黄松有主编:《民事审判指导与参考》(总第34集),法律出版社2008年版,第43页。

就等行为。这些行为都和缔约过程有较强的关联,且不妨认为是违反诚实信用原则的行为。但法律就此提供的救济措施并非损害赔偿,就此类情形不应适用《合同法》第42条。比如:若要约人不当撤销其无权撤销的要约时,要约依然有效,受要约人不可一方面接受合同不成立的后果,另一方面追究要约人的缔约过失责任。恰当的处理方式是:受要约人要么不予承诺,不得追究要约人的缔约过失责任;要么承诺,在要约人不履行合同的情形下,追究其违约责任。

三、适用范围

10 撇开《合同法》第58条不论,则《合同法》第42条适用范围,如前所述,包括合同不成立、合同成立但不生效以及合同有效三种情形。〔7〕前两种情形中较为重要的,分别涉及仅有必须磋商义务的预约和待批准的合同。

(一)仅有"必须磋商"义务的"预约"

11 违反预约合同的责任性质特殊:从本约合同尚未成立的角度言,预约合同义务的违反引起的是缔约过失责任,可适用《合同法》第42条[24];从预约合同已生效的角度,预约合同的违反产生违约责任,而非缔约过失责任[25];或者,综合地看,违反预约引起的既是违约责任,又是缔约过失责任。[26]《买卖合同解释》第2条规定:"当事人签订认购书、订购书、预订

---

[24] 如在"张某与徐州市同力创展房地产有限公司商品房预售合同纠纷案"中(载《最高人民法院公报》2012年第11期),法院认为:被告违反预约合同,致使原告"丧失了按照预订单约定的房屋价格与他人另订购房合同的机会",应依据《合同法》第42条承担"违约责任"。这里,法官的思路显然是预约合同的违约责任即为本约合同的缔约过失责任。

[25] 如在"仲某某与上海市金轩大邸房地产项目开发有限公司合同纠纷案"中(载《最高人民法院公报》2008年第4期),二审法官认为被告未能依诚实信用原则——引用《合同法》第6条,而非第42条——履行预约合同,应依据《合同法》第113条承担违约责任。

[26] 如在"济南冠华建设投资有限公司与李某某商品房预约合同纠纷上诉案,(2016)鲁01民终222号"中,法官认为:"违反预约的行为既是预约违约行为,也是本约的缔约过失行为。预约的违约损失在总体上应当相当于本约的缔约过失责任范围,即相当于本约的信赖利益损失。"

书、意向书、备忘录等预约合同,约定在将来一定期限内订立买卖合同,一方不履行订立买卖合同的义务,对方请求其承担预约合同违约责任或者要求解除预约合同并主张损害赔偿的,人民法院应予支持。"此条规定明确了违反预约承担的责任为违约责任,且规定了解除合同的救济措施。这里的解除合同并非旨在使不利的合同效力丧失从而构成恢复原状意义上的赔偿损失,而是独立于恢复原状的针对违约行为的救济措施。虽然此条规定仅适用于买卖合同,但其道理可推广。

由此,在我国现行实证法上,一般地说,宜认为违反预约合同的责任为违约责任[27],不应适用《合同法》第42条。在违约责任的视角下,笔者认为,因内容不确定或当事人不愿受订约义务拘束,"预约"当事人仅涉及"必须磋商"义务而非"必须订约"义务时[28],该"预约"不具有合同法律效力,并非真正的"预约",违反该"预约"产生的是缔约过失责任,而非违约责任。预约合同应仅指当事人有"订约义务"的情形。理由是:当事人之间有此类"必须磋商"约定时,由于没有"订约义务",所谓"必须磋商"义务实质是必须"依诚实信用原则"磋商的义务,其义务违反所承担的责任无法与缔约过失责任相区分。由于《合同法》第42条第3项兜底条款的存在,违反诚实信用地磋商或不予进一步磋商,此类行为可受其调整,因此,区分亦无必要。[29]

---

[27] 检索北大法宝法律数据库(2017年4月9日访问),对"司法案例"下"案例与裁判文书"数据库中审结日期在2017年4月8日"之前的案例进行检索发现:全文中含"预约"字样的案例共有27 366例,在该27 366例中,含"违约责任"字样的案例共有9 217例,而含"缔约过失责任"字样的案例则为517例。这意味着同时出现"预约"和"违约责任"用词的情况,要远高于同时出现"预约"和"缔约过失责任"用词的情况。尽管无法一一阅读所有这些案例以得到更精确的印象,例如所谓"同时出现"是否为同时出现在判决主文中,但实践中偏向于将违反预约的责任归结为违约责任,这一结论大致可以接受。

[28] 实践中对"应履行缔结本约的义务"与"仅负诚信磋商的义务"两种情形的区分,参见杨卓:《当事人可为预约合同约定附加生效条件》,载《人民司法·案例》2014年第14期,第38—42页;郭魏:《意向书的法律性质和效力》,载《人民司法·案例》2015年第22期,第27—32页。

[29] 至于在预约合同中,"订约义务"是否可以(以判决代替)强制履行,或仅引起损害赔偿责任,以及若损害赔偿,赔偿的利益应为履行利益,还是信赖利益,此类问题仍可再讨论。预约的相关问题,参见陆青:《〈买卖合同司法解释〉第2条评析》,载《法学家》2013年第3期,第113—127页;汤文平:《论预约在法教义学体系中的地位——以类型序列之建构为基础》,载《中外法学》2014年第4期,第978—1002页。

(二)待批准的合同

12 某些合同须经行政机关的批准,如《中外合资经营企业法实施条例》(2019年修订)第20条第1款规定:"合营一方向第三者转让其全部或者部分股权的,须经合营他方同意,并报审批机构批准,向登记管理机构办理变更登记手续。"《证券法》(2014年修订)第101条第1款规定:"收购上市公司中由国家授权投资的机构持有的股份,应当按照国务院的规定,经有关主管部门批准。"上述两例所涉及的皆为股权转让。㉚ 就股权转让,从负担行为和处分行为区分的角度看,可意指两项不同的内容:意图转让股权的债权合同和直接引起股权变动的处分行为。假定法律、行政法规规定"须批准的"对象应为债权合同时,有缔约过失责任讨论的余地;若认为法律、行政法规规定"须批准"的对象仅为直接引起权利(股权等)变动的处分行为,则不产生缔约过失责任问题,因为此时,未批准不影响债权合同的效力,当事人自可依据债权合同追究违约责任,无涉缔约过失责任问题。㉛ 这里要讨论的待批准的合同,仅指作为负担行为的债权合同。㉜ 我国实践区分合同不生效与合同无效,上述合同若(最终)未获批准,其效

㉚ 涉及待批准合同的,不限于股权转让。例如《矿产资源法》(1996年修正)第6条即规定了探矿权和采矿权转让的批准。

㉛ 比如,在一起最高人民法院提审的案件[内蒙古嘉泰投资集团有限公司与中国宝安集团股份有限公司等股权转让纠纷再审案,(2015)民提字第21号]中,最高人民法院支持了一审法院的判决,该一审法院的承办法官即认为,"直接的股权转让、股权给付行为……才是外商投资企业审批机关行政审查的对象——法律法规所要约束的应是股权的流转变更,而非当事人订立合同的自由"。林建益:《外商投资企业股权转让预约合同无须经审批即生效》,载《人民司法·案例》2016年第17期,第67页。不过,若认为待批准生效的是直接导致股权变动的法律行为,则无须批准即生效的并非如该文标题所示,为股权转让预约,而是股权转让的债权合同(本约)。

㉜ 例如,《合同法解释(一)》(法释〔1999〕19号)第9条规定:"依照合同法第四十四条第二款的规定,法律、行政法规规定的合同应当办理批准、登记等手续才生效,在一审法庭辩论终结前当事人仍未办理批准手续的,或者仍未办理批准、登记等手续的,人民法院应当认定该合同未生效;法律、行政法规规定合同应当办理登记手续,但未规定登记后生效的,当事人未办理登记手续不影响合同的效力,合同标的物所有权及其他物权不能转移。"依据该规定,合营一方向第三者转让其全部或者部分股权的,虽未经登记,因《中外合资经营企业法实施条例》第20条第1款并未规定"登记后生效",因此,转让股份的债权合同仍可有效(假设已经批准)。但若未经批准,该转让股份的债权合同则仍处于未生效的状态。

力为不生效,而非无效。㉝ 在是否可以获得批准得以确定之前,此类待批准的合同的效力属于未决状态,为效力待定合同。

待批准的合同处于效力未决状态时,若无相反约定,当事人依据诚实信用原则,应有促成合同获得批准的协作义务。理由是:法律或行政法规将批准作为合同生效要件时,并非意在警示当事人,使其在批准之前有反悔机会,而是实现国家对某些合同的管控以维护公共利益或国有利益;而从意思自治的角度看,当事人订立合同目的旨在追求合同的法律效果,而待批准合同的法律效果的发生有赖于行政机关的批准,因此,在合同已经成立且无意思自治瑕疵的情况下,若不使当事人负有促成批准的协作义务,与当事人订立合同的宗旨不符。㉞ 就此而言,当事人促成合同获得批准的协作义务无须当事人的明确约定即可产生;当事人即使明确约定了该协作义务,从待批准合同尚未生效的角度,若当事人就该协作义务的违反并未约定不同于法定的缔约过失责任的后果时,宜将当事人违反协作义务的行为视为违反诚实信用原则的行为对待,从而承担的后果为法定的缔约过失责任。这也意味着在合同生效时,诚实信用原则的违反,如违反附随义务,导致当事人固有利益受损害时,既可视其为法定义务的违反,亦可视其为约定义务的违反,从而产生侵权责任和违约责任的竞合。㉟ 但竞合应以合同有效为前提。合同尚未生效或已然无效时,则不发生竞合。否则,即等于认可单纯的遵守诚实信用原则的约定构成独立的合同,毫无必要,亦不应该。另外,《合同法解释(二)》(法释〔2009〕5号)第8条规定:"依照法律、行政法规的规定经批准或者登记才能生效的合同成立后,有义务办理申请批准或者申请登记等手续的一方当事人未按照

㉝ 参见最高人民法院《关于审理外商投资企业纠纷案件若干问题的规定(一)》(法释〔2010〕9号)第1条第1款:"当事人在外商投资企业设立、变更等过程中订立的合同,依法律、行政法规的规定应当经外商投资企业审批机关批准后才生效的,自批准之日起生效;未经批准的,人民法院应当认定该合同未生效。当事人请求确认该合同无效的,人民法院不予支持。"

㉞ 就此,同为效力待定合同,待批准合同与须法定代理人同意或追认的限制行为能力人所为法律行为有不同:后者属于意思自治有瑕疵的情形,其中,限制行为能力人并无获取法定代理人同意或追认的义务,法定代理人亦无同意或追认的义务。

㉟ 参见朱晓喆:《瑕疵担保、加害给付与请求权竞合——债法总则给付障碍中的固有利益损害赔偿》,载《中外法学》2015年第5期,第1129页。

法律规定或者合同约定办理申请批准或者未申请登记的,属于合同法第四十二条第(三)项规定的'其他违背诚实信用原则的行为',人民法院可以根据案件的具体情况和相对人的请求,判决相对人自己办理有关手续;对方当事人对由此产生的费用和给相对人造成的实际损失,应当承担损害赔偿责任。"从该规定可以看出,当事人未按照"合同约定"办理申请批准义务时,应承担的责任为《合同法》第 42 条所规定的缔约过失责任。

14　　待批准的合同不同于预约合同,预约合同下,当事人有订立本约的义务,而待批准的合同已经成立,处于效力未决状态,并无另外的本约需要订立。㊱但是,当事人为促成合同获得批准的协作义务规定了违约金等特别的(即不同于法定缔约过失责任的)法律后果时,其约定虽非预约,但可视为独立的合同。㊲该独立合同并非属于待批准合同的部分生效,因为即使待批准的合同(经批准而)生效,该生效的合同中也不包含促成合同获得批准的协作义务。

(三)有效合同

15　　合同有效时,是否有《合同法》第 42 条之适用余地?此一问题,多有争议。有学者认为:"区分合同责任和缔约过失责任首先要依合同关系是否成立为认定标准。如果存在合同关系则应适用合同责任,如果不存在合同关系则可以考虑缔约过失责任。"㊳另有学者则从比较法的角度,结合《合同法》第 42 条的文义,认为:"《合同法》第 42 条第(二)项……其实

㊱　就此而言,笔者赞同下述判决主文,"于某某与龙山金矿约定转让探矿权、采矿权条款的《协议书》,未经地质矿产主管部门批准,根据《合同法》第四十四条第二款的规定,应确认于某某与龙山金矿签订的《协议书》未生效""本案中,双方当事人……并没有约定在一定期限内另行签订买卖合同的意思表示,因此原审法院认定双方签订的《协议书》为预约合同并确认有效,属于认定事实和适用法律错误,应予以纠正"。参见于某某与蓬莱市龙山金矿有限公司采(探)矿权及资产转让合同纠纷案,(2013)鲁商终字第 239 号。

㊲　最高人民法院《关于审理外商投资企业纠纷案件若干问题的规定(一)》(法释〔2010〕9 号)第 1 条第 2 款规定:"前款所述合同因未经批准而被认定未生效的,不影响合同中当事人履行报批义务条款及因该报批义务而设定的相关条款的效力。"就此规定,应理解为若当事人的合同中有违反报批义务承担不同于法定缔约过失责任后果的条款时,该部分条款形成了独立的合同,但并非预约。

㊳　王利明:《合同法新问题研究》,中国社会科学出版社 2003 年版,第 149 页。

已经为合同有效型缔约上过失责任留有了法律上存在的空间。"㊴

司法实践中,抛开预约不论,合同有效情形下原告请求被告依《合同法》第42条承担缔约过失责任且得到法院支持的判决极为稀少,有明确案号和判决书全文的㊵,笔者仅检索到两例:一例中,地方政府规定购买从未办理过网签的房屋得享受政府补贴,被告出售房屋时未告知原告其房屋曾经办理过网签,卖给原告属于改变网签,由此,原告不能享受政府补贴。法院认为:被告缔约时未尽到告知义务,致原告不能享受政府购房补贴,依据《合同法》第42条的规定,应承担相应的赔偿责任㊶;另一例中,"讼争合同的主要内容是以欧元利率指数符合某种计算公式时双方互为给付",法院认为合同有效,但"依诚实信用原则,工行外滩支行作为专业银行,在与乍嘉苏公司签订此类履行期限长达数十年的合同时,有义务将退出合同的程序、方法和费用等因素告知乍嘉苏公司。工行外滩支行现无证据证明自己于缔约时履行了上述告知义务,本院可以认定其在缔约时存在过失"㊷。之所以很少发现法院支持有效合同情形下的缔约过失责任,从司法实践来看,原因也很可能是,法院并没有机会对合同有效情形下的缔约过失责任问题表达意见,因为原告在合同有效情形下主张缔约过失责任似乎极为罕见。㊸

上述支持有效买卖合同情形下缔约过失责任的案例的特点在于:(1)被告违反的是缔约时的告知义务,合同一旦签订生效,则再为告知已迟,即被告违反的并非合同(订立后)履行中的告知义务;(2)缔约告知义务的内容并非标的物的瑕疵,撤销合同使合同归于无效,则买方不能得到该无瑕疵的标的物,因此,若告知义务违反造成的损失可以被弥补,买方

㊴ 参见韩世远:《合同法总论》(第三版),法律出版社2011年版,第129页。
㊵ 无判决书全文但在论文中有介绍的此类案例,同注㉓。
㊶ 参见林某等与成都晨光房地产开发有限公司商品房预售合同纠纷案,(2014)成郫民初字第565号。
㊷ 参见嘉兴市乍嘉苏高速公路有限责任公司与中国工商银行股份有限公司上海市外滩支行金融衍生品交易纠纷案,(2015)沪高民五(商)终字第5号。
㊸ 比如,在一起案例中,原告认为被告订立房屋买卖合同时隐瞒了某些附属设施的存在,从而造成房屋价值的下降。但原告并未主张缔约过失责任,而是主张违约责任或瑕疵担保责任中的减价请求权。参见赵某与重庆宏帆实业有限公司商品房销售合同纠纷案,(2015)江法民初字第10885号。

并无动力去撤销房屋买卖合同。在此情形下,买卖合同成立并生效,一方面,由于被告违反的并非合同履行过程中的告知义务,标的物亦无瑕疵,买方追究对方违约责任较为不易;另一方面,若不认可有效合同下的缔约过失责任,则买方追究出卖人缔约过失责任,只能以撤销合同从而使合同无效为前提。而在标的物并无瑕疵的情形下,强迫买受人撤销合同才能受缔约过失责任制度的保护并无任何正当性,也不利于对交易的鼓励和促进。因此,笔者认为,以买卖合同为例,至少在出卖人缔约告知义务违反无涉标的物瑕疵的情形下,应认可有效合同情形下的缔约过失责任。

总之,合同有效成立后,一概否定当事人不撤销合同即不能享受缔约过失责任制度(此时为《合同法》第58条)的保护,并无正当性。《合同法》第42条中未见任何排除合同有效情形的用语或暗示,其适用范围的关键并非合同有效与否,而是违反的义务为缔约过程中的诚信义务(不同于合同履行过程中的义务)。

四、构成要件

18　　当事人依据《合同法》第42条承担缔约过失责任,须满足以下三个条件:义务违反、损害以及两者间具有因果关系。义务违反是指在订立合同过程中有违背诚实信用原则的行为,即缔约中的过错行为[44],分别包括:(1)假借订立合同,恶意进行磋商;(2)故意隐瞒与订立合同有关的重要事实或者提供虚假情况;(3)其他违背诚实信用原则的行为。由于《合同法》第42条第3项作出了"其他违背诚实信用原则"行为的兜底规定,因此,其第1、2项应仅为示例性的规定,并不具有限定的作用。[45]〔3〕除《合同法》第43条规定的保密义务外,《合同法》第42条所涉及的诚实信用原

---

[44] 由于对违反诚实信用原则行为的认定中应当包含对行为人是否应该以及能够尽到必要注意的考量,因此,无须将过错和义务违反分开作为构成要件,缔约过失责任中的义务违反和过错是同一的。

[45] 有学者认为:"《合同法》第42条第1项与第2项规定的恶意磋商、欺诈是典型的以故意为归责基础的缔约不当行为。……以此而言,《合同法》第42条第3项规定的'其他违背诚实信用原则的行为',在解释上应限制为,故意实施的缔约不当行为。"朱广新:《信赖保护原则及其民法中的构造》,中国人民大学出版社2013年版,第273页。但是,此种理解并无正当依据,亦与实践不合,因为未见法院判决明确将缔约过失责任限定在仅为故意行为的情形。

则引发的缔约过程中的义务大致可分为：诚信磋商义务、告知义务、协作义务与保护义务。此种划分并非也不一定需要有明确的界限，义务违反与否的认定，其核心即在于诚实信用原则的解释。该解释不可避免地会具有因须契合于个案和情境而生的弹性。

（一）违反诚信磋商义务

进入磋商阶段，合同当事人不可避免地会为开启和继续磋商进行一定程度的缔约上的成本投入，若磋商违反一方的意愿而中断或终止时，该方的缔约成本投入即可能成为损失，从而引发纠纷。诚实信用原则需要在一方缔约自由和对方合理信赖之间保持恰当的平衡。一方面，当事人不能假借订立合同，恶意磋商，引发对方完全不值得的缔约投入；另一方面，当事人若在合同成立前贸然进行过大的投入，则应承受合同不能订立带来的投入落空的风险，否则，无异于强使他人缔约，不合缔约自由之精神。双方当事人应遵守的都是诚信磋商的义务。

由于缔约过程中合同尚未成立，当事人并不受有效合同拘束，为避免侵害缔约自由，除非缔约当事人违反了缔约过程中的明确约定，否则，应尽量让缔约当事人自己承受磋商中断以致合同不能成立的风险。⁴⁶ 司法实践中除预约情形外，似乎也较少出现因中断磋商而承担缔约过失责任的案例。⁴⁷ 比如，在以下一些案例中，法院皆否认了中断磋商的缔约过失责任：（1）尽管买卖双方在正式的批量供货合同签订前就样品价格作出

---

⁴⁶ 下面一段话可供参考："双方在磋商过程中，针对意向书中未作约定的内容或超出意向书约定范围的内容，一方不同意另一方的方案、意见，属于双方在签订预约合同时应该能够预见到的风险，属于正常商业磋商范围，不构成恶意磋商，不构成一方对另一方的利益损害"。参见中富众华国际贸易有限公司与上海精文置业（集团）有限公司等缔约过失责任纠纷上诉案，(2015)沪二中民四（商）终字第54号。

⁴⁷ 检索北大法宝法律数据库（http://www.pkulaw.cn/，2017年4月30日访问），对"司法案例"下"案例与裁判文书"数据库中的案例进行检索发现：含"属于恶意磋商"字样的案例共有85例，含"中断磋商"字样的案例仅有1例，逐一阅读，未发现一例被告因恶意磋商或中断磋商而承担缔约过失责任的案例。另外，有两篇文献以"中断磋商"的相关内容为主题，其中一篇中并未见对中国大陆因恶意磋商而承担缔约过失责任案例的介绍，参见叶金强：《论中断磋商的赔偿责任》，载《法学》2010年第3期，第99—104页；另一篇中也仅涉及少量相关案例，且是否都属于"中断磋商类型"的缔约过失责任案例，也有可议之处，参见周江洪：《缔约过程中的磋商义务及其责任》，载《绍兴文理学院学报》2010年第6期，第7—16页。

过约定,但在市场价格发生变动后,一方决定参考新的市场价格,在正式供货合同的缔结过程中提出包含不同于样品约定价格内容的要约时,并不构成恶意磋商,从而并不就磋商中断负缔约过失责任[48];(2)当事人双方在投资意向书中约定一方同意为对方的土地置换事项进行协调,但对于是否必须置换成功以及置换土地的具体位置和面积均未作出明确约定时,该投资意向书并非导致订立本约义务的预约,由于土地管理部门的决定,一方无法协调成功土地置换事项时,并不构成对诚信磋商义务的违反[49];(3)当事人双方在《股权转让框架协议》中约定:"若股权转让最终达成一致,该诚意金冲做股权转让价款;若未最终达成股权转让协议,则该诚意金即刻返还受让方",由此约定可知,双方并无约定订立本约的义务。框架协议达成后,双方为缔约又进行了多次函件往来,但最终仍未能达成正式的股权转让协议。此时,当事人无须为磋商的终止负缔约过失责任。[50](4)双方在框架协议中约定了股权转让的暂定价格,在缔结正式合同的过程中,出让方抬高出价的行为不构成恶意磋商。[51]

21　　当事人虽然通常有中断磋商的自由,但若一方已经确定不再订立合同,若违反诚信地未能及时告知对方,从而及时中断磋商,则实质上会构成不当继续磋商的缔约过失行为。比如,在最高人民法院终审的一起案件中,被告确定不再订立合同但未及时告知对方,导致信赖合同可能订立的对方承担了不必要的停产等损失时,法院认为被告应承担缔约过失责任。[52]

---

[48] 参见陕西咸阳星云机械有限公司与彩虹集团电子股份有限公司缔约过失责任纠纷上诉案,最高人民法院(2008)民二终字第8号。

[49] 参见澳华资产管理有限公司与洋浦经济开发区管理委员会投资意向书纠纷申请再审案,最高人民法院(2014)民申字第263号。

[50] 参见赤峰久盛与深圳安岩股权转让纠纷二审民事判决书,新疆维吾尔自治区高级人民法院(2015)新民三终字第00060号。

[51] 同注[46]。

[52] 参见贵州磨料厂与贵州省机场集团有限公司相邻权纠纷上诉案,最高人民法院(2004)民一终字第87号。

(二)违反告知义务

诚实信用原则首先要求当事人在缔约过程中不得"故意隐瞒与订立合同有关的重要事实或者提供虚假情况"(《合同法》第42条第2项)。其次,仅过失地未提供与订立合同有关的重要事实或提供了错误的信息,也有可能构成违反诚实信用原则,从而依据《合同法》第42条第3项的规定,应承担缔约过失责任。《保险法》第16条即有关于"因重大过失"未履行如实告知义务的规定。

但是究竟何谓"与订立合同有关的重要事实或情况"?笼统地说,所谓"与订立合同内容有关"应指影响相对人订约意愿和订约条款安排的事实和情况;而所谓"重要"则只能就特定的交易情形,结合具体的合同类型和交易惯例等加以具体的判断。关于告知义务及其内容,在若干重要领域,法律或行政法规已经有明确的规定。有的是具体的列举的方式:如《消费者权益保护法》第8条和第21条就经营者应向消费者提供的信息有详细的规定,《商业特许经营管理条例》第三章详细规定了特许人信息披露义务的内容;有的则是统括的说明:如《保险法》第16条规定可导致保险人解除合同的情形为:投保人未如实告知"足以影响保险人决定是否同意承保或者提高保险费率的"内容。影响相对人订约意愿和订约条款安排的,主要是指涉及标的物或服务瑕疵的情形。例如:出卖人未披露过所售房屋曾经发生非正常死亡事件的信息,构成故意隐瞒重要事实[53];提供创建网站的被告未能如实告知原告,其所创建网站并不具有终身入驻"一淘网"资格的事实,构成提供虚假情况。[54]

---

[53] 参见肖某等与杜海某房屋买卖合同纠纷案,(2015)浦民一(民)初字第3599号。法院认为:"被确定或冠以凶宅的房屋通常都难以出售,或出现价值贬损",因此,出卖人有义务披露此类信息。参见魏婷婷:《房屋买卖合同中的信息披露义务》,载《人民司法·案例》2016年第23期,第34—36页。

[54] 参见宁波中某网络科技有限公司与上海某绣贸易有限公司计算机软件开发合同纠纷上诉案,(2013)沪一中民五(知)终字第91号。

(三)违反协作义务

24　　违反协作义务主要发生在待批准合同的合同成立但未生效情形。《合同法解释(二)》第9条第1款就违反协作义务应承担缔约过失责任已有明确规定。这里所谓协作是指缔约双方为共同目标而努力。待批准的合同成立,意味着缔约双方就合同条款的谈判基本宣告结束,但由于合同尚未生效,仍须一方或双方当事人为合同生效而努力,此即协作义务。[13]协作义务发生的前提是合同并无其他影响效力的瑕疵,若有瑕疵,只有待此类瑕疵消除后,才有积极的协作义务。㊺ 协作义务既包括积极提交申请材料以获取批准的义务,也包括在申请有瑕疵需要补正时积极提交补正材料的义务。判断缔约当事人中谁来承担提交申请材料的义务,除了依当事人的约定外,法律法规等规定也是依据。㊻ 当承担报批义务的一方完成报批材料的准备等事项需要另一方的协助时,另一方依诚信原则有提供协助的协作义务。㊼

(四)违反保护义务

25　　广义而言,缔约阶段诚信原则引起的所有义务皆可称作保护义务,即防止对方遭受财产或精神上的损失。这里,保护义务为狭义,是指缔约当事人防止对方固有利益遭受损失的义务。在缔约阶段,所谓固有利益是指与缔约活动并无必然关联的当事人人身和财产完整性的利益。有称之为维持利益㊽,亦有称之为完全性利益。㊾ 若缔约,则必然会支出缔约费

㊺ 参见王文胜:《论合同生效前当事人的协作义务——以经批准或登记后生效的合同为例》,载《私法研究》2012年第1期,第75页。

㊻ 例如:"根据国资企发〔1994〕81号《股份有限公司国有股权管理暂行办法》第二十九条第二款规定,转让国家股权须遵从国家有关转让国家股的规定,由国家股持股单位提出申请。"参见新昌金昌实业发展有限公司诉浙江省仙居县国有资产经营有限公司股权转让合同纠纷案,(2010)浙商初字第3号。

㊼ 参见谢某某等与愿景集团控股有限公司股权转让纠纷申请案,最高人民法院(2014)民申字第1931号。虽然在该案中,报批和协助等协作义务的违反是被作为违约行为对待的,但其有关协作义务内容的认定仍值得参考。

㊽ 参见注⑬,王洪亮文,第82页。

㊾ 参见韩世远:《我国合同法中的缔约上过失问题研究》,载《法学家》2004年第3期,第128—129页。

用,丧失可能的更好的缔约机会(既包括丧失与第三人缔约机会,也包括丧失和相对人订立更好合同的机会)。此类订约费用或机会丧失,构成当事人信赖对方从而投入缔约活动所遭受的损失,属于信赖利益受损,并非固有利益受损。其他因信赖合同有效成立的费用支出,若合同不成立、不生效、无效或被撤销,支出费用则落空。此类落空的费用支出亦属于信赖利益受损,并非固有利益受损。[60]

缔约过程中保护义务的认定,在实践中,并不鲜见。例如,下述判决书中法官认为:"原告张某与被告万达百货公司为缔结合同而进行接触、准备或磋商过程中,被告万达百货公司有义务保护原告张某的人身安全"[61];"拟订立合同的双方当事人在缔约过程中应当善尽必要的注意义务,相互促进,保护对方人身及财产权利不受侵犯,这是民法中诚实信用原则最基本的要求"[62]。但是,因缔约过程中(狭义)保护义务违反承担缔约过失责任而不是侵权责任的情形,在实践中似乎未见。

五、法律效果

因一方缔约过程中义务违反而造成对方的损失,该方有损害赔偿之责任。在此缔约过失责任情形下,所需赔偿的受损利益类型及范围,应依是否和缔约过程中的义务违反有因果关系而定。通常情形为信赖利益受损,既包括因信赖受挫时合同未能有效成立而落空的费用,如订约费用、履约准备费用和与履约无关而支出的费用(如承租人对租赁物的装修装饰费用等),也包括因信赖受挫而订立一个不利合同的损失,以及因信赖

---

[60] 例如,因信赖租赁合同有效成立承租人所支出的装修费用等因合同不成立而落空,参见张某某等与王某某等房屋租赁合同纠纷上诉案,(2010)天民二终字第94号。另参见最高人民法院《关于审理城镇房屋租赁合同纠纷案件具体应用法律若干问题的解释》(法释〔2009〕11号)第9条。

[61] 中建二局装饰工程有限公司等与张某等违反安全保障义务责任纠纷上诉案,(2015)呼民终字第400号。

[62] 付某某与湘西土家族苗族自治州中心血站违反安全保障义务责任纠纷二审民事判决书,(2015)州民一终字第790号。

受挫而丧失其他订约机会的损失。⑥³ 一方诚信磋商义务的违反常引起对方费用的落空,或其他订约机会丧失的损失。而告知义务违反〔22—23〕,理论上,常可引起有效合同情形下的损失,其损失类型即为"一个不利合同的订立"。例如,买卖合同中,出卖人于缔约时有未依诚信原则告知标的物瑕疵的义务违反时,不知标的物瑕疵的买受人,因出价过高而订立了一个不利的合同。若买受人未撤销合同,订立此不利合同,对其即构成因缔约过失而造成的损失。但实践中,"一个不利合同的订立"作为损失,在缔约过失责任中较为少见。〔16—17〕

28 　　不同的义务违反可能引起不同利益类型的赔偿,理论上,不能一概排除履行利益(即可期待合同履行所带来的利益)的赔偿。例如,待批准合同中一方违反协作义务致使合同不生效时〔24〕,若一方积极协作即可导致合同被批准而生效,并无其他阻碍批准得到实现的政策考量等因素时,则期待合同被批准可带来的利益虽然为履行利益(即期待合同生效并由此而期待合同得到履行而带来的利益),但仍在缔约过失责任的赔偿范围中。⑥⁴ 实践中,似乎未见明确支持协作义务违反的履行利益赔偿。

29 　　由此,缔约过失责任与违约责任区别的关键不在于须赔偿的受损害利益的类型,而在于义务违反的类型,即与损害有因果关系的义务违反究竟发生在缔约过程中抑或履约过程中。由此,司法判决中出现的"因先合同义务违反而承担违约责任"的说法即有不妥,是对义务违反未能仔细分析的结果。例如,在一起案例中,出租人于订约时未告知租赁物上存在抵

---

　　⑥³　实践中,虽然常认为违反预约应承担违约责任,但支持的损害赔偿却是信赖利益的损害赔偿。预约常发生于商品房预售领域,当卖方违反预约,且诉讼时房价相比订约时有上涨时,买方的信赖利益损害包括因丧失其他订约机会而可能再次购买房屋不得不承受更高房价的损失。此种"差价损失"在一些判决中得到支持,参见滕威:《商品房预约协议之认定及违约责任承担》,载《人民司法·案例》2013年第8期,第4—9页。但也有判决不予支持,如湖南岳阳花板桥市场开发有限公司与李某某商品房预约合同纠纷上诉案,(2014)岳中民一终字第320号。该判决认为:"房屋差价260 000元属于本约履行意义上的可得利益损失",而"未达成本约,仅是丧失一次订立合同的机会,并无履行利益可言",因此,差价损失不予赔偿。不过,在笔者看来,此判决认识有误。即使出卖人违反预约仅应承担信赖利益损失,该损失也可包括房屋价格上涨带来的差价损失。因为丧失的订约机会更多的是指丧失了与其他人订约的机会。若与其他人订约,则此房屋价格上涨带来的差价损失原本可以避免。因此,差价损失应属于信赖利益赔偿的范围。

　　⑥⁴　参见注⑤⑤,第81—82页。

押权和司法查封的重要事实,合同成立后因抵押权人行使抵押权致使承租人不能继续使用租赁物,承租人要求解除合同并赔偿损失得到法院的支持。案件审理结果值得赞同,但审理法官将此情况总结为"出租人违反先合同义务之违约责任承担",则有不妥。⑥ 因为与订约时告知义务违反有因果关系的损害是指承租人订立了一个于自己不利的合同,即如果订约时出租人告知,则承租人不会订立合同或不会订立实际存在的那个于自己不利的合同。本案中的违约行为并非告知义务违反,而是出租人不能使承租人继续使用租赁物。如果出租人虽然在订立合同时未告知抵押权和司法查封的事实,但事后积极努力使该抵押权或司法查封被去除,以致承租人继续使用租赁物不受妨碍,则仍无须承担违约责任。

就缔约过失责任情形下固有利益的赔偿,虽有学者主张⑥,但实践中似乎未见其例。〔26〕

六、举证责任

主张《合同法》第 42 条之缔约过失责任者应负举证责任,举证事项为:(1)损害;(2)缔约相对人有违反诚实信用原则的行为,即义务违反;(3)该违反诚实信用原则的行为发生于缔约过程中;(4)义务违反与损害之间有因果关系。

---

⑥ 参见陈敏:《出租人违反先合同义务之违约责任承担》,载《人民司法·案例》2015 年第 10 期,第 49—53 页。

⑥ 参见余向阳、袁菁:《超市对顾客搜身应承担缔约过失责任》,载《政治与法律》2000 年第 1 期,第 56—59 页。另外,有学者对固有利益和信赖利益的界定与笔者有所不同,从笔者视角观察,其实际上主张缔约过失责任下此处所言之固有利益之赔偿,参见郝伟明:《论合同保护义务的应然范围》,载《清华法学》2015 年第 6 期,第 79—94 页。

第 45 条　附条件合同*

翟远见

《中华人民共和国合同法》第 45 条

当事人对合同的效力可以约定附条件。附生效条件的合同,自条件成就时生效。附解除条件的合同,自条件成就时失效。

当事人为自己的利益不正当地阻止条件成就的,视为条件已成就;不正当地促成条件成就的,视为条件不成就。

细　目

一、规范意旨……1—3
二、条件的属性……4—32
　（一）条件的意定性……9—16
　（二）条件的未来性……17—21
　（三）条件的或然性……22—27
　（四）条件的合法性……28—32
三、条件的类型……33—58
　（一）生效条件与解除条件……34—44
　（二）偶成条件与随意条件……45—56
　（三）积极条件与消极条件……57—58
四、不容许附条件的法律行为……59—71
　（一）条件敌对行为的类型……62—69
　（二）条件敌对行为的效力……70—71
五、条件的未决期间……72—93

---

* 本文首发于《法学家》2018 年第 5 期(170—191 页),原题为《〈合同法〉第 45 条(附条件合同)评注》。

（一）期待权及其保护……74—80
　　（二）处分行为的效力……81—87
　　（三）诚信行事的义务……88—93
六、条件成就与否的确定与拟制……94—118
　　（一）条件成就与否的最终确定……95—99
　　（二）条件成就与否的法律拟制……100—109
　　（三）条件成就的溯及既往效力……110—118
七、举证责任……119—121

一、规范意旨

　　私法自治为民法之灵魂,而法律行为又为实现私法自治的一般工具。① 基于私法自治理念,当事人对于依其意志做出的法律行为何时发生私法上的效果,原则上可以自主掌控。条件,与期限一道,是民事主体控制法律行为效力发生或者消灭的任意手段。合同作为法律行为之一种,自当可由当事人将其生效或者失效系于将来不确定的事实。《合同法》第 45 条第 1 款即旨在肯认民事主体的这一自由。② 1

　　在未决期间,合同当事人应当遵循诚实信用原则,相互尊重条件成就或者不成就的不确定状态,负有不借实施不正当行为使条件偏离自然前行轨道的义务。③《合同法》第 45 条第 2 款之条件成否拟制规则,即意在规范此类背信行为。 2

　　此外,须指出的是,与期限一样,作为附款的条件,乃当事人意思表示 3

---

　　① 关于私法自治与民法规范及法律行为的关系,参见朱庆育:《私法自治与民法规范——凯尔森规范理论的修正性运用》,载《中外法学》2012 年第 3 期,第 476 页以下。

　　② 王利明教授正确地指出:"合同中附条件的主要作用在于,可以把当事人的动机反映到合同中,使其具有法律的意义。"王利明、房绍坤、王轶:《合同法》(第 3 版),中国人民大学出版社 2009 年版,第 118 页(王利明)。类似观点,参见董安生:《民事法律行为》,中国人民大学出版社 2002 年版,第 160 页。关于条件功能的讨论,还可参见袁治杰:《法律行为的条件理论》,载陈小君主编:《私法研究》(第 8 卷),法律出版社 2010 年版,第 42—43 页。

　　③ 关于诚实信用原则在私法中的地位,近期的讨论可参见徐化耿:《论私法中的信任机制——基于信义义务与诚实信用的例证分析》,载《法学家》2017 年第 4 期,第 30—43 页。

的一部分,属合同等法律行为的内容,而非民事主体在法律行为之外另行实施的行为。

二、条件的属性

4 "条件"一词在《合同法》中共使用24次,分别出现在第45、93、99、160、230、272、274、285、326、339、340、360、363、383条。

5 这些条文规定的"条件",有的表达的是"合同法律关系的内容"的含义(第160、230、274条,第326条第1款,第339、340条),有的表达的是"影响合同履行的客观因素"的含义(第285条,第326条第2款,第360、363、383条),有的表达的是"资格""状态"的含义(第272条)。此等所谓的"条件",仅事关合同之债的内容或履行,而与合同的生效或者失效无直接关系。④ 作为合同附款的条件,诚如最高人民法院(2015)民再字第1号民事判决书所称,"是指决定民事法律关系的效力产生和消灭的不确定的事实。双方当事人在合同中约定的一方应履行的合同义务,不能成为法律上的条件"。

6 按照《合同法》第93条的规定,当事人可以约定解除合同的"条件"。但是,此类"条件"成就的法律效果乃一方当事人取得解除权。解除权是一种形成权,必须通过以需受领的意思表示为要素的单方法律行为行使。⑤ 这与作为附款的"解除条件"成就后,法律行为自动失效大异其趣,不可不辨。此种观点亦得到了相关裁判的贯彻。例如,浙江省湖州市安吉县人民法院(2015)湖安商初字第367号民事判决书谓:"附解除条件的合同所附的'条件'应是指将来发生与否不确定的事实,当解除条件成就时,无须任何一方主张解除权,该合同即自动且当然地失效;而约定解除权的合同中所约定的解除条件是否成就,只关乎当事人的解除权是否

---

④ 若合同当事人在合同中将"签字盖章"表述为合同的"生效"条件,则该条款实质上是对合同成立的约定。参见上海华冶钢铁集团有限公司与宝威物料供应公司买卖合同纠纷案[上海市高级人民法院(2004)沪高民二(商)终字第146号民事判决书]。

⑤ 参见王洪亮:《债法总论》,北京大学出版社2016年版,第355页;韩世远:《合同法总论》(第3版),法律出版社2011年版,第521页;崔建远、吴光荣:《我国合同法上解除权的行使规则》,载《法律适用》2009年第11期,第14—18页。

发生,而合同是否解除取决于解除权人是否行使该权利。"⑥

因此,在使用"条件"一词的《合同法》诸条文中,只有第 45 条和第 99 条规定的"条件",与"期限"一道,扮演着法律行为效力自治工具的重要角色。

作为附款的条件,具有意定性、未来性、或然性和合法性的特征。对于这些特征,兹述如下。

(一)条件的意定性

《合同法》第 45 条规定的条件乃私法主体自由意志的表达,故真正的条件仅限意定条件(condicio facti),而不包括法定条件(condicio iuris)。⑦

在附条件合同中,条件作为合同内容的一部分,亦须通过当事人意思表示一致,即《合同法》第 45 条第 1 款所说的"约定"而附加。倘若合同双方当事人未就条件之附加达成合意,则不存在意定条件。⑧

至于合同所附的法定条件,是法律直接为某些已经成立的合同设置的特别生效要件。它们不是当事人自由决定的结果,而是法律为了追求特定目的,对合同生效的直接控制。例如,依《合同法》第 44 条的规定,某些合同如果法律、行政法规规定须办理批准、登记等手续方可生效,则此时公权力部门的批准或者登记等行政手段,即为法定条件。如果认同物权合同的概念及规则⑨,根据《物权法》第 9 条第 1 款的规定,登记就是不动产物权合同的法定条件。质言之,通过物权合同变动

---

⑥ 该案的二审判决书亦谓:"协议书约定了如中昌集团公司、倪席平违反合同有关条款,则该协议自动失效,双方也没有约定合同失效后,合同第一、二、三条已经履行后的处理方式,故从合同条款的文义解释来看应属《合同法》第四十五条规定的合同解除条件条款,对于合同失效后,也即有关法律行为失去效力后,一般是指对将来要发生行为失去效力,并不影响此前相关行为的效力,已经履行的合同仍应确认合法有效。"参见中昌环保集团有限公司、倪席平等与杜洪合同纠纷上诉案[浙江省湖州市中级人民法院(2015)浙湖商终字第 393 号民事判决书]。

⑦ 参见谢怀栻:《民法总则讲要》,北京大学出版社 2007 年版,第 145 页以下。

⑧ 参见齐新等与杨振东民间借贷纠纷申请再审案[最高人民法院(2015)民申字第 3109 号民事判决书]。

⑨ 田士永教授认为《物权法》既体现了分离原则,又体现了抽象原则。因此,在他看来,物权行为是为我国实证法认可的法律概念。参见田士永:《〈物权法〉中物权行为理论之辨析》,载《法学》2008 年第 12 期,第 98 页。

物权的,当事人没有办理登记,便不发生不动产物权变动的效力。此等效力与当事人是否对登记作了约定无关:无约定,亦产生不登记即不发生物权变动的效力;有约定,也不过是对该法定条件的重述而已。例如,最高人民法院(2004)民一终字第 106 号判决的"裁判摘要"之(一)称:"根据《中华人民共和国合同法》第四十五条规定,当事人对合同的效力约定所附条件,是指在合同中特别约定一定的条件,以条件成就与否作为合同效力发生的根据。该条件必须是将来发生的、不确定的、约定的、合法的事实。政府机关对有关事项或者合同审批或者批准的权限和职责,源于法律和行政法规的规定,不属于当事人约定的范畴。当事人将上述权限和职责约定为合同所附条件,不符合法律规定。"因此,该判决书称:"根据合同法规定精神,当事人在订立合同时,将法定的审批权或者批准权作为合同生效条件的,视为没有附条件。将法律未规定为政府机关职责范围的审批权或者批准权作为包括合同在内的民事法律行为生效条件的,同样视为没有附条件,所附的'条件'不产生限制合同效力的法律效果。"⑩

12 　　当然,如果合同当事人为了一方的利益,通过明示或者默示的形式,将法定条件在某一期限之内成就或者不成就约定为条件,则该法定条件便成为意定条件中的事实;相应地,此种情况下,《合同法》第 45 条的规则就应当得以全面适用。

13 　　关于法定条件与意定条件的关系,存在"统一说"与"区别说"两种观点。前者认为,无论是法定条件还是意定条件,都是对法律行为效力的外部控制,故而"条件"是它们的共同上位概念。⑪ 后者认为,它们名虽相似,

---

⑩ 有学者指出,该判决说理存在瑕疵,因为将不属于法定职责的审批或者批准约定为条件,并非合法与否的问题,而是因该条件在法律上不可能成就,故属于不能条件,应与未附条件相同,不影响合同的效力。参见李宇:《民法总则要义——规范释论与判解集注》,法律出版社 2017 年版,第 752—753 页。

⑪ A. Falzea, La condizione e gli elementi dell'atto giuridico, Milano, 1941, pp. 94 ss.

其实各异。⑫ 第二种学说，无论在我国⑬还是在外国⑭，均取得了绝对通说的地位。

尽管法定条件不是真正的条件，但是它也与意定条件一样，构成了合同生效或者失效的外部控制。⑮ 合同成立后，无论是法定条件还是意定条件的生效条件，在条件成就前，合同虽然均未生效，但都产生了对当事人的拘束力。因此，在法律没有对具体的法定条件作出规定时，便有类推适用意定条件规则的可能。在不与具体的法定条件规范意旨相冲突的前提下，若具备类推适用所要求的实质相似性，裁判者应实施此项作业。⑯ 当然，由于法定条件毕竟不是真正的条件，故不可能全面类推适用后者的规

---

⑫ 德国学者一般严格区分法定条件和意定条件两个概念。如拉伦茨认为，法定条件是法律行为的生效要件，取决于法律的直接规定，而不是当事人的自主决定；法定条件与意定条件在成否尚不确定时，当事人之间的法律关系具有相似性。参见〔德〕卡尔·拉伦茨：《德国民法通论》（下册），王晓晔等译，法律出版社 2003 年版，第 688 页。意大利法上的讨论，参见 P. Rescigno, Condizione(diritto vigente), in Enciclopedia del diritto, VIII, Milano, 1961, p. 768。Barbero 教授认为，就不同的法定条件建立一套统一的理论尚且不能，况论在意定条件和法定条件之上构建一般的条件概念。参见 D.Barbero,Contributoalla teoria della condizione, Milano, 1937, p.67。

⑬ 参见王利明、崔建远：《合同法新论·总则》（修订版），中国政法大学出版社 2000 年版，第 253—254 页（王利明）；魏振瀛主编：《民法》，北京大学出版社、高等教育出版社 2000 年版，第 155—156 页（李仁玉）；张俊浩主编：《民法学原理》（修订第 3 版），中国政法大学出版社 2000 年版，第 265 页（张俊浩）；马俊驹、余延满：《民法原论》（第 4 版），法律出版社 2010 年版，第 199 页（马俊驹）；李锡鹤：《民法原理论稿》（第 2 版），法律出版社 2012 年版，第 810 页。

⑭ 参见〔德〕迪特尔·梅迪库斯：《德国民法总论》，邵建东译，法律出版社 2001 年版，第 628—629 页；〔德〕维尔纳·弗卢梅：《法律行为论》，迟颖译，法律出版社 2013 年版，第 812—813 页；C.M.Bianca, Diritto civile, vol.3, il contratto, seconda edizione, Milano, 2000, pp. 561-562；E.Betti, Teoria generale del negozio giuridico, Napoli, 2002, p.508。

⑮ R. Sacco 和 G. De Nova 两位教授认为，法定条件这一概念的产生原因主要有三：其一，它可以为法律行为完成后，而法律规定的特定事实发生或者不发生前当事人所负的义务，提供正当性说明；其二，它亦可以为某些情况下，将法律行为的效力溯及至法律规定的特定事实发生前的某一时刻，提供正当性说明；其三，它使得法律行为的概念更为纯净，仅仅用来指称私法主体在意志支配下的行为，即以意思表示为要素的行为，而将其与法律直接规定的事实区分开来，尽管在二者均存在时，意思表示只是法律行为生效的两大要件之一。参见 R. Sacco e G. De Nova, Obbligazioni e contratti, tomo secondo, in Trattato di diritto civile, diretto da P. Rescigno, vol. 10, Torino, 2002, p. 428。

⑯ S. Maiorca, Condizione, in Digesto delle discipline privatistiche, sezione civile, III, Torino, 1988, p. 333。

范,否则将彻底消弭二者之间的界线。

15 　　在法定条件成就与否尚不确定的未决期间,类比合同附有意定生效条件的情形,当事人也要受到合同的约束,不得任意解除已经订立的合同。[17] 此外,任何一方均须依诚实信用原则行事,尊重对方当事人享有的期待权[18],以防止将来完整权利的享有者遭受不当侵害。

16 　　合同一方当事人为了自己的利益不正当阻止法定条件成就时,能否类推适用《合同法》第 45 条第 2 款规则,我国学者少有论及。意大利有学者认为,由于法定条件的设置一般旨在维护公共利益,故不得准用意定条件拟制成就的规则。但也有学者认为,如果法定条件成就对己不利的一方,不当阻止条件的成就,则合同同样生效,只是法定条件的不成就将导致可归责于不当行为一方的履行不能,进而另一方可以行使法定解除权,并有权要求赔偿损失。[19] 管见以为,应以前说为是。然而,当事人如有故意或者过失之义务违反,依诚实信用原则,应负损害赔偿之责。[20]

(二)条件的未来性

17 　　《合同法》第 45 条规定的条件,其发生与否存于未来。中国法的这一规则有其罗马法渊源。罗马法已有现在或者过去的事实不能作为真正条件的清晰规则。例如,在《学说汇纂》D.12,1,37 中,帕比尼安有言:"一旦约定以现在的事情为条件,则要式口约的效力不延缓;如果作为条件的这个事情是真实的,那么,要式口约产生债的效力,尽管契约当事人不知道该条件已经成就;比如这样的例子:'如果波斯人的王活着,你答应给我 100 币吗?'应该说,若约定以过去的事情为条件,也适用同样的规则。"[21]

18 　　现实中,合同当事人可能将发生与否业已确定的事实设定为条件,但

---

[17] 参见注[14],C. M. Bianca 书,p. 563。

[18] D. Carusi, Condizione e termini, in Trattato del contratto, diretto da V. Roppo, III, effetti, a cura di M. Costanza, Milano, 2006, p. 288.

[19] 参见注[14],C. M. Bianca 书,p. 563。

[20] 参见史尚宽:《民法总论》,中国政法大学出版社 2000 年版,第 490 页。

[21] 〔古罗马〕优士丁尼:《学说汇纂》(第 12 卷),翟远见译,中国政法大学出版社 2012 年版,第 37 页。类似表述还见于优士丁尼《法学阶梯》中的片段 I.3,15,6。

双方对此确定性毫不知情或者尚不确信。此类条件乃不真正条件的一种,学理上称之为既成条件(condicio praesens)。㉒ 这种条件虽然在客观上不具有不确定性,但是由于当事人对其成就与否并不知情,所以不妨认为在主观意义上具有不确定性。然而,无论如何,应当认为此种条件对应的事实存在于过去,而非指向未来。㉓

对于既成条件,要关注的不是未来是否成就,而是未来对业已确定的成就与否的事后查实。㉔ 正是基于该原因,有学者反对将有关条件的规定类推适用于既成条件。㉕ 然而这种观点未免走得太远,因为不论当事人选择设定的是真正的条件,还是既成条件,其目的都是将它们作为法律行为生效或者失效的控制工具。

以试用买卖为例,当事人当然也可以对标的物的质量或者特征进行约定。例如,某人出售马鞍,对买受人曰:"马鞍尽可拿去,若与汝马体型相符,请付价金;不符,退还可也。"对方欣然同意。此种情况下,马鞍大小是否合适,客观上早已确定,只是买卖合同双方当事人在最初交易时尚不知晓,其后需要就此查实而已。故不妨认为该交易是一个附既成条件的试用买卖,类推适用生效条件的规定。对于这一问题,1942年《意大利民法典》第1521条第1款的规定可资借鉴:"试用买卖推定附有如下生效条件,即标的物具有约定的品质或者适于指定的用途。"㉖意大利民法学界通说认为,该条文中的"推定",真正要表达的其实是"类推适用"的含义。㉗ 而按照我国《合同法》第171条的字面规定,试用买卖的买受人对标的物的认可完全取决于自己的自愿,而不受任何其他限制。如果当事

㉒ 参见朱庆育:《民法总论》(第2版),北京大学出版社2016年版,第127页。我国也有学者称既成条件为"表见条件"。参见陈甦主编:《民法总则评注》(下册),法律出版社2017年版,第1110页(郝丽燕)。

㉓ E. Navarretta e A. Orestano (a cura di), Dei contratti in generale, artt. 1350–1386, in Commentario del codice civile, diretto da E. Gabrielli, Torino, 2011, p. 226.

㉔ G. Mirabelli, Dei contratti in generale, Torino, 1967, p. 228.

㉕ 参见注⑯, 286 ss.

㉖ 本文所引《意大利民法典》条文,均系笔者根据意大利语原文自译。

㉗ 对于该条的讨论,参见 C. M. Bianca, La vendita e la permuta, in Trattato di diritto civile, a cura di Vassalli, Torino, 1993, p. 294 s.; D. Rubino, La compravendita, in Trattato di diritto civile e commerciale, diretto da A. Cicu e F. Messineo, Milano, 1962, p. 416。

人以明示或者默示的形式约定了与标的物品质相关的"既成条件",仍机械地适用第 171 条的规定,对于出卖人而言,难谓公平。

因此,虽然传统民法将既成条件作为一种不真正条件,但由于它也是实现私法自治的合法手段,在合同当事人心目中也具有不确定性,与真正的条件在功能上相差无几,故可类推适用真正条件的规定,殆无疑义。㉘具体而言,以既定事实为生效条件的,若条件于法律行为成立时已经确定成就,则视为没有附加条件;若条件于法律行为成立时已经确定不成就,则法律行为自始无效。以既定事实为解除条件的,若条件已经确定成就,则法律行为自始无效;若条件已经确定不成就,则视为没有附加条件。㉙

㉘ 但日本民法"通说"认为,《日本民法典》第 131 条第 3 款规定的既成条件"在当事人不知道条件成就或不成就的期间,准用第一百二十八条及第一百二十九条的规定",即准用期待权的侵害和附条件权利的处分,"是没有意义的空文"。其理由为,"既成条件的规定只能在法律行为无效与无条件之间二选一。从无效法律行为不会产生权利,不可能是'侵害期待权'或者'处分'等。无条件发生了权利的情形,侵害便是权利侵害本身,并非'期待权侵害',其'处分'也不可能是确定权利的处分之外的处分"。参见日本民法改正研究会、〔日〕加藤雅信:《日本民法典修正案 I:第一编 总则》,朱晔、张挺译,北京大学出版社 2017 年版,第 429 页。

㉙ 《日本民法典》第 131 条规定:"(第 1 款)条件于法律行为当时既已成就时,如果其条件为停止条件,其法律行为为无条件;如果其条件为解除条件,其法律行为为无效。(第 2 款)条件不成就在法律行为当时既已得到确定时,如果其条件为停止条件,其法律行为为无效;如果其条件为解除条件,其法律行为为无条件。(第 3 款)对于前两项的规定,在当事人不知道条件成就或不成就的期间,准用第一百二十八条及第一百二十九条的规定。"渠涛编译:《最新日本民法》,法律出版社 2006 年版,第 32—33 页。另参见注⑳,第 482—483 页;王泽鉴:《民法总则》,北京大学出版社 2009 年版,第 337 页。姚瑞光先生对此持有不同观点。姚先生认为,既成条件与条件的本质相背,不是台湾地区"民法"第 99 条所谓的条件,以之为停止条件或解除条件的,由于没有实质的条件存在,因此所为法律行为的效力与所附的"条件"无关。姚先生的结论是,以既定事实为停止条件的,仍以不考虑附加条件的一般情形确定法律行为的效力,而以既定事实为解除条件的,法律行为亦不因附有该"条件"而失却其效力。参见姚瑞光:《民法总则论》,中国政法大学出版社 2011 年版,第 268 页。管见以为,此种观点显然是过于看重条件的未来性,并将条件完全限定在"客观上"不确定的事实的结果。它切断了既成条件对真正条件的类推适用通道,忽视了当事人的意思自治,恐有不妥。梁慧星教授一概认为,附既成条件的法律行为,"与未附条件同"。参见梁慧星:《民法总论》(第 5 版),法律出版社 2017 年版,第 191 页。梁教授未区分在事实确定发生或者确定不发生的情况下,附生效条件或者解除条件的法律行为的不同效力,故其得出的结论似有商榷余地。

(三) 条件的或然性

条件与期限的关键区别在于,条件的成就与否不确定,而期限终将届至或届满。北京市第三中级人民法院(2016)京 03 民初 27 号民事判决书称:"前者为不确定发生之事实,后者为确定发生之事实。"㉚倘若所谓的"条件"不具有或然性,即必定成就,如"地球照样转动",或者必定不成就,如"地球不再转动",则均不为《合同法》第 45 条意义上的条件。若不存在或然性,也就没有理由适用当事人因对合同在将来生效或者失效尚不确定,而共同约定的利益安排规则。㉛ 此外,是否具有或然性的判断时点乃当事人实施法律行为之时;若某一条件只是后来变得定会成就或再无成就之可能,则应将之归于条件成就或者不成就的一般情形,自无需赘言。

以客观确定不能成就或者确定成就的事实作为所谓的条件的,应当探究当事人是否具有法效意思或者控制法律行为生效/失效的意思,通过对意思表示的解释而得出法律行为之效力具体为何。

以客观确定不能成就的事实作为内容的条件,学理上称之为不能条件。如果当事人以不能条件作为生效条件,例如,"地球停止转动,你我房屋买卖合同生效",说明当事人缺乏使法律行为发生效力的真意,故整个法律行为无效。如果当事人以不能条件作为解除条件,例如,"地球停止转动,你我保管合同失效",说明当事人无通过约定附款使法律行为失效之意思,故解除条件本身无效,法律行为发生未附加条件之效力(vitiatur sed non vitiat)。㉜

《民通意见》第 75 条规定,附加的条件不可能发生的,法律行为无效。

㉚ 该判决书认为,系争《股权转让协议》的有关约款为我国现行法规定的附期限。对此,崔建远教授则认为,协议中的有关约定属于合同条款附条件,与期限为确定发生之事实"格格不入"。详细讨论,参见崔建远:《合同条款附条件绝非合同附期限》,载《中州学刊》2017 年第 7 期,第 44—51 页。

㉛ 参见注⑭, C. M. Bianca 书, p. 543。

㉜ 参见注㉒,朱庆育书,第 132 页;注㉙,王泽鉴书,第 337—338 页。《意大利民法典》第 1354 条第 2 款规定:"不可能成就的条件是生效条件的,所附条件的合同无效;不可能成就的条件是解除条件的,合同视为未附条件。"详细讨论参见注⑮, R. Sacco e G. De Nova 书, p. 433。

按照上述分析可知,此处的"条件"当作限缩解释,仅指生效条件,而不包括解除条件。

26 以客观确定成就的事实作为内容的条件,学理上称之为必成条件。如果当事人以必成条件作为生效条件,例如,"明天地球照样转动,你我房屋买卖合同生效",或者"北京下次下雪时,你我雨伞买卖合同生效",意味着当事人虽积极追求法律行为的私法效果,但不欲使之在某一确定时点(如"明天")或不确定时点(如"北京下次下雪时")之前发生效力;又该时点("明天"或者"北京下次下雪时")终将到来,故此种情形下,当事人的真意应是为法律行为附加一个始期。如果当事人以必成条件作为解除条件,例如,"明天地球照样转动,你我房屋租赁合同失效",或者"北京下次下雪时,你我雨伞借用合同失效",意味着当事人有控制法律行为失效时点的真意;同样,该时点("明天"或者"北京下次下雪时")也终将到来,故此种情形下,当事人的真意应是为法律行为附加一个终期。一言以蔽之,当事人以未来必然成就的事实作为法律行为的"条件"的,应当通过意思表示的解释,适用"期限"的规则。㉝

27 由是观之,或然性乃条件区别于期限的关键所在。在法律行为的附款中,可能存在四种情形:其一,事实是否发生以及何时发生,均不确定(incertus an e incertus quando),例如,罗马法中经常举的例子"船只从亚洲驶达";其二,事实是否发生不确定,但发生与否有具体的确定时间(incertus an e certus quando),例如,某人在某日的比赛中获胜;其三,事实确定发生,但何时发生不确定(certus an e incertus quando),例如,某人的死亡;其四,事实确定发生,且发生时间确定(certus an e certus quando),例如,明日天亮。只有前两种情形,事实的发生具有或然性,可归入条件之列;而后两种情形,事实虽因不具有或然性而不构成条件,但如果当事人有通过确定发生的事实以控制法律行为效力的意思,不妨构成法律行为的附期限。㉞

㉝ 参见注⑭,C. M. Bianca 书,p. 543;注㉒,朱庆育书,第 128 页。
㉞ 参见 F. Gazzoni, Manuale di diritto privato, Napoli, 2007, p. 936;注㉙,王泽鉴书,第 332 页。

（四）条件的合法性

《民法通则》和《合同法》就条件的合法性均未置一词，但依《民通意见》第 75 条的规定，所附条件"违背法律规定"的，法律行为无效。对于《民通意见》的这一规定，应当参照《民法总则》第 153 条的内容，作扩张解释，即不论是生效条件还是解除条件，"违反法律、行政法规的强制性规定"或者"违背公序良俗"者，均属不法条件（condicio turpis）。㉟ 对此，《意大利民法典》第 1354 条第 1 款的规定可作参考，即"合同附加的生效条件或者解除条件，违反强制规定、公共秩序或者善良风俗的，合同无效"。㊱

合同所附条件的"不法"，当指在作为条件的事实和合同的法律效果之间，存在与法律的强制性规定或者公序良俗相悖的关系。㊲

不法可能存在于作为条件的事实本身，例如，"你若杀死张某，房屋便出租于你"，或者，"你若使法官枉法裁判，合同自动终止"。但是，需要指出的是，仅当不法事实的发生是有利于不法行为人的法律效果产生之前提时，该事实方称得上不法条件。相反，若合同的不生效或者失效，是对完成不法行为人的"惩罚"，则该不法事实应当被认为是合法条件。㊳

㉟ 参见注㉒，朱庆育书，第 132 页。谢怀栻先生对条件合法的理解是，所附条件"不违反法律、社会公共利益和社会主义道德"。谢先生此处所谓"社会公共利益和社会主义道德"当与现行《民法总则》规定的"公序良俗"同义。参见注⑦，第 146 页。

㊱ 我国学者李宇亦言道："违背公序良俗的条件，学术概念上仍被归入不法条件，此种条件当然无效。"参见注⑩，李宇亦第 753 页。

㊲ M. Costanza, La condizione e gli altri elementi accidentali, in Trattato Rescigno-Gabrielli, I, I contratti in generale, a cura di E. Gabrielli, 2, Torino, 1999, p.833；注㉓，p.289.

㊳ 参见注⑭，C. M. Bianca 书，p.547. 郑玉波先生认为，以不为不法行为为条件者，"此种条件表面上似属奖励守法，但实际上不为不法行为乃吾人在法律上当然应有之义务，以之为条件反足助长不法，故亦为不法条件"。参见郑玉波：《民法总则》，中国政法大学出版社 2003 年版，第 381 页。对此观点，朱庆育教授不以为然，并提出了合理质疑与有力反驳。参见注㉒，朱庆育书，第 132 页。类似观点，参见注⑳，第 485 页，注释 1。严格而言，不法是对条件约款而非条件事实的性质判断。换言之，完全可能作为条件的事实不法，而条件约款合法；或者，如下文所言，条件约款不法，而作为条件的事实合法。只有倘若附加，便会导致法律行为具有反社会性甚至违法性的条件，方为不法条件。

31　　还存在的一种可能是,作为条件的事实本身是合法的,但是一方希望通过条件的约定,对相对人施加不当心理压力,诱使其做出特定行为。此种情况下,一方的强制意图导致了条件约款的不法。例如,合同当事人完全可以约定,"你若开律所,我就把房子赠给你,以做办公使用",因为一方所追求的对另一方的此种心理影响完全是合法的。但是,当事人将一方不结婚、出家、加入某个政党等约定为合同生效或者失效条件的,此类条件当属不法,因为它们已经沦为一方控制另一方的工具,构成对一方当事人行为自由和人格利益的不当限制,有违公序良俗。㊴

32　　至于附不法条件的法律效果,多数学者曾认为,乃毫无例外地导致整个合同的无效。㊵但是新近的学说主张,对此仍应通过意思表示的解释具体判断,即假使该不法条件不存在,当事人依旧希冀合同效力发生,则合同视为未附条件。㊶依余所信,条件与所附法律行为是不可分割的整体,条件因违反《民法总则》第153条或《合同法》第52条第5项之规定㊷而无效的,除非法律为保护相对人的利益辟出例外,法律行为原则上整体无效,并无《民法总则》第156条和《合同法》第56条第2句适用之

㊴　参见注⑯, p. 296。
㊵　例如,江平主编:《民法学》(第3版),中国政法大学出版社2015年版,第142页(李永军);注㊳,郑玉波书,第381页;施启扬:《民法总则》(修订第8版),中国法制出版社2010年版,第263页;黄阳寿:《民法总则》(修订3版),新学林出版股份有限公司2013年版,第314页;D. Barbero, Condizione (diritto civile), in Novissimo digesto italiano, III, Torino, 1959, p. 1102; 注⑫, P.Rescigno文, p. 791。
㊶　梁慧星教授的观点为:"如附不法条件之条款并非法律行为之本质部分,则在除去该条件后,法律行为其余部分仍为有效。"但如何判断条件是否构成法律行为的"本质部分",梁教授并未给出妙药良方。参见注㉙,梁慧星书,第191页。意大利学者对该问题的讨论参见M. Costanza, Condizione nel contratto, in Commentario Scialoja-Branca, sub artt. 1353-1361 cc., 2, Bologna-Roma, 1997, p. 43; G. Tatarano, Incertezza, autonomia privata e modello condizionale, Napoli, 1976, 43 ss.
㊷　对如何准确适用《合同法》第52条第5项的讨论,参见朱庆育:《〈合同法〉第52条第5项评注》,载《法学家》2016年第3期,第153—174页。

余地。㊸但是,倘若不法条件只是附加在合同部分内容之上,且通过意思表示的解释可知,该部分内容无效,不影响其他部分的效力的,则应适用《民法总则》第 156 条㊹以及(在法律行为为合同时)《合同法》第 56 条的规定,即该部分的无效,而合同的其他部分仍然发生相应的效力。

三、条件的类型

意定条件尚有不同类型。现述其分类标准及区分实益如下:

(一)生效条件与解除条件

《合同法》第 45 条规定,当事人可以通过约定附加条件,控制合同的生效或者失效。这一规定,部分弥补了 1986 年《民法通则》第 62 条只规定生效条件而未规定解除条件之弊端。㊺ 至 2017 年《民法总则》第 185 条明确规定法律行为的生效条件(condicio suspensiva, condizione sospensiva)和解除条件(condicio resolutiva, condizione risolutiva),可以说,我国实证法上条件制度的完整图景方得初现。

不论是生效条件还是解除条件,它们都是当事人意思自治的表达,目的都是通过条件的约定,控制合同等法律行为在时间上的效力。

附生效条件的法律行为,条件成就,法律行为生效。在条件成就之

㊸ 对于整个法律行为的效力,李宇教授认为,"仍应依照法律行为部分无效规则"来认定,"纵然条件因违反效力性强制规定而无效,如其无效不影响其他部分的效力,其他部分仍然有效,而非法律行为全部无效"。参见注⑩,第 753 页。对此笔者并不赞同。冉克平教授认为,附不法条件的法律行为一般无效。但在特殊情况下,若单独宣告条件无效,而法律行为不具有违法性,为了保护相对人的利益,该法律行为仍有效。例如,雇主与雇员签订的以雇员怀孕为解除条件的劳动合同,即条件无效,而劳动合同有效。此观点或更为可采。参见王利明主编:《中华人民共和国民法总则详解》(下册),中国法制出版社 2017 年版,第 695—696 页(冉克平)。我国台湾地区姚瑞光先生之观点为:违反强制、禁止规定之违法行为,并非一概无效;条件内容,虽因不法而无效,但法律行为,未必均随同无效。参见注㉙,姚瑞光书,第 269 页。德国联邦劳工法院 BAG 4,274 号判决认为,雇佣人与女劳工签署的以违宪之单身条款为解除条件的雇佣契约,视为未附条件。转引自黄立:《民法总则》,中国政法大学出版社 2002 年版,第 369 页。
㊹ 《民法通则》第 60 条亦有相应的规定。
㊺ 《民通意见》中也没有对解除条件的相应规定。

前,法律行为的效力处于停止状态,故生效条件又称停止条件。当事人可以对法律行为附加此类条件,以达到延缓法律行为生效时间之目的,故生效条件亦称延缓条件。

37　　通过约定生效条件,当事人可以降低甚至消除在追求特定法律效果时可能遭遇的风险。例如,在买卖合同中,买受人可能由于种种原因未履行支付价款或者其他主要义务,相应地,出卖人便面临不能取得标的物价款的风险。如果双方约定,买受人履行支付价款或者其他义务,乃标的物所有权移转行为的生效条件,便可有效消除出卖人因买受人不履行主要义务而导致自己的债权得不到满足,所有权却已经发生移转的风险。㊻《合同法》第134条的规定,虽稍显简陋㊼,但亦不失为一项方向正确的任意规范。

38　　生效条件成就之前,合同不生效,即不产生当事人直接追求的法律效果,因此,当事人尚不享有完整的债权,尚不必马上履行债务。但是,这种不生效的状态只是暂时的。不生效并不意味着不具有约束力:双方当事人均已置身合同法律关系之中,任何一方均不得任意摆脱"法锁"的束缚。㊽

39　　既然在生效条件的未决期间,基于合同而产生的债权是否必须得到满足尚处于不确定状态,所以,债权请求权的诉讼时效不开始起算。此

㊻　在所有权保留买卖中,买受人履行支付价款或者其他义务,是所有权移转的条件。但是,此生效条件,并不是附加在作为债权契约的买卖合同之上,而是附加在旨在移转所有权的物权合同之上。参见注㉒,朱庆育书,第171页。梁慧星教授认为中国物权法不采物权行为独立性及无因性理论,买卖合同是"负担行为与处分行为合为一体"的一类债权行为,因此,在他看来,"'附条件买卖'所附的'条件'仅决定标的物所有权的移转,而不决定法律行为(买卖)效力之发生与消灭","与此所谓附条件法律行为不同"。参见注㉙,梁慧星书,第170、189页。分离原则和抽象原则是否得到了我国实证法的一般认可,殊难回答,不同学者议论纷纷,莫衷一是。然采肯定说,更有利于交易安全之维护、民事纠纷之解决、法院裁判之说理,故笔者认为,在所有权保留买卖中,买受人履行支付价款或者其他合同义务为物权合同的生效条件。关于所有权保留的讨论,还可参见王轶:《论所有权保留的法律构成》,载《当代法学》2010年第2期,第21—26页。

㊼　全国人民代表大会常务委员会法制工作委员会似乎已经意识到该问题:"本条的规定应当说只是确立了一个原则……有关具体问题没有涉及。但在今后合同法的实际应用中则可能遇到各种复杂的情况,仍然需要针对实际情况,并借鉴国外有益的规定确定我们的处理原则。"胡康生主编:《中华人民共和国合同法释义》(第3版),法律出版社2013年版,第238页。

㊽　参见注⑭,C. M. Bianca 书,p. 542。

外,在未决期间,合同当事人虽然没有取得完整的权利,但具有将来取得并实现此种权利的合理期待。对于这种产生于生效条件的期待权(aspettativa),法律当予以保护。

附解除条件的法律行为,条件成就,法律行为失效。依《合同法》第45条第1款的规定,附解除条件的合同,在条件成就前,合同的法律效果已经发生。但是,该法律效果仅处于临时状态,可能会因条件的成就而消失。条件确定不成就,合同一直生效,如同自始未曾附加条件。条件成就,合同失效,当事人之间的法律关系回复至缔约之前的状态。㊾

另外,如前文所述,《合同法》第45条规定的解除条件与《合同法》第93条规定的约定解除合同的条件不同。当约定解除合同的情况出现时,享有解除权的当事人尚须通过单方意思表示解除合同;而解除条件成就时,合同自动失效,无需当事人为任何积极行为,法律关系即发生改变。㊿

我国有判决即混淆了约定解除权与解除条件之差别。比如,浙江省杭州市中级人民法院(2010)浙杭民终字第2757号判决称:"本案的补充合同是对赠与合同的变更,该补充合同有关'原房产人童甲有权收回杭州市下城区大营盘6幢1单元503室的产权'的表述系对违反合同行使解除权的约定,具有法律效力,原审法院结合补充协议的内容充分阐明了本案赠与合同系附解除条件的赠与合同,该论述符合双方签订合同的真实意思表示。"

当然,正确区分附解除条件的合同与约定解除权的合同的判决不乏其例。除前述浙江省湖州市安吉县人民法院(2015)湖安商初字第367号民事判决,又如江西省赣州市中级人民法院(2014)赣中民再终字第11号判决,其中谓:"原一、二审判决中未很好地区分这两个概念,导致法律适用欠妥。附解除条件的合同当条件成就时合同当然且自动地消灭,无须当事人再做出意思表示;在约定解除权的合同的情况下仅仅具有解除的条件还不能使合同消灭,必须有解除行为才能使合同实际解除。"

某些情况下,当事人约定的是生效条件抑或解除条件,可能存在疑

㊾ 参见注⑯, pp. 292-293。
㊿ 参见注㉙,王泽鉴书,第335页。

问。例如,甲经营服饰店,向乙批发时装,约定每月月底结算货款,未出售者退还。有学者认为,存在疑问时,应当认定为生效条件,因为不让包括合同在内的法律行为立即生效显得更为谨慎。[51] 相反,也有学者基于尽量维持合同效力的原则认为,存在疑问时,应当认定为解除条件。[52] 但是,有异于前两种观点的第三种观点似乎更为可采,即除非法律有明确规定,应当综合考虑合同的所有条款,以及在未决期间当事人的行为,通过对意思表示的解释得出答案。[53] 在上举时装批发之例,解释上应认为对时装买卖合同附有生效条件,"甲出售所批发的时装时,买卖契约始因条件成就而生效力,甲负有支付价款的义务"[54]。

(二) 偶成条件与随意条件

45　　我国法律没有明文规定偶成条件(condizione casuale)与随意条件(condizione potestativa)这一分类。该分类的标准为条件的成就与否是否取决于当事人的意志。若条件的成就与否与当事人的意志无关,则该条件为偶成条件。此类条件可能是自然事件,也可能是第三人的行为,例如,"若明年发生地震,则租赁合同自动解除",或者,"若吾子从美国归来,则承租你的房屋"。若条件的成就与否取决于当事人的意志,则该条件为随意条件,例如,"若我赴外地工作,则房子出租给你"。

46　　此外,尚存在一种可能,即条件的成就与否既受制于当事人的意志,又受制于其他客观事实,例如,"若你赢得一级方程式世界锦标赛,则赠你赛车一辆"。这类条件学理称之为混合条件(condizione mista)。

47　　对于将条件大别为偶成条件、随意条件和混合条件的意义,朱庆育教授认为十分寥寥,"似乎仅仅在于训练概念辨析之能力"[55]。回答这一问

---

[51] 参见注⑫, P. Rescigno 文, p. 783。Bianca 教授从语言学的角度认为,普通民众多是在生效条件的意义上使用"条件"一词。参见注⑭, C. M. Bianca 书, p. 542。

[52] 参见注⑱, p.283; U.Natoli, Della condizione in contratto, in Commentario D'Amelio-Finzi, Firenze, 1948, p. 445。弗卢梅教授虽然也倾向于维护法律行为的效力,但他的观点是,鉴于法律行为在附解除条件的情况下先行生效,所以有疑义时,应当认为法律关系未形成,所附的条件为生效条件。参见注⑭,弗卢梅书,第 815 页。

[53] 参见注㉒,陈甦主编书,第 1114—1115 页(郝丽燕);注⑭, E. Betti 书, pp. 518-519。

[54] 参见注㉙,王泽鉴书,第 335 页。

[55] 参见注㉒,朱庆育书,第 131 页。

题,余以为关键在于如何认识随意条件的功能,进而得出随意条件与偶成条件是否适用不同规则的结论。

将一方当事人意志支配下的行为作为条件,意味着该当事人在法律上可以自由决定是否实施该行为。也就是说,随意条件保护的是一方当事人自由实施一定行为,并以之控制法律行为效力的利益。㊱

由于一方当事人可以自由选择是否实施一定行为,以使条件成就或者不成就,相对于对方当事人而言,这本身就是一种值得法律保护的利益。因此,随意条件成就与否,悉由当事人自由意志决定,一般不存在条件成就前对诚信义务的违反问题。例如,在房屋租赁合同中,出租人曰:"若我赴外地工作,则房子出租给你。"承租人欣然同意。其后,不论出租人基于任何理由赴外地工作或者未去外地工作,均不构成对诚信义务的违反,相应地,也就无条件成否拟制规则的适用余地。

申言之,《合同法》第 45 条第 2 款规定的条件成否的拟制规则,其适用范围当作目的限缩解释,即若随意条件或者混合条件"随意部分"中的行为人阻止或者促成条件成就,不适用该规则。㊲

若以上论述为真,则保留偶成条件、随意条件和混合条件这一分类,其意义似乎不仅在于"训练概念辨析之能力",而且对于准确适用法律亦有裨益。

经常与随意条件一起讨论的尚有所谓的意愿条件(condizione meramente potestativa)。㊳意愿条件的成就与否纯粹取决于当事人的意志,亦即附加意愿条件的法律行为,其生效或者失效完全取决于当事人的意思表示,例如,"我若愿意,就购买你的房屋",或者,"我若不满意,租赁合同即自行解除"。

㊱ 参见注⑭,C. M. Bianca 书,p. 548。

㊲ Rescigno 教授认为,条件成就与否的拟制规则不适用于随意条件之原则只在一种情形下存在例外,即随意条件中的行为具有持续性,且实施与否完全取决于债务人的意志,如果债务人已经开始实施该行为,但没有正当理由中断,那么,条件成就与否的拟制规则可以适用。参见注⑫,P. Rescigno 文,pp. 796–797。

㊳ 龙卫球教授将意愿条件作为随意条件的同义词使用。窃以为,此种做法或不可取。参见龙卫球:《民法总论》(第 2 版),中国法制出版社 2002 年版,第 534 页。王泽鉴先生将随意条件分为纯粹随意条件和非纯粹随意条件。王先生所说的纯粹随意条件即意愿条件,而非纯粹随意条件即狭义的随意条件。参见注㉙,王泽鉴书,第 336 页。

53 意愿条件直接以法律行为是否生效或者失效为内容，其与随意条件中当事人的作为或者不作为跟所附法律行为的内容无关不同。因此，随意条件中的作为或者不作为，对行为人没有行为能力的要求，而意愿条件的成就与否须直接通过意思表示实现，对行为人有相应的行为能力要求。

54 若对债权合同附加生效意愿条件，例如，“我若愿意，就购买你的房屋”，则合同并未成立。其法理基础至为清楚：一项合同的生效与否完全取决于一方当事人的意愿时，证明当事人缺乏受义务约束的内心意思(animus obligandi)。而此种意思是合同最终成立不可或缺的要素，故合同不成立，不产生任何拘束力。与之相反，在附随意条件的合同中，虽然条件的成就与否也取决于当事人的行为，但就该行为的实施与否，当事人一般要谨慎考虑，而不会不假思索、任性为之。换言之，附意愿条件的合同与附随意条件的合同之本质不同，在于当事人是否具备负担义务的意思。(59)

55 若对债权合同附加解除意愿条件，例如，“我若不满意，租赁合同即自行解除”，则当事人约定的其实也不是“条件”，而是解除权。(60) 此时，当适用《合同法》第 93 条而非第 45 条的规定。

56 若对物权合同附加生效意愿条件，例如，“我若高兴，房屋的所有权便移转给你”，说明权利人并无处分权利的意思，因此物权合同无效。若对物权合同附加解除意愿条件，例如，“房屋的所有权移转给你，但我随时可以取回该所有权”，此种约定与物权合同的绝对效力相悖，因此该条件不生效力。

(三)积极条件与消极条件

57 以事物之状态相对于现在是否发生改变为标准，理论上尚可将条件

---

(59) F. Santoro-Passarelli, Dottrine generali del diritto civile, Napoli, 2002, p. 199；注㉞, F. Gazzoni 书, p. 937.

(60) 参见注⑭, C. M. Bianca 书, pp. 549—550；注㉞, F. Gazzoni 书, p. 937。Rescigno 教授对此种观点不以为然。他认为，首先，《意大利民法典》第 1372 条规定的合意解除合同必须发生在合同订立之后，不能与合同订立同步进行。其次，第 1373 条规定的解除权，其行使存在限制，即一方当事人的解除权，在一时性合同中，必须在契约履行之前行使；在持续性合同中，履行开始后也可以行使，但对已经履行或者正在履行的给付不产生效力；只有在持续性合同中，才有可能将解除意愿条件解释为对解除权的约定，否则将造成对解除权行使的上述限制的实质突破。此外，在他看来，解除意愿条件的无效，不会导致所附法律行为的无效。参见注⑫, P. Rescigno 文, p. 796。

分为积极条件(condicio affirmativa)与消极条件(condicio negativa)。若状态发生改变,为积极条件。例如,今日降雨,云"若明天雨停,则雨伞还你",明天雨停,该条件成就;否则,条件不成就。若状态不发生改变,为消极条件。例如,"若明天继续下雨,则雨伞还给你",明天继续下雨,条件成就;否则,条件不成就。[61]

对于消极条件,如果没有约定成就的时间,则直至状态不可能再发生改变之时,条件方成就。在意大利法学家贝蒂教授看来,这也解释了为何死因行为(mortis causa)所附的规定继承人或者受遗赠人一定行为的消极生效条件,例如,"继承人不重拾抽烟旧习",法律将之视为积极解除条件:此种"转化",其目的在于使死因行为(至少部分和暂时地)提前发生效力。[62] 58

四、不容许附条件的法律行为

民法以意思自治为灵魂,因此,除法律有明文禁止,或者依法律行为的性质不得附条件的以外,一般的法律行为均可以附条件。[63] 59

对于不能附条件的法律行为(actus legitimi),私人自治只能决定是否使它们直接产生相应的法律效果,但是无法将它们的法律效果系诸未来的不确定事实。[64] 60

需要提请注意的是,不容许附条件与不法条件不同。对于前者,法律 61

---

[61] 我国学者多认为积极条件与消极条件的区分标准是作为条件的事实之发生或不发生。例如,注㉙,梁慧星书,第189页;李永军:《民法总则》,中国法制出版社2018年版,第641页。笔者以为,以状态之改变或不改变作为标准比以事实之发生或不发生作为标准更为科学。

[62] 《意大利民法典》第638条规定:"遗嘱人以继承人或者受遗赠人在不确定的期间内不为某事或者不给某物为遗嘱生效条件的,该遗嘱视为附加解除条件的遗嘱,但遗嘱表明遗嘱人有相反意思的除外。"对于意大利民法的讨论,参见注⑭, E. Betti书, pp. 492-499, p. 519。

[63] 参见注㉙,梁慧星书,第193页。2017年3月15日通过的《民法总则》第158条第一句仅规定了按照法律行为的性质不得附条件的不得附条件,而未规定法律明文禁止附条件的情形。但依解释,在后一种情形,不得附条件乃当然之理,故第158条对之只字不提,亦难谓立法漏洞。意大利相关民法学说的讨论,参见注⑭, E. Betti书, p. 511; 注⑫, P. Rescigno文, p. 793; 注⑯, pp. 278-279。

[64] 参见注㊾,F. Santoro-Passarelli书, p. 195。

或者依法律宗旨禁止的是"附加"行为,而非"条件"本身。

(一)条件敌对行为的类型

法律行为不许附加条件者,或基于公益或基于私益之考量。其典型种类如下:

第一,为维护公序良俗,亲属法上非财产性的法律行为不得附条件。[65] 在家庭法领域,法律关系的稳定性和确定性所表征的伦理价值,要高于若允许私人通过附条件法律行为设立或者消灭亲属关系所表征的自由利益。以婚姻为例,如果允许对婚姻附生效条件,则当事人的身份将处于与婚姻本质不相符的不确定状态中;如果允许对婚姻附解除条件,则会排除有关离婚的强制性规定。[66] 比如,《意大利民法典》第108条第2款明文规定:"约婚双方在声明中附加了期限或者条件的,民政官不得为他们举行结婚仪式。已经举行结婚仪式的,期限和条件视为未附加。"依该法典第257条的规定,对非婚生子女的认领,任何旨在直接限制其效力的条款,均为无效,因此,认领行为亦不得附加条件。同理,如合意离婚、收养、终止收养等其他亲属法上的行为,也不得附条件。[67]

第二,票据行为一般不得附条件。票据作为一种有价证券,其流转要求方便而安全,若允许票据行为附条件,则有碍交易的效率与秩序。[68] 例如,我国《票据法》第33条第1款规定:"背书不得附有条件。背书时附有条件的,所附条件不具有汇票上的效力。"该条规定的"不发生票据法上的效力"与"视为无记载"稍有不同,前者仅指不发生"票据法"上的效力,民法上效力还是可以发生的。《统一汇票本票法公约》第12条的规定则为:"背书须为无条件。任何对背书附条件的,条件视为无记载。部分背书视为无记载。'付给来人'的背书与空白背书同。"这里的条件记载无效,仅

---

[65] 尽管《合同法》第2条第2款规定"婚姻、收养、监护等有关身份关系的协议"不适用该法,但这些协议亦属合同(双方法律行为)的范畴,故笔者亦就此展开讨论。

[66] 参见注⑭,梅迪库斯书,第639页。

[67] 参见注⑦,第146页;注㉙,梁慧星书,第193页;注㉒,朱庆育书,第125页;注⑬,马俊驹、余延满书,第199页;注⑬,李锡鹤书,第811页。

[68] 参见注⑩,第754页。

指该项记载本身无效,票据仍然有效,该项票据行为本身仍然有效。⑩ 此外,我国《票据法》第 43 条规定:"付款人承兑汇票,不得附有条件;承兑附有条件的,视为拒绝承兑。"第 48 条规定:"保证不得附有条件;附有条件的,不影响对汇票的保证责任。"

第三,若法律行为对其他众多民事主体具有较大影响,为避免法律效力处于悬而未决的状态,禁止对此类行为附加条件。例如,接受或者放弃继承、遗赠不得附条件。⑩ 这是因为,接受或者放弃继承、遗赠,对于被继承人的债权人及债务人、后位继承人、受遗赠人甚至国家,在法律上均产生重大影响。⑪ 同理,是否接受遗嘱执行人的决定亦不得附条件。⑫

第四,以登记为生效要件的不动产让与合意不得附条件。之所以有如此限制,目的在于确保不动产登记簿上记载的权利清晰明了。如果允许对此类不动产让与合意附加条件,则查询登记簿之人还要再去调查条件到底是否成就,登记簿的公信力将大打折扣。例如,《德国民法典》第 925 条第 2 款规定,对土地所有权移转附条件或者附期限的,合意不生效力。⑬ 我国对此虽无明确规定,但学说认为应作相同解释,因为不能将一种权利的不确定状态记载于登记簿,否则登记的权利公示作用难以发挥。⑭

第五,形成权的行使原则上不得附条件。形成权乃主体可以通过单方的意思表示,改变另一主体的法律地位的私法上"权力"(potere, Macht),如

---

⑩ 参见谢怀栻:《票据法概论》,法律出版社 2006 年版,第 61—62 页。

⑪ 参见注㉙,梁慧星书,第 193 页;注㉛,李永军书,第 643 页;注㉒,陈甦主编书,第 1111 页(郝丽燕)。

⑫ 有学者认为,单方法律行为中的遗嘱不得附条件。参见注⑩,第 754 页。笔者认为,此种限制,或不必要。若遗嘱附有生效条件,其条件于遗嘱人死亡前成就时,遗嘱自遗嘱人死亡时生效;于遗嘱人死亡后成就时,自条件成就时生效;于遗嘱人死亡前确定不成就时,遗嘱不生效;遗嘱人死亡后,条件成否未定之前,条件受益人享有期待权。若遗嘱附有解除条件,其条件于遗嘱人死亡前成就时,遗嘱不生效;于遗嘱人死亡后成就时,遗嘱自遗嘱人死亡时发生效力,条件成就时失其效力;于遗嘱人死亡前条件确定不成就时,遗嘱为无条件。参见注㊵,江平主编书,第 769—770 页(朱庆育)。持遗嘱可附条件之观点者,尚有注⑬,马俊驹、余延满书,第 939 页。

⑬ 参见注㉒,朱庆育书,第 125—126 页;注㉛,李永军书,第 643 页。

⑭ 杜景林、卢谌:《德国民法典——全条文注释》(下册),中国政法大学出版社 2015 年版,第 732 页。

⑮ 参见注㉛,李永军书,第 642—643 页。

果允许对此类单方法律行为附加条件,则一般而言,形成权行使的相对方将处于更加不确定的状态。因此,《合同法》第 99 条第 2 款明文规定抵销不得附条件。对于撤销权、解除权、追认权等其他形成权的行使,我国法律虽未明文规定禁止附加条件,但基于上述法理,似应作相同解释。[75]

然而,相对人可以任意摆脱不确定状态的,不在此限。例如,在对方迟延履行的情况下,告之曰"若一月之内不履行债务,则解除契约"。再者,本不可附条件的形成权行使行为,如附条件经相对人同意,仍可附条件。唯此时,单方法律行为已演变为双方法律行为。[76]

当然,如果相对人的利益并无保护之必要,即使是形成权行使行为,也可以附加条件,比如法定代理人的事先同意、本人对于处分行为或者代理行为的授权等。[77]

(二)条件敌对行为的效力

不容许附条件的法律行为,如果附加了条件,其效力如何,学说上颇有争议。有观点认为,所附条件是生效条件的,整个法律行为无效;所附条件是解除条件的,法律行为可能部分无效。[78] 另有观点认为,此类法律行为附有条件的,原则上应全部归于无效。[79] 笔者认为,应以后说为是。这是因为,如果仅以条件无效,则产生的法律效果与当事人作出未附条件的意思表示相同,明显不符合私法自治的一般原则。

另外,如果法律对于不容许附条件的法律行为竟附加条件时的效力另有明文规定,自应依其规定。例如,《票据法》第 48 条规定,汇票保证附有条件的,不影响对汇票的保证责任。

---

[75] 参见注㉒,朱庆育书,第 131 页。对于德国法相关制度的讨论,可参见注⑭,梅迪库斯书,第 639—640 页;注⑫,拉伦茨书,第 689—691 页。

[76] 参见注⑭,弗卢梅书,第 833 页。

[77] 参见注㉒,朱庆育书,第 126 页。

[78] 参见 Muenchener Kommentar/BGB, §158 Rn. 37, 转引自注㉒,陈甦主编书,第 1112 页(郝丽燕)。

[79] 参见注㉙,梁慧星书,第 193 页。

五、条件的未决期间

附条件合同的未决期间,指自合同缔结至条件最终成就或者不成就之间的时段。在此期间,合同产生何种法律效果,尚处于悬而未决的状态。所以,表面上是条件成就与否的未决,而实质上是合同关系的悬置。⑧ 72

在未决期间,合同的最终效力受制于条件的命运。但是,附条件的合同已经产生法律直接规定的"先效力"(Vorwirkung)。⑧ 具体而言,附生效条件的权利取得者或者附解除条件的权利让与者取得法律保护的"期待权"(aspettativa)。⑧ 附生效条件的合同缔结后,立即产生临时的效力,且当事人的法律地位随着时间的推移发生改变,直至要么产生最终的效力,要么回归至合同缔结前的状态。附解除条件的合同立即发生效力,但是这些效力亦具有临时性,是否继续发生取决于条件的成就与否。 73

(一)期待权及其保护

为避免附条件合同的当事人在条件的未决期间遭受不利,大陆法系的民法典多为期待权的保护配置了制度性措施。 74

在条件的未决期间,附生效条件的义务人或者权利让与人,附解除条件的权利取得人,均应依诚实信用原则行事,以维护合同相对人的利益。与此项一般义务对应,相对人可采取法律允许的保护手段,以确保在条件成就时,自己的期待不致落空。 75

合同附生效条件的,权利取得人为保护其期待权,当可根据《民事诉讼法》第100条的规定,向人民法院提出申请,请求裁定采取保全措施。权利 76

---

⑧ 参见注⑬,张俊浩主编书,第268页(张俊浩);注⑬,王利明、崔建远书,第256页(王利明);注㉙,梁慧星书,第192页;A. Belfiore, Pendenza, in Enciclopedia del diritto, XXXII, Milano, 1982, p. 886。

⑧ 拉伦茨认为,即使在附生效条件的法律行为中,"预先效力"这种说法也不太准确,"因为在这种情况下,法律行为是已经实施了的,只不过法律行为所要达到的主要效果出现延缓了"。他认为比较正确的说法是"即时效力"(Sofortwirkung)。参见注⑫,拉伦茨书,第694页。

⑧ 参见注㊾,F. Santoro-Passarelli书, p. 201。

取得人还可以根据《合同法》第 73、74 条的规定，行使代位权[83]和撤销权[84]保全合同以防止债务人责任财产的不当减少。[85] 附生效条件的合同债权人，还可以要求对附条件的债权提供适当的担保，如根据《担保法》的规定提供保证，根据《物权法》的规定设立抵押权或者质权等。当事人协议提前移转对合同标的物的占有的，权利取得人在物被侵占、占有遭受妨害或者有妨害之虞时，还可以根据《物权法》第 245 条的规定，分别行使原物返还请求权、排除妨害请求权或者消除危险请求权。

合同附解除条件的，只要不逾越诚实信用原则的界限，权利取得人可以行使各项权能。但是，在标的物占有移转的合同中，由于在解除条件成就时，权利取得人须返还财产，所以，在未决期间，权利取得人负有不改变财产的经济性状之义务。此等义务产生于双方缔结合同时达成的合意，不履行即构成违约。[86]

此外，我国《企业破产法》第 47 条规定，附条件的债权，债权人可以进行申报。第 117 条还明确规定，（第 1 款）对于附生效条件或者解除条件

---

[83] 意大利法学家 Rosario Nicolò 曾主张只有在生效条件很可能成就时，债权人方可提起代位之诉，参见 R. Nicolò, Surrogatoria-Revocatoria, in Commentario del codice civile, a cura di Scialoja e Branca, Bologna-Roma, 1953, p. 77. 但"很可能成就"这一标准显然过于模糊，不但如何把握不具有可操作性，而且会给法官恣意裁判提供借口，因此更多的学者认为，只要债务人怠于行使其债权可能导致其责任财产的不当减少，债权人一般均可提起代位之诉，参见 L. Bigliazzi-Geri, Dei mezzi di conservazione di garanzia patrimoniale, Foro it. 1972, I, p. 3561; S. Patti, L'azione surrogatoria, in Trattato di diritto privato, diretto da P. Rescigno, XX, Torino, 1998, p. 139; 注㊲, M. Costanza 文, p. 969. 甚至在以物权移转为内容的合同中，如果作为让与人的物权人对于妨害物权圆满状态的行为无动于衷，享有期待权的受让人也可以代位行使物权请求权。P. D'onofrio, Commentario al codice di procedura civile, III, Torino, 1957, p. 137. 我国不少学者认为，"债务履行期限届满，债务人陷于履行迟延，债权人方可行使代位权"。参见注㊼，第 137 页。若施以此等时间上的限制，附生效条件合同的债权人将无由提起代位之诉，如此，在条件成就时或不利于其债权的满足，故余不敢苟同。

[84] 《意大利民法典》第 2901 明确规定，附条件或者附期限的债权之权利人，为保全自己的债权亦享有撤销权。相关讨论，参见 F. Carresi, Il contratto, in Trattato di diritto civile e commerciale, diretto da A. Cicu e F. Messineo, Milano, 1987, p. 609。

[85] 史尚宽先生的观点与之相左。他认为，附条件债权不适于行使债权人代位权和债权撤销权，这两种权利的行使，必俟条件成就，债权的效力确定发生时始得为之。参见注⑳，第 496 页。

[86] 参见注㊲, M. Costanza 文, pp. 970-971。

的债权,管理人应当将其分配额提存。(第2款)管理人依照前款规定提存的分配额,在最后分配公告日,生效条件未成就或者解除条件成就的,应当分配给其他债权人;在最后分配公告日,生效条件成就或者解除条件未成就的,应当交付给债权人。⑧⑦

债权合同附条件时,若作为物权人的一方当事人故意或者过失毁损合同标的物,致使期待权人(相对人)在条件成就时本应得到的利益受有损害的,物权人应当承担损害赔偿的责任。若第三人过失毁损标的物,不是物权人的期待权人在条件成就时,不得根据《侵权责任法》的规定向第三人主张损害赔偿。第三人故意毁损标的物,不是物权人的期待权人在条件成就时,只有在满足第三人侵害债权的构成要件的情况下,方得根据《侵权责任法》的规定向第三人主张损害赔偿。若物权人已向第三人处分物权,则期待权人(相对人)于条件成就时,可向原物权人主张因违约而生的损害赔偿,但是由于期待权人(相对人)只是债权人,故不能根据《物权法》第34条的规定请求返还原物。

物权合同附条件时,由于期待权人在条件成就时可以取得物权,所以,若在条件的未决期间,第三人故意或者过失毁损标的物,则物权人和期待权人均可以向第三人主张损害赔偿。此时,相对于作为债务人的第三人而言,物权人和期待权人之间成立不可分债权。

(二)处分行为的效力

在不动产物权之外的财产权领域,不论处分合同附加的是生效条件还是附解除条件,作为合同标的物的财产权都有可能被再次处分。为行文方便计,下文将以附条件的动产物权合同为例进行分析。

如果物权合同附加的是生效条件,由于此等条件的功能正是延缓物权合同生效的时间,因此在未决期间并没有发生物权的变动,相应地,物权也尚未被受让人取得。如果物权合同附加的是解除条件,物权合同的效力立即发生,因此在未决期间物权变动已经发生,只是受让人是否能继续保有物权取决于条件的成就与否。由是观之,只有附生效条件物权合

---

⑧⑦ 相关讨论,参见赵旭东主编:《商法》(第3版),高等教育出版社2015年版,第496页(王玉梅)。

同的让与人,以及附解除条件物权合同的受让人,才是物权的主体,享有对物权的处分权(potere di disposizione)。⑱

相应地,另一方当事人,即附生效条件物权合同的受让人或者附解除条件物权合同的让与人,并不享有物权,而只享有取得物权的"期待"。但是,这种期待并非纯粹事实上的期待(aspettativa di fatto),而是"在法律上或多或少已经保障的、可以得到某种权利的指望,特别是取得某种债权或者物权的指望,这种权利的一般取得要件已经部分满足,而其全部满足尚取决于一定的可能性"⑲,故可称之为"期待权"。在附条件的物权合同中,一方当事人的"期待权"未来可能发展为对方当事人现在已经享有的作为"完整权"的物权。如果物权合同附加的是生效条件,条件成就,受让人取得物权;与此同时,让与人随之丧失原来享有的物权。如果物权合同附加的是解除条件,条件成就,让与人取得物权;与此同时,受让人随之丧失原来享有的物权。在未决期间,期待权人虽然不享有物权,但是有可能取得物权,其法律地位已经产生了财产价值,因此,期待权人虽然不能像对方当事人那样对物权进行处分,却可对"期待"本身作处分。⑳

在未决期间,无论是现在的物权人对物权的处分,还是未来可能成为物权人的期待权人对"期待"的处分,都不具有"终局性",其效力都要受到前一法律行为所附条件的影响。可以说,条件对处分行为的限制具有"物权效力"。㉑ 对此,《德国民法典》第161条和《意大利民法典》第1357条均有明文规定。

兹举所有权保留买卖一例,以资说明。㉒

出卖人甲与买受人乙订立了买卖摩托车的合同,条件是乙付清价款后方取得摩托车的所有权。之后,甲将摩托车交付给了乙。

在该例子中,若乙在付清价款之前,又将摩托车转让给了丙,并完成

---

⑱ 原则上,物权的其他权能亦只能由物权人行使。参见注⑯, p. 309.

⑲ 参见〔德〕卡尔·拉伦茨:《德国民法通论》(上册),王晓晔等译,法律出版社2003年版,第294页。

⑳ 参见注⑯, p. 309.

㉑ 参见注⑭, C. M. Bianca 书, pp. 551-552; R. Lenzi, Della condizione nel contratto, in Commentario del codice civile, diretto da E. Gabrielli, Torino, 2011, pp. 325-326.

㉒ 改编自注⑫,拉伦茨书,第697—698页。附解除条件的处分行为,亦适用相同的规则,具体例子参见注⑭,梅迪库斯书,第636—637页。

了交付,当事人之间的法律关系如何?首先要明确的是,此时丙的法律地位与《合同法》第79条规定的债权让与的受让人的法律地位完全不同,因为丙只是与乙缔结了合同,并不承继乙在甲、乙二人缔结的合同中的债权人地位。虽然在乙、丙共同做出处分行为时,乙尚未从甲处取得摩托车的所有权,而一旦乙付清了价款,则属于《合同法》第51条规定的"无处分权的人订立合同后取得处分权"的情况,物权合同生效,丙直接取得摩托车的所有权。假如乙最终未付清价款,即第一个处分行为的条件没有成就,则只有满足《物权法》第106条规定的善意取得的构成要件时,丙方可取得该摩托车的所有权。假如丙明知甲、乙之间的物权合同附有生效条件,而乙最终又未付清价款,则由于生效条件对丙有"物权效力",所以丙不能善意取得该摩托车的所有权,甲可以基于自己享有的所有权请求丙返还原物;但是根据乙、丙签订的买卖合同,乙由于未尽到使丙取得所有权的义务,故须承担合同之债不履行的责任。

在该例子中,若甲又以租用的方式将摩托车从乙处取回,并在租赁期间将摩托车出售给了丁,且完成了交付,当事人之间的法律关系分析如下。假如丁明知甲、乙之间的物权合同附有生效条件,则在乙付清全部价款的情况下,甲、丁之间的处分行为便因第一个处分行为所附生效条件的"物权效力"而归于无效。此时,乙可以基于自己享有的所有权请求丁返还原物,也可以基于租赁契约请求甲返还该摩托车。假如丁不知也非因重大过失不知该摩托车已经附条件地处分给了乙,在乙付清全部价款的情况下,此时若法律规定或者当事人约定条件成就具有溯及力,则"适用"《物权法》第106条的规定,丁取得该摩托车的所有权;若法律规定或当事人约定条件成就不具有溯及力,则"准用"《物权法》第106条的规定,丁取得该摩托车的所有权。在丁最终取得所有权的情况下,乙在生效条件成就时,可以期待权在未决期间由于甲的过错而受到阻碍为由,依合同约定,向甲主张损害赔偿。

(三)诚信行事的义务

于条件的未决期间,合同当事人亦应按照《民法总则》第7条以及《合同法》第6条等相关法律条文的规定,遵循诚实信用原则而行事。未决期间的诚信义务,与《合同法》第60条规定的合同履行阶段的诚信义务并不完全重叠,至少对于附生效条件的债权合同而言,在条件成就之前,合同的最终效力尚未发生,因此合同的履行还无从谈起。⑬

89　　只有完整权的权利人,即附生效条件合同的权利让与人或者附解除条件合同的权利取得人,才对作为合同标的物的财产享有直接处分权,所以,通常而言,为了维护对方当事人的利益,这类主体遵循诚实信用原则行事的义务显得尤为重要。⑭ 但是,这并不意味着期待权人便不负有诚信义务。对此,《意大利民法典立法理由说明》第 620 节明确阐述说,合同双方当事人均不得阻碍条件中约定事实的"自由"发展。⑮

90　　此外,无论是附生效条件的合同,还是附解除条件的合同,无论是债权合同,还是物权合同,当事人都负有诚信行事的义务。该义务不仅包括不为任何可能损及对方利益的行为之消极义务,而且包括在必要的情况下实施促使条件成就的行为之积极义务。⑯ 质言之,对任何一方当事人而言,维护自己利益与兼顾对方利益之间的冲突,除了一般要靠风险自担原则协调,还要根据诚实信用原则予以解决,据之判断当事人的行为是否为正直之人所应为,或者相反,是否是恶意损害对方利益的结果。

91　　实际控制合同标的物的当事人,应当为了避免对方的期待权不致最终落空而诚信行事,但是正常使用而造成财产价值减损的,不应当认为是对诚信义务的违反。

92　　违反诚信行事的义务,可能导致损害赔偿责任的产生。例如,《德国民法典》第 160 条规定,(第 1 款)另一方当事人在悬期期间,因自己的过错而使取决于条件的权利受到破坏或者妨害的,附有停止条件的权利人,在条件成就的情形,可以向另一方当事人请求损害赔偿。(第 2 款)对于附解除条件所实施的法律行为,因回复以前的法律状态而受到利益的

---

⑬　参见注⑪, R. Lenzi 文, pp. 313–314, p. 327。

⑭　例如,《意大利民法典》第 1358 条规定:"附生效条件的义务人或者权利让与人,或者附解除条件的权利取得人,在条件的未决期间,应当为了维护对方当事人的利益,遵循诚实信用原则而行事。"

⑮　Relazione del Guardasigilli, §620. 相关讨论,参见 F. Galgano, Il negozio giuridico, in Trattato di diritto civile e commerciale, diretto da A. Cicu, F. Messineo e L. Megnoni, Milano, 2002, p. 162; 注⑮, R. Sacco e G. De Nova 书, p. 430。

⑯　参见注⑭, C. M. Bianca 书, pp. 500–504。

人,在相同的条件下,享有同样的请求权。[97] 若财产最终未被"受损"一方取得,则任何损害赔偿的主张均不应得到支持。[98]

对于违反诚信行事的义务,是否会导致法定解除权的产生,肯定的回答似乎更为可采。[99] 一方当事人在未决期间不履行诚信行事的义务,若根据一般理性并结合具体的情况,能够得出即使未来生效条件成就或者解除条件不成就,《合同法》第94条规定的法定解除权产生的构成要件也可以满足的判断,那么,另一方当事人不必消极等待,可以准用《合同法》第94条的规定,提前解除合同。当然,未决期间行使法定解除权的当事人,不得另行主张履行利益的损害赔偿。[100]

六、条件成就与否的确定与拟制

下面集中讨论条件成就或者不成就的最终确定及相应效力、法律拟制和溯及既往诸问题。

(一)条件成就与否的最终确定

若根据一般理性人的判断,实际发生的事实与原来条件中约定的事实一致,则条件成就;反之,则条件不成就。些微的不一致,只要不致改变事实的社会与经济意义,不影响条件的成就。[101]

若当事人没有特别约定,且自合同本身的性质亦无从判断,则事实已全无发生可能之时,方为条件不成就的最终确定时间,在此之前均为条件的未决期间。比如,在附随意条件的合同中,条件的成就取决于其行为意志的一方当事人的死亡之时,为条件成就或者不成就的最终确定时间。[102]

---

[97] 杜景林、卢谌:《德国民法典——全条文注释》(上册),中国政法大学出版社2015年版,第119—120页。我国实证法对于期待权的损害赔偿这一救济途径未予以明文规定,学说认为,似应作同样的解释。参见注[22],朱庆育书,第133页。

[98] 参见注[14], C. M. Bianca 书, p. 554。

[99] 参见注[16], p. 314;注[91], R. Lenzi 文, pp. 332-333;注[14], C. M. Bianca 书, p. 554。

[100] 参见注[14], C. M. Bianca 书, p. 554。

[101] 参见注[14], C. M. Bianca 书, p. 557。史尚宽先生正确地指出,条件是否成就,亦为意思表示之解释问题。参见注[20],第479页。

[102] 参见注[14], E. Betti 书, p. 528。

97　　　　生效条件成就,合同生效,产生当事人合意追求的特定私法效果;解除条件成就,合同失效,法律效力终结。

98　　　　生效条件不成就,合同终局不生效(inutilis),不产生当事人合意追求的特定私法效果,当事人的期待权消灭。若在条件的未决期间产生了预先效力,则这些效力亦随之消失。正是在此意义上,我们说,法律状态回复到合同成立之前,就如同合同没有缔结一样。《最高人民法院公报》2011年第12期"莫君飞诉李考兴离婚纠纷案"谓:"婚内离婚协议是以双方协议离婚为前提,一方或者双方为了达到离婚的目的,可能在子女抚养、财产分割等方面作出有条件的让步。在双方未能在婚姻登记机关登记离婚的情况下,该协议没有生效,对双方当事人均不产生法律约束力,其中关于子女抚养、财产分割的约定,不能当然作为人民法院处理离婚案件的直接依据。原告莫君飞与被告李考兴在协议离婚过程中经双方协商对财产分割进行处理,是双方真实意思表示,并且已经进行了变更登记,但由于李考兴并未在离婚协议上签名,达不到离婚协议的成立要件,因此,该婚内离婚协议无效,即按该协议所进行的履行行为也可视为无效。虽然(2006)第0036号《土地使用证》范围内的土地使用权变更在李考兴名下,但该土地使用权还是莫君飞和李考兴婚姻存续期间的共同财产,与原来登记在莫君飞名下的性质是一样的。"本案中,协议离婚为财产分割协议所附之条件,离婚协议未生效,条件未成就,故财产分割之约定不生效,财产仍属婚姻关系存续期间的夫妻共同财产。

99　　　　解除条件不成就,合同终局有效,其效力继续发生,当事人的期待权亦消灭。换言之,条件的不成就使得基于合同而产生的权利和义务最终趋于稳定,而不再处于临时和悬而未决的状态。正是在此意义上,我们说,解除条件不成就的,发生如同未曾附条件的法律效果。[103]

(二)条件成就与否的法律拟制

100　　　　《合同法》第45条第2款规定的条件成就或者不成就的拟制

---

[103] 因此,处分行为附条件时,若生效条件不成就或者解除条件成就,则处分权人继续保有或者重新取得权利;若生效条件成就或者解除条件不成就,则受让人将最终成为权利人。参见注⑭, E. Betti 书, p. 532。

(fictio),可以看作对违背诚实信用原则的一方当事人的特别"制裁"。[104] 故而,若不正当阻止或者促成条件成就之人为第三人,而非合同当事人,则不适用本款之规定。

第一,要明确的是,适用该条规定的拟制,不仅要求一方当事人做出了"阻止条件成就"或者"促成条件成就"的行为,而且要求达到了行为目的,客观上成功阻止了条件成就或者促成了条件成就。重庆市高级人民法院(2014)渝高法民提字第00215号民事判决书谓:"雪旺制冷公司为天味食品公司安装的空调系统工程涉及54个房间的空调,除4个房间的空调调试验收合格外,其余空调至今未进行调试验收,根据《空调系统工程合同》第八条的约定,天味食品公司支付相关工程款的条件并未成就;但截至一审法院受理本案诉讼时,雪旺制冷公司曾多次要求天味食品公司配合对未调试设备进行调试、验收,而天味食品公司未予积极配合,致使空调系统工程的后续验收工作无法及时开展,故天味食品公司的行为阻止了合同约定的付款条件的成就。根据《中华人民共和国合同法》第四十五条第二款'当事人为自己的利益不正当地阻止条件成就的,视为条件已成就'的规定,应视为天味食品公司向雪旺制冷公司支付相关工程款项的条件已成就,天味食品公司应向雪旺制冷公司支付其所欠工程款项。"本案中,天味食品公司对于设备调试、验收不积极配合,即通过不作为的方式,客观上成功阻止了条件的成就。[105]

第二,合同当事人的行为与条件表面上的成就或者不成就须具有因果关系。[106] 当事人的行为须是客观造成表面上条件成就或者不成就之结果的"必要条件"(condicio sine qua non),即如果没有当事人的行为改变条件发展的自然轨道,现在表面上成就的条件本不会成就,现在表面上不成就的条件本会成就。[107] 若有无当事人的行为,其他因素均会导致相同结

---

[104] 参见注㊼,第88—89页;注11,p. 208。

[105] 有学者认为,除合同另有约定外,此种"阻止""促成",仅在当事人以积极行为(作为)实施时方可构成,消极行为(不作为)不可能构成阻止或促成。参见注⑩,第758页。此论恐有不妥。依余所信,作为或不作为,皆可能为《合同法》第45条第2款所称之"阻止"或"促成"。

[106] 我国有学者认为,不正当阻止行为与条件不成就之间,以及不正当促成行为与条件成就之间,无须有因果关系。参见注⑩,第759页。此观点或可商榷,为本文不采。

[107] 参见注㊲,M. Costanza文,p. 984。

果的发生,则不能认为当事人的行为与该事实结果之间存在因果关系,相应地,也就不能适用《合同法》第45条第2款的规定。

第三,当事人阻止条件成就或者促成条件成就的行为"不正当",即违反了诚实信用原则。[108] 例如,公司与其职员约定,若后者完成销售任务,则无须归还某笔借款。在职员销售过程中,公司违法解除与职员的劳动关系,使职员难以完成约定任务,最终导致条件未成就。[109] 诚实信用原则是当事人可能影响条件发展轨迹的底线,不得逾越。该底线的位置何在,需要在具体法律行为中通过意思表示的解释划定。行为人对诚信底线的逾越,主观上必须存在故意或者过失。[110]

第四,当事人实施特定行为的目的须是为了实现"自己的利益"。行为人之所以要使条件中的事实偏离自然发展的方向,而进入自己单方铺设的轨道,是因为他在主观上认为不强行使事实变轨,于己不利。行为人的主观判断和客观行为都是在条件的自然行进过程中而非在条件约定之初做出的[111],并未顾及条件列车上对方当事人的利益,故与诚实信用原则不合。甚至有学者认为,强行使事实变轨之行为本身就可以推定行为人的目的是为了追求"自己的利益"[112]。湖南省高级人民法院(2015)湘高法民二终字第91号民事判决书谓:"金岸公司方不予配合办理房屋产权过户的行为,系故意阻挠注销涉案股权质押登记手续条件成就的情形,根据《中华人民共和国合同法》第四十五条的相关规定,当事人为自己利益阻

---

[108] 王利明教授认为,这里所说的不正当行为,是指行为人违反法律、道德和诚实信用原则,以作为或者不作为方式促成或者阻止条件的成就。参见王利明:《民法总则研究》(第2版),中国人民大学出版社2012年版,第586页。

[109] 参见黄正伟与重庆平克贸易有限公司民间借贷纠纷案[重庆市第五中级人民法院(2015)渝五中法民终字第03416号民事判决书]。

[110] 参见注⑭,弗卢梅书,第859—860页;注㉑,R. Lenzi 文,p. 345。王泽鉴先生则持相反的观点,他认为,故意"始足当之,若仅有过失,不在适用之列"。参见注㉙,王泽鉴书,第340页。

[111] 有可能在合同订立时,条件的"成就或者不成就"对于一方当事人是有利的,但是,在未决期间,随着各方面因素的发展变化,该方当事人主观上认为,相反的结果,即"不成就或者成就",对其是有利的。

[112] 参见注⑬,p. 318。我国亦有学者指出,"为自己的利益"仅是判断"不正当"的"一个便利的风向标",理论上还存在"自损以损人"的可能。参见尚连杰:《拟制条件成就的法理构造》,载《法律科学(西北政法大学学报)》2017年第4期,第63页。

止条件成就的,应视为条件已经成就。故本案股权质押注销的条件已经成就,金岸公司方应按照《协议书》的约定,配合办理相关股权质押注销登记手续。"

第五,如上文提及,《合同法》第45条第2款规定的拟制不适用于随意条件的行为人阻止或者促成条件成就之情形。这是因为,双方当事人在缔约时已经共同决定,合同的效力取决于一方当事人的行为意志,若后来仍以诚实信用原则评价该方当事人的作为或者不作为,则势必限制其自由决定。[113] 易言之,若对随意条件的行为人适用成就与否的拟制,会带来逻辑上的矛盾,即一方面允许一方当事人依其意志自由决定是否做出作为条件的行为,另一方面又使该方当事人负有依诚实信用原则是否做出此项行为的义务,"随意"与"义务"冰火同炉,显然不妥。因此,条件成否的拟制制度,只有偶成条件和混合条件中的"偶成部分"对于双方当事人均适用,而随意条件和混合条件中的"随意部分"对于条件中的行为人不适用。[114] 例如,甲对乙曰:"若你参加并通过今年的法律职业资格考试,半价卖给你此套民法丛书。"设乙本有可高分通过之实力,却故意未参加考试,不能认为乙的行为有违诚信,盖"参加"法律职业资格考试乃整个条件的"随意部分"。但是,若乙通过作弊取得高分,则应认为有违诚信,当视为条件不成就,乙不得主张买卖合同生效,请求交付该套民法丛书。这是因为,是否能够通过考试,除取决于应试者的知识水平和答题技巧外,尚与试题的难易程度、阅卷的标准宽严等当事人行为意志之外的因素有关,属混合条件的"非随意部分",有适用拟制条件成就与不成就制度的余地。[115] 对于非真正条件,不适用《合同法》第45条规定的拟制制度,自不待言。

第六,由于任何人均不得从自己的不当行为中获利,所以,即使行为

---

[113] 参见注[12],P. Rescigno 文,p. 797。
[114] 参见注[91],R. Lenzi 文,pp. 341-342。亦有学者认为,该制度对于随意条件的行为人阻止或者促成条件成就之情形亦不适用,比如注[16],p. 315。
[115] 对于随意条件以及混合条件的"随意部分",若条件行为人的对方当事人不正当阻止条件成就或者促成条件成就,则照样适用拟制规则。例如所举"若你参加并通过今年的法律职业资格考试,半价卖给你此套民法丛书"之例,出卖人囚禁本可取得高分的买受人,使后者无法入场考试,应视为条件成就。

当事人表面上成功使条件事实偏离了自然发展轨道,法律直接规定发生与其预期相反的效果:若最终阻止条件成就,视为条件成就⑯;若最终促成条件成就,视为条件不成就。后一种情况,无论是生效条件还是解除条件,都不会发生法律状态的变化。但是,前一种情况,由于法律直接拟制条件成就,因此何时视为条件成就,就关系到法律状态的变化时点问题。对此,我国实证法没有明文规定。如果属于条件事实是否发生以及何时发生均不确定的情形(incertus an e incertus quando),那么,除非按照事实自然的发展进度能推测出成就的时间点,否则阻止条件成就的行为完成之时当被视为条件成就的时点。如果属于条件事实是否发生不确定,但发生与否有具体确定时间的情形(incertus an e certus quando),那么,该具体确定时间即为条件拟制成就的时间。此外,阻止条件成就,不仅包括条件最终未成就,而且包括条件成就时间被推迟的情形。不当推迟条件成就时间的,合同视为在较早的时间生效或者失效。⑰

107　　第七,依据《合同法》第 45 条第 2 款的规定,当事人为自己的利益不正当地阻止条件成就或者促成条件成就的,一律视为条件已成就或者不成就,此为自解释论的角度得出的可靠结论。然而,自立法论的角度观之,该模式或许并不是最佳选择。⑱

108　　兹举一例说明。假设当事人商定,由乙向甲提供软件使用许可,但该协议之生效条件为独立电脑工程师丙的专业认可。丙是由甲指定的。甲因后悔实施该交易而贿赂丙,使丙违背职业道德而不认可该软件设计。⑲

---

⑯ 例如,王允佳与许明权等公司合同纠纷案[安徽省高级人民法院(2014)皖民提字第 00039 号民事判决书]中称:"现许明权、崔建国、伍维刚已积极支付余欠的 100 万元,尽管王允佳拒收,但根据我国《合同法》第四十五条之规定,仍应视为许明权、伍维刚请求过户的条件已经成就。"类似案例还可参见蒋为珍诉史加强买卖合同纠纷案[上海市嘉定区人民法院(2014)嘉民三(民)初字第 696 号民事判决书]、株洲市世纪城房地产有限公司、株洲市神农果业有限公司与周光辉、谢群力等质押合同纠纷案[湖南省高级人民法院(2015)湘高法民二终字第 91 号民事判决书]等。

⑰ 参见注⑭,弗卢梅书,第 856 页。

⑱ 相关讨论,参见注⑩,第 759—760 页。

⑲ 改编自[德]克里斯蒂安·冯·巴尔、[英]埃里克·克莱夫主编:《欧洲私法的原则、定义与示范规则:欧洲示范民法典草案(全译本)》(第一卷、第二卷、第三卷),高圣平等译,法律出版社 2014 年版,第 602 页。

按照我国法律的规定,甲不当阻止条件成就的后果是条件"视为"已成就,故甲、乙均须继续履行合同。但是,鉴于甲之行为严重违背诚实信用原则,乙可能更倾向于终止合同关系,并就因甲之行为而遭受的损失主张损害赔偿。一律"视为"条件成就,毫不考虑无辜当事人乙的意思,反而阻却了乙终止合同关系并获得赔偿之路。

在另一种立法模式中,当事人一方不当阻止条件成就的,不得依赖条件不成就;不当促成条件成就的,不得依赖条件成就。无辜当事人一方却可根据具体情况选择主张该条件成就或者不成就;不行使该选择权的,发生条件表面成就或者不成就的一般后果。后一种模式显得更加灵活,可避免前一种模式所导致的难以接受的僵化结果。[120] 可惜后一种模式并未被我国立法者采纳。[121]

(三)条件成就的溯及既往效力

温德沙伊德曾言:"条件成就是否具有溯及既往的效力,乃潘德克吞法学讨论最多的话题之一。"[122]而这个问题在中国民法学界,迄今似乎并未惊起理论上的波澜,甚至论及者寡。[123]

罗马法中,至少在古典法时期,条件成就不具有溯及力。[124]《德国民

---

[120] 此即《欧洲私法的原则、定义与示范规则:欧洲示范民法典草案》第III—1:106条及《国际商事合同通则》(2010)第5:3:3条所采用的模式。

[121] 在《民法总则》的起草过程中,建议全国人大采后一模式的呼声时有发出。这说明立法机关对该模式不是不知,而是不采。至于不采的原因,不得而知。参见《民法总则立法背景与观点全集》编写组编:《民法总则立法背景与观点全集》,法律出版社2017年版,第338、410页。

[122] B. Windscheid, Diritto delle pandette, vol. 1, traduzione italiana di C. Fadda e P. E. Bensa, Torino, 1902, pp. 366-367, nt. 1.

[123] 我国民法学者关于条件成就是否具有溯及力的讨论,可参见注㉙、梁慧星书,第192页;注⑬、马俊驹、余延满书,第201页(马俊驹);注㉒、朱庆育书,第133页;注㊽、李永军书,第643页;注㉒、陈甦主编书,第1117页(郝丽燕);注②、袁治杰文,第85—86页。

[124] 具体讨论,详参E. Betti, Diritto romano, I, Padova, 1935, pp. 364 ss.; E. Betti, Istituzioni di diritto romano, I, Padova, 1942, pp. 205 ss.

法典》第 158 条㉕、《瑞士债务法》第 151 条和第 154 条㉖、《日本民法典》第 127 条㉗以及我国台湾地区"民法"第 99 条㉘均沿袭了罗马法的这一规则。与之相反,《法国民法典》第 1179 条㉙、《葡萄牙民法典》第 276 条㉚以及《意大利民法典》第 1360 条第 1 款㉛则均规定,条件成就的效力一般溯及法律行为(合同)成立之时。此外,还存在未在民法典中明确涉及该问题的立法例,比如《奥地利普通民法典》。㉜

是否承认条件成就的溯及力,主要关系到未决期间何人为权利主体,以及附条件处分行为的效力的问题。㉝例如,如果承认条件成就的溯及力,那么溯及成为所有权人的主体,就可以就第三人侵害所有权的行为请求损害赔偿;如果不承认条件成就的溯及力,那么只有在未决期间是所

㉕ 《德国民法典》第 158 条规定:"(第 1 款)附停止条件实施法律行为的,取决于条件的效力,在条件成就时发生。(第 2 款)附解除条件实施法律行为的,法律行为的效力,于条件成就时终结;自此时起,回复以前的法律状态。"注⑰,杜景林、卢谌书,第 119 页。

㉖ 《瑞士债务法》第 151 条规定:"(第 1 款)契约,以不确定事实的发生或不发生决定其效力者,为附条件的契约。(第 2 款)除契约当事人明示有其他意思外,附延缓条件的契约,在条件成就时,发生效力。" 154 条规定:"(第 1 款)附解除条件的契约,在条件成就时,失其效力。(第 2 款)契约的失效,一般无溯及力。"《瑞士债务法》,戴永盛译,中国政法大学出版社 2016 年版,第 48 页。

㉗ 《日本民法典》第 127 条规定:"(第 1 款)附停止条件的法律行为,自条件成就时发生效力。(第 2 款)附解除条件的法律行为,自条件成就时丧失效力。(第 3 款)当事人已做出条件成就的效果溯于成就以前的意思表示时,从其意思。"注㉙,渠涛编译书,第 32 页。

㉘ 台湾地区"民法"第 99 条规定:"(第 1 款)附停止条件之法律行为,于条件成就时,发生效力。(第 2 款)附解除条件之法律行为,于条件成就时,失其效力。"

㉙ 《法国民法典》第 1179 条规定:"已经成就的条件,其效力溯及义务缔结之日。如债权人在条件成就之前死亡,其权利由继承人继承。"《法国民法典》,罗结珍译,北京大学出版社 2010 年版,第 311 页。

㉚ 《葡萄牙民法典》第 276 条规定:"条件成就之效力追溯至成立法律事务之日,但双方当事人之意思或行为之性质而使条件之效力须在另一时间发生者,不在此限。"《葡萄牙民法典》,唐晓晴等译,北京大学出版社 2009 年版,第 50 页。

㉛ 《意大利民法典》第 1360 条第 1 款规定:"条件成就的效力溯及至契约缔结之时发生,但基于当事人的意思或者法律关系的性质,契约或者解除的效力应当在另一时点发生的除外。"

㉜ 《奥地利普通民法典》在条件问题上的立法体例比较独特,先在第 695 条至第 703 条详细规定了遗嘱之附条件,继而在第 897 条规定,契约中的条件,一般准用关于遗嘱之附条件的规则。参见《奥地利普通民法典》,戴永盛译,中国政法大学出版社 2016 年版,第 135—136 页、第 170—171 页。

㉝ 参见注⑭,C. M. Bianca 书,p. 560。

有权人的主体,才可以就第三人侵害所有权的行为请求损害赔偿。

《合同法》第45条第1款第2句明确规定:"附生效条件的合同,自条件成就时生效,附解除条件的合同,自条件成就时失效。"之前颁布的《民法通则》第62条后半句规定,对于附生效条件的法律行为,"符合所附条件时生效"。之后颁布的《民法总则》第158条第2款规定:"附生效条件的民事法律行为,自条件成就时生效。附解除条件的民事法律行为,自条件成就时失效。"因此,依我国实证法的规定,条件成就时法律状态方发生改变,条件成就不具有溯及既往的效力。在合同法领域,无论合同附加的是生效条件还是解除条件,法律状态一般自条件成就时,而非溯及至合同缔结之时发生改变。⑬ 具体而言:

其一,若债权合同附生效条件,则只有在条件成就时,合同之债的履行请求权才产生。例如,出卖人甲与买受人乙签订了附生效条件买卖合同,那么,只有在条件成就时,根据《合同法》第135条的规定,甲才可请求乙支付价金,乙才可请求甲移转标的物的所有权,并交付标的物或者交付提取标的物的单证。

其二,若债权合同附解除条件,则条件成就时,合同的效力"终止"。但是,由于在条件的未决期间受领人接受给付具有法律上的原因,所以,受领人可以有权占有人的身份保留占有。同时,由于条件的成就,还有可能产生基于合同的返还请求权。例如,若租赁合同附有解除条件,则在条件成就时,出租人基于租赁合同享有租赁物返还请求权。⑬ 但是,这里的"终止",只是意味着"形成一种了结现务的关系",即新的给付义务不会产生,过去形成的债务,如果尚未履行则继续存在。比如,在上文所举例子中,如有未付清的租金,则承租人仍须支付。⑬

其三,若物权合同附生效条件,则物权自条件成就时,而非合同缔结时发生变动。例如,甲以所有权保留的方式将自己的母羊出售给乙,并完成了交付,同时双方约定,以乙付清全部价款为生效条件。乙付清全部价款之时方取得母羊的所有权,而不是溯及至合同缔结完成之时取得所有

---

⑬ 参见注㉒,朱庆育书,第133页。
⑬ 参见注⑭,弗卢梅书,第870页。
⑬ 参见注⑫,拉伦茨书,第702页。

权。假如在未决期间母羊产下羔羊,那么,即使乙后来付清了价款,根据《物权法》第116条第1款第1句"天然孳息,由所有权人取得"之规定,羔羊的所有权仍由母羊的所有权人甲取得。

其四,若物权合同附解除条件,则物权自条件成就时发生变动。例如,甲为担保某笔债务的履行,将自己的母羊的所有权移转给了乙,同时双方约定,以被担保的债务得到清偿为解除条件。在条件成就之前,乙是母羊的所有权人;在这笔债务得到清偿即条件成就时,母羊的所有权直接重新由甲取得。假如在条件的未决期间母羊产下羔羊,那么,根据《物权法》第116条第1款第1句的规定,羔羊的所有权仍由母羊的所有权人乙取得,并不会受到债务后来得到清偿之影响。

一般认为,条件成就不具有溯及力的规则属于任意规范,可为当事人通过意思表示排除适用。亦即,合同当事人可以约定,条件成就具有溯及既往的效力。但是,此种约定只产生债法上的效力,而不产生物权法上的效力。[137] 比如,在"其三"所举之例中,倘若当事人约定条件成就使合同的最终效力溯及至合同缔结完成之时发生,那么,母羊在未决期间产下的羔羊仍由甲取得所有权。也就是说,当事人对溯及力的约定,对物权的变动不产生任何直接的影响,而仅使甲负有将羔羊的所有权转移给乙的债务。[138]

七、举证责任

条件的证明,主要涉及合同等法律行为是否附加了条件由何人承担

---

[137] 参见〔德〕汉斯·布洛克斯、〔德〕沃尔夫·迪特里希·瓦尔克:《德国民法总论》,张艳译,杨大可校,中国人民大学出版社2012年版,第295页;注㉒,朱庆育书,第133页。

[138] 有学者指出,一般性地规定条件成就具有或者不具有溯及力,在实际效果上,差异并没有想象的那么大。原因主要有二:首先,相应的规范属于任意规范,当事人可以通过合意排除其适用。其次,规定条件成就不具有溯及力的立法例,一般会规定权利人在未决期间做出的处分行为,在条件成就时不生效力,比如《德国民法典》第161条;而规定条件成就具有溯及力的立法例,一般会规定对于某些合同基于其法律关系的性质,或者对于附解除条件的持续性合同,或者对于未决期间的管理行为的效力,条件成就不具有溯及力,比如《意大利民法典》第1360条第2款、第1361条。因此,条件成就是否具有溯及力的差异,取决于把哪些规则规定为原则,把哪些规则规定为例外,几乎有"朝三暮四"和"朝四暮三"之别。参见注⑭,弗卢梅书,第864页;注㉑,R. Lenzi文, pp. 346, nt. 1。

举证责任,以及在附加了条件的情况下,条件成否又由何人承担举证责任的问题。

就是否存在条件附款,应由主张法律行为附加了条件的一方当事人负责举证。理由是,如果附加了条件,那么合同等法律行为要么不生效,要么不具有终局的效力。

就条件是否成就,若为生效条件,则由主张权利的一方(即证明条件约款存在的一方的对方当事人)证明条件已经成就;若为解除条件,则由主张权利的一方的对方当事人(即证明条件约款存在的一方)证明条件已经成就。⑬⑨

---

⑬⑨ 参见注⑫㉒,B. Windscheid 书, pp. 347-349;注⑭, E. Betti 书, p. 517。

第48条 无权代理[*]

纪海龙

《中华人民共和国合同法》第48条

行为人没有代理权、超越代理权或者代理权终止后以被代理人名义订立的合同,未经被代理人追认,对被代理人不发生效力,由行为人承担责任。

相对人可以催告被代理人在一个月内予以追认。被代理人未作表示的,视为拒绝追认。合同被追认之前,善意相对人有撤销的权利。撤销应当以通知的方式作出。

细 目

一、规范意旨……1—4
二、无权代理制度的其他法源……5
三、本条的适用范围与准用……6—14
　(一)法定代理人……6
　(二)无权代理与无因管理……7
　(三)单独行为的无权代理……8—11
　(四)冒名行为……12
　(五)故意误传……13
　(六)向未经授权之人履行债务……14
四、无权代理的构成要件……15—19
　(一)具备代理行为的表象……15
　(二)不具有代理权……16—18
　(三)不构成表见代理……19

---

[*] 本文首发于《法学家》2017年第4期(第157—174页),原题为《〈合同法〉第48条(无权代理规则)评注》。

五、无权代理行为的效力……20—33
　　（一）效力待定……20—21
　　（二）追认……22—32
　　　　1. 追认的性质……22
　　　　2. 追认意思表示的作出对象……23
　　　　3. 追认的方式与形式……24—27
　　　　4. 对追认的限制……28—30
　　　　5. 追认的溯及既往力及其例外……31—32
　　（三）拒绝追认……33
六、相对人的催告权与撤销权……34—41
　　（一）催告权(《合同法》第48条第2款第1、2句)……34—36
　　（二）撤销权(《合同法》第48条第2款第3、4句)……37—41
七、无权代理人的责任(《合同法》第48条第1款后半句)……42—55
　　（一）责任性质……42—43
　　（二）责任要件……44—45
　　（三）责任内容……46—49
　　（四）无权代理人责任的排除……50—55
　　　　1. 关于相对人的善意……50
　　　　2. 相对人撤销权的行使对责任的影响……51
　　　　3. 无权代理人行为能力对责任的影响……52
　　　　4. 本人追认时的无权代理人责任……53
　　　　5. 被代理行为因其他原因而无效……54
　　　　6. 被代理人本来就无法履行合同……55
八、被代理人的责任……56
九、举证责任……57

一、规范意旨

代理乃代理人以被代理人(以下又称"本人")的名义从事法律行为。 1
依照私法自治的原则,原则上只有经由被代理人的意思,代理人所从事的代理行为才能归属于被代理人。在此,被代理人的意思体现在代理权的授予上。在代理人不具有相应代理权而以被代理人名义从事法律行为的场合,该代理行为由于未经被代理人同意,故而原则上应为无效。但无权代理人从事的无权代理行为,并非一定不利于被代理人,从而无权代理行为的无效并非确定的无效,而是未决的无效,即效力待定。法律赋予被代理人以追认的形式嗣后同意无权代理行为的可能。经被代理人追认后,无权代理行为便归属于被代理人;未经被代理人追认,无权代理行为不得归属于被代理人(《合同法》第48条第1款前半句)。

2　　若被代理人拒绝追认无权代理行为,那么无权代理行为归于确定的无效。但由于无权代理人以代理人身份从事行为,从而无权代理人应确保自己有代理权,或至少确保其无权代理行为嗣后被本人追认。在无权代理行为被拒绝追认的情形,无权代理人使得此种"确保"落空,故而作为行为人的无权代理人应对行为相对人承担责任(《合同法》第48条第1款后半句)。

3　　在无权代理行为被本人追认或拒绝追认之前,无权代理行为效力待定,其未来的效力如何处于不确定状态。如果相对人只能单方面消极等待本人表态,则此不确定状态对于相对人过于不利。故而法律赋予相对人以催告权,相对人可以在本人追认或拒绝追认前催告本人进行表态(《合同法》第48条第2款第1、2句)。

4　　另外,在本人对无权代理行为表态之前,相对人享有撤销权,有权撤销其与无权代理人所为的行为,从该行为中抽身而出(《合同法》第48条第2款第3、4句)。但如果相对人在与无权代理人从事行为时,知道或应当知道代理人无权代理,则相对人属于自甘冒险,不值得保护。故而撤销权限于善意的相对人享有。

二、无权代理制度的其他法源

5　　《民法通则》第66条对无权代理行为作出了规定。《民法通则》第66条第1款与《合同法》第48条第1款规定大致相同。所区别者有三:一是无权代理行为未经追认时被代理人是否有可能承担其他责任[56];二是本人知道他人以本人名义实施民事行为而不作否定表示的,究竟是按照

《民法通则》第66条第1款第3句规定"视为同意",还是根据《合同法》第48条第2款第2句规定"视为拒绝追认"〔26〕;三是《民法通则》第66条既适用于合同也适用于单独行为,而《合同法》第48条只能适用于合同,不能直接适用于单独行为及"有关身份关系的协议"〔8—11〕。《票据法》第5条第2款规定:"没有代理权而以代理人名义在票据上签章的,应当由签章人承担票据责任;代理人超越代理权限的,应当就其超越权限的部分承担票据责任。"《票据法》的该条规定作为特别法,优先适用。另外,《民法总则》第171条对无权代理行为作出了规定,本文对之也进行了评注。

三、本条的适用范围与准用

(一)法定代理人

《合同法》第48条的规定原则上亦适用于法定代理人。① 值得注意的是,我国法律虽然没有对法定代理人的代理权进行具体的限制,但按照《民法通则》第18条第1款后半句的规定,监护人"除为被监护人的利益外,不得处理被监护人的财产"(《民法总则》第35条第1款后半句规定大体相同),此规定应被视为对法定代理人权限的一般性限制。对于法定代理人代理权限限制的认定虽取决于个案情况,但一般而言法定代理人代理未成年子女在该子女所有的不动产上为他人债务设定担保,应属于超越了法定代理人的代理权限。因未成年子女无法对此进行追认,从而应归于无效。②

(二)无权代理与无因管理③

无权代理与无因管理在一般情况下区别较明显。无因管理中的事务管理可以是事实行为也可以是法律行为,而无权代理中的被代理事务只

---

① 认为法定代理人场合不存在无权代理的观点,参见龙卫球:《民法总论》,中国法制出版社2001年版,第662页。
② 参见最高人民法院(2015)民申字第766号裁定书。
③ 无权代理和无因管理的关系长期为人们所误认,直至19世纪德国法学家拉班德(Laband)将代理授权行为从代理基础关系中分离出来,才对此进行了澄清。参见〔德〕Hans Dölle:《法学上之发现》,王泽鉴译,载王泽鉴:《民法学说与判例研究》(第4册),中国政法大学出版社1998年版,第6页。

能是法律行为;无因管理制度重在规范管理人与本人两者之间的关系,而无权代理制度重在规范本人、无权代理人、相对人三者之间的关系;无因管理不必明示为本人从事行为的意思表示,而无权代理则必须以本人的名义为法律行为。④ 但在代理人无法定或约定义务以本人名义且为本人利益计算而从事法律行为时,可以既构成无权代理又构成无因管理。此时在代理的三方关系中,即关于追认、催告、撤销、无权代理人责任等适用无权代理的规定;而本人与代理人之间的关系适用无因管理的规定,无权代理人得依无因管理关系向本人主张权利。⑤

(三)单独行为的无权代理

8　　《民法通则》第66条第1款和《民法总则》第171条第1款均未区分合同行为与单方行为。从其文义而言,即便无权代理单方行为,亦为效力待定,从而本人可追认之。《合同法》第48条只适用于合同。从而有观点认为,对于单独行为的无权代理,应适用《民法通则》第66条之规定⑥,即原则上存在被追认之可能。但另一种观点(可称之为"单独行为无权代理否定说")倾向于借鉴《德国民法典》第180条的做法,认为单独行为的无权代理原则上无效,例外情形才如合同情形一样为效力待定。⑦ 此例外情形有三:相对人未对代理人所声称的代理权表示拒绝;相对人对无代理权的代理行为表示认可;无权代理行为系受领意思表示的消极代理。《德国民法典》第180条旨在保护单独行为的相对人。在无权代理作出单独行为的情形,例如无权代理人向相对人发出解除的意思表示,相对人只能被动接受该意思表示(而在合同情形相对人可以选择订立或不订立该合同),之后只能被动等待本人追认或否认(在合同情形相对人可行使撤销权撤销其意思表示,但单独行为情形撤销权却因其未作出任何意思表示

---

④　参见张广兴:《债法总论》,法律出版社1997年版,第67—68页;同注①,第662页。
⑤　参见王泽鉴:《债法原理》(第1册),中国政法大学出版社2001年版,第308页;朱庆育:《民法总论》(第2版),北京大学出版社2016年版,第363页。
⑥　参见韩世远:《合同法总论》(第2版),法律出版社2008年版,第186页。
⑦　参见张谷:《略论合同行为的效力》,载《中外法学》2000年第2期,第194页;同注⑤,朱庆育书,第359—360页;李永军:《民法总论》(第2版),法律出版社2009年版,第651页;同注①,龙卫球书,第663页;高富平主编:《民法学》,法律出版社2009年版,第237页。

而无的放矢），从而相对人陷于过于被动的不确定状态。在上述三种例外情形，前两种情形相对人自甘冒险，无需对其进行特别保护；后一种情形相对人的撤回权并非无的放矢，从而其可行使撤回权抽身而出。⑧ 按照单独行为无权代理否定说，不独《合同法》第48条不能适用于单独行为，《民法通则》第66条第1款以及《民法总则》第171条原则上也不能适用于单独行为。

单独行为无权代理否定说有一定道理。但其首先失于缺乏实证法上的支撑，毕竟无论《民法通则》第66条第1款还是《民法总则》第171条均未规定无权代理单独行为原则上应为无效。其次该说所担心的相对人利益保护问题，并非必须采取单独行为无权代理原则无效的模式。在积极代理单方行为的情形，可通过赋予相对人以拒绝权来保护相对人的利益。

该拒绝权包括代理行为作出时的立即拒绝权和无权代理情形善意相对人的嗣后拒绝权。①立即拒绝权，是指代理人积极代理单独行为的情形，例如以被代理人名义发出解除合同的意思表示，在该行为作出之后相对人享有立即拒绝该代理行为的权利。立即拒绝权并不取决于相对人是否能够知道代理人无代理权，也不取决于该代理是有权抑或无权。立即拒绝权虽未在法律中规定，但类比代理从事合同行为时相对人的利益状态，可证成此拒绝权。代理从事合同行为的情形，基于私人自治，相对人可以自由决定是否通过代理人与本人订立该合同。其完全可能因为担心代理出现问题而拒绝通过代理人与本人订立合同。而在积极代理单独行为的情形，赋予相对人以立即拒绝权，功能上等同于代理合同行为情形相对人的缔约自由。其基础是相对人的私人自治以及对相对人的信赖保护，而在法律适用上的理由是禁止法体系内的评价矛盾。②善意相对人的嗣后拒绝权，是指在无权代理人积极代理单方行为的场合，在相对人收到单独行为的意思表示时不知或不应知代理人无代理权的，相对人虽然在当时并未立即拒绝该单独行为，但该善意相对人嗣后有权行使拒绝权，拒绝该单独行为的代理。此嗣后拒绝权在方法论上的根据是类推无权代理从事合同行为时相对人的撤销权。从而，此嗣后拒绝权的要件如下：一是代理人积极代理单独行为；二是代理人是无权代理；三是相对人

---

⑧ 同注⑤，朱庆育书，第359—360页。

在收到代理人单独行为的意思表示时为善意。⑨ 拒绝权行使的法律后果是，被代理的单独行为归于终局无效。或有观点认为，如果该单独行为为形成权行使，如解除合同，那么理论上拒绝权与该形成权行使的形成效力或存在冲突。笔者认为在此并不存在冲突，拒绝权消除形成权行使的形成效力，恰恰是拒绝权的真谛所在。⑩

11 总之，在积极代理单独行为的情形，相对人享有立即拒绝权，如相对人行使此立即拒绝权，则该单独行为归于无效；如相对人未立即拒绝，则在有权代理的场合该行为有效。在无权代理人积极代理单独行为的情形，如果相对人并未行使上述立即拒绝权，那么该行为效力待定，善意相对人享有嗣后拒绝权；其行使该嗣后拒绝权，则该行为归于终局无效。至于消极代理单独行为的情形，例如向无权代理人发出解除的意思表示，直接适用《民法总则》第 171 条即可，即此时该行为效力待定，且善意第三人（发出解除的意思表示者）享有撤销权。

（四）冒名行为

12 冒用他人名义，声称自己为该他人而与第三人为法律行为，此为冒名行为。冒名行为中，行为人使用他人名义假冒他人，而并非展示其代理人身份以他人名义行事。从而因不满足代理的公开原则，冒名行为并非严格意义上的代理行为。在冒名行为中，如果行为人有将行为效果归属于名义承担人的意思，那么无论相对人是看重名义承担人的身份只愿意与名义承担人从事行为，还是相对人不看重名义承担人身份故而与谁进行该交易都无所

---

⑨ 基本相同的观点可参见史尚宽：《民法总论》，中国政法大学出版社 2000 年版，第 562—563 页。荷兰法的做法是积极代理单独行为的情形，相对人无论是否善意，在代理行为被本人追认或否认之前，均享有拒绝权，也就是即便相对人恶意（知或应知无权代理）其也享有拒绝权。参见 D. Busch and L. J. Macgregor, ed., The Unauthorised Agent, Perspectives from European and Comparative Law, Cambridge : Cambridge University Press, 2009, p. 159。

⑩ 拒绝权的此种效力在比较法上也存在支持，如《德国民法典》第 111 条、第 174 条第 1 项、第 180 条第 2 项第一种情形中规定的拒绝权。

谓,都准用代理的规则。⑪ 即在行为人的确具有代理名义承担人之代理权的情形,依据有权代理规则,法律行为在名义承担人和相对人之间发生效力;在行为人不具有代理权的情形,准用无权代理的规则(包括未获追认时无权代理人责任的规则)。如果行为人并非想把行为效果归属于名义承担人,而是想把行为效果归属于自己,那么在相对人不看重名义承担人身份从而其与谁交易都无所谓时,法律行为在行为人和相对人之间发生效力。在相对人只愿意与名义承担人交易时,准用无权代理的规则。⑫

(五)故意误传

如果传达人基于故意篡改了表示的内容,对此的处理存在争议。一种观点认为,此时不属于传达"错误"的情形,传达人此时传达的已经并非是表示人的意思表示;此时意思表示无效,从而本人无须基于传达错误撤销意思表示,而是相对人可(类推)适用无权代理的相关规定追究篡改表示之传达者的责任。⑬ 而反对观点认为,故意误传的情形应适用传达错误的规定。⑭ 后种观点值得赞同。因为表示人任命表示传达人,其比表示相对人更易于控制风险,从而无论是传达人故意抑或无意地错误传达,均可归责于表示人。⑮ 但若与本人毫不相干之第三人,以本人传达人的名义故意进行不实传达,因本人不具有可归责性,此时应类推无权代

---

⑪ 实践中"代签名"或恶意假冒他人签名的案型,多属于行为人欲将效果归属于名义承担人。对于前者适用代理规则的案件如云南省高级人民法院(2013)云高民再终字第7号判决书,该案中股东邵林川虽默许公司在改变经营范围时代其签名,但法院基于无权代理的规定,对该股东股权被转让时的代签名拘束该股东予以不认可。对于后者适用代理规则的案件如重庆市高级人民法院(2013)渝高法民初字第00010号判决书。

⑫ 基本相同的看法同注⑤,朱庆育书,第337页。略有不同的观点,参见杨代雄:《使用他人名义实施法律行为的效果——法律行为主体的"名"与"实"》,载《中国法学》2010年第4期,第96—98页。

⑬ 参见〔德〕维尔纳·弗卢梅:《法律行为论》,迟颖译,法律出版社2013年版,第543页;王泽鉴:《民法总则》,中国政法大学出版社2001年版,第380页;注⑤,朱庆育书,第277页。

⑭ Vgl. Christian Armbrüster, Kommentar zum § 120, in: Münchener Kommentar zum BGB, 6. Aufl., München: C. H. Beck, 2012, Rn. 4; 参见〔德〕梅迪库斯:《德国民法总论》,邵建东译,法律出版社2000年版,第570页。

⑮ 参见纪海龙:《走下神坛的"意思"——论意思表示与风险归责》,载《中外法学》2016年第3期,第665页。

(六)向未经授权之人履行债务

14 向未经债权人授权的第三人(如代理权终止后的代理人)履行债务,对此不应适用无权代理的相应规定,而应准用无权处分的规定。其后果是,是否发生清偿效果取决于债权人是否追认,如债权人不追认,债务人应向该第三人主张不当得利返还,而非如无权代理的情形向无权代理人主张责任。⑯

四、无权代理的构成要件

(一)具备代理行为的表象

15 构成无权代理,首先须具有一般代理的表象,满足代理的公开性原则。也即是,行为人以他人名义实施法律行为欲将法律效果归属于他人。而如果行为人自称为该他人,此属于冒名行为,并非代理行为[12]。

(二)不具有代理权

16 无权代理行为的核心要件是代理人不具有代理权,且不构成表见代理。对于不具有代理权,《合同法》第 48 条列举了三种情形:行为人没有代理权、超越代理权或者代理权终止。行为人没有代理权,包括根本没有代理授权,也包括代理授权无效或被撤销的情形。但在代理授权被撤销而导致其溯及既往自始无效时,若代理行为发生在代理授权被撤销之前,那么尤其应注意此时是否构成表见代理。

17 在行为人超越代理权的情形,至少在代理权被超越的范围内,代理行为无效。至于此时是否因代理权被超越导致法律行为全部无效,应基于法律行为部分无效的规则判断(《合同法》第 56 条;《民法总则》第 156

---

⑯ 最高人民法院(2013)民四终字第 16 号判决书将《民法通则》第 66 条适用于如下情形:债务人明知债权人之代理人的代理权已终止,还是继续向该代理人履行债务。尽管该案中法院适用《民法通则》第 66 条规定也得出了履行无效从而债务未被清偿的结论,但直接适用《民法通则》第 66 条规定未尽妥当。

条)。在此,越权代理是否影响法律行为其他部分的效力,应基于当事人的意思判断。如果可以认为当事人任何一方在部分无效的前提下也不会从事其他部分法律行为的,那么该部分无效导致全部无效。⑰ 在某人既以自己的名义又以他人代理人的名义(却无权代理)与相对人从事交易时,此时若交易可分,那么被无权代理部分的交易效力待定,若未被追认则无效;此无效是否会影响其以本人名义所做交易的部分,取决于法律行为部分无效规则的适用。⑱

在代理权已消灭的情形,也要注意是否此时会满足表见代理的构成要件。如满足,则不适用《合同法》第 48 条,而是适用《合同法》第 49 条和《民法总则》第 172 条。在《合同法》第 48 条中,代理权已消灭是指在作出该法律行为时代理权已消灭。虽然《合同法》第 48 条中表述的是"订立的合同"(《民法总则》第 171 条的表述为"实施代理行为"),但具有关键意义的时点并非是承诺作出的时点。关键的时点,在积极代理时是代理人发出意思表示的时点⑲,在消极代理时是意思表示到达代理人(或在对话的意思表示情形代理人了解)的时点。在积极代理的情形,如果在意思表示发出后到达相对人前代理权消灭,那么此时意思表示的效力不受该代理权消灭的影响。如此时代理人发出的是承诺,合同效力不因此而受影响。如此时代理人发出的是要约,其效力也不受影响,但因其已丧失代理权,从而针对其作出的承诺为效力待定(除非构成表见代理)。

(三) 不构成表见代理

《合同法》第 49 条和《民法总则》第 172 条对表见代理进行了规定。表见代理和狭义无权代理的共同要件为"行为人没有代理权、超越代理权或者代理权终止"。从而可以提出的问题是,在构成表见代理的情形,相对人是否有权选择适用《合同法》第 48 条行使撤销权,以及在本人拒绝追

---

⑰ 认为未超越授权范围部分的行为为有权代理的观点,参见刘凯湘:《民法总论》(第 3 版),北京大学出版社 2011 年版,第 363 页。

⑱ 参见山东省高级人民法院(2015)鲁民申字第 993 号裁定书。此案中合同标的物为 120 亩地补偿款,其中部分补偿款权利人为行为人,另一部分对应的合同部分则是由行为人无权代理他人订立,法院最后认定该合同部分有效、部分无效。

⑲ 判断意思表示发出人之行为能力的时点与此同理,也是发出之时。

认时(依据《合同法》第49条)选择被代理人或(依据《合同法》第48条第1款后半句)选择代理人为请求权相对人?对此学界观点存在争议。[20] 承认相对人选择权的理由无非是表见代理情形代理人无代理权,从而表面上在构成要件层面也构成狭义无权代理。但否认相对人的选择权更为妥当。其理由有三:一是对于保护相对人而言,表见代理情形要求被代理人承担责任,已足以保护相对人利益,如果再赋予相对人以选择权,相对人反倒获得了比有权代理情形更为优越的法律地位[21];二是如赋予相对人以选择权,会助长相对人的投机风险,即相对人在市场变化导致该交易对其不利时,可以通过选择权从该交易中抽身而出[22];三是文义上的理由,即《合同法》第49条明确规定了表见代理情形"代理行为有效",此"有效"在文义上既针对被代理人,也针对相对人。[23] 虽然在真实诉讼中,因为相对人举证表见代理时的举证负担应较举证无权代理时为重,从而在相对人无法举证表见代理时,自然要适用无权代理的规则。但未经证明之事,在法律世界便无从存在,从而在相对人无法证明表见代理时,适用无权代理规则乃属当然,无从谈及相对人的选择权。另外,尽管纠纷发生后,相对人主张基于表见代理抑或无权代理规则解决纠纷,实际上取决于相对人的诉讼请求选择,从而事实上相对人的确会有选择机会。但讨论选择权的关键在于,如果表见代理已被证明,相对人是否依旧可以主张适用无权代理的规则。从而,实际诉讼中的相对人"实际"的选择机会,并不足以论证支持相对人在法律层面的选择权。[24]

---

[20] 认可相对人之选择权的观点,参见王利明:《合同法新问题研究》(修订版),中国社会科学出版社2011年版,第296页;梁慧星:《民法总论》(第4版),法律出版社2011年版,第243页;史尚宽:《债法总论》,中国政法大学出版社2000年版,第52页。

[21] 参见王泽鉴:《无权代理人之责任》,载王泽鉴:《民法学说与判例研究》(第6册),中国政法大学出版社1998年版,第16页;注⑤,朱庆育书,第371—372页。

[22] 参见注⑦,张谷文,第193页;汪泽:《表见代理若干问题研究》,载梁慧星主编:《民商法论丛》(第8卷),法律出版社1997年版,第19页。

[23] 参见注⑤,朱庆育书,第371页。

[24] 参见注⑤,朱庆育书,第372页。

五、无权代理行为的效力

（一）效力待定

因无权代理做出的法律行为为效力待定的法律行为。《合同法》第48条第1款规定，"未经被代理人追认，对被代理人不发生效力，由行为人承担责任"。此条规定的文义只体现出无权代理行为未经追认不能拘束被代理人，而未体现出代理行为的效力为何。《民法总则》第171条第1款亦规定了"未经被代理人追认的，对被代理人不发生效力"。单纯从条文文义出发并不能排除代理行为在无权代理人和相对人之间发生效力。㉕但由于相对人内心意思中的交易对手是被代理人而非（无权）代理人，故而认定代理行为在无权代理人和相对人之间发生效力，不合相对人意思（公开的不合意）。按照通说，在被代理人追认前，代理行为无效。但由于该无效可经由被代理人追认而转变为有效，故而此时的无效为未决的无效，又被称为效力待定。此未决的无效并不取决于代理人或相对人是否知道代理为无权代理。

代理行为在被追认前属于效力待定，这意味着此时该代理行为既不能拘束被代理人，也不能拘束相对人。如果在此期间相对人因误认为行为有效而向被代理人进行给付，那么其可基于给付的不当得利向对方主张不当得利返还。㉖若该给付行为同时构成法律行为的，可以重大误解为由撤销该法律行为，进而主张原物返还请求权。但如果其明知行为效力待定还进行给付，那么基于禁止出尔反尔的原则，其不得主张不当得利返还。㉗在相对人的给付被本人合理认定为是其在接受他人的义务履行

㉕ 在19世纪德国潘德克顿法学中的确存在过此种观点，参见 Mathias Schmoeckel, Kommentarzu §§ 164–181, in: Historisch-Kritischer Kommentarzum BGB, Tübingen: Mohr Siebeck, 2003, Rn. 30. 崔建远教授也认为，无权代理合同被拒绝追认的，合同的内容部分是有效的，而合同的当事人部分是无效的，参见崔建远：《合同法》（第2版），北京大学出版社2013年版，第103页。

㉖ 参见浙江省嘉兴市嘉善县人民法院(2006)善民二初字第293号。

㉗ 参见崔建远、韩世远、于敏：《债法》，清华大学出版社2010年版，第191页。此又可参见《德国民法典》第814条。

时,此时为保护本人的合理信赖,相对人针对本人的不当得利请求权也被排除。如业主发包给总包商,总包商无权代理业主与分包商订立合同,分包商以为在履行其与业主之间的合同义务,而业主却合理认为该履行行为是总包商在履行其合同义务,则相对人(分包商)针对被代理人(业主)的不当得利请求权被排除。[28] 另外,在被代理人进行给付的场合,如基于意思表示解释规则判断该给付应被解释为追认的意思表示[24],那么不当得利的规则不予适用。被代理人追认或拒绝追认代理行为后,代理行为结束其效力待定状态。

(二)追认

1.追认的性质

《合同法》第 48 条第 1 款规定,无权代理行为"未经被代理人追认的,对被代理人不发生效力……"反对解释该规定的结论是,经被代理人追认后,欠缺代理权问题便被消除,故而追认使得代理行为有效。对于追认的性质,可有不同阐释。追认究竟是一种嗣后的代理权授予,还是对法律行为本身的嗣后同意(从而该嗣后同意补正了无权代理行为的效力,使得因无代理权而本应无效的法律行为变得自始有效)?笔者认可后者。

首先,将追认理解为嗣后的代理权授予,将使得无权代理情形的追认,限制行为能力人所为行为情形法定代理人的追认(《民法总则》第 22、145 条)以及自己代理、双方代理情形本人的追认(《民法总则》第 168 条),这几种本质相同的追认在理论上相互割裂。自己代理、双方代理情形的追认尤其体现了追认乃是对被代理之法律行为的认可(嗣后同意),而非嗣后的代理权授予。自己代理和双方代理情形,代理权本已存在,代理权的嗣后授予无从谈起。

其次,就意定代理的本质而言,在意定代理中是代理人通过自己(而非被代理人)的意思表示做出法律行为(即法律行为本身),而因该法律行为所形成的法律关系(即法律行为之结果)之所以能够拘束被代理人,乃是因为被代理人授权他人为自己型塑法律关系。究而言之,代理授

---

[28] Vgl. Martin Schwab, Kommentar zum § 812, in: Münchener Kommentar zum BGB, 6. Aufl., München: C. H. Beck, 2013, Rn. 184.

权的本质在于,被代理人基于意思自治,同意他人(代理人)为自己创设规则(如合同关系),同意自己受代理人在授权范围内形成之法律关系的拘束。㉙ 故而,代理授权本身即可视为被代理人对代理人在授权范围内所型塑之任何法律关系的事先概括同意。顺理成章地,在追认无权代理行为的场合,追认便意味着对代理人所型塑之(已成立但效力待定的)具体法律关系的同意。即便是被代理人在嗣后向无权代理人进行代理授权,也应被解释为是追认,而非代理权的授予。㉚

再次,如将追认理解为代理权的授予,会在对追认这种意思表示进行解释时,出现不妥当的后果。即将追认理解为代理权的授予导致的结果是,认定追认,要求追认意思表示的相对人在收到表示时知道或应当知道本人知悉代理权欠缺的事实;如果相对人不知也不应知本人知悉代理权欠缺的事实,那么根据意思表示规范解释的规则,该相对人无法将本人的意思表示解释为嗣后的代理权授予。但这种要求不具有合理性。其原因在于,如果本人已经通过明示或默示形式(如履行)表示其认可代理行为,无论相对人如何认知和判断本人对于代理权欠缺的主观状态,本人均不得出尔反尔,再行否认自己对代理行为的同意。从而,将追认理解为嗣后代理权的授予并不妥当。妥当的是将追认性质认定为嗣后对基于无权代理所从事之法律行为本身的同意。故而,追认的对象是代理人经由无权代理所从事的法律行为。㉛

2.追认意思表示的作出对象

《合同法解释(二)》第 11 条规定:"根据合同法第四十七条、第四十八条的规定,追认的意思表示自到达相对人时生效,合同自订立时起生效。"一种观点认为,司法解释该条中的向相对人作出,不应当理解为只能向代理行为的相对人作出。㉜ 由于授权行为的相对人得为第三人或代理

㉙ 类似的理解参见 Werner Flume, Allgemeiner Teil des Bürgerlichen Rechts, zweiter Band, Das Rechtsgeschäft, 2. Aufl., Berlin, Heidelberg: Springer, 1975, §43/3, S. 754。

㉚ Vgl. Frank Bayreuther, Kommentar zum §182, in: Münchener Kommentar zum BGB, 6. Aufl., München: C. H. Beck, 2012, Rn. 13.

㉛ 最高人民法院(2014)民申字第 694 号裁定书中明确认可"追认是被代理人对无权代理行为事后予以承认的一种单方意思表示"。

㉜ 参见崔建远主编:《民法总论》,清华大学出版社 2010 年版,第 121—122 页(耿林撰写)。

人,故对追认意思表示之"相对人"无妨作相同解释。㉝ 追认是否必须只能向相对人作出,理论上涉及对追认这种意思表示性质的认定。如将追认认定为对法律行为本身的事后同意,那么逻辑上追认似应针对该行为的相对人作出。但此逻辑上的理由只是初步的论据。将追认定性为对法律行为本身的嗣后同意,与追认只能向相对人作出,这两者之间虽然在理论上更融贯,但即便将追认定性为对法律行为本身的嗣后同意,如存在利益衡量上更有力的理由,当然也可以承认向无权代理人作出的追认。而从利益衡量角度看,支持追认只应向相对人作出更站得住脚。其理由在于对相对人的保护。如果追认也可以向无权代理人作出,那么行为相对人不一定会知道追认已经被作出,其不知该行为是否已变得有效,便会无所适从。㉞ 故而,追认只能向相对人作出的做法,值得支持。㉟

3. 追认的方式与形式

追认是一种须受领的意思表示(有相对人的意思表示,《民法总则》第 137 条),可以明示或默示方式作出(《民法总则》第 140 条)。所谓默

㉝ 参见注⑤,朱庆育书,第 360 页;林诚二:《民法总则》(下册),法律出版社 2008 年版,第 457 页。认为追认既可向相对人也可向无权代理人作出的观点还有如:杨立新:《民法总则》,法律出版社 2013 年版,第 519 页;江帆:《代理法律制度研究》,中国法制出版社 2000 年版,第 164 页。

㉞ 参见注⑨,Busch 书,p. 417;类似的顾虑同注⑥,第 187 页。比较法上,荷兰法要求追认只能向相对人作出。在德国法中,虽然基于《德国民法典》第 182 条第 1 款的规定追认既可向相对人作出,又可向无权代理人作出,但《德国民法典》第 177 条第 2 款对此作出了限制:即在相对人行使了催告权后,之前对无权代理人所作出的追认便为无效,本人可重新决定是否追认,如其决定追认,那么此时其只能向相对人作出追认的意思表示。《国际商事合同通则》中,原则上追认甚至不必向任何人作出(No. 1 of Comment to Art. 2.2.9 of PICC),但在相对人催告后,追认必须只能向相对人作出(No. 3 of Comment to Art. 2.2.9 of PICC)。不过在法国法和英国法中,追认不必一定向相对人作出。《美国代理法第三次重述》与《国际商事合同通则》一样,也认为追认是一种宣告(manifestation),无须向任何人作出。以上详见注⑨,Busch 书,p. 416。

㉟ 支持此观点的参见注⑦,李永军书,第 650 页。《日本民法典》第 113 条第 2 款规定:"追认或拒绝追认,除非对相对人为之,不得以之对抗相对人。但相对人已知其事实者,不在此限。"此立法例亦值得借鉴。

示方式,是基于本人的行动推断出来的表示。㊱《合同法解释(二)》第12条规定:"无权代理人以被代理人的名义订立合同,被代理人已经开始履行合同义务的,视为对合同的追认。"此规定在理论上应归属于默示的追认。是否可以认定存在本人的追认,应基于意思表示解释的规则探知。对此应适用《民法总则》第142条第1款:"有相对人的意思表示的解释,应当按照所使用的词句,结合相关条款、行为的性质和目的、习惯以及诚实信用原则,确定意思表示的含义。"对于该款的正确理解应是,在有相对人的意思表示情形,应按照客观理性相对人的理解对意思表示进行解释。从而无论本人是以明示还是默示的方式作出表示,都不要求本人一定要认识到无权代理情形的存在,只需要站在表示相对人位置的理性人可将表示客观理解为追认即可。如果本人不知无权代理而作出明示或默示的表示行为,且该行为又基于意思表示解释规则可被解释为追认的意思表示,那么存在本人基于重大误解的规则撤销该表示的可能(《民法总则》第147条)。另外基于意思表示解释的规则,只是被代理人开始履行合同义务,并不足以导致此被视为追认。关键是站在相对人位置的客观理性人可将本人的履行合同行为理解为追认。对此不要求相对人在当时情境下可合理认为本人知悉无权代理的事实,只要理性相对人可将本人的明示或默示表示理解为对代理行为的同意即可[22]。

　　单纯的沉默并不能构成追认,但在存在当事人约定或习惯时,也可能被认定为存在追认(《民法总则》第140条第2款)。在例外情况下,也可基于诚实信用原则认定沉默构成追认的意思表示。此虽没有被《民法总则》第140条第2款所明文规定,但可适用《民法总则》第7条。属于此情形者,例如夫妻之间无权代理,或无权代理人嗣后获得了相应的代理授权。㊲

　　㊱ 最高人民法院(2014)民申字第694号裁定书中表示:"追认是被代理人对无权代理行为事后予以承认的一种单方意思表示,通常应以明示的方式作出。但从维护交易秩序的稳定和保护合同相对人的利益考虑,本人如果接受相对人履行义务或接受无权代理人转移合同利益,应视为追认。"亦可参见四川省高级人民法院(2015)川民申字第1162号裁定书(认可被代理人以开发票形式进行了追认)。

　　㊲ Vgl. Claudia Schubert, Kommentar zum §177, in: Münchener Kommentar zum BGB, 7. Aufl., München: C. H. Beck, 2015, Rn. 36.

26 　　《民法通则》第 66 条第 1 款第 3 句规定:"本人知道他人以本人名义实施民事行为而不作否认表示的,视为同意。"对此规定的解释存有争议。有学说认为此规定体现的是表见代理[38],有学说认为此规定体现的是默示的代理权授予[39],有学说认为此规定体现的是拟制追认(即相对人催告后不作表示的视为追认)[40]。该条规定的是本人对他人无权代理行为的容忍,不过对此该条并未区分容忍是发生在代理行为作出时抑或之后。而无论是表见代理还是默示的代理权授予,其潜在前提都是代理行为作出时。故而前两说忽略了代理行为作出后的容忍。而第三种学说,即拟制追认说,明显与《合同法》第 48 条第 2 款(催告后本人在期限内未作表示视为拒绝追认)相违背,故也不足采。[41] 对该句规定合理的解释是,若行为作出时本人的容忍导致相对人合理信赖有代理权,以及相对人因此订立了合同,那么可将其解释为表见代理。之所以不采默示的代理授权说,是因为默示的代理权授予并不要求该容忍应引起相对人的合理信赖。而在合同订立后本人的容忍(即沉默)原则上不得被作为追认的意思表示,以沉默形式作出的追认只有在例外情形下才可被认定[25]。

27 　　如被追认的法律行为需要特定的要式形式,原则上追认也需要相应的形式[42],除非可以认定追认不采取该形式不会导致该形式所应发挥的功

---

[38] 此观点多为二十世纪八九十年代的著作所主张,参见佟柔主编:《中国民法学·民法总则》,中国人民公安大学出版社 1990 年版,第 298 页;张俊浩:《民法学原理》,中国政法大学出版社 1997 年版,第 276 页。更详细的引注参见注⑦,张谷文,第 194 页。

[39] 参见王利明:《民法总论》,中国人民大学出版社 2015 年版,第 287—288 页;注⑤,朱庆育书,第 366 页。

[40] 具体的引注参见注⑦,张谷文,第 194 页。

[41] 有观点认为,此一规定并未考虑到相对人的催告权,而且本人不做否认表示即视为追认,对本人保护不周。此规定已被《合同法》第 48 条第 2 款所修正。参见注⑳,梁慧星书,第 237 页;注⑥,第 186 页。

[42] 比较法上此基本是各国通行的做法。对此参见注⑨,Busch 书,p. 416.《德国民法典》第 182 条第 2 款虽然明文规定同意(包括追认这种嗣后的同意)无须采取与被同意行为所需之形式相同的形式,但很多学者主张对此进行限缩;可参见注⑭,梅迪库斯书,第 738 页;Eberhard Schilken, Kommentar zum §177, in: Staudinger Kommentar zum BGB, Berlin: Walter de Gruyter, 2009, Rn. 10。

能落空,例如在某形式只是发挥证据功能(如绝大多数的约定书面形式的情形)㊸,或发挥国家管控的作用(如中外合资经营企业的合资合同须经批准生效)的情形。

4.对追认的限制

部分追认。部分追认(即只追认无权代理行为的一部分)原则上不被允许,但如果可以证明相对人在做出法律行为之时也愿意从事该被追认的部分法律行为的,部分追认应被认可。㊹

追认的期限。如果对于被追认的代理行为存在期限的限制,即该行为应在特定期间内做出,如解除合同的意思表示在特定期限内做出,那么不独该行为本身,追认原则上也应在此期间内做出。㊺

追认是一种单方法律行为。在追认本身被以无权代理的方式作出或本人为限制行为能力人时,该追认是否生效取决于该追认表示本身是否被追认。对此适用无权代理或限制行为能力人所为之法律行为的规则。在追认人为限制行为能力人的情形,若追认对于该人构成纯获(法律上的)利益,那么此追认有效(《民法总则》第22、145条)。

5.追认的溯及既往力及其例外

无权代理行为被追认后,该行为溯及既往发生效力。《合同法解释(二)》第11条规定:"根据合同法第四十七条、第四十八条的规定,追认的意思表示自到达相对人时生效,合同自订立时起生效。"但由于追认只能补正代理权的缺失,从而若代理行为存在其他无效或可撤销的事由(例如违法、悖俗、欺诈、胁迫等),这些无效或可撤销的事由不受追认的影响。但即便在代理行为无效或可撤销的情形,追认也并非毫无法律效果。追认使得被代理人成为代理行为的当事人,从而其也应承受该行为无效或被撤销所带来的后果(《合同法》第58条、《民法总则》第157条)。追认的溯及既往

㊸ 在山东省高级人民法院(2013)鲁民四终字第124号判决书中,当事人间约定补充协议需书面形式,一方员工无权代理该方当事人签订补充协议,后该方当事人以默示形式追认该无权代理,此追认效力受到了法院的认可。

㊹ 类似观点同注⑦,李永军书,第651页。

㊺ 参见纪海龙:《论无权代理中被代理人的追认权》,载《清华大学学报(哲学社会科学版)》2002年第3期,第71页。

力意味着,相对人(若其未行使撤销权)自行为有效成立时即被拘束。即便相对人在行为有效成立和追认生效之间的时间陷入破产程序或行为能力受到限制,代理行为效力亦不受影响。

32　　但追认的溯及既往力也有例外。不能因追认的溯及既往力,导致认定给付迟延的发生。原因在于追认的溯及既往力实乃一种拟制,在追认之前,因代理行为效力待定,从而实际上并不存在基于该行为的给付义务,也就谈不上给付迟延。同理亦适用于时效的起算。时效的起算取决于权利受到侵害(《民法总则》第 188 条第 2 款第 1 句、《民法通则》第 137 条第 1 句),而在追认之前,实际上并未产生代理行为下受侵害的权利。㊻另外,在无权代理行为成立之后被追认之前,追认权利人对法律行为标的物所为的中间处分行为不因溯及力而无效。例如乙为无权代理人,未经授权将甲之应收账款转让给了丙,甲在追认前已经在该债权上向丁设定了质权,则甲对该应收账款债权让与的追认不影响丁之质权的效力,丙只能取得负担质权的债权。㊼

(三)拒绝追认

33　　拒绝追认也是一种需受领的意思表示。该意思表示无需以要式形式作出,其方式既可以是明示,也可以是默示(即从行为中推断出来)。对此意思表示的存在及其具体内容,应基于意思表示解释的规则探求。除非相对人明知本人的真意,否则如相对人可合理地认为本人的某个表示或行动可被解释为拒绝追认的意思表示,那么便存在拒绝追认的意思表示。若本人在做出此表示或行动时,并不知悉被拒绝追认之代理行为的实质内容,那么本人可基于重大误解的规则撤销该拒绝追认的意思表示。在本人拒绝追认的意思表示生效后,代理行为的效力待定状态结束,转而彻底地归于无效。

㊻ 参见注㊺,第 71 页。
㊼ 参见注⑭,梅迪库斯书,第 769 页;注㊺,第 71 页。此为比较法上的通行做法,比较法上的详细讨论参见注⑨,Busch 书, p. 433。

六、相对人的催告权与撤销权

(一)催告权(《合同法》第48条第2款第1、2句)

相对人不必在本人追认或拒绝追认前一直被动等待,其拥有尽快结束无权代理行为效力待定状态的法律手段。此法律手段之一为相对人的催告权(《合同法》第48条第2款第1句)。催告是一种准法律行为,准用关于法律行为和意思表示的相关规定。准用意思表示解释的规则,要求从本人的视角出发解释催告的表示,即本人可以合理地认为某表示包含催告本人进行追认的内容。从而一般而言,相对人只是简单地通知本人存在代理行为,或相对人通知本人其认为该代理行为应属于有权代理,均不足以构成催告。相对人仅仅是在起诉时将被代理人和无权代理人列为共同被告,也不足以认定相对人进行了催告。[48] 在相对人为多人的情形,在无特别约定或法律规定的情况下,该催告的表示应由多个相对人共同为之。催告应向被代理人发出。在被代理人为无民事行为能力人或限制民事行为能力人时,应向其法定代理人发出;相应地,此时也只有本人的法定代理人可以有效地进行追认或拒绝追认。

《合同法》第48条第2款第1句规定"相对人可以催告被代理人在一个月内予以追认",对于此规定可有两种理解。固定期限说认为相对人催告时无权确定追认期限,追认期限只能是1个月。其理由是:若交易对相对人不利,相对人向本人催告时确定一个(1个月内)非常短的期限[49],本人来不及充分考虑此期限就已经过,此对本人实为不利。[50] 任意期限说认为,所谓1个月的期限应为任意性的,只是在相对人未自定期限时,期限方为1个月。[51] 但自定的期间应属合理期间。[52] 固定期限说担心相对人以极短期限压迫被代理人,此有其道理。但只要求相对人确定

---

[48] 参见最高人民法院(2011)民四终字第38号判决书。
[49] 此时,相对人之所以采取催告时定一个超短期限的方法从交易中撤出,而不是行使撤销权,是因为行使撤销权后其将无权对无权代理人请求承担责任〔51〕。
[50] 参见注⑦,张谷文,第190、194页;注㊺,纪海龙文,第70页。
[51] 参见注㉜,第122—123页(耿林);注⑥,第186页。
[52] 参见注⑥,第181页。

的期限属于合理期限,即可消除固定期限说的担忧。故而任意期限说更值得支持,但相对人自定的期限应属合理期限。另外,由于该期限设定乃是为了保护相对人利益,故而相对人也可设定超过1个月的期限。当然,本人和相对人之间可以就该催告期限做出特别约定。催告期限应自收到催告时起计算。

36　　相对人催告之后依旧可行使撤销权。[53] 本人在相对人确定的合理期限内追认无权代理行为的,该行为溯及既往地生效。本人在该期限不做任何表示的,视为拒绝追认,在该期限结束后无权代理行为归于确定无效。此处的"视为拒绝追认",并非意思表示,乃属于法律上的拟制。故而对其并不适用意思表示因重大误解或欺诈等可撤销的规定。

(二)撤销权(《合同法》第48条第2款第3、4句)

37　　相对人尽快结束无权代理行为效力待定状态的法律手段之二,为相对人的撤销权。[54]《合同法》第48条第2款第3、4句规定:"合同被追认之前,善意相对人有撤销的权利。撤销应当以通知的方式作出。"撤销的表示既可向被代理人作出,也可向代理人作出。

按照文义,相对人撤销权的第一个要件是无权代理行为"被追认之前"。其准确含义应是无权代理行为依旧处于效力待定状态。这意味着不仅该行为尚未被追认,该行为也应尚未被拒绝追认;另外也不应存在其他的无效事由。如果无权代理行为已经确定地基于追认生效,或因被拒绝追认或基于其他事由确定地无效,即效力待定状态已经结束,那么无必要赋予相对人结束效力待定状态的撤销权。

38　　相对人撤销权的第二个要件是相对人善意。之所以要求相对人善

---

[53] Vgl. Claudia Schubert, Kommentar zum §178, in: Münchener Kommentar zum BGB, 7. Aufl., München: C. H. Beck, 2015, Rn. 3; Eberhard Schilken, Kommentar zum §178, in: Staudinger Kommentar zum BGB, Berlin: Walter de Gruyter, 2009, Rn. 3.

[54] 此处的撤销权,在比较法中多称之为撤回权(Widerrufsrecht)。依照传统民法理论,两者区别为,"法律行为有疵累,利害关系人,依法律之规定,可使其效力归于消灭者,是为撤销。法律行为之本身,并无疵累,唯因特种事实之发生,法律准许利害关系人,收回其所作成之法律行为者,是为撤回。"参见梅仲协:《民法要义》,中国政法大学出版社1998年版,第364页,第454段注1。笔者认为,如按照传统民法严格区分撤回和撤销这两个术语虽更理想,但这根本上属于词语之争,只要做到区分清楚不同场合的构成要件和法律后果,如我国目前不在术语上作区分的做法,也未见得有大害。

意,是因为在相对人非善意而与无权代理人从事行为的情形,相对人乃自甘冒险,不值得保护。关于何为善意,有观点认为,该善意应仅仅限于对无权代理事实的不知情,即便是因过失而不知也属善意[55];换言之,此时相对人的恶意,系指相对人明知代理人无代理权。[56] 笔者所持的观点是,善意系指相对人不知且不应知无权代理情形。其理由在于,相对人已基于自主意愿决定从事该特定法律行为,进入该交易,本不应出尔反尔;法律赋予相对人以撤销权,本已属于对相对人的慷慨。故而,不必在撤销权的要件上再施慷慨。[57]

撤销权与表见代理。《合同法》第48条赋予善意相对人以撤销权,相对人撤销权以相对人善意为要件,而表见代理的要件之一也是相对人善意。故而有观点认为,狭义无权代理只是相对人恶意时的无权代理,凡是相对人善意的,都构成表见代理。按照这种观点,相对人撤销权适用的空间根本不会存在。[58] 但这种观点乃属对表见代理的误解,其忽略了表见代理的另一要件为被代理人的可归责性。虽然《合同法》第49条以及《民法总则》第172条文义中并未体现出构成表见代理要求被代理人具有可归责性,但解释上应做此解释。[59] 从而,即便是相对人善意(或曰有理由相信存在相关代理权),但如被代理人不具有可归责性,也无法构成表见代理。而此时便存在《合同法》第48条所规定之相对人撤销权的适用空间。

《合同法》第48条规定"撤销应以通知的方式作出"。行使相对人撤销权是一种须受领的单方法律行为,不必以要式形式作出。该意思表示

---

[55] 参见注㉜,第123页(耿林)。

[56] 参见注⑳,梁慧星书,第238页;注⑥,第186页。

[57] 比较法上,英国法否认无权代理情形相对人的撤回权;PECL和DCFR对相对人撤回权未作规定,解释上应认为这两个文件不认可无权代理情形相对人的撤回权;PICC[Art. 2.29(3)]以及荷兰法(《荷兰民法典》第3:69条第3款)认可相对人撤回权,但其要件是相对人不知且不应知无权代理情形;德国(《德国民法典》第178条)、日本(《日本民法典》第115条)亦均认可相对人撤回权,但相对人明知无权代理情形则排除该权利,仅仅是应知并不构成排除撤回权的事由。对此可详见注⑨,Busch 书,pp. 408-409。

[58] 参见董学立:《重新审视和设计无权代理》,载《法学》2006年第2期,第64页。

[59] 对于表见代理场合被代理人的可归责性,参见朱虎:《表见代理中的被代理人可归责性》,载《法学研究》2017年第2期,第58—74页;杨代雄:《表见代理的特别构成要件》,载《法学》2013年第2期,第58—70页;王浩:《表见代理中的本人可归责性问题研究》,载《华东政法大学学报》2014年第3期,第106—116页。

既可以明示也可以默示方式作出。无论以何种方式,其均应体现出相对人因无权代理原因而废止代理行为的意思。从而,以其他事由解除或以其他事由(如胁迫)撤销合同的表示,不应被解释为《合同法》第 48 条所规定的撤销权。相对人撤销权的行使对象既可以是被代理人,也可以是无权代理人。(60) 无权代理人向相对人作出单独行为的场合,相对人虽不享有撤销权,但享有拒绝权〔9—11〕。

41 《合同法》第 48 条规定的相对人撤销权虽然原则上并不排除相对人基于其他事由的撤销权,例如基于重大误解、第三人欺诈等,但在特定场合会限制基于其他事由撤销权的行使。例如相对人不得以对代理人的代理权有重大误解为由(在代理行为被追认后)撤销代理行为,也不得以无权代理人欺诈为由,基于第三人欺诈而撤销代理行为。

七、无权代理人的责任(《合同法》第 48 条第 1 款后半句)

(一)责任性质

42 《合同法》第 48 条第 1 款规定,无权代理行为未被追认的,由行为人承担责任。《民法通则》第 66 条第 1 款第 2 句规定:“未经追认的行为,由行为人承担民事责任。”《民法总则》第 171 条第 3 款规定:“行为人实施的行为未被追认的,善意相对人有权请求行为人履行债务或者就其受到的损害请求行为人赔偿, 但是赔偿的范围不得超过被代理人追认时相对人所能获得的利益。”这几个规定,都是规定无权代理行为未被追认时,应当由无权代理人承担责任。对于该责任的性质存在争议。第一种学说为合同责任说。此说略谓,在无权代理而订立的合同未受追认时,合同部分有效部分无效,即在合同当事人方面否定了被代理人作为合同当事人的效果意思,而在权利义务方面则按照当事人的效果意思赋予法律效果。此时无权代理人和相对人为该合同的当事人,须享有和履行该合同下的权

(60) 在天津市高级人民法院(2016)津民申 696 号裁定书中,法院认可了相对人向无权代理人行使撤销权的有效性。

利和义务。[61] 第二种学说为缔约过失责任说,认为无权代理人承担的责任为缔约过失责任,其责任内容为赔偿信赖利益。[62] 第三种学说为法定特别责任说,认为无权代理人责任是一种法定的担保责任或信赖责任,是法律规定直接发生的一种特别责任,不以无权代理人过错为要件,其责任内容可以为履行义务或损害赔偿履行利益或信赖利益。[63]

以上各学说中,合同责任说失于违背当事人意思。无论是代理人还是相对人,都不存在将代理人作为合同当事人的意思,从而合同责任说与当事人的效果意思不符。实际上此说与法定特别责任说同其旨趣,因为基于合同责任说,无权代理人承担合同责任也并非是当事人私法自治的结果,而是基于法律的规定。缔约过失责任说失在要求无权代理人承担责任具有过失,而实际上即便无权代理人对于从事无权代理行为无过失,如被代理人在代理授权时无行为能力且代理人无法知悉此事实。抽象而言,相较于相对人,代理人还是更易于控制无权代理发生的风险,从而与善意的相对人相比,无权代理人也更应该承受不利后果。且缔约过失责任说的后果是无权代理人只承担信赖利益的赔偿责任,而在无权代理人明知自己无代理权而自冒无法得到追认的风险,令其替代被代理人的位置,承担履行义务或赔偿履行利益的责任,并无不当。[64] 相较而言第三种学说更为妥当。该说认为无权代理人责任为一种法定责任而非合同责任,为一种法定的担保责任及信赖责任。此担保责任并非是担保法意义上的担保责任,准确说是一种"确保",即以代理人的身份从事交易者,应确保自己有代理权或确保未来可获得追认。此种确保不以代理人的主观状态为准,不以代理人的过错为前提,乃是法律基于交易典型情形,在衡量无权代理人和相对人之间的利益状态后,将此风险分配给代理人。所以此时无权代理人的无过失责任,实质上也是一种风险责任。

---

[61] 参见注㉕,崔建远书,第103页;立法论上的类似观点可参见马新彦:《民法总则代理立法研究》,载《法学家》2016年第5期,第131—132页。实践中亦有判决认可无权代理人和相对人之间成立合同关系,如青海省高级人民法院(2014)青民申字第275号裁定书(再审法院认可二审法院适用《合同法》第130条、第107条判决无权代理人承担义务)。

[62] 参见注⑳,王利明书,第303页;杨代雄:《民法总论专题研究》,清华大学出版社2012年版,第265页。

[63] 参见注⑳,梁慧星书,第238页;注⑥,第187页;注⑤,朱庆育书,第361页。

[64] 参见注⑤,朱庆育书,第361页。

（二）责任要件

44 无权代理人承担责任的要件有二：一是构成无权代理〔15—19〕；二是本人拒绝追认。代理人应满足以被代理人名义从事行为这个要件（代理公开原则），并且就此行为代理人欠缺代理权。在超越代理权的情形，如果拒绝追认导致的后果是行为部分无效，那么无权代理人仅就无效的部分承担责任。无权代理人承担责任的第二个要件是本人拒绝追认。在代理行为效力待定期间，因本人尚未拒绝追认，从而无权代理人的责任尚未产生。因此，《民法总则》第 171 条第 3 款中的“未被追认”，应被理解为被拒绝追认或最终未获得追认。催告后本人在相应期间内未做表示的，视为拒绝追认〔36〕。

45 在复代理的情形，如果复代理本身是无权代理，典型情形如复代理人未获得本代理人的代理授权，那么复代理人应承担责任。(65) 有疑问的是，在复代理人从本代理人处获得了相应授权（即复代理权本身存在），但本代理人却欠缺相应代理权或不具有任命复代理的权限的，此时是本代理人还是复代理人承担责任？对此可从《民法通则》第 68 条之规定中获得答案。该条调整的是复代理委任权。按照该条规定，在本代理人未获得本人同意或追认的情形而任命复代理人，除非满足“紧急情况”这一条件，否则本代理人应承担责任。此条虽然规定的是本代理人有代理权但无权复任代理人，但其可准用本代理人无权代理从而自然也无权复任代理人的情形。从而在这两种情形，原则上均应由本代理人承担责任。但对此条应作出限缩处理，即在复代理人并未披露多层代理关系，而是径直作为被代理人的（本）代理人从事行为的，那么复代理人应对相对人承担责任。此时由于本代理人并未显现于交易过程中，其不必直接向相对人承担责任。但在本代理人和复代理人之间，本代理人应为其复任权的欠缺（包括其无权代理被代理人以及虽有权代理但无权复任）负责，复代理人有权向本代理人追偿。(66)

---

(65) 参见注⑭，梅迪库斯书，第 748 页。

(66) 参见注⑤，朱庆育书，第 349 页；注⑭，梅迪库斯书，第 749 页；〔德〕拉伦茨：《德国民法通论》（下），王晓晔等译，法律出版社 2013 年版，第 881 页。

(三)责任内容

关于无权代理人向相对人承担责任的内容亦存在争议。争点一是无权代理人是否应承担实际履行的义务,抑或仅仅承担赔偿责任;争点二是对赔偿责任而言,无权代理人是仅负担赔偿相对人信赖利益损失,还是也可能赔偿其履行利益的损失。对于争点一,观点一是无权代理人仅负担赔偿信赖利益。认为无权代理人责任为缔约过失责任者,顺理成章地主张无权代理人仅向相对人承担赔偿信赖利益的责任。[67] 观点二是无权代理人承担实际履行的责任,或在不能履行时对善意相对人承担履行利益损害赔偿责任。[68] 观点三认为无权代理人是承担实际履行责任还是赔偿责任,应当由善意相对人选择,在承担赔偿责任的场合,原则上应是赔偿履行利益,但善意相对人可选择依照信赖利益赔偿标准主张权利。[69] 观点四是借鉴德国法的做法区分无权代理人是否明知自己无代理权,在无权代理人明知自己无代理权时,善意相对人有权在无权代理人实际履行或赔偿履行利益之间进行选择,此时构成选择之债;在无权代理人不知自己无代理权时,其只向相对人负赔偿信赖利益之责,且该责任不得超过履行利益的赔偿。[70]

笔者认同观点三。首先,即便无权代理人(甚至无过错地)不知自己无代理权,其仅赔偿相对人信赖利益损失也不可取。对此的理由是与表见代理情形被代理人的义务状态进行类比。构成表见代理虽要求被代理人具有可归责性,但此处的可归责性未必一定是过错归责,也就是即便被代理人不具有过错的,也可能构成表见代理从而承担实际履行的义务(以及在违反此义务时承担赔偿履行利益的责任)。那么同样无过错的无权代理人,为何可以仅承担赔偿信赖利益损失的责任? 即便是将比较的基点放在谁更容易避免制造代理权表象这一点上,通常来说代理人也比被

---

[67] 参见注⑳,王利明书,第303页。
[68] 梁慧星教授持此观点,参见注⑳,梁慧星书,第238页。尽管梁慧星教授并未明言此处的损害赔偿应为赔偿履行利益,但既然无权代理人承担实际履行的责任,那么教授逻辑上的结果至少是在无权代理人不能实际履行时,相对人有权主张赔偿履行利益的损失。
[69] 参见注⑥,韩世远书,第188页。
[70] 参见注㉜,崔建远书,第125页;注⑦,张谷文,第196页;注⑤,朱庆育书,第362页。

代理人更易于避免无权代理的可能。从而，对无权代理人仅课以赔偿信赖利益损失的责任（观点一），或在其不知无权代理时课以其赔偿信赖利益损失的责任（观点四），均不可取。观点二虽然也认可无权代理人的实际履行责任，但却否认了相对人在实际履行和赔偿责任之间的选择权(71)，只是在无权代理人不能履行时才转化为赔偿责任。这意味着，在实际履行对于无权代理人尚属可能的场合（《合同法》第 110 条），相对人只能主张实际履行，无权代理人也只能进行实际履行。虽然理论上双方都被捆绑在实际履行关系上，但实践中这主要会导致相对人被捆绑在实际履行上。因为无权代理人只要拒绝实际履行，出于诉讼和执行成本考虑，相对人多数情况下便会转而放弃实际履行[类推《合同法》第 94 条第 2 项]而主张损害赔偿。相对人被捆绑在实际履行上，意味着无权代理人可以通过实际履行来对抗相对人提出的赔偿主张，意味着相对人须等待实际履行陷入不能，或至多类推关于合同法定解除的规定（《合同法》第 94 条），等待出现从实际履行关系中摆脱出来的事由，如无权代理人拒绝履行、相对人催告后的合理期限内无权代理人未实际履行等。这对善意相对人要求过苛。从而合理的做法是赋予相对人在主张实际履行和获得履行利益赔偿之间的选择权。其次，一般而言，一方在有权主张履行利益赔偿时，均可放弃主张履行利益的赔偿而选择主张信赖利益的赔偿，这在履行利益赔偿无法计算或难以证明时尤其有利。当然，对此进一步的要求是所主张的信赖利益赔偿不得超过履行利益的赔偿。综上，笔者同意观点三。此也是《民法总则》第 171 条第 3 款所体现的核心内容。

48　相对人选择权。善意相对人有权在主张无权代理人实际履行和赔偿履行利益之间进行选择。此处的法律关系为选择之债。相对人通过向无权代理人作出表示来进行选择。相对人一旦选定一种责任，那么便受其选定的约束，不得变更主张另一种。若实际履行陷入给付不能，那么实际履行责任消灭，相对人只能主张赔偿责任。

49　若相对人选择了主张无权代理人实际履行，那么在相对人和无权代

(71) 基于《合同法》第 48 条第 1 款之规定，认可无权代理人责任为履行责任但并未提及损害赔偿请求权的裁决很多见，如最高人民法院（2012）民提字第 208 号判决书、最高人民法院（2013）民申字第 828 号裁定书、吉林省高级人民法院（2015）吉民申字第 644 号裁定书。

理人之间便形成了一种法定的债权债务关系,其内容则按照(因追认被拒绝而)无效的代理行为的内容决定。无权代理人享有所有若代理行为有效则被代理人享有的抗辩权。若无效的代理行为是一个双务合同,那么代理人享有主张对待给付的权利,享有同时履行抗辩权或先履行抗辩权。在对待给付存在瑕疵时,也相应享有向相对人主张承担责任的权利(类推违约责任的相关规定)。

(四)无权代理人责任的排除

1. 关于相对人的善意

对于无权代理人的责任,《合同法》和《民法通则》均未要求相对人应为善意。学界多支持只有相对人善意无权代理人才承担责任。相对人明知或应知无权代理却依旧与代理人从事行为,属自冒风险,原则上不值得保护。故此学界观点有其道理。对于该善意的内容,有主张只有相对人明知无权代理时,无权代理人责任才被排除。[72] 有主张在相对人明知或应知无权代理时,该责任都应被排除。[73]《民法总则》第171条第3款规定,行为人实施的行为未被追认的,"善意"相对人有权向行为人主张履行或赔偿。而《民法总则》第171条第4款进一步规定:"相对人知道或者应当知道行为人无权代理的,相对人和行为人按照各自的过错承担责任。"对于无权代理人责任,这两款规定应结合起来进行理解。《民法总则》第171条第3款中的善意,应理解为不知且不应知。从而按照《民法总则》第171条第3款,在相对人不知且不应知无权代理时,相对人享有请求无权代理人履行或赔偿的权利,至于代理人对于无权代理是否具有过错在所不论。而在相对人知或应知无权代理时,则应适用《民法总则》第171条第4款,即无权代理人和相对人按照各自的过错分担不利后果。在无权代理人无过错而相对人有过错时,基于《民法总则》第171条第4款可导致相对人无权向无权代理人主张责任;在两者均有过错时,两者依照过错相抵的规则分担不利后果。之所以将《民法总则》第171条第4款中的"按照各自的过错承担责任"理解为代理人和第三人相互之间对责任的分

---

[72] 参见注⑳,梁慧星书,第238页;注⑥,第188页。
[73] 参见注㉜,第124页。

担，而非两者向他人（如被代理人）承担责任（《民法通则》第 66 条第 4 款恰恰规定的是第三人知道无权代理时和无权代理人向他人承担连带责任），一是相对人即便知道或应知无权代理，一般也不会给被代理人带来损害，此时被代理人拒绝追认无权代理行为一般即可止损；二是例外情形下相对人和代理人（包括越权代理时的代理人）恶意串通而给被代理人带来损害的，已受《民法总则》第 164 条第 2 款所规制；三是中国当前司法实践多认为即便相对人应知无权代理（从而不构成表见代理）时，无权代理人也应承担实际履行的责任，且在司法实践中未见对此价值判断所提出的质疑。(74) 这或可体现中国司法人员（代表一般法学专业人士）的普遍价值判断为，即便相对人有过错，也不必完全排除无权代理人的责任。

2.相对人撤销权的行使对责任的影响

51 关于相对人行使撤销权后，是否还有权向无权代理人主张无权代理之责任，多数说认为，如果相对人已经行使了撤销权，则不能向无权代理人要求损害赔偿。(75) 理由是：撤销权的行使剥夺了无权代理行为被追认（从而无权代理人不必承担责任）的可能；而且，“相对人如为使其与本人间之法律关系早日确定，同时追究无权代理人之责任时，则行使催告权即可达到目的”(76)。少数说认为，行使催告权使法律关系早日确定，相对人需要等待一段时间；若采取多数说做法（即如相对人行使撤销权则其不能向无权代理人主张责任），相对人因担心丧失针对无权代理人主张责任的机会，便不会选择直接撤销，而只会选择催告。催告后的结果是，代理行为要么被追认，要么被拒绝追认，相对人也就丧失了行使撤销权的可能。从而少数说认为，撤销权的行使排除无权代理人责任，无异于实质上剥夺

(74) 如最高人民法院（2012）民提字第 208 号判决书、最高人民法院（2013）民申字第 828 号裁定书；重庆市高级人民法院（2015）渝高法民申字第 00166 号裁定书；上海市高级人民法院（2014）沪高民二（商）再提字第 5 号判决书。

(75) 参见注㊳，佟柔书，第 294 页；Karl Heinz Schramm, Kommentarzum § 178, in: Münchener Kommentarzum BGB, 6. Aufl., München: C. H. Bech, Rn. 11 m.w.N.

(76) 刘春堂：《狭义无权代理制度之研究》，载刘春堂：《民商法论集（一）》，台北三民书局有限公司 1985 年版，第 49 页；Claudia Schubert, Kommentar zum § 178, in: Münchener Kommentar zum BGB, 7. Aufl., München: C. H. Beck, 2015, Rn. 10 m.w.N.

了相对人的撤销权。(77) 虽然少数说有其道理,但多数说更值得赞同。采多数说的后果是,相对人如想尽快确定法律行为的效力,要么选择催告后等待一段时间(后果是或者代理行为被追认从而溯及既往自始有效,或者代理行为未获追认但此时相对人可向无权代理人主张责任),要么选择径直行使撤销权,但却丧失向无权代理人主张责任的机会。从而,对于相对人的不利之处主要在于(在催告后)等待一段时间,此一般而言并不会对相对人造成过重负担。而采少数说的后果却可能是,在市场行情发生不利于相对人的变化时,相对人可通过立即行使撤销权而逃避本人追认的可能,并同时保有向无权代理人主张责任的可能。

3.无权代理人行为能力对责任的影响

限制行为能力人纵使可为代理人,但除非无权代理行为经法定代理人同意,限制行为能力人对第三人不负有责任。对此的理由为:无权代理人向相对人负有责任乃为保护相对人利益,保护交易安全,但民法中保护未成年人与保护交易安全两价值相冲突时,应优先保护未成年人利益。但是若欠缺行为能力之无权代理人所为行为具备了侵权行为的要件,则应当承担侵权责任。(78)《合同法》及《民法总则》对此未作规定,解释上应作此限定为宜。 52

4.本人追认时的无权代理人责任

一般而言,本人追认后,法律行为溯及既往地自始有效,相对人并无损失。从而原则上在本人追认后,无权代理人无须向相对人承担责任。但在例外情况下,即便在追认时相对人也可能受有损害。这是因为,追认虽然使得法律行为溯及既往地自始生效,但并不能影响在此期间发生的处分行为的效力〔32〕。从而,此时无权代理人对相对人的责任不应因无权代理行为被追认而排除。 53

5.被代理行为因其他原因而无效

在被代理的行为因其他原因而无效或被撤销的情形下,无权代理人 54

(77) Vgl. Helmut Köhler, BGB Allgemeiner Teil, 26. Aufl., München: C. H. Beck, 2002, § 11, Rn. 69, S. 195. 比较法上,相对人行使撤回权并不会影响无权代理人责任的有荷兰法和《国际商事合同通则》,对此参见注⑨,Busch 书, pp. 174, 380, 432。

(78) 参见注㉑,王泽鉴书,第 9 页。

并不因此条而承担责任。其原因是,此条规定责任的构成要件之一是无权代理行为被拒绝追认,而在代理行为因其他原因而无效或被撤销的场合,该行为根本就不具有被追认的可能,从而也无从被拒绝追认。但此时无权代理人可能会因为其他责任根据而承担责任,例如基于缔约过失或侵权。

6.被代理人本来就无法履行合同

55 若被代理人即使追认亦无法履行合同,如被代理人破产,那么代理人不必向相对人承担责任。相对人只能向代理人要求获得被代理人也能够作出的给付,否则相对人就会从代理权的欠缺中获得利益。反对观点认为此种做法使得相对人承担了代理人和被代理人丧失支付能力的双重风险。(79) 其实相对人并未承担双重风险而只是承担单一风险:以无权代理行为被追认与否为分界,相对人要么(在无权代理行为被追认时)承担被代理人支付不能的风险,要么(在无权代理行为被拒绝追认时)承担无权代理人支付不能的风险。

八、被代理人的责任

56 《合同法》第 48 条第 1 款规定,无权代理行为,未经被代理人追认,“对被代理人不发生效力”。从而按照本条文义,被代理人未追认时只是代理行为无法拘束被代理人,但并未排除被代理人可能的缔约过失或侵权责任。而《民法通则》第 66 条第 1 款第 1 句规定:“没有代理权、超越代理权或者代理权终止后的行为,只有经过被代理人的追认,被代理人才承担民事责任。”严格按照《民法通则》第 66 条文义,被代理人未追认的,被代理人不承担任何责任,包括不承担缔约过失责任或侵权责任。不过,《民法通则》第 65 条第 3 款规定:“委托书授权不明的,被代理人应当向第三人承担民事责任,代理人负连带责任。”类推《民法通则》第 65 条第 3 款之规定,不仅仅委托书授权不明的情形被代理人应承担责任,在被代理人对无权代理行为存在过失的情形,被代理人也应承担缔约过失责任(当然前提是并未构成表见代理)。

(79) 参见注⑭,梅迪库斯书,第 744 页。

九、举证责任

对代理权存在争议时,代理人应有义务证明其具有代理权;但主张代理权已终止者,应对此负担举证责任。[80] 主张代理行为有效者,须负责证明代理人有代理权或无权代理行为已被追认。主张代理行为因《合同法》第48条所规定的相对人撤销权被行使而归于无效者,应负责证明撤销于无权代理行为被追认前被作出。而主张相对人撤销权行使无效者如无权代理人,应负责证明相对人撤销权的行使不符合其构成要件,如证明相对人非善意。如相对人向代理人主张履行或损害赔偿,那么相对人应负责证明代理人以被代理人名义从事行为,以及证明被代理人拒绝追认。相对人无需证明代理人无相应的代理权,代理人若想摆脱无权代理人责任,应负责证明自己具有相应代理权。相对人也无需证明自己为善意,无权代理人如欲以相对人非善意为由摆脱责任,需要对相对人恶意承担举证责任。[81]

---

[80] 参见马俊驹、余延满:《民法原论》,法律出版社2005年版,第236页。
[81] 最高人民法院《关于当前形势下审理民商事合同纠纷案件若干问题的指导意见》(法发〔2009〕40号)第13条对表见代理情形相对人善意这一要素的举证责任作出了规定。按此规定,合同相对人主张构成表见代理的,应当承担举证责任,不仅应当举证证明代理行为存在诸如合同书、公章、印鉴等有权代理的客观表象形式要素,而且应当证明其善意且无过失地相信行为人具有代理权。若表见代理情形的相对人对自己善意且无过失承担举证责任,那么可以想见,在相对人向无权代理人主张责任的场合,法院很可能会比照此规定要求相对人对自己的善意承担举证责任。但要求相对人对否定性事实(即自己不知且不应知无权代理)承担举证责任,显属要求过苛。

第 49 条　表见代理*

杨　芳

《中华人民共和国合同法》第 49 条
行为人没有代理权、超越代理权或者代理权终止后以被代理人名义订立合同，相对人有理由相信行为人有代理权的，该代理行为有效。

细　目

一、规范意旨与立法争论……1—3
二、概念区隔……4—35
　（一）和职务行为……4—17
　（二）和表见代表……18—27
　（三）和容忍代理（默示代理）……28—35
三、适用范围……36—38
四、构成要件……39—91
　（一）客观上具有代理权表象……39—50
　（二）代理权外观可归责于本人……51—83
　　1. 可归责性要件之正当化理由……51—68
　　2. 可归责性的内涵……69—79
　　3. 不具可归责性时本人之损害赔偿……80—83
　（三）相对人之善意无过失……84—87
　（四）因果关系……88—90
　（五）时间点……91
五、法律效果……92—103
　（一）本人与相对人之关系……92—98

---

* 本文首发于《法学家》2017 年第 6 期（第 158—174 页），原题为《〈合同法〉第 49 条（表见代理规则）评注》。

（二）本人与无权代理人之关系……99—102

　　（三）无权代理人与相对人之关系……103

六、举证责任……104

一、规范意旨与立法争论

　　《合同法》第49条系表见代理之规范。在适用上，构成《合同法》第48条所规定的狭义无权代理之例外情形而获优先适用：虽无权代理，不待本人之追认，法律效果仍归属于本人；善意相对人也无撤销之余地。

　　《合同法》第49条为完全法条，完整展示了表见代理之构成要件与法律效果，除此，《合同法》再无涉及表见代理之条款。所列举之"行为人没有代理权、超越代理权或者代理权终止后"三种情形在法律适用上不具有区分功能，仅是"无代理权"之现实表达罢了：缺乏代理权在认识上可区分为自始无代理权和代理权嗣后消灭，而所谓的"超越代理权"则可归入二者之一。《合同法》颁布实施之前，学说中往往将表见代理理解为"授权表示型、权限逾越型和权限延续性"①，皆涵盖本人可归责性要素。《合同法》生效后，某些教科书也持如此立场，尤其将"没有代理权"限缩解释为"授权表示型代理权欠缺"②。

　　《合同法》第49条起草中的主要争论集中在是否于"相对人有正当理由相信"之外，附加本人可归责性作为构成要件。③ 这一争论并未因《合

---

① 张俊浩：《民法学原理》，中国政法大学出版社1997年，第289—292页。类似观点有，佟柔之"对第三人表示已将代理权授予他人，交付证明文件予他人，代理权授权不明、代理关系中之后并未采取必要措施"，佟柔主编：《中国民法》，法律出版社1990年版，第212页；马俊驹之"由代理权限制所生的表见代理，由授权表示所生的表见代理以及由代理权的撤销和消灭所生的表见代理"，马俊驹、余延满：《民法原论》（上册），法律出版社1998年版，第306—307页。奚晓明针对"没有代理权的表见代理"所列举之"未授权的外部告知、交付证明文件、允许他人挂靠或者作为自己的分支机构行事、允许承包人以自己的名义行事以及明知无权代理而不反对"，奚晓明：《论表见代理》，载《中外法学》1996年第4期，第32—33页。

② 孔祥俊：《合同法教程》，中国人民大学出版社1999年版，第185—186页。

③ 参见全国人大法制工作委员会民法室编著：《中华人民共和国合同法立法资料选》，法律出版社1999年版，第161页。赞成者，如尹田：《论"表见代理"》，载《政治与法律》，1988年第6期。反对者，如佟柔主编：《中国民法学：民法总则》，中国人民公安大学出版社1990年版；章戈：《表见代理及其适用》，载《法学研究》1987年第6期。

同法》的生效而尘埃落定。学说上不乏主张本人可归责性要件者,几有"蔚然成风,其有渐成通说之势"④,实务中,明确要求本人可归责性者亦非罕见。⑤《民法总则(草案)》(三次审议稿)第176条将所列举的不具本人可归责性情形排除出表见代理之范畴,此立法模式被最后通过的第172条抛弃,采取了与《合同法》第49条并无二致的规范表达〔58〕。

二、概念区隔

(一)和职务行为

法人虽为私法主体之一,然作为抽象存在之组织自然无法亲自行事,必须假手于非仅限于法定代表人之他人——尤其为雇员——在法律行为领域,借助代理制度完成法律效果之归属;在不法行为领域,假手之人给他人造成损害者,法人依据雇主责任⑥或者执行辅助人制度⑦承担损害赔偿责任。我国在上述制度之外,独创职务行为制度。《民法通则》第43条和《民通意见》第58条被认为构成职务行为之请求权基础。⑧ 1999年《合同法》生效后,上述条款并未废止,司法实务中仍获大量适用。雇员以法人名义实施法律行为究竟乃代理行为还是职务行为,与名称称谓问题相比,法律适用上的差异与否和差异所在更值得关注。实务立场可分为如下三种类型:

---

④ 冉克平:《表见代理本人归责性要件的反思与重构》,载《法律科学(西北政法大学学报)》2016年第1期,第73页。

⑤ 参见最高人民法院(2013)民提字第95号民事判决书(《最高人民法院公报》2015年第7期,"李德勇与中国农业银行股份有限公司重庆云阳支行储蓄存款合同纠纷案")。

⑥ 《侵权责任法》第34条虽在用语上特立独行,摒弃雇主责任和执行辅助人之内涵更为确定之表达,采用"用人单位、劳务派遣单位和用工单位的责任"之新鲜语词,然其所规范者和上述制度并无二致,不妨删繁就简,称之为雇主责任更为便宜。英美法中雇主责任为替代责任,亦即,雇主代人(雇员)受过,并不能以自己在选任和监督上并无过错而免责。See Paula Giliker, Vicarious Liability in Tort, Cambridge University Press, 2010.

⑦ 《德国民法典》第831条及以下条款所采立场是:执行辅助人实施不法行为时,雇主为自己在选任、监督和配备工具方面的过错(被推定的)承担损害赔偿责任。

⑧ 最高人民法院在适用《民法通则》第43条、《民通意见》第58条的56个案件中,皆将其称为"职务行为"。以上述两条的适用为检索对象在威科先行·法律信息库检索之结果为断(截至2017年5月17日)。

第一,依职务行为,而非表见代理而为判断。既然为雇员,以雇主名义行事,自然归入职务行为,雇主须承担法律效果,无须考虑是否构成表见代理,即使不构成表见代理也无妨成立职务行为,法院在此仅检查《民法通则》第43条和《民通意见》第58之构成要件,无关《合同法》第49条之适用。最高人民法院在(2015)民申字第2738号民事裁定书中认为项目经理之行为即使越权,也是职务行为,自然由雇主承担责任,回避了代理权问题。⑨ 类似地,在最高人民法院(2015)民申字第2528号民事裁定书中,法官判定业务经理之行为虽无代理权,不构成代理行为,然而本人仍因职务行为而承担法律效果,并未论证为何非表见代理;进一步,最高人民法院(2015)民申字第1848号民事裁定书中,法院明确表示雇员之行为虽不构成表见代理,但属于职务行为,效果直接拘束雇主。⑩

第二,同时依据职务行为和表见代理判断。在最高人民法院(2015)民申字第595号、(2015)民申字第418号和(2015)民申字第23号民事裁定书中,法院认为特定雇员的行为既是表见代理,也是职务行为。

第三,依表见代理制度为断,未涉及职务行为。最高人民法院在(2014)民申字第850号民事裁定书中着重论证权利外观的可信赖性,认为经理持公司印章具有相当代理权表象,构成表见代理,并未阐述是否构成职务行为。相似的,在(2013)民申字第1749号民事裁定书中,信用社负责人在该工作场所和时间内用伪造存单和印章获得存款而为个人所用,最高人民法院认为因第三人非善意无过失,不构成表见代理,未论证职务行为之有无。⑪

第一类裁判立场背后的逻辑是:一定的基础行为隐含着相应的授权,无须考察是否存在额外授权;⑫即使并未存在真实授权,既然行为人和

---

⑨ 相似立场,参见最高人民法院(2014)民申字第1653号民事裁定书。

⑩ 相似立场,参见最高人民法院(2015)民申字第3298号民事裁定书、(2014)民申字第1987号民事裁定书。最高人民法院(2015)民申字第2158号民事裁定书:未对再审被申请人关于"无代理权表象,未构成表见代理"进行回应,径直根据职务行为判定本人承担法律效果。

⑪ 相似立场,参见最高人民法院(2013)民申字第312号民事裁定书:虽为负责人,但是明显超越权限,第三人难谓善意,不构成表见代理,没有论证为何不是职务行为。

⑫ 最高人民法院(2014)民申字第525号民事裁定书:仅有"项目部副经理"之特定职务,无特定授权,也认定为职务行为。

本人之间存在相当关系——在此多为雇佣关系,交易相对人的信赖较之表见代理,就更具有合理性,更值得保护。对于后者而言,在具体论证上,法院并不关心是否存在可资信赖的客观表象,也无需判断相对人是否善意无过失⑬。毋宁,法院往往需要费心甄别行事之人是否乃"职务人员",所行之事是否乃"职务范围",而"普通雇员"之身份显然不足,须是具有特定权限之特定雇员。

在最高人民法院(2014)民申字第1987号民事裁定书中,法院依据劳动合同、工作会议等,着力检查行为人是否属于工作人员,从而是否属于职务行为,而明确拒绝依照表见代理的要件检验,认为二审法院并未如此作,不构成适用法律错误。在最高人民法院(2015)民申字第1236号民事裁定书中,法院认为行为人仅仅是其他部门员工,不是具体负责人,因而不构成职务行为。

9　然而,事实上,最高人民法院并未始终遵循此裁判逻辑,毋宁仍存在上述另外两种实务立场。

10　另外,在"工作人员身份为职务行为之前提"问题上,最高人民法院在(2015)民申字第1037号民事裁定书中将持委托书之挂靠施工者之行为归入职务行为。

11　在"特定身份隐含着特定授权"问题上,最高人民法院在(2014)民申字第536号民事裁定书中则持反对意见,认为即使是项目负责人,其行为仍需取得相应授权始构成职务行为。

12　在"特定身份引发更值得信赖的权利表象"问题上,法院在"营业厅内的越权行为"一系列案件中,判断标准和立场并不一致:在最高人民法院(2013)民提字第21号民事判决书中,银行工作人员在银行营业厅内越权签订借款合同构成职务行为,无涉相对人因素;在最高人民法院(2013)民申字第1749号民事裁定书中法院对于类似的案情,径直依表见代理构成要件为断,着力判断相对人的善意问题。而在"刘雷诉汪维剑、朱开荣、天安保险盐城中心支公司交通事故人身损害赔偿纠纷案"二审判决书(《最高人民法院公报》2012年第3期)中,对于保险公司营销人员的

---

⑬ 最高人民法院(2015)民申字第1111号民事裁定书(2014)民申字第213号民事裁定书。

越权行为,法院并未考察职务行为要件,而着重论证代理权外观。

上述裁判思路的重重矛盾从事实层面展现了——无论此区分背后之正当化依据何在——职务行为和表见代理二者的区分难谓成功。

无论冠名为"职务行为"或者"代理行为",抑或"表见代理",在法律效果归属上的核心问题皆是权限,在信赖保护上的核心问题皆是权限表象和相对人善意之问题。在此,代理制度(包括表见代理)中的构成要件足以提供清晰的判断标准,实在无须取道在适用中困惑大于贡献之"职务行为"。

在权限问题上,授权行为独立于基础行为,行为人无法从基础行为中获得代理权授予,作为基础行为之一种的雇佣关系也依此逻辑,亦即一定的职位自身并不能导出相应的权限,职务行为制度在此问题上的预设是错误的。⑭

至于信赖保护,一定的职位在一定情形下确实足以引发代理权表象,这不过是表见代理制度权利表象类型之一罢了〔45〕,是否存在权利表象,仍需参度其他因素综合判断,权利表象是否值得保护仍取决于相对人是否善意无过失,亦即职务并非产生表象,表象并非必然获得保护,职务行为在此问题上的预设也是错误的。

若依职务行为之判断逻辑,代理制度和表见代理制度之构成要件所承载的价值皆落空。由此,《民法通则》第43条和《民通意见》第58条,乃至最高人民法院《关于在审理经济纠纷案件中涉及经济犯罪嫌疑若干问题的规定》(法释〔1998〕7号)第3条⑮或只能解释为仅具有参引意义的

---

⑭ 最高人民法院(2014)民抗字第31号民事判决书中明确表示,一定职务隐含一定授权。

⑮ 适用此条,将他人行为几乎无条件地归属于本人时,法院须甄别"一般工作人员"和"负责人"[最高人民法院(2013)民申字第2016号民事裁定书],须甄别行为人是否"构成犯罪"[最高人民法院(2016)民终801号民事裁定书],前一要件尚可解释为权利表象之可信赖程度,后一要件实在匪夷所思:行为人之行为受到外部秩序消极评价愈甚,法律效果愈易于归属于本人? 依法理,此条欲解决之问题和表见代理并无二致,皆乃假象是否为真,法律行为效果是否归属于本人。在构成要件上,该第3条较之表见代理,显然更为简化,表象之可信赖性和相对人之善意皆不在其列。自1998年4月该条生效以来,最高人民法院适用其之裁判共27则(截至2017年5月4日,威科先行·法律信息库检索结果),在这些裁判中,法官皆严格遵循其文义,并未额外要求任何要件,更无《合同法》第49条适用之空间。例见,最高人民法院(2016)民申1017号民事裁定书、(2016)民申2143号民事裁定书和(2015)民申字第3566号民事裁定书。若《关于在审理经济纠纷案件中涉及经济犯罪嫌疑若干问题的规定》第3条被视为排斥《合同法》第49条之完全法条,则表见代理制度在很大程度上实无适用之空间了。

不完全规范,而非得独立适用之完全规范:是否得出法人或单位"承担责任"之法律效果,尚需视具体情形结合代理、履行辅助人和执行辅助人等不同的归属规范而定。

(二)和表见代表

18 《合同法》第 50 条规定:"法人或者其他组织的法定代表人、负责人超越权限订立的合同,除相对人知道或者应当知道其超越权限的以外,该代表行为有效。"学说中将其称为表见代表制度。⑯

19 理论上,我国通说认为,法人代表以法人名义行事时,不具有独立人格,毋宁,其人格被其所代表之法人吸收,此等构造与代理制度迥异,称为代表。⑰ 依此逻辑,法人代表超越权限行事时自然无法适用《合同法》第 49 条规定之表见代理⑱,须创设更加合乎其性质之规范基础,此为《合同法》第 50 条之由来。⑲ 《合同法》第 50 条之制度价值在于,"向交易世界宣告,法定代表人的行为就是法人的行为,并以此最大限度地消除第三人与法人交易的顾虑"⑳。

20 无论理论前提是否成立,也无论立法者之意图如何,法律之生命皆在适用,与虚妄之理论争辩相比,更值得关注的依旧是《合同法》第 50 条和第 49 条在适用上是否存在差异以及差异何在,如此观察《合同法》第 50 条独立存在之价值。

21 从条文表述上看,《合同法》第 50 条之"除相对人知道或者应当知道其超越权限的以外,该代表行为有效"与《合同法》第 49 条之"相对人有

---

⑯ 参见李建华、许中缘:《表见代表及其适用——兼评〈合同法〉第 50 条》,载《法律科学(西北政法学院学报)》2000 年第 6 期,第 7—8 页。

⑰ 参见梁慧星:《民法总论》(第 4 版),法律出版社 2011 年版,第 131—132 页。

⑱ 朱广新认为,《合同法》第 50 条之理论基础并非表见代理之权利外观理论,而是法人内部和外观关系之区分理论。参见朱广新:《法定代表人的越权代表行为》,载《中外法学》2012 年第 3 期,第 502 页。有观点进一步认为,应抛弃所谓的表见代表制度,采用更符合法人本质的越权规则:无论相对人是否知悉,法定代表人之行为皆属于法人之行为。参见耿林、崔建远:《民法总则应当如何设计代理制度》,载《法律适用》2016 年第 5 期,第 60—61 页。

⑲ 参见龙卫球:《民法总论》,中国法制出版社 2001 年版,第 422 页。

⑳ 注⑱,朱广新文,第 502 页。

理由相信行为人有代理权的,该代理行为有效"在相对人善意之证明上显然不同,在前者,相对人之善意为推定[21],在后者,相对人须证明自己善意无过失,因此,在交易安全的保护上,前者尤甚。

至于法律效果方面,二者并无差别,皆归属于本人。

如此一来,于实务中,观察对于法定代表人超越权限以法人名义行事者,法院如何适用法律,或许更有助于我们接近真相。

法院是否仅适用《合同法》第50条,未适用《合同法》第49条?在最高人民法院(2016)民申206号民事裁定书中法定代表人持假印章行事,法院认为法定代表人身份足以使第三人之信赖值得保护,第三人无审查印章真伪之义务,主观上构成善意,适用《民法通则》第43条和《合同法》第50条的规定,判定构成表见代表,未涉及《合同法》第49条。

与上例不同,最高人民法院在(2013)民申字第1408号民事裁定书中并未适用《合同法》第50条,而是转向了可称为"表见代表和职务行为之加强版"之《关于在审理经济纠纷案件中涉及经济犯罪嫌疑若干问题的规定》(法释〔1998〕7号)第3条,后者在表述上直接取消了相对人善意之要件。

与上述立场相反,在最高人民法院(2013)民申字第903号民事裁定书中与(2008)民二终字第124号民事判决书(《最高人民法院公报》2009年第11期,"兴业银行广州分行与深圳市机场股份有限公司借款合同纠纷案")适用的是《合同法》第49条,在此最高人民法院认为行为人虽为法定代表人,并持有合同章,但是相对人疏于审查,并非善意,不构成表见代理,法律效果无法归属于法人,并未论证为何不适用《合同法》第50条。

法院在适用《合同法》第50条时,是否采与《合同法》第49条不同之善意推定规则?在(2015)民申字第1043号民事裁定书、(2014)民一终字第270号民事判决书与(2014)民一终字第109号民事判决书中,最高人民法院的确如《合同法》第50条所表述,推定相对人之善意,由本人承担证明相对人非善意(明知越权或者明知内部限制)的举证责任。

然而,在最高人民法院(2012)民提字第156号民事判决书(《最高人

---

[21] 参见沈德咏、奚晓明主编:《最高人民法院关于合同法司法解释(二)理解与适用》,人民法院出版社2009年版,第102—103页。

民法院公报》2015年第2期,"招商银行股份有限公司大连东港支行与大连振邦氟涂料股份有限公司、大连振邦集团有限公司借款合同纠纷案")中,最高人民法院则采相反立场,由相对人证明善意无过失。

26 　　由上述例举之裁判立场可知,对于法定代表人越权行为,法院时而适用《合同法》第50条,时而抛弃第50条而适用《合同法》第49条;即使适用《合同法》第50条,也采用了表见代理制度中相对人善意无过失的判断规则,不仅如此,在权利外观的证明上实际上与适用表见代理如出一辙。

27 　　由此,表见代理和表见代表之区隔至少在法律适用之具体效用上难谓成功。实际上,《合同法》第50条解决之核心问题无非是法定代表人之"非越权行为"作为假象应否受到维护,除非立法者秉持"无论是否越权,也无论相对人是否知悉,皆为法人之行为,皆有效"㉒之观念,除非立法者依此抛弃相对人善意要件,实在毫无必要在表见代理之外创设适用范围仅限于法定代表人之表见代表制度以混淆视听,徒增烦恼。㉓

(三) 和容忍代理(默示代理)

28 　　《民法通则》第66条第1款第3句规定:"本人知道他人以本人名义实施民事行为而不作否认表示的,视为同意。"此条中的"明知而不反对"当解释为默示代理,抑或容忍代理不无疑问。㉔

㉒ 参见注⑱,耿林、崔建远文,第60页。

㉓ 《合同法(试拟稿)》(第三稿)(1996年6月7日)曾在第43条对法定代表人的越权行为和表见代理统一规定,"考虑到民法代表制度与代理制度的类似性,及法定代表人的越权行为与表见代理的类似性,将其合并规定在第三稿第三章关于代理问题的第43条,安排在表见代理的规定(第2款)之后,作为第43条的第3款:'法人或者其他组织的法定代表人超越法律、章程规定的权限订立的合同,准用前款规定。'"参见梁慧星:《关于中国统一合同法草案第三稿》,载《法学》1997年第2期,第47页。《民法总则》第61条规定:"依照法律或者法人章程的规定,代表法人从事民事活动的负责人,为法人的法定代表人。法定代表人以法人名义从事的民事活动,其法律后果由法人承受。法人章程或者法人权力机构对法定代表人代表权的限制,不得对抗善意相对人。"此条与《合同法》第49条以及《民法总则》第172条在适用上之关系,尚待充足的实务案例以揭示。

㉔ 关于此条之立法背景考察、学说争议梳理和理论解释方向,最具参考价值的,参见杨代雄:《容忍代理抑或默示授权——〈民法通则〉第66条第1款第3句解析》,载《政治与法律》2012年第4期。有观点认为,本规范不宜解释为对无权代理的拟制追认,参见张家勇:《两种类型,一种构造?——〈民法通则〉第66条第1款第3句的解释》,载《中外法学》2012年第3期。

29　德国通说认为判例发展出来的容忍代理(Duldungsvollmacht)为与表象代理(Anscheinsvollmacht)并列的表见代理(Rechtsscheinsvollmacht)类型之一,二者的区别仅在于,对无权代理人的行为而言,前者为本人明知且容忍,从而造成了代理人拥有代理权的假象,而后者为本人不知,不过本人只要尽到注意义务则会知道或者应当知道。㉕

30　少数学者认为,既然司法实践中一直承认意思表示的内容当从交易相对人的角度予以解释,那么,针对代理权是否授予及其具体范围,在内部授予上,则依代理人角度为断;在外部授予上,自然须依交易相对人之合理理解为准,依此逻辑,在代理权授予不需要特别形式之场合,"明知而不反对"显然属于可从交易相对人角度理解之"默示代理"㉖。

31　如此一来,"明知而不反对"的性质之争当表述为,有权代理之默示代理抑或(广义)无权代理或表见代理之容忍代理或更妥当。

32　上述争议,并非仅具学术讨论中概念辨析之价值,毋宁,对法律规则之适用具相当的影响,其中最为重要者当属是否可撤回㉗:如解释为默示代理,自然可如明示代理权授权一般,准本人撤回授权㉘;如解释为表见代理之容忍代理,自无此规则适用之空间,因为,可归责性权利表象的发生既非基于法律行为也非基于准法律行为。㉙

㉕ Heinrich Palm, Kommentar zum §167, in: Erman Kommentar zum BGB, 12. Aufl., Otto Schmidt, 2008, Rz.7.

㉖ Eberhard Schilken, Kommentar zum §167, in: Staudinger Kommentar zum BGB, Berlin: Sellier-de Gruyter, 2009, Rz.29.

㉗ 最高人民法院(2016)民再76号民事判决书中,最高人民法院认为依《民法通则》第66条第1款第3句之规定,行为人之行为因本人"明知而不反对"构成了有权代理,二审法院表见代理之认定属事实不清,法律适用错误,判决全文未回应本人(再审申请人)关于相对人非善意的意见,背后逻辑似乎是,如果"明知而不反对"视为有权代理,自然无须讨论表见代理制度才有的相对人善意与否问题。此逻辑显然有误,即使视为有权代理之默示代理,也是从相对人角度解释之结果,相对人的善意与否显然至关重要,在这方面,默示代理或者表见代理的解释路径并无差异。

㉘ Jürgen Ellenberger, Kommentar zum §172, in: Palandt Kommentar zum Bürgerlichen Gesetzbuch, 70. Aufl., München: C. H. Beck, 2011, Rz. 9.德国通说和德国联邦最高法院均反对撤回,Schilken认为,既然(狭义的)容忍代理实际上就是默示的代理权授予,自然可以撤回。参见注㉖, Rz. 29.

㉙ Karl-Heinz Schramm, Kommentar zum §167, in: Münchener Kommentar zum Bürgerlichen Gesetzbuch, 5. Aufl., München: C. H. Beck, 2006, Rz. 53.

33　　余以为,"明知而不反对"至少并非纯正之默示代理,这一事实当作如何解释,恐须借助类推,至于应当类推至何种既有规则,自然须考虑法律效果之可接受与否以及推理之便捷与否两种因素,亦即目光须在结果与开端之间"流转往返"。

34　　如将其类推适用默示代理制度,允许本人撤回所谓的授权,不可回避的问题则是,如果本人之撤回不足以消除相对人对于代理权存续或者代理权范围的疑虑,亦即如果撤回本身再次引发代理权表象,又当依何种规则为断,此时是否仍须借助表见代理。由此,莫不如从发生"明知而不反对"之时,则引入表见代理规则更为便宜,从而代理权的撤回转换为摧毁代理权表象问题。

35　　如此看来,"明知而不反对"无论是否冠于容忍代理之称谓,均当解释为广义表见代理之一种,与"稍加注意即当知晓"皆属于《合同法》第49条规定之表见代理,二者在构成要件和法律效果上并无差别[30],二者之区分仅具清晰认识之功能罢了。

三、适用范围

36　　《合同法》第49条虽未明示适用范围仅限于意定代理,在解释上亦当作此理解。

37　　法定代理制度的目的在于补足与扩充不完全行为能力者参与交易之机会,自然不得令受保护者承受违背其意愿并且多半损及其利益之法律后果。[31]

38　　另外,作为表见代理构成要件之一的与真实情形不符之代理权外观,在法定代理之处并不存在:法定代理权之有无与范围皆由法定,如何产生假象?实务中鲜见就法定代理人之行为主张表见代理者。在云南省高级人民

---

[30] 最高人民法院(2015)民申字第1413号民事裁定书:本人的默认引发了代理权外观,构成表见代理。相似立场:参见最高人民法院(2015)民二终字第335号民事判决书、(2012)民一终字第65号民事判决书。

[31] 类似观点,参见汪渊智:《我国〈合同法〉第四十九条的解释论》,载《政法论丛》2012年第5期,第98页;反对观点,参见董瑜芳:《表见代理的表现及其归责原则》,载《陕西师范大学学报(社会科学版)》2002年第2期。

法院(2016)云民申928号民事裁定书中,相对人主张法定代理人之行为构成表见代理,法院未直接回应,而是适用《民法通则》第18条之"不得损害被监护人利益"结合《合同法》第52条第5项之规定,认为"本案《抵押合同》违反了《中华人民共和国民法通则》第十八条的规定,损害未成年人吕某的利益,为无效合同"。

四、构成要件

(一)客观上具有代理权表象

本人之所以在无代理权的情形下仍须为他人行为负责,原因在于相对人对于代理权的存在具有一种合理的信赖。这一信赖自然需要事实上的依据,相对人毫无根据的错误想象并不受到保护。亦即,无权代理人如同代理人一样行事。

在这一问题上,具有决定意义的是,何种情形构成了足以引发合理信赖的代理权表象。

如有权代理一般,通常情形下行为人须以本人名义行事,这是代理行为显名主义(Offenkundigkeitsprinzip)之要求,本条"以被代理人名义订立合同"则为此意。最高人民法院在(2016)民申2628号民事裁定书、(2016)民申2278号民事裁定书、(2015)民二终字第64号民事判决书、(2014)民四终字第51号民事判决书以及(2012)民申字第93号民事裁定书中强调"表见代理的构成要件之一是代理人以被代理人名义实施民事法律行为",对于仅具有行为人名义的情形拒绝承认表见代理。在最高人民法院和高级人民法院层级的裁定文书中,未见"虽无本人名义,也构成表见代理"者。

然而,既然在有权代理,一定情形下亦无须显名。在某种交易中,相对人从周遭情境可推断出行为人乃为他人行事之代理人,且本人之身份并不重要或者可推知本人之身份,自然无须苛以"本人名义"要件,表见代理自然依此逻辑。《民法总则》第172条对名义问题并未作要求,仅规定"实施代理行为"。

43　　无权代理人将法律效果归属于本人之主观意愿并非必须。[32] 实务中,无权代理人行无权代理之事的目的往往恰是"利益归于自己",未见法院以此为由拒绝承认构成表见代理,毋宁,仅需从客观上看,具有效果归属于本人的代理结构即可。

44　　在怎样的情形足以构成代理权表象这一问题上,抽象的说辞对于法律适用之作用或许远不如案件类型总结。案件主要类型包括:

45　　第一,无权代理人具有特定身份型。持合同章之法定代表人[33]、曾经的股东、监事持本人之印章[34]、之前为代理人的股东[35]、项目经理[36]、挂靠人持虚假授权书[37]、借用建筑资质的实际施工人[38]、董事长之妻舅持公司印章[39]构成代理权表象;父子关系[40]、虽为监事和大股东但无其他授权之表象[41]、无权代理人与本人并无特别关系且无其他授权表象[42]、银行工作人员在工作场合使用假存单[43]、未曾长期为代理人之职工[44]不构成代理权外观。

---

[32]　德国通说也作如此见解。参见注[26],Rz. 39。

[33]　参见最高人民法院(2013)民申字第903号民事裁定书。

[34]　参见最高人民法院(2016)民申2553号民事裁定书。

[35]　参见最高人民法院(2013)民提字第140号民事判决书。

[36]　在项目经理持假章借款案[最高人民法院(2015)民申字第3065号民事裁定书]中,法院认为是否假章并非第三人的审查义务,此乃本人内部管理不严导致,项目经理这一身份足以构成权利表象。同此判决立场的有:最高人民法院(2015)民申字第3341号民事裁定书、(2015)民申字第1620号民事裁定书、(2013)民申字第1568号民事裁定书。

[37]　参见最高人民法院(2015)民申字第3402号民事裁定书、(2013)民申字第600号民事裁定书。

[38]　参见最高人民法院(2015)民申字第1217号民事裁定书。在类似案件[最高人民法院(2013)民申字第1114号民事裁定书]中,法院判定出借人和借用人承担连带责任,并未论证是否构成表见代理。

[39]　参见最高人民法院(2014)民申字第1847号民事裁定书。

[40]　参见最高人民法院(2014)民申字第657号民事裁定书。

[41]　参见最高人民法院(2014)民提字第175号民事判决书。

[42]　参见最高人民法院(2014)民申字第1629号民事裁定书

[43]　参见最高人民法院(2013)民申字第1749号民事裁定书。相反观点参见"刘雷诉汪维剑、朱开荣、天安保险盐城中心支公司交通事故人身损害赔偿纠纷案"(《最高人民法院公报》2012年第3期):保险公司营销人员在保险公司设立的营销部使用加盖伪造保险公司业务专用章假保单,构成代理权外观。

[44]　参见最高人民法院(2014)民申字第536号民事裁定书。

第二，外部授权或外部告知而内部撤回或限缩型。内部撤回对项目经理的授权而未外部告知[45]、外部授予房屋销售权而仅内部限缩[46]、法定代表人被撤职并未变更工商登记[47]等情形，构成代理权外观。

第三，持代理权凭证型。中国背景下，授权书和印章在交易中对于身份具有极为重要的指示作用。实务上，持本人之印章或授权书而为无权代理者，极为常见。而虽已内部撤回代理权但无权代理人仍持授权书[48]、虽不具有特殊身份但持有本人之印章[49]构成代理权外观。

第四，本人事后履行型。原理上，权利表象须在行为实施的时候存在，本人此后的行为仅能理解为对之前所实施的无权代理的追认，不能作为判断表见代理的基础。[50]然司法实务中不乏将本人事后的履行视为代理权表象者。[51]

第五，长期无权代理而本人并未反对型。最高人民法院在许多判决与裁定中并未如德国判例般区分容忍代理和表象代理，行为人长期行无权代理之事，而本人明知而未反对，皆构成《合同法》第49条规定之表见代理[52]，仅在最高人民法院（2016）民再76号民事判决书中明确表示本人之明知构成了默示，当属于有权代理，非以无权代理为前提之表见代

---

[45] 参见最高人民法院（2014）民申字第1242号民事裁定书。

[46] 参见最高人民法院（2012）民抗字第24号民事裁定书（《最高人民法院公报》2014年第1期，"湖北金华实业有限公司与苏金水、武汉皓羽地产顾问有限公司商品房买卖合同纠纷案"）中，二审法院以此为由判定表见代理，最高人民法院反对这一意见，适用《民法通则》第65条第2款之规定，认为构成有权代理。

[47] 参见最高人民法院（2009）民提字第76号民事判决书。

[48] 参见最高人民法院（2000）经终字第220号民事判决书。

[49] 参见最高人民法院（2000）经终字第290号民事判决书。

[50] 《合同法解释（二）》第12条将本人的事后履行"视为对合同的追认"。参见注[26]，Rz. 39。Schramm也认为，本人事后的知悉在个别情形下可被看作追认，或者构成了消极利益的赔偿责任，如果本人能够阻止损失的发生而并未阻止。参见注[29]，Rz. 72。Leptien持反对意见：例外情形下，事后可能构成表见代理，特别是本人可以阻止相对人的扩大损失。Ulrich Leptien, Kommentar zum § 167, in: Soergel Kommentar zum Bürgerlichen Gesetzbuch, 13. Aufl., Stuttgart: W. Kohlhammer, 1999, Rz. 20.

[51] 参见最高人民法院（2014）民申字第710号民事裁定书。

[52] 参见最高人民法院（2015）民二终字第212号民事判决书、（2015）民申字第1413号民事裁定书、（2014）民申字第2013号民事裁定书、（2013）民申字第683号民事裁定书、（2014）民一终字第227号民事判决书和（2013）民申字第2185号民事裁定书。

理,至于这一判断是否仅为无关法律推理之称谓选择问题,此简短的判决书无法提供更多的信息。

必须强调的是,上述仅是既有裁判规则的描述罢了,并非裁判思路的综合总结,更不具有相当的裁判指引功能,毋宁,在代理权外观上,看似大致相同的案情,法院的判断也不尽相同,几乎任何一种类型都存在相反的判决结果,这或许从另一个角度说明了这一问题的复杂程度。

(二)代理权外观可归责于本人

1. 可归责性要件之正当化理由

代理权外观之形成须可归责于本人(Zurechenbarkeit des Rechtsscheintatbestands)。在表见代理中,本人承受了与自己意愿相悖的负担——法律效果如同有权代理,在此等与被奉为私法之圭臬之意思自治原则显然不符的法律安排中,本人之利益被牺牲,交易相对人获优待,此种利益之倾斜自然需要辅以除了代理权外观要件之外的与本人相关的因素始能获得更大程度的正当性[53],亦即本人须以可资谴责的方式诱发了权利外观,本人只要尽到注意义务就能够知道他人无权代理,而且本来可以阻止。[54]

规范层面上,《合同法》第 49 条是否包含可归责性要件,学说上和司法实务中素有争议。

通说认为,《合同法》第 49 条中立法者并未明确承认本人可归责性要件[55],其中有观点主张,既然《合同法》第 49 条文义未包含可归责性要件,实不宜贸然抛弃立法立场,莫如借鉴法国法,将本人与外观事实之间的关联性内置于相对人"合理信赖"因素。[56] 另有观点认为,当限缩解释《合同法》

---

[53] 参见杨代雄:《表见代理的特别构成要件》,载《法学》2013 年第 2 期,第 60 页。

[54] 参见注㉙,Rz. 59,朱广新:《信赖责任研究——以契约之缔结为分析对象》,法律出版社 2007 年版,第 81 页。

[55] 参见胡康生主编:《中华人民共和国合同法释义》,法律出版社 2009 年版,第 85—86 页;王利明:《表见代理构成要件之我见》,载中国政法大学民商法教研室编:《民商法纵论——江平教授七十华诞祝贺文集》,中国法制出版社 2000 年版,第 191 页。虽如此,某些教科书仍将本人可归责性作为表见代理构成要件之一,明确将盗用授权书、伪造印章或授权书排除出本人可归责性之外,参见,刘凯湘主编:《民法学》,中国法制出版社 2000 年版,第 185 页(刘凯湘)。

[56] 参见注④,第 72 页。

第49条,将非归因于被代理人之法律外观排除出"有理由相信"之外[57];有作品独辟蹊径,从《合同法》第48条之规定中善意相对人拥有撤销权的立法立场出发,推论相对人善意与否并非狭义无权代理和表见代理之区别,因此《合同法》第49条之规定中当隐含本人归责性要件。[58]

实务裁判中明确指出本人之可归责性乃表见代理构成要件之一的可谓凤毛麟角,偶见者大多集中在南京市中级人民法院和江苏省高级人民法院所做之判决或裁定。

长春汽车经济技术开发区人民法院(2015)长汽开民初字第974号民事判决书中,法院直言由于授权书系伪造,"享有代理权外观的形成不可归因于李金凤,亦不构成表见代理"。江苏省高级人民法院(2015)苏商终字第00275号民事判决书中,初审法院则进一步将"行为人实施了无代理权的行为且所存在的代理权表象与被代理人行为直接相关并在被代理人风险控制能力范围内"与以本人名义实施代理行为、第三人善意无过失一并解读为《合同法》第49条之规定的构成要件,并据此判定本案中本人虽未授予代理权,但是在多个场合允许无权代理人以其代理人身份行事,因而代理权之表象和本人直接相关,且完全属于本人可控制范围,从而充分可归责要件[59],二审法院(江苏省高级人民法院)虽以不具有权利外观为由否定表见代理,未见对初审法院所持可归责要件主张之回应。

类似立场的有,广东省高级人民法院(2015)粤高法民申字第2724号民事裁定书之"无权代理人伪造印章不具有本人可归责性"、宜兴市中级人民法院(2014)宜民初字第2423号民事判决书之"印章管理不严构成本人之可归责性"、南京市中级人民法院(2016)苏01民终5937号民事判决书之"未对外披露挂靠关系且允许刻制印章构成本人之可归责性"、南京市中级人民法院(2016)苏01民终2366号民事判决书之"未参与权利表象之形成因而本人不具可归责性"、南京市中级人民法院(2016)苏01民终2425号民事判决书之"本人交付印章构成可归责性"、佛山市中级人

---

[57] 参见朱庆育:《民法总论》(第2版),北京大学出版社2016年,第370页。

[58] 参见孙鹏:《表见代理构成要件新论——以被代理人的过错问题为中心》,载《云南大学学报(法学版)》2004年第1期,第81页;李开国:《民法基本问题研究》,法律出版社1997年版,第257页。

[59] 宿迁市中级人民法院(2013)商初字第0197号民事判决书。

法院(2013)佛中法民一终字第 1005 号民事判决书之"无权代理人伪造印章不具有本人可归责性"。

54 《最高人民法院公报刊》载的涉及表见代理的 5 个案件[60]以及最高人民法院作出的和表见代理或者职务行为直接或者间接相关的 244 项判决与裁定中[61],均未明示本人可归责要件者。

55 不过若以此为断,认为我国司法实务在判定表见代理时从不考虑本人可归责因素则或许过于武断:在某些被判定构成表见代理的案件中,本人往往也具有可归责之处,而在某些被判定不构成表见代理或者职务行为的案件中,则明显缺乏本人可归责性,法院在此或许不过以"是否具有代理权表象"[62]或者"相对人是否非善意无过失"[63]为名隐晦[64]地考虑了本人因素罢了。

56 当然,与上述考虑本人因素立场相反,在某些案件中,即使具有可归

---

[60] 最高人民法院(2007)民二终字第 219 号民事判决书、(2009)民提字第 76 号民事判决书、(2012)民抗字第 24 号民事判决书、(2013)民提字第 95 号民事判决书和(2008)民二终字第 124 号民事判决书。

[61] 截至 2017 年 5 月 8 日,根据在威科先行·法律信息库查询的结果为断。

[62] 如,最高人民法院(2014)民申字第 850 号民事裁定书:经理持真印章为无权代理,具有代理权表象,构成表见代理;最高人民法院(2014)民申字第 1242 号民事裁定书:具有外部授权表象,虽内部撤回,仍构成表见代理;最高人民法院(2014)民申字第 536 号民事裁定书:雇员无代理权证书,且非长期为代理人,不具代理权表象,不构成表见代理;最高人民法(2014)民申字第 1847 号民事裁定书:公司董事长之妻舅持公司交付之印章为无权代理,具有代理权表象;最高人民法院(2013)民申字第 828 号民事裁定书:持假印章、假授权书不构成代理权表象;最高人民法院(2001)民二终字第 175 号民事判决书:代理人一直以本人名义和该第三人交易,基础关系消灭后,本人并未通知第三人,具有代理权表象,构成表见代理。

[63] 如,最高人民法院(2013)民提字第 95 号民事判决书(《最高人民法院公报》2015 年第 7 期,"李德勇与中国农业银行股份有限公司重庆云阳支行储蓄存款合同纠纷案"):假行长持假印章、假存单,法院认为第三人疏于审查,并非善意无过失,不构成表见代理;最高人民法院(2012)民抗字第 24 号民事判决书:法院认为本人和代理人内部对权限的限制并不能对抗善意第三人,构成有权代理,着重论证第三人的善意。

[64] 最高人民法院审理的"中国运载火箭技术研究院与甘肃省机械进出口公司等进出口代理纠纷上诉案"中,行为人通过伪造印章而为无权代理(本案中承担保证责任——笔者注),法院拒绝适用《合同法》第 49 条之规定,认为非本人之真实意思表示,担保无效。而承办法官承认,"如果案件其他事实不变,只是贸易中心负责人王天奎加盖的两枚公章是真实的,只是未经研究院同意而非伪造的,那么,本案所产生的法律问题就不是企业法人的职能部门做保证人如何处理的问题,而是贸易中心的行为是否构成职能部门的表见代理问题了,接下来案件处理的思路、遵循的法律原则以及具体的处理结论也就不同了"。法宝引征码:CLI. C. 182565。载北大法律信息网(www.chinalawinfo.com),访问日期:2017 年 5 月 12 日。

杨 芳

责情形,法院仍拒绝承认构成表见代理[65];在不具有本人可归责性案件中,法院也可能承认构成表见代理[66]。

在可归责问题上,法院的态度模糊,几乎不存在一贯的立场。

《民法总则(草案)》(三次审议稿)(2016年12月27日提交审议)第176条虽沿袭《合同法》第49条的立场,未在"相对人有理由相信"之外一般性地增加额外构成要件,但明确排除了一系列显然不具本人可归责性的情形。这一排除条款被最终通过的《民法总则》第172条全部删除,其在文字表述上和《合同法》第49条几无二致。删除原因何在,能否解读为立法者明确拒绝了本人可归责要件未可知。

比事实描述更重要的是正当性问题。法律非经解释不得适用,被称之为规范解释的每一次法律推理中皆包含了解释者的价值判断,此间,规范之当为与规范之实为委实无法切割,倘若目前甚为流行之法解释学,其内涵乃"严格遵照文义",或者一定程度上"探究立法者真意以诠释文义",那么作为科学之法学的存在价值颇值得怀疑,缺乏反思和质疑的法学研究恐将沦为"政治的婢女"[67]。因而,更为重要的问题毋宁是,应否在法价值的应然层面上引入本人可归责性要件。

赞成者多沿袭德国法上的表见代理制度之路径,认为不应拘泥于《合同法》第49条的文义,当以一定价值取向为基础将本人可归责性作为构成要件之一,以为法律漏洞之填补。[68] 此等价值取向之问题,自然无谓真假,构成论证之基础的不外乎哪个选择更加合乎体系,哪个选择更有助于规范目的之实现。

---

[65] 如,最高人民法院(2014)民申字第608号民事裁定书:本人明知无权代理人之行为而未制止,但未构成表见代理(裁定书中未见充分论证为何不构成表见代理);最高人民法院(2013)民申字1749号民事裁定书:本人虽过错引发了权利表象,但本人仅承担70%的补充赔偿责任,不构成表见代理(法院在此未讨论是否构成表见代理问题)。

[66] 参见最高人民法院(2016)民申2338号民事裁定书:未妥善保管印章致使行为人伪造授权书,构成表见代理。

[67] 朱庆育将这种所谓的纯正的法解释学称为"前教义法学时代'政治婢女法学'的技术升级版而已",实入木三分。参见注[57],第二版序第1页。

[68] 参见孙鹏:《民法上信赖保护制度及其法的构成——在静的安全与交易安全之间》,载《西南民族大学学报(人文社科版)》2005年第7期;汪渊智:《比较法视野下的代理法律制度》,法律出版社2012年版,第176页;侯巍:《民事权利外观的信赖保护——以财产权继受取得为视角》,人民出版社2012年,第116页;参见注[53],第58页。

61　　表见代理制度与善意取得制度同为权利外观责任,二者在构造上颇为类似。

62　　德国通说认为,脱手物不适用于善意取得,在这里本人并没有引发权利表象,相对人的保护由此退居其次。⑥⑨ 同一逻辑下,《德国民法典》第170条以下诸条款以及判例所发展出来的容忍代理和表象代理制度中,皆有本人可归责性要件。⑦⑩

63　　我国的善意取得制度并未采上述立场,并未将非脱手物设为构成要件之一⑦①,毋宁,遗失物⑦②和盗赃物⑦③皆有适用善意取得之余地,端看相对

---

⑥⑨ Reinhard Bork, Allgemeiner Teil des Bürgerlichen Gesetzbuchs, 2. Aufl., Tübingen: Mohr Siebeck, 2006, Rz. 1542.

⑦⑩ Helmut Köhler, BGB Allgemeiner Teil, 34. Aufl., München: C. H. Beck, 2010, Rz. 35ff.

⑦① 通说似乎依循德国学说,认为我国物权法将"受让人基于交易行为取得物权"作为善意取得构成要件之一,遗失物、漂流物、埋藏物和隐藏物等脱手物不适用于善意取得,而《物权法》第107条第2句不过仅仅"可理解为发生了善意取得的效果"罢了。参见崔建远:《物权法》(第3版),中国人民大学出版社2014年版,第99页。然而,此种解读是否准确反应了既有的立法立场,或可商榷。

⑦② 《物权法》第107条规定:"所有权人或者其他权利人有权追回遗失物。该遗失物通过转让被他人占有的,权利人有权向无处分权人请求损害赔偿,或者自知道或者应当知道受让人之日起二年内向受让人请求返还原物,但受让人通过拍卖或者向具有经营资格的经营者购得该遗失物的,权利人请求返还原物时应当支付受让人所付的费用。权利人向受让人支付所付费用后,有权向无处分权人追偿。"从文义上看,此条第1句似乎否定了遗失物可适用善意取得,如果将第2句和第3句解释为可优先适用的"特别条款",则似乎又肯定了一定情形下,受让人受让遗失物的,可取得遗失物所有权,不过并非自受让之时,而是原所有人"自知道或者应当知道受让人之日起二年"届满之时。有学说认为,此2年,非诉讼时效,非除斥期间,乃权利失效期间。参见注⑦①,第103页。

⑦③ 《物权法》第106条及以下以及《物权法解释(一)》(法释〔2016〕5号)均未排除善意取得适用于盗赃物。如下司法解释或批复明令盗赃物可适用善意取得:《刑事涉财产执行规定》(法释〔2014〕13号)第11条第2款规定:"第三人善意取得涉案财物的,执行程序中不予追缴。作为原所有人的被害人对该涉案财物主张权利的,人民法院应当告知其通过诉讼程序处理"。此为由承认盗赃物可善意取得的如重庆市第一中级人民法院(2016)渝01民终7732号民事判决书。最高人民法院、最高人民检察院《关于办理诈骗刑事案件具体应用法律若干问题的解释》(法释〔2011〕7号)第10条规定:"行为人已将诈骗财物用于清偿债务或者转让给他人,具有下列情形之一的,应当依法追缴:(一)对方明知是诈骗财物而收取的;(二)对方无偿取得诈骗财物的;(三)对方以明显低于市场的价格取得诈骗财物的;(四)对方取得诈骗财物系源于非法债务或者违法犯罪活动的。他人善意取得诈骗财物的,不予追缴。"以此为由承认盗赃物可适用善意取得的有明确最高人民法院(2013)民申字第774号民事裁定书。最高人民法院《关于追缴与处理赃物问题的函复》(法行字第8790号)明确:"二、不知是赃物而买者,如有过失,应将原物返还失主,如无过失(通过合法交易而正当买者),失主不得要求返还,而可协议赎回。国家机关、企业、合作社为失主(转下页)

人是否构成善意无过失。由此立场出发,表见代理制度中不必考虑本人因素似更具"体系一致"[74]。

然余以为,我国将脱手物适用于善意取得制度之立法抉择颇值得商榷,如若仅为了保持"评价一致"而令表见代理制度仿造之,无异于重复错误。在此背景下,在表见代理中承认本人可归责性,虽与既有善意取得规则判断龃龉,亦无妨。

和善意取得制度相似,表见代理之规范意旨显然在于保护交易安全,降低交易成本。自本人角度而言,则是课以严厉之法律效果,以敦促其控制风险,倘无论其能否有机会或者有能力控制风险皆须承担如同有权代理之法律效果,无异于无咎者也受惩罚,规范之指引和风险分配功能将大打折扣。

何况,《合同法》第49条虽列举了"没有代理权、超越代理权或者代理权终止后"三种可能发生表见代理之情形,但是此种区分恐怕仅具有无涉法律决策的事实描述功能,难谓有法适用上实质效用〔2〕:无论何种情形,均适用"相对人有理由相信"这一唯一要件。这和德国民法将表见代理制度视为须具备相当正当理由的法秩序之例外规则、不同情形构成要件不同之立法例,旨趣大异。

划分越细,则规范适用之恰当性更为可靠,法律判断也更合乎事物之性质。《合同法》第49条在构成要件上如此大而化之的规范模式或赋予法官无穷的裁量空间,使本来饱受"他治"之诟病的表见代理制度,在我国

(接上页)时,对于不知情而又无过失的买者,有要求返还原物之权。"以此为由承认盗赃物可善意取得的有广东省深圳市中级人民法院(2014)深中法房终字第227号民事判决书。并未明确所适用之条文、承认盗赃物可适用善意取得的有福建省厦门市中级人民法院(2016)闽02民再5号民事判决书、江苏省无锡市中级人民法院(2016)苏02民终3888号民事判决书、广东省深圳市中级人民法院(2015)深中法房终字第562号民事判决书。实际上,盗赃物不过是"遗失物"之特别情形罢了,实务中适用《物权法》第107条规定的也多是盗赃物[如广东省广州市中级人民法院(2016)粤01民终6002号民事判决书、湖北省襄阳市中级人民法院(2014)鄂襄阳中民四终字第00347号民事判决书],如此一来,上述规范和《物权法》第107条所规定的"两年"限制则存在如何协调的问题[如重庆市第一中级人民法院(2016)渝01民终7732号判决书认为,盗赃物并非《物权法》第107条所规定之遗失物,不得适用《物权法》第107条之"两年限制",应适用《物权法》第106条,受让人即时取得所有权],此处不赘。

[74] 有观点认为,既然我国物权法拒绝对脱手物承认善意取得,那么表见代理制度应仿之承认本人可归责性。参见朱虎:《表见代理中的被代理人可归责性》,载《法学研究》2017年第2期。

恐沦为更加危险的制度。在此背景下,担负限制法官恣意和对案件事实提供更为清晰的观察视角之现实功能的本人可归责性要件难谓无用。

68　　实际上,从《合同法》第 49 条"相对人有理由相信行为人有代理权"之文义亦可导出本人可归责性要件[75],此处之"有理由"并非事实层面之描述,乃蕴含法价值判断之规范要求:相对人之信赖自然须在通常情形下合理而非疏忽轻率,此外,倘若该权利外观并非可归责于本人,则相对人之任何"信赖"皆可排除出"合理"之范围,从而不构成"有理由相信"[76]。

2.可归责性的内涵

69　　所谓本人之可归责性,系指本人以一种可归责的方式引发了代理权表象,本可以阻止却不阻止,本来可以摧毁权利表象却不作为。[77]

70　　如代理权消灭或限缩后未能及时收回代理权凭证[78]与未能及时消除

---

[75]　江苏省高级人民法院对于可归责性要件态度之变化值得关注,其在 2003 年发布的《江苏省高级人民法院民二庭民商事审判中的若干问题》中,第四部分第 2 条明确拒绝了可归责性要件,即"本人有过错并非表见代理的构成要件,认定表见代理时无需考虑本人的过错,更不能因本人无过错,而认定不构成表见代理";而在 2005 年发布的江苏省高级人民法院《关于适用〈中华人民共和国合同法〉若干问题的讨论纪要(一)》第四部分表见代理第 14 条中,明确指出在涉及表见代理纠纷案件时,"既要注重保护善意相对人利益,又要兼顾代理人利益","应当以被代理人的行为与外观的形成具有一定的牵连性,即被代理人具有一定的过错为前提"。

[76]　最先采用此种解释方式的为尹田:"对第三人'有理由'的判断,司法上应借鉴其他各国立法所列举规定的成立表见代理之各种典型情形,从审判观念上形成判断表见代理能否成立之具体标准。而'本人于无权代理发生具有过失'及'本人与无权代理人之间存在某种特殊关系'则应当成为认定第三人'有理由'相信无权代理人有代理权的基本事实依据。"尹田:《我国新合同法中的表见代表制度评析》,载《现代法学》2000 年第 5 期,第 117 页。将可归责性涵盖于"有理由相信"的,参见王建文、李磊:《表见代理判断标准重构:民商区分模式及其制度构造》,载《法学评论》2011 年第 5 期;为避免陷入立法论造法之诟病,冉克平亦采相似方式,将"有理由相信"作两方面的解释:一是相对人对代理权外观之信赖言之有据、符合常情;二是相对人之信赖乃善意合理的,前者可涵盖代理权外观与本人之间的关联性,从而将本人关联性内置于相对人"合理信赖"之中。参见注④,冉克平文,第 78 页。

[77]　参见注㉖,Rz. 40。王利明主张牵连说,亦即无论本人对于权利外观之产生有无过错,只要其行为与外观的形成具有一定牵连性,则可构成表见代理,而印章或者其他证明文件系被盗用或者伪造,则不具牵连性,参见注㉟,王利明文,第 193—194 页。另有观点认为,可归责性与本人的代理权通知(代理资格证明)有关,因此,可类推适用意思表示效力的规则,颇具启发性。参见王浩:《表见代理中的本人可归责性问题研究》,载《华东政法大学学报》2014 年第 3 期。

[78]　参见最高人民法院(2000)经终字第 220 号民事判决书。

代理权表象⁷⁹,则为本人对于代理权表象之形成具有可归责性。印章⁸⁰或授权书⁸¹被盗或被伪造、仅仅"内部管理混乱,用人失察"⁸²则不足以成立本人可归责性。⁸³

在此,仅仅在客观上诱发权利表象是不够的,本人必须具有过错。⁸⁴ 权利表象仅在如下情形下才可归责于本人:本人知道或者只要尽到注意义务就能够知道,而且本来可以阻止。⁸⁵

这里的过错,当然并非违反了法定义务(eineverschuldeteRechtspflichtswidrigkeit),而是一种对自己事务的漠不关心:本人违反了不真正义务(Obliegenheitverletzung)⁸⁶,轻过失已足⁸⁷。

另外一个并非不重要的问题涉及足以将表见代理制度釜底抽薪的质

---

⁷⁹ 参见最高人民法院(2014)民申字第2062号民事裁定书:被解雇之银行人员以银行名义行事,无权代理人实施行为之地点(本案中为银行办公室——笔者注)为代理权表象形成之关键,从而构成判断表见代理之核心,二审法院认为即使银行未能阻止无权代理人继续使用银行办公室,也无过错,有失妥当。最高人民法院(2014)民申字第1242号民事裁定书:外部告知内部撤回,构成代理权表象。

⁸⁰ 参见最高人民法院(2012)民提字第35号民事判决书。

⁸¹ 参见最高人民法院(2013)民申字第828号民事裁定书。

⁸² 参见最高人民法院(2014)民提字第58号民事判决书:本人有过错,用人失察,但是此项过错与第三人的损失并无因果关系,且第三人非善意无过失,不构成表见代理。最高人民法院(2008)民二终字第124号民事判决书(《最高人民法院公报》2009年第11期,"兴业银行广州分行与深圳市机场股份有限公司借款合同纠纷案")也采相同立场。

⁸³ 最高人民法院《关于在审理经济纠纷案件中涉及经济犯罪嫌疑若干问题的规定》(法释〔1998〕7号)第5条第1款规定:"行为人盗窃、盗用单位的公章、业务介绍信、盖有公章的空合同书,或者私刻单位的公章签订经济合同,骗取财物归个人占有、使用、处分或者进行其他犯罪活动构成犯罪的,单位对行为人该犯罪行为所造成的经济损失不承担民事责任。"此规定可解释为上述情形下均因缺乏本人可归责性而不构成表见代理。有观点持反对意见,认为如果本人所有之印章等凭证被他人盗用,从而引发代理权外观的,当成立表见代理,参见杨代雄:《民法总论专题》,清华大学出版社2012年版,第246页。

⁸⁴ 参见注①,奚晓明文;刘凯湘:《民法总论》,北京大学出版社2006年版,第355页。有观点认为,此时无须本人有过错,本人之行为和代理权外观之产生具有关联性即可。参见王利明:《民法总则研究》(第2版),中国人民大学出版社2012年版,第689—690页;注①,张俊浩书,第327页;吴国喆:《权利表象及其私法处置规则——以善意取得和表见代理制度为中心考察》,商务印书馆2007年版,第185页。

⁸⁵ 参见注⑲,Rz. 59。

⁸⁶ 参见注⑲,Rz. 61。

⁸⁷ 参见注㊿,Leptien, Rz. 22。

疑:既然本人仅仅是过错地违反了不真正义务,为何承担的不是损害赔偿,而是由其径直在法律行为领域承受法律效果,这种法律安排显然缺乏法律行为领域的意思自治要素。⑧⑧ 既然《合同法》第49条已明确承认表见代理制度,这一立场也被《民法总则》第172条全盘继受,那么此诘问在中国法上的现实意义则转化为法院当谨慎判定表见代理。

74　　倘若乃第三人而非本人以可归责的方式引发了代理权表象,那么是否以及根据何种法律制度将第三人的行为归于本人,虽迄今未见相关裁判,在逻辑上,则是一个不容回避的问题。

75　　在请求权基础上至少履行辅助人制度可资适用⑧⑨,我国并无债法总则,也未一般性地规定履行辅助人制度,将第三人行为归于本人的制度有《侵权责任法》第32条规定的监护人责任⑨⓪、第34和35条规定的雇主责任、《合同法》第121条规定的因第三人原因违约等,上述规范的法律效果均是损害赔偿,不涉及法律行为领域的效果归属问题,因此,此问题的解决目前仍须仰赖法官创造性地引入履行辅助人⑨①或者突破性解释代理制度:至少本人应当对其可控制范围内第三人的行为负责。

76　　一般说来,可归责性在任何情形下都以自愿行为和行为能力⑨②为前提,无法通过法律行为负担义务的人,自然也就无法制造具有可归责性的权利表象。⑨③

77　　至于本人是否在任何情形下,都必须"应当知道"(Kennenmüssen)权利表象之存在才具有可归责性,则须区分不同情形。

78　　如果本人通过某种积极行为创造了代理权表象,尤其是赋予某人某种职位,且通常情形下,该职位往往意味着获得代理权或者一定范围内的代理权

---

⑧⑧　参见注㉙, Rz. 60。
⑧⑨　参见注㊽, Leptien, Rz. 22。
⑨⓪　是监护人自己的责任,还是代人受过,存有疑问。
⑨①　履行辅助人这一法律概念对于我国法院而言,并非陌生。最高人民法院在如下3个判决中皆适用了此制度:(2015)民申字第961号民事裁定书、(2015)民申字第731号民事裁定书与(2013)民四终字第1号民事判决书。
⑨②　最高人民法院(2013)执监字第49号民事裁定书中,本人为无行为能力人,法院拒绝承认表见代理的理由是不存在代理权外观和相对人非善意无过失,并非涉及本人行为能力对于权利外观可归责性问题的影响。
⑨③　参见注㊶, Rz. 1542。

限,那么,则无需额外检查本人是否"应当知道"代理人之行为。[94] 例如,项目经理[95]、挂靠人[96]、公司经理[97]和项目部工作人员[98][8]。当然并不是所有的"积极行为"都足以构成权利表象,而是根据诚实信用原则可作此理解。

为了排除可归责性,本人必须摧毁已经形成的假象,仅内部阻止无权代理人行为是不够的。[99]

3. 不具可归责性时本人之损害赔偿

代理权表象不可归责于本人时,自无法构成表见代理,法律效果无法归属于本人。然本人未能妥善保管代理权凭证或者用人失察的,是否对相对人负损害赔偿责任呢?

可能的请求权基础之一是《合同法》第42条第3项"有其他违背诚实信用原则的行为"之缔约过失责任,亦即本人和相对人之间曾经存在以缔约为目的的特别接触,而本人对于无权代理人的行为具有《合同法》第42条意义上的过失[100],本人则须负信赖利益的损害赔偿责任。[101] 单纯的管理不当,并不会构成缔约过失。[102]

中国法背景下,可能的请求权基础之二是《侵权责任法》第2条第2

---

[94] 参见注[29],Rz. 62。

[95] 参见最高人民法院(2015)民申字第3065号民事裁定书、(2015)民申字第1620号民事裁定书、(2013)民申字第1568号民事裁定书。认为不构成表见代理的有最高人民法院(2013)民申字第903号民事裁定书。

[96] 参见最高人民法院(2015)民申字第3402号民事裁定书、(2013)民申字第600号民事裁定书、(2015)民申字第1217号民事裁定书。

[97] 参见最高人民法院(2015)民申字第418号民事裁定书。

[98] 参见最高人民法院(2015)民申字第23号民事裁定书。

[99] 参见注[26],Rz. 41。最高人民法院(2014)民申字第1242号民事裁定书:具有外部授权表象,未能消除表象,仅仅内部禁止,构成表见代理。

[100] 参见王利明:《合同法研究(第一卷)》(修订版),中国人民大学出版社2011年版,第337页;韩世远:《合同法总论》(第3版),法律出版社2011年版,第134页。

[101] Eberhard Schilken, Kommentar zum §172, in: Staudinger Kommentar zum BGB, Berlin: Sellier-de Gruyter, 2009, Rz. 7; Karl-Heinz Schramm, Kommentar zum §172, in: Münchener Kommentar zum Bürgerlichen Gesetzbuch, 5. Aufl., München: C. H. Beck, 2006, Rz. 70.

[102] Canaris持另一立场,主张本人管理不当致使代理权证书被盗的,可类推适用《德国民法典》第122条之规定,由本人对相对人承担消极利益的损害赔偿责任。Claus-Wilhelm Canaris, Die Vertrauenshaftung im deutschen Privatrecht, München: C. H. Beck, 1971, S. 487.

款中"财产权益"结合第 6 条第 1 款之侵权损害赔偿,乃所谓的纯粹经济利益损失保护问题[103],此请求权基础亟待案件类型总结以明确其构成要件。

83　　实务中,鲜见本人不具可归责性时对相对人负损害赔偿之案例,更未见以上述请求权基础判令本人承担损害赔偿责任者,仅在最高人民法院(2013)民申字第 1749 号民事裁定书中,最高人民法院认为虽不构成表见代理,但本人"存在过错",应对相对人承担"补充责任",然并未明示法律依据。

(三)相对人之善意无过失

84　　假象虽假亦为真之基础,在于存在值得保护的信赖(einschutzwürdiges Vertrauen),在此相对人之善意为不可或缺之因素,亦即相对人不知亦非应知代理权瑕疵,此乃《合同法》第 49 条之"相对人有理由相信行为人有代理权"之应有之义。虽条文并未明示此处之善意是否意为善意无过失,但"善意无过失"之构成要件经由最高人民法院在多个场合的强调,几已获实务之一致肯认。[104]

85　　司法实务中,法院往往并未明确区分代理权外观和相对人善意无过失要件,通常以相对人是否足够谨慎,是否已尽审查义务为依据判断是否

---

[103]　《侵权责任法》第 2 条第 2 款在所列举一系列权利后加上"等人身、财产权益",在立法上并未将某种权利或者利益排除出侵权法保护范围,解释上,纯粹经济利益损害自然也在保护之列,然依据何种标准予以筛选以免保护之泛化以损及私人自由,第 2 条第 2 款及其他条款并未提供明确路径。有观点认为,本人对相对人可能构成侵权责任,参见宋宗宇:《表见代理的法律适用——评最高人民法院[法公布(2002)第 30 号]民事判决》,载《政法论丛》2004 年第 4 期,第 38 页。

[104]　最高人民法院《关于当前形势下审理民商事合同纠纷案件若干问题的指导意见》(法发〔2009〕40 号,以下简称《指导意见》)第 13 条第 1 句规定:"合同法第四十九条规定的表见代理制度不仅要求代理人的无权代理行为在客观上形成具有代理权的表象,而且要求相对人在主观上善意且无过失地相信行为人有代理权。"最高人民法院在如下裁判中明确表示表见代理当具备代理权表象和相对人善意无过失要件:(2014)民申字第 2013 号民事裁定书、(2013)民申字第 828 号民事裁定书、(2013)民申字第 1060 号民事裁定书、(2013)民申字第 743 号民事裁定书和(2012)民再申字第 93 号民事裁定书。

存在足以引发合理信赖的权利外观,鲜见严格区分者。[105]至于,是否进一步要求"善意且无轻过失"[106]则未见相关裁判。

实际上,在权利外观信赖保护制度上,什么时候第三人的不知悉是可谴责的,法律的回答是不同的。[107] 在善意取得上,《物权法解释(一)》第15条要求受让人不知道处分权瑕疵且无重大过失,对于表见代理自然不必要求与其保持一致,核心问题是第三人何种程度的审查义务是可期待的,在此,并不存在统一的审查义务(不真正义务),毋宁应根据不同情形分别判断,由此,具有决定的意义是个案,当然,第三人善意与否乃秘而不宣之主观状态,需结合客观情势而为判断。[108]

一般而言,未要求行为人出示授权书构成非善意[109],即使行为人具有相当身份,授权书之要求也非多余[110],至于授权书上的印章之真伪通常不属于相对人审查义务范围[111];行为人具有指向代理权外观的一定身份,但

---

[105] 参见最高人民法院(2014)民申字第743号民事裁定书、(2014)民申字第943号民事裁定书、(2012)民提字第172号民事判决书、(2012)民提字第35号民事判决书、(2012)民提字第118号民事判决书、(2011)民申字第1176号民事裁定书、(2007)民二终字第140号民事判决书和(2005)民二终字第205号民事判决书。最高人民法院(2000)经终字第220号民事判决书和(2013)民事申字第312号民事裁定书中,罕见地严格区分了代理权表象和相对人善意要件,表示虽有权利表象,但第三人非善意亦不构成表见代理。

[106] 德国通说认为,应类推适用《德国民法典》第173条,在表见代理上轻过失足以排除善意。参见注㉙,Rz. 70。

[107] 参见注㊿,Rz. 1543。德国民法上,对于不动产善意取得而言,基于登记簿的特殊功能,第三人对于登记的信赖,只有在明知登记错误时才不受保护,仅仅是积极的知情始构成非善意(第892条第1款),在动产善意取得上受让人重大过失则可排除善意(《德国民法典》第932条第2款),在《德国民法典》第171—172条所指向的代理权外观上,则要求相对人善意非轻过失(《德国民法典》第173条)。我国虽然在《物权法》第106条统一规定了动产和不动产善意取得制度,但是通说认为,不动产和动产取得人的善意应当采不同的判断标准。参见王利明:《物权法研究(第3版)》(上卷),中国人民大学出版社2013年版,第441、442页。

[108] 参见最高人民法院(2014)民申字第2013号民事裁定书。

[109] 参见最高人民法院(2015)民申字第1938号民事裁定书、(2014)民申字第1629号民事裁定书和(2014)民申字第536号民事裁定书。最高人民法院(2014)民提字第11号民事判决书:行为人持本人印章行事,虽超越代理权,但相对人无从得知,难谓非善意。

[110] 参见最高人民法院(2014)民申字第743号民事裁定书:副总经理伪造法定代表人签字,伪造印章,第三人并未要求出示授权书也未以其他途径审查,非善意无过失,不构成表见代理。

[111] 参见最高人民法院(2013)民申字第600号民事裁定书:相对人不知挂靠人之授权书上乃假印章,不妨构成善意。

是明显超越权限,相对人也难谓善意⑫;对于特殊的不寻常的交易——特别是金融领域或者金额巨大的交易,相对人须更为谨慎,轻率、仓促以及有疑问时未能询问本人或者要求行为人提供更多的彰显代理权的证据,均构成非善意。⑬

(四)因果关系

88 相对人信赖代理权假象为真而实施法律行为,而且倘若不获信赖保护制度之保护则必然遭受不利益,唯有如此相对人才有受到保护之必要。⑭《合同法》第49条虽未明确规定因果关系要件,亦不妨其作为信赖保护之当然前提。

89 理论上,因果关系可分为如下两种:代理权表象和信赖之间的因果关系以及信赖和法律行为之间的因果关系。⑮ 对于前者如果相对人根本不知道权利表象,也并非基于信赖权利表象而行事,则不存在值得保护的信赖。亦即相对人须确实知晓代理权表象,此乃和不动产善意取得中对登记之抽象信赖不同的具体信赖。⑯在后者,倘若相对人知晓代理权瑕疵也会实施法律行为,则缺乏此因果关系;这一要件仅在极少数情形下有意义,因为大多数情形下,信赖和法律行为之间缺乏因果关系之案件中,相

---

⑫ 参见最高人民法院(2013)民申字第312号民事裁定书:银行营销部经理高息揽储,行为地点虽于银行办公室内,行为时间虽在银行营业时间内,但明显超越权限,相对人非善意,不构成表见代理。

⑬ 最高人民法院(2014)民提字第58号民事判决书中"行为人使用虚假保单"、(2013)民申字第1749号民事裁定书中"信用社负责人高息揽储"、(2013)民提字第95号民事判决书(《最高人民法院公报》2015年第7期,"李德勇与中国农业银行股份有限公司重庆云阳支行储蓄存款合同纠纷案")中"假行长持假印章假保单"、(2008)民二终字第124号民事判决书(《最高人民法院公报》2009年第11期,"兴业银行广州分行与深圳市机场股份有限公司借款合同纠纷案")中"涉及2.5亿元贷款",相对人皆未尽相当谨慎审查,非善意无过失。

⑭ 参见注⑲, Rz. 1544。

⑮ 参见注⑲, Rz. 1544。

⑯ 第三人无须真正查看了登记簿,也无须知悉登记簿的具体记载,第三人也可以信赖登记簿的内容为真,法律如此处理的理由在于登记簿的特殊功能。参见注⑲, Rz. 1544。对于不动产善意取得人而言,只要并非明知而登记簿上亦无登记异议,则应为善意。取得人不因未调查核实登记簿而被否定善意。参见程啸:《论不动产善意取得之构成要件——〈中华人民共和国物权法〉第106条释义》,载《法商研究》2010年第5期。

对人并非善意无过失。[117]

实务中,未见区隔于上述三个要件单独讨论因果关系之裁判。

(五)时间点

代理权表象、本人之知悉或者应当知悉与相对人之善意无过失之状态须在无权代理人行为实施时存在,本人事后之知悉[118]与履行[119]只能解释为对于无权代理的追认,并非成立表见代理;相对人在缔约之后始察觉代理权瑕疵亦无妨构成善意。[120]

五、法律效果

(一)本人与相对人之关系

对于相对人而言,表见代理补足了代理权之瑕疵,在法律效果上如同有效之意定代理,无权代理人之行为效果归属于本人,在合同中,本人和

---

[117] 参见注⑨, Rz. 1545。

[118] 《民法通则》第 66 条第 1 款第 3 句规定:"本人知道他人以本人名义实施民事行为而不作否认表示的,视为同意。"此条前面两句系关于无权代理之追认问题,从语义一贯性上看,第 3 句中之"同意"自当可解释为"追认"之同义语。

[119] 《合同法解释(二)》第 12 条规定:"无权代理人以被代理人的名义订立合同,被代理人已经开始履行合同义务的,视为对合同的追认。"最高人民法院在(2014)民申字第 710 号民事裁定书中认为,本人事后之履行构成对于"无权代理"之认可,因而成立表见代理,实属构成要件之混用。

[120] 最高人民法院(2013)民申字第 743 号民事裁定书:相对人于代理行为完成后,知道或应当知道代理人欠缺代理权,并不影响其订立协议时主观上善意且无过失的认定。最高人民法院(2015)民申字第 1152 号民事裁定书中:相对人在履行主要义务之后察觉代理权瑕疵,法院认为:"首先,表见代理成立与否主要分析合同签订和履行阶段合同相对人有理由相信表见代理人有代理权,合同主要义务履行完毕后,合同相对人发现行为人无代理权的,不影响表见代理关系的成立。本案丰瑞友联公司发现杨新国转卖钢材并要求杨新国出具承诺时,其提供钢材的合同义务早已履行完毕。"依此逻辑,相对人在缔约之时善意无过失,在缔约之后履行义务之前非善意又当如何? 缔约和履行当属于两个法律行为,效力自然须分别判断,两个法律行为均有构成表见代理之可能,缔约行为之表见代理须相对人于缔约时善意无过失,履行行为之表见代理须相对人于履行时善意无过失,最高人民法院在此将缔约行为和履行行为混为一谈,实有不当。至于相对人在缔约之后履行之前察觉代理权瑕疵,是否能从合同中解脱出来,当属另外一个问题,此不赘述。

相对人为合同之当事人㉑,《合同法》第 49 条中"该代理行为有效"应作此理解。

93　　表见代理抑或代理制度皆乃归属规范,回答的问题仅是谁承担法律效果,并非法律行为效力判断规则,自然无法保证相对人和无权代理人缔结之合同必然有效,毋宁,在效果归属判定完毕之后,当引入无效、可撤销以及效力待定等法律行为效力规则予以衡量,亦即受表见代理制度保护的法律行为也可能存在其他效力瑕疵。㉒

94　　最高人民法院在(2008)民二终字第 124 号民事判决书㉓中则独辟蹊径,将合同有效作为表见代理之构成要件之一:"因本案基本授信合同及相关贷款合同,均为以合法的形式掩盖非法目的的无效合同,且兴业银行广州分行在本案所涉贷款过程中具有过错,故本案不适用合同法关于表见代理的规定。"且不论所适用之"合法形式掩盖非法目的"型无效事由存在之价值及其对私法自治之不当干涉,如此叠屋架床的推理模式恐怕仅是为了除去"表见代理中法律行为必然有效"之法律后果的"事先防御",然此举曲解了表见代理仅作为效果归属规范之制度价值,令其不堪重负。

95　　所幸上述立场并未被最高人民法院完全遵守,在最高人民法院(2016)民再 386 号民事判决书㉔、(2015)民申字第 1152 号民事裁定书㉕和

㉑　最高人民法院(2014)民申字第 608 号民事裁定书中否认表见代理,但确依"公平原则"判处本人承担连带责任,其中逻辑实无法理解。

㉒　类似观点参见注㉞,王利明书,第 653—654 页。有反对观点将法律行为生效作为表见代理要件之一,参见魏振瀛主编:《民法》,北京大学出版社 2000 年版,第 189 页(钱明星)。

㉓　参见最高人民法院(2008)民二终字第 124 号民事判决书(《最高人民法院公报》2009 年第 11 期,"兴业银行广州分行与深圳市机场股份有限公司借款合同纠纷案")。

㉔　最高人民法院(2016)民再 386 号民事判决书:"杨智源、马飞并非《煤田合作开采协议》的合同当事人,其是否涉嫌经济犯罪对浩源公司向刘伯武承担基于《煤田合作开采协议》所产生的合同法律责任并没有直接影响。"

㉕　最高人民法院(2015)民申字第 1152 号民事裁定书:"关于三兴公司主张杨新国个人涉嫌刑事诈骗,故其不应承担民事责任的问题。该主张不能成立……杨新国本人是否存在恶意占有的犯罪目的,是否构成刑事犯罪,不能推翻一、二审判决关于本案构成表见代理的认定。"

(2015)民申字第 426 号民事裁定书[126]中,强调代理人的行为纵使构成犯罪,亦不影响法律效果归属于本人。

关于相对人能否放弃表见代理之保护,转而选择狭义无权代理,在本人追认之前依据《合同法》第 48 条第 2 款第 3 句撤回自己之意思表示,从而从合同束缚中获得解脱或者依据《合同法》第 48 条第 1 款选择无权代理人承担责任这一问题,司法实务中尚未见相关裁判。

我国学说多持肯定立场。[127] 德国学界颇有争议,通说认为相对人并无选择权。[128] 有观点认为,对于相对人而言,表见代理乃为其利益而存在之保护机制,自然可以放弃;无论通说如何反对这一选择权,相对人皆可通过在诉讼中通过放弃表见代理之诉讼请求而达成,这一安排可使预计到表见代理之较重的举证负担几无法达成的相对人转向无权代理制度之保护。[129]

自理论上而言,既然相对人信赖代理权表象,以本人为交易对象而为交易,那么维护假象,使法律效果如同有权代理般归属于本人自然是尊重其意思自治之当然之意,若允许相对人此时另行选择无权代理,岂非事后反悔?有权代理之时,尚不允许相对人如此选择,表见代理之下相对人为何获此优待?

至于诉讼中的诉讼策略则不可解释为事实上存在上述选择权,此时表见代理尚未经证明,如何构成法律上的事实,相对人如何在不存在之表见代理和无权代理之间做出选择?[130]

---

[126] 最高人民法院(2015)民申字第 426 号民事裁定书:"在张希林的行为已经构成表见代理的情况下,张希林是否涉嫌诈骗,以及是否实际构成犯罪,均不影响本案中兴隆公司依法应当承担的合同责任。"

[127] 参见注[17],梁慧星书,第 243 页;尹田:《民法学总论》,北京师范大学出版社 2010 年版,第 316 页;曹新明:《论表见代理》,载《法商研究(中南政法学院学报)》1998 年第 6 期,第 65 页;史浩明:《论表见代理》,载《法律科学(西北政法学院学报)》1995 年第 1 期,第 73 页;参见注[122],魏振瀛主编书,第 189 页;参见注[55],刘凯湘书,第 186 页。

[128] 参见注[29], Rz. 75;注[50], Leptien, Rz. 24.

[129] 参见注[69], Rz. 1547。Schramm 也认为,表见代理举证负担沉重,若不允许相对人选择,则颇不公平。参见注[29], Rz. 77。

[130] 参见注[57],第 372 页。

(二) 本人与无权代理人之关系

99　　本人因表见代理而承受了违背其意愿之法律效果,此损害乃无权代理人之行为引起,自当由其承担损害赔偿责任。《合同法解释(二)》第13条所规定的,"被代理人依照合同法第四十九条的规定承担有效代理行为所产生的责任后,可以向无权代理人追偿因代理行为而遭受的损失",即为此意。

100　　损害赔偿之请求权基础视本人和无权代理人之间是否存在内部关系以及存在何种内部关系而定[131],如果无权代理人和本人之间存在契约——通常是委托合同和雇佣合同,请求权基础可能是违反契约,如果二者之间并无法律关系,请求权基础可能是无因管理和侵权。

101　　实务中,鲜见明示请求权基础者。[132]

102　　理论上,无论何种请求权基础,倘若本人对于代理权外观之发生存在亦有过失,则无权代理人之损害赔偿范围可依据与有过失制度获减轻。[133] 因立法中并无债法总则之缘故,我国实证法上并无统一适用于损害赔偿领域的与有过失制度,这一制度被分别规定于《合同法》第119条第1款与《侵权责任法》第26条。但立法之缺漏并不妨碍法院类推适用既有规则,在本人对无权代理人主张损害赔偿时寻求与其他损害赔偿领域评价一致之解决方案。

---

[131] 参见注㉑,第105页。

[132] 参见注㉖,Rz. 45a。最高人民法院在(2016)民再386号民事裁定书以及(2014)民申字第1064号民事裁定书中肯认了本人可向无权代理人"主张相应权利"以及行使"追偿"权,但并未进一步表明是何种类型的损害赔偿请求权。截至2017年4月17日,以"《合同法解释(二)》第13条"的适用为查询对象,在威科先行·法律信息库中查获裁判共81则,其中明确表明本人对无权代理人之损害赔偿请求权基础的仅有陕西省铜川市中级人民法院(2016)陕02民终199号民事判决书:"根据《最高人民法院关于适用〈中华人民共和国合同法〉若干问题的解释(二)》第十三条规定,三秦公司(本人——笔者注)承担责任后可以根据其内部挂靠管理结算约定进行结算,另行向王启程(无权代理人——笔者注)追偿。"

[133] 参见注㊿,Leptien书,Rz. 25。

（三）无权代理人与相对人之关系

表见代理补足代理权瑕疵,法律效果如同有权代理,无权代理人和相对人之间并无任何法律关系。

六、举证责任

相对人就代理权表象、本人可归责性以及相对人善意无过失要件承担举证责任。[134] 最高人民法院审理的案件中,有极少数采相反立场[135],基本遵循此举证规则。[136]

---

[134] 《民商事合同指导意见》(法发〔2009〕40号)第13条规定:"合同法第四十九条规定的表见代理制度不仅要求代理人的无权代理行为在客观上形成具有代理权的表象,而且要求相对人在主观上善意且无过失地相信行为人有代理权。合同相对人主张构成表见代理的,应当承担举证责任,不仅应当举证证明代理行为存在诸如合同书、公章、印鉴等有权代理的客观表象形式要素,而且应当证明其善意且无过失地相信行为人具有代理权。"

[135] 某些判决认为只要构成权利表象,则本人承担证明不构成表见代理的举证责任,如最高人民法院(2015)民申字第1413号民事裁定书、(2013)民提字第140号民事判决书和(2013)民申字第1060号民事裁定书。

[136] 如最高人民法院(2016)民申3688号民事裁定书、(2015)民申字第2734号民事裁定书、(2015)民申字第1895号民事裁定书、(2012)民申字第846号民事裁定书和(2012)民提字第35号民事判决书。

第 52 条第 5 项　违法合同[*]

朱庆育

《中华人民共和国合同法》第 52 条
有下列情形之一的,合同无效：
……
(五)违反法律、行政法规的强制性规定。

---

[*]　本文首发于《法学家》2016 年第 3 期(第 153—174 页),原题《〈合同法〉第 52 条第 5 项评注》。

2015 年 12 月 4 日至 5 日,黄卉教授组织的第四届德中法律论坛在华东政法大学召开。会议主题之一是评注写作,旨在借鉴德国民法典评注经验,推动中国民法评注的编撰工作。本文初稿作为会议讨论文本提交。为了方便会议交流,纪海龙教授将初稿全文翻译为德文。

研讨会上,笔者曾就撰写评注过程中的疑问分列 8 条,向与会中德两国学者请教。今不揣浅薄,兹录于此,以就教于方家(笔者基本态度已体现于评注文本):(1)比较法资料、学说是否可用或可用至何种程度? (2)中国从初级法院至最高法院共有四级,案例之多且获取之困难几乎非人力所能尽检,司法案例资料应用到何种程度? 是以案例的典型性(因而可能忽略审级)还是以审级(因而可能遗漏具有典型性的案例)为取舍标准? (3)文献之列举以及学术观点的整理,是尽可能全面还是选取具有代表性的作品? (4)在难以概括出通说或不同意通说的情况下,应如何处理作者个人见解(比如物权行为问题)? 如何协调评注的适用导向(因而应尽量避免长篇大段的理论发挥)与作者个人见解的阐述? (5)当作者难以认同司法案例或司法解释时,应如何处置? (6)学术文献、法律法规、司法解释、司法案例等资料如何使用缩略语? 尤其是,司法解释是用文号还是用名称、司法案例是用案例编号还是用名称? (7)当某一案件经过数次审理时,如何使用案例? 尤其是作者觉得被上级法院改变的下级法院判决更为可取时? (8)评注篇幅多大比较合适?

本文案例源自:(1)刊载于《最高人民法院公报》《人民司法·案例》及《人民法院报》上的案例;(2)北大法宝网司法案例库中终审审级为高级人民法院与最高人民法院的案例;(3)经笔者筛选的北大法宝网司法案例库中其他审级法院具有说明意义的案例;(4)写作时尚未选入北大法宝网因而直接从最高人民法院网站下载的最高人民法院终审最新案例(个别)。

细　目

一、规范意旨与功能……1—3
二、裁判法源……4—16
　（一）法源位阶……4—14
　（二）法源性质……15—16
三、效力性与管理性强制规定……17—68-2
　（一）概念界定……17—23
　（二）判别标准……24—34
　（三）司法案型……35—64
　　1. 概览……35—36
　　2. 私法权限型……37—43
　　3. 生效管制型……44—52
　　4. 纯粹秩序型……53—56
　　5. 刑民交叉型……57—62
　　6. 小结……63—64
　（四）思维进路……65—68-2
四、法律禁令规范意旨之探寻……69—83
　（一）导言……69—70
　（二）形式判别……71—72
　（三）实质判别……73—83
　　1. 概说……73—74
　　2. 内容禁令……75—77
　　3. 实施禁令……78—80
　　4. 纯粹秩序规定……81—83
五、规范的体系关联……84—87-1
　（一）《民法通则》第 58-1(5) 条……84—86
　（二）《合同法》第 52(4) 条……87—87-1
六、法律效果……88—91
七、举证责任……92—93

朱庆育

一、规范意旨与功能

1　　维续社会共同体以尊重必要的强制秩序为前提,该强制秩序不得为任何个别意志所改变,处于自治领域之外。所以,法律行为如果与强制秩序相抵触,可能无效。《合同法》第 52 条第 5 项[以下简写"第 52(5)条",类似情形相同处理]即是旨在规范此等行为。

2　　《合同法》第 52(5)条仅显示无效的法律效果,在构成要件方面却空洞概括,不得单独援引为裁判依据。①在此意义上,该项规定只是一项具体规范,难以担负一般条款(Generalklausel)之功能。②

3　　不仅如此,《合同法》第 52(5)条作为不完全规范,其功能主要不在于与其他补足构成要件的私法规范结合成完全规范,而在于通过参引构成要件,将其他法律,尤其是公法与刑法中的禁止规范引入私法。③ 鉴此,苏永钦教授特别指出,此项规范并非单纯一般意义上的引致规定(Verweisungsnorm,参引性规范),而是具有调和管制与自治功能、将公法规范转介至私法的转介条款。④

二、裁判法源

(一)法源位阶

4　　《合同法》第 52(5)条来自《民法通则》第 58 条第 1 款第 5 项[以下简写"第 58-1(5)条",类似情形相同处理]之前一情形。《民法通则》称"违反法律",似乎表明,一切"法律"之违反,均导致法律行为无效。此文义

---

① 然亦有部分司法裁判仅以此规范为据判定合同无效,如引起广泛关注的画家村案[北京市通州区人民法院(2007)通民初字第 1031 号判决,北京市第二中级人民法院(2007)二中民终字第 13692 号判决维持]。案件审理情况,可参见李馨:《城镇居民购买农村私有房屋的合同无效》,载《人民司法·案例》2008 年第 10 期,第 25—28 页。

② MünchKomm/Armbrüster (2006), § 138 Rn. 4.

③ 参见沈德咏、奚晓明主编:《最高人民法院关于合同法司法解释(二)理解与适用》,人民法院出版社 2009 年版,第 107 页。

④ 参见苏永钦:《以公法规范控制私法契约》,载《人大法律评论》编辑委员会组编:《人大法律评论》(2010 年卷),法律出版社 2010 年版,第 20—21 页。

显然过于宽泛,因为,并非所有"法律"均是强制规范,不得"违反"。以拘束力为标准,法律规范可作任意规范(iusdispositivum, nachgiebiges Recht)与强制规范(iuscogens, zwingendesRecht)之区分。任意规范可为当事人改变或排除,不存在"违反"的问题;代表强制秩序者,唯强制规范而已。强制规范又分为强行规范(Gebot, gebietende Vorschriften,指令)与禁止规范(Verbot, verbietende Vorschriften,禁令),前者指令当事人为积极行为,后者禁止当事人为某种行为。基于私法的自治属性,私法强制规范基本上都是禁止规范。⑤ 职是之故,法律行为之违反强制秩序,以违反禁止规范(禁令)的形式表现。

《合同法》第52(5)条对《民法通则》有所限缩。据其规定,合同仅在"违反法律、行政法规的强制性规定"时无效。限缩表现在两个方面:其一,任意规范被排除;其二,能够作为合同无效依据的"强制性规定",仅限于全国人民代表大会及其常务委员会制定的法律(《立法法》第二章)及国务院制定的行政法规(《立法法》第三章),而不包括地方性法规与行政规章(《立法法》第四章)等广义"法律"[《合同法解释(一)》第4条][最高人民法院(2004)民一终字第106号判决⑥,最高人民法院(2005)民二终字第150号判决⑦,最高人民法院(2011)民提字第307号判决⑧]。

除此之外,最高人民法院发布的司法解释总能成为裁判依据。在最高人民法院《裁判规范的规定》(法释〔2009〕14号)中,司法解释与"法律"及"法律解释"并列,同属"应当引用"的规范,行政法规反倒被降格,与地方性法规、自治条例及单行条例一道,被规定为"可以直接引用"的规范(《裁判规范的规定》第4条);至于行政规章、地方规章等其他规范性文件,则需经法院"审查认定为合法有效",方可"作为裁判说理的依据"(《裁判规范的规定》第6条)。

不过,《合同法》施行后,仍有部分判决以行政规章[如河南省南阳市南召县人民法院(2008)南召民商初字第84号判决、山西省高级人民法院

---

⑤ 参见朱庆育:《私法自治与民法规范——凯尔森规范理论的修正性运用》,载《中外法学》2012年第3期,第466页以下。

⑥ 参见《最高人民法院公报》2007年第3期。

⑦ 参见《最高人民法院公报》2006年第9期。

⑧ 参见《最高人民法院公报》2013年第2期。

(2014)晋民终字第 62 号判决]或地方规章[如福建省厦门市中级人民法院(2004)厦民终字第 696 号判决]直接作为合同无效的裁判依据。另外,曾有判决认为,"违反章程应属违反法律",从而援引《民法通则》第 58-1(5) 条判定合同无效[江苏省苏州市金阊区人民法院(2002)金民二初字第 097 号判决],但裁判理由旋被二审法院改变[江苏省苏州市中级人民法院(2002)苏中民二终字第 348 号判决]。

8　　显然,无论是《合同法》第 52(5) 条、《合同法解释(一)》第 4 条,还是《裁判规范的规定》,皆意在提高无效依据之规范等级,此不同于《德国民法典》第 134 条所称"法律"。后者包含一切形式意义上的法律,无论处于联邦层级抑或各州层级⑨,甚至不以成文为要,习惯法亦在其列。⑩ 提高规范等级之举,意在避免过度的行政管制令合同无效现象泛滥。⑪ 为限制行政管制而在法源位阶上做文章,原因之一在于,我国不存在司法审查制度,法院无权宣告规范性文件的不法。⑫ 不过,借助《裁判规范的规定》第 4 条,地方性法规、自治条例与单行条例因其与行政法规并列而地位获得抬升,《合同法》第 52(5) 条的法源范围被一种迂回的方式扩大了,再与《裁判规范的规定》第 6 条相结合,法院同时通过自我授权,悄然实际行使着对规章等规范性文件的司法审查权力。

9　　行政管制的无端扩张当然值得忧虑,同样值得忧虑的是,以提高规范等级的方式应对行政管制泛滥,也许是在用一个错误矫正另外一个错误。错误叠加无法导出正确,更大的可能是,与正确渐行渐远以至于积重难返。

　　刑法、公法与私法(民法)的一个重大差别在于,前者法源封闭而后者开放。刑法由于罪刑法定(《刑法》第 3 条),狭义法律(《立法法》第二章)之外基本没有其他规范法源;宪制理念下,公权行为的正当性以法律明文授权为基础,此"法律"虽不必限于狭义法律,但行政行为欲具合法性,至少须由"法律、法规、规章授权的组织作出"(《行政诉讼法》第 2-2 条)。民法不同。一旦出现民事纠纷,法官既不得以法无明文规定为

---

⑨ MünchKomm/Armbrüster (2006), § 134 Rn. 30.
⑩ MünchKomm/Armbrüster (2006), § 134 Rn. 32.
⑪ 参见王利明:《论无效合同的判断标准》,载《法律适用》2012 年第 7 期,第 2 页。
⑫ 参见黄凤龙:《论〈合同法〉中的强制性规定——兼谈〈合同法解释(二)〉第 14 条的功能》,载《烟台大学学报(哲学社会科学版)》2011 年第 1 期,第 45 页。

由,作有利于被告的判决,亦不得以法无明文授权为由,否认当事人私法行为的正当性。这意味着,为了解决民事纠纷,在制定法之外,尚需其他规范法源作为补充,其中最为重要的,当属习惯法⑬,必要时,学者见解亦无妨成为裁判依据。⑭ 习惯法与学者见解既非制定法,自无法纳入以公权力等级为划分基础的"规范等级"。至于当事人意志本身成为制约合同有效性的因素时(如意定让与禁止、意定代理禁止等),与前述"规范等级"更是了无关联。⑮

提高无效依据之规范等级,无异于以另外一种方式强调,民法有如刑法与公法,法源封闭于公权力者的制定法。此与民法法源的开放性质显然背道而驰。以之为限制行政权力的选择,得失如何,能不三思?

进而言之,倘若审判独立与权力制衡能够得到制度建构,行政权力乃至立法权力均受司法审查的监督,权力无端扩张及滥用的问题即可在制度框架内寻得矫正之道,既不必以提高规范等级的方式掩耳盗铃,更无需迫使法院自我授权而诱发新的权力滥用。须知,法院虽可勇敢将行政规章、地方规章等规范性文件纳入其"合法性审查"(《裁判规范的规定》第6条),但此等审查,纯属法院内部非正式操作,规章一旦不被认为"合法有效",颁布此规章的行政机关如何寻求制度性救济?况且,若此法院认定"合法有效",彼法院则否,面对规章,民众将如何适从?

或以为,提高规范等级系受制于现实环境的变通之举,虽属无奈,却不失为有效应对。实际上,若无制度性的权力制衡,提高《合同法》第52(5)条的规范等级根本无济于事。当司法不足以抵御行政干预时,低于行政法规的规范性文件即便不能直接成为合同无效的裁判依据,亦可轻而易举假道《合同法》第52(4)条之"社会公共利益",令合同归于无效。⑯ 最高人民法院(2008)民提字第61号判决即曾明确表示:"在法律、行政法规没有规定,而相关行政主管部门制定的行政规章涉及社会公共利益保

---

⑬ 参见朱庆育:《民法总论》(第2版),北京大学出版社2016年版,第38—40页。

⑭ F. Röhl/C. Röhl, Allgemeine Rechtslehre, 3. Aufl., 2008, S. 520.

⑮ 关于法律行为法源地位的一般性论述,可参见朱庆育:《民法总论》,北京大学出版社2013年版,第61—70页。

⑯ 参见沈德咏、奚晓明主编:《最高人民法院关于合同法司法解释(二)理解与适用》,人民法院出版社2009年版,第108页。

护的情形下,可以参照适用其规定,若违反其效力性禁止性规定,可以以违反《中华人民共和国合同法》第五十二条第(四)项的规定,以损害社会公共利益为由确认合同无效。"⑰

12 关于行政权力的司法审查问题,2014年修订重颁(2014年11月1日通过,2015年5月1日施行)的《行政诉讼法》出现重大转向。

新法将所有条文的"具体行政行为"模糊化为"行政行为",淡化之前一直被奉为圭臬的"抽象行政行为"与"具体行政行为"二分格局以及与之相应的"抽象行政行为不可诉"立场,尽管继续将"行政法规、规章或者行政机关制定、发布的具有普遍约束力的决定、命令"排除在受案范围之外[《行政诉讼法》第13(2)条],但新增第53-1条规定:"公民、法人或者其他组织认为行政行为所依据的国务院部门和地方人民政府及其部门制定的规范性文件不合法,在对行政行为提起诉讼时,可以一并请求对该规范性文件进行审查。"该规定仅将低于规章的政府规范性文件(《行政诉讼法》第53-2条)纳入司法审查,依然"踟蹰"保守⑱,但毕竟为司法审查制度之确立着上第一道墨,意义不可谓不重大。

13 低于规章的政府规范性文件既已受控于司法审查,行政权滥用问题便已开通制度管控渠道,此时,再断然否认此类规范性文件之裁判依据地位,更无必要。

14 较为遗憾的是,对于《行政诉讼法》第53-1条所称规范性文件,法院审查后,不得径判该规范性文件不合法,只是"不作为人民法院认定行政行为合法的依据"而已,至于该规范性文件的具体处置,则是法院"应当向规范性文件的制定机关提出处理建议,并可以抄送制定机关的同级人民政府、上一级行政机关、监察机关以及规范性文件的备案机关"[《行政诉讼法解释》(法释[2018]1号)第149-1条]。如此,司法审查之合法性认定,依旧不具有统一性(随机取决于受理具体行政诉讼之法院)与终局性(不得作出不合法之判决),从而缺乏制度性。

---

⑰ 《最高人民法院公报》2009年第9期。
⑱ 参见湛中乐:《〈行政诉讼法〉的"变革"与"踟蹰"》,载《法学杂志》2015年第3期,第31—32页。

(二)法源性质

《合同法》第52(5)条虽对法源位阶(法律与行政法规)与法源性质(强制性规定)作有初步界定,但其概念使用仍嫌宽泛。在法律规范的性质方面,并非所有"强制性规定"之违反,均带来合同无效。例如,《公司法》第148-1条规定,公司董事或高级管理人员禁止实施违反忠实义务之行为,但根据该条第2款的规定,若第1款行为被实施,合同并非无效,仅是令公司取得归入权。

《合同法》第52(5)条的功能可比附于《德国民法典》第134条及我国台湾地区"民法"第71条。所不同者,后两者皆含但书规定,或称"法律另有意旨者,不在此限"(德国),或称"但其规定并不以之为无效者,不在此限"(我国台湾地区)。由于但书的存在,《德国民法典》第134条与我国台湾地区"民法"第71条均兼具解释规则(Auslegungsregel)性质[19],《合同法》第52(5)条则因但书之阙如而失去解释空间。[20] 为济其穷,《合同法解释(二)》第14条作出目的性限缩:《合同法》第52(5)条所称"强制性规定","是指效力性强制性规定"。

三、效力性与管理性强制规定

(一)概念界定

首先需要明确的是,《合同法解释(二)》第14条引入"效力性强制性规定"概念,旨在适用《合同法》第52(5)条。这意味着,有必要判断是否属于效力性强制性规定的,只是被《合同法》第52(5)条参引因而须与之结合适用的强制规范。换言之,若无《合同法》第52(5)条之适用,则无讨论"效力性强制性规定"概念的必要。据此,当强制规范自身含有明确的

---

[19] 参见 MünchKomm/Armbrüster (2006), §134 Rn. 103;史尚宽:《民法总论》,中国政法大学出版社2000年版,第330—331页;苏永钦:《以公法规范控制私法契约》,载《人大法律评论》编辑委员会组编:《人大法律评论》(2010年卷),法律出版社2010年版,第5—7页。

[20] 参见苏永钦:《以公法规范控制私法契约》,载《人大法律评论》编辑委员会组编:《人大法律评论》(2010年卷),法律出版社2010年版,第7页。

法律效果规定时(如《合同法》第53条),直接适用该规范即可,不必引入"效力性强制性规定"作为讨论手段。[21]

18 汉语文献中,效力性强制性规定概念,更早可见之于史尚宽先生从日本引入的效力规定与取缔规定分类。[22] 史先生称:"强行法得为效力规定与取缔规定,前者着重违反行为之法律行为价值,以否认其法律效力为目的;后者着重违反行为之事实行为价值,以禁止其行为为目的。"[23]"法律行为价值"与"事实行为价值"之说不易理解,揆诸用法,前者应指是否允许行为人依其意志实现法律效果,若否,则法律行为无效,后者则指作为一项事实的行为本身——而不是作为一项"事实行为"——是否被允许发生,若否,则该法律行为应被"取缔",即,"对于违反者加以制裁,以防止其行为,非以之为无效"。[24] 显然,效力规定与取缔规定之间在逻辑上呈全异关系:法律行为因违反而无效者,系效力规定;不因违反而无效者,系取缔规定。

19 《合同法解释(二)》第14条系受史尚宽先生影响的结果,其"效力性强制性规定"即用以指称史先生之"效力规定"。[25] 乍看之下,"效力性强制性规定"之表述甚是严谨,但其实却是同义反复。[26] 其所表达的是:如果某项强制性规定将导致有所违反的合同无效,那么,违反该强制性规定的合同无效。问题在于,什么样的法律规范是"效力性强制性规定"?此同义反复的概念不能提供太多信息,为作进一步理解,须稍作迂回,观察其对立概念。

20 与"效力性强制性规定"逻辑对立的概念本是"非效力性强制性规定",但这一否定性概念未包含积极信息。最高人民法院《民商事合同案

---

[21] 参见苏永钦:《以公法规范控制私法契约》,载《人大法律评论》编辑委员会组编:《人大法律评论》(2010年卷),法律出版社2010年版,第20—21页。相反见解,可参见沈德咏、奚晓明主编:《最高人民法院关于合同法司法解释(二)理解与适用》,人民法院出版社2009年版,第106页。

[22] 参见苏永钦:《以公法规范控制私法契约》,载《人大法律评论》编辑委员会组编:《人大法律评论》(2010年卷),法律出版社2010年版,第6页。

[23] 史尚宽:《民法总论》,中国政法大学出版社2000年版,第330页。

[24] 史尚宽:《民法总论》,中国政法大学出版社2000年版,第330页。

[25] 曹守晔:《〈关于适用合同法若干问题的解释(二)〉的理解与适用》,载《人民司法·应用》2009年第13期,第43页。

[26] 参见苏永钦:《违反强制或禁止规定的法律行为》,载苏永钦:《私法自治中的经济理性》,中国人民大学出版社2004年版,第43页。

件指导意见》(法发〔2009〕40号)第15条选择"管理性强制规定"作为对立概念。据此应可认为，在最高人民法院的用法中，"管理性强制规定"系"非效力性强制性规定"的同义概念。如此，在命名逻辑上，"管理性强制规定"概念可传达两项信息：其一，违反管理性强制规定的合同不因此无效；其二，不因此无效的原因在于，此类强制规定意在"管理"——"行政管理或纪律管理"，而非否认合同内容本身。㉗

司法解释与个案裁判可为上述理解提供佐证。《合同法解释(二)》第14条仅以效力性强制性规定为无效依据，显然是认为，此类规范与管理性强制性规定的区别在于，是否导致合同无效。㉘ 个案裁判如：刊载于《最高人民法院公报》的广东省梅州市中级人民法院(2009)梅中法民二终字第75号判决的"裁判摘要"被总结为："仅是针对特定主体的对内管理行为、不涉及公共利益的规定，不属于效力性强制性规定，违反该规定不能导致合同无效。"㉙ 最高人民法院(2012)民提字第156号判决书称："(《公司法》第16-2条)实质是内部控制程序，不能以此约束交易相对人。故此上述规定宜理解为管理性强制性规范。对违反该规范的，原则上不宜认定合同无效。"㉚ 最高人民法院(2015)民申字第1684号裁定书亦称："修订后的《中华人民共和国公司法》规定，董事、高级管理人员不得违反公司章程的规定，未经股东会、股东大会或者董事会同意以公司财产为他人提供担保。该条规定旨在规范公司的内部管理，并未规定公司违反此条规定的对外担保效力。"㉛

问题并不如此简单。最高人民法院的语用逻辑并非一贯。最高人民法院(2012)民提字第156号判决[21]所称"原则上不宜认定合同无效"已现游移，更见游移的是，《合同法解释(二)》起草者一方面将"管理性强

㉗ 参见江必新主编、最高人民法院审判监督庭编：《审判监督指导》(2011年第4辑)，人民法院出版社2012年版，第268页。

㉘ 参见曹守晔：《〈关于适用合同法若干问题的解释(二)〉的理解与适用》，载《人民司法·应用》2009年第13期，第43页；江必新主编、最高人民法院审判监督庭编：《审判监督指导》(2011年第4辑)，人民法院出版社2012年版，第268页。

㉙ 《最高人民法院公报》2011年第1期。

㉚ 《最高人民法院公报·裁判文书选登》2015年第2期。

㉛ http://www.court.gov.cn/wenshu/xiangqing-10833.html，访问时间：2015年12月28日。

制规定"用作史尚宽先生"取缔规定"的同义概念,另一方面却又表示:"违反管理性强制规定的,合同未必无效。"㉜既然"未必无效",自是存在无效可能。《民商事合同案件指导意见》第15条是这一游移用法的官方表达:"违反效力性强制规定的,人民法院应当认定合同无效;违反管理性强制规定的,人民法院应当根据具体情形认定其效力。""根据具体情形认定其效力"即表明,管理性强制规定之违反亦可导致合同无效。2007年,最高人民法院一位副院长斩钉截铁的指示——"只有违反了效力性的强制规范的,才应当认定合同无效"㉝——言犹在耳,短短不过两年,即悄然演变成为"根据具体情形认定其效力"。

23　　效力性强制性规定固然是无效依据,管理性强制性规定之违反亦可能导致合同无效,然则《合同法解释(二)》第14条特别指明"是指效力性强制性规定"的意义何在？将强制性规定作"效力性强制规定"与"管理性强制规定"二分的逻辑依据又何在？

(二)判别标准

24　　强制规定之二分,一者同义反复,一者含混游移。错乱的逻辑无助于概念认知,亦无助于法律适用。为作进一步探求,可诉诸判别标准。

25　　《民商事合同案件指导意见》第16条试图给出效力性与管理性强制性规定的判别标准:"如果强制性规范规制的是合同行为本身即只要该合同行为发生即绝对地损害国家利益或者社会公共利益的,人民法院应当认定合同无效。如果强制性规定规制的是当事人的'市场准入'资格而非某种类型的合同行为,或者规制的是某种合同的履行行为而非某类合同行为,人民法院对于此类合同效力的认定,应当慎重把握,必要时应当征求相关立法部门的意见或者请示上级人民法院。"很遗憾,即使忽略"征求

㉜ 《妥善审理合同纠纷案件 维护市场正常交易秩序——最高人民法院民二庭负责人就〈关于当前形势下审理民商事合同纠纷案件若干问题的指导意见〉答记者问》,载《人民法院报》2009年7月14日;曹守晔:《〈关于适用合同法若干问题的解释(二)〉的理解与适用》,载《人民司法·应用》2009年第13期,第43页。

㉝ 《充分发挥民商事审判职能作用 为构建社会主义和谐社会提供司法保障——在全国民商事审判工作会议上的讲话》,载最高人民法院民事审判第二庭编:《民商事审判指导》(2007年第1辑),人民法院出版社2007年版,第55页。

相关立法部门的意见或者请示上级人民法院"此等深具中国司法特色的政策言辞,上述标准仍模糊含混,甚至似是而非。

首先,关于"合同行为本身"与"合同的履行行为"。

《民商事合同案件指导意见》第 16 条所称"合同行为本身",因其与"合同的履行行为"相对应,显然是指称债务合同。债务合同仅在特定当事人之间确立义务,原则上并无涉他效力。若无履行行为,单纯通过债务合同之订立"绝对损害国家利益或者社会公共利益"的情形似乎不太容易想象。例如,毒品交易中,真正足以"绝对损害国家利益或者社会公共利益"的,是毒品流通即毒品买卖合同的履行行为,而非为出卖人设立移转毒品义务的买卖合同本身。然而,在最高人民法院看来,"合同行为本身"对于"损害国家利益或者社会公共利益"的严重程度显然远高于"合同的履行行为",以至于前者被直接认定无效,后者却"应当慎重把握"。为何有此认识,令人费解。

其次,关于"国家利益或者社会公共利益"。

《民商事合同案件指导意见》第 16 条显然欲以此为判别效力性强制性规定的基本标准。其思路可大致概括为:强制性规定若旨在维护"国家利益或者社会公共利益",即属效力性强制性规定,违反者无效。㉞ 登载于《人民法院报》因而具有示范意义的江苏省徐州市中级人民法院(2013)徐民终字第 293 号判决评析即是这一思路的典型:"若某强制性规定立法目的是保护国家利益与社会公共利益,违反该规定将损害国家利益或社会公共利益,则该规定属于效力性规定。若某强制性规定虽然也有保护国家利益与社会公共利益的目的,但违反该规定并不必然损害国家或社会公共利益,而只是损害当事人的利益,则该规定就属于管理性规定。"㉟这份涉及《村民委员会组织法》第 28 条的判决,要旨亦因此被归结为:"村民委员会组织法关于村民小组的经营管理等事项的办理需召开村民小组会议的规定,约束的是农村集体组织的内部管理行为,在不损害国家及社会公共利益的情况下,村委会不能以未经三分之二村民同意抗辩

㉞ 参见沈德咏、奚晓明主编:《最高人民法院关于合同法司法解释(二)理解与适用》,人民法院出版社 2009 年版,第 106 页。

㉟ 李晓东:《江苏徐州中院判决张兆民诉沛县双楼村委会民间借贷纠纷案——村委会内部管理行为的规定不能对抗合同第三人》,载《人民法院报》2014 年 5 月 8 日,第 6 版。

合同无效。"㊱

28 　　然而,这一思路颇为可疑。无论如何界定概念,"国家利益"与"社会公共利益"既然有别于"个人利益",即意味着处于私人自治之外。假如认为,强制规定本身即代表某种抽象的秩序利益,排除私人自治[1],那么,一切强制规定,均旨在维护"国家利益或者社会公共利益",岂独效力性强制规定为然?以此区分效力性与管理性强制性规定,何济于事?

　　同样涉及《村民委员会组织法》有关村民会议议决事项的强制性规定,北京市第二中级人民法院(2011)二中民终字第02520号判决认定:"(上诉人)与南关村村委会签订的租赁合同,未经村内民主议定程序,违反了法律、法规的相关规定,北京市怀柔区农村承包合同仲裁委员会以该租赁合同未经村民会议或村民代表会议民主议定为由,确认双方签订的租赁合同无效,是正确的。"并称:"原村委会干部越权出租,租金明显过低,损害了村集体的利益。……原审法院驳回其诉讼请求,并无不当,本院予以维持。"显然,《村民委员会组织法》的强制规定被用作无效依据,村集体利益亦被归入"国家利益或者社会公共利益"之列,所持立场,与前述(2013)徐民终字第293号判决[27]截然相反。

29 　　不仅如此,《合同法》第52条所列五项无效事由,在适用时应呈并列故而相互排斥的关系。第1项、第2项与第4项均明确与"国家利益"或"社会公共利益"相关,第3项之"目的"既称"非法",自然有违"国家利益或者社会公共利益",若违反强制性规定的合同损害"国家利益或者社会公共利益",符合此四项之构成,直接视情形分别适用第1项至4项即为已足,何须假借第5项转介参引?以寻找《合同法》第52(5)条的适用场合为出发点,依循给定的判别标准得到肯定答案后,结论却是排斥其适用。如此逻辑悖反,恐为主事者始料未及。

30 　　再次,关于"市场准入"资格。

　　史尚宽先生将"市场准入"资格原则上当作取缔规定列举㊲,《民商事合同案件指导意见》第16条亦以此为管理性强制性规定之典型。

㊱ 李晓东:《江苏徐州中院判决张兆民诉沛县双楼村委会民间借贷纠纷案——村委会内部管理行为的规定不能对抗合同第三人》,载《人民法院报》2014年5月8日,第6版。

㊲ 参见史尚宽:《民法总论》,中国政法大学出版社2000年版,第331—332页。

然而，如果"国家利益或者社会公共利益"系效力性强制性规定的基本判准，当负有维护社会公共利益之责的政府为市场准入制造门槛时，难道不是以社会公共利益为权力行使依据？市场主体僭越门槛为何不会损害社会公共利益？此时如何区分效力性与管理性强制性规定？[56]《易制毒化学品管理条例》第 9 条、第 14 条系关于经营与购买易制毒化学品之"市场准入"的资格管制，当属管理性强制性规定无疑；同时，如果不判定有违资格管制的买卖合同及其履行行为无效，势必无法遏制易制毒化学品的不法流通，是否又可据此视之为效力性强制性规定？

实际上，最高人民法院在涉及"市场准入资格"的司法解释中，将其纳入《合同法》第 52(5)条的规制范围似乎未有太多犹豫，如《建设工程施工合同解释》（法释[2004]14 号）第 1 条、第 4 条。能够体现"宽大"的表现无非在，"市场准入资格"在工程竣工前（如《建设工程施工合同解释》第 5 条）或起诉前（如《商品房买卖解释》第 2 条）得到批准者，法院不支持当事人以此为由的无效主张。同时，《合同法解释（一）》第 10 条前句虽规定："当事人超越经营范围订立合同，人民法院不因此认定合同无效"，但紧接着又表明："但违反国家限制经营、特许经营以及法律、行政法规禁止经营规定的除外。"由于但书的限缩，前句仅适用于可为当事人自由择定的营业范围被超越之情形。凡此种种，均在传达同一个信息：在法院看来，"市场准入资格"此等具有典型管理功能的强制性规定，系合同有效性的影响因素。

此亦可在司法案例中得到印证。在一起码头租赁纠纷案中，上海市第一中级人民法院(2008)沪一中民二(民)终字第 1062 号二审判决虽改变上海市松江区人民法院(2007)松民三(民)初字第 1566 号判决援引《港口法》第 22 条的无效认定，但并非因为"市场的准入资格"之缺乏于合同的有效性无所妨碍，而是认为，涉案港口系《港口法》施行前的老码头，主管机关未及颁发许可证，"一概以老码头不具有许可证而认定租赁合同无效不符合港口法第二十二条的立法意图"[38]。有关典当特许经营的案例中，上海市第一中级人民法院(2011)沪一中民六(商)终字第

---

[38] 陈旭：《以强制性规定类型识别为导向的合同效力认定》，载《人民司法·案例》2010 年第 14 期，第 81—85 页（直接引文见第 85 页）。

115号判决更是明确指出:"联合典当行出借资金供艾明路投资股票的行为实为变相融资融券,超出了典当行的特许经营范围,应为无效。"㊴辽宁省高级人民法院(2013)辽审一民抗字第9号判决则以违反《水法》第48条与《取水许可和水资源费征收管理条例》第22-2条未获得取水许可为由,支持二审法院以《合同法》第52(5)条为据的合同无效判决。

更具代表性的当然是最高人民法院。最高人民法院(2011)民提字第81号判决称:"关于采矿经营权的取得和转让,《中华人民共和国矿产资源法》及其实施细则,国务院《探矿权采矿权转让管理办法》、国土资源部《矿业权出让转让管理暂行规定》等法律法规的相关内容,均明确规定采矿经营权是特许经营权,其批准应严格履行审批程序。涉案租赁协议没有履行法定强制性规定的审批手续,符合合同法第五十二条第(五)项的规定,应为无效。"相应的,该案"裁判摘要"被概括为:"采矿业属于特许行业,根据有关法律、行政法规的规定,取得涉案金矿的采矿权和租赁权都要经过辽宁省国土资源厅审批,其中任何一项权利未经批准,其采矿行为不受法律保护。"㊵随后,最高人民法院(2011)民提字第104号判决亦称:"违反了建筑法以及相关行政法规关于建筑施工企业应当取得相应等级资质证书后,在其资质等级许可的范围内从事建筑活动的强制性规定。依照《中华人民共和国合同法》第五十二条第(五)项、最高人民法院《关于审理建设工程施工合同纠纷案件适用法律问题的解释》第一条之规定,应当认定环盾公司假冒中国第九冶金建设公司第五工程公司的企业名称和施工资质与永君公司签订的建设工程施工合同无效。"㊶

《民商事合同案件指导意见》第16条以"合同行为"为中轴,前后延展"市场准入"资格与"合同的履行行为"两端,再以"国家利益或者社会公共利益"为判别依据,试图为效力性与管理性强制性规定划出一道相对清晰的分界线。此举用心良苦,效果却如上文所示,将本就逻辑错乱的概念进一步推入泥淖。

㊴ 张冬梅、张文婷:《超出特许经营范围的违法典当行为无效》,载《人民司法·案例》2013年第8期,第98页。
㊵ 《最高人民法院公报》2012年第3期。
㊶ 《最高人民法院公报》2012年第9期。

(三) 司法案型

1. 概览

司法解释欲以效力性与管理性强制性规定之二分格局,为《合同法》第52(5)条提供无效依据,至此应可看到,此举并不值得称道。不过,上文偏重概念分析,为了避免纸上谈兵,尚需观察具体的司法适用。

2009年颁布《合同法解释(二)》及《民商事合同案件指导意见》后,越来越多司法裁判有意识使用效力性与管理性强制性规定概念进行司法推理。剔除大部分单纯概念装饰以及难以把握论证逻辑的裁判,较具实质意义的概念推理主要集中于五类案型,笔者暂且将之命名为:市场准入型、私法权限型、生效管制型、纯粹秩序型与刑民交叉型。五类案型中,如上文所述[30—33],市场准入型所涉强制性规定其实往往是合同的无效依据,效力性与管理性二分格局无法在此得到维持,其他四类亦不断暴露二分格局对于司法适用的误导。

2. 私法权限型

此案型所涉,乃私法中所谓"内部管理规定"遭违反的情形,最高人民法院(2012)民提字第156号判决[21]系其典范。判决书以"内部控制程序,不能以此约束交易相对人"为由,将《公司法》第16-2条归为管理性强制规定。而此前广东省高级人民法院(2012)粤高法民二终字第19号判决则认为:"信达深圳分公司关于《中华人民共和国公司法》第十六条的规定属于公司内部治理规范,不应用于调整公司对外关系,及该规定不属效力性强制规定(的主张),缺乏依据。"与(2012)民提字第156号一致的判决如湖南省高级人民法院(2014)湘高法民一终字第4号(《公司法》第16条)、湖南省高级人民法院(2015)湘高法民一终字第269号(《公司法》第16-2条)及浙江省高级人民法院(2015)浙商外终字第12号(《公司法》第16条、第148条)等。

(2012)粤高法民二终字第19号判决径以《公司法》第16条之违反作为无效依据固然值得商榷,但并不因此意味着,将其定性为管理性强制性规定的立场值得赞许。问题的关键其实不在于何种定性更为准确,而在于,在效力性与管理性强制性规定二分格局下的讨论,根本就是错置找法路径。《公司法》第 16 条之违反，属于私法上的权限逾越，构成无权代理。㊷ 所涉合同固然可能无效，但非因违反《合同法》第 52(5) 条之效力性强制性规定所致，而是因为未得到公司追认；即便未得到公司追认，仍存在有效可能，但不意味着此系管理性强制性规定，而是基于表见代理的信赖保护。换言之，无论合同有效与否，法律效果之得出，皆与《合同法》第 52(5) 条无关。㊸

39　　稍令人欣慰的是，最高人民法院 (2012) 民提字第 156 号判决最终通过论证相对人善意构成"表见代表"，从而适用《合同法》第 50 条支持合同有效，算是勉强从二分格局泥淖中挣扎出来。与之相比，湖南省高级人民法院的两个判决，找法路径则完全被二分格局所牵引，似乎丝毫未考虑过无权代理的逻辑：(2014) 湘高法民一终字第 4 号判决在查知相对人不属善意的情况下，仍笔锋一转以《合同法》第 52(2) 条为无效依据；(2015) 湘高法民一终字第 269 号判决更以管理性强制规定为由径判合同有效，而不顾相对人善意与否。

40　　实际上，关于《公司法》第 16 条的适用问题，在《合同法解释(二)》颁行之初，北京市高级人民法院 (2009) 高民终字第 1730 号判决有过思路清晰的分析：判决书否认《公司法》第 16 条系《合同法解释(二)》第 14 条所称效力性强制性规范，同时并不因此将其归为管理性强制性规定，而是认为，此"越权代表"应在无权代表（无权代理）规则框架下寻求解决之道。㊹ 遗憾的是，这一案例虽刊载于《最高人民法院公报》(2011 年第 2 期)，但最高人民法院 (2012) 民提字第 156 号判决所代表的非此即彼的逻辑——"不是效力性强制性规定，即是管理性强制规定"——显然更具影响力，以至于之后的裁判皆在此逻辑下展开。

41　　效力性与管理性强制性规定之二分，即便撇开在概念上能否成立的讨论[17—34]，亦应该清楚，其功能仅在为《合同法》第 52(5) 条的适用提

　　㊷　以公司名义订立合同，在称谓上区分"代理"或"代表"并无意义。相关分析，可参见朱庆育：《民法总论》(第 2 版)，北京大学出版社 2016 年版，第 460 页（注释 2）。
　　㊸　关于公司法定代表人越权担保的效力判断进路，较具代表性的讨论参见高圣平：《担保物权司法解释起草中的重大争议问题》，载《中国法学》2016 年第 1 期，第 229—231 页。
　　㊹　参见何波：《公司法定代表人越权对外签署的担保合同的效力》，载《人民司法·案例》2011 年第 12 期，第 13—17 页。

供参引坐标,而需要参引转介的,又多属私法之外的公法或刑法规范[3]。换言之,二分格局仅在《合同法》第52(5)条所称强制规范框架下有其意义[17],框架内的强制规范远未涵括所有强制规范。果欲追随史尚宽先生,即应该了解,史先生作出二分时,已将另有其他效力规定的规范排除于二分格局之外。㊺ 私法上的越权交易——无论逾越代理权抑或处分权——即属此类"另有其他效力规定"的规范,《合同法》第52(5)条对此无能为力。

另外,将私法上的越权交易纳入二分格局的讨论,势必制造新的概念混乱。当司法裁判将管理性强制性规定概念从强调行政管理扩及至"公司内部管理"时,已将公法与私法性质的"管理"混为一谈,在此逻辑下,小而言之,所有事关代理权限(以及其他一切私法权限)者势必皆被归入管理性强制性规定,大而言之,公权私权的界限或将因此消融。

公权、私权规范逻辑之不同,可从《村民委员会组织法》的司法适用中看到。村民委员会采公法人的设立方式(《村民委员会组织法》第 3-2 条),具有部分公法人职能(《村民委员会组织法》第二章),但属于村民"群众性自治组织"(《村民委员会组织法》第 2-1 条),议决制度仿照公司(《村民委员会组织法》第四章)。对于《村民委员会组织法》第 24 条所列议决事项,将因定性不同而呈现不同的找法路径。若以之为公法权限,村民委员会越权行为自然无效,《合同法》第52(5)条可为之架设转介桥梁[北京市第二中级人民法院(2011)二中民终字第 02520 号判决][28];若将其比附为公司决议,则与《合同法》第52(5)条无关,准用无权代理规则,未获追认时无效[吉林省高级人民法院(2014)吉民申字第 851 号判决(唯其"无权处分"之定性值得商榷)]。无论如何,以管理性强制性规定约束"内部管理行为"为由,不管相对人善意与否,径行认定"不能对抗第三人"[江苏省徐州市中级人民法院(2013)徐民终字第 293 号判决][27],此举至少在逻辑上即无法自洽。

3. 生效管制型

如上文所见,私法中的权限规定之违反,无论在构成要件抑或法律效果上,均与《合同法》第52(5)条无关,在效力性与管理性规定二分格局下

㊺ 参见史尚宽:《民法总论》,中国政法大学出版社 2000 年版,第 330 页。

讨论，必然错置找法路径。当然，这不表示，如果是公法性质的管制规定，即在该条转介射程之内。

政府对于市场行为的管制，除一般性设置市场准入门槛外［30—33］，尚可为具体合同打造生效阀门，此即"生效管制"。所谓生效管制，系指公法管制规范被设置为私法合同的积极生效要件。既然是积极生效要件，在未得到满足之前，合同不能生效，因而亦未进入《合同法》第52条的规制范围。然而，大量司法裁判却将其置于二分格局中讨论。

生效管制案型大多涉及国有土地使用权让与问题，所涉条文集中于《城市房地产管理法》（2007年修订）第38条、39条［最高人民法院(2004)民一终字第46号判决[46]、最高人民法院(2006)民一终字第26号判决、江苏省南京市中级人民法院(2008)宁民四终字第2617号判决[47]、河南省高级人民法院(2011)豫法民申字第01613号裁定、河南省高级人民法院(2012)豫法立二民申字第01699号裁定、河南省高级人民法院(2013)豫法立二民申字第00525号裁定、河南省高级人民法院(2013)豫法立二民申字第00535号裁定、河南省高级人民法院(2013)豫法立二民申字第00691号裁定、江苏省高级人民法院(2014)苏商终字第00532号判决、重庆市高级人民法院(2014)渝高法民申字第00266号裁定］、第40条、第61条[48]及与此关联的《城镇国有土地使用权出让和转让暂行条例》第45条［河南省郑州市中级人民法院(2010)郑民三终字第912号判决[49]、吉林省高级人民法院(2015)吉民申字第571号裁定］。上述案例，除个别判决［河南省郑州市中级人民法院(2010)郑民三终字第912号判决］认定无效外，其余均维持"转让合同（转让协议）"的有效性，后《合同法解释（二）》时期，有效理由更无不诉诸二分格局。

---

[46] 参见《最高人民法院公报》2005年第7期。
[47] 参见钱锋、唐明：《房屋未领取产权证不影响协议转让》，载《人民司法·案例》2009年第8期，第28—32页。
[48] 参见吴环：《划拨土地上私有房屋转让合同具有法律效力》，载《人民司法·案例》2014年第18期，第100页。
[49] 参见张海燕：《国有划拨土地使用权转让协议的效力》，载《人民司法·案例》2011年第22期，第34页。

最高人民法院(2004)民一终字第 46 号判决对效力性与管理性强制性规定二分格局显然尚不熟悉,将《城市房地产管理法》第 39-1 条之违反认定为"属转让标的瑕疵,不影响转让合同的效力";最高人民法院(2006)民一终字第 26 号判决则迈进一步,明确指出《城市房地产管理法》第 38 条、第 39 条"是行政管理部门对不符合规定条件的土地在办理土地使用权权属变更登记问题上所作出的行政管理性质的规定,而非针对转让合同效力的强制性规定"。二分格局已是呼之欲出。值得注意的是,前《合同法解释(二)》时期的两项最高人民法院判决皆意识到,《城市房地产管理法》的管制针对土地使用权的变动本身,而非设立变动义务的"转让合同"。

2009 年《合同法解释(二)》与《民商事合同案件指导意见》确立效力性与管理性强制规定二分格局后,司法裁判迅速套用,论证模式亦发生微妙却意义深远的转变。

新的论证模式高度一致,其标准表述可见刊载于《人民司法·案例》的江苏省南京市中级人民法院(2008)宁民四终字第 2617 号判决:"城市房地产管理法第三十八条第(六)项规定是管理性规范,不是效力性规范,违反该条款并不必然导致合同无效。双方签订关于土地及附属用房转让协议涉及的房屋虽然未办理产权证,但并不影响双方间协议的效力。"[50]该论证模式有三项要点:其一,《城市房地产管理法》第 38 条等规范为管理性强制性规定;其二,以转让房屋或土地使用权为内容的"转让合同"(买卖合同)并不因为违反该管理性强制性规定而无效;其三,在满足《城市房地产管理法》第 38 条等规范所要求的条件之前,房屋所有权或土地使用权不发生变动。

此类裁判往往依托于物权行为理论。[51] 区分义务设定与权利移转行为,的确有助于避免因法律关系混淆而招致不当裁判[如河南省郑州市中级人民法院(2010)郑民三终字第 912 号判决],但这丝毫不意味着,上述论证模式因此即精当准确。

---

[50] 钱锋、唐明:《房屋未领取产权证不影响协议转让》,载《人民司法·案例》2009 年第 8 期,第 29 页。

[51] 同上注。

49 首先,《城市房地产管理法》第 38 条等规范皆以权利变动为规制对象,纵然以之为管理性强制性规定,在物权行为分离原则下,所"管理"者,亦仅为权利变动行为。设定变动义务的"转让合同"既不在规制范围内,如何能够违反此类规范? 当司法裁判声称"转让合同不因违反管理性强制性规定而无效时",一方面区分义务设定与权利移转行为,另一方面却仍以义务设定行为为该"管理性强制性规定"的规制对象。法律关系如此上下窜动,理解程度较之前《合同法解释(二)》时期的最高人民法院判决[46]尚有不如。

50 其次,《城市房地产管理法》第 38 条各项规定几乎均是意在影响行为的有效性,只不过所影响的不是设定义务的"转让合同",而是直接移转权利之行为。除第 38(1)条及其参引的第 39 条容有解释空间外,第 38(2)至(6)条均属私法处分权限的规定,或者构成让与禁止(第 2 项、第 5 项)对应相对无效㊾[90],或者构成无权处分[第 3 项、第 4 项、第 6 项],根本不宜归入管理性强制性规定之列。

51 最后,《城市房地产管理法》第 40 条与第 61 条及《城镇国有土地使用权出让和转让暂行条例》第 45 条所规定的审批程序,固具管理职能,在此意义上无妨以管理性强制性规定相称,却也同时属于《合同法》第 44-2 条之积极生效要件。房屋所有权或土地使用权之让与若未具备该要件,让与行为"不生效",而非《合同法》第 52 条所称"无效"。

52 生效管制案型中,所涉法条或者虽被公法性质的管理法所规定其实却事关私法权限因而非属管理性强制性规定,或者虽具管理职能却同时也是积极生效要件因而与《合同法》第 52 条无关。与作为结果的定性错误相比,司法裁判的思维过程也许更值得关注。原本仅需借助物权行为分离原则,即可排除《城市房地产管理法》第 38 条等规范对于"转让合同"有效性的影响,大量裁判却在意识到分离原则的情况下,仍然固守效力性与管理性强制性规定的二分格局,以至于不惜跳窜法律关系,将"转让合同"的有效归因为"管理性强制性规定"之违反。二分格局对于法官思维误导之深,由此可见一斑。更有甚者,河南省高级人民法院(2014)豫法立二民申字第 00612 号裁定分明注意到《土地管理法实施条例》第 6-1

㊾ 参见朱庆育:《民法总论》,北京大学出版社 2013 年版,第 303—306 页。

条明确规定"土地所有权、使用权的变更,自变更登记之日起生效",却坚称"该规定为管理性强制性规定"。

4. 纯粹秩序型

公法管制未必均意在影响合同的有效性,若其规制对象只是诸如时间、地点、种类、方式之类的合同外部秩序,违反此"管理性强制性规定"者,有效性不受影响。此即所谓纯粹秩序型[81—82]。

纯粹秩序案型以吉林省高级人民法院(2014)吉民二终字第65号判决为典型。该判决指出,《环境保护法》(1989年)第26-1条"系环保行政主管部门监管各类建设项目符合国家环境保护标准的法律依据……只是禁止建设项目法人单位的违法生产行为,并未禁止建设项目的法人单位以该建设项目为标的与他人设定民事权利义务关系的行为。故此,该条法律规范为管理性强制规定,而非为《最高人民法院关于适用〈中华人民共和国合同法〉若干问题的解释(二)》第十四条所指的认定合同效力的效力性强制规定。"除此之外,《种子法》(2013年修正)第17-1条[湖北省荆州市中级人民法院(2015)鄂荆州中民三终字第00114号判决]及《商业特许经营管理条例》第7条[最高人民法院(2010)民三他字第18号《关于不具备"拥有至少2个直营店且经营时间超过1年"的特许人所签订的特许经营合同是否有效的复函》、广东省高级人民法院(2010)粤高法民三终字第258号判决、重庆市高级人民法院(2011)渝高法民终字第60号判决、广西壮族自治区高级人民法院(2012)桂民三终字第10号判决、湖北省高级人民法院(2015)鄂民三终字第00180号判决]等规范亦被认定为仅具外部秩序意义的管理性强制性规定。

较有疑问的是,江苏省高级人民法院(2015)苏审二民申字第00020号裁定将《餐饮服务许可管理办法》第31-1条(餐饮服务许可证转让之禁止)及《个体工商户条例》第23条(2014年修订)(营业执照转让之禁止)认定为管理性强制性规定,以此否认其对饭店转让协议有效性的影响。餐饮服务许可证、卫生许可证及营业执照等无妨认为构成饭店经营的外部秩序,但此类规范之所以不对饭店转让协议的有效性构成影响,并非因其仅具"管理性",而是因为饭店转让本身非其规制对象,无从"违反"。

56　　实际上,行政许可不得转让系《行政许可法》第9条的一般性规定,虽为行政管理而设,属于"管理性强制性规定",但违反此等规定的转让行为理应无效,否则,市场主体可绕过强制规定通过私法交易获得行政许可,行政机关势将失去行政许可设定之绝对控制。绝对控制的正当性,则源于行政许可与社会公共利益密切相关(《行政许可法》第12条)。在此意义上,行政许可转让禁令当属效力性强制性规定无疑。此亦市场准入资格之规定多为效力性强制性规定的道理所在〔31—33〕。

5. 刑民交叉型

57　　除公法规范外,《合同法》第52(5)条的功能还在于转介刑法规范,由此产生所谓刑民交叉案型。例如,杀人的委托合同之所以无效,是因为杀人为刑法所禁止。

58　　司法实务中,因刑民交叉而检视《合同法》第52(5)条的案例多见于民间借贷问题。对此,《民间借贷规定》(法释〔2015〕18号)第13-1条专作规定:"借款人或者出借人的借贷行为涉嫌犯罪,或者已经生效的判决认定构成犯罪,当事人提起民事诉讼的,民间借贷合同并不当然无效。人民法院应当根据合同法第五十二条、本规定第十四条之规定,认定民间借贷合同的效力。""并不当然无效"的表述有欠确定。司法裁判倾向于尽量维持有效,其中,刊载于《人民司法·案例》(2010年第22期)与《最高人民法院公报》(2011年第11期)的浙江省湖州市中级人民法院(2009)浙湖商终字第276号判决具有示范意义。

59　　判决书认为,第一被告构成非法吸收公众存款罪的事实,"并不必然导致借款合同无效。因为借款合同的订立没有违反法律、行政法规效力性的强制性规定"。对此,一审法官的解释是:"本案中,单个的借款行为仅仅是引起民间借贷这一民事法律关系的民事法律事实,并不构成非法吸收公众存款的刑事法律事实,因为非法吸收公众存款的刑事法律事实是数个向不特定人借款行为的总和,从而从量变到质变。"㊳判决书未因刑事犯罪而不分青红皂白否认所涉私法行为的有效性,"效力上采取从宽认定"并"在最大程度上尊重当事人的意思自治",态度值得赞赏。不

㊳ 沈芳君:《构成非法吸收公众存款罪的民间借贷及其担保合同效力》,载《人民司法·案例》2010年第22期,第81页。

过,既然单次借款行为未触犯刑法构成犯罪,该案其实并非真正意义上的"刑民交叉",《刑法》第176条亦因此无从进入《合同法》第52(5)条的转介视域。然则《合同法》第52(5)条是否与此类案例有关?

关于上述判决,可能遭受的追问是,如果单次借款行为并无不法之处,何以累加之后却足以构成犯罪?每次借款均是针对特定人,照此逻辑,构成非法吸收公众存款罪的所有借款行为无非是诸多特定人而已,如何能够满足"不特定人"的要件?何况,依《非法集资解释》(法释〔2010〕18号)第3条之规定,存款人数与次数未必是犯罪构成要素。

当涉案借款行为被认定为非法吸收公众存款罪的组成行为时,至少可以说明,每一具体借款行为均在不同程度上分享其不法性。因而,问题的症结也许不在于存款人"特定"与否及次数多寡,而在于借款行为的不法性是否累积到刑法的程度。换言之,在构成犯罪之前,所涉借款行为即已违法,刑法不过是被穿透的第二道违法之门而已。第一道门,由《取缔办法》第4条设置;相应的,为《合同法》第52(5)条所转介的,应是此项行政法规。如果借款合同不因违反《取缔办法》第4条而无效,只能说明,该条被解释为纯粹秩序型"管理性强制规定"〔53〕。非经中国人民银行批准不得吸收存款(《取缔办法》第4条),看似属于市场准入管制,但究其规范意旨,该条其实并不禁止借款行为本身——此与前述"市场准入型"管制〔31—33〕存在根本不同,只是禁止以金融机构的方式借款,故属针对行为方式的纯粹秩序型管制〔81—82〕,若有违反,取缔该行为方式即为已足,不必触及借款行为的有效性。

此外,涉及代理的刑民交叉问题值得特别关注。无权代理未经代理人追认时"对被代理人不发生效力"(《合同法》第48-1条),但若构成表见代理则有效(《合同法》第49条、第50条)。西藏自治区高级人民法院(2015)藏法民申字第31号裁定认为,当代理人构成伪造公司印章罪时,以伪造公司印章签订的合同因违反《刑法》第280条这一效力性强制性规定而无效。公司拒绝追认,足令合同"对被代理人不发生效力",因此,强调合同无效由伪造公司印章罪所致,意义仅在确认,《刑法》第280条排除表见代理。然而,伪造公司印章订立合同,本就因为缺乏被代理人的与因行为而无法成立表见代理[54]，无关乎构成犯罪与否。这意味着，借助《合同法》第52(5)条转介《刑法》第280条判定合同无效，实属多此一举。

62　　顺便指出，称伪造公司印章而订立的合同"无效"，此效力判定需要限定与斟酌：第一，若公司予以追认，依《合同法》第48-1条反面解释，"对被代理人发生效力"。伪造人承担刑事责任与公司承受合同效果并不冲突，故无《合同法》第52(5)条转介余地。第二，即便公司拒绝追认，亦未必意味着合同"无效"。《合同法》第48-1条所称"对被代理人不发生效力"不必然得出合同"无效"的结论，结合"由行为人承担责任"之规定，行为人可能承担合同有效的履行责任（恶意无权代理），也可能承担合同无效的信赖利益损害赔偿责任（善意无权代理）。[55]

6. 小结

63　　司法解释确立的效力性与管理性强制性规定二分格局得到广泛运用。很遗憾，检索结果表明，个案裁判的情况并不比司法解释本身更令人满意。除少量确属纯粹秩序型管理性强制性规定的适用外[54]，其余大多数司法裁判均在二分格局的引导下误入找法歧途。裁判失当的比例如此之高，恐怕不能简单归咎于承审法官的专业素养。

64　　虽然《民商事合同案件指导意见》强调：违反管理性强制性规定的合同是"未必"无效而非有效，但二分格局一旦形成，司法裁判的两项认知倾向便几乎无可避免：其一，不能为《合同法》第52(5)条转介因而非属效力性强制性规定者，皆为管理性强制性规定；其二，合同所违反的若是管理性强制性规定，即可据此判定合同有效。如果二分格局逻辑周延，此等认知顺理成章。问题是，效力性与管理性强制性规定固然不能涵盖所有强制规范[17、41]，具有管理职能的强制规范亦往往同时影响合同的有效性。二分格局在概念与逻辑上根本无法维持。实际上，当司法解释制定者一方面引入史尚宽先生效力规定与取缔规定之二分，另一方面既忽略其二分论域又擅以"管理性强制性规定"替代"取缔规定"概念时，误导裁判的隐患即已埋下。

---

[54] 参见朱庆育：《民法总论》，北京大学出版社2013年版，第360页。
[55] 同上注，第351—352页。

(四)思维进路

《民商事合同案件指导意见》以"管理性强制性规定"指称史尚宽先生的"取缔规定",试图借此显示此类规范无损合同效力的原因——规范功能在于"管理"[20]。能够提供更多信息的表述当然更值得追求,但如果所提供的信息不仅无助于概念理解,反倒令概念用法陷入混乱,重新命名之举便值得反思。

在功能上,没有任何理由认为,具有管理职能的强制性规范不能兼为效力规定。当强制规范为市场设置准入门槛、为合同打造生效阀门时,恰恰意味着,其"管理"意旨必须通过影响合同的有效性始克实现。为了给效力性强制性规定寻找对立概念,司法解释聚焦于"管理",此举也许有其警怵行政权力的深意,但药不对症的治疗,于事无补甚至雪上加霜。后果是,行政权力未必得到制约,司法裁判却因此治丝益棼。

再者,史尚宽先生的效力规定与取缔规定均是探求"立法目的"之后的解释结果,基本思路是:若不致合同无效即无法达成立法目的,则为效力规定,否则是取缔规定。[56] 这意味着,在思维过程上,须先就强制性规范的违反后果得出解释结论,方可据此判断规范性质属于效力规定抑或取缔规定。

当司法解释将《合同法》第52(5)条的"强制规定"限定为"效力性强制性规定"进而以"管理性强制性规定"取代"取缔规定"为其对立概念时,所传达的信息是:只要法官能够认定强制规范具有管理职能,即可将其归入管理性强制性规定之列,同时据此否认其系效力性强制性规定。此可理解,二分格局下,为何几乎所有司法裁判的推理公式都是"某规定系管理性强制性规定,不属于效力性强制性规定,所以合同不因违反而无效"[57]。很明显,公式的思维过程是:先就规范性质做出是否属于管理性强制规定的判断,然后据此推出违反后果。解释结果摇身变成推理前提。

在逻辑上,一旦用以取代"取缔规定"的"管理性强制性规定"成为推

---

[56] 参见史尚宽:《民法总论》,中国政法大学出版社2000年版,第300页。
[57] 四川省高级人民法院(2014)川民申字第1658号裁定在注意到《商业特许经营管理条例》第23-3条的内容系授予法定解除权的情况下,仍坚持以其属于"管理性强制规定"为由判定"解除合同的理由不能成立",可以说是这一公式的"超值"发挥。

理前提,其对立概念"效力性强制性规定"必作相应转化。《民商事合同案件指导意见》第15条"违反效力性强制性规定的,人民法院应当认定合同无效"之表述所展现的,正是这一倒果为因的法律思维:合同之所以无效,是因为违反了效力性强制性规定。但实际上,唯有致令合同无效的强制规范,才称得上是"效力性强制性规定",因此,并不是合同因为违反效力性强制规定而无效,而是某强制规定令违反者无效故称效力性强制性规定。或者更明确地说,为了适用《合同法》第52(5)条,需要回答的问题是,违反何种强制规范以及基于何种理由将导致合同无效?而不是,在寻得导致合同无效的强制性规范后,如何给出概念上的称谓?效力性与管理性强制性规定之分类本应是后一问题的回答,系法律解释的结果,自然无法成为法律适用时的推理前提。

68-1　作为学说与司法解释的成果,"效力性强制规定"概念曾被引入《民法总则(草案)》条文。直到草案最后一次也即第三次审议稿,第155条的表述依然是:"违反法律、行政法规的效力性强制规定或者违背公序良俗的民事法律行为无效。"但耐人寻味的是,2017年3月15日通过的正式条文中,这一概念被删除,第153条亦被调整为两款,第1款为:"违反法律、行政法规的强制性规定的民事法律行为无效,但是该强制性规定不导致该民事法律行为无效的除外。"虽然官方未给出删除理由,无从探知立法者原意,但二分格局未借助立法加以固定,即使不理解为立法者对此思维路径的反对,亦至少在客观上为解释路径留出开放空间,自有其积极意义。

68-2　最高人民法院随后的态度转变在一定程度上呼应了这一积极意义。《民法总则》生效两个月后,2017年12月2日,最高人民法院民二庭举行第7次法官会议,讨论主题为"公司对外担保合同的效力认定和效果归属"。会议形成的意见是:"公司的法定代表人、其他人员等行为人未按《公司法》第16条的规定以公司名义为他人提供担保,但符合《合同法》第50条、第49条的规定或者公司事后予以追认的,应认定该担保行为有效;依法不构成表见代表、表见代理或者公司不予追认的,应认定该担保合同对公司不发生效力。"[58]并称:"内部限制说将管理性规范和效力性规范的区分绝对化,同时,又自觉不自觉地以结果为导向暗中给原因贴标签。其实,将法律规范区分为管理性规范和效力性规范,只是部分学者的观点,即便有《合同法解释(二)》的认同,但在公司担保领域没有可操作性的判断标准。实践中,往往是希望认定合同条款有效时就反过来主张相关法律规范是管理性规范,希望认定为无效时则主张是效力性规范,法律逻辑不够严谨。而且,也并不是全部法律规范都能够进行这样的两分,尤其是有关程序性的规定,并不能适用这样的区分标准。"[59]此系最高人民法院首次以官方姿态,通过《公司法》第16条适用的讨论,对效力性与管理性强制性规定二分格局作出反思。如果这一反思可理解为最高人民法院新的解释趋势,那么可以期待,若无意外,对于《公司法》第16条所代表的权限逾越型以及其他案型,法院在运用二分格局时将有所调整。笔者希望,调整方向是,放弃以二分格局为推理前提的强制性规范解释进路。

四、法律禁令规范意旨之探寻

(一)导言

上文表明,效力性与管理性强制性规定二分格局无论在概念、逻辑还是思维进路上,均难以成立,受制于这一格局的司法裁判自然亦乏善可陈。不过,《民商事合同案件指导意见》第16条并非毫无意义。该条触及判断规范性质最重要的依据——"法律法规的意旨",即规范性质须以规范意旨为判准。具体而言,若某项法律禁令未直接给出违反后果,在判断该规范对于合同有效性的影响时,需要回答的问题是:违反禁令的合同,若为有效,是否势将导致规范意旨落空?如果答案肯定,合同即应归于无效;否则,无妨听其有效。

---

[58] 贺小荣主编:《最高人民法院民事审判第二庭法官会议纪要——追寻裁判背后的法理》,人民法院出版社2018年版,第189页以下(引文见第193页)。

[59] 同上注,第197页。

70　　至于二分格局本身,其实对于法官不具有任何规范上的拘束力。只要法官能够意识到,二分格局本是法律解释的结果,不能作为推理前提,司法裁判时,即可面对规范本身,通过探寻规范意旨作出解释。若解释结论是应令合同无效,则直接借助《合同法》第52(5)条转介该强制规范作出裁判。这意味着,无论法官是否知悉"效力性强制性规定"或"管理性强制性规定"之概念,对于司法裁判的作出皆无影响。即便法官认为需要显示对于司法解释的忠诚,将其裁判纳入《合同法解释(二)》第14条的框架,得出解释结论后将此规范定性为效力性强制性规范亦为已足。于是,问题的关键在于,如何探寻规范意旨?

(二) 形式判别

71　　法律规范必借助语词得以表述,规范意旨亦可能隐含其中。用词考究的话,语词的使用能够传达禁令性质之信息。德国法上,法律禁令主要有"不应"(soll nicht)、"不许"(darf nicht)与"不能"(kann nicht)三种表述,分别是强行规范、许可规范及授权规范之反面。[60] 违反时,法律效果各有不同。其中,违反"不应"禁令,法律行为并不因之无效;违反"不许"禁令,法律行为是否无效,取决于具体的规范意旨;违反"不能"禁令,法律行为无效。[61]

72　　形式的语词判别,优点在于清晰明了。但局限性亦甚明显:

首先,对于立法者的学术素养与立法语言的精确度要求过高,在我国不具有现实性。[62]

其次,过于强调禁令的语词标志,可能机械僵硬甚至舍本逐末,因为规范功能毕竟是通过实质的规范意旨而非外在形式体现。例如,《德国民法典》第181条称,代理人"不能"(kann…nicht)实施自我行为,若依语

---

[60] 参见朱庆育:《私法自治与民法规范——凯尔森规范理论的修正性运用》,载《中外法学》2012年第3期,第466页以下。

[61] Schwab/Löhnig, Einführung in das Zivilrecht, 18.Aufl., 2010, Rn. 662. 亦参见梅仲协:《民法要义》,中国政法大学出版社1998年版,第118页。

[62] 最高人民法院对此亦有所承认。参见《妥善审理合同纠纷案件 维护市场正常交易秩序——最高人民法院民二庭负责人就〈关于当前形势下审理民商事合同纠纷案件若干问题的指导意见〉答记者问》,载《人民法院报》2009年7月14日。

词,自我行为系授权规范之违反,所涉法律行为应绝对无效[63],但德国通说认为,如此判定有违规范意旨,解释时应作缓和。[64]

再次,并非所有禁止规范均包含"不应"之类的否定语词。行为是否被禁止,往往体现于法律后果。例如,《刑法》第232条1分句规定,"故意杀人的,处死刑、无期徒刑或者十年以上有期徒刑",虽无否定语词,但显然包含"不得杀人"之禁止规范。

最后,相同的语词在不同语境下可能对应不同的法律效果。例如,同是"应当"一词,在《合同法》中至少有六种用法:其一,为当事人确立抽象的一般性义务,违反者将面临何种后果须俟具体规范而定,如《合同法》第5至8条;其二,为合同(意思表示)构建成立要件,未能满足者,合同(意思表示)不能成立,如《合同法》第14条、第30条1句;其三,为合同(意思表示)构建生效要件(Wirksamkeitsvoraussetzung),未能满足者,合同(意思表示)不能发生效力,如《合同法》第23-1条、第44-2条;其四,为合同构建有效条件,未能满足者,合同将因此效力障碍事由(Wirksamkeitshindernis)而处于效力瑕疵状态,如《合同法》第9-1条、第10-2条;其五,为当事人确立须承担的具体义务,如《合同法》第42条、第43条2句;其六,对合同及其当事人无任何影响,如《合同法》第132-1条。

(三)实质判别

1. 概说

更可靠的判别准据是实质的规范意旨,即法律禁令欲通过行为之禁止达到何种目的。[65] 以此为标准,放弃歧义丛生的效力性与管理性强制性规范之分类、借鉴德国学术思路,也许是一条可行的进路。当然,没有任何一种思路能够为规范意旨的探寻提供一劳永逸的操作技术,法律解释永远都是在具体的规范脉络下展开,因此,所谓判别准据,无非是法律解

---

[63] Brox/Walker, Allgemeiner Teil des BGB, 34. Aufl., 2010, Rn. 586.

[64] Reinhard Bork, Allgemeiner Teil des Bürgerlichen Gesetzbuchs, 3. Aufl., 2011, Rn. 1600; Brox/Walker, Allgemeiner Teil des BGB, 34. Aufl., 2010, Rn. 586; Rüthers/Stadler, Allgemeiner Teil des BGB, 16. Aufl., 2009, §30 Rn. 56; Staudinger/Schilken (2004), §181 Rn. 45.

[65] Larenz/Wolf, Allgemeiner Teil des Bürgerlichen Rechts, 9. Aufl., 2004, §40 Rn. 10.

释中可资考虑的因素而已。

74 根据强制规范所要实现的目的,法律禁令可三分为内容禁令(Inhaltsverbote)、实施禁令(Vornahmeverbote)与纯粹秩序规定(bloßeOrdnungsvorschriften)。

2. 内容禁令

75 内容禁令系绝对禁令(absolute Verbote)[66],禁止当事人的合意内容或所追求的法律效果之实现。[67] 例如,双方订立杀人的委任合同即属违反内容禁令之行为。违反内容禁令的法律行为无效,否则将陷于自相矛盾:一方面宣称合意内容被禁止,另一方面合意所约定的义务却应当得到履行。

76 内容禁令一般针对债权合同。关于物权合同,我国学说迄未达成一致意见。[68] 但在内容禁令方面,采物权行为抽象原则较能实现案件的合理解决。

如果奉行抽象原则,一般情况下,内容禁令仅致负担行为无效,作为履行行为的处分行为则因目的无涉,有效性不受影响,唯利益给予人可享有不当得利法上的返还请求权。例如,以行贿为目的的赠与合同因违反《刑法》第385条以下之规定而无效,但为履行赠与合同而移转所有权的行为可有效。若行贿人本身并无过错,得依《合同法》第58条之规定请求

---

[66] Rüthers/Stadler, Allgemeiner Teil des BGB, 16. Aufl., 2009, §26 Rn. 7 ff.

[67] Reinhard Bork, Allgemeiner Teil des Bürgerlichen Gesetzbuchs, 3. Aufl., 2011, Rn. 1093.

[68] 反对者如:陈华彬:《论基于法律行为的物权变动》,载梁慧星主编:《民商法论丛》(第6卷),法律出版社1997年版;崔建远:《从立法论看物权行为与中国民法》,载《政治与法律》2004年第2期;崔建远:《从解释论看物权行为与中国民法》,载《比较法研究》2004年第2期;梁慧星:《我国民法是否承认物权行为》,载《法学研究》1989年第6期;米健:《物权抽象原则的法理探源与现实斟酌》,载《比较法研究》2001年第2期;王利明:《物权行为若干问题探讨》,载《中国法学》1997年第3期;王轶:《物权变动论》,中国人民大学出版社2001年版。赞同者如:葛云松:《物权行为理论研究》,载《中外法学》2004年第6期;李永军:《我国民法上真的不存在物权行为吗?》,载《法律科学》1998年第4期;孙宪忠:《物权变动的原因与结果的区分原则》,载《法学研究》1999年第5期;孙宪忠:《再谈物权行为理论》,载《中国社会科学》2001年第5期;田士永:《物权行为理论研究》,中国政法大学出版社2002年版;徐涤宇:《物权行为无因性理论之目的论解释》,载《中国法学》2005年第2期;谢怀栻、程啸:《物权行为理论辨析》,载《法学研究》2002年第4期;赵勇山:《论物权行为》,载《现代法学》1998年第4期;朱庆育:《物权行为的规范结构与我国之所有权变动》,载《法学家》2013年第6期。

返还;若行贿人被索贿,在构成胁迫时更可基于胁迫撤销所有权让与行为(《合同法》第54-2条),从而以所有权人身份依《物权法》第34条主张返还。当受贿人因受贿罪遭受《刑法》第383条罚金或没收财产之刑罚时,无过错的行贿人或者享有优先于没收财产刑罚的不当得利返还请求权[《刑事涉财产执行规定》(法释〔2014〕13号)第13-1条],或者依胁迫法撤销后主张所有物返还请求权,将这部分财产别除于受贿人财产之外,不受罚没(《刑事涉财产执行规定》第9-1条)。唯在行贿人自身亦有过错时,其返还请求权才被排除,受贿财产可被没收。如此,主动行贿与被动遭索之区别对待,不仅体现在《刑法》第389条,亦借助物权行为的抽象原则呼应于民法领域,堪称允当。

反之,若是处分行为有因甚至否认处分行为之独立存在,则行贿的赠与合同无效使得所有权不发生变动,行贿人依然是所有权人。当受贿人被判处没收财产时,这部分财产不属于受贿人,一并没收于法无据,但如果主动行贿人有权主张返还,显然又享有不适当的法律优待。

当然,如果内容禁令不仅禁止负担行为之内容,并且拒绝由此带来的利益移转,则负担行为与处分行为同归无效。此时,所有权未发生移转,处分人得以所有权人身份要求返还。例如,《易制毒化学品管理条例》第16-2条规定,个人不得购买条例所列第一类、第二类易制毒化学品。依其规范意旨,这一规定既禁止与个人订立此类化学品的买卖合同,亦禁止个人取得所有权,因而,所涉负担行为与处分行为皆无效。

3. 实施禁令

法律禁令不针对行为内容,而是旨在禁止所实施的行为本身,谓之实施禁令。⑥⑨ 史尚宽先生所谓取缔规定,在界定上与此类似:取缔规定"着重违反行为之事实行为价值,以禁止其行为为目的"⑩。但在法律效果方面则相去甚远。史先生之取缔规定仅在防止其行为,而非以之无效⑪;德国法上之实施禁令,则一般导致法律行为无效。⑫

---

⑥⑨ Reinhard Bork, Allgemeiner Teil des Bürgerlichen Gesetzbuchs, 3. Aufl., 2011, Rn. 1094.

⑩ 史尚宽:《民法总论》,中国政法大学出版社2000年版,第330页。

⑪ 同上注。

⑫ Reinhard Bork, Allgemeiner Teil des Bürgerlichen Gesetzbuchs, 3. Aufl., 2011, Rn. 1115.

79　　　基于对法律行为效力影响的相似性,许多德国学者主张将实施禁令亦归入内容禁令,不对二者作出区分。⑬ 不过,依博尔克(Reinhard Bork)之见,实施禁令与内容禁令有所不同。⑭ 违反实施禁令之法律行为无效,并非因为行为内容有何不妥,而是因为此类行为将带来非正义后果。例如,销赃行为(《刑法》第312条)之被禁止,原因不在于双方当事人所达成的标的物移转或价金支付合意有违正义,而在于标的物系盗窃所得。再者,违反内容禁令之法律行为无效,几乎没有例外,违反实施禁令者,则存在无效的例外。⑮

80　　　实施禁令无效的例外,包括单方禁令与双方禁令之单方违反两种情形。⑯ 其一,属于单方实施禁令者如《公司法》第148-1条,该禁令仅以公司董事或高级管理人员为规范对象。相对人与之实施相关行为,并不因为董事或高级管理人员违反对公司的忠实义务而无效,根据该条第2款的规定,唯公司对于董事或高级管理人员之所得有权归入而已。与之不同,单方内容禁令之违反如同双方内容禁令,一无例外导致合同无效,如《合同法》第40条后段与《消费者权益保护法》第24条。其二,双方实施禁令虽同时规制双方当事人,但若只是一方违反,为诚实守信之相对人利益计,合同或者有效,或者其有效性交由诚实守信之相对人决定,如善意购买人与销赃人订立的买卖合同。与之不同,内容禁令无论一方违反抑或双方违反,均令合同无效。

4. 纯粹秩序规定

81　　　纯粹秩序规定的规制对象是诸如时间、地点、种类、方式之类的法律行为外部环境。⑰ 因其并不直接针对法律行为本身,故可称相对禁令(rel-

---

⑬ Brox/Walker, Allgemeiner Teil des BGB, 34. Aufl., 2010, Rn. 324 f.; Rüthers/Stadler, Allgemeiner Teil des BGB, 16. Aufl., 2009, §26 Rn. 7 ff.

⑭ Reinhard Bork, Allgemeiner Teil des Bürgerlichen Gesetzbuchs, 3. Aufl., 2011, Rn. 1094.

⑮ Reinhard Bork, Allgemeiner Teil des Bürgerlichen Gesetzbuchs, 3. Aufl., 2011, Rn. 1113, 1115.

⑯ Reinhard Bork, Allgemeiner Teil des Bürgerlichen Gesetzbuchs, 3. Aufl., 2011, Rn. 1116 ff.

⑰ Reinhard Bork, Allgemeiner Teil des Bürgerlichen Gesetzbuchs, 3. Aufl., 2011, Rn. 1095; Larenz/Wolf, Allgemeiner Teil des Bürgerlichen Rechts, 9. Aufl., 2004, §40 Rn. 17; Rüthers/Stadler, Allgemeiner Teil des BGB, 16. Aufl., 2009, §26 Rn. 4.

ative Verbote）。⑱

纯粹秩序规定只是为合同创造公平正义的秩序环境，违反者将招致行政乃至刑事处罚，合同效力却不受影响。在此法律效果的意义上，纯粹秩序规定与史尚宽先生所称"取缔规定"较为接近。例如，《娱乐场所管理条例》第28条（"每日凌晨2时至上午8时，娱乐场所不得营业"）系有关营业时间的管制规定，如有违反，娱乐场所将面临行政处罚（《娱乐场所管理条例》第48条），但在此时间段所订立的合同，有效性却不受影响。

司法裁判中，纯粹秩序型中的"管理性强制规定"〔53—54〕可归入纯粹秩序规定之列。

五、规范的体系关联

体系上，有两项规范与《合同法》第52(5)条最为接近。

（一）《民法通则》第58-1(5)条

《民法通则》第58-1(5)条其实包括两项规范：违反法律的法律行为无效以及违反社会公共利益的法律行为无效。《合同法》第52(5)条是前项规范的升级版。适用时，若二者重叠，应遵循"新者从新、旧者从旧"原则，准据时点则为讼争行为实施之日〔浙江省绍兴市中级人民法院（2007）绍中民二终字第382号判决："因本案当事人的民事行为发生于《中华人民共和国合同法》实施前，故本案应适用当时的法律，原审依照《中华人民共和国合同法》作出判决属适用法律不准确，应当予以纠正。"〕，唯须对《民法通则》第58-1(5)条之"法律"作语义限缩〔5—6〕。

如果认为，作为新法的《合同法》第52(5)条已经取代作为旧法的《民法通则》第58-1(5)条前一情形，也许将失之草率：首先，单方行为仍须适用《民法通则》；其次，《合同法》第2-2条将"婚姻、收养、监护等有关身份关系的协议"排除在《合同法》的适用领域之外，此类协议若有违反法律禁令，亦须适用《民法通则》。

另外，在司法案例中，对于若干特殊类型的合同，法官选择舍弃《合同

---

⑱ Rüthers/Stadler, Allgemeiner Teil des BGB, 16. Aufl., 2009, §26 Rn. 4.

法》而适用《民法通则》,此类合同包括股权转让合同[江苏省苏州市中级人民法院(2002)苏中民二终字第348号判决]、商标权转让合同[北京市第二中级人民法院(2005)二中民终字第2980号判决]与继承协议[云南省玉溪市中级人民法院(2009)玉中民一终字第57号判决]等。不过,除继承协议可勉强归入"有关身份关系的协议"外,笔者看不到其他两种合同适用《民法通则》而不适用《合同法》的理由。

(二)《合同法》第52(4)条

87 《合同法》第52(4)条对应《民法通则》第58-1(5)条后一情形。违反法律禁令与损害社会公共利益并列,说明这两项裁判依据彼此独立。损害社会公共利益较之违反法律禁令更少确定性而更多裁量空间,因而在适用时,违反法律禁令应得到优先考量,唯在无可资适用的法律禁令时,方可援引社会公共利益条款作为无效判决依据。在此意义上,社会公共利益条款具有原则的地位,以救规则不足之穷。⑲

87-1 《民法总则》颁行后,损害社会公共利益无效的规则消失,取而代之的是第153-2条:"违背公序良俗的民事法律行为无效。"此可回溯印证,《合同法》中的公共利益条款具有相当于公序良俗条款的原则地位。

六、法律效果

88 《合同法》第52条所称无效,系《合同法》第56条前句之"自始没有法律约束力"。一方面,违反法律禁令的合同自缔结之初即无效;另一方面,"自始没有法律约束力"也意味着,此无效系确定无效,非悬而未决的无效(效力待定)。同时,该无效在当事人自治领域之外[1],法官可依职权判定,无待当事人主张,属于当然无效。

此亦表明,若所涉法律行为并非当然确定无效,而是其他效力瑕疵如可撤销(如《合同法》第54-1条)、效力待定(如《合同法》第47-1条、第48-1条、第50条、第51条),则无《合同法》第52(5)条之适用余地,所涉

---

⑲ 形式的法条编排虽然不至于影响规范的适用顺位,但在立法技术上,《合同法》第52条如果能将第4项与第5项置换顺序,应该更具形式合理性。

强制规范亦无讨论是否属于"效力性强制规定"之必要〔17〕。

合同亦可能仅部分违反法律禁令,此时,依《合同法》第56条后句规定,"不影响其他部分效力的,其他部分仍然有效"。部分无效而不影响合同整体有效的情形大致有两种:

其一,无效部分不重要。如果无效部分对于合同整体不重要,则不应影响其他部分的有效性。例如,双方当事人订立房屋租赁合同,同时为承租人设定具有绝对效力(物权效力)的先买权。物权效力的先买权因违反《物权法》第5条物权法定主义而无效,但先买权设立与否对租赁合同之成立不重要——除非承租人以拥有物权效力的先买权为承租前提,此无效并不影响租赁合同本身的有效性。

其二,无效部分具有独立性。若无效部分具有独立性,无论是否重要,均不影响合同其余部分的效力。无效部分的独立性往往是推断当事人意思的结果。例如,《合同法》第57条规定,合同无效不影响独立存在之争议解决条款的有效性,反之,争议解决条款若无效,亦不影响合同整体之有效性。争议解决条款无关乎合同实质内容,认可其独立性较符合一般理性人之交易观念。再如,《合同法》第214条规定,超过20年的租赁合同,超过部分无效。之所以仅仅是"超过部分无效",原因在于,一般理性人订立期限如此之长的租赁合同,不至于采"全租或不租"之极端立场。

原则上,违反法律禁令之合同于任何人而言均属无效(绝对无效)。如果某一法律禁令仅为保护特定人而设,则违反该禁令之合同对该特定人无效即为已足(相对无效),而不必令其绝对无效。例如,《物权法》第20-1条后句规定:"预告登记后,未经预告登记的权利人同意,处分该不动产的,不发生物权效力。"此"不发生物权效力",应解释为对预告登记的权利人不发生物权效力,即相对无效。

债务合同无效,未履行的合同不必履行,已履行的合同负返还义务或赔偿义务(《合同法》第58条);物权合同无效,让与人得以物权人身份请求返还(《物权法》第34条)。

七、举证责任

92　　由主张合同因违反法律禁令而无效者负责举证。法官发现此无效事由时,亦可依职权认定合同无效。

93　　在部分无效情形,证明合同因违反法律禁令而无效之后,举证责任归于主张合同"其他部分仍然有效"之人,证明内容则是无效部分"不影响其他部分的效力"。

第 54 条第 1 款第 2 项　显失公平合同[*]

贺　剑

《中华人民共和国合同法》第 54 条
下列合同，当事人一方有权请求人民法院或者仲裁机构变更或者撤销：
……
(二)在订立合同时显失公平的。

细　目

一、规范目的与立法历史……1—11
　(一)规范目的……1—4
　(二)立法历史……5
　(三)适用范围……6—11
　　1. 适用于合同和合同条款……6—7
　　2. 不限于双务合同……8
　　3. 不限于民事合同……9—11
二、在订立合同时显失公平……12—58
　(一)共识与争论……12—19
　　1. 判断时点……12
　　2. 客观要件……13—17
　　3. 主观要件的有无之争……18—19
　(二)双重要件说……20—36
　　1. 实务与学说……20—22
　　2. 利用优势或者利用对方没有经验……23—33
　　3. 主客观要件的综合考察……34—36

---

[*] 本文首发于《法学家》2017 年第 1 期(第 155—174 页)，原题为《〈合同法〉第 54 条第 1 款第 2 项(显失公平制度)评注》。

(三) 单一要件说……37—42
　　1. 潜在理由……38—41
　　2. 实质缺陷……42
(四) 折中说……43—47
(五) 显失公平制度是公序良俗原则的体现……48—52
(六) 与相关制度的关系……53—58
　　1. 乘人之危……53
　　2. 违约金调整规则……54—55
　　3. 格式条款……56—57
　　4. 利息规制……58
三、法律效果……59—75
　(一) 概述……59—61
　　1. 性质……59—60
　　2. 谁有权起诉……61
　(二) 撤销……62
　(三) 变更……63—72
　(四) 撤销和变更的关系……73—75
四、常见案例类型……76—87
　(一) 特别法规定……76—77
　　1. 劳动合同法……76
　　2. 海商法……77
　(二) 司法实务……78—87
　　1. 人身损害赔偿协议……78—81
　　2. 离婚财产分割协议……82
　　3. 竞业限制条款……83—84
　　4. 单方仲裁选择权条款……85
　　5. 建设工程合同……86—87
五、举证责任……88
六、立法论……89—90

一、规范目的与立法历史

(一)规范目的

本项规定在学理上通常称为显失公平制度(显失公平合同)。它构成对合同自由原则的限制:通过赋予一方当事人事后撤销或变更合同的权利,合同的约束力(《合同法》第 8 条第 1 款)在此被突破。

有争议的是,在显失公平制度背后,立法者乃是基于何种规范目的而否定合同的拘束力?直观的理解似乎是公平原则。《合同法》的起草机关即持此见解①;《民通意见》第 72 条以公平原则作为显失公平的判定标准,也支持此种见解。

需指出,《民通意见》第 72 条还将等价有偿原则作为显失公平的判定标准。据此,显失公平制度似乎也体现了等价有偿原则。② 这并不妥当。等价有偿乃公平原则的应有之义,而且,等价有偿原则自身的妥当性也多受质疑。③ 这些因素,很可能使得《合同法》没有再因循《民法通则》第 4 条将等价有偿原则和公平原则并举,而是仅规定了后者。④ 最高人民法院后来在判断显失公平时,也不再提等价有偿,而仅以公平原则作为判断标准。⑤

也有人将公序良俗原则(《合同法》第 7 条)作为显失公平制度背后的依据。这显然是受《德国民法典》第 138 条第 2 款(将暴利行为作为法

---

① 参见胡康生主编:《中华人民共和国合同法释义》(第 2 版),法律出版社 2009 年版,第 98 页。
② 参见梁书文主编:《民法通则贯彻意见诠释》,中国法制出版社 2001 年版,第 53 页;韩世远:《合同法总论》(第 3 版),法律出版社 2011 年版,第 200 页;崔建远:《合同法总论》(第 2 版),中国人民大学出版社 2011 年版,第 353 页。
③ 分别参见曾大鹏:《论显失公平的构成要件与体系定位》,载《法学》2011 年第 3 期,第 137 页;朱广新:《合同法总则》,中国人民大学出版社 2012 年版,第 236 页(主观和客观价值论之争)。
④ 立法起草机关也将"公平原则"与"等价公平原则"混用。参见注①,第 98 页。
⑤ 参见最高人民法院《关于稷山县关公洗煤厂与垣曲县晋海实业总公司、张喜全货款纠纷一案的复函》([1999]他字第 33 号)明确:"……扣罚洗煤厂 18 万元煤款的协议,明显违背公平原则,可认定为显失公平";"家园公司诉森得瑞公司合同纠纷案",载《最高人民法院公报》2007 年第 2 期(二审法院尽管引用了《民通意见》第 72 条,但裁判理由以及裁判摘要中都只认可公平原则)。

律行为违背公序良俗的特例)的影响。⑥ 我国法上,早期也曾有规定从"单方获取暴利"的角度定义显失公平制度。⑦ 此外,显失公平制度也可能被视为公平原则与诚信原则(《合同法》第 6 条)的共同体现。⑧

4   显失公平制度的规范目的为何,即体现了何种法律原则,与其构成要件密切相关。大致而言,如果采单一要件说,显失公平制度是公平原则的体现;但若采其他学说,则未必。〔48—52〕当然,显失公平制度是否体现了公平原则,还与对公平原则的界定相关。如果对公平作宽泛理解,使其等同于合同正义,因而可以涵盖诚实信用、情势变更、公序良俗等概念,显失公平制度无疑是公平原则之体现。⑨ 但这一无所不包的公平,并非《合同法》第 5 条意义上的公平;后者仅关注"各方的权利和义务"是否对等。

(二) 立法历史

5   显失公平制度的源头是《民法通则》第 59 条。⑩ 之后的类似规定还有最高人民法院《关于适用〈涉外经济合同法〉若干问题的解答》(法〔经〕发〔1987〕27 号,失效) 第 4 条第 1 款第 2 项、1989 年《技术合同法实施条例》(失效) 第 29 条第 2 项。上述三项规定对显失公平的时点均无限制,而《合同法》第 54 条要求显失公平须发生于"订立合同时"。

---

⑥ 参见梁慧星:《民法总论》(第 4 版),法律出版社 2011 年版,第 202 页;巴晶焱:《股权转让协议中欺诈和显失公平的认定》,载《人民司法·案例》2011 年第 14 期,第 81 页。也有学者将德国法上的暴利制度视为公平原则(给付均衡法理)的体现。参见注②,韩世远书,第 39 页。

⑦ 国家工商行政管理局经济合同司《关于如何处理申请变更或撤销内容有重大误解或显失公平的合同案件的复文》(〔1989〕同字第 3 号) 第 2 条第 2 款规定:"显失公平的合同,是指……单方获取暴利……"

⑧ 有此种倾向者,参见王利明:《合同法研究(第一卷)》(第 3 版),中国人民大学出版社 2015 年版,第 701、710 页。

⑨ 如"最高人民法院副院长唐德华在国家法官学院中级法院院长培训班上的讲话"第二点第 3 条。关于合同正义,参见注⑧,第 199—202 页;隋彭生:《合同法要义》(第 4 版),中国人民大学出版社 2015 年版,第 4 页。

⑩ 中华人民共和国成立后,最早有关显失公平的规定似乎是 1951 年最高人民法院华东分院《关于解答房屋纠纷及诉讼程序等问题的批复》第 4 条,该条规定:"承典人未得出典人同意,将出典物变卖,应先审究典权契约内容是否公平合理……如果典权契约内容,显失公平……自许原出典人依法诉追回赎。"这相当于赋予原出典人撤销或变更典权契约(以及对抗第三人)的权利。

(三)适用范围

1. 适用于合同和合同条款

显失公平的可能是整个合同,也可能是合同价格、竞业禁止或风险分配等合同条款。从维护合同效力、尊重意思自治的角度讲,显失公平制度可以仅适用于部分合同条款。[11] 其实益在于,在撤销时,仅相应条款被撤销,其他条款仍然有效。原则上,一切合同条款(包括关于附随义务[12]的条款)都可能显失公平。

某合同条款是否显失公平,应结合其他相关条款综合考察。比如,在建设工程合同实务中,让承包人预先放弃价款优先受偿权的条款原则上显失公平;但如果合同中还有其他条款足以保障承包人的债权(如发包人提供其他有效担保),则仍不构成显失公平。

2. 不限于双务合同

显失公平制度适用于有偿合同,但并不限于双务合同。[13] 因为其着眼点为经由合同实现的"交换"(对价关系)是否不公,这与合同是双务还是单务无必然联系。[14] 因此,少数单务合同,如自然人之间的有偿借款合同(《合同法》第 210 条),由于也有"交换",仍可能适用显失公平制度。[15] 少数无名合同,主要是和解合同,如一方免除部分旧债务、另一方为剩余债务提供担保(单务合同,因为债务免除是处分行为),或一方免除部分旧债务、另一方承诺尽快履行剩余债务(双方在此均未负担新的债务,如工伤赔偿协议[44—46]),因为这些合同中也存在新旧义务之间或处分行为

---

[11] 参见湖南地源精细化工有限公司与兰州理工大学合同纠纷上诉案[最高人民法院(2012)民二终字第 43 号]。比较法上的例证,如美国《统一商法典》第 2-302 条、《合同法重述》(第二版)第 208 条所规定的都是"显失公平的合同或合同条款"(unconscionable contract or term/clause)。

[12] 不同观点,参见"家园公司诉森得瑞公司合同纠纷案",同注⑤(涉及保守商业秘密的义务)。

[13] 试比较,参见注⑧,第 708 页:"显失公平主要适用于有偿合同,特别是双务合同。"

[14] 不同意见,如邵建东:《论可撤销之法律行为——中德民法比较研究》,载《法律科学》1994 年第 5 期,第 53 页。

[15] 类似观点,参见注③,曾大鹏文。

与旧义务的履行之间的对价关系⑯,因而也可适用显失公平制度。相反,常见的无偿合同如赠与⑰、保证等,因缺乏"交换",故无适用显失公平制度之余地。对于混合合同,如"半卖半送"的合同,是否显失公平应仅就买卖部分作判断。

3.不限于民事合同

9 我国采民商合一体制,《合同法》总则部分的显失公平制度自然也适用于分则部分的诸多商事合同。不过在商事交易中,合同双方通常势均力敌,因而合同显失公平的概率较低。⑱

10 有论者指出,对于不良金融债权处置等交易,要借助显失公平制度防止"一案暴富"及国有资产流失。⑲ 这其实就忽视了商事主体的成熟和不良资产交易的高风险特性。⑳

11 最高人民法院《关于审理联营合同纠纷案件若干问题的解答》(法(经)发[1990]27号)第4条第1款曾以"共负盈亏、共担风险"原则为由,确认联营合同中的保底条款(指联营一方虽向联营体投资,并参与共同经营,分享联营的盈利,但不承担联营的亏损责任,在联营体亏损时,仍要收回其出资和收取固定利润的条款)为无效。有观点认为,更妥当的做法是将保底条款认定为显失公平,从而将法律效果由无效缓和为可撤销。㉑ 对此难以赞同。上述保底条款的无效,宜从当时保护内资的法律政策中去理解。就显失公平而言,联营合同的各方主体都是成熟的商人,上

---

⑯ 参见贺剑:《诉讼外和解的实体法基础》,载《法学》2013年第3期,第144—147页。比较法上,和解合同尽管要求"互相让步",但未必是(债法上的)双务合同,参见庄加园:《和解合同的实体法效力》,载《华东政法大学学报》2015年第5期,第133页。

⑰ 参见贾秀琴与李继业等合同纠纷上诉案[北京市第一中级人民法院(2015)一中民终字第2168号(一审见解,二审予以维持)]。

⑱ 参见注③,曾大鹏文,第140页。

⑲ 参见王伟伟:《以显失公平原则规制"一案暴富"》,载《检察日报》2013年9月25日,第3版。

⑳ 参见天津市高级人民法院《关于为我市小型微型企业健康发展提供法律服务的指导意见》(津高法[2012]118号)第10条(针对小微企业商事合同案件),该条规定:"不能片面追求交易结果的所谓完全平等性",轻易以显失公平为由撤销或变更合同;"更不能……片面以避免国有资产损失或防止私有财产所有权遭受侵害为由"通过撤销、无效等方式否认合同效力。

㉑ 参见孔祥俊:《合同法教程》,中国人民公安大学出版社1999年版,第273—275页。

述盈利和风险分担模式也是各方谈判的结果,主观〔28—33〕和客观〔13—17〕上都很难满足显失公平制度的要件。

二、在订立合同时显失公平

《合同法》第54条和《民法通则》第59条对显失公平均未作界定。目前仅《民通意见》第72条规定:"一方当事人利用优势或者利用对方没有经验,致使双方的权利义务明显违反公平、等价有偿原则的,可以认定为显失公平。"

(一)共识与争论

1.判断时点

显失公平的判断时点是"订立合同时"。合同订立后因市场行情等因素导致的权利义务显著失衡,不适用显失公平制度,而适用情势变更制度《合同法解释(二)》第26条。

2.客观要件

在客观方面,显失公平是指"双方的权利义务"明显违反公平原则(《民通意见》第72条),或者说权利和义务"严重不对等"[22],即"合同内容显失公平"[23]。通常如标的物价值和价款相差悬殊,责任或风险承担显著不合理等。[24] 合同客观上是否显失公平,需综合考虑以下因素:

第一,相对比例。以合同价格为例,依《合同法解释(二)》第19条的规定,如果低于当地指导价或者市场交易价的70%,一般可以视为"明显不合理"的低价;如果高于前述价格的30%,则视为"明显不合理"的高价。有地方高级人民法院也有类似规定:在民间借贷的以房抵债约定中,若"合同约定的房屋转让价格达不到当时交易地的市场交易价百分之

---

[22] 参见注①,第98页。
[23] 最高人民法院《关于审理房地产管理法施行前房地产开发经营案件若干问题的解答》(法发〔1996〕2号,失效)第37条。
[24] 参见注①,第98页。

七十的,一般可以视为价格明显过低"㉕。

15　　第二,绝对金额。㉖ 当绝对数额较大时,即便相对比例未超过30%,比如二手房买卖纠纷中,房屋市价270万元,合同价格为200万元,也可能构成客观上显失公平。㉗

16　　　　第三,合同性质和目的。有时,合同权利义务严重不对等也未必表明合同内容显失公平。这还需考察合同的性质和目的。㉘ 在半卖半送的混合合同中,合同价格明显低于市场价未必显失公平,此时应将赠与部分考虑进来,换言之,应仅考察买卖部分是否显失公平[8]。在投资或者投机交易中,判断权利与义务是否对等须考虑交易的高风险、高收益特点。㉙ 在海难救助合同中,判断对价是否公平除了应考虑救助方的实际支出外,还应考虑救助方或者救助设备所冒的风险等诸多因素(《海商法》第180条)。㉚ 一定期限的竞业禁止条款或保守商业秘密条款可能"看似对一方明显不利",但在某些行业(如房地产中介行业)却仍然可能是公平的。㉛

17　　第四,与其他交易的关联。有些合同单独来看可能权利义务严重不对等,但如果与其他相关交易一并来看(二者有时可能是一个更大交易的组成部分),却可能是合理、公允的,此时不宜只见树木而不见森林。

3.主观要件的有无之争

18　　显失公平制度要想适用,除了合同内容显失公平(客观要件)以外,是否还要求一定的主观要件？即是否要求显失公平这一后果是由一定的主观原因(如《民通意见》第72条的"一方当事人利用优势或者利用对方没

㉕　参见北京市高级人民法院《关于审理房屋买卖合同纠纷案件若干疑难问题的会议纪要》(京高法发〔2014〕489号)第24条第2款。

㉖　类似观点,参见注⑨,隋彭生书,第128页。

㉗　参见刘文媛与韩玉卿房屋买卖合同纠纷上诉案[北京市第一中级人民法院(2014)一中民终字第8042号]。该案因欠缺主观要件而不构成显失公平。

㉘　这一表述的灵感源自《国际商事合同通则》第3.2.7条。

㉙　例如,最高人民法院民一庭:《如何认定合同的显失公平》,载奚晓明主编:《民事审判指导与参考》(总第35集),法律出版社2008年版,第141页(葛文执笔)。有学者将投机交易放在主观要件下讨论,似有不妥。参见注⑨,隋彭生书,第124页。

㉚　参见胡正良主编:《海事法》,北京大学出版社2009年版,第123页。

㉛　参见家园公司诉森得瑞公司合同纠纷案,同注⑤(裁判摘要)。

有经验")所造成的?就此主要有三种观点:(1)单一要件说,认为只需客观要件即可;(2)双重要件说,认为需主客观要件兼备;(3)折中说,或者以单一要件说为原则、以双重要件说为例外,或者相反。㉜

需注意,判断合同内容客观上显失公平时,也可能需考察当事人订立合同时的意思等主观因素,即上文所说的合同性质和目的。这不同于显失公平制度的主观要件。㉝

(二)双重要件说

1. 实务与学说

《民通意见》第72条是双重要件说最坚实的依据,学者对显失公平的界定多源于此。㉞ 立法起草机关亦采此说。㉟ 不过,其以我国司法实践"一般认为"显失公平制度包含主客观要件,即得出"必须"采双重要件说的结论㊱,从不绝对到绝对,从事实判断到规范判断,在说理上还有待加强。《合同法》起草时,曾有草案明确采双重要件说㊲,但最终未被采纳。立法者的这一举动很难说是反对双重要件说,结合起草机关的释义,将其

㉜ 参见注③,曾大鹏文,第137页。

㉝ 正确指出此点者,参见注⑧,第709页。相反,《国际商事合同通则》第3.2.7条的评注者认为,即便合同一方没有利用其谈判地位优势损害合同另一方,客观上的显失公平也仍然可能是"不正当的",因而可以适用显失公平制度。例如,合同中约定了非常短的货物或服务存在瑕疵时的通知期间,对于货物或服务提供者来说,这可能是过分有利的,也可能不是。至少就该举例而言,它只涉及客观上是否显失公平,而不涉及显失公平是否正当的问题。See UNIDROIT, Principles of International Commercial Contracts, Art. 3.2.7, Comment 2. b.

㉞ 参见注⑧,第700页;注③,曾大鹏文,第138页;注⑨,隋彭生书,第122页;注③,朱广新书,第236页;杨立新:《债与合同法》,法律出版社2012年版,第409页;刘凯湘:《合同法》,中国法制出版社2010年版,第243—244页[似有矛盾者,参见刘凯湘:《民法总论》(第3版),北京大学出版社2011年版,第349页];尹田:《乘人之危与显失公平行为的性质及其立法安排》,载《绍兴文理学院学报》2009年第2期,第12页;尹田:《论显失公平的民事行为》,载《政治与法律》1989年第5期,第44页;李永军:《合同法》(第3版),法律出版社2010年版,第315页;柳经纬主编:《合同法》,中国民主法制出版社2014年版,第128页;张民安、王荣珍主编:《民法总论》(第4版),中山大学出版社2013年版,第380页。

㉟ 参见注①,第98页(尤需注意对显失公平合同所作界定)。

㊱ 参见注①,第98页。

㊲ 参见梁慧星:《关于中国统一合同法草案第三稿》,载《法学》1997年第2期,第49页;注③,曾大鹏文,第136页。

21 　《合同法》颁行后,最高人民法院虽未通过司法解释或者指导性案例明确表态,但大体上是采双重要件说。2007年《最高人民法院公报》登载的一则案例的"裁判摘要"指出:"合同的显失公平,是指合同一方当事人利用自身优势,或者利用对方没有经验等情形,在与对方签订合同中设定明显对自己一方有利的条款,致使双方基于合同的权利义务和客观利益严重失衡,明显违反公平原则。"㊳新近,最高人民法院也大多明确采双重要件说。㊴

22 　双重要件说的另一补充性支持是情势变更制度。显失公平制度调整的是合同订立时的显失公平,情势变更制度调整的是合同订立后的显失公平,二者的适用结果都是突破合同的拘束力。而情势变更制度的适用前提,除了合同因客观情况发生变化而"明显不公平"之外,还要求客观情况的变化,即明显不公平的原因,必须是当事人在订立合同时无法预见的[《合同法解释(二)》第26条]。以此类推,显失公平制度的要件也不应仅限于合同内容客观上显失公平,这也间接证明了主观要件的必要。㊵

㊳　家园公司诉森得瑞公司合同纠纷案,同注⑤。

㊴　参见营口临潼维宁科技有限公司与沈阳瀚驰建筑工程有限公司建设工程施工合同纠纷申请再审案[最高人民法院(2012)民申字第1560号];秦皇岛皇威制药有限公司与广西梧州制药(集团)股份有限公司发明专利实施许可合同纠纷申请案[最高人民法院(2013)民申字第1951号];张雅芬:《当事人以合同内容存在重大误解、显失公平或受欺诈、胁迫或乘人之危订立请求撤销的如何认定》,载奚晓明主编:《民事审判指导与参考》(总第40集),法律出版社2010年版,第173页(最高人民法院案例)。其他下级法院的权威案例,参见注㉙,最高人民法院民一庭文;付国华:《显失公平构成要件之适用》,载奚晓明主编:《民事审判指导与参考》(总第50辑),人民法院出版社2012年版。隐含采单一要件说者,参见注⑪,湖南地源精细化工有限公司与兰州理工大学合同纠纷上诉案。

㊵　上述分析的灵感,参见注⑨,隋彭生书,第123页。

2.利用优势或者利用对方没有经验

(1)何谓"利用"?

一般认为,一方当事人须具有利用优势或利用对方无经验的故意。㊶ 而故意利用是指,获益一方明知合同权利义务严重不对等、明知相对方处于困境,并故意利用了这一困境。对此有几点说明:

第一,重大过失应等同于故意。从设置主观要件的目的来看,不管其背后的指导原则是公序良俗还是诚实信用[48—52],故意利用与因重大过失而利用都可能构成悖俗或背信行为。相反,与悖俗或背信无关,基于一般过失的利用则不构成"利用"。㊷

第二,若显失公平的合同内容是一方当事人自己没有经验所致,而非另一方当事人利用其没有经验所致,则不适用显失公平制度㊸;而且也不能类推适用。因为从规范目的来看,此种情形与悖俗或背信[48—52]无关。

第三,若一方当事人不仅有利用优势的故意,还有加损害于相对人的故意,则在显失公平制度之外,还可能构成侵权。这在诉讼时效方面有特别意义。

(2)利用优势与利用对方没有经验之关系

从体系来看,利用(己方)优势、利用对方没有经验是并列关系,且二者分别指涉不同当事人,逻辑上似乎泾渭分明,其实不然。

"优势"在此应是一个主观、相对的概念,即合同一方相对于另一方的优势;它不是客观、绝对的概念,即合同一方相对于社会一般人的优势。因为显失公平制度的主观要件所关心的,是合同一方相对于另一方具有优势并且利用这种优势导致了不公平的结果,至于相对于社会一般人是

㊶ 参见注⑧,第710页;李馨:《撤销之诉中显失公平的认定标准》,载《人民司法·案例》2013年第20期,第33页;王者信与黑龙江省八五二农场租赁合同纠纷上诉案[黑龙江省高级人民法院(2013)黑高商终字第8号]。

㊷ 不同观点(可能是无心提及),参见注⑧,第711页("知道或者可以合理期待其知道对方处于弱势地位")。

㊸ 参见浙江浣美门窗工业有限公司与浙江诸暨一百物流有限公司建设用地使用权转让合同纠纷案[浙江省绍兴市中级人民法院(2013)浙绍民终字第1432号(一审见解)];注⑧,第710页。

26　　基于上述理解,利用(己方)优势与利用对方劣势可谓一体两面,它们在概念上都可以包含利用对方没有经验。㊹ 后者只是一个"注意规定"㊺。从比较法来看,目前尚未见到有国家或地区同时从优势和劣势两方面来界定显失公平制度的主观要件。常见的做法是从利用对方劣势的角度作列举式规定,如规定利用对方的急迫、轻率、无经验等。㊻

27　　将"优势"和"没有经验"理解为绝对的概念,即合同一方相对于社会一般人所具有的优势或劣势㊼,不仅与主观要件的设置目的有违,还将导致如下概念困境:当合同一方高于而另一方低于社会一般人水平时,是属于利用优势,还是属于利用对方没有经验?社会一般人如何界定?尤其是在消费合同的场合,其涉及的是消费者没有经验,还是经营者具有优势?此外,当合同双方(如商人)都高于社会一般人水平时,是否就不存在利用优势或者利用对方没有经验的可能?

(3)利用优势

在司法实务基础上,可以将"利用优势"大体分为两类:

28　　第一类是利用"结构优势",即合同双方当事人分属于不同群体,而一个群体的成员相对于另一个群体的成员通常都享有信息、知识技能、经济地位以及其他可能影响双方谈判地位的优势。其典型如用人单位相对于劳动者的优势、生产者和经营者相对于消费者的优势、医院和医生相对

㊹ 类似观点,参见注⑧,第711页:"'利用优势'通常要求,一方获得的优势是在其知道或者可以合理期待其知道对方处于弱势地位。"但需指出,该文参考《国际商事合同通则》第3.2.7条[第1款(a)项],认为"利用优势"包括"不公平地利用了对方当事人的依赖、经济困境和紧急需要"等情形,或有未当。因为在官方评论中,第1款(a)项所列举的情形均属于"谈判地位不平等",并未提及利用优势、利用对方劣势一类的区分。UNIDROIT, Principles of International Commercial Contracts, Art. 3.2.7, Comment 2. a;中译本参见张玉卿主编:《国际统一私法协会国际商事合同通则2010》,中国商务出版社2012年版,第266—267页。

㊺ 就措辞而言,"利用对方没有经验""利用对方劣势"与"利用优势"在举证内容和要求上并无实质差别。因为只要认可了优势和劣势只是相对概念,那么,证明了合同一方具有优势,也就证明了合同另一方具有劣势。而且,不管采取哪种措辞,前述主观要件的证明责任原则上都是由受损害方承担。

㊻ 如《德国民法典》第138条、我国台湾地区"民法"第74条和《国际商事合同通则》第3.2.7条。

㊼ 不同理解,参见注③,朱广新书,第236—237页。

于患者的优势,甚或监管机构相对于被监管对象的优势。⑱

不管是利用优势还是劣势,都须与合同内容的显失公平相关(条文要求"致使")。比如,用人单位与劳动者签订低于最低工资标准的劳动合同时,固然可能利用了结构性优势("活少人多")⑲,但如果涉及劳动者发生工伤且已辞工的情形,二者签订不公平的工伤补偿协议则未必与前述结构性优势有关,而更可能是因为用人单位利用了劳动者经济上的窘境。⑳

第二类是利用"个体优势",即在具体个案中,合同一方相对于另一方具有信息优势或者其他优势,但双方属于同一群体,或者虽属于不同群体却并无结构性的强弱之别。在判断是否构成"利用优势"时,有时需结合交易类型和性质等作出不同的价值判断。比如在通常的货物贸易中,精明的商人利用其信息和渠道优势低买高卖,乃是市场经济的要义,优胜劣汰,促进竞争,其固然有"优势",亦不属于"利用优势"㉑。但是如果交易行为是偶发性的,其目的也并非促进财货流通,而只是在当事人之间重新分配财富,那么则有可能构成"利用优势"。

实践中常出现的是在拆迁补偿纠纷中,一方当事人利用提前知晓拆迁补偿价格的信息优势,与被拆迁人或者其他利益相关者签订明显低于拆迁补偿价格的合同。㉒ 此类纠纷中,系争合同于促进竞争、财货流通毫无实益,其首要或唯一作用就在于重新分配拆迁补偿款,甚至可以说,是"巧取"受害一方原本可获得的拆迁补偿款,自然宜严加控制。

区分结构优势、个体优势的实际意义在于证明。在合同一方相对于

---

⑱ 国家工商行政管理局经济合同司《关于如何处理申请变更或撤销内容有重大误解或显失公平的合同案件的复文》第 2 条第 2 款("显失公平的合同,是指一方当事人以权谋私……")。

⑲ 在立法论上,"结构优势"这一概念也可以替换为"结构劣势"。

⑳ 参见伊宁边境经济合作区亚泰砖厂与田云华债权人撤销权纠纷案[新疆维吾尔自治区高级人民法院伊犁哈萨克自治州分院(2014)伊州民二终字第 401 号]。该案涉及工伤赔偿协议纠纷,一审法院从用人单位在经济地位、社会影响和人际关系上的优势出发认定显失公平;二审法院对此委婉地予以纠正,指出该案合同显失公平系用人单位利用劳动者经济条件困难所致。

㉑ 类似担忧,参见注⑨,隋彭生书,第 126 页。

㉒ 参见朴钟浩等与钟首岩委托合同纠纷上诉案[吉林省高级人民法院(2014)吉民二终字第 89 号]。

另一方有结构优势时,"利用优势"这一现象是普遍存在的,因而作为一项"日常生活经验法则",可以适用事实推定㊵[最高人民法院《关于民事诉讼证据的若干规定》第9条第1款第3项]。亦即,受损害方只要证明存在结构优势,且合同客观上显失公平,即可推定合同相对人利用了上述结构优势导致合同客观上显失公平,主观要件成就。在合同一方相对于另一方仅有个体优势时,利用优势的现象只是个案,故原则上不能适用前述事实推定。

31 　结构优势和个体优势之间也有灰色地带。如在民间借贷场合,就很难一概而论。有地方高级人民法院规定,对于民间借贷合同中的以房抵债约定,如果"约定的房屋转让价格明显过低,显失公平的",可以适用显失公平制度予以撤销。㊶ 这其实是一概预设了出借人对借贷人有经济优势,进而不分地域、情境地推定主观要件的存在,难谓妥当。

(4)利用对方没有经验

32 　一般认为,"没有经验"是指缺乏一般的生活经验或交易经验㊷,这是从绝对、客观意义上所作的理解。但如此一来,"没有经验"将很少有用武之地,因为正常的成年人大抵都不会欠缺一般生活经验或交易经验。罕见的例外,如在一个低价售房产生的合同纠纷中,出卖人是外国人且长期生活在国外,对国内房地产行情所知甚少,如此方构成"没有经验"㊸。当然,也可以考虑将"没有经验"的含义放宽,比如界定为缺少相关行业普通交易主体所具备的资质或经验。㊹ 但即便如此,其适用范围仍然有限。或许正因为此,也有学者主张"没有经验"是一个"相对的概念"㊺。但这又不大合乎"没有经验"的中文含义。对此,上文提及的解决之道是"利用

㊵ 学理上的论争,参见周翠:《从事实推定走向表见证明》,载《现代法学》2014年第6期。

㊶ 北京市高级人民法院《关于审理房屋买卖合同纠纷案件若干疑难问题的会议纪要》(京高法发〔2014〕489号)第24条第2款。

㊷ 参见注⑧,第711页。

㊸ 参见注㊶,李馨文,第35页。

㊹ 比如在煤炭企业的股权转让交易中,若受损害方是"老煤炭",其对于所持企业股权价值的判断就并非没有经验。参见高瑜伸与黄履平股权转让纠纷上诉案[四川省高级人民法院(2013)川民终字第466号]。

㊺ 参见崔建远主编:《新合同法原理与案例评释》,吉林大学出版社1999年版(王成执笔),第213页。

对方没有经验"只是一个注意规定,属于"利用优势"的子类型,因此前者无法囊括的情形,仍然可以为后者所涵盖。

(5)"利用对方劣势"的其他情形

在概念上,所有利用对方劣势的情形都可以为"利用优势"所涵盖。因此,学说和实务上偶有提及的以下情形,也都可以视为利用优势的子类型:其一,利用对方的轻率。⑤⑨ 所谓轻率,即"订约时的马虎或不细心",如对合同的价格不作审查判断而匆忙订约等。⑥⓪ 其二,利用对方的急迫或紧迫。⑥① 这与乘人之危在概念上有所重合,其意义在于处理那些程度较轻、难以为乘人之危所涵盖的情形。二者之间有时有灰色地带,比如,股权转让一方作为犯罪嫌疑人被羁押,为避免潜在刑罚,亟需资金支付被控拖欠的劳工工资,此时,股权受让人与之签订(客观上可能显失公平的)股权转让合同,是利用了对方的紧迫(或利用己方优势),还是构成乘人之危?⑥②

3.主客观要件的综合考察

迄今很少被论及的是主观要件和客观要件之间的互动关系。这牵涉两种情形:一种是"以有余而补不足",如客观上权利义务严重失衡,而主观上合同一方仅轻微利用了自己的优势(因而单独来看不能满足主观要件),此时,二者之间能否"互补",从而构成显失公平?另一种情形是"以有余而补缺失",如客观上权利义务极度失衡,而主观要件根本不存在,此时是否构成显失公平?

在第一种情形下,一个要件有余而另一要件不足,此时是否显失公平颇有探讨余地。可以肯定,显失公平并不要求两个要件都达到相同程度,但是,这是否意味着二者也都放弃了最低限度的要求?比如,客观上稍失公平或者主观上轻微利用优势,是否一律不构成显失公平?换言

---

⑤⑨ 参见注㊶,王者信与黑龙江省八五二农场租赁合同纠纷上诉案;王泉森等与位安荣等股权转让纠纷上诉案[山东省高级人民法院(2013)鲁商终字第249号];注㉑,第275页;注⑧,第711页。

⑥⓪ 参见注⑧,第711页。

⑥① 参见注①,第98页;国家工商行政管理局经济合同司《关于如何处理申请变更或撤销内容有重大误解或显失公平的合同案件的复文》第2条第2款;注②,崔建远书,第354页;注⑧,第711页。反对观点,参见注㉑,第273页。

⑥② 参见注㊲,高瑜伸与黄履平股权转让纠纷上诉案;高瑜伸与黄履平股权转让纠纷申请案[四川省高级人民法院(2014)川民申字第1279号]。

之，一方当事人轻微利用优势导致权利义务极度失衡，或者一方当事人极其恶劣地利用优势导致权利义务稍微失衡，它们与通常的显失公平是否应有所区别？笔者认为，这只能回到显失公平制度背后的规范目的予以判断。整体来看，前面两种特殊情形都可能违反显失公平制度背后的法律原则（公序良俗原则）[50]，因而与通常的显失公平没有实质分别。因此，上述情形仍可类推适用《民通意见》第72条，从而构成显失公平（纯就学理而言，这也属于动态系统论的适用范畴[63]）。

36 在第二种情形下，一个要件完全缺位，很难进行类推适用。与之需区别的是，如果只是无法直接证明主观要件存在，但客观上权利义务极度失衡（比如约定了天价违约金），仍然有可能透过事实推定等途径证明主观要件的存在，从而适用通常的显失公平制度。

（三）单一要件说

37 实务中，由于《民通意见》第72条的存在，纯粹的单一要件说并无生存空间。即便有极少数案例采取了单一要件说的表述，也只能理解为折中说[43—47]。

1.潜在理由

单一要件说产生于20世纪八九十年代，如今也不乏支持者。[64] 主要论据有三：

38 其一，符合立法初衷。《民法通则》起草时，立法者曾采用"乘人危难

---

[63] 在动态系统论、"沙堆定理"（Sandhaufentheorem）或类似概念下的讨论，参见 BGH, NJW 1981, 1206 (1207); Staudinger/Sack, 2003, §138 Rn. 217（德国法）; Helmut Koziol, Sonderprivatrecht für Konsumentenkredite?, AcP 188 (1988), 183 (188 f.)（德国法、奥地例法）; Basulto v. Hialeah Automotive, 141 So. 3d 1145, 1161（美国法例证）。尤需指出，对于第二种情形，德国通说与笔者的主张可谓神似：虽然此种情形不构成《德国民法典》第138条第2款的暴利行为，但却可能构成第138条第1款的准暴利行为，二者的法律效果并无不同。国内罕有的讨论，参见解亘：《格式条款内容规制的规范体系》，载《法学研究》2013年第2期，第108页。

[64] 参见穆生秦主编：《民法通则释义》，法律出版社1987年版，第72页；佟柔主编：《中国民法学·民法总则》，中国人民公安大学出版社1990年版，第233页；注⑥，梁慧星书，第202页；注②，韩世远书，第200页；陈小君主编：《合同法学》，高等教育出版社2009年版，第105页。

显失公平"的表述。但是考虑到乘人危难与欺诈、胁迫近似,因此最终将乘人之危与欺诈、胁迫一同规定,作为法律行为的无效事由;而显失公平则仍被作为法律行为的可撤销事由。上述区分的另一法理基础是当时的《南斯拉夫债务法》,其也区分两类显失公平:一类只问后果是否公平(显失公平合同),另一类还有主观要件要求(暴利合同)。⑥ 如今,以上两点理由都难以成立:外国法的做法与法理无关;而欺诈、胁迫也不再是无效而是可撤销事由。而且,在《民法通则》颁行之初,上述立法初衷就已遭到了《民通意见》第 72 条的明确否定;到了《合同法》时代,它更是不具有历史解释意义上的直接参考价值。⑥

其二,避免概念冲突。显失公平制度应只看后果而不问原因,以免在概念上出现因欺诈、胁迫、乘人之危、重大误解等诸多原因而形成的显失公平⑥。这一说法似是而非。因为,上述诸多类型的"显失公平"以及相应的概念冲突绝大多数只是臆想——《民通意见》第 72 条所规定的显失公平,从来都有主观要件的限制,上述诸多"显失公平"原本就不是显失公平。相反,只有上述只问后果的显失公平才会在概念上失之周延,正因为此,单一要件说的支持者才会做出如下限定:所谓显失公平,不包括因欺诈、胁迫、乘人之危、重大误解等原因而产生的显失公平。⑥ 为何要将上述情形从显失公平的概念中排除?为何不允许它们竞合,从而让当事人择一适用(尤其是,显失公平与胁迫等制度在除斥期间的起算方面还有不同之处)?这一切例外,似乎只是为了掩饰概念上的矛盾而存在。

其三,解决举证难题,即免除了受损害方关于主观要件的举证负担,有利于充分保护其利益。⑥ 这也很难成立,若要解决举证难题,似乎应

---

⑥ 参见梁慧星:《论可撤销合同——兼答曹瑞林同志》,载《法律学习与研究》1988 年第 4 期,第 57 页;注⑥,梁慧星书,第 202 页。关于是否受到《南斯拉夫债务法》的影响,持质疑者,参见注③,朱广新书,第 233 页。但梁慧星教授也认为,至少在立法论上,"显失公平的适用条件过宽"。参见梁慧星:《制定民法总则的若干问题》,载中国社会科学网(https://www.iolaw.org.cn/showArticle.aspx?id=4472),访问时间:2016 年 3 月 26 日。

⑥ 立法起草机关的释义也可资佐证。参见注①,第 98 页。

⑥ 参见注②,崔建远书,第 354 页。

⑥ 参见注②,崔建远书,第 354 页。

⑥ 参见注②,崔建远书,第 200 页。在《合同法》之前的类似考量,参见孟勤国:《论显失公平的民事行为》,载《现代法学》1988 年第 4 期,第 50 页。

从证据法着手[30],直接在实体法上舍弃主观要件,有因噎废食之嫌。

41 　　实践中,法院采纳单一要件说的理由难以让人信服。以最高人民法院审理的一个技术开发合同纠纷案为例,该案中,技术开发失败,给受托人造成损失。合同双方达成协议,约定终止相关合同的履行,并约定,不得"依据上述合同以任何方式主张任何权利"。换言之,对于受托人而言,其应自行承担损失。依据《合同法》第338条第1款的规定,技术开发失败的风险责任可以由当事人约定,在没有约定或者约定不明时,可以由合同双方"合理分担",故前述约定理应得到尊重。但是,最高人民法院却以合同客观上显失公平为由将前述约定撤销,然后依据《合同法》第338条第1款的规定,将相关损失在当事人之间"合理分担"(平摊)。其主要理由为:"在权利义务明显失衡的情形下,法院为实现契约正义得适度干预双方当事人之间的契约自由。"⑩这不但说理空泛,还违反了《合同法》第338条第1款的规定,该款规定中,"合理分担"只是当事人意思缺位时补充适用的任意性规范,换言之,《合同法》允许当事人做出在其他人看来未必合理但却"你情我愿"的约定。⑪此外,最高人民法院对《民通意见》第72条也不应全然避而不谈。

　　2.实质缺陷

42 　　单一要件说与双重要件说的区别在于主观要件的有无。二者背后是两种截然不同的合同正义观:坚持主观要件,意味着合同是否公正,合同当事人是最好的判断者。只要有真正的合同自由在,合同正义就在。因此,只有在合同一方利用优势等情形下,另一方的合同自由堪忧,并且还因此导致了合同客观上显失公平,才应基于合同正义而对合同自由予以限制。相反,放弃主观要件的单一要件说则相信,存在一个一般化的、客观的合同正义标准,一旦当事人触碰客观上显失公平的红线,合同自由(在此即合同的约束力)就应当被否定。显然,单一要件说容易导致以下"误伤"。其一,它使得事前自愿达成、对合同双方也都有利的合同(如售价奇高但买受人仍可以更高价格转售的买卖合同),事后仍可能被一方当事人任意推翻。其二,若事后因证据原因无法查明当事人真意,导致合同

---

⑩ 湖南地源精细化工有限公司与兰州理工大学合同纠纷上诉案。
⑪ 类似分析,参见注⑨,隋彭生书,第124—125页。

性质和目的无法判断,在单一要件说之下,合同仍有可能因为"客观上"显失公平而被不当推翻;而在双重要件说之下,则还有主观要件作为第二重保险。以上"误伤",将纵容机会主义的毁约行为,不当破坏合同的稳定性,损害交易安全。⑫ 此外需注意,在单一要件说之下,由于显失公平制度的适用和证明都较为简便,少数判决还有"向显失公平制度逃避"的倾向,在本该适用其他制度的情形下错误(额外)适用显失公平制度。⑬

(四)折中说

相比于纯粹的单一要件说,折中说的核心特征在于一定程度上认可单一要件说。其认可程度因人而异:或仍以单一要件说为原则,以双重要件说为例外⑭;或以双重要件说为原则,而以单一要件说为例外。⑮ 由于程度迥异,二者也被分别称为"修正的单一要件说""修正的双重要件说"。⑯ "修正的单一要件说"很大程度上承继了单一要件说的实质缺陷,亦难以为《民通意见》第 72 条所容,故实践中罕见。相反,"修正的双重要件说"与双重要件说相若,实践中不乏践行者。

折中说("修正的双重要件说")在现行法上的有力支持,莫过于一则关于工伤赔偿协议的公报案例。⑰ 法院在"裁判理由"中指出:"所谓显失

---

⑫ 类似观点,参见注③,曾大鹏文,第 135 页;注⑧,第 702、707 页。其他批评,参见注⑨,隋彭生书,第 124—125 页。

⑬ 如四川瑞能硅材料有限公司与兰州四方容器设备有限责任公司加工承揽合同纠纷上诉案[甘肃省高级人民法院(2013)甘民二终字第 202 号]。在该案中,承揽人误以为定作物的质量瑕疵系自己造成,故与定作人达成协议,承诺如数退还货款并承担违约金责任。但其实,前述瑕疵至少部分由定作人的过错所造成。法院最终竟然以重大误解和显失公平为依据,允许承揽人变更合同,免除了违约金责任。

⑭ 参见崔建远:《合同效力瑕疵探微》,载《政治与法律》2007 年第 2 期,第 66—67 页;注②,崔建远书,第 354—355 页(较之前有所限定,"在总体上"不要求主观要件)。

⑮ 参见注㊳,第 215—216 页。

⑯ 参见注③,曾大鹏文,第 134 页。

⑰ 参见"黄仲华诉刘三明债权人撤销权纠纷案",载《最高人民法院公报》2013 年第 1 期。学者持双重要件说,但在论述客观要件时却又援引该案例,似有不妥。参见注⑧,第 710 页。持类似理由的案例,如张某与台山市某制衣有限公司劳动争议纠纷上诉案[广东省江门市中级人民法院(2013)江中法劳终字第 706 号]。结论类似但缺乏说理的,如顾建兵、龙汉青:《协议显失公平 法院判决撤销》,载《人民法院报》2013 年 8 月 27 日,第 3 版;杨学友:《和解协议显失公平患方可反悔》,载《中国社区医师》2012 年第 24 期,第 25 页。

公平,是指双方当事人的权利义务明显不对等,使一方遭受重大不利。其构成要件为:双方当事人的权利义务明显不对等;这种不对等违反公平原则,超过了法律允许的限度;不属于因欺诈、胁迫、乘人之危、恶意串通损害他人利益等原因导致的显失公平。"[78]鉴于本案协议所约定的赔偿费用显著低于受害人可得的工伤保险待遇,以及该协议"涉及劳动者的生存权益",法院最终认定,本案协议显失公平。

45　　对于上述案例的一种解读是,在涉及一方当事人生存权益的场合,显失公平制度可例外采单一要件说。在此,生存权益的保护"补正"了主观要件的缺位。这一解读未必成立。参考相关规定可知,公报案例具有示范意义的并非裁判理由,而是裁判摘要。[79]该案裁判摘要为:"用人单位与劳动者就工伤事故达成赔偿协议,但约定的赔偿金额明显低于劳动者应当享受的工伤保险待遇的,应当认定为显失公平。劳动者请求撤销该赔偿协议的,人民法院应予支持。"这并未明示,显失公平制度可例外采单一要件说。而且,前述裁判理由未能成为裁判摘要,也很可能是因为,在案例编辑者看来,这明显与《民通意见》第 72 条相冲突,因而只是基于实用主义的立场先确立规则,至于主观要件之有无,则被有意淡化处理。

46　　在双重要件说的框架下,上述案例其实可以得到很好的解释。它涉及的是劳动者和用人单位之间的工伤赔偿协议,在此,受伤的劳动者往往经济窘迫,如果赔偿协议客观上显失公平,通常是用人单位利用其优势所致。换言之,本案属于用人单位利用其"结构优势"(经济优势)致使合同客观上显失公平的案型。故可以基于事实推定[30],推定用人单位利用优势这一主观要件存在,进而依双重要件说认定协议显失公平。

47　　基于事实推定判定主观要件时,需因人、事不同而有所区别。比如在消费者与经营者之间,从合同客观上显失公平即可推定主观要件存在(但允许推翻推定[80]);若是企业之间,则应推定主观要件不存在;若介于二者之间,还需进一步甄别。若合同极为不公平,比如约定赔偿金额与法定赔

---

[78] 该段文字是对学者论述(不加注释)的援引。参见崔建远主编:《合同法》(第 5 版),法律出版社 2010 年版,第 113 页;注②,崔建远书,第 353 页。

[79] 参见最高人民法院《〈关于案例指导工作的规定〉实施细则》(法〔2015〕130 号)第 9 条("应当参照相关指导性案例的裁判要点")。

[80] 在利益衡量层面,这比一律采单一要件说更周全。

偿之间相差上百倍,则也可以推定主观要件存在。

(五)显失公平制度是公序良俗原则的体现

在明确显失公平制度应包含主客观双重要件后,其规范目的呼之欲出。首先可以确信,显失公平制度并不旨在贯彻《合同法》第 5 条意义上的公平原则。因为后者无法解释主观要件的存在。有法院曾认为,"显失公平制度设立的目的是禁止或限制一方当事人获得超过法律允许的利益",但却仍然采双重要件说。[81] 此种误会今后应避免。

显失公平制度也很难视为公平原则(对应于客观要件)和诚信原则(对应于主观要件)的共同体现。因为依据《合同法》第 6 条的规定,诚信原则旨在对合同当事人"行使权利、履行义务",亦即合同的履行加以调整,对于合同的效力,通常不予干涉。这与现行法上并无法律行为违反诚信原则而无效的一般规定,是内在一致的。就中文概念而言,合同一方在合同订立时利用优势"剥削"另一方,也未必总是有悖于"诚实信用"原则。[82]

显失公平制度应视为公序良俗原则的体现。[83] 首先,在概念上是自洽的。凡是满足主客观要件的显失公平的合同或合同条款,其内容都可以被认为有悖于公序良俗(善良风俗)。其次,它也契合公序良俗原则在法律行为效力评价上所扮演的一般角色。不同仅在于,显失公平制度的法律后果是可撤销或可变更,而违反公序良俗的后果是无效。在比较法上,将显失公平与公序良俗挂钩也不乏有力支持,除德国法外,美国法以及《国际商事合同通则》也都持此观点。它们所谓显失公平制度(unconscionability),文义上就是"有违良心",要件上,也要求权利义务显著失衡

---

[81] 参见李×与北京腾龙嘉华房地产开发有限公司房屋买卖合同案[北京市第三中级人民法院(2015)三中民终字第 00250 号(一审法院的观点)]。该观点的出处,参见注⑧,第 705、712 页。

[82] 当然,在概念上,诚实信用与善良风俗也可能有重合之处。比如德国通说即认为,任何违背善良风俗的行为都同时有悖于诚实信用(但有悖于诚实信用的行为未必都违背了善良风俗),Staudinger/Sack, 2003, §138 Rn. 154。这或许也是我国部分学者从诚信原则角度解读显失公平制度之主观要件的原因。

[83] 从意思表示自愿与真实等角度做"排除法",最终得出相同结论者,参见注③,朱广新书,第 235 页。

以至于"震撼一个理性人的良知",且这种失衡还应当是"没有正当理由的"(unjustifiably)。⑭

51   厘清显失公平制度背后的法律原则,有助于避免概念混淆。有论者认为,显失公平制度包含主客观双重要件,它是公平原则的体现,保障了合同正义的实现;但在讨论主观要件时,又认为相应的主观状态表明行为人背离了诚信原则的要求;而在讨论法律后果时又提及,"在严重违反公平原则,侵害当事人权益的情况下",还可以适用公序良俗原则。⑮ 在此,公平原则、诚信原则、公序良俗原则之间似乎缺少严格的界分。

52   上述概念辨析更重要的意义在于,现行法上法律行为违反公序良俗而无效的规定,可以作为显失公平制度的兜底规定。当然,二者在法律效果上确有不同。对此一个初步的解释是,显失公平制度系有意在法律效果上作特别规定,旨在通过设置除斥期间,尽可能维护合同效力。此外,法律行为因违反公序良俗而无效,未必总是全部无效、绝对无效,也可能是部分无效、相对无效,因而无效与可撤销之间的差别并没有想象中那么大。

(六)与相关制度的关系

1. 乘人之危

53   在双重要件说之下,显失公平与乘人之危并无实质差别。《民通意见》第70条规定:"一方当事人乘对方处于危难之机,为牟取不正当利益,迫使对方作出不真实的意思表示,严重损害对方利益的,可以认定为乘人之危。"由此可见,显失公平与乘人之危均要求合同客观上显失公

---

⑭ UNIDROIT, Principles of International Commercial Contracts, Art. 3.2.7, Comment 1: "[⋯] the disequilibrium is in the circumstances so great to shock the conscience of a reasonable person".《国际商事合同通则》自1994年发布以来即要求显失公平需包含双重要件。研究者指出,这契合了诸多法域兼顾实质公平和程序公平的趋势。Michael Joachim Bonell, "Unidroit Principles of International Commercial Contracts", 69 Tulane Law Review 1121, 1140 (1994-1995)。

⑮ 参见注⑧,第704、705、710页。

平。⑧ 二者仅在适用范围上有差别：乘人之危适用于合同一方利用对方危难的情形，显失公平适用于合同一方利用己方优势的情形。但其实，"利用优势"在概念上完全可以包含"乘对方处于危难之机"，因此显失公平和乘人之危的差别，主要是现行法（不恰当的）规定使然。

2.违约金调整规则

《合同法》第114条第2款的违约金调整规则，有时也被认为隶属显失公平制度。⑧⑦ 该规定包含两种情形：一是违约金低于实际损失时，当事人可以请求增加；二是违约金过分高于实际损失时，当事人可以请求适当减少。严格说来，只有后一情形才可能关乎显失公平⑧⑧，前一情形（此时的违约金约定可以看成免除部分损害赔偿的免责条款）涉及的是稍失公平，而非显失公平。

与显失公平制度不同，违约金调整规则不问主观要件，只要违约金客观上显失公平（过分高于实际损失）即允许变更（适当减少）。这是单纯的后果考量的产物。它体现了公平原则⑧⑨，而与（双重要件说意义上的）显失公平制度相去甚远。因为只有单纯从公平原则出发，才可以对违约金调整制度的两种类型作一贯解释：当违约金过分高于实际损失时，基于公平考量（损害填补和惩罚违约方），应适当减少违约金；当违约金低于实际损失时，同样基于公平考量（损害填补），应将违约金增加至实际损失数额。⑨⓪

---

⑧⑥ 更相近的表述，最高人民法院《关于适用〈涉外经济合同法〉若干问题的解答》[法（经）发[1987]27号，失效]第3条第7项规定，"或者乘人之危，迫使对方违背自己的意志，按不公平的条件订立合同的"。

⑧⑦ 上海市高级人民法院《关于审理劳动争议案件若干问题的讨论纪要》（沪高法[1993]148号）第31条规定，"如果劳动合同中违约金数额显失公平的，人民法院可予变更"。类似规定，参见1989年《技术合同法实施条例》（失效）第22条第3款。

⑧⑧ 注③，曾大鹏文，第138页。

⑧⑨ 《合同法解释（二）》第29条同时强调公平原则和诚信原则，但后者在此更像是合同信守或合同约束力的代名词。换言之，最高人民法院在此欲强调的是，应在公平原则和尊重合同约束力之间作出平衡。

⑨⓪ 后一种公平考量在立法论上是否妥当，属于另一问题。相关批评，参见注②，韩世远书，第662—664页。

3. 格式条款

56 《合同法》第 39 条、第 40 条可谓显失公平制度的近亲。⑨ 以《合同法》第 40 条为例,免除己方责任、加重对方责任、排除对方主要权利均属于客观上显失公平;主观上,在格式条款客观上显失公平的情形下,提供格式条款的一方往往利用了己方优势——尽管《合同法》第 40 条并未明确规定主观要件。此处法无明定可以有两种解释:一种是立法者为了特别保护接受格式条款的一方而一律推定主观要件存在,这是不可推翻的推定,因此即便可以证明主观要件不存在,也不影响《合同法》第 40 条的适用。另一种解释是,《合同法》第 40 条是显失公平制度的体现,二者在构成要件上并无不同;立法者是因疏漏而未明确规定主观要件。故若可以证明主观要件不存在,仍应排除《合同法》第 40 条的适用。后一解释更值赞同。其实益在于,在商事合同等场合,《合同法》第 40 条的适用就应当(基于主观要件的要求)有所限制。

在法律效果上,《合同法》第 40 条的法律后果为无效,显失公平的法律后果为可撤销。这种差别可以从二者的上位原则即公序良俗原则中得到解释。《合同法》第 40 条直接贯彻了公序良俗原则,而显失公平制度则在法律后果方面有特别规定。

57 《合同法》第 39 条是显失公平制度的一种特殊类型。该条的主观要件是未尽到相应的提示和说明义务,换言之,主要是利用对方没有经验;而其客观要件是免除责任或者限制责任,这虽然包括显失公平和稍失公平两种情形,但因为显失公平情形可以直接适用《合同法》第 40 条而无效,故《合同法》第 39 条的客观要件宜作限缩解释,仅限于稍失公平。⑫ 类比显失公平制度的通常要件,《合同法》第 39 条的正当性似乎有问题,其实不然。理由在于,格式条款意味着经常性的大规模交易,而在大规模交易中,尽管就每一次单独交易而言,提供格式条款的一方当事人都

---

⑨ 类似的是在美国法上,关于格式条款并无专门规则,而是直接由显失公平制度予以调整。

⑫ 参见施杨、朱瑞:《格式条款提供方的合理提示义务与格式条款效力的认定》,载《人民司法·案例》2010 年第 18 期,第 33 页。换言之,《合同法解释(二)》第 10 条并无实际意义,只是一个注意规定。

只是利用其优势而致使合同稍失公平,但积少成多,其可利用不是每一个相对人都会起诉撤销而牟取大量利益。这种行为的主观恶性较严重,因此综合考察主客观要件,仍可以主观要件之有余而补客观要件之不足,认定其构成显失公平〔34—36〕。《合同法》第 39 条的法律后果为可撤销(《合同法解释(二)》第 9 条),由此也可得到解释。

4.利息规制

从以往的超过 4 倍利率无效,到如今的"两线三区"(《民间借贷规定》第 26 条以下),借贷合同中的利息规制规则从来都不要求主观要件。它并非显失公平制度的子类型,而是违反公序良俗原则的子类型。[93]

三、法律效果

(一)概述

1.性质

对于显失公平的合同或者合同条款,一方当事人请求人民法院或仲裁机构予以撤销或变更,这属于形成之诉。撤销或变更合同的主张只能以诉或反诉的方式,而不能以抗辩方式提出。[94] 当事人以非诉方式所为的撤销或变更的意思表示,不能产生相应效力。在判定除斥期间经过时,应以当事人提起形成之诉的时点作为计算终点。

在合同一方拥有结构优势且该结构优势持续存在的场合,通常很难期待相对方在此期间即提起撤销或变更之诉。这在劳动合同中颇为明显。如果劳动合同中有关竞业禁止的条款显失公平,劳动者几乎不大会在劳动合同存续期间就主张权利。参照胁迫情形下除斥期间的起算规则,宜将结构优势消失的时点(如劳动合同终止时)作为除斥期间的计算

---

[93] 这一点与德国法将高利贷规制规则作为"暴利行为"(《德国民法典》第 138 条第 2 款)的子类型有所不同,但仍然殊途同归。因为暴利行为也是违反公序良俗原则的子类型。详尽讨论,参见许德风:《论利息的法律管制——兼议私法中的社会化考量》,载《北大法律评论》编辑委员会编:《北大法律评论》(2010 年第 1 辑),北京大学出版社 2010 年版。

[94] 参见江苏省高级人民法院《关于适用〈中华人民共和国合同法〉若干问题的讨论纪要(一)》(苏高发审委〔2005〕16 号)第 4 条(涉及撤销)。

起点;劳动者在此后一年内未提起形成之诉的,除斥期间才算经过。

2. 谁有权起诉

61 　　有权请求撤销或变更合同的一方当事人应仅限于因合同显失公平遭受不利的一方。⑨⁵ 这是限缩解释的结果:显失公平制度的法律后果不是一概无效,而是可撤销或者可变更,这意味着,它并非要对显失公平的情形一概予以纠正,而是听凭合同当事人的选择。在此,受损害一方享有选择权无可厚非;但若相对方也享有选择权,将不免和前者的选择权发生冲突,甚至使其落空,这就有违制度设计初衷。⑨⁶

(二)撤销

62 　　撤销对象有合同和合同条款之别。在撤销前,合同或者合同条款为有效,经撤销后为无效,即"自始没有法律约束力"(《合同法》第 56 条第 1 句)。在部分条款显失公平,而剩余条款仍然有效时,从维护合同效力、尊重意思自治出发,撤销对象应为相应合同条款,而非整个合同。当事人不能一方面以显失公平为由主张撤销整个合同,另一方面又要求适用被撤销合同中的违约金条款。⑨⁷ 在部分条款被撤销时,其他条款仍然有效,因被撤销而缺位的合同条款可依《合同法》第 61 条、第 62 条作相应补充。

(三)变更

63 　　变更对象仅限于部分合同条款,并且是关于合同内容的条款。⑨⁸ 理由在于,变更旨在使合同的权利义务即合同的内容恢复到公平状态;而且,也不可能对合同的所有条款(如合同主体)都予以变更。

64 　　合同条款的变更是仅取决于变更权人的请求,还是也同时取决于法院的裁量?参考情势变更制度下当事人请求法院变更合同,法院有权作相应变更的规定,应认为是后者。因为法院既然有能力认定何为(客观

---

⑨⁵ 参见注㉔,佟柔主编书,第 251 页;注㊶,李馨文,第 34 页。

⑨⁶ 参见朱庆育:《民法总论》,北京大学出版社 2013 年版,第 309 页。

⑨⁷ 参见江苏省高级人民法院《关于适用〈中华人民共和国合同法〉若干问题的讨论纪要(一)》(苏高发审委〔2005〕16 号)第 5 条。

⑨⁸ 参见注⑨⁶,第 317 页。

显失公平合同　　　　　　　　65–68　第 54 条第 1 款第 2 项

上)显失公平,自然也有能力将合同复归到公平状态。一味听凭变更权人单方改变合同内容,而法院并无调整的权力,将导致如下后果:对于离谱的变更请求,法院若全盘拒绝从而维持合同效力,对变更权人显然不公(依《合同法》第 54 条第 3 款的规定,法院此时无权撤销);若全盘支持,又会危及合同相对人的意思自治。需注意的是,德国法上"撤销带来无效而非变更"的法谚,其所谓变更,很可能是指变更权人可单方改变合同内容(法院没有调整的权力)[99],这与我国法上的变更权明显不同。

对于法院而言,如何变更合同内容颇具挑战性。假定某货物的市场价是 2000 元,有 30%的价格浮动区间,一旦超出则为客观上显失公平。对于一个货物价格为 4000 元的显失公平的买卖合同,应如何变更其价格?[100] 是变更为市场价 2000 元? 还是上浮 30%后的 2600 元或下浮 30%后的 1400 元? 甚或这一区间内的任何价格?[101]   65

上述合同变更的难题大体有两套解决方案。   66

方案一是回归合同法上的任意性规范。比如在价款问题上,可以依照《合同法》第 61 条、第 62 条的规定,按照交易习惯、市场价格或者政府指导价等确定价格。

方案二是模拟双方当事人的真意。基于当时的个案情境,若一方当事人没有利用己方优势,而是正常谈判磋商,双方会达成何种约定? 比如在工伤赔偿协议中,受伤一方若亟需用钱治病,就可能接受低于法定数额但能更快到手的赔偿;在借款合同中,亟需用钱的一方也会倾向于接受高于市场利率的利息。因此,从模拟当事人真意的角度讲,变更后的合同条款不会总是法定数额或者市场利率,而可能偏高或者偏低。   67

比较而言,回归任意性规范的方案简便易行,而模拟当事人真意的方案更契合意思自治。二者的关键区别在于,后者将个案中双方当事人谈判地位的差别纳入了考虑,而前者则一刀切式地预设,所有情形下的合同   68

---

[99] 参见注[96],第 317—318 页。所引法谚的原文为:Die Anfechtung kassiert,(aber)sie reformiert nicht。

[100] 类似探讨,参见 Omri Ben-Shahar,"Fixing Unfair Contracts",63 Stanford Law Review 869(2011)。

[101] 朴钟浩等与钟首岩委托合同纠纷上诉案(征收补偿价格显失公平,法院将补偿价格变更为之前约定数额与可得补偿数额的中间值,即"各打五十大板")。

贺　剑　　　　　　　　　　　　　　249

主体都是平等的。

　　这就引出了前者的第一个弊端,双方谈判地位的差别,未必会因为法律规定而得到改善。在回归任意性规范方案之下,对于谈判地位占优的合同一方而言,显失公平合同条款的变更无法为他带来经由正常磋商原本可获得的利益,但他仍然可以利用其谈判地位的优势,通过其他方式来获得前述利益。比如通过其他不适用显失公平制度的合同条款,或者在经营者的情形下,前述利益若不能从某一群体的消费者身上获得,那就让其他群体的消费者为此买单。⑩ 总之,只要谈判地位的优劣之分不改变,正常磋商下的利益格局就很难改变。

69 　　回归任意性规范方案的第二个弊端在于,长期来看,它有时也不符合合同双方尤其是受损害方的利益。仍以工伤赔偿协议为例,将赔偿数额变更为法律刚好允许的临界值,而不是法定赔偿数额,似乎对受伤的劳动者保护不力。但其实,法定赔偿的适度"打折"是符合劳动者的初衷的,相比于经过漫长诉讼和执行获得法定赔偿,快速取得稍低数额的赔偿更为重要,即"多得不如现得"。对此,实践中工伤赔偿司法调解的结果可资印证,大都是在法定赔偿标准的基础上"打七八折(甚至更低)"⑩。若令劳动者获得法定赔偿数额,无异于给劳动者以毁约特权,以及对用人单位施以惩罚。将赔偿数额变更为临界值而不是法定数额,亦有利于劳动者。否则,劳动者会乐于采取先签赔偿协议"套现"、然后诉请剩余赔偿的策略,长此以往,用人单位方面将拒绝签订任何事先的赔偿协议,亟需赔偿金的劳动者即便愿意,也再无套现救急的可能。

70 　　在模拟当事人真意的方案下,上述两个弊端均不存在,这是其优点。但该方案也可能遭到质疑:其一,它使得不当行为的合同一方无须承担任何风险,即可试探出法律所允许的边界。⑩ 其二,它会产生不当激励,即前述合同一方更倾向于订立超越前述边界的合同条款,借此获得更多利

---

⑩　参见注⑩,Omri Ben-Shahar, pp. 897-899。

⑩　吴学文:《工伤赔偿协议是否具有可撤销性的认定》,载《人民法院报》2015年8月5日,第7版。

⑩　类似担心,参见〔德〕迪尔克·罗歇尔德斯:《德国债法总论》(第7版),沈小军、张金海译,中国人民大学出版社2014年版,第132页。

益,因为并非所有合同相对人都会选择诉讼来保护他们的权利。[105] 与第一点质疑的泛道德化相比,第二点质疑更切实有力。基于该质疑,模拟当事人真意方案在适用范围上也应有所限定,以下举例说明。

第一,在重复交易的场合,谈判地位占优的合同一方将通过重复交易大量获利,因此为了实现有效预防,原则上不应使用模拟当事人真意方案。其典型如格式条款的规定:格式条款无效后,适用任意性规范,而非当事人在个案情境中最可能达成的规范。

第二,在客观上显失公平的程度极为严重时,可能同时构成显失公平和违反公序良俗。[106] 此时,为了使二者的法律后果尽可能一致(即最终都适用相应的任意性规范),宜弃模拟当事人真意方案而采回归任意性规范方案,甚或弃变更而采撤销。

第三,在临界值清楚的场合,合同一方若(往往是故意)超越该临界值而为其他约定,有时就不应适用模拟当事人真意方案。比如对于低于最低工资的薪酬约定,在否定其法律效果的同时,比较法上就有要求用人单位支付同行业通常工资[107]或者支付惩罚性赔偿(实际工资与最低工资之差额的两倍)[108]的规定。

总体而言,模拟当事人真意的方案顾及合同双方谈判地位的客观差别,原则上更为可取。对于其可能产生的不当激励以及应对之道,简要说明如下:

第一,即便采取回归任意性规范的方案,上述不当激励也同样存在,只是不当行为一方获得的不当利益更少而已。二者仅有程度之别。

第二,上述不当激励应与模拟当事人真意方案的相关优点作综合权衡。尤其是,上述不当激励固然会加剧双方当事人之间财富的不当分配,但回归任意性规范方案的社会后果可能更糟糕。这方面的例子,除了上文的工伤赔偿协议,还包括目前的利率规制规则(若利息一律按法定利率计算,贷款方要么采取其他收费方式规避,要么惜贷甚或退出借贷市场,后者对借款方更为不利)、违反最低工资规定时的差额补齐规则(《劳

---

[105] 参见注[100], Omri Ben-Shahar, pp. 901-902。
[106] 类似观点,参见注⑧,第704页。
[107] Staudinger/Sack, 2003, §138 Rn. 218 (通说).
[108] 参见注[100], Omri Ben-Shahar, p. 903。

动合同法》第85条第2项)等。

第三,上述不当激励的应对机制除了私法手段,还有公法手段。在坚守模拟当事人真意方案的同时,完全可以利用行政手段[109]来遏制前述不当激励。

(四)撤销和变更的关系

73　　在适用顺序上,变更原则上优先于撤销。《合同法》第54条第3款规定:"当事人请求变更的,人民法院或者仲裁机构不得撤销。"《民通意见》第73条第1款进一步规定:对于重大误解或者显失公平的民事行为,当事人请求撤销的,人民法院可以酌情予以变更或者撤销。但基于维护合同效力、尊重意思自治的理念,前述"酌情"应解释为:当事人请求撤销的,原则上应变更,例外才可撤销。

74　　需注意,《合同法》第54条第3款不仅适用于显失公平,它还适用于重大误解、欺诈、胁迫以及乘人之危。在后述情形下,变更是否也原则上优先于撤销?对此应区别回答。对于乘人之危而言,由于其构成要件与显失公平相近,变更原则上应优先于撤销。对于重大误解、欺诈及胁迫而言,变更原则上则不优先于撤销。理由在于:其一,这些制度不以客观上显失公平为必要,因而法院有时根本无从变更。其二,即便恰好客观上显失公平,撤销和变更在结果上也不会不同。就模拟当事人真意的方案而言,显失公平制度否定的是合同一方利用其优势;它并不否认合同一方具有优势,在模拟真意时也会考虑合同双方谈判地位的差别。相反,重大误解、欺诈及胁迫的关注点都是意思表示是否真实或自由,并未考虑双方谈判地位的差别,因此,即便变更优先于撤销,且变更时优先适用模拟当事人真意的方案,其在模拟真意时,也只能预设合同双方处于平等地位。其模拟真意的结果,与撤销后适用相应任意性规范的结果全然相同。其三,在重大误解、欺诈及胁迫之下,当事人意思表示不真实或不自由的程度远甚于显失公平的情形,因此在模拟当事人真意的难度上,二者也有较大差别。比如,在前一情形下就很难回答:如果当事人没有受到欺诈、胁

---

[109] 如在高利贷管制方面,就可以采取"超出部分无效+吊销经营执照"的组合拳。参见注[100], Omri Ben-Shahar, p.902。

迫,其是会订立不同内容的合同,还是根本不会订立合同?此外,《国际商事合同通则》第三章第二节虽然将错误、欺诈、胁迫和显失公平都作为"宣告合同无效的根据",但前三种情形的法律后果均为宣告合同无效(类似于撤销),而唯独显失公平的法律后果为宣告无效和变更,亦可资参考。⑩

在部分合同条款显失公平的情形下,撤销某个合同条款而适用任意性规范,与将某个合同条款变更为任意性规范在实质上完全相同。在此,撤销为变更所涵盖。⑪ 基于此,变更与撤销的关系或许可以重新表述为:在合同整体显失公平时,法律后果为撤销(合同);而在合同部分条款显失公平时,法律后果为变更(合同条款)。

四、常见案例类型

(一)特别法规定

1. 劳动合同法

劳动合同法在多大程度上能适用合同法的规则,在劳动法学界素有争论。2006年3月20日的《劳动合同法(草案)》第19条第1款曾规定,"显失公平的劳动合同"可以撤销,但这最终并未被正式立法所接纳。后来相关司法解释规定:劳动者与用人单位就"解除或者终止劳动合同办理相关手续、支付工资报酬、加班费、经济补偿或者赔偿金等"达成的协议,如果显失公平,当事人可以撤销。⑫ 与一般的显失公平制度相比,它在法律后果上有所限缩(仅限于撤销)⑬;但从立法历史来看,它仍然被视为

---

⑩ 分别参见《国际商事合同通则》第3.2.2条、第3.2.5条、第3.2.6条和第3.2.7条。

⑪ 但在法律性质上,仍不能将"变更"理解为"撤销"+"另行形成意思表示"。参见注⑯,第317页。

⑫ 参见最高人民法院《关于审理劳动争议案件适用法律若干问题的解释(三)》(法释〔2010〕12号)第10条。

⑬ 早先在部分地区,显失公平的劳动合同也可以被变更。参见山东省高级人民法院《关于审理劳动争议案件若干问题的意见》(1998年10月15日)第40条。

显失公平制度的一种类型。⑭

2.海商法

77 　　《海商法》第176条认可在两种情形下,当事人可以请求变更(但不能撤销⑮)海难救助合同:一是合同在不正当的或者危险情况的影响下订立,合同条款显失公平;二是根据合同支付的救助款项明显过高或者过低于实际提供的救助服务。第一种情形类似于乘人之危;第二种情形则通常被认为是(单一要件说意义上的)显失公平,不以主观要件为必要。⑯鉴于海难救助合同往往是在危急情况下订立,故第二种情形虽不以主观要件为必要⑰,但这毋宁说是立法者一律拟制了主观要件的存在。它与《合同法》第40条之下没有主观要件〔56〕有相似之处。

　　基于上述理解,第二种情形其实可以为第一种情形所涵盖,并无太多实益。这一局面可能源自《海商法》起草时的"一字之差"。《海商法》第176条的原型是1989年《国际救助公约》第7条。后者规定了两种情形,其中第二种情形与《海商法》的规定相同,不同的是第一种情形:"合同在不正当影响下(undue influence)或者危险情况的影响下订立,合同条款有失公平的(inequitable)。"可见,《国际救助公约》第7条规定的两种情形是彼此不同的:第二种情形是通常的显失公平(尽管未明确主观要件);第一种情形则可谓在海难救助领域,显失公平的特别体现,即鉴于主

---

⑭　参见最高人民法院民事审判第一庭编著:《最高人民法院劳动争议司法解释(三)的理解与适用》,人民法院出版社2015年版,第166页。在黄仲华诉刘三明债权人撤销权纠纷案(同注㊆)中,二审法院虽援引了前述司法解释,但该案系争赔偿协议并非劳动合同,所以该案观点对于劳动合同纠纷并无直接参考意义。

⑮　这主要是因为立法者当时不想赋予仲裁庭撤销合同的权力。参见司玉琢主编:《海商法》,中国人民大学出版社2008年版,第271页;注㉚,第123页。

⑯　参见注⑮,第272页。至于不正当影响情形下的显失公平,则被认为属于重大误解乃至欺诈。参见邢海宝:《海商法教程》,中国人民大学出版社2008年版,第390页。

⑰　实务中,当事人在主张适用第二种情形时也会提出前述主观要件,而法院也会隐含地加以考虑。参见宁波市镇海满洋船务有限公司与金运船舶香港有限公司、台州大创金属有限公司海难救助合同纠纷案,载最高人民法院中国应用法学研究所编:《人民法院案例选》(2012年第1辑),人民法院出版社2012年版。法院认为:受损害方是"……在情况危急的情况下不得已确认显失公平的报价。法院考虑到金运公司确认报价时,救助尚未进行或正在进行中,为防止显失公平",对协议约定价格作了评估;最终法院认定存在正文中的第二种情形,并对价格条款予以变更。

观要件的严重性,客观要件的门槛从"显"失公平被降低到"有"失公平〔35〕。《海商法》第176条将这里的"有失公平"改为"显失公平",一字之差,不但上述区分消失殆尽,条文内部的逻辑关系也成为问题。

(二)司法实务

1.人身损害赔偿协议

在人身损害赔偿纠纷中,当事人可能私下或者经由调解达成赔偿协议。如果协议中的赔偿金额显著低于法定标准,显失公平制度也有适用余地。[118]

就主观要件而言,在合同一方相对于另一方有"结构优势"的场合,可以经由事实推定而认定主观要件。这常发生于用人单位与劳动者、医院与患者之间。具体而言,在事故发生后,用人单位往往会利用劳动者的经济窘境、缺乏经验[119]乃至举证上的困难(如没有签订书面劳动合同)[120];而医院也可能利用自己在损害后果方面的判定优势。[121] 在此,基于合同客观上显失公平以及相关主体的结构优势,即可推定主观要件存在。

在其他场合,主观要件仍需由主张合同显失公平的一方当事人举证证明。比如在机动车事故赔偿纠纷中,双方当事人通常并无差别,故很难直接从赔偿数额客观上显失公平即推定主观要件的成就。在一个案件中,赔偿权利人已大体知晓赔偿数额为40多万元,但仍然与侵权人达成了16万余元的赔偿协议,由于无法证明主观要件的存在,该案赔偿协议不构成显失公平。[122] 有法院规定:对于当事人自行达成的和解协议尤其是在

---

[118] 参见最高人民法院《关于审理涉及人民调解协议的民事件的若干规定》(法释〔2002〕29号,失效)第6条第1款第2项。主张基于重大误解而撤销和解协议者,参见肖俊:《和解合同的私法传统与规范适用》,载《现代法学》2016年第5期,第72—74页。

[119] 参见陈璐、龚箭:《显失公平原则在工伤赔付协议中的适用》,载《人民法院报》2012年9月20日,第7版;伊宁边境经济合作区亚泰砖厂与田云华债权人撤销权纠纷案(受伤的雇员往往"经济条件困难,文化程度低,认知能力差")。

[120] 参见张某与台山市某制衣有限公司劳动争议纠纷上诉案。

[121] 有法院在缺乏必要证据的情形下直接认定主观要件的存在,有混淆推定与认定之嫌。参见黄万飞、张焕杰:《和解协议存在显失公平依法被变更》,载广西壮族自治区高级人民法院官网(http://www.gxcourt.gov.cn/info/1110/140796.htm),访问时间:2016年3月26日访问。

[122] 参见何谋创等诉薛广妹等道路交通事故人身损害赔偿纠纷案[广东省高级人民法院(2013)粤高法审监民提字第147号]。

交警主持下达成的调解协议,即便赔偿数额与法定标准有一定出入,法院也不宜轻易撤销;但"赔偿数额显失公平"时可例外撤销。㉓ 基于上文分析,这里的"显失公平"也应以主观要件为必要。

81 　　至于客观要件,在被侵害人死亡的场合,如果侵权人的实际赔偿数额高于法定数额,由于"生命是不能用金钱来衡量的",所以客观上即不构成显失公平。㉔

2. 离婚财产分割协议

82 　　当事人协议离婚时,财产分割协议(或离婚协议中的财产分割条款)也可能适用显失公平制度。《婚姻法解释(二)》第9条第2款规定,离婚财产分割协议可以因"欺诈、胁迫等情形"而被撤销,从文义来看,显失公平也属于"等"字之列。但最高人民法院毕竟没有明确列举显失公平,这又表明其审慎的态度:离婚财产分割协议中的财产安排往往兼有经济和感情考虑,判断其是否公平,不能以经济上的权利义务之对等作为唯一标准。㉕ 因此,部分地方高级人民法院亦明确规定,不能轻易将协议中一方放弃主要或大部分财产的约定认定为显失公平。㉖ 证明方面,事实推定在此很难适用:经济上权利义务极度失衡(如"净身出户"条款),尚不足以表明主观要件的存在。

3. 竞业限制条款

83 　　劳动合同中有时会约定竞业限制条款,其中的限制期限、补偿费约定㉗

　　㉓ 参见上海市高级人民法院民事审判第一庭《道路交通事故纠纷案件疑难问题研讨会会议纪要》(2011年12月31日)第6条第1款。
　　㉔ 参见范学娟等与张兆坤等合同纠纷上诉案[浙江省杭州市中级人民法院(2014)浙杭民终字第153号]。
　　㉕ 参见黄松有主编:《最高人民法院婚姻法司法解释(二)的理解与适用》,人民法院出版社2004年版,第82页;最高人民法院民一庭:《不宜以显失公平为由支持一方请求撤销登记离婚时的财产分割协议的主张》,载黄松有主编:《民事审判指导与参考》(总第34集),法律出版社2008年版,第64页。
　　㉖ 参见上海市高级人民法院《关于适用最高人民法院婚姻法司法解释(二)若干问题的解答(二)》(沪高法民一〔2004〕26号)第7条。
　　㉗ 参见北京市高级人民法院《关于审理知识产权纠纷案件若干问题的解答》(京高法发〔2002〕365号)第15条。

以及违约金条款㉘等都可能显失公平。在具体认定时,应从竞业限制的必要性和合理性两方面综合考虑。比如,补偿费过低且限制期限过长,或者补偿和期限单独来看虽不苛刻,但欠缺竞业限制的必要性(如只是为了防止员工跳槽),都可能构成显失公平。各地的一些量化标准可资参考:在没有明确约定时,补偿金通常应按劳动者离职前正常工资的20%～50%(20%～60%)计算;竞业限制期限最长不得超过两年;等等。㉙

在变更竞业限制条款时,应注意平衡双方当事人的利益。在一个违反竞业限制义务的案件中,原告劳动者的年收入约3万元,而违约金则高达264万元,法院在综合考虑原告的工作年限、工资报酬等因素后,将违约金确定为3万元。但相关法官也坦陈,上述3万元很可能低于用人单位的实际损失,可能导致竞业限制条款流于虚设。㉚ 对此,更合理的方案或许是以用人单位的实际损失或者劳动者违反竞业限制义务所得收入(扣除合理开销)来确定违约金数额。

4.单方仲裁选择权条款

如果仲裁协议约定,仅一方当事人享有选择仲裁机构的权利,此类约定至少客观上显失公平。因为它"直接剥夺了一方当事人寻求解决纠纷途径的权利"㉛,导致其既无权提起仲裁,又无法进行诉讼。㉜ 实践中曾有地方高级人民法院规定,上述协议因(客观上)显失公平而无效。㉝ 最高人民法院民四庭编写的《涉外商事海事审判实务问题解答(一)》(2008

㉘ 参见上海市高级人民法院《关于审理劳动争议案件若干问题的讨论纪要》(沪高法〔1993〕148号)第31条。

㉙ 参见上海市高级人民法院《关于适用〈劳动合同法〉若干问题的意见》(沪高法〔2009〕73号)第13条;北京市高级人民法院、北京市劳动争议仲裁委员会《关于劳动争议案件法律适用问题研讨会会议纪要》(2009年8月17日)第38条。

㉚ 参见金语、张玮:《用人单位支付经济补偿金是竞业限制条款生效的条件》,载《人民法院报》2012年11月1日,第7版。

㉛ 参见北京市高级人民法院《关于审理请求裁定仲裁协议效力、申请撤销仲裁裁决案件的若干问题的意见》(1999年12月3日)第5条第3项。

㉜ 参见林少兵:《国内仲裁协议效力之认定》,载《人民司法》2002年第6期,第53页。有文献曾提及,最高人民法院在一个个案批复中也持类似见解,但其来源未必可靠。参见赵健:《国际商事仲裁的司法监督》,法律出版社2000年版,第65、67页。

㉝ 参见北京市高级人民法院《关于审理请求裁定仲裁协议效力、申请撤销仲裁裁决案件的若干问题的意见》(1999年12月3日)第5条第3项。

年)第80条也有类似规定:"当事人在涉外合同中约定提请仲裁的权利不平等,违背了公平、合理的法律原则,应认定该仲裁协议无效。"对此有两点说明:第一,合同显失公平的法律后果应为可撤销或可变更,而非无效。第二,前述抛弃主观要件的做法似乎忽视了,仲裁协议的双方当事人通常都是平等的商事主体,有能力通过自由约定来维护自己的利益。[134]

5.建设工程合同

86　　实践中,发包人与承包人在签订建设工程承包合同时,可能会要求后者预先放弃其依《合同法》第286条享有的建设工程合同价款优先受偿权。这一预先放弃条款剥夺了承包人的法定担保权利,使其价款债权近乎无法实现(因为在建工程上通常还有银行的抵押权),客观上往往显失公平。加之我国建筑行业是甲方市场,发包人通常都可以利用其优势令承包人接受前述不公平条款[135],故亦可推定主观要件的存在。但是,如果承包人系事后放弃价款优先受偿权,由于此时合同已经订立或者履行,发包人利用自己谈判地位优势的可能性大为降低,则不应再有前述推定。

87　　建设工程合同的工程造价约定也可能适用显失公平制度。[136] 在一个案件中,一审法院认为,发包人利用自身优势和承包人急于承接工程的心理,以泄露其他投标单位投标报价等方式使承包人接受了低于实际成本(约1500万元)的工程造价条款(1250万元),因此基于显失公平制度,将合同价款调整为实际成本价。但二审法院持相反观点。理由在于,上述差价的根源是承包人"签订合同时应当预见而没有预见的经营风险",换言之,不是合同内容本身不公平,而是合同订立后的经营风险导致了合同履行不公平。因此本案不适用显失公平制度。[137] 对此需指出,二审法院在没有任何新证据的情况下即做出了与一审法院不同的事实认定,并据此

---

[134] 类似观点,参见王生长:《仲裁协议及其效力确定(2)》,载《中国对外贸易》2002年第4期,第25—26页。

[135] 参见陈广华、王逸萍:《建设工程价款优先受偿权预先放弃之效力研究》,载《西部法学评论》2015年第4期,第51页。该文主张,此类预先放弃应为无效。

[136] 参见江苏省高级人民法院《2001年全省民事审判工作座谈会纪要》(苏高法〔2001〕319号)第六点第4条第6款。

[137] 参见中铁四局集团建筑工程有限公司诉兴田健康产业(合肥)有限公司建设工程施工合同纠纷案,载黄松有主编:《民事审判指导与参考》(总第16集),法律出版社2004年版。

否定显失公平制度的适用,说理上颇为无力。⑱

五、举证责任

本条构成要件诸要素的证明责任,包括合同权利义务显著不对等、一方当事人利用优势(包括利用对方没有经验),皆由行使撤销权或变更权的一方当事人承担。但这并不妨碍法院基于事实推定,推定相应的主观要件成立[30]。

六、立法论

2016 年 7 月 5 日,全国人民代表大会公布《中华人民共和国民法总则(草案)》全民征求意见稿,第 129 条规定:"一方利用对方处于困境、缺乏判断能力或者对自己信赖等情形,致使民事法律行为成立时显失公平的,受损害方有权请求人民法院或者仲裁机构予以撤销。"

上述规定有三点进步:其一,明确了撤销权仅受损害一方享有;其二,明确了显失公平以主客观双重要件为必要;其三,废除了乘人之危⑲,将其并入显失公平。上述进步,体现了《民法通则》颁行三十多年来实务与学说之发展成果,深值肯定。

---

⑱ 当然,本案客观上是否存在显失公平,以及一审法院所述的利用优势在招标的大背景下是否成立,亦有讨论余地。

⑲ 乘人之危和显失公平的关系为何,一直以来争议甚多。以中国法学会主持编纂的专家意见稿为例,其先是因循《民法通则》,将二者分立,但后来又将二者统一作为显失公平予以规定。参见《中华人民共和国民法典·民法总则专家建议稿(征求意见稿)》第 146—147 条;《中华人民共和国民法典·民法总则专家建议稿(提交稿)》第 141 条。类似分歧,参见北航法学院课题组(龙卫球主持):《中华人民共和国民法典·通则编(草案建议稿)》第 140 条(二者统一作为显失公平);中国人民大学民商事法律科学研究中心"民法典编纂研究"课题组(杨立新执笔):《中华人民共和国民法·总则编(建议稿)》第 142 条(仅规定乘人之危)。在全国人大常委会法工委此前的草案中,也曾因循《民法通则》,将显失公平和乘人之危分开规定。参见《中华人民共和国民法总则(草案)(征求意见稿)》第 108 条("显失公平的民事法律行为,受损害方有权请求人民法院或者仲裁机构予以变更或者撤销")、第 109 条("乘人之危的民事法律行为,受损害方有权请求人民法院或者仲裁机构予以变更或者撤销")。

但上述规定也有可改进之处:其一,"利用对方对自己信赖"所指不明,且缺乏相应司法实践,似删去为佳;其二,将显失公平的法律后果规定为可撤销,而舍弃"可变更",颇为不妥。当然,这一舍弃不仅见于显示公平,也见于重大误解、欺诈、胁迫等制度。但如前所述〔63—75〕,上述做法在重大误解、欺诈、胁迫等情形下或许是适当的,但对于显失公平则非如此,有忽视"可变更"之于维护合同效力、尊重意思自治(尤其是模拟当事人真意)的重要作用之嫌。相比之下,前述《国际商事合同通则》的二元区分更值得参考,即可撤销法律行为的后果原则上仅为可撤销;但作为例外,因显失公平而可撤销的法律行为其后果不仅包括可撤销,还包括可变更,且变更原则上优先于撤销〔73—74〕。如今《民法总则》第151条规定:"一方利用对方处于危困状态、缺乏判断能力等情形,致使民事法律行为成立时显失公平的,受损害方有权请求人民法院或者仲裁机构予以撤销。"前述第一点改进已有所体现,而第二点改进能否在民法典之中或民法典施行后的法律解释中成为现实,仍是未定之天。

第 66 条　同时履行抗辩权[*]

王洪亮

《中华人民共和国合同法》第 66 条

当事人互负债务,没有先后履行顺序的,应当同时履行。一方在对方履行之前有权拒绝其履行要求。一方在对方履行债务不符合约定时,有权拒绝其相应的履行要求。

细　目

一、规范目的……1—4
二、先给付义务……5—13
三、构成要件……14—41
　（一）有效的双务合同……14—18
　（二）相互关系……19—29
　（三）对待债权的继续存在……30—31
　（四）对待给付请求权到期……32—33
　（五）对待给付没有发生效力……34—39
　（六）须遵守合同……40—41
四、法律效果……42—58
　（一）给付拒绝权……42—44
　（二）范围……45—46
　（三）对迟延的效力……47—51
　（四）程序效果……52—58
五、举证责任……59

---

[*] 本文首发于《法学家》2017 年第 2 期（第 163—176 页），原题为《〈合同法〉第 66 条（同时履行抗辩权）评注》。

一、规范目的

1　　所谓同时履行抗辩权,是指双务合同中负有义务的一方在对方未为履行或者履行不符合约定的情况下,有权拒绝对待给付的权利。所以准确地讲,应称为不履行(履行不完全、履行不符合约定)(双务)合同的抗辩权,或者直接称为拒绝履行权。

2　　同时履行抗辩权制度追寻的规范目的是双重的。首要的规范目的在于强制清偿,基于同时履行抗辩权,被对方(债权人)要求履行的债务人,有权迫使对方履行对待给付义务,所谓你给则我给。① 通过同时履行抗辩权,追求的并非是双方债务的同时履行,而是通过强调双方债务在履行顺序上的制衡关系,敦促欲获对待给付的当事人须先迈出一步。② 正是基于这一规范目的,债权人不能通过提供担保来排除同时履行抗辩权,因为同时履行抗辩权的目的在于获得对待给付,而这一目的并不能通过担保而获得实现。同时履行抗辩权追寻的第二个规范目的在于担保自己债权的功能,同时履行抗辩权可以确保债务人在没有获得对待给付之前不能被强迫提供自己的给付,解决的是守约方不相信对方或者担心对方资不抵债的问题。如果对方不履行合同,守约方即有权拒绝进行给付,免得在对方没有信用或者资不抵债的情况下,使自己的给付落空。③ 基于此规范目的,只要同时履行抗辩权存续,即不构成债务人迟延。

3　　对于同时履行抗辩权(拒绝履行权)的本质,具体有两种学说,第一种是交换说,第二种是抗辩权说。④ 根据交换说,双方同时履行给付义务自始即为给付义务之内容,在法律争议时,即使债务人没有主张,也必须考

---

① 参见韩世远:《合同法总论》(第 3 版),法律出版社 2011 年版,第 281 页;王泽鉴:《民法学说与判例研究》(第 6 卷),中国政法大学出版社 1997 年版,第 139 页。
② 参见韩世远:《构造与出路:中国法上的同时履行抗辩权》,载《中国社会科学》2005 年第 3 期,第 108 页。
③ 参见崔建远:《合同法》(第 5 版),法律出版社 2010 年版,第 137 页;参见注①,韩世远书,第 279 页。
④ 参见注①,王泽鉴书,第 140 页。

虑其效力。由此处于交换关系的请求权,自始在内容上就受到了限制。⑤ 例如拉伦茨就认为,每一方的义务通常涉及的并非仅是给付,而是与受领对待给付同时进行的给付。⑥ 根据抗辩权说,任何一方要求其所应得的给付的权利本身没有附加条件,所以,给付拒绝权是一种抗辩权,具有改变请求权以及形成权利的效力。

从《合同法》第 66 条"一方在对方履行之前有权拒绝其履行要求"的表述中可以确定,同时履行抗辩权是一种抗辩权,而从立法资料上看,合同法立法者采纳的也是抗辩权说。⑦ 采用抗辩权说,原告即无须在诉讼中陈述自己已经清偿。但无论根据哪种学说,在诉讼中,原则上只有被告主张的时候,法院才会考虑该拒绝履行权。在被告缺席的情况下,法院仍应为被告败诉判决。在实体法上,两种学说的结果也会有所不同。根据交换说,如果构成同时履行抗辩权,即使在债务人一开始没有主张的情况下,也会发挥其效力,债务人不必提出自己的给付,故此,不履行不违反义务,债务人没有陷入迟延。⑧ 相反,根据抗辩权说,则需要债务人主张,否则不发生阻却债务人迟延的效力。

二、先给付义务

《合同法》第 66 条第 1 句后段"没有先后履行顺序的,应当同时履行"的表述,并不是在规定同时履行抗辩权的构成要件,也不是将同时履行抗辩权的适用情况限定于双方债务同时届至的情况⑨,而是在强调,在适用同时履行抗辩权之前,应当首先考察,双务合同中给付义务与对待给付义务之间有无先后顺序。如果有先给付义务的,即不应适用同时履行抗辩

---

⑤ Volker Emmerich, Vorbemerkung zum §§ 320, in: Münchener Kommentar zum BGB, 5. Aufl., München, C. H. Beck, 2006, Rn. 13.

⑥ Karl Larenz, Lehrbuch des Schuldrechts, 14. Aufl., C. H. Beck, München, 1987, § 15I, S. 207.

⑦ 参见胡康生主编:《中华人民共和国合同法》(第 3 版),法律出版社 2013 年版,第 130 页。

⑧ Dirk Looschelders, Schuldrecht AT, 10 Aufl., Verlag Franz Vahlen, München, 2012, Rn. 349.

⑨ 参见注①,韩世远书,第 287 页。

权,而应适用先履行抗辩权(《合同法》第67条)或不安抗辩权。⑩ 先给付义务的存在没有改变合同的双务性,但基于法律规定或者当事人的意思,排除了同时履行抗辩权。

6　　首先,先给付义务可以基于法律产生,具体如:除非另有约定,房屋承租人的租金给付义务(《合同法》第226条)、承揽人的给付义务(《合同法》第263条)均是先给付义务。承揽人在工作物的制造以及有瑕疵、尚未被受领的工作物的修理等方面负有先给付义务。工作物的受领义务与报酬的支付之间则存在同时履行关系(《合同法》第263条)。

7　　其次,先给付义务可以明示或默示约定,例外情况下,也可以直接基于诚实信用产生。只要在当事人没有同时确保其真正获得允诺的对待给付才进行给付行为的情况下,即存在先给付义务。例如,合同双方当事人约定,买受人在货到时通过邮局代收货款,买受人在不能提前验货的情况下,即负有先支付的义务。在发出信用证的场合,买受人也有先给付义务。如约定见文件再付款的,则出卖人在获得文件所需的给付方面负有先给付义务,之后则是买受人先给付。再如约定见账单付款的,出卖人通过邮寄账单表示已经准备运送货物的,买受人须先给付,相反,如约定货到付款的,则出卖人有先给付义务。当事人约定,签订合同的10个工作日内的某时刻,乙方向甲方提交微电影剧本并选定6位主要演员后,甲方向乙方支付制作劳务费总额的60%,此时乙方有先履行义务。⑪

在所有权保留买卖的情况下,就占有移转方面,出卖人具有先给付义务,但所有权移转则是同时履行,所以,所有权保留约定是一种部分的同时履行关系。在持续性合同情况下,就某时间段,给付方必须先履行;而在分期给付的情况下,通常出卖人有先给付义务;在劳动合同情况下,通常是雇主先给付。

---

⑩ 参见注③,崔建远书,第139页。具体案例参见仙游县焰豪投资有限公司与仙游县国土资源局建设用地使用权出让合同纠纷上诉案[最高人民法院(2013)民一终字第71号]。另外,在案件审理中,只有判断没有先给付义务,才可以适用同时履行抗辩权,具体案例可参见吴忠市东方房地产开发有限公司与宁夏红山河食品有限公司项目转让合同纠纷申请案[最高人民法院(2013)民申字第1525号]。

⑪ 具体案例参见周宏与云南云龙制药股份有限公司委托创作合同纠纷上诉案[重庆市高级人民法院(2014)渝高法民终字第00200号]。

如果债务人放弃提出抗辩权，效果上与先给付的约定相同。同时履行抗辩权是可以附加条件的。由于抗辩权利人通常不会缩减自己的权利，所以原则上不得推定放弃之意思。如在约定送交支票的情况下，不能由此推断债务人不论给付结果是否出现均放弃了抗辩权。

　　如一方的给付没有明确的期限，另一方给付有明确的期限，则可以认为没有约定先给付义务，可以适用同时履行抗辩权。[12]

　　有争议的是，在异时履行的情况下，是否可以适用同时履行抗辩。通常情况下，如果给付义务与对待给付义务之间没有有机的牵连，即一方的给付不以另一方的给付为当然的前提，则在对待给付义务随着时间的推移也到期的情况下，也即给付请求权追赶上后[13]，先给付义务即消灭，该种先给付义务也被称为非固有的先给付义务。例如，双方约定，出卖人于2月1日先给付，买受人于3月1日为对待给付，自3月1日起，两个到期的请求权相互对立，处于交换关系，故有学者认为，起初负有先给付义务的一方自此也可以主张同时履行抗辩。[14]针对非固有的先给付义务情况，在后给付义务也到期的情况下，先给付义务人与后给付义务人均享有同时履行抗辩权。其根据在于双务合同情况下，各自的请求权中即含有同时履行抗辩的约束，即请求对方给付者，必须提供自己的给付。根据当事人约定，出卖人已经陷入违约，如承认其在3月1日之时享有同时履行抗辩权，有违诚实信用，故此时，买受人作为先履行义务人，并无同时履行抗辩权，仅有买受人作为后给付一方享有同时履行抗辩权。

　　而在固有的先给付义务情况下，则无同时履行抗辩权适用之余地。具体如只有先给付人履行相对人的给付才为可能的情况下，先给付义务履行后须经对方确认后再为对待给付的情况。[15]

　　《合同法》第67条规定了所谓的先履行抗辩权，借鉴的是《国际商事

---

　⑫　具体案例参见上海市卫生局电教制作中心与上海塞纳影视传播有限责任公司播映权转让合同纠纷上诉案［上海市高级人民法院（2002）沪高民三（知）终字第112号］。
　⑬　Goachim Gernhuber, Synallagma und Zession, in FS für Ludwig Raiser zum 70 Geburtstag, J. C. B. Mohr, 1974, S.77.
　⑭　参见注②。不同观点认为，此种情况下，出卖人已经违约，此时赋予其同时履行抗辩权，有违逻辑，参见崔建远：《履行抗辩权探微》，载《法学研究》2012年第2期，第45页以下。
　⑮　参见注①，韩世远书，第288页。

合同通则》第7.1.3条第1款以及《欧洲合同法原则》第9:201条第1款。《国际商事合同通则》第7.1.3条第1款规定,凡当事人各方应相继履行合同义务的,后履行的一方当事人可在应先履行一方当事人完成履行之前拒绝履行。[16] 该规则澄清的是,在给付义务与对待给付义务存在有机牵连的情况下,负有先给付义务的一方还是要先进行履行,并不能行使同时履行请求权,先给付义务人向后给付义务人请求对待给付的,后给付义务人自可以未到期进行抗辩。[17] 即使对后给付义务的履行定有期限,在先给付义务人未履行前,后给付义务人的履行期也未届至。[18] 从规则自身逻辑性、简练性考虑,并无单独规定先履行抗辩权的必要。[19]

12　　先给付义务人提出给付但相对人拒绝受领、陷入受领迟延的,其即可以请求相对人同时履行。在相对人无理由地拒绝履行自己的给付的情况下,先给付义务也消灭,此时,先给付义务人也可以请求同时履行。[20] 除此之外,先给付义务人不得行使同时履行抗辩权,但可以借助不安抗辩权保护自己(《合同法》第68条)。在先给付义务人有证据证明相对人财产恶化的情况下,其可以中止履行自己的给付,并拒绝给付。

13　　即使没有先给付义务,同时履行也可能由于事实原因而无法实行,如给付地不同或者给付义务迟缓而无法适用同时履行抗辩。

---

[16]　参见全国人大常委会法制工作委员会民法室编:《〈中华人民共和国合同法〉与国内外有关合同规定条文对照》,法律出版社1999年版,第57页;朱广新:《合同法总则》(第2版),中国人民大学出版社2012年版,第472页;朱广新:《先履行抗辩权之探究》,载《河南省政法管理干部学院学报》2006年第4期,第127页。

[17]　值得思考的是,《合同法》第67条赋予后履行一方先履行抗辩权,如对此不加限定,对于后履行一方未必有利。抗辩必须要有对抗的对象,要有请求权。在后履行一方的给付义务尚未到期的时候,先履行一方并无请求权,对此,在诉讼中,法庭应依职权予以考虑。而在此情况下,直接赋予后履行一方所谓先履行抗辩权,则是须主张的抗辩权,由此,替代后履行一方未到期的无须主张的抗辩,并不具有正当性。尤其是在缺席审判情况下,后履行一方未出庭,无从抗辩,法院若认为后履行一方未主张"先履行抗辩权",则就会使后履行一方败诉,结果并不公正。

[18]　参见注①,韩世远书,第288页。

[19]　参见注[16],朱广新文,第128页。

[20]　参见注⑥,S. 207.

三、构成前提

（一）有效的双务合同

从《合同法》第 66 条"互负债务"的文义上判断，其适用的情况非常宽泛，具体如在合同无效情况下，如果已经履行的，当事人相互负有返还义务，二者之间即可形成互负债务关系[21]；系列交易关系情况下，如买受人与出卖人之间存在长期交易关系，买受人要求出卖人提供其 7 月 1 日购买的货物，但出卖人主张，买受人必须先支付其 5 月 1 日购买货物的价款，二者之间也可形成互负债务关系。再如，在酒馆里，甲与乙的大衣弄混了。甲请求乙交出大衣，乙则主张，甲必须先将大衣返还给自己，甲的返还请求权与乙的返还请求权之间也是互负债务关系。但是，从《合同法》第 66 条体系位置以及立法资料来看，这里的互负债务必须是因为双务合同引起的。通说也认为，《合同法》第 66 条仅适用于双务合同的情况。[22] 所以，上述论述情况，都不在《合同法》第 66 条的射程范围内。尤其要强调的是，只有在双务合同有效的情况下，才有适用同时履行抗辩权之可能。[23]

双务合同本身被区分为通常双务合同与相互性的双务合同。通常双务合同又被称为不完全双务合同，如委托合同、保管合同等，在这些情况下，一方当事人负担主要义务，而对方仅负有从属义务[24]，而且，一般是相对人先获得先给付人履行的利益后，再为对待给付。例如，保管人负担保管寄托物的义务，而寄存人仅在特定情况下，负赔偿责任（《合同法》第

---

[21] 对此种情况，有主张类推适用同时履行抗辩权者，参见注①，韩世远书，第 304 页。

[22] 参见注⑦，第 130 页；王利明：《合同法研究（第 2 卷）》（第 2 版），中国人民大学出版社 2011 年版，第 60 页；注①，韩世远书，第 278 页、第 285 页；朱广新：《合同法总则》（第 2 版），中国人民大学出版社 2012 年版，第 475 页。具体案例参见马金美诉南京栖霞建设集团物业有限公司物业服务合同纠纷案［江苏省高级人民法院（2015）苏审三民申字第 01225 号］；喜德保温隔声工程有限公司与上海电力建设保温制品厂买卖合同纠纷上诉案［上海市高级人民法院（2007）沪高民四（商）终字第 33 号］。

[23] 参见邱业伟：《双务合同履行中的抗辩权比较分析》，载《河北法学》2007 年第 7 期，第 116 页。

[24] 参见注①，韩世远书，第 284 页。

370条）。所以，在不完全双务合同情况下，并无相互依存的给付与对待给付关系，并不能适用同时履行抗辩权。但有偿保管合同属于相互性的双务合同，支付的报酬不仅仅涵盖费用。

有学者认为，在合伙人为二人时，可以适用同时履行抗辩权；而合伙人为三人或三人以上的，则不适用。㉕ 但民事合伙合同不属于相互性合同，因为合伙合同追求的是共同目的，并不存在交换关系。㉖ 在合伙人之间以及合伙人与合伙之间均不存在相互关系。同样，在成员与社团之间也不存在相互性合同，因为，双方的义务并未处于依赖关系中。所以，对于合伙合同，并无同时履行抗辩权适用之余地。

在相互性的双务合同中，双方的债务之间存在相互性关系㉗，如买卖合同、有偿的保证合同等。金钱借贷合同中，金钱的发放与所负担的利息或约定担保的设定之间处于相互性关系中。版权许可合同、保理合同、融资租赁合同、有偿的允诺承担担保责任都属于相互性合同。同时履行抗辩权还适用于买卖合同、承揽合同中因物的瑕疵而产生的补救履行请求权以及租赁合同中因物的瑕疵而产生的权利。在买受人的债权被预告登记情况下，买受人有权请求出卖人移转无负担的所有权，如果其上有负担，即使买受人自己可以排除，也有权行使同时履行抗辩权。在物业服务合同情况下，业主与物业公司，在对方不履行或不完全履行合同的情况下，均有同时履行抗辩权。㉘ 尤其在物业服务企业违反物业服务合同约定或者法律、法规、部门规章规定，擅自扩大收费范围、提高收费标准或者重复收费，业主以违规收费为由提出抗辩的，人民法院应予支持（最高人民法院《关于审理物业服务纠纷案件具体应用法律若干问题的解释》第5条第1款）。在劳务合同情况下，在对方没有履行不完全的情况下，权利人不享有同时履行抗辩权。相反，在严重拖欠工资的情况下，劳动者有权保留给付劳

㉕ 参见注①，王泽鉴书，第148页；崔建远：《合同法》（第2版），法律出版社2013年版，第138页；何平、邓剑光：《论合伙合同中同时履行抗辩权的适用》，载《当代法学》2002年第9期，第39页。

㉖ 参见注㉒，王利明书，第69页；李永军：《合同法》（第3版），法律出版社2010年版，第140页。

㉗ 参见杨振山主编：《民商法实务研究》，山西经济出版社1993年版，第249页。

㉘ 参见熊进光：《物业服务合同抗辩权的行使与限制——兼评〈审理物业服务纠纷案件的解释〉第5、6条》，载《现代法学》2010年第3期，第170页以下。

务。在建设工程施工合同中,工程进度款与施工义务之间也是同时履行抗辩关系。㉙ 双方约定,一方提供铺底货物,另一方提供相应价值的流动资产作为100万元铺底货物的担保,在债权人未提供铺底货物时,债务人可以拒绝履行提供担保义务。㉚ 在股权转让协议情况下,在股权变更文件递交成功之前,买受人拥有同时履行抗辩权。㉛

在继续性合同的情况下,相对人未给付一期的,债务人可以拒绝二期的对待给付。㉜ 在承租人拒付几个月的租金后,出租人有权拒绝供应水、电。㉝

对于法定债之关系,也存在相互性债之关系,可以适用同时履行抗辩权,如无权代理,本人不追认的情况下,在无权代理人与合同相对人之间,应当成立相互性合同。

最后,基于契约自由,当事人可以将无名合同约定为相互性合同。

(二)相互关系

《合同法》第66条规定的第二个构成前提是给付请求权之间具有相互依存关系,而且要基于《合同法》第66条产生给付拒绝权。保留的给付必须相对于另一个给付具有足够的意义,才可以使给付拒绝权获得正当性。基于相互性的要求,亦可以推断出,只有针对主给付义务才会形成同时履行抗辩权,例如在汽车买卖合同中,出卖方负有交付汽车以及移转汽车所有权的主给付义务,而买受方负有支付价金的主给付义务,二者处于相互关系中㉞,而买受人的受领义务与出卖人的交付与移转所有权的义务之间并无相互关系。

㉙ 具体案例参见武汉三星建工集团有限公司与四川神宇建筑劳务有限责任公司建筑工程施工合同纠纷再审申请案[最高人民法院(2014)民申字第649号]。

㉚ 具体案例参见湖南全洲药业有限公司与清华紫光古汉生物制药股份有限公司总经销合同纠纷案[最高人民法院(2004)民二终字第67号]。

㉛ 具体案例参见北京中利睿钻商贸有限责任公司与湖北苏商城市投资有限公司合资、合作开发房地产合同纠纷再审案[最高人民法院(2014)民申字第1823号]。

㉜ 不同观点参见注③,崔建远书,第136页。

㉝ 具体案例参见宣威市巾帼社区清洗服务有限公司与宣威市人民政府招待所承包合同纠纷再审案[最高人民法院(2013)民申字第540号]。

㉞ 参见李保国、张红芹诉吉林市德日之源汽车销售有限公司买卖合同纠纷案[吉林市昌邑区人民法院(2014)昌民二初字第416号民事判决书]。

20　　　针对从给付义务或附随义务不能形成同时履行抗辩权。㉟ 也就是说，从给付义务、附随义务通常不具有充分的意义，相对方不履行，债务人不得以此为由拒绝为给付。㊱ 例如买卖合同情况下，出卖人移交技术资料的义务为从给付义务，买受人不能以出卖人没有履行移交技术资料义务拒绝履行给付价金义务。㊲ 在股权转让协议中，财务资料的移交属从合同义务，对方未履行的，债务人不得以此拒绝履行自己的给付义务。㊳ 债务人不能以对方没有开具发票，而不履行付款之主给付义务。㊴

21　　　但是，合同当事人可以约定受领义务为主给付义务。主给付义务或从给付义务的区分，对于相互性的肯定或否定，仅具有"指引"功能，关键是当事人的意思，当事人的意思是合同的构造以及特别利益状况的基础。㊵ 当事人可以通过约定确立从给付义务与对待给付义务之间存在相互关系。如当事人约定，开具相应发票与付款应同时履行。㊶ 腾房与支付

　　㉟ 参见注①，韩世远书，第285页，称之为纯粹型的同时履行抗辩权。

　　㊱ 具体案例参见武汉弘博集团有限责任公司与中南财经政法大学买卖合同纠纷申请案[最高人民法院(2014)民申字第1893号]。

　　㊲ 不同意见可参见注③，崔建远书，第136页。不过，增加了致使合同目的落空的要件。实际上，同时履行抗辩与违约并无关系，只是在未获得对方给付之前，得拒绝自己的给付。

　　㊳ 具体案例参见谢贤敏、吴庭俊、吴永明与被上诉人肖本蹲等18人、原审被告四川省资阳市迪卡汽车贸易有限公司、原审第三人彭州市安信房地产开发有限责任公司、胡桂芳、沈涛股权转让纠纷案[四川省高级人民法院(2013)川民终字第25号]。

　　㊴ 参见施建辉：《同时履行抗辩之适用限制》，载《华东政法大学学报》2007年第4期，第49页。具体案例参见鹤壁普乐泰生物科技有限公司与三达工业技术(厦门)有限公司技术委托开发合同纠纷上诉案[福建省高级人民法院(2010)闽民终字第76号]；新疆生命红轻工业创业园有限公司与新疆英澳房地产开发有限公司建设用地使用权转让合同纠纷上诉案[新疆维吾尔自治区高级人民法院(2015)新民一终字第97号]；义乌市矿业煤炭有限公司、大通县鸿瑞萤石有限公司合同纠纷上诉案[最高人民法院(2015)民一终字第177号]。

　　㊵ Volker Emmerich，§ 320, in: Münchener Kommentar zum BGB, 5. Aufl., München, C. H. Beck, 2006, Rn. 31.

　　㊶ Frank Weiler, Schuldrecht AT, 2. Aufl., Baden-Baden, Nomos Verlagsgesellschaft, 2014, S. 133. 具体案例参见浙江华元建设置业有限公司与杭州国坤防水工程有限公司建设工程施工合同纠纷上诉案[浙江省杭州市中级人民法院(2015)浙杭民终字第1146号]。

补偿款之间具有同时履行关系。㊷

通说主张,在从给付义务的履行与合同目的实现关系密切时,从给付义务和主给付义务之间可以存在同时履行抗辩关系。㊸ 例如,名马买受人可以出卖人未交付得奖证书及血统证书为由而拒绝支付价款。㊹ 手机用户在电信部门未出具话费清单时,可以拒绝缴纳话费。㊺

在债权人违反附随义务的情况下,债务人原则上不得行使同时履行抗辩权,拒绝给付。㊻ 因为附随义务指向的是固有利益,与给付义务之间不存在相互性。在例外情况下,如雇主违反保护义务等附随义务而使提供劳务不可期待,雇员即可拒绝工作,而不丧失工资请求权。

如果在基于相互合同的义务之外,确立一个独立的义务,如抽象的债之承诺或者票据,则没有相互关系。但票据或支票债务人,在基础关系中,可以以同时履行抗辩权对抗债权人,该债务人也有权以该抗辩权对抗第一个票据或支票取得人。

代替原给付请求权而出现的损害赔偿请求权,也加入到相互关系中,例如在损害赔偿请求权与返还已交付的有瑕疵物的请求权之间亦存在同时履行抗辩关系。㊼

有疑问的是,在解除合同的情况下,可否适用同时履行抗辩权,如果认为解除合同情况下,当事人的关系为特别清算关系,而非不当得利关系,则二者之间的返还请求权处于相互关系中,可以准用同时履行抗辩权

㊷ 具体案例参见天津市滨海新区塘沽塘北百货商店与天津市滨海新区塘沽和平房地产管理站、天津市滨海新区人民政府北塘街道办事处房屋租赁合同纠纷再审案[最高人民法院(2014)民申字第918号]。

㊸ 参见注㉕,崔建远书,第135页;注①,韩世远书,第305页;魏振瀛主编:《民法》,高等教育出版社、北京大学出版社2000年版,第417页;注⑯,朱广新书,第477页;注㊴,施建辉文,第48页。

㊹ 参见注④,第143页。

㊺ 参见注①,韩世远书,第305页。

㊻ 参见注㊴,施建辉文,第49页。

㊼ 参见注①,韩世远书,第303页。最高人民法院在《关于托运人主张货损货差而拒付运费应否支付滞纳金的答复》中有不同观点:在水路货物运输合同中,支付运费是托运人的法定义务,该义务不因发生货损货差而消灭。托运人主张的货损货差赔偿可通过索赔解决,若擅自拒付运费则应按法律规定支付滞纳金。

之规则。㊽

27 给付是以利他方式提出的,也不影响相互关系。允诺人得以其基于补偿关系产生的抗辩对抗有权利的第三人。㊾

28 在债权人让与债权的情况下,根据《合同法》第 82 条的规定,债务人可以以其同时履行抗辩权对抗受让人。在债权让与情况下,在让与人作为对待给付债务人方面,让与人也享有同时履行抗辩权。㊿ 其根据在于,合同相对人不能无根据地获益。这也适用于基于法律规定债权让与但未同时移转债务的情况。让与人通常对受让人负有行使抗辩的义务,以使合同相对人就受让人的债权方面处于压力之中。(51) 相反,在债务承担的情况下,不仅原债务人,而且新的(共同)债务人均享有不履行合同抗辩权。

29 在存在多个债权人的情况下,多个债权人均得请求部分给付时,也会存在相互关系;债务人有权在获得全部给付前拒绝自己的给付。(52) 此时,在多个债权人负有不可分给付的情况下,或者通过合同约定共同负有可分的给付的情况下,多个债权人作为共同债务人承担责任,所以每个债权人均须提供全部对待给付。

㊽ 参见注㉕,崔建远书,第 136 页;注①,韩世远书,第 305 页;李冬、陈林:《合同解除后的互负债务类推适用同时履行抗辩权》,载《人民司法·案例》2011 年第 22 期,第 80 页。参见韩冬与沈阳融建房地产开发有限公司商品房买卖合同纠纷上诉案[辽宁省沈阳市中级人民法院(2011)沈中民二终字第 1538 号民事判决书]。相反判决参见新疆索菲娅国际投资有限责任公司与侯爱梅、侯懿芸、黄宏军股东资格确认纠纷上诉案[(2014)新民二终字第 78 号]。该案判决认为:同时履行抗辩权系当事人在履行双务合同过程中依法或者依约享有的抗辩权,而本案股权转让协议已为生效判决所判令解除,双方之间的合同关系即归于消灭已无适用同时履行抗辩权的事实基础。而且合同解除后的法律后果表现为恢复原状、双方返还,索菲娅国际投资有限责任公司已另案向法院提起诉讼要求侯爱梅、侯懿芸、黄宏军返还股权转让款 1000 万元,其该请求与本案侯爱梅、侯懿芸、黄宏军股权变更登记的请求彼此独立并无牵连,原审法院认定双方应在法院判决确定的履行期限内各自履行并无不当。故索菲娅国际投资有限责任公司以侯爱梅、侯懿芸、黄宏军未返还股权转让款 1000 万元为由行使同时履行抗辩权而拒绝履行股权变更登记义务的上诉理由不能成立,本院不予支持。

㊾ 参见注㉒,王利明书,第 67 页;注㉕,崔建远书,第 138 页;注①,韩世远书,第 285 页。

㊿ 参见注㉒,王利明书,第 67 页;注㉕,崔建远书,第 138 页;参见注①,韩世远书,第 304 页。

(51) 同注⑬,S. 73.

(52) 参见注㉕,崔建远书,第 137 页。

（三）对待债权的继续存在

在提出同时履行抗辩时，作为抗辩权基础的对待给付必须产生且未消灭。在合同相对人（起诉人）就自己的给付出现嗣后（主观或客观）不能的情况下，无论其是否具有过错，对待给付义务均消灭（《合同法》第110条），因为此时给付的强制执行根本不可能有结果，如果这样还肯定请求权存在并判决同时给付，并无意义。在买卖或承揽合同中，如果瑕疵不可排除，或者在债务人有权拒绝给付的情况下，买受人或定作人也不享有拒绝给付的抗辩。

债务人的债权经过诉讼时效，并不会导致债权的消灭，而只是被排除了请求权的可实现性，所以，债务人可以提出同时履行抗辩（拒绝给付的抗辩），但在同时履行抗辩权产生之时，诉讼时效必须尚未经过。[53]

（四）对待给付请求权到期

在相互性双务合同中，一方向另一方请求给付，该给付请求权必须已经到期，给付请求权未到期的，另一方自可以拒绝履行，并无行使同时履行抗辩权之必要。在该请求权到期时，还要求对待给付请求权也要到期，此时才会产生同时履行抗辩权。

在当事人双方的请求权均有明确履行期限的情况下，如买受人支付价款的期限是2月1日，则2月1日经过后，即为到期。如果履行期限表现为一段时间的，所谓到期，应是期间届满（届至）之时，如出卖人履行期限为2006年2月1日到3月1日，则自3月1日起，请求权方为到期。[54] 在没有约定期间或者由于违约产生次位请求权的情况下，实践中，有理解为只有在请求对方给付的情况下，给付才到期，如果请求权人没有请求的，自无同时履行抗辩权行使的可能。[55] 这样的理解并不正确，从保护债权人角度看，没有约定履行期的，请求权应当立刻到期。何为立刻要视情

---

[53] 参见注㉕，崔建远书，第143页；注①，韩世远书，第291页；注④，第151页。

[54] 不同观点参见注①，韩世远书，第286页。

[55] 具体案例参见上海市卫生局电教制作中心与上海塞纳影视传播有限责任公司播映权转让合同纠纷上诉案[上海市高级人民法院(2002)沪高民三(知)终字第112号]。

况而定,可以是一天,也可以是几个小时。但无论如何不能要求只有债权人请求或者指定合理期间后,请求权才到期。[56]

33 如果约定有先给付义务,在先给付义务没有结束前,对待给付原则上不会到期。这是相互性关系所要求的。

(五)对待给付没有发生效力

34 从《合同法》第66条的文义上看,似乎是要求对方未履行债务不符合约定,方可构成同时履行抗辩权。[57] 但从同时履行抗辩权的实质来讲,其与相对人是否违约并不相关,其主要的功能不过是在迫使对方清偿、担保自己债权的实现。《合同法》第66条"对方履行之前"所表达的意思应是在对方为清偿所必须之行为之前,当事人可以拒绝给付。但并不是直到清偿效果出现之前,债务人都可以拒绝给付,因为如此要求,无疑是强制合同相对人先为给付。如果对待给付已经发生效力,即合同相对人已经做了履行所必须的一切,则同时履行抗辩权即丧失。

35 如买受人在付清价金前,有确切证据证明第三人可能就标的物主张权利的,可以依《合同法》第152条的规定中止支付相应的价款,也即同时履行抗辩权。

36 瑕疵给付,在本质上是一种质量上的部分给付。在交付前,出卖人提交瑕疵物,买受人可以拒绝受领(《合同法》第72条、第148条),并拒绝付款(《合同法》第66条)。在交付后,由于存在特殊的瑕疵担保规则群,又需要区分情况,具体确定是否可适用同时履行抗辩权。在受领有瑕疵的标的物之后,依据诚实信用原则,买受人应在出卖人指定期间内行使选择权,如果买受人没有在出卖人指定期间内行使选择权,那么再行使同时履行抗辩权就是违背诚信的。

---

[56] 相反判例认为未请求对方履行,即无法构成同时履行抗辩权,具体参见江阴市城镇建设综合开发有限公司、江阴市良晨房地产开发有限公司合资、合作开发房地产合同纠纷再审案[江苏省高级人民法院(2012)苏民再终字第0007号民事判决书]。

[57] 参见注①,韩世远书,第288页以下。

在风险移转后,出卖人给付标的物有瑕疵的,买受人有补救履行请求权,此时,买受人得以价款支付与补救履行之间形成同时履行抗辩。[58] 出卖人在期间届满后,即可以请求支付价款,而买受人必须决定选择哪一种权利:如果选择更换,那么必须返还瑕疵物,两个给付之间也可以适用同时履行抗辩权;如果买受人选择修理,则在修理请求权与价款请求权之间存在同时履行关系;如买受人选择"退货",则要具体解释买受人的意思,如果是解除的意思,那么在补救履行与价款之间就没有同时履行关系了[59],但有可能会转化为解除后原物返还与价款返还之间的同时履行关系。

如果能够确认买受人不再享有补救履行请求权,比如瑕疵是不可去除的,或者因为基于经济上不能,出卖人有权拒绝补救履行(准用《合同法》第110条),或者指定期间无果后解除、减价或者要求损害赔偿,那么债务人即不得拒绝支付价款。

如果买受人主张减价,或者出卖人已经补救履行了,甚或其并不负有补救履行的义务,则买受人不得主张给付拒绝权。[60]

买受人选择损害赔偿的情况下,在价款请求权与损害赔偿请求权之间并无抵销可能,因为请求权之上存在同时履行抗辩,不构成抵销。

在约定违约金的情况下,买受人主张违约金的,在违约金给付与价款给付之间也并无同时履行关系,在出卖人没有支付违约金之前,买受人不得拒绝给付,但可以主张抵销。[61]

出租人如违反维修保持义务(参照《合同法》第216条),承租人可援

---

[58] 相反判决参见福建马诗龙生物科技有限公司、福建省尤溪县福绿农业机械有限公司建设工程施工合同纠纷再审案[福建省高级人民法院(2015)闽民申字第1702号]。该案中,福绿农业机械有限公司承建的出菇大棚已验收合格交付使用,马诗龙生物科技有限公司主张大棚存在质量问题,则只能援引违约责任的规定请求补救,本案无同时履行抗辩权的适用余地。故法院对马诗龙生物科技有限公司该项再审主张,不予采纳。

[59] 参见注②,第115页。

[60] 同上注。

[61] 参见注①,韩世远书,第291页。

用同时履行抗辩权，拒付租金。(62) 承揽人交付的工作具有瑕疵，定作人有瑕疵修补请求权（参照《合同法》第 262 条），承揽人负有完成无瑕疵工作的义务，在承揽人修补瑕疵前，定作人也可援用同时履行抗辩权拒绝支付报酬。

39 在股权转让情况下，出卖人没有履行约定的债权债务告知义务以及清理对外负担的债务税费的义务情况下，买受人有权拒绝支付相应的价款。(63)

（六）须遵守合同

40 行使同时履行抗辩权者须遵守合同。行使同时履行抗辩权者，原则上须准备提出给付，如果其无理由拒绝履行或者迟延履行，即不得主张同时履行抗辩权。因为同时履行抗辩权的目的在于：于清偿时也实现相互性，这也是诚实信用原则所要求的。

如果债务人确定拒绝给付，即不得主张同时履行抗辩权。债务人不能基于自己不遵守合同的情况而拒绝给付。债务人自己陷入给付迟延的，不能行使同时履行抗辩权。在存在固有的先给付义务的情况下，先履

---

(62) 参见注㉕，崔建远书，第 136 页。有相反判决错认房屋租赁合同中的维修义务为附随义务，如沈阳中体倍力健身俱乐部有限公司与广发银行股份有限公司大连分行、沈阳中体倍力健身俱乐部有限公司大连分公司房屋租赁合同纠纷案［辽宁省高级人民法院（2015）辽审一民抗字第 59 号］。关于中体倍力健身俱乐部有限公司提出广发银行股份有限公司大连分行提供的房屋存在漏水等诸多问题，致使其无法正常使用租赁房屋，其有权行使同时履行抗辩权、拒付租金一节，二审法院认为，此节问题的关键在于未履行维修义务是否构成根本性违约或成为中体倍力健身俱乐部有限公司给付租金义务之对等义务。第一，从案件事实可以认定，中体倍力健身俱乐部有限公司大连分公司至今仍在占有、使用案涉房屋，说明其提出的无法正常使用租赁房屋的事实并不存在，即使存在房屋漏雨等诸多问题也并没有达到使得中体倍力健身俱乐部有限公司大连分公司无法实现合同目的之后果；第二，根据同时履行抗辩权之规定，当事人互负之义务应当是对等的。在本案中，双方互负之义务应为广发银行将出租房屋及设施交付给中体倍力健身俱乐部有限公司及中体倍力健身俱乐部有限公司大连分公司，二公司给付租金，广发银行股份有限公司大连分行的维修义务只是合同赋予其保证在履行合同过程中租赁物仍处于完好状态的附随义务，并不能成为与承租方给付租金相对等的义务。因此，中体倍力健身俱乐部有限公司不能因此而拒付租金。至于其主张的损失问题，因未提起反诉，原审对此没有处理亦无不妥，法院应予维持。

(63) 具体案例参见李嘉斌与龙志强、钦州市华驭糖业有限公司股权转让纠纷抗诉再审案［最高人民法院（2014）民抗字第 15 号民事裁定书］。

行义务人迟延,即不能行使同时履行抗辩权。给付迟延状态排除后,债务人可以继续主张同时履行抗辩权,如以使对方陷入受领迟延的方式提供给付的情况。比如在持续供货合同中,债务人所抗辩的债权在债务人陷入给付迟延后才到期,那么直到债务人完全提出自己的给付之前,债务人都不得行使同时履行抗辩权。

主张同时履行抗辩权的债务人受领迟延的,并不排除同时履行抗辩 41
权。(64) 因为双方给付义务的关联并没有因债务人受领迟延而废除。债权人的利益为受领迟延的法律效果所充分保护,而且债务人主张同时履行抗辩的,法院会判决同时履行,而对于同时履行判决,可以强制执行,债权人利益也因此被充分地保护。(65)

四、法律效果

(一)给付拒绝权

在法律效力上,同时履行抗辩权首要的效力基于双务合同负担义务 42
的一方得拒绝给付。(66) 如果债务人自己已经履行,就无法再行主张行使同时履行抗辩权而拒绝给付。(67)

学界通说认为,给付拒绝权是一种具有延缓作用的抗辩权,能够暂时 43
阻碍对方当事人行使其权利,而不是使对方当事人的请求权归于消灭。(68) 进一步而言,对于双务合同的履行,每一方可独立地、不依赖于对待给付地要求自己应得的给付。所以,给付请求权没有被设定条件,也没有自始受到内在的实体法上的限制。在诉讼中,指向的是给付,而不是同时履行。因为给付拒绝权是真正的抗辩,所以原告的已经提出对待给付的声

---

(64) 参见注㉕,崔建远书,第 140 页;王闯:《论双务合同履行中的同时履行抗辩权——兼释合同法第六十六条及其适用中的相关疑难问题》,载《法律适用》2000 年第 12 期,第 17 页。Hansjörg Otto, § 320, in Staudingers Kommentar zum BGB, Berlin, de Gruyter, 2004, Rn. 41; 同注㊶, Rn. 36.

(65) 同注㊶, Rn. 27.

(66) 参见注㉒,王利明书,第 61 页。

(67) 具体案例参见玉山县人民政府、玉山县国土资源局与江西日景置业发展有限公司土地使用权出让合同纠纷上诉案[江西省高级人民法院(2011)赣民一终字第 77 号]。

(68) 参见注㉕,崔建远书,第 141 页;参见注①,韩世远书,第 279 页。

明并非诉讼理由。在提起诉讼后,即使自原告表述中得出抗辩权构成要件的,也不允许对被告缺席判决,因为法官不得依职权考虑拒绝给付抗辩权(同时履行抗辩权)。[69]

44　　不同观点认为,同时履行抗辩权并非针对债权人请求权的真正的延缓性的抗辩权,而是在程序上导致既存的请求权限制本身实现的抗辩权,拒绝给付本身并不会阻碍请求权的实现。[70] 主要论据是,如果采纳真正抗辩权的观点,在诉讼中,原告请求履行原给付义务或违约责任,被告主张同时履行抗辩权的,即须证明同时履行抗辩权的构成,由此产生了举证负担过重而无法行使同时履行抗辩权的问题;另外,认为同时履行抗辩权为真正的抗辩权并不符合同时履行抗辩权的性质,同时履行抗辩权的实质是基于双务合同的相互性而产生的权限,是请求权本身所内含的。[71]

在原告起诉被告请求给付时,被告可以行使同时履行抗辩权,主张对待给付没有履行,此时,其实际上并不是在行使"对抗权",而是基于实体法上请求权自始含有的限制。按照这一逻辑,只要被告主张同时履行抗辩权即可,然后由原告证明其给付请求权存在,也就是说,或者证明其已经履行,甚或证明被告负有先给付义务,如果原告证明不了,其诉请即无法获得支持。

最后,作为被告无需证明其不具有先给付义务,因为基于双务合同,只能请求同时履行是一般的假定前提。在程序上主张同时履行抗辩不过是提示请求权内涵的限制,一旦提示了,也即主张了同时履行抗辩权,原告的请求权在程序中就被认为是受到同时履行限制的请求权。[72]

(二)范围

45　　债务人基于给付拒绝权,要求的并非是债权人履行对待给付义务,而是做出履行所必须的行为既可,也就是说,针对的是给付行为,而非给付结果。在债权人没有做出履行所必须的行为之前,在与债权人关系上,债

---

[69] Hansjörg Otto, §320, in Staudingers Kommentar zum BGB, Berlin, de Gruyter, 2004, Rn. 43.

[70] Astrid Stadler, §320, in Jauernig BGB, 12. Aufl., Muenchen, C. H. Beck, 2007, Rn. 15.

[71] 参见注⑥,S. 207。

[72] 参见⑥,S. 207。

务人均得尝试阻止已经进行的给付过程,比如,阻止尚未承兑的支票。

原则上,抗辩权人有权在对方全部履行对待给付情况下才同时给付。债务人部分履行时,债权人原则上可以拒绝全部的对待给付义务[73],而不是拒绝与其未履行的对待给付部分相当的部分。如果数个债权人按份享有债权,债务人只能针对所有对待给付抗辩。

《合同法》第 66 条第 2 句规定,"一方在对方履行债务不符合约定时,有权拒绝其相应的履行要求",规定的是拒绝全部给付的例外。学说上多认为这是规定不完全履行情况下的同时履行抗辩权[74],也有学者认为是《合同法》第 66 条后段借鉴了《欧洲合同法原则》,对同时履行抗辩权作量化分析与把握。[75] 在本质上,《合同法》第 66 条第 2 句是基于诚实信用原则而对同时履行抗辩权行使的限制。如未履行部分很少或者瑕疵轻微的情况下,基于诚实信用原则,债务人只能保留相应部分给付。[76] 具体要素判断上,首先要考虑不完全履行对于受领人的价值,其次要考虑压力功能,即债务人获得剩余部分给付的难度,债权人有违约行为的,还要考虑其违约行为的程度。

(三)对迟延的效力

对于同时履行抗辩权对迟延构成的影响,主流学说认为只有经过行使,同时履行抗辩权方可排除迟延之构成,即行使效果说。[77] 有力学说认

---

[73] 相反判例参见青海建兰房地产有限公司与李进先房屋买卖合同纠纷再审案[青海省高级人民法院(2014)青民提字第 15 号]。依据最高人民法院《关于审理商品房买卖合同纠纷案件适用法律若干问题的解释》第 14 条的规定,建兰房地产有限公司实际交付房屋建筑面积与《商品房买卖合同》所约定面积不符时,双方应按照合同约定处理,不应以房屋面积增大为由,拒绝履行合同约定义务。笔者认为法院对法律的解释并无依据。

[74] 参见注①,韩世远书,第 288—289 页;参见注⑯,朱广新书,477 页以下。

[75] 参见注①,韩世远书,第 289 页。

[76] 参见注㉒,王利明书,第 77 页;付莹:《论同时履行抗辩权在各种违约形态下的正确行使》,载《西北民族大学学报(哲学社会科学版)》2006 年第 1 期,第 59 页。

[77] 参见王利明:《论双务合同中的同时履行抗辩权》,载梁慧星主编:《民商法论丛》(第 3 卷),法律出版社 1995 年版,第 21—22 页;注㉕,崔建远书,第 139 页以下;崔建远主编:《新合同法原理与案例评析》,吉林大学出版社 1999 年版,第 306—307 页。

为,抗辩权存在本身即足以排除给付迟延的构成,即存在效果说。[78]

48　　存在效果说较为合理。同时履行抗辩权的根据在于给付与对待给付之间的相互性,即互为前提,一方未为给付即不得请求对方给付。在实体法上,只要同时履行抗辩权的构成前提存在,即使债务人不主张,被主张的请求权也缺乏可实现性。[79] 因为基于当事人意思,只要一方当事人没有准备提出其给付,另一方的给付义务在其内容上即缺乏可实现性。[80]

从实践来看,如果采行使效果说,在履行期经过而当事人没有主张的情况下,就会出现一方或双方迟延的结果,此与当事人意思不合。[81]

49　　但采存在效果说者也认为,基于辩论主义原则,被告仍应主张,否则法院得认定被告陷入迟延。[82] 其实,如此一来,存在效果说与行使效果说即无本质区别了。实际上,根据存在效果说,当事人无须引据同时履行抗辩权,在诉讼中,只要法官至少从当事人的陈述中可以得出存在抗辩权,即可以考虑适用同时履行抗辩权。[83]

例如买受人起诉出卖人,请求其让与其出卖的画的所有权。出卖人主张,买受人还没有支付价款5000元,但买受人否认其欠有5000元,此时法官应如何判断?依据存在效果说,在债务人没有提出同时履行抗辩权的情况下,原告的请求权的可实现性也需要被否认。在结果上,债权人只有在同时履行自己的对待给付,才可以要求给付。故此,在该案中,如果买受人能证明其已经支付了价款(如通过收据证明),则法官会判决出卖人让与所有权,如果买受人不能证明,则判决同时履行。

在考察债权人次位请求权的时候,同时履行抗辩权的存在,即可导致债务人可实现的请求权不存在,故此,债务人并未陷入迟延,除非债权人已经在催告后提出了自己的给付。同样,同时履行抗辩存在本身即已经阻止了损害赔偿请求权以及解除权的构成。

---

[78] 参见注①,韩世远书,第295页;李永军:《合同法原理》,中国人民公安大学出版社1997年版,第513页;注⑯,朱广新书,第481页。

[79] 参见注⑧, Rn. 256。

[80] 同注⑥。

[81] 参见注①,韩世远书,第295页。

[82] 参见注②,第115页。

[83] 具体案例参见武汉三星建工集团有限公司与四川神宇建筑劳务有限责任公司建筑工程施工合同纠纷再审申请案[最高人民法院(2014)民申字第649号]。

同时履行抗辩权是延缓的抗辩权，并不能阻止诉讼时效，否则就会产生强迫给付请求权的债权人尽快提供自己的对待给付的效果。

附有同时履行抗辩权的债权，不得以之为主动债权而主张抵销。因为如果允许抵销，就无需被告已经提出抗辩，即可阻碍同时履行交换关系。[84]

（四）程序效果

从《合同法》第66条的规定来看，所谓"有权拒绝其相应的履行要求"，即明确同时履行抗辩权为须主张的抗辩，当事人如不为抗辩主张，则法院不得依职权主动审查，而应对请求人宣示无条件胜诉的判决。[85] 同时履行抗辩权之所以是需要主张的抗辩权，是因为原告并不负有主张义务，称其已经清偿，因为在实践中，原告忘记主张的情况并不少见。所以，在缺席审判程序中，未出席的被告会被判决给付，而非同时履行。

抗辩主张为单方需要受领的意思表示可以在程序内明示或默示行使，或者在程序外行使但在诉讼中陈述。对于抗辩主张，并无形式要件要求，无限制地驳回诉讼的请求或者表明在没有对待给付情况下就保留自己的给付即可[86]，但必须指明作为根据的对待债权。原告或被告虽未明确主张，在庭审中陈述的，也构成抗辩权的主张。由于同时履行抗辩属于事实问题，故此应在第二审言辞辩论终结前提出。[87] 实际上，在申诉或者抗诉中提出同时履行抗辩权，法院也是准许的。在执行程序中，如被执行人提起异议之诉，在此诉讼中，被执行人可以主张同时履行抗辩权。

如果原告有先给付义务，那么在其没有进行先给付或者提出先给付的情况下，诉讼就会因缺少请求权到期而被驳回；在先给付权利人受领迟延的情况下，其只能起诉受领对待给付后进行给付；先给付有瑕疵的情况下，则可以适用同时履行抗辩权规则。如果先给付权利人最终无权地拒绝受领给付，那么就不能附加条件地判决。

在债务人（被告）行使同时履行抗辩权时，直到原告履行对待给付

---

[84] 参见注㉕，崔建远书，第142页；参见注①，韩世远书，第293页。
[85] 参见注②，第115页。
[86] 参见注㉕，崔建远书，第141页。
[87] 参见注①，韩世远书，第296页。

前,其享有拒绝履行权,故法院应做出债务人(被告)同时履行判决,而不是败诉判决,性质上属于对请求权限制的判决。判决主文具体应表述为:原告提出对待给付时,被告即向原告为给付。[88] 在实践中,尚无此种类型的判决。在债务人(被告)行使同时履行抗辩权的情况下,一般法院会驳回原告的诉讼请求。[89] 也有一些法院判令原告于裁判文书指定期间内履行自己的义务,之后由被告履行其义务。[90] 第一种模式下,会导致两次诉讼,而且原告的请求权还是成立的,不能驳回,也就不会产生败诉结果。[91] 第二种模式下,则出现超裁的问题,违反了处分原则,被告并没有提出请求,而法院却判决原告对被告也须履行义务。而如果作出同时履行判决,因为原告的请求权中即含有同时履行的限制,故此该判决并无超裁问题。

56　　诉讼标的是起诉中主张的、对被告的请求权,而非被告作为抗辩权基础的对待债权,所以,对于原告负担的对待给付,对于被告的同时履行判决并没有法律效力,在结果上,被告不能根据此判决对对待给付强制执行。如果被告想获得执行名义,则必须再起诉。[92]

57　　如果被告在诉讼中提出同时履行抗辩权,在原则上双方各承担一半诉讼费用;如果原告自始即在诉讼中申请同时履行抗辩,或者在提出同时

---

[88] 参见马强:《试论同时履行抗辩权》,载《法学论坛》2001年第2期,第74页。有学者更明确地提出附加条件的判决模式,参见韩世远:《执行根据附条件:学理与实务之间》,载《人民法院报》2009年3月26日,第5版。

[89] 具体案例参见佛山市顺德区优越豪庭家具有限公司与张洁芳买卖合同纠纷上诉案[广东省佛山市中级人民法院(2007)佛中法民二终字第411号]。

[90] 参见李冬、陈林:《合同解除后的互负债务类推适用同时履行抗辩权》,载《人民司法》2011年第22期。具体案例参见上海莘宝橡塑厂与上海棒棒体育用品有限公司买卖合同纠纷上诉案[上海市第一中级人民法院(2003)沪一中民四(商)终字第412号]。法院最终判决:(1)维持一审判决,即韩冬于判决生效之日起30日内将涉诉房屋腾出并交付融建公司;(2)融建公司于韩冬履行上述条款的同时,给付韩冬33138元(剩余房款3088元、装修款30000元、查档费50元)。参见韩冬与沈阳融建房地产开发有限公司商品房买卖合同纠纷上诉案[辽宁省沈阳市中级人民法院(2011)沈中民二终字第1538号民事判决书]。

[91] 参见王家福主编:《中国民法学·民法债权》,法律出版社1991年版,第404页;注①,韩世远书,第296页;注[88],马强文,第74页。

[92] 参见注④,第170页;谭秋桂:《民事执行原理研究》,中国法制出版社2001年版,第191页;Volker Emmerich, §322, in: Münchener Kommentar zum BGB, 5. Aufl., München, C. H. Beck, 2006, Rn. 9.

履行抗辩权后,立刻限制自己的请求,则诉讼费用完全由被告承担。

在债务人陷于受领迟延的情况下,债权人可以根据此限制判决,不履行(清偿)其所负担的给付,而通过强制执行方式实现其请求权。强制执行人是债权人,强制执行的前提或者是债务人获得对待给付清偿,或者是债务人陷入受领迟延,或者是债权人同时提出了对待给付。[93]

五、举证责任

在诉讼中,被告如主张同时履行抗辩权,须就同时履行抗辩权的要件进行举证。被告证明完后,原告则须证明自己已经履行,或者证明被告负有先履行的义务。[94] 如果争议的是该义务是否处于相互关系中,则被告负有举证责任。原告须证明已经作出了给付所必须的行为。

---

[93] 参见注①,韩世远书,第 301 页;Astrid Stadler, §274, in Jauernig BGB, 12. Aufl., München, C. H. Beck, 2007, Rn. 2.

[94] 参见注[91],王家福主编书,第 404 页;注①,韩世远书,第 296 页;王夙:《我国合同法中同时履行抗辩权的效力问题研究——以实体法与程序法为透析视角》,载《河北法学》2015 年第 2 期,第 188 页。

第 79 条 债权让与[*]

庄加园

《中华人民共和国合同法》第 79 条

债权人可以将合同的权利全部或者部分转让给第三人,但有下列情形之一的除外:

(一)根据合同性质不得转让;

(二)按照当事人约定不得转让;

(三)依照法律规定不得转让。

细 目

一、规范意旨:自由让与原则……1—5

二、债权让与的一般构成要件……6—26

(一)债权让与的方式:合同……6—14

　1. 让与合同……6—8

　2. 债权让与的原因行为……9—14

(二)让与人的处分权……15—20

(三)债权的特定性要求……21—26

三、债权的让与性(特殊构成要件)……27—62

(一)根据合同性质不得转让的债权……28—39

　1. 人身约束型债权或高度人身性债权……29—30

　2. 基于基础关系不可让与的债权……31—36

　3. 从权利……37—39

(二)依据法律规定不得转让的债权……40—44

---

[*] 本文首发于《法学家》2017 年第 3 期(第 157—174 页),原题为《〈合同法〉第 79 条(债权让与)评注》。

(三) 按照当事人约定不得转让的债权……45—62
    1. 不得让与的理论基础：内容说……50—52
    2. 内容说的突破：绝对无效的扬弃……53—57
    3. 笔者观点……58—62
四、法律效果……63—69
五、证明责任……70—72

一、规范意旨：自由让与原则

《合同法》第 79 条的主要目的在于，债权人在不改变债权内容的前提下，有权将其所享有的债权移转给第三人，即债权让与。① 传统观点以债为法锁的理念为基础，认为债务构成债权人与债务人之间的纽带（Band），债权人的同一性也是债权的内容与构成要件，若不将其撕裂，则当事人无法得到解脱。由此，债权与其他支配权的内容表现出一定的差异性。这一观点的理论基础在于，债权一经让与就会丧失同一性。因为债的客体不是标的物，而是人的行为。而行为存在于人类个体自由领域或债务人的意思领域。② 在契约自由领域的债法中，相对性原则要求只有债权人才能向债务人请求给付，债之关系之外的第三人并无此权利。基于这一理由，"同一个（Identische）"债权移转于其他的债权人在概念上确实很难想象。如果我们以主体的视角观察，毋宁说移转之后的债权是另一个债权，虽然给付内容相同，却不具有同一性。③

1

然而，债权作为财产权，全赖于债务人给付而实现其价值。由于债权人事实上获得的给付在经济上具有财产价值，作为经济财物的债权也享有流通能力。债权的买卖、清偿、让与担保、收取授权在日常生活中并不

2

---

① 参见张广兴：《债法总论》，法律出版社 1997 年版，第 231 页。
② Vgl. Klaus Luig, Zur Geschichte der Zessionslehre, Köln u. Graz：Böhlau Verlag 1966, S. 105.
③ Vgl. Staudinger/Busche, Kommentar zum Bürgerlichen Gesetzbuch, Berlin：Sellier-de Gruyter-Berlin, 2012, Einleitung zu § 398 ff Rn. 2.

少见。④ 由于经济上的观察方式受到重视，以上债权的流通方式也逐渐获得法律秩序的认可。债权不仅体现为债权人与债务人之间的给付关系，而且还具有财产属性，或者说是能被处分的财产标的。⑤ 因此，债权人对债权流通所享有的利益远高于债务人与债权人之间保持人身关系的利益。随着商业与交易的发展，快速流通的经济需求要求债权让与摆脱债务人的同意，从而直接引起债权的整体移转。

3　　《民法通则》第 91 条规定："合同一方将合同的权利、义务全部或者部分转让给第三人的，应当取得合同另一方的同意，并不得牟利……"这一立法将债权转让的效力交由当事人之外的债务人决定，严重限制了债权的自由转让。其原因在于，《民法通则》制定于 1986 年，当时我国实行的是限制流通和交易的计划经济体制，因此债权的自由流通才会受到严格限制。

4　　1999 年生效的《合同法》第 79 条蕴含了债权自由让与的原则，确认了债权人有权将其全部债权或部分债权转让给合同以外的第三人。据此，在保持债权同一性的前提下，债权人无须得到债务人的协助就可以将债权转让给他人，债权也在实质上成为可流通的重要财产。由于《合同法》作为特别法优先适用，《民法通则》第 91 条在实质上已被废止。⑥

5　　《合同法》第 79 条所指的"合同的权利"并未限于合同的类型，无论是双务合同还是单务合同，都不影响债权的让与。合同债权的让与既可能发生在特定的合同债权转让中，也有可能发生在合同权利义务概括移转的场合下。只是后者还涉及债务的承担，需要合同相对方的同意才能生效，因此应适用《合同法》第 88 条的规定。债权能否让与通常无须考虑发生原因，可让与的债权既包括根据合同产生的债权，也包括如侵权行

---

④ 参见杨明刚：《合同转让论》，中国人民大学出版社 2006 年版，第 39—48 页。

⑤ Vgl. Karl Larenz, Lehrbuch des Schuldrechts, Band I AT, 14. Aufl., München: C. H. Beck, 1987, S. 569.

⑥ 中国银行业监督管理委员会《关于进一步规划银行业金融机构信贷资产转让业务的通知》第 2 条规定："……信贷资产的转出方应征得借款人同意方可进行信贷资产的转让，但原先签订的借款合同中另有约定的除外。"该通知在 2010 年年底颁布，对债权转让生效要件依然沿用债务人同意之严格限制主义，将合同生效决定权赋予债务人，违反上位法《合同法》的规定，严重阻碍了债权的自由流转，实为遗憾。参见黄茉莉、陈文成：《我国贷款转让市场发展面临的制度性障碍分析》，载《上海金融》2011 年第 12 期，第 88—89 页。

为、不当得利之类的由于法定原因而产生的债权。⑦ 由于债权让与规定于合同法之中，而且《合同法》第 79 条明示了合同权利的转让，易使人误解只有合同债权才能自由让与。其实，债权自由让与应适用于所有债权，而不限于因合同而产生的债权。

二、债权让与的一般构成要件

（一）债权让与的方式：合同

1. 让与合同

《合同法》第 79 条仅提到债权人可以将债权转让给第三人，但并未提及债权转让的方式。⑧ 我国学界多认为，债权让与通常以双方行为为之。因此，学者多将债权让与界定为契约（合同）行为⑨，单纯的单方行为不足以发生债权让与。所谓以遗嘱方式将债权让与继承人或受遗赠人的行为⑩，是基于单方法律行为的债权移转，并非基于合意的债权让与。

债权让与的性质是处分行为，它直接引起了法律关系的变动，即新债权人的出现。换言之，债权让与促成了债权新的归属，即受让人获得债

---

⑦ 参见 Staudinger/Busche, Kommentar zum Bürgerlichen Gesetzbuch, Berlin：Sellier – de Gruyter–Berlin, 2012, § 398 Rn. 35。例如，物权请求权也具有可让与性，如所有物返还请求权（《物权法》第 34 条）、消除、排除妨害请求权（《物权法》第 35 条）。然而，以上物权请求权不能被独立让与。因为所有物返还请求权并非独立的请求权，它只是为实现所有权的圆满状态而发生，不能与所有权分离而单独转让。出让人移转所有权于受让人，也就导致出让人强制性地失去了所有物返还请求权。就此而言，所有物返还请求权只是所有权的附属品，基于所有物而生的请求权移转不是所有权移转的前提，而是所有权移转的结果。参见 Staudinger/Busche, Kommentar zum Bürgerlichen Gesetzbuch, Berlin：Sellier–de Gruyter–Berlin, 2012, § 398 Rn. 42。

⑧ 作为《合同法》第 79 条模板的《瑞士债法典》第 164 条第 1 款也未有明示。《德国民法典》第 398 条则明示由债权人与第三人订立合同，即债权让与合同（Abtretungsvertrag）。

⑨ 参见注①，第 234 页；王利明：《合同法研究（第二卷）》（修订版），中国人民大学出版社 2011 年版，第 205 页；韩世远：《合同法总论》，法律出版社 2011 年版，第 460 页。

⑩ 参见注①，第 234 页。

权。⑪ 因此,债权让与作为处分行为,需要债权人享有处分权限。⑫ 同时,债权让与又是基于合同发生的,应适用合同法所规定的一般生效要件。如果债权人与第三人就让与的合意存在意思表示瑕疵,则当事人有权行使《合同法》第 54 条所赋予的撤销权,撤销债权让与合同。

也有学者认为,应当区分债权让与和债权让与合同,后者是一个法律行为,而前者则是一个事实行为。债权让与合同一旦生效,债权立即转移给受让人,无须有形的履行行为。⑬ 债权让与合同的具体表现形式可能是买卖合同、赠与合同,也可能是代物清偿合同,还可能是信托合同等。换言之,债权让与合同是个总称谓。⑭ 针对这一理论上的区分,有学者认为,由于现行通说不承认物权行为(处分行为),而买卖合同被认为将处分行为纳入债权行为,视标的物所有权变动为买卖合同直接发生的效果。债权让与事实行为说也就与基于法律行为的物权变动问题在理论上保持了统一。⑮ 正如学者对其评论的那样,债权让与事实行为说是建立在现行法不承认物权行为理论观点的基础之上的,既然不承认物权行为理论,那么准物权行为也不成立,这样才能保持逻辑上的一致性。但若考虑到当事人对多种自由的需要,如将来债权的让与、连环让与的可能性、设定让与担保以及从属权利移转的问题,应当承认债权让与本身是一种基于意思的权利变动,为准物权行为。⑯ 虽然日本民法判例与通说在物权变动场合不承认物权行为的独立性与无因性,但在债权让与场合,却普遍肯定独立于基础行为之外的债权让与合同的存在。由此可见,债权让与规则与物权变动规则在日本民法上并未保持一致性。⑰

---

⑪ Vgl. Staudinger/Busche, Kommentar zum Bürgerlichen Gesetzbuch, Berlin: Sellier-de Gruyter-Berlin, 2012, § 398Rn. 1.
⑫ 参见注⑨,韩世远书,第 460 页;原告周顺家、李孝平与被告衡阳莱德生物药业有限公司、湖南衡商中小企业经济发展有限公司委托合同纠纷一审民事判决书[(2014)衡中法民二初字第 43 号];杭州天阙环境工程有限公司与中国银行股份有限公司浙江省分行合同纠纷二审民事判决书[(2013)浙杭商终字第 2010 号]。
⑬ 参见崔建远:《合同法》(第 2 版),北京大学出版社 2013 年版,第 235 页。
⑭ 参见注⑬,崔建远书,第 236—237 页。
⑮ 参见注⑨,韩世远书,第 460—461 页。
⑯ 参见王洪亮:《债法总论》,北京大学出版社 2016 年版,第 449 页。
⑰ 参见注⑨,韩世远书,第 460 页。

2. 债权让与的原因行为

债权让与的常见原因行为包括买卖、赠与、委托。此外,信托式的担保约定(用于担保式的债权让与)、债权收取委托(Inkassoauftrag)或其他债法约定也不少见。既然债权让与是独立的处分行为,那么它与债权让与的基础行为究竟有什么关系?例如,甲将其对乙的债权出卖给丙。甲与丙之间的债权让与合同成立,丙获得原先甲对乙的债权。债权让与的基础行为是买卖合同,如果买卖合同无效,则丙是否依然能获得对乙的债权?

如果处分行为的独立性获得认可,那么债权让与的瑕疵应就其自身进行判断,不应受到债权让与的基础行为的影响。[18]"所谓债权让与契约,为无因契约。原因之有效无效,对于债权让与之契约效力无直接之影响。惟原因为无效者,而得利益者,应负不当得利返还之责。此点与物权契约对于债权契约之关系,并无不同。"[19]我国学界较有代表性的观点认为,债权让与为相对的无因行为。债权让与的原因有效与否并不影响债权让与的效力,只是产生债权人向受让人的不当得利请求权。[20]当事人通过约定设立原因行为与债权让与行为之间的联系,在现行法上亦属可行。例如,债权让与双方明示将原因行为的存续作为债权让与生效的条件。[21]

审判实践中认为,债权让与合同的效力应独立判定,不应受到基础行为(拍卖合同)效力的影响。"虽然奥伊尔公司答辩称珠海第10号判决撤销了华泰堂公司与锋盛公司签订的《拍卖成交确认书》,《债权转让合同书》应随之无效,但《债权转让合同书》系本案双方当事人为奥伊尔公司向华泰堂公司转让其债权达成的合意,而《拍卖成交确认书》是奥伊尔公司通过公开拍卖的方式转让其债权需要最终买受人与拍卖公司签订的确

---

[18] 参见注⑨,韩世远书,第462—463页;Staudinger/Busche, Kommentar zum Bürgerlichen Gesetzbuch, Berlin: Sellier-de Gruyter-Berlin, 2012, §398 Rn. 2; Günter H. Roth, Kommentar zum §398, in: Münchener Kommentar zum BGB, 6. Aufl., München: C. H. Beck, 2012, Rn. 25。

[19] 史尚宽:《债法总论》,中国政法大学出版社2000年版,第708页。

[20] 参见注①,第235页。

[21] Vgl. Staudinger/Busche, Kommentar zum Bürgerlichen Gesetzbuch, Berlin: Sellier - de Gruyter-Berlin, 2012, §399 Einleitung zu §398 ff Rn. 21.

认合同,债权转让是基础,拍卖是形式,形式被撤销,不能直接推定基础的消灭,《债权转让合同书》签订时,双方当事人是真实意思表示,且内容亦未违反国家法律、行政法规的强制性规定,应属有效。"㉒

12　　相反的观点则主张,在我国法的框架内,债权让与宜采有因说,在原因行为无效或者被撤销的场合,债权让与不发生效力。当作为原因行为的合同被解除时,债权自动复归于让与人。㉓ 普通债权的让与合同存在《合同法》第 52 条规定的原因时,让与合同无效,因我国民法未承认物权行为独立性和无因性制度,故不发生债权让与的效果。因此,债权让与在这些情况下是有因的。并且,由于我国民法上的无效是绝对的无效,对于存在无效原因的合同,法律决不允许其发生法律效力。所以,如果当事人以其意思表示排除上述原因,该排除的意思表示无效。㉔

13　　以上分歧还源自于处分行为的抽象原则是否得到承认。然而,这一争论在此的实益要远逊于有体物所有权的移转。因为有体物买卖合同的订立与货物的交付通常并非同时发生,"一手交货、一手交钱"的形式通常只适用于小额现货交易。但债权让与的当事人除了处分债权的合意之外,并不存在额外的交付。债权处分与其原因行为(如买卖、赠与)经常同时发生,或者常在交易中融入原因行为。所以,债权让与合同通常已在基础行为中被默示订立。㉕ 例如,债权买卖合同的意思表示已经包含改变债权归属的合意。在此,具有决定意义的只是一般的解释规则。当两者同时发生时,负担行为的意思表示瑕疵也会同时涉及处分行为的意思表示瑕疵。如上例中的债权买卖合同,买卖合同意思表示存在瑕疵时,债权让与的意思表示瑕疵也会得到认定。若当事人基于意思表示错误行使撤销权,则通常作为负担行为的买卖合同与作为处分行为的债权让与会被一并撤销。因此,考虑到债权让与与基础行为通常同时发生或相伴而

㉒ 参见"奥伊尔投资管理有限责任公司与霸州华泰堂制药有限公司债权转让合同纠纷上诉案",载北大法宝网(http://www.pkulaw.cn/Case/payz-117813765.html?match=Exact),访问日期:2019 年 10 月 11 日。

㉓ 参见注⑨,韩世远书,第 464 页。

㉔ 参见崔建远、韩海光:《债权让与的法律构成论》,载《法学》2003 年第 7 期,第 61 页。

㉕ Vgl. Günter H. Roth, Kommentar zum §398, in: Münchener Kommentar zum BGB, 6. Aufl., München: C. H. Beck, 2012, Rn. 23.

生，无论是否承认处分行为抽象原则，在意思表示瑕疵的场合，其影响都相对较小。

票据债权的无因性已经获得认可，原因行为的效力瑕疵也不会影响票据债权的效力。即便在让与将来债权时，债权的移转时间大大晚于基础行为成立之时，但债权人与第三人达成让与将来债权的合意仍然与基础行为几乎同时发生。债权让与合同成立后，债权人丧失对该债权的处分权，债权让与行为便已完成，只是要等待标的物的出现。因此，债权嗣后的发生，只是影响了债权移转的时间，并不会影响处分行为的瑕疵。

(二)让与人的处分权

倘使债权不存在或者在被让与时不存在，债权让与因缺少客体而自然不发生效力。司法实务中有判决认为，若债务人为让与人对于第三人的债务提供担保，而债务人已经为让与人清偿超过转让债权数额的债务，则被让与的债权不存在。因此，受让人也无法获得不存在的债权。[26] 此案中被让与的债权并非因债务人代为清偿而消灭，而是继续存在。债务人由于代替让与人清偿对第三人的债务，在清偿数额内享有对让与人的追偿权。此时，债务人和让与人互相享有要求对方给付一定金钱的债权，只要符合法定抵销的前提，债务人自可主张抵销而消灭被让与的债权。由此，该债权让与才会因为债权不存在而无效。

即便债权存在，由于债权让与属于处分行为，让与人也必须对债权享有处分权。处分行为的概念在裁判文书中虽然很少出现，但"债权转让合同需要让与人拥有有效的债权，具有处分该债权的权限"的观点却得到基本认可。[27] 这里适用《合同法》第 51 条的规定正是最恰当不过的。若让与人对债权不享有处分权，则债权让与合同效力待定，一般需要得到权利人(通常为债权人)的追认。

---

[26] 参见"项××与应××债权转让合同纠纷申请案"[(2011)浙商提字第 74 号]。

[27] 参见杭州天阙环境工程有限公司与中国银行股份有限公司浙江省分行合同纠纷二审民事判决书[(2013)浙杭商终字第 2010 号]；上诉人江西万洋实业有限公司与被上诉人徐洪等买卖合同纠纷二审民事判决书[(2014)赣民二终字第 11 号]；原告周顺家、李孝平与被告衡阳莱德生物药业有限公司、湖南衡商中小企业经济发展有限公司委托合同纠纷一审民事判决书[(2014)衡中法民二初字第 43 号]。

17　　如果被让与的债权是连带债权,那么单个的债权人均无权转让债权。只有当全体债权人都同意让与时,这样的处分行为才具有处分权限,并由此引起连带债权的移转。当债权人陷入破产程序时,虽然他仍是债权人,但已失去了对债权的处分权限。如果他仍然将债权让与他人,便是《合同法》第51条的无权处分行为,债权让与由此陷入效力待定的状态。除非该行为得到破产管理人的追认,否则债权让与不发生效力。债权人失去对其债权的处分权限的类似情形还发生在强制执行程序中。债权人在收到债权扣押通知后,虽然其债权归属地位不受影响,但不能再对被扣押的债权实施有效的处分。

18　　假如让与人对同一债权进行多次让与,那么发生在后的让与将会由于之前发生的债权让与而构成无权处分。因为先发生的债权让与已经使得债权移转于第一受让人,之后让与人再进行的让与便是转让他人的债权,构成无权处分,效力待定。第一受让人若拒绝追认后发生的让与,则该处分行为无效。北京市某中级人民法院在双重让与的案件审理中就适用了上述"时间优先、效力优先"("先来后到")的规则:"汉科金源公司将其对鑫畅路桥公司的债权分别转让给宋君和王根旺属于债权的多重转让,同时,鑫畅路桥公司亦确认尚未向任何一方履行给付义务。因此,本案应当根据宋君与王根旺债权转让协议的形成时间来确定二人的优先顺序。因宋君的债权转让协议形成于2012年的12月16日,而王根旺的债权转让协议形成于2012年12月26日,故宋君的债权转让协议优先于王根旺的债权转让协议,鑫畅路桥公司应当将其对汉科金源公司的材料款3 293 000元转付给宋君。"[28]

19　　与此形成鲜明对比的是,广东省两份法院判决书中却将让与人对债务人的通知作为债权移转的要件,撤销了原先适用"先来后到"规则的一审判决书,使得先受让而未获通知的第一受让人不能获得债权,将债权

---

[28] 王根旺与宋君、北京鑫畅路桥建设有限公司债权转让合同纠纷二审民事判决书〔(2016)京03民终2737号〕。

判给后受让但先获通知的第二受让人。㉙ 这两份判决对债权让与的性质有所误解,将通知债务人加入债权让与的构成要件之中。让与人根据《合同法》第 80 条的规定通知债务人,只是为避免债务人误为清偿而设的保护规定,并不能决定债权归属的效力。㉚ 未获通知的债务人向让与人所为的清偿构成表见清偿,由此消灭受让人对债务人的债权。受让人只能根据不当得利向让与人请求返还受领的给付。

当发生债权多重让与时,即使第二受让人为善意,即他信赖让与人对债权享有处分权,也不能援引《物权法》第 106 条的规定善意取得债权。立法者原则上拒绝债权的善意取得,并非出于保护债务人的思想,也不是担心双重债权人的出现,而是债权通常缺少可靠的典型权利外观。债权作为人类理念世界的权利,并非如物权那样享有外部表征,但若债权人例外地以可归咎的方式引起足够强的表征(如有价证券),债权的善意取得亦有可能获得认可。㉛

(三)债权的特定性要求

债权让与合同除了要求有债权人与第三人的合意,还需要债权被准确地指定,以便其能被转让。这也是处分行为要求客体特定化的表现。㉜ 这一特定化的要求指的是债权转让时间,通常是债权让与合同订立的时间或是(将来)债权发生的时间。㉝ 被转让的债权必须被特定化,以致有关债权让与的标的不能存在疑问(特定化要求)。由于债权的同一性

㉙ 参见李敬堂与连山壮族瑶族自治县人民政府、苏建华债权转让合同纠纷二审民事判决书[(2015)东中法民二终字第 972 号];东莞市顺丰纸品制造有限公司、鹤山市卓越纸品包装有限公司与东莞市天胜纸品有限公司、东莞市智森环保科技有限公司债权转让合同纠纷二审民事判决书[(2014)江中法民二终字第 164 号]。

㉚ 参见注⑨,韩世远书,第 460 页;注⑬,第 248 页;王利明、房绍坤、王轶:《合同法》(第 4 版),中国人民大学出版社 2013 年版,第 178 页。

㉛ 债权善意取得的立法如《德国民法典》第 405 条第 1 种情况。

㉜ 参见上诉人毛柏福与被上诉人南京诚一信息科技有限公司债权转让合同纠纷二审民事判决书[(2014)宁商终字第 891 号]。

㉝ Vgl. Günter H. Roth, Kommentar zum § 398, in: Münchener Kommentar zum BGB, 6. Aufl., München: C. H. Beck, 2012, Rn. 67.

(Identität)是通过给付的标的使债权人和债务人身份(Identität)被特定化[34],因此给付标的的准确指代必须满足特定化或可特定化的要求。债权的法律原因也需要得到说明,不过这一说明只需使得债权特定化成为必要即可。即便转让债权的确需要巨大的时间成本与劳动成本,债权让与也是有效的。[35] 即便发生对让与债权不正确的指称,例如债权数额、给付标的物、债务人身份,只要该债权仍能被辨认(identifiziert),那么债权转让便不受此影响。[36]

22　　实践中常有债权人将建筑工程合同的报酬债权让与第三人,因施工的工程量、价款未与被告结算,债权人与被告之间的债权债务数额均无法确认而发生争议。[37]"转让的债权应当有效、确定。毛柏福和诚一公司在一审中均确认陈卫东和诚一公司未进行结算。根据毛柏福提交的《合作协议》,在最后结算前,诚一公司应支付陈卫东的工程款数额尚处于不确定状态。诚一公司与第三人是否结算完毕及其向陈卫东支付工程进度款均不能推断出其已与陈卫东进行了结算。因此,毛柏福要求诚一公司支付价款的主张,尚不具备履行条件,故不予支持。"[38]这一判决结果与理由均难获得赞同。被让与债权结算与否,并不影响债权的移转,只是未经确定前,受让人尚无法主张该债权。但受让人已经确定获得债权归属,当无异议。

23　　将来债权的特定性如何满足,则是较为棘手的问题。学说放弃了处分行为发生时标的物必须特定的原则,而是将特定化的时间推移至债权发生时。即便债权在将来发生,只要作为其发生原因的法律关系客观存

---

[34] Vgl. Staudinger/Busche, Kommentar zum Bürgerlichen Gesetzbuch, Berlin: Sellier – de Gruyter-Berlin, 2012, §399 Rn. 8.

[35] Vgl. Staudinger/Busche, Kommentar zum Bürgerlichen Gesetzbuch, Berlin: Sellier – de Gruyter-Berlin, 2012, §399 Rn. 10.

[36] Vgl. Günter H. Roth, Kommentar zum §398, in: Münchener Kommentar zum BGB, 6. Aufl., München: C. H. Beck, 2012, Rn. 68.

[37] 参见钟安京与安丘市兴安街道南关社区居民委员会债权转让合同纠纷一审民事判决书[(2014)安民初字第3127号]。

[38] 参见注[32]。

在且内容明确,并且将来权利发生具有极大的盖然性,则同样具有可让与性。㊴ 换言之,只要将来债权的发生原因或者发生时具有决定意义的生活事实被确定,这样的债权让与都可在其发生时生效。㊵ 较有争议的是仅有事实关系而无法律原因存在,并且未发生的纯粹的将来债权,例如有待缔结的买卖合同所涉及的债权。㊶ 学说认为,即便作为债权发生原因的法律关系尚不存在,只要存在可特定化该债权的明确标准,这类债权也可被让与。㊷ 将来的债权作为保理债权亦不少见,作为未来商业活动中可能产生的约定金额之债(发生原因尚未确定),只要能被确定,如企业将来的应收款及权利,也可被提前处分。

上海市某法院认为:"本案所涉将来债权,系佳兴农业公司于未来商业活动中可能产生的约定金额之债,该种约定金额的将来债权是否具有合理可期待性质,应以此类将来债权是否具有相对确定性为主要判断依据……故欲对本案系争将来债权予以确定,首先应以佳兴农业公司此前经营状况为依据。现系争《商业保理申请及协议书》及其附件虽对佳兴农业公司此前经营状况予以记载,并以此为基础推算出可转让将来债权金额,但佳兴农业公司已自认前述记载的经营状况并非真实,卡得万利保理公司亦未对此予以必要的核查,故双方当事人仅据此种虚假记载并不足以对本案所涉将来债权产生合理期待,亦不具备将诉争将来债权转让他人之基础。同时,系争保理协议及其附件除前述经营状况外,仅就所涉将来债权作了期间上的界定,对于交易对手、交易标的及所生债权性质等债之要素均未提及,亦无其他可对该将来债权予以确定的约定,故在现有证据条件下,难以认定本案所涉将来债权已相对确定……"㊸

㊴ 参见韩海光、崔建远:《论债权让与的标的物》,载《河南省政法管理干部学院学报》2003年第5期,第14页。

㊵ Vgl. Günter H. Roth, Kommentar zum § 398, in: Münchener Kommentar zum BGB, 6. Aufl., München: C. H. Beck, 2012, Rn. 81.

㊶ 参见董京波:《资产证券化中的将来债权转让制度研究》,载《中国政法大学学报》2009年第2期,第119页。

㊷ 参见注㊴,第14页。

㊸ 福建省佳兴农业有限公司与卡得万利商业保理(上海)有限公司等借款合同纠纷二审民事判决书[(2015)沪一中民六(商)终字第640号]。该案判决竟以保理合同并非债权让与,而是债权担保为由认为合同无效。其理由居然是名为保理,实为借贷。

25　　该判决否定债权确定的理由颇值商榷。保理债权包括将来尚未发生的债权,本就是实现保理的融资功能。正是因为债权在将来发生,所以"交易对手、交易标的及所生债权性质等债之要素"都无法提前确定,但只要双方能通过债权发生期间确定让与的将来债权数额,即可作为让与客体。至于让与人经营状况虚假记载,并不会影响债权的让与性,而只是涉及债权让与合同的意思表示是否真实。如果受让人因此虚假记载而受骗,那么由其自行决定是否行使撤销权即可,法院无权干涉债权让与的效力。

26　　多数的债权也可被让与,只要转让债权被充分特定化,如某项交易中的所有债权,或某项交易中对某客户或某委托人的所有债权,或者某时间段内的债权。相反,如果无法辨认究竟哪个债权,或者哪些部分债权被让与,那么部分数额的债权让与就会无效。如果转让的债权借助于商业账簿或者其他凭证能被特定化,那么这些债权也能让与。㊹

三、债权的让与性(特殊构成要件)

27　　即便债权自由让与的原则得到确立,债权还需要具备让与性才能被转让。下文将分别讨论《合同法》第79条规定的三类不得让与的债权:根据合同性质不得转让,按照当事人约定不得转让,依照法律规定不得转让。

(一)根据合同性质不得转让的债权

28　　《合同法》第79条第1项规定的"根据合同性质不得转让"的债权,特点在于其给付内容或基础关系:究竟向谁给付,对债务人而言至关重要。㊺这类债权大致可以分为三类:第一,债权人身份构成给付的内容(狭义的高度人身性债权:人身约束型债权),债权人变化会引起给付内容变化;第二,债务人根据债务关系的性质具有值得保护的利益,必须只向特定的债

㊹ Vgl. Staudinger/Busche, Kommentar zum Bürgerlichen Gesetzbuch, Berlin: Sellier – de Gruyter-Berlin, 2012, §399 Rn. 61.

㊺ Vgl. Karl Larenz, Lehrbuch des Schuldrechts, Band I AT, 14. Aufl., München: C. H. Beck, 1987, S. 582.

权人给付,任意的债权人变更表现得不可期待;第三,债权与基础关系不可分离,或者此类债权不具有独立性(从权利)。⁴⁶

1. 人身约束型债权或高度人身性债权

第一类债权被称为人身约束型债权或高度人身性债权,它是指由于向他人给付而将使自然的行为无法以相同的方式获得实现,或者将改变给付的经济意义。⁴⁷ 所谓向他人给付会改变自然的给付行为是"不可替代的行为",如要求医院进行手术、请求制作画像、请求授课、请求咨询活动(如律师咨询),债权人的变动会引起以上给付内容的相应改变。即便债务人同意变动债权人,如画师同意为另一人画像,也只是发生债的更新,即旧债消灭,新债发生,债的同一性不复存在。⁴⁸

有些债权一旦被让与,会使其给付的经济意义发生改变,由此导致给付内容的变更,例如预约债权的让与。因为负有义务订立本约的当事人之所以会愿意与债权人订立本约,大多是信任他的资信状况(尤其是财产状况)。⁴⁹ 如果他知晓将与第三人订立本约,很有可能就不会与债权人订立预约。同理,基于赠与合同的履行请求权也不得被让与。赠与之所以成立,不是在于赠与什么,而是在于向谁赠与。⁵⁰ 受赠人的改变,自然会引起给付的变更。与之不同的是,让与支付贷款数额的请求权不会改变贷款合同的债务人,原则上也不会影响还款义务的内容。⁵¹ 因为借款人只是将请求支付贷款的债权转让给第三人,而贷款合同的双方当事人及其权利义务仍然不变,借款人依然对贷款人负有合同约定的还款义务。然

---

⁴⁶ Vgl. Günter H. Roth, Kommentar zum §399, in: Münchener Kommentar zum BGB, 6. Aufl., München: C. H. Beck, 2012, Rn. 2.

⁴⁷ Vgl. Staudinger/Busche, Kommentar zum Bürgerlichen Gesetzbuch, Berlin: Sellier‐de Gruyter‐Berlin, 2012, §399 Rn. 5.

⁴⁸ 参见注⑨,韩世远书,第466页;[日]我妻荣:《新订债权总论》,王燚译,中国法制出版社2008年版,第462页。

⁴⁹ Vgl. Staudinger/Busche, Kommentar zum Bürgerlichen Gesetzbuch, Berlin: Sellier‐de Gruyter‐Berlin, 2012, §399 Rn. 13.

⁵⁰ Vgl. Staudinger/Busche, Kommentar zum Bürgerlichen Gesetzbuch, Berlin: Sellier‐de Gruyter‐Berlin, 2012, §399 Rn. 14.

⁵¹ Vgl. Staudinger/Busche, Kommentar zum Bürgerlichen Gesetzbuch, Berlin: Sellier‐de Gruyter‐Berlin, 2012, §399 Rn. 19.

而，如果借款用途与经营活动在合同中受到限制，那么贷款请求权的转让有可能与借款人的借款承诺发生矛盾。若债权受让人不属于贷款目的所资助的人群，债权让与就会因此而无效。[52]

2. 基于基础关系不可让与的债权

31 　　第二类债权的特点在于，债权人的变动并不必然导致债权内容的变更[53]，但可能危害到债务人基于基础关系所享有的利益。但这类债权不得让与只是出于保护债务人的目的，所以债务人的同意能使债权让与生效。[54] 即便债务人在债权发生时未表示同意，若他在债权转让后同意，也能使得债权让与生效。这里的同意不能被归类为法律行为的效力补正（允许或追认），而是属于合同内容的变更，债的同一性不受影响。例如，雇用人基于雇佣合同向受雇人要求提供劳务的请求权（《德国民法典》第613条第2句、我国台湾地区"民法"第484条第1款、《日本民法典》第625条第1项），以及委托人根据委托合同请求受托人履行委托事务的权利（《德国民法典》第664条第2句、我国台湾地区"民法"第543条），通常认为也不能被让与。[55]

32 　　承租人请求交付某物的债权也具有相似性，因为同样的物租给甲使用，而不租给乙使用，是因为承租人身份对于出租人（债务人）而言是重要的信赖基础。[56] 而承租人将请求出租人交付某物的债权让与他人则是租赁权的让与，出租人将其在租赁合同的债权让与第三人，仍保留租赁合同当事人的地位，由此构成《合同法》第79条规定的债权让与。

---

[52] Vgl. Staudinger/Busche, Kommentar zum Bürgerlichen Gesetzbuch, Berlin: Sellier‑de Gruyter‑Berlin, 2012, § 399 Rn. 20.

[53] Vgl. Günter H. Roth, Kommentar zum § 399, in: Münchener Kommentar zum BGB, 6. Aufl., München: C. H. Beck, 2012, Rn. 24.

[54] Vgl. Staudinger/Busche, Kommentar zum Bürgerlichen Gesetzbuch, Berlin: Sellier‑de Gruyter‑Berlin, 2012, § 399 Rn. 23; Günter H. Roth, Kommentar zum § 399, in: Münchener Kommentar zum BGB, 6. Aufl., München: C. H. Beck, 2012, Rn. 24.

[55] Vgl. Günter H. Roth, Kommentar zum § 399, in: Münchener Kommentar zum BGB, 6. Aufl., München: C. H. Beck, 2012, Rn. 9.

[56] 也有学者认为该类债权属于"不可替代的行为"。参见 Staudinger/Busche, Kommentar zum Bürgerlichen Gesetzbuch, Berlin: Sellier‑de Gruyter‑Berlin, 2012, § 399 Rn 8。

与此相混淆的是《合同法》第 242 条规定的转租，即未经出租人同意，承租人不得转租。在浙江省某市中级人民法院的一则判决中，被告与原告订立经营场地租赁协议，将其承租的百货市场经营场地转租给后者，原告为此支付了大部分租金。协议签订后，租赁场地一直处于闲置状态。后双方发生争议，租赁合同的效力便是争点之一。法院认为，该案租赁协议系转租合同，违反新××公司与原出租人之间未经书面同意不得转租的约定，现原出租方也未予追认或有知道、应当知道 6 个月内未提出异议的情形。涉案租赁协议由于违反《合同法》第 79 条第 2 款及其他相关司法解释而无效。(57) 转租系承租人与第三人另外订立租赁合同，系承租人新设立的与第三人的合同，其性质完全不同于债权让与。实践中虽多为出租人订立转租合同，但若当事人明示仅为让与交付租赁物的债权，基于私法自治原则也无不许之理。只是考虑到这类债权不可让与是为了保护债务人的利益，除非得到作为债务人的出租人同意（参见《德国民法典》第 540 条第 1 款第 1 句、《日本民法典》第 612 条第 1 项），否则该让与行为不发生效力。 33

一般的观点认为，债权人就编入交互计算的债权不得让与。所谓交互计算，是指当事人约定以其相互间的交易所发生的债权债务为定期计算，互相抵销而支付差额的合同。(58) 有人主张此类债权不得让与系基于交互计算合同，其效力应仅限于交互计算当事人之间，若当事人违反此限制而为债权处分时，仅发生损害赔偿问题，不得以其限制对抗善意第三人。(59) 德国学说持此观点者认为，当事人达成默示的禁止债权让与约定。(60) 但多数学说仍认为，如果允许交互计算的债权单独让与，则会与交互计算的约定性质发生矛盾。因为交互计算包含强制性部分，使得其中的债权相互 34

(57) 参见金华市××时代陶瓷××总汇有限公司与金华市××电动车超市有限公司租赁合同纠纷案[（2012）浙金民终字第 285 号]。

(58) 参见注⑲，第 108 页。

(59) 参见注⑲，第 111 页。

(60) Vgl. Staudinger/Busche, Kommentar zum Bürgerlichen Gesetzbuch, Berlin: Sellier - de Gruyter-Berlin, 2012, § 399 Rn. 55.

抵销,所以交互计算的债权不能独立让与。[61] 例如,2009 年以来,个人住房抵押贷款等业务中出现了"存抵贷"等新的业务种类,它在银行与客户的借款关系和存款关系之间建立相关联的交互计算(往来账)。虽然借款合同的债权具有可转让性,但是"存抵贷"业务合同的加入,使得债权转让会损害借款人基于"存抵贷"业务合同对银行的债权抵销权,使银行在借款合同上的债权丧失了可转让的基础。[62]

35　　基于最高额抵押所发生的主债权,根据《担保法》第 61 条的规定不得让与。该条由于文义过于宽泛,会令当事人误以为用于最高额抵押的债权丧失了让与性。但立法者可能是考虑到最高额抵押的债权在决算期到来之前经常变化,如果听任债权人部分让与债权,而抵押权也将随之移转,会使得法律关系混乱不清,而且极易给抵押权人造成重大损害。出于这一考虑,有些法院对该条予以限缩解释:当最高额抵押担保项下之不确定债权变为确定债权时,担保额亦确定化,故担保债权即可随之转让。这时,最高额抵押权已经转变为普通抵押权,应当与主债权一同转让。[63]

36　　但在决算期到来之前,债权人能否让与债权,这恐怕已经超出法律解释的范围。2007 年生效的《物权法》第 204 条修改了上述规定:"最高额抵押担保的债权确定前,部分债权转让的,最高额抵押权不得转让,但当事人另有约定的除外。"因为最高额抵押权不是从属于某一个具体的债

---

[61]　通常该债权发生于交互计算约定订立之后,即便提前的债权让与也将由此落空。就是说,只要具体的债权被交互计算约定所包括,它就不能被让与,无论该债权是否已经发生。参见 Staudinger/Busche, 2012, § 399 Rn. 28。

[62]　"存抵贷"业务中,指定的借款人活期存款账户将会与房屋贷款关联起来,借款人只需将自己的闲置资金放在约定的活期存款账户中,存款余额超过一定金额后,银行按一定比例将其视作"提前还贷",节省的利息将作为理财收益返还到账户上。活期存款账户中的资金并未真正动用,借款人需要资金周转时可随意调用。存款抵扣是有上限的,不能超过贷款余额的上限。参见张昊、王静:《信贷资产转让的法律风险分析与防范》,载《上海金融》2011年第 8 期,第 96 页。

[63]　参见滨海县金汇农村小额贷款有限公司与江苏奇尔乐阀门有限公司等债权转让合同纠纷二审民事判决书[(2013)盐商终字第 0270 号];丁士文与日照市金属材料总公司金融不良债权追偿纠纷一审民事判决书[(2014)东商初字第 1633 号]。

权,而是从属于某一基础法律关系,即所谓的主合同关系。[64] 只要最高额抵押所担保的主债权只是部分转让,而未全部让与,最高额抵押权就不会随之移转。所以,在决算期到来之前,即便部分债权被让与,最高额抵押权也并不随同转让。这样既保证了债权的自由让与原则,又兼顾了最高额抵押权的从属性原则。

3. 从权利

从权利并不具有独立的功能,而是纯粹服务于主债权或基础关系。这些权利既包括具有从属性的权利,也包括法律上虽无从属性,但与基础关系紧密相联的其他权利,如不作为请求权。这类债权与基础关系的结合最为紧密,不可分离,即便债务人同意让与,也不能在法律上获得允许。

通常而言,具有从属性的权利只能随着主债权的移转而一同移转。例如,保证合同的请求权作为严格从属性的请求权,不能与主债权分离而转让他人。同理,基于抵押权、质权发生,用于担保的请求权也不能单独让与。预告登记本身就有从属性,系为担保以变更不动产物权为目的的请求权,也必须随着主债权移转而一同移转。此外,其他辅助性的权利,如请求出具收据、递交账单、移交文件或答复请求权都不能单独让与。[65] 但是违约金请求权、利息请求权作为独立的权利可被单独让与。

根据所有权或其他绝对权所发生的结果请求权(Folgeansprüche)不能与绝对权分离而被让与。诸如所有物返还请求权、登记簿更正请求权都不能被单独让与。虽然不作为请求权不具有从属性,但它也不能与发生该请求权的基础关系相分离。例如,与企业经营密切关联的竞业禁止请求权,必须与经营的企业一同移转于他人。再如,基于专利权或专利许可的不作为请求权,不能与专利权分离而让与他人。[66]

---

[64] 参见王利明:《物权法研究(下卷)》(第 3 版),中国人民大学出版社 2013 年版,第 1293 页。

[65] Vgl. Günter H. Roth, Kommentar zum § 399, in: Münchener Kommentar zum BGB, 6. Aufl., München: C. H. Beck, 2012, Rn. 18.

[66] Vgl. Günter H. Roth, Kommentar zum § 399, in: Münchener Kommentar zum BGB, 6. Aufl., München: C. H. Beck, 2012, Rn. 29.

庄加园

(二)依据法律规定不得转让的债权

40 　　《合同法》第 79 条第 3 项"依照法律规定不得转让"的债权究竟包括哪些,仅根据该项的内容难以令人洞悉。因为该项是不完全条文,不能单独适用,而是必须参引其他法律,才能明确适用范围。目前常见的解释是将所有法律规定不得让与的债权都列入其中。例如,《担保法》第 61 条规定的最高额抵押的主合同债权不得转让,这类债权便被划入《合同法》第 79 条第 3 项的不得让与之列。⑥⑦ 还有观点认为,根据《民法通则》第 91 条的规定,依照法律规定应由国家批准的合同,当事人在转让权利义务时,必须经过原批准机关批准。如原批准机关对权利的转让不予批准,则权利的转让无效。⑥⑧ 另有学者从特别法出发来寻找这类债权,如《保险法》第 34 条第 2 款规定:"按照以死亡为给付保险金条件的合同所签发的保险单,未经被保险人书面同意,不得转让或者质押。"⑥⑨

41 　　以上的解释不仅不能达成共识,而且容易造成混淆。如果解释者仅以实在法有无"不得转让"的规定为划分标准,不免会掩盖法律阻止债权可让与的真正原因。此类债权与其他种类不得让与的债权区分便会出现模糊。最典型的例子便是,某类根据合同性质不得让与的债权,是否会因法律专设某个条文,而变为法律规定不得让与的债权?

42 　　笔者以为,探究法律规定不得让与债权的范围,不应仅从字面上判断,而是要溯及债权让与限制的根源,并对不得让与的债权体系进行整体观察。《合同法》第 79 条第 1、2 项所列的不得让与的债权类型,更多地是从私法角度出发:要么基于债权给付内容、债权与基础关系的联系,要么考虑到债务人在基础关系中的保护需求。但有些债权基于社会政策考量、出于保护社会弱势群体的需要,不宜允许让与。这类债权与基于合同性质不得让与的债权的不同之处在于,禁止让与虽然客观上保护了债务人的利益,但它更多的是基于社会政策衡量的结果。因此,债务人不得通

---

⑥⑦ 参见注⑨,韩世远书,第 470 页。
⑥⑧ 参见注㉚,王利明、房绍坤、王轶书,第 178 页。
⑥⑨ 参见注⑬,第 244 页。

过约定放弃或变更这种法定保护。(70) 根据法律规定不得让与的债权,同样也不允许授权他人收取,否则禁止让与的目的就可能被规避。基于同样的道理,当事人如通过约定允许他人管理不得扣押的债权,也会违反保护债务人的目的,因而不能获得允许。(71)

43 我国最典型的立法如《民事诉讼法》第243条第1款,法院扣留、提取被执行人应当履行义务部分的收入时,应当保留被执行人及其所扶养家属的生活必需费用。该条所规定的债权类型是指维持当事人及其共同生活的亲属生活等所必需的、不得被强制执行的债权。《德国民法典》第400条规定的禁止扣押的债权,也是出于类似的考虑。根据日本学说,法律上禁止的让与还包括扶养请求权、养老金请求权、劳动基准法的灾害补偿请求权、健康保险法的保险给付等社会福利性权利。(72) 有学者将司法解释、法院批复所列的债权也归入"法律"规定不得让与的债权类型中,如国有企业下岗职工基本生活保证金不得被冻结、划拨,社会保险基金不得被查封、扣押、冻结。虽然这些"法律"不是由全国人民代表大会及其常务委员会制定的法律,但这些债权与制定法剥夺债权可让与性的基础都是出于社会政策的考虑,从而可以对《合同法》第79条第3项的规定作出扩大解释。

44 笔者认为,根据不得让与债权的体系,《合同法》第79条第3项规定的债权不应与以上两类债权发生重合,而应与基于公法的社会政策互相衔接,根据公法的需要不断完善。(73)《保险法》第34条第2款规定的债权不得让与,是为了保护被保险人的利益,以防发生道德风险。这类债权应被归入基础关系不可让与的债权(根据合同性质不得让与的债权),债务人可以放弃本应获得保护的利益,同意债权让与。最高额抵押主合同的债权不

(70) Vgl. Staudinger/Busche, Kommentar zum Bürgerlichen Gesetzbuch, Berlin: Sellier - de Gruyter-Berlin, 2012, § 400 Rn. 1.

(71) Vgl. Staudinger/Busche, Kommentar zum Bürgerlichen Gesetzbuch, Berlin: Sellier - de Gruyter-Berlin, 2012, § 400 Rn. 7.

(72) 参见注㊽,〔日〕我妻荣书,第464—465页。

(73) 关于精神损害抚慰金请求权是否可以转让,存在疑问。一般情况下应适用《人身损害赔偿解释》第18条第2款的规定,原则上不得让与,但赔偿义务人已经以书面方式承诺给予金钱赔偿,或者赔偿权利人已经向人民法院起诉的除外。就此而言,数额确定的精神损害抚慰金请求权更倾向于属于普通的债权,而非基于社会政策不得让与的债权。

得让与,原意是为了某段期间的结算,也是出于基础关系的考虑不得让与。该规定现已被《物权法》第 204 条修正,这样的禁止让与也不复存在。《民法通则》第 91 条第 2 句则是涉及公权机关的批准,这是合同之外第三人的同意,与债务人同意无关,不应属于法律禁止的债权让与。

(三)按照当事人约定不得转让的债权

45　　合同法为保护债务人在债权让与中的利益,已制定了相应的保护性规范。但其仅保护债务人最低限度的利益,若债务人还有其他利益诉求时,则需要借助《合同法》第 79 条第 2 项规定的订立禁止债权让与或限制债权让与的约定,方有实现的可能。前者便是国内文献所指的禁止让与约定(狭义),后者则包括限制债权让与的约定(广义),如债权让与必须征得债务人同意或通知债务人等。

46　　实践中常出现的合同条款是:非经对方事先同意,不得将合同中全部或部分权利义务转让给第三人。[74] 例如,在浙江省某基层人民法院的判决中,被告与四川锅炉厂签订的锅炉购销合同第 12 章第 13 条第 3 项约定"双方任何一方未取得另一方事先同意前,不得将本合同项下的部分或全部权利义务转让给第三方"[75]。法院认为,当事人禁止让与约定的意思自治应与债权自由让与维持平衡。"《合同法》第 79 条……第(二)项明确表明,按照当事人约定不得转让的,系除外情形。故法律已通过否定性陈述作出了确切的判定,认为债权人与债务人的约定可以阻却其后债权转让的发生。是以,本案原告与四川锅炉厂发生的债权转让,未经被告的同意,对被告没有约束力。"[76]

47　　在另一起上海市某基层人民法院的案件审理中,2011 年,被告与××公司签署了一份《代销合同》,约定被告接受××公司的商品或服务的代销委托,并约定××公司除非获得被告的书面同意,否则不得将基于本合

---

[74] 参见江阴市长江钢管有限公司与绍兴县兴亚热电有限公司债权转让合同纠纷一审民事判决书[(2009)绍商初字第 790 号];上海××鞋业有限公司诉上海××购物商务有限公司承包合同纠纷一审民事判决书[(2013)浦民二(商)初字第 1225 号]。

[75] 江阴市长江钢管有限公司与绍兴县兴亚热电有限公司债权转让合同纠纷一审民事判决书[(2009)绍商初字第 790 号]。

[76] 参见注[75]。

同和/或补充合同所产生的权利及义务的全部或部分转让给第三人。法院认为:"被告表示不同意债权转让,且原告未能提供有效证据证明被告与原告及××公司达成三方协议或被告曾单方同意债权转让。因此,无论××公司是否对被告仍享有债权,原告都未能依法取得债权转让的权利,其诉讼请求本院不予支持。"[77]

当事人约定债权不得让与,仅是单独地针对具体债权,而非概括的所有债权,也不涉及作为被转让债权基础行为(如合同)的当事人资格。由于合同法确立债权自由让与为原则,除非当事人的意思明确某个债权或某类债权不得让与,否则不能据此得到当事人订立禁止让与约定的结论。以上约定所针对的不是合同的权利转让,是合同权利及义务的全部或部分转让,这一内容无非以否定的方式重复着《合同法》第88条的规定。所以,不应将这类约定解读为《合同法》第79条第(二)项规定的禁止让与约定,而是只涉及权利义务概括移转,需要得到合同对方的同意。

法院裁判中出现的约定禁止债权让与的情况并不多见,裁判文书在对禁止让与约定的效力说理时也较为简略,大体遵循《合同法》第79条第2项的文义,认为违反约定的债权让与无效,受让人不能获得债权。[78] 与之相反,禁止让与约定的性质与效力在学说上存在很多争论。鉴于其理论根源多来自于外国法,有必要追根溯源,以求获得正本清源之效。

1. 不得让与的理论基础:内容说

当事人违反禁止让与约定仍然让与债权,不发生债权移转的效果,这一认识可以追溯至《德国民法典》第399条第2小项明文规定的"禁止债权让与"。德国帝国法院早在其原则性判决中就回顾了该法条的发展历史,当事人约定设立的不是一个可转让的权利。这一约定夺去了该权利转让能力的属性,自始就产生了一个高度人身性的权利,使得债权人只能

---

[77] 上海××鞋业有限公司与上海××购物商务有限公司承包合同纠纷一审民事判决书[(2013)浦民二(商)初字第1225号]。

[78] 参见上海某电子有限公司诉某电子有限公司买卖合同纠纷一审民事判决书[(2009)徐民二(商)初字第119号]。该法院认为:"因双方订立的合同明确约定,未经被告书面同意,原告不得将本合同项下对被告的应收货款债权擅自转让给第三方,擅自转让行为无效,且被告对原告发出的债权转让通知也明确表示不同意原告转让,故原告的债权转让行为无效,原告仍有权向被告主张债权。"

向债务人要求给付。[79] 德国联邦最高法院在 1963 年 10 月 14 日的标志性判决中重复了以往公式般的导言:"排除或限制债权让与的约定没有对债权施加一个外在于本质上的让与禁止,而是发生一个自始的、不能让与的债权。"[80]

51　　按照内容说,当事人订立的债权禁止让与约定并非设立处分行为,而是设立合同并决定其内容(债务人向谁履行给付)的负担行为。[81] 所谓私法自治原则不能适用于处分行为,在此并不成立。[82] 因为该约定并未使得第三人负担义务或承受不利负担,也未发生与第三人直接相关的法律效力。受让人之所以不能获得债权,在于债权本身的内容限定,才间接地引起受让人的不利后果。[83] 这一结果至多只是禁止让与约定的反射效果。[84]

52　　德国通说的核心在于,债权从一开始就是不可转让的权利,或者其嗣后转变为这一权利,其关键词"无交易能力"很容易与《德国民法典》第 137 条规定的处分权限制发生混淆。学说认为,《德国民法典》第 399 条第 2 小项是确定权利自身的内容,并非处分权。[85] 因此,两者的限制对象不同,前者并非作为后者的例外。这一观点可以追溯到《德国民法典》制定时温德夏特的学说:"债权不能首先作为一个能被让与的权利,然后采取新的规定,夺去这一让与的属性,而是从一开始就限定了债权人之力(Macht)的界限,那就是只有特定的债权人才能向债务人要求给付。"[86]

---

[79]　Vgl. RGZ 86, 350, 351.

[80]　BGHZ 40, 156, 160.

[81]　Vgl. Eberhard Wagner, Vertragliche Abtretungsverbote im System zivilrechtlicher Verfügungs-shindernisse, Tübingen: J.C.B Mohr 1994, S. 161.

[82]　参见崔建远主编:《合同法》(第 5 版),法律出版社 2010 年版,第 215 页;申建平:《禁止让与条款效力之比较研究》,载《环球法律评论》2008 年第 6 期,第 57 页。

[83]　Vgl. Eberhard Wagner, Vertragliche Abtretungsverbote im System zivilrechtlicher Verfügungs-shindernisse, Tübingen: J.C.B Mohr 1994, S. 174 ff.

[84]　Vgl. Eberhard Wagner, Vertragliche Abtretungsverbote im System zivilrechtlicher Verfügungs-shindernisse, Tübingen: J.C.B Mohr 1994, S. 419.

[85]　Vgl. Staudinger/Busche, Kommentar zum Bürgerlichen Gesetzbuch, Berlin: Sellier‑de Gruyter-Berlin, 2005, § 399 Rn. 52.

[86]　Christian Berger, Rechtsgeschäftliche Verfügungsbeschränkungen, Tübingen: Mohr Siebeck 1998, S. 234.

2. 内容说的突破：绝对无效的扬弃

"债权不得让与"只是当事人的意思表示内容，通说也只是在私法自治框架内的一种解读方案。当事人约定债权不得让与，必须考虑当事人所处的利益格局，衡量得出更符合他们利益的解决方案。因此，禁止让与使约定存在多种解释可能，既可能从标的出发，也可能着眼于权能。其中，具有较大影响力的学说有相对无效说、纯债法效力说、善恶意区分说。

相对无效说主张，基于法律行为禁止物的转让与禁止债权让与约定并无本质差别。禁止让与的约定并不属于保护公共利益的强行法，只是为了实现保护特定债务人的目的，只能对该债务人产生无效的效果，并不影响其他人的处分效力。[87] 该说虽能更好地保障债权流通，却大大弱化了受让人的债权地位，使其债权成为有名无实的权利。[88] 虽然受让人是债权人，但受领权限与收取权限却仍保留于让与人手中。受让人由于受禁止让与约定的限制不能向债务人主张债权，让与人却在与债务人的关系上享有处分债权的其他权能，如免除、抵销、内容变更、宽限清偿期等权限。除非债务人同意债权让与或自愿清偿，否则受让人不能对债务人主张以上权利。[89] 当让与人的债权人扣押让与人的债权时，受让人作为债权人虽然能提起第三人异议之诉，或当让与人破产时，受让人有权行使取回权，但因受让人缺少实现债权的权能而无法向债务人主张债权。[90] 若受让人的债权人扣押这一债权，又会致使该债权人无法实现被扣押的债权。因为执行债权人所享有的权限来自于作为被执行人的受让人，不能比缺少债权收取权能的受让人享有更多的权能。因此，一方面，受让人仅享有

---

[87] Vgl. Eberhard Wagner, Vertragliche Abtretungsverbote im System zivilrechtlicher Verfügungsshindernisse, Tübingen: J. C. B Mohr 1994, S. 246; MünchKommHGB/Schmidt, §354a Rn. 13.

[88] Vgl. Christian Berger, Rechtsgeschäftliche Verfügungsbeschränkungen, Tübingen: Mohr Siebeck 1998, S. 293.

[89] 关于债务人能否向受让人实施免责的清偿，学界见解不一。主张受让人享有受领权限，因此能发生免责清偿的效力，并无太大的说服力。更具说服力的依据在于，被保护者自然可以放弃主张相对无效的抗辩。参见 Alexander Nefzger, Vertragliche Abtretungsverbote, Berlin: Duncker & Humblot 2014, S. 236。

[90] Vgl. Christian Berger, Rechtsgeschäftliche Verfügungsbeschränkungen, Tübingen: Mohr Siebeck 1998, S. 294 f.

消极的"债权";另一方面,让与人又缺少动力实现债权。

55 　　纯债法效力说主张,禁止让与约定被解读为在广义的债法关系上(让与债权的基础关系)约定:债权人负有不转让债权的债法义务。[91] 换言之,禁止让与约定并未影响债权内容,只是在内部关系上增加了不作为义务,即违反该义务的债权人仅对债务人承担损害赔偿责任[92],债权人在外部关系上仍享有自由处分债权的权利。纯债法效力模式包括《联合国国际保付代理公约》《联合国国际贸易中应收款转让公约》及《美国统一商法典》(2001 年修订)第 9 章第 9-406(d)条和第 9-408(a)条。其立法理由在于,随着应收款和其他权利越来越多地成为各种融资交易的担保标的,有必要使得这些无形财产能够自由地进行让与。[93] 有学者认为,《美国统一商法典》的立法和一系列相关国际公约不仅满足了商事流转便捷、迅速的要求,而且符合合同的相对性原则,具有合理性。[94] 不过,有观点质疑这一规则以牺牲对债务人的保护为代价,过于注重债权的流转,应主要适用于保理业务、国际应收款转让业务和金融机构的让与担保领域。[95]

56 　　境内影响较大的是主张区分第三人善恶意的学说,即善恶意区分说。据此,受让人是否知道或者应当知道禁止让与约定的存在,决定着禁止让与约定的效力。[96] 该说认为善意受让人可以有效地取得债权,只是债务人可以追究让与人的违约责任。此外,从恶意受让人处善意受让的转得人也属于"善意第三人",所以该转得人仍能有效地取得债权。对于第三人除具有善意之外,是否还要求无过失,韩世远教授认为应当借鉴日本通说,在受让人为恶意的场合,或者受让人虽属善意但却有过失的场合,债

---

[91] Alexander Nefzger, Vertragliche Abtretungsverbote, Berlin: Duncker & Humblot 2014, S. 91.

[92] 债务人会因债权让与而遭受何种损失,通常难以想象。这种约定只是为债务人向让与人要求任何形式补偿的前提。而且,由于让与争议出现时,让与人一般已丧失支付能力,损害赔偿的实践意义相当有限。参见 Grant Gilmore, Security Interests in Personal Property, Volume 1, Boston: Little, Brown & Company, 1965, p. 222。

[93] 参见注[92],申建平文,第 56 页。

[94] 参见崔建远:《合同法》(第 4 版),法律出版社 2007 年版,第 208 页。

[95] 参见李永峰:《债权让与中的若干争议问题——债务人与债权受让人之间的利益冲突与整合》,载《政治与法律》2006 年第 2 期,第 70 页。

[96] 参见注[9],韩世远书,第 469 页。

权不具有让与性。[97] 该说的依据来自于《意大利民法典》第 1260 条、《日本民法典》第 466 条、我国台湾地区"民法"第 294 条、《欧洲合同法原则》第 301 条第 1 款第 C 项、《国际商事合同通则》第 9.1.9 条第 2 款等域外法。但这一学说仍然面临以下疑问[98]。

首先,善恶意的识别标准缺失。[99]债权具有相对性和秘密性,其让与只需双方合意即可发生,通知债务人并非生效要件,所以第三人一般无从得知权利及其变动的真实状态。除非受让人明知存在禁止让与约定,否则他在多数情况下都是善意的。因为根据经验,明知的情形通常并不多见,恶意更多地表现为由于重大过失而不知。这就要求受让人(第三人)在受让债权时负有义务调查是否存在禁止让与的约定。倘使我国引入债权登记簿制度,并将其与债权变动联系起来,若第三人(受让人)未查询登记簿,则会基于重大过失而构成恶意。这样就使受让人负担过重的义务,不利于交易安全。考虑到格式合同的大量运用,债权禁止让与约定多包含于格式合同时,受让人可能并不知晓,或者没有兴趣去调查是否存在禁止让与的约定。上述有关债权让与的国际公约,放弃以受让人的善恶意作为标准,可能是出于同样的考虑。其次,这一模式的法律效果不具有独立性。主张这一模式的观点认为,当第三人(受让人)为善意时,债权让与合同有效(债权效果说)。受让人有权要求债务人清偿,但债务人仍可追究让与人的违约责任。[100] 而第三人如为恶意,对于其违约效果如何,学说看法不一。债权效果说认为,受让人与让与人间的合同仍然有效,仅债务人得提出恶意抗辩,如第三人为善意,则他不得对此提出抗辩。物权效果说认为,债权人不仅负有不得让与的义务,而且债权也因此丧失转让性,违反此约定的债权让与不发生效力,此约定系为债务人的利益所设定,不仅可以由债务人主张不发生效力,也可以由第三人主张。[101] 倘使

---

[97] 参见注⑨,韩世远书,第 469—470 页。

[98] See FritzRaber, The Contractual Prohibition of Assignment in Austrian Law, 64 Notre Dame L. Rev. 171 1989, p. 189.

[99] Vgl. Horst Eidenmüller, Die Dogmatik der Zession vor dem Hintergrund der internationalen Entwicklung, AcP 204 (2004), 470—471.

[100] 参见注㉕,申建平文,第 59 页。

[101] 参见黄立:《民法债编总论》,中国政法大学出版社 2002 年版,第 614 页;注⑨,韩世远书,第 469—470 页。

第三人为恶意，债权让与若采物权效果说将绝对无效，重蹈过度保护债务人的覆辙。

3.笔者观点

58 债权的让与性通常可以从两个角度进行观察。(102) 一个是债权种类的角度（客观角度），另一个是债权与权利主体关联的角度（主观角度）。若从前者出发，如高度人身性质的债权，其债权种类导致该权利不可让与；若从后者观察，禁止让与约定的债权本身可被自由让与，只是由于约定只能向特定债权人给付，使得权利主体与债权的关联受到限制或剥夺。债权的归属必然涉及权利与特定主体的关系，它就权利本身（客观角度）而言是可处分的，就权利主体（主观角度）而言则涉及处分权。(103)

59 即便债权是相对权，法律秩序也承认了债权属于某人的归属关系。这意味着，只有该人享有对义务人的给付请求权，该权利仍然归属于特定人的排他领域。(104) 由此，债权的功能并非仅描述双方的给付关系，而是将财产价值归属于债权人。(105) 债权人得到向他人请求给付的机会，他人也相应地负有义务完成这样的行为，这样的请求确实构成了债权人的财产，并且在某种条件下能够如有体物那样“商业化”。债权与物权一样具有财产价值，不仅能在流转中实现价值，而且也作为责任财产发挥作用。(106)

60 在对禁止让与约定效力的讨论中，最关键的仍是它与《德国民法典》

(102) 早有学者指出，处分限制的概念旨在限制财产价值的移转；不可让与性（Unabtretbarkeit）则标志着禁止让与约定在债之内部的结果。专业术语的运用（不可让与性或处分权限制）取决于观察视角的选择，这里取决于债的双重属性：是从法锁出发，还是从财产权出发。而现有的讨论却将这一问题由语言差别上升至性质难题。参见 Heinrich Dörner, Dynamische Relativtät, Müchen: C. H. Beck 1985, S. 142-143。

(103) 这并不表示债权就完全等于支配权，也无必要使用债权上的所有权概念。债权归属关系只是对主体与客体关系的描述，是纯抽象意义的思考形式，并不适于论证具体的法律效果。参见 Eberhard Wagner, Vertragliche Abtretungsverbote im System zivilrechtlicher Verfügung-shindernisse, Tübingen: J.C.B Mohr 1994, S. 416。

(104) Vgl. Staudinger/Busche, Kommentar zum Bürgerlichen Gesetzbuch, Berlin: Sellier - de Gruyter-Berlin, 2012, Einleitung zu § 398 ff Rn. 9.

(105) Vgl. Staudinger/Busche, Kommentar zum Bürgerlichen Gesetzbuch, Berlin: Sellier - de Gruyter-Berlin, 2012, Einleitung zu § 398 ff Rn. 10.

(106) Vgl. Staudinger/Busche, Kommentar zum Bürgerlichen Gesetzbuch, Berlin: Sellier - de Gruyter-Berlin, 2012, Einleitung zu § 398 ff Rn. 11.

第137条的关系。该法条旨在阻止对强制执行的威胁并保证贯彻物权法定原则。⁽¹⁰⁷⁾而且,它在客观上还起到了保护交易标的物流通能力的作用,阻止当事人通过约定设立不可流通物(res extra commercium)。⁽¹⁰⁸⁾但它只能适用于处分权限制的情形,却不涉及自身不得让与的权利。⁽¹⁰⁹⁾一旦禁止让与约定的观察视角从在内容上不得让与的权利转化为对债权人处分权的限制,该约定将因违反限制处分财产权原则而无效。如此一来,禁止让与约定就避免了人为区分债权与物权领域所导致的不同结果。

债务人在禁止让与约定中虽得到保护,其代价却是债权不能自由流通。禁止债权让与约定仅为保护债务人的以上利益,便使得债权丧失交易能力,似有过度保护债务人之嫌(比例原则)。卡纳里斯指出,禁止债权让与的约定绝对无效,导致了近乎无限的对债务人的保护,超出该约定原本的保护范围,具有"过度溢出(überschießende)"作用。⁽¹¹⁰⁾就此而言,禁止让与约定的必要性与其绝对无效的法律效果显著不成比例,内容说应尽早被废弃。

也有国外学者建议,对于违反约定的金钱债权让与,国际理论的发展趋势为绝对有效,并且立法者也舍弃了对债务人的特殊保护,所以只应在金钱债权领域舍弃债权禁止让与约定的绝对无效模式。⁽¹¹¹⁾其理论基础在于,只有金钱债权的债权人才具有违反禁止让与约定的动力去让与债权。同时,由于金钱债权的债务人向特定债权人给付的利益相当微弱,而债权人却对债权的流通能力享有很高的利益,因此,如果金钱债权的禁止让与约定发挥绝对效力,则会导致典型的无效率。同时,该建议也没有明显的

---

[107] Vgl. Christian Hatternauer, Kommentar zum §§ 398–413, in: Historisch-kritischer Kommentar zum BGB, 1. Aufl., München: C. H. Beck, 2007, Rn. 59.

[108] Vgl. Christian Armbrüster, Kommentar zum § 137, in: Münchener Kommentar zum BGB, 6. Aufl., München: C. H. Beck, 2012, Rn. 4.

[109] Vgl. Christian Armbrüster, Kommentar zum § 137, in: Münchener Kommentar zum BGB, 6. Aufl., München: C. H. Beck, 2012, Rn. 9.

[110] Vgl. Claus-Wilhelm Canaris, Die Rechtsfolgen rechtsgeschäftlicher Abtretungsverbote, in: Festschrift für Rolf Serick zum 70. Geburtstag, Heiderberg: Verlag Recht und Wirtschaft GmbH, 1992, S. 32.

[111] Vgl. Horst Eidenmüller, Die Dogmatik der Zession vor dem Hintergrund der internationalen Entwicklung, AcP 204 (2004), 471.

理由会给金钱债权的特定债务人带来麻烦。[112] 因此,为促进金钱债权的流通,虽然会牺牲债务人的微弱利益,但不至于给债务人带来太多的不利。鉴于以上考虑,《合同法》第 79 条第 2 项应该予以限制,建议增加后半段:"禁止让与约定不能阻碍金钱债权让与的效力,违反约定的当事人须承担违约责任。"

四、法律效果

63 债权让与的效力可分为内部效力与外部效力。前者发生在让与人与受让人之间,后者发生在当事人与债务人或其他第三人之间。[113] 由于《合同法》的其他条文(第 80、82、83 条)对外部效力已作出规范,这里便只讨论债权让与的内部效力。

64 债权让与的效力便是债权人地位的变更,在此具有决定意义的时间点便是处分行为的成立。债权权能在让与人与受让人之间的分裂会弱化债权人的地位,原则上不予允许。受让人承受让与债权的一切法律地位,包括由该债权所产生的结果债权。例如,债务人由于拒绝履行、迟延履行或其他债务不履行所引起的违约责任以及费用返还请求权、代位物返还请求权。保护义务与其他牵涉到让与债权(与对待给付义务与作为基础关系的债务相反)的义务,只存在于债务人与受让人之间。[114] 随着有效的债权让与,让与人失去债权人地位。以后,他对让与债权的再次转让或出质都不能生效。同时,他也不能以该债权主张抵销,让与人的债权人对让与债权的扣押(冻结)也将由于标的落空而无效。即便让与人之后被宣告破产,让与债权原则上也不属于破产财产。[115]

---

[112] Vgl. Horst Eidenmüller, Die Dogmatik der Zession vor dem Hintergrund der internationalen Entwicklung, AcP 204 (2004), 471.

[113] 参见注⑨,韩世远书,第 470—471 页。

[114] Vgl. Günter H. Roth, Kommentar zum § 398, in: Münchener Kommentar zum BGB, 6. Aufl., München: C. H. Beck, 2012, Rn. 93.

[115] Vgl. Günter H. Roth, Kommentar zum § 398, in: Münchener Kommentar zum BGB, 6. Aufl., München: C. H. Beck, 2012, Rn. 96.

根据《合同法》第 62 条第 3 项的解释规则,债务履行地一般是履行义务一方所在地。所以,在仅有债权人变更的情况下,履行地还是债务人所在地,通常而言不受债权让与的影响。[116] 但若让与的债权是赴偿之债的债权,例如《合同法》第 62 条第 3 项规定的"给付货币的,在接受货币一方所在地履行",此时履行地究竟是让与人住所地,还是受让人所在地?有学者认为,债务人应当到作为新债权人的住所地清偿,但因此增加的费用也应由债权人负担。[117] 这主要是考虑到债权让与不能增加债务人的负担,由此所增加的费用也不应由债务人承担。

对于因债权的转让所增加的费用,究竟应当由原债权人承担,还是受让人承担,存在不同看法。由于债权让与使得原债权人退出被转让之债权,由受让人取代让与人的债权人地位。按照合同(债之)相对性原则,债权人只能请求受让人承担增加的费用。为了保障请求赔偿全部费用损失的权利得以实现,也有学者建议,债权人可就此费用的承担行使同时履行抗辩权、后履行抗辩权和不安抗辩权。[118]

由于债权让与仅引起具体的债权移转于受让人,让与人仍然是基础债务关系(如合同)的当事人,因此需要确认哪些权利仍然属于让与人,哪些权利则属于受让人。尽管《合同法》第 81 条明确了受让人取得与债权有关的从权利(专属于让与人的除外),但合同基础关系的很多权利并非债权的从权利,让与人由此保留了一定范围的权利。[119]

不仅让与人在让与自己的债权后也有权拒绝对待给付,而且受让人也有权催告债务人并设置合理的履行期间,要求其继续履行、重作、进行损害赔偿。替代原给付的损害赔偿请求权或者因迟延给付而发生的损害赔偿请求权通常都归属于受让人,而让与人的对待义务则不受影响。相反,由于未按约定履行或瑕疵履行等所引起的权利行使,如减价、解除,在

---

[116] Vgl. Günter H. Roth, Kommentar zum § 398, in: Münchener Kommentar zum BGB, 6. Aufl., München: C. H. Beck, 2012, Rn. 93.

[117] 参见注⑨,韩世远书,第 471 页。

[118] 参见注⑨,王利明书,第 224 页。

[119] 保险人、出租人、融资租赁出租人的合同解除权是否随债权一起让与,是颇具争议的问题。参见 Günter H. Roth, Kommentar zum § 398, in: Münchener Kommentar zum BGB, 6. Aufl., München: C. H. Beck, 2012, Rn. 98。

同样的范围内影响到让与人与受让人的法律地位,也会引起双方当事人基础关系的补偿。多数学说认为,以上形成权并不会随着债权让与而自动移转于受让人,而是仍保留于让与人,因为他才是合同基础关系的当事人。[120] 由此引出的问题是,让与人能否一方面让与债权,另一方面行使基于基础关系的形成权,如撤销权、解除权、减价权,以致受让人得到的债权也相应减少或消灭。较有代表性的观点认为,让与人不可单方面地未经同意妨害受让人基于债权让与所得到的权利。因此,未经受让人同意,他无权基于合同行使解除权。[121]

69 当转让的债权行使时涉及其他附随义务,如通知、协助、保护等义务乃至不真正义务,债务人的利益不可避免地也会受到影响。在涉及通常交易的范围内,受让人应与让与人一样承担附随义务。例如,受让人在受领债务人给付时负有出具收据的义务。[122] 再如,让与的债权若是以供应货物为给付内容,尽管受让人并非合同买受人,但他收到标的物后,根据《合同法》第157、158条的规定也负有在合理期间内进行检验的不真正义务。若标的物数量或质量不符合约定,他应将该情形通知债务人。若其怠于通知,则视为标的物数量或质量符合约定。最后,根据《合同法》第119条的规定,当事人一方违约后,对方应当采取适当措施防止损失的扩大。债权让与后,受让人也负有以上防止与降低损害的义务。[123]

五、证明责任

70 订立债权让与合同的证明责任由主张让与有效的当事人承担。这意味着,他要证明让与人与受让人达成有关债权让与的合意。当债权让与

---

[120] 参见注⑨,韩世远书,第473页; Heinrich Dörner, Dynamische Relativtät, München: C. H. Beck, 1985, S. 153; Staudinger/Busche, Kommentar zum Bürgerlichen Gesetzbuch, Berlin: Sellier-de Gruyter-Berlin, 2012, § 398 Rn. 82。

[121] 参见 Günter H. Roth, Kommentar zum § 398, in: Münchener Kommentar zum BGB, 6. Aufl., München: C. H. Beck, 2012, Rn. 99。较为不明确的是,合同的成立存在瑕疵时,让与合同债权的当事人能否再行使撤销合同的权利。

[122] 参见 Heinrich Dörner, Dynamische Relativtät, München: C. H. Beck, 1985, S. 154;注⑨,韩世远书,第473页。

[123] Vgl. Heinrich Dörner, Dynamische Relativtät, München: C. H. Beck, 1985, S. 155.

合同由让与人或(和)受让人的代理人订立时,此人还要证明该代理人享有让与人或(和)受让人所授予的代理权。相对人若要主张让与无效,则须证明债权让与合同存在《合同法》第52条规定的无效事由,或者债权让与的意思表示有错误、欺诈、胁迫等情形,而且存在撤销权有效行使的事实。

如果债务人主张债权让与基于某些原因而无效,受让人无须进行反对性证明,即被主张的无效事由不存在。相反,根据证明责任分配的一般原则,应由主张无效的当事人证明债权让与无效的要件事实。通常而言,这样的证明责任都是由债务人、让与人或对让与债权主张权利的第三人来负担。此处的第三人可能主张其为真正的债权人,或主张对让与债权享有质权。

债权具有让与性是债权的常态,主张让与有效的当事人无须对此作出证明。《合同法》第79条列举的三类禁止让与的情形构成债权让与性的例外,主张存在以上例外的当事人承担相应的证明责任。当第三人主张被转让债权根据合同性质不得让与时,其应对以上事实承担证明责任,例如转让债权具有高度人身性或该债权与基础关系不可分离,或者转让债权为无独立功能的从权利。假使债务人主张存在按照当事人约定不得让与的事由,则他必须证明债权让与合同订立时存在让与性被排除或限制的事实,如约定让与债权须经过债务人的同意。如果当事人主张某债权因法律规定不得转让,那么其应对该法律规定的存在承担证明责任。

第 80 条　债权让与通知*

徐涤宇

《中华人民共和国合同法》第 80 条
债权人转让权利的,应当通知债务人。未经通知,该转让对债务人不发生效力。
债权人转让权利的通知不得撤销,但经受让人同意的除外。

细　目

一、规范意旨:保护债务人原则……1—7
二、让与通知的性质……8—14
　（一）让与通知的性质……8—11
　（二）有关意思表示之规则的准用……12—14
　　1. 让与通知的发出和到达……12
　　2. 让与通知的撤销……13—14
三、让与通知的构成……15—32
　（一）让与通知之主体……15—20
　（二）让与通知之相对人……21
　（三）让与通知的方法……22—29
　　1. 让与通知的一般方法……22
　　2. 让与通知与诉讼……23—25
　　3. 让与通知与公告……26—29
　（四）让与通知的时间……30
　（五）依次让与之让与通知……31—32

---

* 本文首发于《法学家》2019 年第 1 期（第 175—190 页），原题为《〈合同法〉第 80 条（债权让与通知）评注》。

四、法律效果……33—59

　　（一）《合同法》第 80 条第 1 款之于债权让与的内部效力和外部效力……33—40

　　（二）《合同法》第 80 条第 1 款后句的法律效果……41—54

　　　　1. 对债务人的效力……41—43

　　　　2. 对债务人的特殊效力：表见让与……44—48

　　　　3. 对债务人以外第三人的效力……49—50

　　　　4. 对第三人的效力：债权之双重让与……51—54

　　（三）让与通知能否发生诉讼时效中断的效力……55—58

　　（四）《合同法》第 80 条规则之适用例外……59

　五、举证责任……60—64

一、规范意旨：保护债务人原则

　　依文义，《合同法》第 80 条的规范意旨主要在于，以让与通知作为债权让与对债务人生效的要件，从保护债务人利益的角度，实现债权人、受让人与债务人三方利益的平衡，兼顾债权让与之安全与效率。

　　在保持债权同一性的前提下，债权让与遵循自由让与原则。债权让与涉及的主体包括债权人（让与人）、受让人（可能存在多名）、债务人。一般而言，债权的财产性因其自身的请求权性质和期限性而表现为一种预期的利益，故在债权能予实现之前，只有允许其自由转让，债权人才能使这种预期的利益转化为现实利益，从而推动债权的资本化。由此观之，债权让与制度首先应该是为债权人的利益而设定的。① 反观债务人，其在债权让与后与之前相比较，只要不增加其履行负担，就不会因债权人变换而处于更加不利的地位，故债权人得自由让与其债权，债权让与不必经债务人同意。

　　债权让与虽不必经债务人同意，但在债权让与后，债务人毕竟要面临

---

① 参见徐涤宇：《债权让与制度中的利益衡量和逻辑贯彻——以双重让与为主要分析对象》，载《中外法学》2003 年第 3 期，第 307 页。

向何人为给付并主张相关抗辩事由的问题。如果债务人对债权让与事实无从知晓,则可能发生错误给付问题,于债务人不利。因而,在比较法上,各国及地区通常以让与通知作为对债务人的生效要件或对抗要件。② 即便是不以让与通知作为对债务人生效要件的德国,也通过《德国民法典》第407条的规定强化了未予通知之时,善意债务人错误地向原债权人为给付之保护,并以第409条的表见让与之规定强化了通知的效力。③

4　关于《合同法》第80条规定的让与通知为债权让与对债务人生效之要件,学理上并无异议,争议点在于:让与通知是否同时为让与人和受让人之间债权让与的生效要件;或者,让与通知是否构成受让人得以对抗其他第三人的要件。依其差异,主要可分为两种观点。其中主流观点认为,债权让与合同一旦生效,债权即由让与人移转于受让人,让与通知仅为债权让与对债务人的生效要件。④ 此说依其是否基于处分行为(物权行为)理论又可细分为两种观点,但由于其均认为债权由让与人移转于受让人的效果(即债权让与的效果)乃因让与合同的生效而当然发生,故可称其为债权让与效果之合同发生说(以下简称"合同发生说")。另一种观点认为,让与合同生效并不使债权发生移转的效果,受让人仅取得向让与人请求为通知、转让债权之请求权。易言之,让与通知不仅为债权让与

---

② 采生效要件者如我国台湾地区,见其"民法"第297条第1项规定;采对抗要件者如法国、日本,见《法国民法典》第1690条和《日本民法典》第467条之规定。较为详细的论证,参见余盈锋:《债权让与对外效力之研究》,台湾大学法律学院法律研究所2007年硕士论文,第28—29页、第59—61页。

③ 《德国民法典》第407条第1款规定:"对于债务人在债权让与后向原债权人履行的给付,以及债权让与后在债务人与原债权人之间就债权所实施的一切法律行为,新债权人必须容许它们被对其主张,但债务人在给付时或法律行为实施时知道债权让与的除外。"第409条第1款规定:"债权人通知债务人,谓他已经让与债权的,即使让与并未发生或不发生效力,债权人也必须容许债务人对债权人自己主张所通知的债权让与。债权人已向证书中指明的新债权人出具让与证书,且新债权人向债务人出示该证书的,与通知相同。"参见《德国民法典》(第4版),陈卫佐译注,法律出版社2015年版,第147—148页。

④ 参见崔建远主编:《合同法》(第6版),法律出版社2016年版,第169—170页;韩世远:《合同法总论》(第4版),法律出版社2018年版,第598页;方新军:《合同法第80条的解释论问题——债权让与通知的主体、方式及法律效力》,载《苏州大学学报(哲学社会科学版)》2013年第4期,第94页;谢鸿飞:《合同法学的新发展》,中国社会科学出版社2014年版,第366页。

对债务人的生效要件,同时也是所让与债权由让与人移转于受让人的要件。⑤ 对此种观点,我们可以称其为债权让与效果之通知要件说(以下简称"通知要件说")。

依合同发生说,债权让与合同生效,受让人即取得债权,未通知不影响债权让与的效力,受让人即可对抗第三人。于是,在并无其他受让人的情形中,债权让与对债务人的效力取决于让与通知;而在双重让与情形中,先成立让与合同的受让人(第一受让人)取得债权,后成立的让与合同因让与人无权处分而效力待定。⑥ 但第二次让与先被通知的,则可适用表见让与之规定,债务人依通知所为清偿有效,其利益仍可获得保障。此时,对于第一受让人而言,其利益保障途径有二:或向第二受让人主张返还不当得利,或向让与人主张违约或债权侵害之救济。显然,依此说,《合同法》第 80 条的规范意旨仅在于保护债务人,与债权让与中对交易安全之保护无涉。

依通知要件说,让与通知决定债权让与的生效,受让方仅在通知后方可据此对抗第三人。据此,在双重让与情形中,受让人地位平等,先被通知的让与发生债权让与之效果,而让与合同本身生效的先后在所不论。⑦ 于是,未获得债权的受让人仅可向让与人主张违约或债权侵害之救济。此说显然把《合同法》第 80 条的规范意旨扩大至债务人以外的第三人(主要是受让人)利益之保护,因为在其看来,承认合同发生说等于鼓励债权人为多重让与,让与人会基于自己的利益而计算选择向谁通知,受让人则只能请求让与人承担缔约过失责任。⑧ 对此,有学者指出:"无论是《合同法》第 80 条第 1 款还是第 82 条,其立法目的均在于保护债务人,而非保护债务人以外的第三人,无法将此特别立法目的扩张及于第三人。"⑨另有学者直接指出,此说不利于保护债务人。因为让与通知制

---

⑤ 参见申建平:《对债权让与通知传统理论的反思》,载《求是学刊》2009 年第 4 期,第 64 页;尹飞:《论债权让与中债权转移的依据》,载《法学家》2015 年第 4 期,第 81 页。

⑥ 若依据《买卖合同解释》第 3 条的规定,第二受让人合同的效力,涉及无权处分问题,其最终能否取得债权,取决于第一受让人的追认。

⑦ 参见注⑤,尹飞文,第 93 页。

⑧ 参见注⑤,申建平文,第 65 页。

⑨ 参见注④,韩世远书,第 619 页。

度的主要目的是保护债务人免受债权人变更带来的负担和风险,如果债权自通知后才从出让人移转于受让人,则即使债务人在通知前了解到让与的事实,其仍须向出让人为清偿,且此清偿并不能有效消灭债务。⑩ 在双重让与情形中,此种主张貌似兼顾了债权让与中的交易安全,实则是有牺牲债务人利益之虞,因为知晓前一让与事实的债务人如果对该受让人为清偿,也会因后一让与被通知而沦为无效。

7　　诚然,无论采纳何种观点,《合同法》第 80 条的规定都关涉受让人债权利益的实现。但是,债权让与中的优先规则只解决所让与债权的最终归属问题,而债权的归属和债务人向谁清偿有效并不完全一致。《合同法》第 80 条的规范意旨显然在于保护债权让与中债务人的利益:第一,只要让与通知到达债务人,债权让与即对债务人发生效力,其即使向债权的非归属方清偿亦为有效;第二,让与通知之前债务人清偿的效力以及通知之后的表见让与制度也以对债务人的保护为依归。⑪ 由此可见,《合同法》第 80 条乃为避免债务人误为清偿而设,并不直接关注债权归属以及交易安全问题⑫,不过让与人尤其是受让人不妨利用该规定(如主动为通知)实现自己的利益,从而间接达致保护交易安全之目的,此为《合同法》第 80 条关于让与通知之消极强制效果的体现。

二、让与通知的性质

(一)让与通知的性质

8　　关于让与通知的性质,学界目前存在准法律行为说、事实行为说、单

---

⑩　参见李永锋、李昊:《债权让与中的优先规则与债务人保护》,载《法学研究》2007 年第 1 期,第 49 页。

⑪　参见注⑩,第 49 页。

⑫　参见庄加园:《〈合同法〉第 79 条(债权让与)评注》,载《法学家》2017 年第 3 期,第 162 页。我国法院判决也认为,《合同法》第 79 条第 1 项规定的目的在于避免债务人重复履行、错误履行债务或加重履行债务的负担。参见"何荣兰诉海科公司等清偿债务纠纷案"[最高人民法院(2003)民一终字第 46 号民事判决书],载《中华人民共和国最高人民法院公报》2004 年第 4 期,第 15 页。

方法律行为说三种观点。⑬ 其中,准法律行为说认为,让与通知属于观念通知,其不需要有发生债权让与效力的法效意思,但却可以类推适用民法关于意思表示的规定。比如,其效力的发生适用意思表示的"到达主义"规则,而债务人是否知晓通知的内容,在所不问;通知的生效以表意人有行为能力为必要,但让与人的代理人可以代为通知,而无权代理人的通知自属无效。另外,通知有无效或撤销原因时,依民法关于无效或可撤销的规定处理。⑭

事实行为说认为,只有让与通知才能使受让人取得债权。因此,让与通知是债权让与合同的履行行为,其性质相当于动产买卖中的交付,即通知是债权实际发生转移的事实行为。甚至,其主张者认为准法律行为与事实行为本无区别,传统法上所谓的准法律行为,实际上就是事实行为,而让与通知即为其表现之一。⑮ 此观点的误区在于,未认识到区分准法律行为和事实行为的实益,系前者准用关于意思表示的规定。

单方法律行为说认为,从我国合同法对债权让与的规定及各方当事人利益维护的角度来看,宜将债权让与通知解释为债权人对其债权的单方处分行为。申言之,债权让与协议的生效,只是使让与人负有转移标的债权的义务,但该债务的履行仍须通过让与人的通知。此通知的内容并非单纯告知债务人债权让与协议的存在,更非告知债务人已经转移的事实,而是让与人实际转移标的债权的意思,该意思表示到达债务人,方始发生债权转移的效果。⑯ 此说强调债权人单方意志对债权让与效果的形成力,貌似贯彻出让人意思自治的债权自由让与原则,实则《合同法》第80条保护债务人利益(尤其是在误为清偿的情形中)的规范目的却无从实现。而且,债权自由让与原则仍然建立在让与人和受让人双方意思自治的基础之上,如果将债权让与协议本身视为债权合意,却把债权人的通

---

⑬ 绝大多数学者持准法律行为说,如崔建远教授(参见注④,崔建远书,第177页)、韩世远教授(参见注④,韩世远书,第612页);持事实行为说的学者为申建平教授(参见注⑤,申建平文,第68页);持单方法律行为说的学者为尹飞教授(参见注⑤,尹飞文,第90页)。

⑭ 参见注④,韩世远书,第612页;注10,第43页。

⑮ 参见注⑤,申建平文,第67—69页。

⑯ 参见注⑤,尹飞文,第90页。

知解释为单方处分行为,从而置受让人的意志于不顾,解释上难以自圆其说。

11　　显然,主张让与通知性质为准法律行为的学者,都支持合同发生说;而主张其性质为事实行为或单方法律行为的学者,均为通知要件说之力倡者。究其实质,应该在于后者基于债权让与合同生效并不发生债权让与效果之预设,必须另辟蹊径把让与通知解释为引发债权让与效果发生的履行行为或法律行为,否则逻辑上难以自洽。但诚如学者所指出的,这种解释混淆了债权归属和对债务人发生效力两层法律关系[17];《合同法》第80条关注的是第二个层面即债务人向谁清偿有效的问题,保护债务人才是其规范意旨。因此,让与通知在性质上毫无疑问属于观念通知,其所通知者,系债权已被让与的事实,法律效果则是使债权让与对债务人发生效力。此法律效果的实现不取决于通知人的意思,而是法律的直接规定。

(二)有关意思表示之规则的准用

1.让与通知的发出和到达

12　　让与通知既为准法律行为,其一般针对债务人作出,那么有关需受领意思表示的规则,如意思表示的发出和到达、相对人的信赖保护等应予准用。具言之,通知之发出须在通知作成后向债务人送出,并在通常情况下能期待到达债务人;通知之到达则指其进入作为受领人的债务人的支配领域,且在通常情形下足以令其知晓通知内容。不过在存在到达障碍的情形(如受领拒绝和受领设施阙如或瑕疵)时,则因债务人已不值得保护,故让与人可以选择恰当的方式送达。[18] 在"豪特容积热水器(成都)有限责任公司与国美电器有限公司债权转让合同纠纷案"中,法院经审理后认为:北京恒和源技贸有限公司(以下简称"恒和源公司")与豪特容积热水器(成都)有限责任公司(以下简称"豪特公司")委托律师向国美电器有限公司(以下简称"国美电器公司")邮寄送达债权转让通知书,欲将债权转让事宜告知国美电器公司,但均因地址不详、查无此单位等原因被退

---

[17] 参见崔建远:《债权让与续论》,载《中国法学》2008年第3期,第49页。

[18] 参见朱庆育:《民法总论》(第2版),北京大学出版社2016年版,第87页、第201页以下。

回;2008年12月31日,豪特公司与恒和源公司通过《北京商报》刊登了债权转让通知书,应认定通知已送达。⑲此裁判只是将公告视为通知送达的方式,而非通知本身,殊值肯定;但报刊公告方式能否获得通知到达之效果,仍须适用受领人具有知悉之合理期待的标准。⑳法院在该案中单凭在《北京商报》刊登债权转让通知书,即认为符合这一标准,并不合理。笔者认为,只有在作为债务人的国美电器公司订阅该报刊的情形中,方可认定其具有知悉之合理期待。

2. 让与通知的撤销

意思表示的撤销不同于意思表示的撤回,前者系针对已生效的意思表示,后者则针对未生效的意思表示。原则上,意思表示一旦生效,不得撤销。《合同法》第80条第2款规定基本遵循这一原则,但也规定了适用例外,即债权让与通知一旦到达债务人,即发生效力,原则上不得撤销,但经新债权人(受让人)同意的除外。如段[14]所言,此规定的原因在于债务人在法律上的地位并未因撤销而受影响,但撤销会损害受让人利益,故必须经其同意。同时,由于已建立的法律外观不得溯及既往地消灭,故通知只能被不溯及既往地撤销。㉑须注意的是,若让与通知自始无效,或因撤销结果为无效,则得以无效之事实通知债务人。此时为新事实的通知,而非撤销。㉒

有学者指出,《合同法》第80条第2款之规定仿自《德国民法典》第409条第2款和我国台湾地区"民法"第298条第2项,但在我国合同法框架下,似有违反体系之弊,宜修改为:"债权人转让权利的通知可以撤销,但须经受让人同意。"㉓对此,有学者正确地指出,既然《合同法》第80条第2款系舶来制度,则应基于比较法的视角进行分析。依其见解,德国及我国台湾地区的规定在适用前提上完全不同于《合同法》第80条第2款。具言之,依据德国、我国台湾地区的相关规定,在正常的债权让与情形中,让与通知的撤销既不会影响债务人的法律地位,也不会影响让与合

---

⑲ 参见北京市第二中级人民法院(2009)二中民终字第09855号民事判决书。
⑳ 参见注⑱,第208页。
㉑ 参见黄立:《民法债编总论》,中国政法大学出版社2002年版,第620页。
㉒ 参见史尚宽:《债法总论》,中国政法大学出版社2000年版,第726页。
㉓ 参见注④,韩世远书,第614页。

同本身的效力,进而影响受让人的财产归属秩序,所以让与人原则上可以自由撤销让与通知;只有在作为债权让与之异化情形的表见让与中,由于让与人尽管已向债务人发出让与通知,但受让人事实上并未取得被通知的债权,故为使受让人因让与通知而取得的得受清偿的法律外观得到保护,特设让与通知非经受让人同意不得撤销之原则。而在我国,立法虽未明确规定表见让与制度,以至于《合同法》第80条第2款委身于关于让与通知之效力的规定中,完全和其真正的适用对象相脱离,但其规范意旨仍主要在于解决表见让与情形下受让人利益的保护。[24] 准此,《合同法》第80条第2款的规定本身并无问题,只是其适用应与表见让与制度相结合。此外,体系违反说单以《合同法》第80条第2款和第18条"要约可以撤销"自相矛盾为据,理由亦不充分。盖让与通知虽准用关于意思表示的规定,但其本身系无法律效力意思之表示行为,不同于双方行为中要约之意思表示;况且,意思表示(如单方的形成行为和双方行为中的承诺)一经生效,表意人即受其约束,不得撤销,此为原则性规定[25],而《合同法》第18条的规定恰恰构成这一原则的例外。

三、让与通知的构成

(一)让与通知之主体

15　　让与通知之主体,如果严格按照《合同法》第80条之文义,应为出让人。支持者的理据为,尽管让与人和受让人都可以通知,但让与人通知更为合理,因为受让人与债务人可能相互不熟悉,债务人还要对通知进行审核。[26]

16　　但也有学者认为此种限定过于狭隘,构成法律漏洞,可以通过目的性扩张之填补漏洞的方法,允许受让人也作为让与通知的主体,从而有利于灵活解决实践中的问题。但从保护债务人履行安全的角度考虑,受让人

㉔ 参见朱广新:《合同法总则研究(下册)》,中国人民大学出版社2018年版,第492—493页。

㉕ 参见注⑱,第213页。

㉖ 参见李永军:《合同法》,法律出版社2004年版,第430页。

为让与通知时,必须提出取得债权的证据。[27] 另有支持者认为,如果仅原债权人可为让与通知,那么实践中有可能导致不公平的结果。例如,债权让与后,债权人失踪,或者债权人基于各种自利的原因不愿为让与通知,此时债务人并不知晓债权让与的事实,他对原债权人的履行将导致自身债务的免除,而新债权人(受让人)无法再对其主张债权的履行。[28]

在主张通知要件说的学者看来,让与通知前,受让人并未成为受让债权的债权人,故更应赋予受让人通知的资格。因为受让人成为实际债权人的唯一途径就是对债务人进行通知,而在司法实践中,债权人让与权利后,一般不再关心此事,持积极态度的只有受让人。如果将通知主体仅限于出让人,而出让人又怠于通知,这就为其重复让与提供了便利。此时,受让人尽管可以追究让与人的违约责任,却可能要承担让与人无力偿付的风险。[29]

上述关于通知主体过于狭窄的批评似已成为通说。而且,从历史解释的角度看,此亦为《合同法(试拟稿)》(第二稿)第80条所肯定:"债权人让与债权,经让与人或受让人通知债务人,即对债务人生效,除非法律另有规定者,不在此限。受让人为让与通知,必须提出取得债权的证据,否则债务人可拒绝对受让人履行。"但是,此说之理据过于强调受让人利益之保护,忽视了《合同法》第80条真正的规范意旨。不容否认的事实是,将让与通知的主体限制为让与人,可以提高让与通知的可信度,防止其他第三人假为通知;同时,如果允许受让人为通知,那么债务人通常无法简单识别通知内容的真伪,其为避免错误给付,需向债权人确认通知的真实性,这又显著增加了其给付成本。而且,即使如批评者所言,此问题可以通过要求受让人提供充分的让与证明文件(如债务人出具的借据、票据、合同书、账单以及让与公证书等)予以解决[30],但对于何为有效的证明文件或让与的充分证据,易在债务人和受让人之间发生争执。[31]

---

[27] 参见注④,崔建远书,第178页。

[28] 参见注④,方新军文,第95页。

[29] 参见申建平:《论债权让与通知的主体》,载《河南省政法管理干部学院学报》2009年第5期,第130页。

[30] 参见注④,崔建远书,第175页。

[31] 参见注⑩,第44页。

19 因此,《合同法》第 80 条之规范目的既然在于保护债务人而非受让人,那么让与通知之主体原则上应为债权人。易言之,受让人事实上为让与通知的,对债务人并不发生《合同法》第 80 条规定的须向受让人清偿的效力。于此情形,如果债务人向原债权人为清偿,当属有效;而向受让人为清偿,则要承担债权让与未成立或未生效的风险。㉜ 当然,受让人为通知时如果提供了充分的让与证明文件,则不妨适用《合同法》第 101 条第 1 款和《提存公证规则》第 5 条之规定,将此种情形认定为提存原因中的"债权人不清",从而赋予债务人提存其给付的权利。唯有如此,才能在实现《合同法》第 80 条规范意旨的基础上,兼顾债权让与中对交易安全的保护。

20 比较特殊的一种情形是,受让人将让与人所立之让与字据提示于债务人,是否具有通知之效果? 我国台湾地区"民法"第 297 条第 2 款的规定肯认其与通知有同一之效力。而依学者可信之观点,此种字据虽由受让人提示,但却为让与人书立,既然其有双方之参与,则应解释为共同通知,与债权人通知具有相同效果。㉝

(二)让与通知之相对人

21 毫无疑问,让与通知之相对人为债务人及其承继人或代理人;在债务人破产的情形中,则应为破产管理人。但所谓债务人,应依不同场合具体法律关系的性质加以判断:其一,于不可分债务,须向全体债务人为通知;其二,于连带债务,亦须向全体债务人为通知;其三,在(一般)保证债务场合,向主债务人为通知,即可依保证债务的从属性对抗保证人。㉞

(三)让与通知的方法

1.让与通知的一般方法

22 关于让与通知的方法,法国和意大利民法规定须为有形式之通知;《泰国民法典》第 306 条第 3 项规定通知应以书面为之;《瑞士债务法》第

㉜ 参见注⑩,第 44 页。
㉝ 参见郑玉波:《民法债编总论》(修订二版),中国政法大学出版社 2004 年版,第 443 页。
㉞ 参见注④,韩世远书,第 613 页。

167条则规定通知不需任何形式。我国《合同法》对此未予规定,有学者主张解释上宜由当事人自由选择。在让与人为通知的场合,通知既可采口头形式,也可采书面形式。但在受让人通知的场合,较之让与人通知的场合,其要求应当更为严格,单纯的口头形式尚未为足,一般应要求出示书面证明,比如让与人让与其债权所立的字据等。㉟ 笔者认为,让与通知在性质上既为观念通知,准用民法上关于法律行为的规定,则自应适用《民法总则》第135条的规定,可采用书面形式、口头形式或其他形式,此既为法律行为形式自由的要求,亦为法定形式从"效力性形式"演进为"保护性形式"的体现。因此,即使是在受让人事实上为通知的场合,其出示书面证明文件,也只是证明此情形构成提存原因,而非通知本身发生效力的形式要求。

2. 让与通知与诉讼

司法实践中,经常发生债权受让人通过诉讼向债务人主张权利的案型,而法院判决多认可诉讼作为通知的效力。如"李书良与北京百利汇房地产开发有限公司债权转让合同纠纷案",法院经审理后认为:"李书良与黄红签订债权转让合同后,虽未通知百利汇公司,但作为受让债权人的李书良直接起诉债务人百利汇公司,要求其清偿债务,应视为通知……"㊱;又如"张家口市宣化图瑞料业有限责任公司与孝感市楚天舒建筑劳务有限责任公司、湖北楚厦建筑工程有限公司债权转让合同纠纷案",法院有同样的裁判要旨。㊲ 支持者认为,在债务人缺乏诚信时,尽管债权人进行了通知,但经常很难证明自己已履行了通知义务。于是,受让人为减少自己的损失不得不通过司法救济,在诉讼中通过举出债权转让的有效证据来通知对方,从而实现自己的权利。㊳

否定说则认为,通知是让与人或受让人将让与事实告知债务人,以便对债务人行使权利的行为;而诉讼则是解决当事人之间权益争议的措

㉟ 参见注④,韩世远书,第613页。
㊱ 北京市平谷区(县)人民法院(2009)平民初字第01074号民事判决书。
㊲ 参见北京市海淀区人民法院(2009)海民初字第691号民事判决书。
㊳ 参见陈从蓉、张旭琳:《债权转让能否以诉讼形式进行通知》,载《人民法院报》2002年2月21日,第3版。

徐涤宇

施,此时争议已经发生,再予通知为时已晚且无意义。[39] 在持通知要件说的学者看来,能否以诉讼形式进行通知主要是针对受让人而言,但根据《合同法》第80条的规定,债权在通知前并未发生转移,受让人并非权利主体,他对债务人并不享有诉权,因此受让人因债务人不履行义务而提起诉讼不能视为让与通知。[40]

25   依法理,债权受让人对债务人提起诉讼,只能视为受让人事实上为通知的一种特殊情形,它不属于《合同法》第80条中观念通知的范畴,故应参照段〔19〕关于受让人事实上为通知的规则处理。具言之,在受让人向法院起诉时,即便法院已予受理,但债务人可能仍然不知债权让与之事实,故在起诉书副本送达债务人之前,债务人向原债权人履行,或者向已经作出债权让与通知的第二受让人履行的,自属有效。而起诉书副本送达债务人时,即便法院视其为让与通知,也不意味着债务人必须对受让人进行履行,这仍然需要通过法院的最终判决予以确定。不过,在起诉书副本送达债务人时,债务人在法院作出最终判决之前,不能再向原债权人和可能存在的其他受让人进行履行,此为起诉被视为债权让与通知的效力所在。[41]

3.让与通知与公告

26   最高人民法院《关于审理涉及金融资产管理公司收购、管理、处置国有银行不良贷款形成的资产的案件适用法律若干问题的规定》第6条第1款规定:"金融资产管理公司受让国有银行债权后,原债权银行在全国或者省级有影响的报纸上发布债权转让公告或者通知的,人民法院可以认定债权人履行了《中华人民共和国合同法》第八十条第一款规定的通知义务。"尽管其第12条对公告通知的适用范围进行了限制,即"本规定仅适用于审理涉及金融资产管理公司收购、管理、处置国有银行不良贷款形成的资产",但随后的最高人民法院《关于金融资产管理公司收购、处置银行不良资产有关问题的补充通知》第1条又扩大了公告通知的适用范围,即

---

[39] 参见王利明:《合同法研究(第二卷)》(修订版),中国人民大学出版社2011版,第219页。

[40] 参见申建平:《债权让与制度研究——以让与通知为中心》,法律出版社2008年版,第229页。

[41] 参见注④,方新军文,第99页。

"国有商业银行(包括国有控股银行)向金融资产管理公司转让不良贷款,或者金融资产管理公司受让不良贷款后,通过债权转让方式处置不良资产的"。

最高人民法院法官认为,此司法解释属于适用于特定场合的特别规定;在不适用上述司法解释的场合,如果仅有一个或者少数债务人,且对其进行个别通知并不困难,债权人在明知其详细联系方式的情况下仍采取公告通知的方式,则根据诚实信用原则不能认定债权人作出了有效通知。㊷但是,在实践中,事实上仍然存在大量法院认可未直接通知而采公告通知为有效通知的判例。㊸

针对上述司法解释,有学者提出批评。首先,该司法解释违背无正当理由不得为特定主体单独立法的基本法理。其次,该司法解释违背公告通知的补充性质。所谓公告就是用使不特定多数人能了解的方式而为公示,这种公告通知只能是在个别通知无法实现或者实现有特别困难的时候才能予以运用。而且,运用公告通知和债务人的人数多寡没有必然联系,债务人只有一个时也可能出现个别通知的困难,债务人是多数人时也可能不存在个别通知的困难。最后,该司法解释也违背了债权让与不得恶化债务人地位的原则,因为公告通知实际上增加了债务人必须时刻关注媒体的义务。㊹

笔者认为,公告能否视为通知或作为其替代方式,应依让与通知的法律性质及《合同法》第 80 条的规范意旨确定。让与通知作为需受领的意思表示,其相对人当然是指特定的债务人,而公告指向的是社会上不特定的多数人,因而公告债权让与之事实本身不能视为通知或作为其替代方式。而依《合同法》第 80 条保护债务人之规范意旨,既然公告实际上增加债务人关注媒体的义务,则明显恶化了债务人的地位,故也不宜认为此种

㊷ 参见江必新、何东林等:《最高人民法院指导性案例裁判规则理解与适用:合同卷二》,中国法制出版社 2012 年版,第 259 页。

㊸ 如河南省郑州市二七区人民法院(2009)二七民一初字第 1070 号民事判决书;北京市西城区人民法院(2009)西民初字第 401 号民事判决书;辽宁省本溪市中级人民法院(2009)本民二初字第 36 号民事判决书;辽宁省本溪市中级人民法院(2009)本民二初字第 35 号民事判决书。

㊹ 参见注④,方新军文,第 98 页。

情形下债权人履行了通知的义务。不过,鉴于司法解释在我国事实上具有的法源效果,我们也不能无视其在司法实践中的规范效果,但即便其针对特定场合规定债权人可以通过报纸公告等方式履行通知义务,也须准用有关意思表示到达的规则。具言之,在上述司法解释设定的特定场合中,作为通知替代形式的公告,只是被视为"债权人履行了《中华人民共和国合同法》第80条第1款规定的通知义务",而就其是否具有通知到达的效果并不明确,故在判断此意思表示的到达上,仍可如段[12]所述,以空间支配领域和知悉的合理性为标准,而在二者不一致时则以后者为准。例如,在债务人未订阅司法解释中限定的报纸时,一般不宜认定债权让与公告已到达其空间支配范围,但债权人若证明债务人有知悉的合理性,则不妨认定该通知已到达债务人。

(四)让与通知的时间

30　　对于让与通知的时间,我国法律并无规定。依学理,对通知并不要求须与让与同时进行,让与之后为通知自无不可。但是,让与通知的时间不得晚于债务履行的时间,否则,债权让与对债务人不发生效力。[45] 相反,对于债权让与之前预先为通知的,日本通说认为,鉴于此时让与是否发生尚不明确,若承认其效力,难免给债务人造成不利益,故应认定其为无效。[46]但笔者认为,对预先通知不能一概而论,在通知内容明白而确定时,即便嗣后未发生让与之事实,亦可适用表见让与之规定。

(五)依次让与之让与通知

31　　依次让与区别于双重让与,系指债权人(让与人)将债权让与给第一受让人,第一受让人又将债权让与给第二受让人。在依次让与中,通知主要有以下两种情形:第一,第一次债权让与已通知债务人的,债权让与即对债务人生效;第一受让人随后进行第二次让与并通知债务人的,第二次债权让与亦对债务人生效,第二受让人即取代第一受让人成为新的债权人。此为一般之情形。第二,第一次债权让与尚未通知债务人,但第

---

[45] 参见注④,崔建远书,第177页。
[46] 参见注④,韩世远书,第614页。

二次债权让与已通知于债务人,此即所谓中间省略之通知。

在发生中间省略之通知时,债务人并不知道真实的让与过程。有学者认为,让与通知为对债务人的生效要件,意在使债务人明确知晓债权属于何人,虽不知通知真实让与的过程,其通知应当解释为有效。[47]但笔者认为,此种解释过于武断。其实,让与通知使债权让与对债务人发生效力,前提是其构成有效的通知;在依次让与情形中,欲判断中间省略之通知的效力,重点不在于债务人是否知晓真实的让与过程,而在于通知的主体是否为真正的债权人。如果第一次让与虽未通知于债务人,但债权让与本身因并无瑕疵而生效,则受让人已取代原债权人成为债权人,其所为通知自然使《合同法》第80条第1款规定的法律效果发生;反之,若中间任一环节的让与未成立或不生效,且因未通知于债务人而无适用表见让与之余地,则中间省略之通知不能发生《合同法》第80条第1款规定的规范效力。由此,对于中间省略之通知是否有效的问题,核心在于由谁证明通知主体系真正的债权人。显然,依《合同法》第80条之规范意旨,此项证明责任一般不由债务人承担。具言之,对于中间省略之通知,如果通知的主体同时向债务人提交前手让与有效的证明文件,则该通知为有效通知,从而使第二次让与对债务人生效;第二受让人主张该通知有效的,须就通知主体为真正债权人承担证明责任,否则债务人有权拒绝向其履行债务。

四、法律效果

(一)《合同法》第80条第1款之于债权让与的内部效力和外部效力

债权让与的效力可分为内部效力和外部效力,前者发生在让与人和受让人之间,后者发生在债权让与当事人和债务人或者第三人之间。这里的第三人,应作广义理解:凡是可能就标的债权主张与受让人不相容之权利者,如债权之第二受让人、质权人、扣押债权人、让与人之破产管理人

---

[47] 参见注㉒,第727页。

均包括在内。㊽ 有学者认为,《合同法》第79条规范债权让与的内部效力,《合同法》第80条及第82、83条则规范其外部效力。㊾

34 但是,对原债权人(让与人)而言,依通知要件说,其法律地位经通知始为受让人所取代,即原债权人自通知之时起脱离原债权债务关系;或依让与合同发生说,债权让与合同生效,无须通知,其法律地位即被受让人所取代。由此可见,《合同法》第80条第1款是否规范债权让与之内部效力,确有争议。但可以肯定的是,无论依何种观点,让与人须就其让与的债权承担瑕疵担保责任,并且还应将事关债务履行所必要之一切情形告知受让人,并交付相应的债权让与证明文书,此为债权让与之内部效力的一个方面。《合同法》虽未就此作出规定,但第80条第1款前句规定的债权人通知义务,应属相同性质,此为诚实信用原则所要求;依目的性扩张解释,也应将向受让人交付证明债权的文件并告知主张债权所必要的一切情形解释为债权人同等性质的义务。所以,在让与人不为通知以及不履行交付或告知义务时,受让人可请求法院强制执行,并可请求损害赔偿。㊿ 在"芜湖市中小企业信用担保有限公司与芜湖新马投资有限公司债权转让合同纠纷案"㉛中,法院甚至认为:"因原债权人未能履行其通知义务,致使受让人获取债权的目的无法实现,故受让人可以据此主张解除其与原债权人(出让人)签订的债权让与协议。"

35 至于《合同法》第80条第1款后句,就其对债务人的效力而言,既然让与通知为对债务人的生效要件,那么一经通知,债务人即应向受让的新债权人履行。对此,学界并无争议。但让与通知对受让人、其他第三人的效力,受学界目前的合同发生说及通知要件说两种观点的影响,存在不同的解释论结果。由此,该句规定究竟仅规范债权让与的外部效力,抑或兼规范债权让与的内部效力,扑朔迷离。

36 合同发生说依其是否基于物权行为(处分行为)理论又可分为两种观

㊽ 参见注②,第78页;注10,第42—43页。
㊾ 参见注⑫,庄加园文第171页。
㊿ 参见注㉑,第619页。
㉛ 安徽省高级人民法院(2011)皖民二终字第00005号民事判决书。

点。㊾两种观点虽然基于不同的理论立场,但结论都是一致的,即债权让与合同生效,债权即由让与人移转于受让人;债权的从权利随同移转(《合同法》第81条);原债权人有通知义务(《合同法》第80条第1款前句);让与人对让与的债权负有瑕疵担保义务。此等法律效果均为债权让与之内部效力的表现,而债权让与的外部效力则由《合同法》第80条第1款后句以及《合同法》第82、83条规范。

通知要件说也可以分为两种观点。㊾同样,除其论证上的区别外,在对债权让与之法律效果的认识上,其结论也高度一致,即在债权让与通知到达债务人后,受让人方取得债权人的地位。这就意味着《合同法》第80条第1款后句不仅仅关涉债权让与的外部效力,更是直接决定债权让与的内部效力。

有趣的是,两派学者均以"佛山市顺德区太保投资管理有限公司与广东中鼎集团有限公司债权转让合同纠纷案"的判决㊾支持己方观点。例如,坚持通知要件说的尹飞教授认为,该判决认定"向债务人发出债权转让通知并非债权转让协议的生效要件",其所谓"债权转让协议"乃属债权合同(仅产生受让人向让与人请求为通知的权利),通知义务实际上是让与人基于债权转让协议而发生的债务,而让与人的通知才是履行行为。㊾此种解释显然是牵强附会。而韩世远教授的分析更符合裁判要旨,他以该判决作为司法实践的依据,认为受让人于让与合同发生效力时,即可对第三人主张债权让与的效果,第三人不得以债权让与未向债务人通知为由不承认受让人已取得债权。㊾

在双重让与的情形中,学理和司法实务的立场更是针锋相对,有的法院坚持"时间优先、效力优先"之"先来后到"规则(实质上属于合同发生说),有的法院则将让与通知作为债权移转效果发生的要件。诚如学者所言,第二类判决对债权让与有所误解,让与人依《合同法》第80条第1款

㊾ 前者如韩世远教授(参见注④,韩世远书,第598页),后者如崔建远教授(参见注④,崔建远书,第169—170页)。

㊾ 参见注⑤,申建平文,第64页;注⑤,尹飞文,第83页。

㊾ 参见最高人民法院(2004)民二终字第212号民事判决书。

㊾ 参见注⑤,尹飞文,第86页。

㊾ 参见注④,韩世远书,第619页。

的规定通知债务人，只是为避免债务人误为清偿而设的保护性规定，并不能决定债权归属的效力。(57)

40 总之，揆诸债权让与之法理，尤其是《合同法》第 80 条的规范意旨，笔者认为，债权的移转当以债权让与合同的生效为准。由此，《合同法》第 80 条第 1 款后句仅仅关涉债权让与外部效力的一个方面，而第 79 条才规范债权的归属（让与人和受让人之内部关系）。所以，下文仅论及《合同法》第 80 条第 1 款后句之于债权让与的外部效力。不过，鉴于存在对立的学理意见和裁判实务，故在具体评注中亦当旁及之。

（二）《合同法》第 80 条第 1 款后句的法律效果

1.对债务人的效力

41 依《合同法》第 80 条第 1 款后句之文义，只要让与通知送达债务人，债权让与即对债务人发生效力，而债务人是否实际知晓通知内容（仅须可合理期待其知晓），在所不问。(58) 这就意味着债务人收到通知后应向受让人履行债务，并可依《合同法》第 82、83 条的规定援用相关的抗辩及抵销事由。反之，在让与通知送达后，即便债务人事实上不知通知内容，其对原债权人所为清偿亦为无效，仅可主张不当得利之返还。

42 而在让与通知前，由于债权让与仅对债务人不发生效力，故其对让与人、受让人以及第三人仍为有效。具体而言，就受让人而言，在让与通知前，若债务人通过其他途径知晓债权让与之事实而向其为清偿，则由于债权让与合同生效，原债权人（让与人）已脱离原有的债权债务关系，法律地位被受让人所取代，故债务人的清偿及其他免责行为发生债之消灭的效果。但是，由于债务人未收到符合要求的通知，故债务人即便明知，也无义务向受让人为清偿，其对受让人的履行请求亦有权拒绝。(59) 换言之，在受让通知之前，尽管已发生债权让与的事实，但因让与尚未对债务人生效，故向受让人为清偿系债务人的权利而非义务。(60) 此外，受让人所为时

(57) 参见注⑫，庄加园文，第 161—162 页。

(58) 参见注⑩，第 49 页。

(59) 参见注㉝，第 442 页；林诚二：《民法债编总论——体系化解说》，中国人民大学出版社 2003 年版，第 500 页。

(60) 参见注⑩，第 49—50 页。

效中断的行为仅在被认为同时含有债权让与通知之效用时,才可解释为发生时效中断之效力;受让人对于债务人所为的抵销或免除之意思表示,在其同时含有让与通知的效用时,可解释为有效。[61]

就让与人而言,若对《合同法》第 80 条第 1 款作严格解释,则在受让通知前,债务人对让与人(原债权人)所为清偿或其他免责行为,或让与人对债务人的免除或抵销,均为有效。[62] 但诚如学者所言,在让与通知前,若在债务人明知让与事实的情形下仍承认前述行为有效,实与诚实信用原则相悖。而否认其效力只要针对的是恶意债务人,则善意债务人的利益不会受到影响,其与让与人之间消灭债务的行为仍可用以对抗受让人。由此可见,在债务人明知的情形中,否认前述行为的效力更能实现债权让与中各方利益的平衡,也与大多数国家的立场一致。因此,应对《合同法》第 80 条第 1 款进行目的性扩张解释,即在债务人知晓让与事实时,其有权向受让人清偿,而不得向让与人清偿,否则不发生消灭债务之效果。[63]

2.对债务人的特殊效力:表见让与

让与通知后,即使让与并未发生或者无效,债务人基于对让与通知的信赖而与受让人发生清偿、抵销或其他免责事由的,此等事由仍属有效,即债务人仍有权以对抗受让人的事由对抗让与人。此即学说上所谓的表见让与。我国合同法未对此作出规定,但在立法过程中,1995 年《合同法(试拟稿)》(第一稿)第 81 条曾承认之。而依学理意见,为实现《合同法》第 80 条第 1 款之规范意旨,保护债权让与中债务人的利益,应承认表见让与制度。[64]

依笔者见解,《合同法》未明确规定表见让与制度,貌似构成法律漏洞,实则不然。因为,《合同法》第 80 条第 2 款规定的适用前提本为表见让与之情形,故即使法律并未明文规定表见让与制度,该款规定亦为表见让与制度留下了解释空间。而且,债务人收到通知后即负有向受让人履行债务的义务,这就意味着受让人因让与通知而成为所谓的债权之准占

---

[61] 参见注④,韩世远书,第 616—617 页。
[62] 参见注④,韩世远书,第 616 页。
[63] 参见注⑩,第 51 页。
[64] 参见注⑩,第 53 页。

有人，即在交易观念上具有可相信是真正债权人之外观的人(65)；而债务人的此项义务以及由此建立的法律外观，仅在让与通知依《合同法》第 80 条第 2 款的规定被撤销后方始消灭。换个角度来说，《合同法》第 80 条第 2 款既设立了让与通知之撤销制度，则让与人在让与并未发生或者无效时，为避免使自己承受已为通知所带来的不利益，应主动依该款规定谋求通知之撤销。否则，让与通知作为事实通知，不会因让与并未发生或者无效而自动失效，债务人仍可基于通知所建立的法律外观主张表见让与的效果。

46 不过，既然表见让与制度乃出于保护债务人之目的，则债务人既可主张其适用，从而得以其对抗受让人之事由对抗让与人，也可不主张其适用。在后一情形中，于其未向表见受让人给付之前，因表见受让人并未取得债权，故债务人得以让与未发生或无效为由拒绝其履行请求。若债务人已向其履行，也可不主张表见让与，而应以表见受让人并非真正债权人为由，向其主张返还已为的给付。(66)

47 一般来说，表见让与仅在债权人为让与通知时才有适用余地。如果由受让人为让与通知，则不发生表见让与之效力。易言之，即使受让人事实上对债务人为通知，而在债权未能让与或者让与无效时，债务人不能以其对抗受让人的事由对抗让与人。但也有学者认为，如果受让人为让与通知时提出其享有债权的充分证据，足以表明债权已发生转移，仍可构成表见让与。(67) 笔者认为，于此情形若允许适用表见让与，虽有利于保护债务人权益，但会使原债权人承担极大风险，有违让与通知之主体原则上以原债权人为限的法理。

48 表见让与和表见代理同其旨趣，但二者亦有不同。表见代理以相对人善意为要件，而表见让与则不问债务人为善意抑或恶意，均发生同等效力。但在债务人为恶意的情形中，若符合侵权行为的构成要件，例如故意

---

(65) 日本民法亦未明确规定表见让与制度，但民法解释学上，为实现对债务人的保护，此情形下的受让人被视为债权的准占有人。参见〔日〕我妻荣：《新订债权总论》，王燚译，中国法制出版社 2008 年版，第 459、475 页。

(66) 参见注⑩，第 52 页。

(67) 参见注④，崔建远书，第 178 页。

加害债权人而为让与通知之援用,则其可构成侵权行为,负损害赔偿之责。(68)

3.对债务人以外第三人的效力

49 债权让与合同生效,债权即告转移,受让人即获得债权成为新的债权人。对于受让人以外的第三人,除依《合同法》第 80 条第 1 款的规定,以通知债务人为对其生效的要件外,对第三人未另设公示方法,解释上应认为,受让人于让与合同发生效力时,即可对第三人主张债权让与的效果。第三人不得以未向债务人为通知而不承认受让人取得债权。(69)

50 但对于就债之履行有利害关系的第三人(如保证人),应根据具体法律关系的性质认定让与通知对其发生的效力。在"茵赛德(北京)科技发展有限公司与上海润海智洋广告有限公司、体育博览杂志社债权转让合同纠纷案"中,法院裁判要旨可被提炼如下:让与合同生效,债权转让通知之时,债权让与不仅对债务人生效,亦对保证人生效;承担连带责任的保证人在让与通知之后,应对受让人履行其保证义务。(70) 反之,有利害关系的第三人在债务人收到通知前,已向让与人为清偿的,其清偿有效;其在让与通知后对受让人为清偿的,亦可适用表见让与之规定。(71)

4.对第三人的效力:债权之双重让与

51 和移转物之所有权的买卖合同一样,在债权让与中,也经常发生让与人将债权让与受让人后向他人重复让与的情形,此即所谓的双重让与或多重让与。在此等情形中,第一受让人和第二受让人或称后位受让人之间,互为第三人。由此,在双重让与的情形中,本来要解决的是互为第三人的受让人之间由谁取得债权的问题,但由于此问题的解决关系到《合同法》第 80 条第 1 款保护债务人的规范意旨,故更应关注的是如何正确适用该款规定,避免债务人因错误清偿或重复清偿陷于不利益的境地。

52 尽管在司法实务中,一些法院将让与通知作为债权移转的生效要件,由此认定未获通知的在先让与之受让人不能获得债权,而先获通知的

(68) 参见注㉒,第 736 页。

(69) 参见注④,韩世远书,第 619 页。

(70) 参见北京市东城区人民法院(2009)东民初字第 1842 号民事判决书。

(71) 参见注㉑,第 624—625 页。

在后让与之受让人却获得债权(72),但笔者秉持债权因让与合同生效而移转之通说立场,认为在双重让与的处理上,应遵循处分行为的次序原则(即债权让与的"先来后到"规则),并贯彻《合同法》第 80 条第 1 款保护债务人的规范目的。

53 具言之,实践中双重让与主要包括以下两种情形及处理方式:第一,若其中一个让与行为被通知,则债务人只有向已被通知之让与的受让人为给付,方可免其债务,因为此时通知已对其构成约束。其中,若在先的让与未被通知,而在后的让与被通知,则尽管依次序原则应由第一受让人取得债权,债权人(让与人)在为第二次让与时已构成无权处分,但因第二次让与被通知而发生"表见让与"的效果,故债务人对第二受让人的清偿有效。不过,这并非对先来后到规则的否定,而是从保护债务人的角度出发所作的平衡,所以,若债务人不主张表见让与之适用而向第一受让人为清偿,亦为有效。第二,在两个让与均未被通知时,债务人向让与人或第一受让人为清偿,按处分行为的次序原则以及保护债务人的意旨,自可免其债务。因为在此种情形下,若债务人向第一受让人为给付,则因次序原则,第一受让人已有效取得债权,其清偿当然有效;债务人向让与人为清偿而可免其债务,实为两次让与均未被通知于债务人而不对其形成约束之故。但债务人若向第二受让人为给付,则属于"自陷于危险"的行为,此时不能发生清偿的效力,因为按照次序原则,第二受让人不能取得债权,并且由于第二次让与未被通知,故债务人不应受到保护。(73)

54 比较复杂的情形应该是两次让与均被通知于债务人。有学者认为,此时应遵循通知在先者优先的规则。若第二次让与的通知先行到达债务人,同样第二受让人也可以受领清偿,因为虽然按照"先来后到"的规则其并非真正的债权人,但基于保护债务人的考量,可适用表见让与制度。如果两个通知同时到达债务人,则应按照受让的时间顺序解决;债务人无法判断谁是真正债权人的,则可通过提存使自己免责。(74) 此种解释为《联合国国际贸易中应收款转让公约》所肯定,依其第 17 条之规定,债务

(72) 参见广东省东莞市中级人民法院(2015)东中法民二终字第 972 号民事判决书;广东省江门市中级人民法院(2014)江中法民二终字第 164 号民事判决书。

(73) 参见注①,第 316 页。

(74) 参见注④,韩世远书,第 624 页。

人收到数个通知的,向最先收到的通知中指明的受让人清偿即可免责,而不论该受让人的受让顺序先后。不过,依债权让与之次序原则,顺序劣后的受让人在受偿后应向顺序在先的受让人返还不当得利。[75]

(三)让与通知能否发生诉讼时效中断的效力

对于债权让与通知能否构成诉讼时效中断的事由,并无专门的立法例支持。其实,诉讼时效中断的事由都是法定的,而且规定在《民法总则》"诉讼时效"一章,让与通知能否发生时效中断的效力,本质上要看其是否构成诉讼时效制度中的时效中断之法定事由。因此,与其说让与通知能否发生诉讼时效中断的效力系《合同法》第80条的规范内容,毋宁说它仍然是适用民法诉讼时效制度的结果,最高人民法院只是在适用诉讼时效制度的司法解释中触及这一问题,即为明证。不过,鉴于法院在审理债权让与的案件中经常要附带认定让与通知是否构成时效中断的原因,且学界多在论及债权让与对债务人的效力时就此发生争议[76],故本文亦将其作为一个让与通知之法律效果的附带问题予以评注。

依我国民法规定,诉讼时效中断的事由主要包括权利的依诉行使、权利的直接行使和义务的履行三类。显然,让与通知是否构成时效中断的事由,只能取决于它是否构成其中的请求权人直接向债务人主张权利之事由。所以,学界也主要围绕这一问题展开争论。肯定说认为,让与通知的目的虽在于指示债务人向受让人履行债务,但它当然含有向债务人主张债权的意思,故让与通知构成诉讼时效中断的原因。[77] 否定说则指出,让与通知是一种观念通知,其法效意思由法律预定(即债权让与对债务人生效),其本身不包括债权人请求债务人履行义务、提起诉讼和债务人同意履行义务的内容,故不构成诉讼时效中断的事由。[78] 司法解释方面,《民事诉讼时效规定》第19条第1款明确规定:"债权转让的,应当认

---

[75] 参见李宇:《债权让与的优先顺序与公示制度》,载《法学研究》2012年第6期,第100页。

[76] 参见注④,谢鸿飞书,第368—369页。

[77] 如魏振瀛主编:《民法》(第5版),北京大学出版社、高等教育出版社2013年版,第388—389页;王家福主编:《民法债权》,中国社会科学出版社2015年版,第132页。

[78] 参见注⑰,第53页。

定诉讼时效从债权转让通知到达债务人之日起中断。"

57 　　从表面上看,上述司法解释完全肯定了债权让与通知可以发生诉讼时效中断的效力。但是,若细加斟酌,不难发现其中仍有如何理解适用之空间。诚如学者所言,债权让与通知可被分为清偿期前的通知和清偿期后的通知。就前者而言,无论如何都不会导致时效中断,因为通知时诉讼时效因清偿期并未届满而尚未开始,事实上无该款规定适用之可能。就后者而言,则应区分单纯的债权让与通知与包含催告意思的通知。单纯的让与通知因不包含主张债权实现的意思表示,故不能成为诉讼时效中断的事由;包含催告意思的通知则因其属于权利直接行使之时效中断原因,故可发生诉讼时效中断的效力。由此可见,对诉讼时效产生影响的,并非让与通知本身,而是催告。并且,对于期后通知是否含有催告的意思有疑义的,应当推定为单纯的让与通知。[79]

58 　　此种见解在司法实践中得到一些法院的支持,例如在"中国长城资产管理公司沈阳办事处与辽宁实华(集团)房地产开发有限公司、本溪市实华旅游有限公司债权转让合同纠纷案""中国长城资产管理公司沈阳办事处与桓仁满族自治县食品公司债权转让合同纠纷案"[80]中,法院认定包含催收内容的债权转让公告构成诉讼时效中断的事由。不过,这些裁判显然是适用最高人民法院《关于审理涉及金融资产管理公司收购、管理、处置国有银行不良贷款形成的资产的案件适用法律若干问题的规定》第10条之规定的结果。而对于该条前段的规定,即"债务人在债权转让协议、债权转让通知上签章或者签收债务催收通知的,诉讼时效中断",有学者认为过于绝对,应区分三种类型而分别讨论效力。[81] 此种见解颇值赞同。

(四)《合同法》第80条规则之适用例外

59 　　应当指出,债权让与须通知债务人始对其生效的规则存在例外情形,如我国台湾地区"民法"第297条第1款即以但书明确规定:"法律另

---

　　[79] 参见张谷:《债权让与契约与债务人保护原则》,载《中外法学》2003年第1期,第33—34页。
　　[80] 参见辽宁省本溪市中级人民法院(2009)本民二初字第36号民事判决书;辽宁省本溪市中级人民法院(2009)本民二初字第35号民事判决书。
　　[81] 参见注[17],第53—54页。

有规定者,不在此限。"《合同法》第 80 条对此虽无明文规定,但依特别法之规定或法理可知,该条规定系针对指名债权而言,而对于证券化之记名债权或无记名债权,则或无须通知,或较通知采更严格之方式。[82] 例如,有价证券之指名债权和指示债权,以背书和票据交付的方式转移(《票据法》第 27 条);无记名债券,如电影票、商场购物券等,仅以债券的交付方式转移债权,无须通知债务人;票据债务人负有依票据上载明的权利而绝对履行的义务,不得以未收到让与通知为由拒绝履行。再如,特殊债权的转移必须办理登记手续。[83]

五、举证责任

就《合同法》第 80 条第 1 款前句的法律效果而言,由于在债权让与的内部关系上,让与人对受让人负有向债务人为通知的义务,故在受让人以债权人未履行通知义务为由向其要求继续履行或者主张损害赔偿或解除让与合同时,应由原债权人就其已履行通知义务负证明责任,此为适用《民事诉讼证据规定》第 5 条第 2 款之规定的结果。

就《合同法》第 80 条第 1 款后句而言,若受让人向债务人主张债务之履行,则因让与通知已到达债务人为债权让与对债务人发生效力的要件,故可准用《民事诉讼证据规定》第 5 条第 1 款的规定,由主张债权让与已对债务人生效的受让人承担证明责任。此时,受让人可依《合同法》第 80 条第 1 款前句之规定,要求让与人提供已为让与通知之证明。不过,在此种情形中,债务人亦可依《合同法》第 80 条第 2 款之规定,就让与通知已被撤销进行举证,从而主张债权让与对自己不再发生约束力。

债务人主张自己于通知之前已向原债权人(让与人)为清偿或免责行为的,应就通知到达的时间和清偿等免责行为之事实负证明责任。但受让人以债务人明知让与事实为由,主张其向让与人所为清偿或免责行为

---

[82] 参见注㉒,史尚宽书,第 735 页。
[83] 对于此类债权,我国法律似无明文规定,司法实践中也鲜见案型。而实务中虽产生了一些有关债权让与之登记的自发机制,但在法无明文规定的情况下,恐难为法院认可。参见注 75,第 116 页。

无效的，应就债务人之恶意负证明责任。(84)

63 在债务人主张表见让与之适用时，由其仅对债权人已为让与通知之事实负证明责任。而原债权人（让与人）以债务人恶意为由，主张债务人应负侵权损害赔偿之责的，则应就侵权行为之要件事实尤其是债务人故意加害债权人而为让与通知之援用，承担证明责任。

64 在双重让与的情形中，原则上应将各让与视为单一的让与，分别依照《民事诉讼证据规定》第 5 条的规定，参照上述情形分配证明责任。换言之，在各受让人依《合同法》第 80 条第 1 款前句的规定要求债权人承担继续履行通知义务或其他违约责任时，由出让人就已履行通知义务承担证明责任；各受让人在向债务人主张《合同法》第 80 条第 1 款后句之法律效果时，均须依《民事诉讼证据规定》第 5 条第 1 款的规定，就让与通知之事实负证明责任。在后一情形中，债务人无论是针对第一受让人还是第二受让人，主张自己在收到其通知之前已为有效清偿的，应就在双重让与情形下构成有效清偿的各要件事实负证明责任，否则不能免责。较为特殊的情形是，在第一次让与未被通知而第二次让与被通知时，应由主张表见让与之适用的债务人就该让与通知负证明责任；但第一受让人证明债务人故意加害自己而为让与通知之援用的，可主张侵权损害赔偿。

(84) 参见注④，崔建远书，第 178 页。

第 84 条　债务承担[*]

肖　俊

《中华人民共和国合同法》第 84 条
债务人将合同的义务全部或者部分转移给第三人的,应当经债权人同意。

细　目

一、规范意旨……1—3
二、债务承担类型与近似制度辨识……4—19
　（一）债务承担类型……4—8
　（二）债务承担与履行承担的区分与辨识……9—11
　（三）债务承担和保证的区分与解释……12—19
三、构成要件……20—51
　（一）债务人和承担人的债务承担合同……20—32
　　1. 免责的债务承担……21—24
　　2. 并存的债务承担……25—27
　　3. 不完全免责的债务承担……28
　　4. 债务承担中的意思表示解释……29—32
　（二）债权人同意……33—45
　　1. 债权人同意的性质和方式……33—34
　　2. 债权人同意的效力……35—43
　　3. 债权人的拒绝……44—45
　（三）债务承担的客体……46—51

---

[*] 本文首发于《法学家》2018 年第 2 期(第 175—190 页),原题为《〈合同法〉第 84 条(债务承担规则)评注》。

    1. 债务承担客体的一般规定……46—48
    2. 特殊的债务承担客体……49—51
  四、债务承担的原因……52—56
    (一)债务承担的原因行为……52
    (二)债务承担合同的无因性问题……53—56
  五、法律效果……57—78
    (一)债务承担合同的效力……57—60
      1. 免责的债务承担……57
      2. 并存的债务承担……58—60
    (二)债务承担人的抗辩权……61—71
      1. 基于原债权债务关系的抗辩权……61—69
      2. 承担关系中的双务合同履行抗辩权问题……70—71
    (三)原债权债务关系中的从义务与担保存续……72—78
      1. 原债权债务关系中的从义务的延续……72
      2. 原债权债务关系中担保的存续……73—75
      3. 法定担保与优先权的存续……76—78
  六、举证责任……79—80

一、规范意旨

1　　债务承担是指在维持原债权债务同一性的情况下，替换或者增加债务人。与消灭一个既存债的关系才能缔结新债相比，债务承担制度克服了债的相对性，使得债务关系没有因为债务人一方的改变而消灭，避免对本已谈妥的事项重新进行商议而引发风险。① 在复杂的交易实践中，这一制度可以用来简化清算关系或者增加责任财产。

2　　在传统的"法锁"观念中，债是债权人与债务人之间的联系，只有债权

---

① 参见〔德〕克里斯蒂安·冯·巴夫、〔英〕埃里克·克莱夫主编:《欧洲私法的原则、定义与示范规则:欧洲示范民法典草案(全译本)》:第1卷、第2卷、第3卷，法律出版社2014年版，第942页。

人才能向债务人请求给付,第三人无此权利。随着商业与贸易的发展,债权的财产属性已经得到承认,债权由此超越了相对的给付关系,成为能够被处分的财产标的。从《民法通则》第 91 条到《合同法》第 79 条的转变,体现出债权移转自由度的扩大。② 而在债务承担的规定上,《合同法》第 84 条与《民法通则》第 91 条相比并没有变化,因为债务人的资产与信用对于债权实现意义重大,为了保障债权人利益,债务承担要受到更多的限制。

《合同法》第 84 条非常简洁,对于制度运作涉及的各个要素,包括债务承担合同的结构、性质、原因关系和抗辩权行使等,都需要学理阐释与配合,从而保障良好的法律适用。

二、债务承担类型与近似制度辨识

(一)债务承担类型

债的承担涉及债权人、债务人和承担人的三方关系,与之相对,存在三种缔结方式:第一,承担人、债务人、债权人三方的债务承担合同;第二,由承担人和债权人缔结的债务承担合同;第三,不需要债权人参与,承担人与债务人缔结的承担合同。

从私法史的发展上看,前两种方式产生较早,即便严格遵循债的相对性的罗马法,也已经在债的更新制度里出现由债务人向债权人提供新债务人的委任承担(delegatio)和由承担人与债权人缔结的代位承担(espromissio)。③ 第三人和债务人的债务承担制度直到中世纪才在普通法的土地交易习俗中出现,被称为"简易承担"(accollatio simplex),由于土地上负有沉重的税收和租金,买卖合同达成后,卖家直接替代买家向原债权人承担债务。④ 最早在现代民法中规定这一类型债务承担制度的是《德国

---

② 参见庄加园:《〈合同法〉第 79 条(债权让与)评注》,载《法学家》2017 年第 3 期,第 158 页。

③ 参见〔意〕彼德罗·彭梵得:《罗马法教科书》(2005 年修订版),黄风译,中国政法大学出版社 2005 年版,第 246 页。

④ Cfr. Dario Farace, Commentario del Codice Civile, artt.1218–1276, diretto da Enrico Gabrielli, UTET Giuridica 2013, p. 923.

民法典》第 415 条。

6　　强调不同类型的债务承担合同的意义在于,即便目的一致,但它们在交易习惯和逻辑结构上存在差别。从交易习惯上看,如果债权人没有加入,在判断免责的债务承担时会更为谨慎,并且需要与履行承担进行区分;从逻辑结构上看,不同的缔结方式,在结构、意思表示解释、原因关系和承担人的抗辩权行使上都存在差别。

7　　《合同法》第 84 条规定:"债务人将合同的义务全部或者部分转移给第三人的,应当经债权人同意。"在这一规定中,债务人向第三人转让其债务,需要的是债权人同意,而不是与之达成合意。"同意"是一个单方的法律行为,包括事前的允许和事后的追认,具有补正其他法律行为的效力。所以《合同法》第 84 条指的是债务人和第三人订立的债务承担合同。虽然《合同法》没有规定其他的债务承担类型,但由于债权人直接参与了合同的缔结,可以依靠合同法的一般规范来调整。

8　　但是,单一类型的规定可能会存在法官面对其他类型的债务承担时僵化地适用《合同法》第 84 条规定的风险。为了应对社会生活中复杂的交易方式,地方的司法指导意见会对债务承担合同的类型进行补充和完善,如 2005 年江苏省高级人民法院《关于适用〈中华人民共和国合同法〉若干问题的讨论纪要(一)》第 17 条规定:"债务加入是指第三人与债权人、债务人达成三方协议或第三人与债权人达成双方协议或第三人向债权人单方承诺由第三人履行债务人的债务,但同时不免除债务人履行义务的债务承担方式。"这一规定补充了合同法所没有规定的三方的债务承担合同以及承担人和债权人的债务承担合同,但第三种所谓的"第三人单方承诺"并不是一个正确的表述,实际上只是第三人和债务人的承担合同,仍然属于《合同法》第 84 条的调整范围之内。

(二)债务承担与履行承担的区分与辨识

9　　债务承担合同使得原债权债务关系中的债务人发生改变,承担人负有受原债权债务拘束并清偿债务的义务。在《合同法》第 84 条的语境下,债务承担的内容包括第三人(承担人)按照债务人要求向债权人进行给付。这与《合同法》第 64 条规定的第三人清偿存在相似之处:两者都是承担人对债务人负有债务,债务人通过承担人向债权人履行以消灭自己对债权人负有的债务。两者的差异在于：在第三人清偿中，清偿人按照债务人的指示履行债务，清偿人和债务人之间不一定需要订立合同，债权人对清偿人也没有请求权，所以也称为"履行承担"；而在债务承担中，清偿人和债务人之间需要缔结合同，由此使得原债权人获得对承担人的请求权。

实践中，债务承担和履行承担的界限有时易生混淆。如最高人民法院法官认为："'代替'的含义至少包括第三人代为履行、债务加入（并存的债务承担）或者债务转移（免责的债务承担）等情形，'代替'这一用语相对于债务转移并不具有充分性。"⑤通说认为，从保护承担人的角度看，当约定不明而第三人对债权人享有请求权提出异议的，应推定为履行承担。⑥所以，为了保护债权人的利益，就需要对具体的交易语境进行更为精细的分析，不能轻易适用这一原则。实践中，法官通过考察约定中是具有较强的履行意愿，还是更偏重于为第三人设定义务的意图来进行区分。如果使用"委托付款"⑦或者"代为支付"⑧之类的表达，就会被看作履行承担；反之，如果合同中强调的是偿还债务本身，或者约定债权人可以向第三人直接主张，则会被看作债务承担。⑨由于当事人约定不清晰，会出现两种类型交错的局面：合同中虽然有"债务转让"字样但约定的

---

⑤ 杜军：《并存债务承担的认定及各债务人的责任承担依据——中实投资有限责任公司、杭州欣融金属材料有限公司与北京隆瑞投资发展有限公司、北京京华都房地产开发有限公司、嘉成企业发展有限公司股权转让纠纷申请再审案》，载最高人民法院民事审判第二庭编：《民商事审判指导》（2010年第2辑），人民法院出版社2010年版，第94页。

⑥ 参见史尚宽：《债法总论》，中国政法大学出版社2000年版，第745页。

⑦ "云南叠鑫商贸有限公司与云南省曲靖泰安建筑工程有限公司等买卖合同纠纷上诉案"[（2014）云高民二终字第245号]。该判决认为："从付款计划内容上看，仅表明兆顺公司受泰安公司的委托向叠鑫公司清偿债务，而委托基于兆顺公司欠泰安公司工程款未付，故同意从工程款中抵扣一部分用于偿还叠鑫公司的货款，因此，兆顺公司未以担保债务的履行为目的而主动加入泰安公司与叠鑫公司之间债务关系的意思表示。"

⑧ "林军与温州兴顺船务有限公司水路货物运输合同纠纷案"[（2001）甬海商初字第432号]。该案中双方约定："运费由收货方直接付给船上或直接打入船方账号"，判决认为："没有由收货人取代兴顺公司承担债务的内容，故而并非债务承担合同。"

⑨ 参见"中国工商银行股份有限公司十堰人民路支行等与十堰市达威物资贸易有限公司等承兑协议担保合同纠纷上诉案"[（2013）鄂民二终字第00029号]。该案中双方当事人约定"对于丙公司在贵行的债务……贵行可根据本承诺书向我公司主张债权"，被法院视为债务承担。

内容是支付价款⑩;或者反过来,可能合同中约定"代为偿还",但又为第三人设定了债务⑪。在这两类案件中,最高人民法院的判决都是结合交易具体的语境,将前者当作履行承担而将后者当作债务承担。

11 　　但两者并非截然对立,如果债务人和承担人缔结了免责的债务承担合同而没有通知债权人,或者债务承担合同(包括免责和并存的债务承担合同)遭到了债权人的拒绝,这种"内部的债务承担"的效力就相当于履行承担。

(三)债务承担和保证的区分与解释

12 　　除典型担保之外,广义的担保还包括所有权保留、买回条款、债务承担、代物清偿合同等制度,所以可以认为并存的债务承担与保证有相近的增加责任财产的功能。但从逻辑结构上看,两者在债务属性、债务存续期间、抗辩事由援引及债务移转等具体法律效果上都存在差异。⑫ 最高人民法院在判决中明确提出两者在功能上的差别:"保证系从合同,保证人是从债务人,是为他人债务负责;并存的债务承担系独立的合同,承担人是主债务人之一,是为自己的债务负责。"⑬

13 　　并存的债务承担和担保的区分,主要发生在债权人和承担人缔结承担合同的情况下,它与《担保法》第13条规定的保证合同是由保证人与债权人之间缔结的情况是一致的。而在《合同法》第84条的语境下,承担人和债权人之间并没有合同关系,合同是在债务人和承担人之间订立的,它和通常意义上的保证合同并不相似。但是,通过第三人利益合同,也可以

---

⑩ 参见"某发展有限公司与某实业有限公司联营合同纠纷上诉案"[(2005)民二终字第35号]。该案中当事人约定:"开发公司代实业公司支付银行及建筑公司共7 000万余元债务。"

⑪ 参见"泰阳证券有限责任公司与海南洋蒲华洋科技发展有限公司等单位资产管理委托合同纠纷上诉案"[(2005)民二终字第217号]。该案中当事人约定:"若日升公司未按本合同约定支付委托资产,即形成日升公司对华洋公司欠有3 163万元的债务。"

⑫ 参见黄立:《民法债编总论》,中国政法大学出版社2002年版,第638页。

⑬ "中国信达资产管理公司石家庄办事处与中国—阿拉伯化肥有限公司、河北省冀州市中意玻璃钢厂借款担保合同纠纷案"[(2005)民二终字第200号]。

使得债权人获得一个保证债权。⑭ 司法解释也对此进行了规定,保证人以书面形式向债权人表示,当被保证人不履行债务时,由其代为履行或者承担连带责任并为债权人接受的,保证合同成立。⑮ 审判实践中,法院也提出,如果与借贷合同无关的第三人向合同债权人出具承诺函,明确表示承担保证责任或代为还款的,一般推定为保证。⑯ 所以,债务人和承担人并存的债务承担和保证的区分仍然是需要注意的事项。

对于并存的债务承担和保证的区分,最高人民法院的判决设定了一条推定规则,即"在不能明确区分两者的情况下,应当从保护债权人利益的立法目的出发,认定为并存的债务承担"。这一观点受到了学者的质疑,认为不同的认定后果对当事人利益影响甚大,需要制定更为细致的划分标准。⑰

笔者认为,当事人的意思表示是最重要的判断因素,但问题主要产生于约定不明的情况中,此时需要从制度本旨和交易习惯上进行考察,即债务承担要为自己承担和清偿债务,而保证则是为他人承担债务,围绕这一本质的差异,理论和实践中已经形成了一系列判断标准。

第一,履行的顺序。如果双方约定了债务人和承担人的先后履行顺序,即只有在主债务人届期不履行债务时,第三人才履行债务,此时即便双方约定为债务承担,实际上仍然只是保证。承担人的履行顺位在后,这并不符合债务承担的本质,其体现的是保证的从属性特征。在履行有先后顺序的情况下,法官通常会认定为担保。⑱

---

⑭ Cfr. Andrea Agnese, Fideiussione e altre garanzie nel contenzioso bancario, Maggioli Editore, 2015, p. 435.

⑮ 参见最高人民法院《关于审理经济合同纠纷案件有关保证的若干问题的规定》第2条。

⑯ 参见"吴明仁与严永春追偿权纠纷上诉案"[(2014)镇民终字第610号]。

⑰ 参见朱奕奕:《并存的债务承担之认定——以其与保证之区分为讨论核心》,载《东方法学》2016年第3期,第47—48页。

⑱ 参见"北京京藤幕墙工程有限公司与北京容川行建材有限公司、中国网通(集团)有限公司北京市分公司买卖合同纠纷案"[(2009)二中民终字第06384号]。最高人民法院的判决认为工作事宜确明确表示"在进场施工的过程中如果京藤公司(即工程公司)还是不能按期付款,将由中国网通(集团)有限公司北京分公司工程建设中心基础设施工程部解决余下的全部工程款项付给北京容川行建材有限公司",应将其认定为中国网通(集团)有限公司北京分公司工程建设中心基础设施工程部对工程公司的该笔债务承担保证责任的意思表示,并非债务加入。

17 　　第二,债务人和承担人之间的债务关系。债务承担在实践中主要发挥简化交易、方便结算的功能。在债务承担中,承担人承担他人的债务也是在消灭自己的债务,而保证人和主债权人之间不一定有这种关系。

18 　　第三,考察原因行为。在《合同法》第84条的语境下,债务承担合同往往是作为一个更大的原因行为中的附款,比如买卖合同或者股权转让合同中的结算条款,而保证则是一个独立的合同。

19 　　第四,承担人对于所承担债务的利益。学说认为,债务承担中,承担人通常对于债务的履行是享有利益的,因此使自己加入原债务之中,如同债务人一样承担责任。⑲ 反之,如果完全是基于情谊或恩惠上的帮助,且没有明显的债务承担的意图,则可能构成担保,享有债务履行顺位、保证期间及抗辩事由等方面的优越地位。

三、构成要件

(一)债务人和承担人的债务承担合同

20 　　《合同法》第84条规定债务承担的基础是债务人和承担人(承担人)之间的合意。双方的约定内容决定了债务承担的范围和性质,债务人或是摆脱原债务关系,或是与他人共担债务。根据不同的约定内容,可以将合同的效力分为三种:免责的债务承担、并存的债务承担和不完全免责的债务承担。

1.免责的债务承担

21 　　第一,免责的债务承担的认定。如果债务人和承担人在合同中明确约定,由承担人负担债务并且债务人从原债务关系中脱离,那么经过债权人同意之后,会产生免责的债务承担的效力,原债务人摆脱债务拘束,即便承担人不履行债务或者陷入破产导致债权不能实现,也不能请求原债务人继续履行。由于债务人偿还能力和信赖程度对债权人利益影响重大,所以需要债权人同意才能产生债务人免责的效果。

---

⑲ 参见〔德〕迪尔克·罗歇尔德斯:《德国债法总论》(第7版),沈小军、张金海译,中国人民大学出版社2014年版,第414页。

免责的债务承担以合同中明确表明债务人脱离原债务关系的意图为前提,债务人同意并不当然产生免责的债务承担的效果。虽然《合同法》第84条规定"债务人将合同的义务全部或者部分转移……应当经债权人同意",但是从逻辑上看,承担人愿意负担全部或者部分债务不一定是免责的债务承担,双方的意图也可能是共同承担全部或者部分债务。

司法实践也认为,只有债权人同意不足以产生债务承担的效果,原债务人摆脱债务关系的意愿必须被明确地表达出来。如最高人民法院的判决所指出的:"对免责性的债务承担的认定应慎重,因为,其涉及免除债务人的责任和对债权人债权的保护问题。一般而言,在当事人明确约定或表示原债务人退出原债权债务法律关系中,或者根据合同约定可以确切推断原债务人退出原债权债务法律关系,方可认定成立免责性的债务承担。"[20]

第二,免责的债务承担的理论基础:无权处分。对于《合同法》第84条规定的免责的债务承担的理论基础,有学说提出,由于我国的民法理论没有完全接受物权行为理论,所以应该把免责的债务承担看作效力待定的合同,债权人同意的效果如同追认。这一主张解释了债权人同意和拒绝的效力问题,但是"效力待定"的表述不能准确体现债务承担协议的效力。效力待定合同是指合同虽然已经成立,但效力能否发生尚未确定,须经有权人表示承认才能生效。但是债务承担合同在债权人同意之前已经产生履行承担的效力,债务人可以要求承担人向债权人履行债务。

传统的学理将免责的债务承担看作无权处分。免责的债务承担使得债务人从原债务中脱离出来,这改变了债的关系中债务人的结构,因此属于处分行为。而由于债务人没有处分权,该处分行为因为没有得到债权人同意,属于无权处分。虽然债务承担的处分行为无效,但是负担行为仍然有效。此时,债务人和承担人之间的债务承担合同转换为履行承担,债务人可以要求承担人向债权人履行原债务,但是自己并没有摆脱原来的债务关系,而债权人对于承担人没有请求权。要将《合同法》第51条规定的"无处分权的人订立合同后取得处分权的,该合同有效"适用于免责的债务承担适用,这里的"合同"应该解释为"直接发生权利变动的处分合同"。[21]

---

[20] 参见注⑪。
[21] 参见朱庆育:《民法总论》(第2版),北京大学出版社2016年版,第293页。

2.并存的债务承担

25 　　第一,并存的债务承担的认定。只要承担合同没有约定原债务人可以从债务中解脱,就构成了并存的债务承担,实践中,承担人也被称为"债务加入"。由于这种情况下只是增加一个新的债务人,而原来的债务人结构没有发生变化,因此不需要债权人的同意。

　　虽然《合同法》第84条没有明确规定并存的债务承担,但是并不妨碍实践中法官的正确判决,并存的债务承担不需要债权人同意。如在"广东达宝物业管理有限公司与广东中岱企业集团有限公司、广东中岱电讯产业有限公司、广州市中珊实业有限公司股权转让合作纠纷案"[(2010)民提字第153号]中,最高人民法院的判决认为:"电讯集团向物业公司出具《承诺函》同意偿还物业公司已交付的3000万元款项,该《承诺函》效力与是否存在《合作合同》无关。物业公司接受该《承诺函》后未表示异议,电讯集团即应受该《承诺函》约束。"

26 　　第二,并存的债务承担的理论基础:第三人利益合同。并存的债务承担的理论基础在于第三人利益合同,第三人利益合同的生效不需要债权人同意,第三人可以直接要求债务人向其给付。[22] 在这种情况下,债务承担合同相当于第三人利益合同中的"补偿关系",即立约人与受约人的对待给付;债务人和债权人之间的原债权债务关系对应的是"对价关系",是受约人放弃立约人向自己的给付而让其向第三人履行的原因。与一般的利益第三人的区别在于,承担人不但受到了抵偿关系的约束,而且也受到了对价关系的约束,即债权人可以根据自己的债权内容要求承担人给付。

27 　　由于并存的债务承担合同是在债务人和承担人之间缔结,所以需要向债权人发出通知,而并存的债务承担又不需要债权人同意,所以在实践中,也有法官和学者将并存的债务承担合同看作是单方允诺。[23]单方允诺是指表意人向相对人作出的为自己设定义务的意思表示,它一般是公开地向不特定的人发出,主要类型是悬赏广告。在没有法律规定的情况

---

[22] 参见韩世远:《合同法总论》(第3版),法律出版社2011年版,第494页。
[23] 司法实务参见江苏省高级人民法院《关于适用〈中华人民共和国合同法〉若干问题的讨论纪要(一)》第17条;学理参见崔建远:《无权处分合同的效力、不安抗辩、解除及债务承担》,载《法学研究》2013年第6期,第85—86页。

下,私人间的单方负担债务一般不产生效力。㉔ 笔者认为,在并存的债务承担的情况下,并非单方承诺,而是第三人和债务人缔结承担合同后,承担人向债权人发出的通知。

3. 不完全免责的债务承担

虽然在传统的分类方式中,只有免责的债务承担和并存的债务承担两种方式,但是基于意思自治,当事人可以约定介于两者之间的一种形态,即先由第三人承担责任,在其不能完全履行的情况下,原债务人才继续清偿。㉕ 此时,原债务人没有完全从原债权债务关系中解脱,在承担人财产不足以给付时,其应承担补充责任。与免责的债务承担一样,不完全免责的债务承担也需要债权人的同意,它降低了债权人的请求权力度,债权人必须首先起诉新债务人,如果他的行为侵害了原债务人针对新债务的救济权,那么它对于原债务人的利益就会相应地减少。㉖ 这一理论基础同样涉及无权处分,需要债权人同意才能补正其效力。

我国实践中也存在此类案例。在"新华通讯社浙江分社与北京中科大洋科技发展股份有限公司等买卖合同纠纷上诉案"中,双方约定:"买受人主体变更为丰筵公司,由丰筵公司代替新华社浙江分社承担原合同中的全部权利义务,如因主体变更给中科大洋公司或第三方造成损失的,由新华社浙江分社、丰筵公司承担连带责任。"㉗由此,债务人认为应由第三人先为履行,在其履行不能的情况下,原债务人再继续承担责任。但是法官认为,该合同并无免除债务人债务的明确约定,因而认定为并存的债务承担。虽然债务人没有完全脱离债权债务关系,但它与并存的债务承担不同之处在于,债务人具有顺位抗辩权。反对这种约定的效力缩小了当事人的意思自治范围,也损害了债务人的利益。

4. 债务承担中的意思表示解释

从实践上看,区分免责的债务承担之前,需要考察当事人约定的内

㉔ 参见徐涤宇、黄美玲:《单方允诺的效力根据》,载《中国社会科学》2013 年第 4 期,第 157—158 页。

㉕ 参见《国际商事合同通则》第 9.2.5 条第 2 款和《欧洲统一私法框架》第 III-5:207 条。

㉖ 参见注①,第 957 页。

㉗ "新华通讯社浙江分社与北京中科大洋科技发展股份有限公司等买卖合同纠纷上诉案"[(2016)浙 01 民终 3627 号]。

容,尤其在当事人没有进行明确约定的情况下,无法轻易判断债务承担的性质,此时需要对债务承担合同进行意思表示解释。

司法实践中,在没有明确约定债务人是否退出原债权债务关系,债务承担出现纠纷的情况下,债务人通常会认为是免责的债务承担,而债权人则主张为并存的债务承担,法官会将之推定为并存的债务承担。比如在"广东达宝物业管理有限公司与广东中岱企业集团有限公司、广东中岱电讯产业有限公司、广州市中珊实业有限公司股权转让合作纠纷案"[(2007)粤高法民二终字第165号]中,承担人通知债权人:"达宝公司原已交付国有土地使用权的3 000万元及资金费用,由中岱集团公司负责偿还,包括达宝公司与中岱电讯公司签订合同所耗费的资金费用。"对此,法院认为是并存的债务承担。[28]

30　有学者认为这是一个承担人对债权人的单方允诺,单方允诺只能为相对人设定权利,不能设定义务而损害其合法权益,如果是免责的债务承担,可能给债权人带来损害,因此只能是并存的债务承担。笔者认为,单方允诺不适宜于缔结债务承担,所以判决的依据在于债务承担的意思表示解释规则:在不能确定相对方的意思是免责还是并存的情况下,首先应解释债权人及债务承担人都以原债务人继续负责为利益,于有疑义时应认为是并存的债务承担,只有在明确表示的时候才认为是免责的债务承担。[29]

31　从《合同法》第84条的语境上看,这种解释规则是符合交易习惯的。首先,从债务承担的类型上看,债权人直接参与的缔结方法适宜于缔结免责的债务承担合同,而在债务人和承担人缔结承担合同的情况下,由于债权人没有参与到合同的缔结中,认定免责的债务承担应该更为严格。[30] 其次,可以从当事人各方的意图和具体利益来分析:第一,从债权人的意图上看,他不会反对增加一个新的债务人以扩大责任财产,但是会对原来的债务人脱离原债权债务关系保持警惕。第二,从债务人的意图上看,债务人可能希望通过缔结承担合同摆脱原债权债务关系,但即便在并存的债务承担的情况下,他仍然可以通过债务承担合同要求承担人向债权人进

---

[28] 参见注[23],崔建远文,第86页。
[29] 参见注[6],第753—754页。
[30] 参见〔日〕我妻荣:《新订债权总论》,王燚译,中国法制出版社2008年版,第507页。

行清偿,承担人履行可以使得他摆脱债务。如果债务人已经付出特别的对价而订立免责的债务承担合同,此时其可以适用法律错误为由要求撤销合同。第三,从承担人的角度上看,和债务人承担连带之债不会损害他的利益状况。

虽然这一解释规则没有在国内的教科书中被提及,但是经常在司法实务中被适用。在一些判决中可以看到完整的推论过程:"从本案原告鑫益达公司与被告卓峰公司、国龙公司签订的《协调书》内容来看,仅表明被告国龙公司愿意承担被告卓峰公司欠原告鑫益达公司的货款,并无免除被告卓峰公司的支付货款责任的明确意思表示;从当事人的行为看,原告鑫益达公司与被告卓峰公司、国龙公司多次协商的行为也不能推定其有免除被告卓峰公司的支付货款责任的意思。"㉛

(二)债权人同意

1.债权人同意的性质和方式

《合同法》第84条规定的债权人同意是一个单方的需要受领的意思表示。虽然通常债权人同意被看作追认,但债权人同意不仅可以在收到债务人或者承担人的通知时表示,也可以事先进行授权。㉜

债权人同意可以多种方式表达,包括向新的债务人为催告、诉讼,通知新债务人对债权进行移转,在新债务人破产时申报破产财产,免除等。㉝从最高人民法院的判决中可以看到,法官也承认了这种同意的推定,比如在"一汽贸易总公司与吉林省汽车工业贸易集团股份有限公司拖欠贷款纠纷案"[(2009)民二终字第18号]中,判决提出,在以构成债务承担为由诉请其承担该案债务的行为表明,其对吉林省汽车工业贸易集团股份有限公司债务承担的意思表示予以接受。由此,法院将债权人起诉新的债务人视为同意的意思表示。㉞

㉛　湖北鑫益达商贸有限公司与卓峰建设集团有限公司、武汉国龙房地产开发集团有限公司买卖合同纠纷一审民事判决书[(2015)鄂洪山民商初字第00275号]。

㉜　参见注⑲,第409页。

㉝　参见注④,第960页。

㉞　参见"一汽贸易总公司与吉林省汽车工业贸易集团股份有限公司拖欠货款纠纷案"[(2009)民二终字第18号]。

2.债权人同意的效力

35　　第一,免责的债务承担中债权人的同意。在《合同法》第84条的语境下,债务承担合同是在债务人和承担人之间缔结的,在债权人同意以前,免责的债务承担合同处于效力待定状态,债权人同意产生补正无权处分的效力,使得债务承担合同生效。反之,在债权人同意以前,债务承担的负担行为产生履行承担的效力,作为不真正的第三人利益合同,债务人可以要求承担人向自己或他人为给付,从而变更或者撤销债务承担合同。

36　　债务人的履行能力和信任对于债权的实现非常重要,所以债务人摆脱原债务需要债权人的同意。如最高人民法院的判决指出:"由于第三人取代债务人,会对债权人利益能否有效实现产生重大影响,一般来讲债权人会对第三人的履约能力进行比较后作出权衡,即同意还是不同意。要求征得债权人同意,也能在一定程度上反映出债权人权衡的过程,更能完整有效地体现债权人更新债务人的真实意思表示。"㉟

37　　对于免责的债务承担合同,需要由债务人或者承担人对债权人进行通知,也可以要求债权人在指定的期间内对债务承担进行承认。在债权人表示同意之后,免责的债务承担合同溯及既往生效。

38　　债权人同意原则上必须以明示的方式作出,实践中法官也对默示的方式持否定态度:"默示的行为一般应为积极的作为,而缄默和消极的不作为不应视为默示,尤其是对原债务人免责的债务承担,除有第三人愿意承担债务的意思外,还需有债权人免除原债务的意思表示。"㊱

39　　但是从学理上看,在一些特殊的情况下,如果债权人的利益已经获得足够的担保,债务人的人身性已不再重要的时候,可以从默示中推定出债权人的同意。比如,在土地交易中,为担保债务而在该地上设有抵押权。后来土地被出售,买受人愿意承担债务,可以减少现金的支付。由于让与人的债务可以因抵押权而得到足够可靠的担保,所以此时债务人的人身性不再具有实质意义,债权人的沉默可以视为承认。

㉟ "粤海轻工业品有限公司与广州市东迅房地产发展有限公司委托售楼合同纠纷再审案"[(2009)民申字第855号]。

㊱ "广州市致美斋酱园有限公司与广州天厨星食品有限公司等买卖合同纠纷上诉案"[(2014)穗中法民二终字第1535号]。

在我国的二手房交易中也有类似的情形,比如出卖人将贷款未结清的房屋出售,房屋买受人支付一部分现金,另一部分价金以债务承担的方式支付,并以房屋为抵押。㊲ 但是法官对于免责的债务承担的判断过于严格,认为债务转让合同并未明示原债务人免责,所以新债务人同原债务人一起对债权人承担连带债务。笔者认为,如果承担人和原债务人相比,偿付能力和信赖度更强,尤其是在交易存在充分担保的情况下,可以视为免责的债务承担。

第二,并存的债务承担中的债权人同意。并存的债务承担不需要债权人同意而直接生效,但这不意味着债权人的意愿对债务承担合同毫无影响,它只是在程度和表达方式上与免责的债务承担有所差异。在免责的债务承担中,债权人同意通常以明示的方式体现出来,沉默意味着拒绝;在并存的债务承担中则相反,对于接受其利益可以通过默示推定,而拒绝则必须以明确的方式作出。

两者的差异在于债务承担合同是否能够在没有债权人同意时"即时生效"。除此之外,债权人同意这一要素在免责的债务承担和并存的债务承担中都发挥着近似作用:①在债权人表示接受以前,债务承担合同能够被撤销。②债权人可以拒绝,从而使之溯及既往地无效。并存的债务承担以第三人利益合同为基础,不需要债权人同意就可以设立,但是在债权人作出接受的意思表示前,债务人仍然可以撤销和变更对第三人的利益条款。此时,债权人同意的效力等同于第三人利益合同中"享受利益的意思",原债权人对承担人的债权因此得以确定,债务人不得再变更他与第三人的债务承担合同;反之"拒绝利益的意思"则使得第三人利益合同自始无效。

虽然《合同法》第84条没有规定免责和并存,而是代之以"全部"或者"部分",但由于其规定了"应当经债权人同意",主流学说通常将之归属于免责的担保。所以很多学者提出应该将之扩张到并存的债务承担

㊲ 参见"管奎诉聂希文等执行人执行异议之诉案"[(2016)辽02民终3415号]。该案当事人签署了债务承担协议:"因隋斌借聂希文壹佰叁拾万元整,如2014年春节前偿还不上,由管奎负责偿还,管奎不再偿还隋斌买房款,抵押物为管奎买隋的房子。如两年还不上此款,房子归聂希文所有。"

上，认为这样有助于填补法律的漏洞。㊳ 反对观点则强调了"债权人同意"要素，即《合同法》第 84 条明确规定债务人不管是将合同义务全部还是部分转移给第三人，均需要债权人同意，所以此条仅是对免责的债务承担的规定。㊴ 笔者认为，债权人同意同样对于并存的债务承担有重要的影响，《合同法》第 84 条"债权人同意"的规定与并存的债务承担并不冲突。

3. 债权人的拒绝

44 无论是在免责的债务承担中还是并存的债务承担中，债权人不同意或者拒绝都会导致债务承担无效。根据传统理论，在债权人拒绝的情况下，债务承担合同不生效，但会使债务承担合同转换为履行承担合同，即第三人可以从经济意义上继续替代债务人履行合同，但是他和债权人之间不存在债权债务关系。㊵ 这种观点遭到学者批评，因为拒绝就意味着债权人不接受第三人给付，任由第三人继续给付会导致债权人重新拒绝，是一种资源浪费。㊶

45 笔者认为，这种观点错误地理解了债权人拒绝的动机：债权人通常不会拒绝增加新的债务人，这有利于扩大责任财产。债权人拒绝的只是原债务人脱离债务，且因承担人的偿还能力不足而遭受损失。所以从意思自治的角度上看，在债权人拒绝的情况下，承担合同自始无效，这导致未能产生债权人对承担人的请求权，但债务人仍然可以委托第三人代为履行，只不过债权人没有获得新的债务人。

(三) 债务承担的客体

1. 债务承担客体的一般规定

46 债务承担的客体必须满足债的客体的一般要求（可能、确定以及合法）并具有可转让性。通常而言，债务承担的客体是金钱债权，但是实践中也有其他客体的承担，物的给付之债也可以由他人承担。

㊳ 参见注㉓，崔建远文，第 87 页。
㊴ 参见杨明刚：《合同转让论》，中国人民大学出版社 2006 年版，第 220 页。
㊵ 参见〔德〕迪特尔·梅迪库斯：《德国债法总论》，杜景林、卢谌译，法律出版社 2004 年版，第 569 页。
㊶ 参见崔建远：《合同法》（第 2 版），北京大学出版社 2013 年版，第 259 页。

对于当事人约定不得移转的债务,债务人违反该约定将债务移转于第三人时,如果得到债权人的同意,意味着债务人和债权人将他们原来禁止转让的约定废除,所以债务承担合同有效。㊷ 在不需要债权人同意的并存的债务承担中,原债务人必须继续负担债务,所以没有债权人同意不妨碍债务移转,如果债权人要求承担人履行债务,也可以视为同意。

但是对于性质上不可移转的债务,它与特定债务人有着密切的联系,如劳务合同,此时即便债权人同意此类债务由他人承担,严格而言,也不属于债务承担而是债的客体的更新。㊸

2.特殊的债务承担客体

第一,未来的债务承担。对于还没有出现的债务能否设定债务承担,在学理上存在争议。实践中,一些交易形式和未来债务承担的结构有相似之处,比如银行应申请人的请求,向第三方开立书面信用凭证,由银行代其履行一定金额、一定期限范围内的支付责任。目前的理论反对将之看作债务承担,因为债务还没有存在,不能对债的主体进行变更。㊹

第二,已承担债务的再承担。债务承担的典型形态是承担人为债务人承担其债务。但在一些特殊的情况下,承担人要承担的并非是相对人的债务,而是第三人的债务。比如甲和乙缔结承担合同,由乙承担甲对丙的债务,在丙同意之前,乙又和丁缔结了承担合同,使之承担乙丙之间的债务,由此形成了多层次的债务承担。债权人丙可以直接对最后的债务承担表示同意,由此获得对最后一个债务人的债权,债权人的同意将使得之前所有的债务人从债务中解脱。㊺ 债权人也可以选择承认其中某一个较为满意的债权人来承担债务。㊻ 如果在债务承担获得债权人同意之后,再缔结债务承担合同,则情况与此不同,应适用一般的债务承担合同。

第三,自然之债的承担。不受强制执行力保护的自然债务也可以通过《合同法》第84条进行移转,在承担人自愿履行的情况下,不能援用不

㊷ 参见注⑥,第742页。
㊸ 参见注④,第979页。
㊹ 参见注④,第940—941页。
㊺ 参见注④,第940—941页。
㊻ 参见注㉚,第502页。

当得利之请求返还。实践中常常出现的是对已经超过诉讼时效的债务进行移转。㊼ 从学理上看,此时只能设立免责的债务承担而不能设立并存的债务承担,因为债务人和承担人之间没有连带性。㊽ 值得注意的是,在债务承担合同中,虽然承担人受到了债务承担合同的拘束,债务承担合同本身仍然在时效范围之内具有拘束力,但原债务人不能强制要求承担人履行自然债务,因为债务承担合同不能使得自然债务回复其原本的拘束力。㊾

四、债务承担的原因

(一)债务承担的原因行为

52   债务承担的原因是指设定第三人向债权人承担原债务的基础行为。从交易习惯上看,在债务承担合同之外,原债务人与承担人之间还存在着范围更大的基本行为,例如在一个买卖合同中,以债务承担作为价金结算的方式。此时债务承担合同只是其他的典型行为中的附约,作为结算条款存在,允许当事人自由决定结算方式。㊿ 所以在第三人和债务人的承担关系中,构成原因的不仅仅是债务承担合同,而可能是内容更为广泛的交易,包括买卖或者股权转让等,债务转让只是其中的对待给付,此时债务承担的原因就是买卖或者股权转让合同等。㉑ 在特定的身份关系中,可能存在无偿的债务人和第三人的承担合同,但不是交易的典型形态,而且更适宜于通过承担人和债权人之间的承担合同来实现这一目的。㉒

(二)债务承担合同的无因性问题

53   在德国和我国台湾地区的传统理论中,债务承担具有无因性,基本行

㊼ "蔡斌与葛晓青、贵州盛泉环境保护工程有限公司民间借贷纠纷案"[(2015)筑民二(商)终字第570号]。
㊽ 参见注④,第940—942页。
㊾ 参见注④,第942—943页。
㊿ 参见注㊵,第567页。
㉑ 参见注㊵,第567页。
㉒ 参见注㊵,第566页。

为的无效并不妨碍债务承担,原债务人与承担人之间的关系不能够作为承担人对债权人提起抗辩的理由。㊽ 有学者认为我国没有继受无因性理论,债务承担合同无效会导致债务承担的效力丧失,债务复归于原债务人。㊾ 但在司法实践中,法院却经常在债务承担的纠纷中适用无因性理论。有判决提出,"由于债务承担的无因性,申请人不能基于原因行为的事由进行抗辩"㊿;或者"债务承担具有无因性,新债务人只能基于所承担的原债务本身所具有的抗辩事由向债权人行使抗辩权,并不能以债务承担的原因行为对抗债权人"㊾。笔者认为,这一问题需要从以下两个方面进行分析。

第一,债务承担的原因与债务人和承担人之间关系的区分。首先需要明确的是债务承担的效力独立于债务人和承担人之间的关系,并不一定意味着无因性。债务承担存在不同的形态,包括三方合意的债务承担,债权人和承担人的债务承担以及承担人和债务人的债务承担,不同形态中的原因关系各不相同。在债权人和承担人的承担合同中,债务承担合同是在承担人与债权人之间达成的,承担人与债务人之间的关系不是债务承担的基础行为,仅仅属于动机。即便承担合同因存在瑕疵而无效或被撤销,也不会改变承担人与债权人之间的关系,这是合同相对性的体现。只有在《合同法》第84条的语境下,债务人和承担人之间的承担合同才构成了债务承担的基础行为。

实践中,法官经常提到的"债务承担的无因性",实际上指的是三方债务承担合同以及债权人与承担人的代位承担的情形。如法官认为,在三方合同中,债务转移具有无因性㊾;或者债权人与承担人签订的债务承担合同应该具有无因性。㊾ 在这些情况下,债务承担合同是在债权人和承担人之间缔结,或者由债权人、债务人和承担人三方达成,不会受到承担

㊽ 参见注㊵,第567页。
㊾ 参见注㊶,第262页。
㊿ "隋意与牛庆华等民间借贷纠纷复查与审判监督案"[(2016)鲁07民申178号]。
㊾ "王树国与孙永高债务转移合同纠纷上诉案"[(2016)内04民终2438号]。
㊾ 参见"吉林省新新网络工程有限公司与黄万平债务转移合同纠纷案"[(2016)吉01民终639号]。
㊾ 参见"吴文满诉许家恒等民间借贷纠纷案"[(2016)云0423民初393号]。

人与债务人关系的影响。但不能将之一般化,认为所有债务人和承担人之间的关系都不会影响债务承担的效力,并由此得出债务承担无因性的结论。

56　　第二,在《合同法》第84条的语境下,无因性与非无因性的相同效果。只有在《合同法》第84条的语境下,债务人与承担人之间的合同才构成原因。但此时无论是否采取无因性理论,结果都是一样的,承担合同的瑕疵足以影响债务承担的效力。从无因性理论的视角看,债务人和第三人缔结的债务承担合同仍然与其基础行为不能分离。第三人和债权人缔结的债务承担合同能够与基本行为一起构成一种单一行为,基本行为的无效也及于债务承担。⑨ 虽然债务承担被看作一个准物权行为,但是与有体物交付不同,除了当事人处分债务的合意之外,并没有实体的交付。债务承担常在交易中融入原因行为,负担行为的瑕疵同时涉及处分行为的意思瑕疵,当事人行使撤销权,作为负担行为的买卖合同与作为处分行为的债权让与被一并撤销,承担合同的效力受到基础关系的影响。

五、法律效果

(一)债务承担合同的效力

1.免责的债务承担

57　　免责的债务承担使得原债务人摆脱债务拘束,即便承担人不履行债务或者陷入破产导致债权不能实现,也不能请求原债务人继续履行。

2.并存的债务承担

58　　基于并存的债务承担,债务人和承担人对于债权人承担连带债务,对于债权人负全部给付的责任,债权人可以对债务人和承担人中的一人或者全体,请求全部或者一部分的给付。也有学者提出并存的债务承担产生的是不真正连带责任,因为连带之债必须有法律的规定或者双方当事人明确的约定,而且将并存的债务承担全部作为连带债务,可能产生债权

---

⑨ 参见注⑩,第568页。

人预想不到的效果。⁶⁰

笔者认为,依据《民法总则》第 178 条第 3 款的规定,连带之债需要当事人明确的约定或者法律规定,而在《合同法》第 84 条的语境下,债务人和承担人缔结共同承担债务的合同,是为满足共同目的而互相结合,可以解释出双方具有承担连带之债的意图。在连带之债中,各债务人的债务是独立的,对各债务人生效的事项只具有相对效力,对于其他债务人一般不生效;只有在共同目的因某一债务人的事项已经实现,其他债务因失去目的而消灭时才具有绝对效力,包括清偿、抵销和混同等。所以并存的债务承担中原债权债务关系消灭可以作为连带债务消灭的绝对效力事项。

目前,从最高人民法院的判决中可以看到,司法界的一般裁判思路为:在债权人同时起诉债务人与债务承担人的情形下,判决债务承担人与债务人共同承担清偿债务责任;在债权人只起诉债务承担人的情形下,则只判决债务承担人承担债务清偿责任。⁶¹

(二)债务承担人的抗辩权

1.基于原债权债务关系的抗辩权

第一,承担人抗辩权的范围。根据《合同法》第 85 条的规定,债务人转移义务的,新债务人可以主张原债务人对债权人的抗辩。这一规定可以统一适用于免责的债务承担和并存的债务承担。新债务人替代原债务人就处于与原债务人相同的法律地位,可以提起实体法和程序法上的抗辩,包括同时履行抗辩权、合同撤销的抗辩权和诉讼时效抗辩权等。⁶² 与之相对,承担人可援用的抗辩是以原来的债务关系为基础的,不能行使属于债务人的权利,包括解除权、抵销权、撤销权等。

承担人可以提起原债权债务关系的抗辩以债务承担合同达成的时间为限。原债务人根据此时已发生的实际情况可主张的抗辩都可由承担人主张⁶³,包括债务未成立、已撤销和债务部分清偿。反之,如果在债务人更

---

⁶⁰ 参见注㉚,第 509 页。
⁶¹ 参见注⑪。
⁶² 参见注㉒,第 490—491 页。
⁶³ 参见注①,第 953 页。

替已经生效后,抗辩才对原债务人生效,则新债务人不能提起此抗辩。法官在适用法律中也强调,"新债务人对债权人的抗辩必须是原债务人享有的、现实存在的抗辩权"[64]。这里的"现实存在"即是以债权人表示同意作为判断的时间点。

第二,双务合同的履行抗辩权。同时履行抗辩权的基础在于双务合同中对待给付的牵连性,但只有在双方已届清偿期,并且对方没有按照约定进行给付的情况下,当事人才能行使同时履行抗辩权。对于债务承担中的同时履行抗辩权,理论界存在一些分歧。第一种观点认为,债务承担合同中由于单向地成立了一个新的债务关系,与双务合同中原债务人享有的权利产生割裂,不存在牵连关系,故承担人不能以此提起抗辩。第二种观点认为,对于双务合同中的债务承担,在承担时已经产生的原债务人的抗辩权,承担人有权向债权人主张;而在承担后产生的抗辩权,承担人不能向债权人主张。第三种观点认为,作为一般的规则,对于原债务人基于债权人和债务人之间法律关系产生的抗辩,不论该抗辩产生于转让之前还是转让之后,承担人均可以之对抗债权人。如果不允许承担人主张原债务人在双务合同中的抗辩权,则会过分扩张债权人的优势地位,导致不公平的后果产生。[65]

笔者赞同第三种观点,虽然承担人和债务人之间没有直接的对待给付关系,但在债务承担合同中,承担人不是单纯地负担"合同的债务部分",而是要负担原债权债务关系中的对待给付内容,它与对方给付的牵连性仍然保留下来。为了保证原债权债务关系的牵连性,应该允许债务人在债权人没有对债务人为给付的情况下提起同时履行抗辩权,双务合同的牵连性并没有被债务承担所分裂。[66] 因此这属于债务本身所有的抗辩,如果债务人在缔结债务承担合同后,基于买卖合同从债权人处获得有瑕疵的给付,即便有瑕疵的给付是发生在承担合同之后,承担人也可以对

---

[64] 泰州市江太粉末涂料有限公司诉浙江星星家电股份有限公司买卖合同纠纷案[(2015)浙商提字第26号]。

[65] 三种观点的争论参见杨明刚:《论免责的债务承担》,载崔建远主编:《民法9人行(第2卷)》,金桥文化出版(香港)有限公司2004年版,第50—53页。

[66] Cfr. Biagio Grasso, Il Codice Civile – Commentario Artt. 1268 – 1276., diretto da Francesco D.Dusnelli, Giufrè, 2011, p. 106-108 .

此提起抗辩。[67]

相应地,与同时履行抗辩权相类似的其他给予双务合同的履行抗辩权,债务承担人都可以享有。

第三,时效抗辩权。债务人的时效抗辩权应该以债务承担合同达成的时间点为限。如果合同达成时,时效未届满,承担人不能在债务人经过的时间点上继续计算时效。根据《民法总则》第 195 条第 2 项的规定,债务人同意履行的意思表示会导致诉讼时效中断。《诉讼时效规定》第 19 条第 2 款将债务承担看作债务人同意履行的一种方式,规定债务承担可以导致诉讼时效中断。由此,债务人经过的时效将重新起算,与承担人诉讼时效的起算点相同。

司法实务中存在的问题是,在原债务人将时效期间届满的债务转让给承担人的情况下,有的法官认为当事人在诉讼时效已过的情况下仍然签订债务承担"合同",应当视为对"债务的重新认可",由此导致诉讼时效重新起算。[68]

笔者认为,诉讼时效到期的债务可以转移,但不会因为经过债务承担而成为效力完全的债务。在诉讼时效经过后,原债务成为没有强制执行力的自然债务,根据《民法总则》第 192 条第 2 款的规定,承担人愿意向债权人清偿,债权人享有受领权。只是根据连带债务的原理,债务人和承担人之间不能成立并存的债务承担。而且债务承担合同的拘束力不能使得自然债务回复其原来的拘束力,即债务人也不能强制要求承担人履行债务。

债务承担合同也不能被看作债务人原意履行债务或者放弃时效抗辩权的意思表示。根据《诉讼时效规定》第 22 条的规定,时效届满后,当事人一方向对方当事人作出同意履行义务的意思可以看作放弃抗辩权。但债务承担不能简单地视为"同意履行"。此时需要区别债务承担和履行承担;如果债务人要求第三人向债权人为清偿,则可以视为"同意履行的意思表示";而在债务承担合同中,基于债的同一性,移转后仍然是一个自然债务,不能从中解释出债务人愿意对诉讼时效届满的债务作出给付的内

---

[67] 参见注⑥,第 748 页。
[68] 参见注㉔。

容。债务承担与债务人放弃抗辩权的其他典型行为也不相同。(69) 在最高人民法院的判决中可以看到,如果是债务人在诉讼时效经过后和债权人签订“还款合同”的,应认为放弃时效抗辩(70),但这不是由于债务承担产生的效果,而是因为还款合同中具有履行和清偿的意思表示。

2.承担关系中的双务合同履行抗辩权问题

70 通说认为,承担人不能对债权人提起其对于债务人的双务合同的履行抗辩权,因为承担人和债权人之间不存在双务合同的牵连关系。(71)但这里还存在一个学理上需要解释的问题:并存的债务承担是以第三人利益合同为基础,而承担人不能提起在债务承担合同中对于债务人的抗辩权,这与第三人利益合同的规则是冲突的。(72)

71 笔者认为造成这种差异的原因在于,在一般的第三人利益合同中,立约人只受到抵偿关系的约束,基于抵偿关系的抗辩权可以使得立约人拒绝向第三人履行;但在债权承担中,债权人获得的不仅是债务人为之设立的债权,而且这还是原债权债务关系中的债权。所以与一般的利益第三人不同,承担人不仅是依据抵偿关系(即承担关系)进行给付,而且也受到对价关系(即原债权债务关系)的拘束。虽然在承担合同中,债务人和承担人存在双务合同的牵连性,但在原债权债务关系中,承担人和债权人之间没有牵连关系,所以承担人不能基于承担关系向债权人提起同时履行抗辩权。(73) 此时,承担人的救济方式应该是行使法定解除权,在承担关系解除后,承担人可以对债权人提起抗辩。

---

(69) 参见最高人民法院《关于超过诉讼时效期间当事人达成的还款协议是否应当受法律保护问题的批复》;最高人民法院《关于超过诉讼时效期间借款人在催款通知单上签字或者盖章的法律效力问题的批复》。

(70) “本案中,银行作为清理单位,应推定银行在签订《还款合同》时知道或应当知道该8家经济实体的债务是否已过诉讼时效期间,故在签订《还款合同》之时,应认定银行放弃了原债务人的诉讼时效抗辩权。”参见张雪楳:《债的同一性与债务加入人的诉讼时效抗辩权——中国工商银行内蒙古自治区通辽分行与通辽市科尔沁区工商农村信用合作社借款合同纠纷案》,载最高人民法院民事审判第二庭编:《民商事审判指导》(2006 年第 1 辑),人民法院出版社 2006 年版,第 230—247 页。

(71) 参见注(66),第 105—106 页。

(72) 在第三人利益合同中,债务人可以向受益第三人提起抵偿关系中的同时履行抗辩权。参见注⑥,第 746 页。

(73) Cfr. Ubaldo La Porta, L’assunzione del debito altrui, Giuffrè, 2009, p. 255-257.

(三)原债权债务关系中的从义务与担保存续

1.原债权债务关系中的从义务的延续

根据《合同法》第86条的规定,债务人移转义务的,新债务人应该承担与主债务有关的从债务。所以承担人承担的债务范围应该包括利息之债和违约金之债,但如果附随债务失去其独立性,成为可单独分开的部分,比如已届清偿期而未支付所产生的利息之债或者违约行为发生时的违约金之债,就不属于债务承担的范围。[74] 这在司法实务中也得到了确认,法官认为承担逾期罚金的主张超出了债务承担约定的内容,不予支持。[75]

2.原债权债务关系中担保的存续

不可移转的专属于债务人的义务主要是指原债务的担保义务。因为担保是建立在对债务人的资产、信用、相互协助或者情谊之上,具有个别的信赖关系,除非有明确的意思表示,不能随着债务的承担而移转。《担保法》第23条规定了债务承担对保证责任的影响,《担保法解释》第29条和《物权法》第175条也对债务承担时担保物权的存续进行了规定。总而言之,在免责的债务承担中,未经担保人书面同意,担保人不再承担相应的担保责任。即便是在承担合同被撤销或者无效而使原债权债务关系恢复的情况下,已经消灭的第三人担保也不随之恢复。[76]

这一规定仅适用于免责的债务承担,对于并存的债务承担没有影响,因为原债务人仍然没有脱离债的关系。担保对于承担人的债务不发生效力,而对于原债务人继续有效。虽然法律没有明确规定,但是最高人民法院的判决认为,第三人自愿加入主债务承担成为共同债务人,并不导致担保责任免除,担保人对未减轻部分的债务仍应承担保证责任。[77]

例外的情形是,如果承担人是担保人本身,担保可以转化为给自己的

---

[74] 参见孙森焱:《民法债编总论(下册)》,法律出版社2006年版,第810页。

[75] 参见注⑤,第91页。

[76] Cfr. Giacobbe, Della delegazione, dell'espromissione e dell'accollo, art. 1268-1276, in Comment. cod. civ. Scialoja-Branca, a cura di Galgano, Bologna-Roma, 1992, p. 129.

[77] 参见"中国轻骑集团有限公司与华夏银行济南市高新支行、山东天源资产投资管理有限公司委托管理资金合同纠纷案"[(2003)民二终字第172号]。

债务提供担保,不存在信任关系结束的问题。在债务人与担保人为同一主体的情况下,债务人自己就债权所设定的从权利有继续承担的义务。[78] 所以如果是物的担保,担保物权继续存在;如果是人的担保,保证责任归于消灭。

3.法定担保与优先权的存续

76　　值得进一步讨论的是法定担保和优先权的问题。担保债务具有专属性,在没有明确约定的情况下,不会随着债务移转而移转。但是对于法定担保而言,担保并不是基于担保人和债务人的关系,而是法律对于特定法律关系中的物所设立的担保,此时是否可以随之移转呢?假设甲把卡车交给乙修理,修车费为20 000元,在履行期界至前,甲与丙签订运输合同,甲为丙免费运输4个月,对价是丙承担甲的全部债务,甲退出原债权债务关系。乙对债务承担合同表示同意。在乙维修完毕后,丙未及时履行债务,此时乙能否对该车行使留置权?

77　　我国学界还没有对债务承担中的留置权存续问题进行研究,既有的研究探索了债权转让时的留置权问题,此时由于留置物与债权割裂,所以留置权并没有随着债务承担而与债务割裂。[79] 但在债务承担中,债权人并没有与留置物分离,只是债务人身份发生了变化。在债务承担中,移转的债务与原来的债务并没有改变,所以债权人所占有的留置物与被移转的债务仍然保持"同一性"或者"牵连性",依然可以对其行使留置权。

78　　类似的还有优先权,它也是法定的担保物权。值得注意的是,从客体来看,优先权可划分为一般优先权和特定优先权。一般优先权是指由法律直接规定债权人就债务人的一般财产优先受偿的担保物权,它概括地存在于债务人的每一项财产上,通常基于立法政策目的或者与重大的社会价值联系在一起,如劳工报偿优先权和税收优先权等。[80] 而特定优先权是指债权只能在债务人特定的动产或不动产上优先地行使,其实现的办法是将与债权有直接联系的某些动产或不动产特定下来,使债权的清偿

---

[78] 参见梅仲协:《民法要义》,中国政法大学出版社2004年版,第295页。
[79] 参见史尚宽:《物权法论》,中国政法大学出版社2000年版,第513—514页。
[80] 参见郭明瑞、仲相、司艳丽:《优先权制度研究》,北京大学出版社2004年版,第44页。

有具体的保障,例如船舶优先权和民用航空器优先权。[81] 在债务承担的情况下,一般优先权由于与特定的主体身份相关而得到社会政策的保护,不能随债务移转;而在特定优先权中,担保关系存在于特定的物上,所以在债务承担的情况下能够继续存在。[82]

六、举证责任

订立债务承担合同的证明责任由主张合同有效的当事人承担。其要证明债务人与承担人达成有关债权承担的合意。相对人若要主张让与无效,则须证明债务承担合同存在《合同法》第 52 条规定的无效事由,或者债权让与的意思表示有错误、欺诈、胁迫等情形,而且存在撤销权有效行使的事实。

如果债务人主张的是免责的债务承担,必须证明合同中存在脱离原债务的意思表示,并且已经得到债权人的同意。根据证明责任分配的一般原则,债权人无须对此进行反对性证明。如果债务人主张的是并存的债务承担,则不需要证明债权人的同意;反之,债权人的反对性主张需要对拒绝的意思表示承担证明责任。如果承担人要主张债务人对于债权人的抗辩权,包括双务合同的履行抗辩权,则必须证明抗辩权存在的要件事实,而债权人无须主张不存在的事实。

---

[81] 参见注[80],第 59 页。
[82] 参见注[73],第 118 页。

第 111 条　质量不符合约定之违约责任*

金　晶

《中华人民共和国合同法》第 111 条
质量不符合约定的,应当按照当事人的约定承担违约责任。对违约责任没有约定或者约定不明确,依照本法第六十一条的规定仍不能确定的,受损害方根据标的的性质以及损失的大小,可以合理选择要求对方承担修理、更换、重作、退货、减少价款或者报酬等违约责任。

细　目

一、规范定位……1—24
　（一）规范意旨……1—3
　（二）适用范围……4—8
　（三）归责原则……9—10
　（四）适用关系……11—24
　　1. 与加害给付之竞合……11—12
　　2. 与缔约过失之竞合……13—16
　　3. 与性质错误之竞合……17—21
　　4. "三包"规定：明示担保之效力判断……22—24
二、质量不符合约定……25—39
　（一）认定标准……25—31
　　1. 瑕疵类型……25—27
　　2. 认定标准："主观说"……28—29
　　3. 瑕疵存在时点……30—31

---

* 本文首发于《法学家》2018 年第 3 期（第 169—190 页）,原题为《〈合同法〉第 111 条（质量不符合约定之违约责任）评注》。

（二）特别问题……32—39
 1. 公法上使用限制……32—34
 2. 凶宅：规范意义上的瑕疵……35—36
 3. 医疗服务合同：手段债务瑕疵……37—38
 4. 建筑工程瑕疵……39

三、约定违约责任……40—45
 （一）减免责任之特别约定……41—44
 （二）格式条款减免……45

四、法定违约责任……46—86
 （一）前置性规则……47—68
  1. 检验通知义务……47—60
  2. 适用方式……61—68
 （二）补正履行……69—75
  1. 补正履行之形式……69—71
  2. 补正履行之行使……72—75
 （三）退货……76—80
  1. 退货之性质……76—77
  2. 特别规定……78—80
 （四）减价……81—86
  1. 减价之性质……81—82
  2. 减价之计算……83—85
  3. 特别规定……86

五、举证责任……87

一、规范定位

（一）规范意旨

  本条所涉论题为"质量不符合约定之违约责任"，系《民法总则》第八章"民事责任"项下第179条"承担民事责任方式"于合同之债之具体化；本条亦隶属于《合同法》总则第七章"违约责任"，系《合同法》第107

第 111 条　　2—3

条"违约责任"之具体类型,其周边规则散见于《合同法》分则和相关司法解释,例如《合同法》分则第 153 条以下(买卖合同)〔5—8,15—16,20,25,31,35—36,48—59〕、第 233 条(租赁合同)〔4,33,71〕、第 262 条(承揽合同)〔4,7,10,27,31,34,69—71,77,86〕、第 280 条与第 281 条(建设工程合同)〔4,10,34,39,66,75,86〕,以及最高人民法院《关于审理买卖合同纠纷案件适用法律问题的解释》(以下简称《买卖合同解释》)第 22 条以下〔7,25,31,42,48,56,68,84〕,以上规则构成本条之特别规定。

2　　本条自成一款,内设两句,第 1 句为约定违约责任〔40—45〕,第 2 句为法定违约责任〔46—86〕。约定违约责任,即当事人可基于意思自治,达成偏离本条第 2 句之特别约定,但特别约定免除、限制或加重责任条款,须作效力判断〔41—45〕;法定违约责任,即在无约定或约定不明时,若补充协议或合同解释仍无从明确,则由守约方合理选择违约责任形式〔61—67〕。本条为任意性规定,遵循约定优先、法定嗣后的基本顺序。

3　　本条指向的法律制度,常称(物的)瑕疵担保责任①、质量不符合约定的违约责任②或质量瑕疵的法律救济③。此种责任系指出卖人就其给付不符合约定或法定品质时所须承担之责任。本条虽属《合同法》第 107 条违约责任之特别一种,但其所指究竟是违约责任,抑或为独立的瑕疵担保责任,却非泾渭分明,故而学界就是否存在独立的瑕疵担保责任制度,素有"法定责任说"④"债务不履行说"⑤"相对独立说"⑥和"统合说"⑦等不

---

① 参见崔建远:《合同法》,北京大学出版社 2013 年版,第 319 页以下;谢鸿飞:《合同法学的新发展》,中国社会科学出版社 2014 年版,第 453 页;王洪亮:《债法总论》,北京大学出版社 2016 年版,第 287 页;韩世远:《出卖人的物的瑕疵担保责任与我国合同法》,载《中国法学》2007 年第 3 期,第 170 页。

② 参见胡康生主编:《中华人民共和国合同法释义》,法律出版社 2013 年版,第 203 页;江平主编:《中华人民共和国合同法精解》,中国政法大学出版社 1999 年版,第 92 页。

③ 参见注①,王洪亮书,第 287 页。

④ 采"法定责任说"者,参见黄立主编:《民法债编各论》(上),中国政法大学出版社 2003 年版,第 34 页以下。

⑤ 采"债务不履行说"者,参见梁慧星:《论出卖人的瑕疵担保责任》,载《比较法研究》1991 年第 3 期,第 39 页。

⑥ 采"(物的瑕疵担保责任)相对独立说"者,参见注①,崔建远书,第 322 页以下。

⑦ 采"(瑕疵担保责任纳入违约责任范畴的)统合说"者,参见韩世远:《合同法总论》,法律出版社 2011 年版,第 594 页以下;王利明:《合同法研究》(第三卷),中国人民大学出版社 2012 年版,第 109 页。

同见解,诸学说区分实益多在于种类物是否适用瑕疵担保责任(区分"法定责任说"与"债务不履行说")〔5—8〕以及是否适用瑕疵通知义务与质量异议期间(区分"相对独立说"与"统合说")〔47—60〕。

(二)适用范围

本条之适用,以"所涉合同系当事人真实意思表示,内容合法,有效成立"为基本前提。[⑧] 质量不符合约定构成不完全给付情形之一,囿于本条仅统一构成要件,未统一法律效果,故在体系上失之周延,并不适用于所有合同类型。[⑨] 本条及其周边规范所涉案型多见于买卖合同[⑩],亦见诸租赁合同〔33,71〕[⑪]、商品房销售合同〔17,27,59,75,78〕[⑫]、建设工程合同[⑬]、拍卖合同〔40,44〕[⑭]和承揽合同[⑮]。

本条适用于种类物买卖和特定物买卖。本条仅规定质量不符合约定即属违约,未限定标的性质,而动产物权变动规则(《合同法》第133条)亦不区分种类物或特定物,故从规范文义出发,本条适用并无标的性质限制。唯需注意两种排除适用情形:其一,"更换"以工业化规模生产为前提,故在特定物买卖,"更换"这一违约责任方式无从适用〔74〕;其

4

5

---

⑧ 参见湖北省高级人民法院(2016)鄂民再50号民事判决书。
⑨ 参见注①,谢鸿飞书,第445页。
⑩ 参见最高人民法院(2016)最高法民申1136号民事裁定书;最高人民法院(2016)最高法民终311号民事判决书;北京市第二中级人民法院(2008)二中民终字第00453号民事判决书(指导案例第17号:张莉诉北京合力华通汽车服务有限公司买卖合同纠纷案);江苏省高级人民法院(2013)苏商终字第0146号民事判决书。
⑪ 参见最高人民法院(2002)民一终字第4号民事判决书;山东省高级人民法院(2014)鲁民四终字第122号民事判决书。
⑫ 参见江苏省盐城市中级人民法院2009年5月15日民事判决书(《最高人民法院公报》2010年第11期:杨珺诉东台市东盛房地产开发有限公司商品房销售合同纠纷案);浙江省高级人民法院(2015)浙民提字第37号民事判决书。
⑬ 参见最高人民法院(2010)民申字第1280号民事裁定书;最高人民法院(2012)民一终字第126号民事判决书;吉林省高级人民法院(2016)吉民申765号民事裁定书。
⑭ 参见最高人民法院(2015)民申字第2949号民事裁定书;最高人民法院(2013)民申字第1452号民事裁定书;最高人民法院(2016)最高法民申646号民事裁定书。
⑮ 参见最高人民法院(2016)最高法民申380号民事裁定书;山西省高级人民法院(2012)晋民申字第49号民事裁定书;广东省高级人民法院(2013)粤高法审监民提字第52号民事判决书;浙江省高级人民法院(2015)浙商外终字第46号民事判决书。

二,在种类之债,若符合所定种类物的全部标的灭失,或发生不可回复的本质变更致使无法满足债权人最低限度履行利益,或因法令变更导致标的全部丧失其处分可能性时,应适用给付不能规则(《合同法》第110条第1项)。⑯

6 　　司法实务亦认可本条适用于种类之债⑰,但须注意特定化和样品买卖两种情形。

7 　　其一,就特定化问题,定作人受领后,承揽人是否仍有权选择不除去瑕疵,而提出另一新的无瑕疵给付?种类之债的特定化,应由当事人指定应交付之标的。⑱ 实务中,以交付或明确约定种类物为特定合同履行标的作为特定化表征(《买卖合同解释》第14条)。⑲ 承揽合同成立时,工作尚未开始,标的物尚未特定,工作附合于定作人提供的工作基底时,标的物逐渐成形,工作物具体化之后,定作人仅能请求承揽人就"此项"已提出并受领的工作物作为唯一标的物履行合同。⑳

8 　　其二,在样品买卖,出卖人应担保其交付的标的与样品具有同一品质,质量不符并不能使该种类之债转化为特定之债。㉑ 实务中,样品买卖须满足"封存样品"和"对样品质量予以说明"两项前提(《合同法》第168条),如若不然,则视为质量约定不明,不适用样品买卖规则,而以一般合同规则判定。㉒ 对此,地方实践亦有积极探索,通过细化样品的瑕疵程度

---

⑯ 参见王千维:《种类之债下债务人之主给付义务》,载《政大法学评论》2015年第145期,第320—321页。

⑰ 参见最高人民法院(2015)民申字第3298号民事裁定书;云南省昆明市中级人民法院(2013)昆民二终字第1049号民事判决书;江苏省盐城市中级人民法院(2014)盐商终字第0594号民事判决书;河南省郑州市中级人民法院(2016)豫01民终3494号民事判决书;山西省长治市中级人民法院(2016)晋04民终1689号民事判决书。

⑱ 参见黄茂荣:《债法总论》(第二册),台湾植根法学丛书编辑室2010年版,第78页。

⑲ 参见最高人民法院(2015)民申字第3298号民事裁定书;新疆维吾尔自治区高级人民法院(2016)新民终726号民事判决书。

⑳ 参见陈自强:《承揽瑕疵担保与不完全给付》,载《月旦法学杂志》2013年第9期,第182页。

㉑ 参见注⑱,第79页。

㉒ 参见山东省高级人民法院(2014)鲁民申字第403号民事裁定书;湖北省高级人民法院(2014)鄂民申字第00467号民事裁定书。

与瑕疵类型,以明确样品买卖规则的适用范围。[23]

(三)归责原则

本条采何种归责原则?多数见解认为,《合同法》第107条确立了无过错责任的归责原则,《合同法》采"严格责任为主、过错责任为辅"的二元归责原则体系[24],但是,与之相关的解释论或立法论视角的不同见解仍不绝如缕,其或采过错责任立场[25],或持"严格责任为主、过错责任和绝对责任为辅"的三元体系观点。[26] 本条虽未明确不以过错作为归责前提,但基于体系解释,宜认定为严格责任[27],此立场亦为司法实务普遍认可。[28] 但是,地方实践亦主张,应在严格责任归责原则下,区分违约责任归责原则和违约责任具体承担方式的构成要件。[29]

建设工程合同采过错责任,构成本条之例外。建设工程质量不符合约定,承包人拒绝修理、返工或者改建,发包人请求减少支付工程价款,须以因承包人过错导致质量违约为前提[最高人民法院《建设工程施工合同解释》(法释[2004]14号)第11条]。[30] 供电人、承揽人责任(《合同法》第179—181条、第262条、第265条)亦采过错责任。

---

[23] 《北京市高级人民法院审理买卖合同纠纷案件若干问题的指导意见(试行)》(京高法发[2009]43号)第36条第1款。

[24] 参见王利明:《〈联合国国际货物销售合同公约〉与我国合同法的制定和完善》,载《环球法律评论》2013年第5期,第125页;注⑦,韩世远书,第589页以下;梁慧星:《合同法的成功与不足》(上),载《中外法学》1999年第6期,第23页;朱广新:《合同法总则》,中国人民大学出版社2008年版,第396页以下;戴孟勇:《违约责任归责原则的解释论》,载《中德私法研究》2012年第8期,第31页以下。

[25] 参见崔建远:《严格责任?过错责任?——中国合同法归责原则的立法论》,载梁慧星主编:《民商法论丛》(第11卷),法律出版社1999年版,第197页。

[26] 参见注[24],戴孟勇文,第38页。

[27] 参见注⑦,韩世远书,第589页,第591页。

[28] 参见最高人民法院(2014)民申字第793号民事裁定书;最高人民法院(2014)民提字第14号民事判决书;最高人民法院(2013)民申字第431号民事裁定书;最高人民法院(2015)民二终字第251号民事判决书。

[29] 参见天津市高级人民法院(2016)津民终字第111号民事判决书;江苏省高级人民法院(2014)苏审二民申字第01652号民事裁定书。

[30] 有学者认为,以承包人过错作为发包人请求减少价款的前提,在法理上值得商榷,应区分手段债务与结果债务,参见注⑦,韩世远书,第688页。

(四)适用关系[31]

1.与加害给付之竞合

11　　本条是否适用于加害给付?学说认为,加害给付与瑕疵给付指向的利益性质有别,加害给付系指给付行为违反保护义务,损害债权人固有利益,瑕疵给付系指不符合约定,损害合同履行利益。[32] 唯因瑕疵给付在损害履行利益之外,亦可发生损害固有利益之情形,故若瑕疵给付损及固有利益,亦构成加害给付,本条亦得适用。[33]

12　　鉴于《侵权责任法》第41条涵盖了缺陷产品本身的损害,突破了《产品质量法》第41条"其他财产损害"的赔偿范围,故就产品自损问题,本条与《侵权责任法》第41条均存适用空间,构成违约责任和侵权责任的自由竞合。[34] 例如,缺陷汽车自燃,依当事人主张,法院或适用侵权责任,或采违约责任。[35]

---

[31] 类似的,德国买卖法上的物的瑕疵担保责任,亦与债法总论一般履行障碍法中的积极侵害债权与缔约过失构成竞合。Vgl. Harm Peter Westermann, Kommentar zum § 434, in: Münchener Kommentar zum BGB, 7. Aufl., München: C. H. Beck, 2016, Rn. 1.

[32] 参见黄茂荣:《债务不履行与损害赔偿》,厦门大学出版社2014年版,第185页。

[33] 有学者认为,此时即便两者发生的原因事实相同,但指称损害不同,可一并请求,不发生竞合。参见注[32],第185页。有学者认为,瑕疵给付本身涵盖了加害给付情形,参见注[7],王利明书,第109页。

[34] 就《侵权责任法》第41条财产损害的范畴,立法机关工作人员编著的释义书认为,第41条的财产损害既包括缺陷产品以外的其他财产的损害,也包括产品本身的损害。参见全国人民代表大会常务委员会法制工作委员会民法室编:《中华人民共和国侵权责任法条文说明、立法理由及相关规定》,北京大学出版社2010年版,第174页。持同一观点的,亦参见最高人民法院侵权责任法研究小组编著:《〈中华人民共和国侵权责任法〉条文理解与适用》,人民法院出版社2016年版,第300页以下;相关裁判参见最高人民法院(2013)民申字第908号民事裁定书。学理之深入探讨,参见朱晓喆、冯洁语:《产品自损、纯粹经济损失与侵权责任——以最高人民法院(2013)民申字第908号民事裁定书为切入点》,载《交大法学》2016年第1期,第162页以下。

[35] 侵权责任之裁判虽未见诸高级人民法院以上审级裁判,但在中级人民法院颇为普遍,例如云南省普洱市中级人民法院(2016)云08民终138号民事判决书;浙江省杭州市中级人民法院(2014)浙杭民终字第3252号民事判决书;广东省珠海市中级人民法院(2015)珠中法民二终字第396号民事判决书。违约责任之裁判,参见山西省高级人民法院(2012)晋民申字第49号民事裁定书。

2. 与缔约过失之竞合

缔约时，出卖人无过失地作不实陈述，或因不作为而未披露相关信息，能否适用本条？缔约过失以过失违反先合同义务为前提，以赔偿信赖利益为法律后果，例如，故意隐瞒与订立合同有关的重要事实或提供虚假信息（《合同法》第42条第2项）。缔约时，出卖人未告知买受人标的瑕疵，其隐瞒行为亦违反告知义务，且标的品质亦不符合约定，故在适用本条之外，《合同法》第42条第2项和第3项亦存适用空间。㊱

就违约责任与缔约过失之关系，比较法上有"特别规则优先说"和"竞合说"之不同见解。㊲本文认为，缔约过失与违约责任均可适用时，两者构成自由竞合，由当事人自行选择。两者竞合时，因履行利益赔偿常多于或至少等于信赖利益赔偿，故对守约方而言，实践中适用违约责任往往较缔约过失更有利。㊳

学理上，违约责任与缔约过失的规则指向不同，前者立足履约行为之品质，强调依约履行；后者关注缔约行为，一方不得在缔约中干扰或影响

㊱ 参见许德风：《论瑕疵责任与缔约过失责任的竞合》，载《法学》2006年第1期，第87页。

㊲ 比较法上亦存缔约过失与违约责任竞合关系之讨论。德国法通说认为，两者竞合时，应优先适用买卖法的瑕疵担保责任规则，即基于过失对标的品质作不实陈述的，可构成缔约过失责任（实务中尤以不动产买卖和企业买卖为重要案型），若陈述内容包含标的品质，应优先适用瑕疵担保规则。时效上，应适用瑕疵请求权消灭时效（《德国民法典》第438条），而非三年普通消灭时效（《德国民法典》第195、199条）。德国法优先适用瑕疵担保规则的原因在于，缔约过失最初旨在弥补法律漏洞，若有特别法规则，就不必适用缔约过失规则。Vgl. 注31，Harm Peter Westermann 评注，§ 437 Rn. 57; Christian Berger, Kommentar zum § 437, in: Jauernig Bürgerliches Gesetzbuch Kommentar, 13. Aufl., München: C. H. Beck, 2009, Rn. 34; BGH, "Täuschung über Ruf eines Gastbetriebs", Neue Juristische Wochenschrift, Heft 40, 1992, S. 2565. 但是，德国学界就特别规定优先适用之立场，不乏质疑，原因在于，缔约过失和瑕疵担保在构成要件上存在结构性差异。Vgl. Martin Häublein, "Der Beschaffenheitsbegriff und seine Bedeutung für das Verhältnis der Haftung aus culpa in contrahendo zum Kaufrecht", Neue Juristische Wochenschrift, Heft 6, 2003, S. 388, 391 ff. 类似的，我国台湾地区亦有见解认为，就诚信义务而言，瑕疵担保与缔约过失构成竞合，当竞合的是物的瑕疵担保的具体规定时，该竞合会引起排斥适用问题，因为法律既明文规定瑕疵担保不以故意、过失为其责任要件，除非认为该等规定有漏洞，否则不以故意、过失为要件者，其要件不受缔约过失调整。参见黄茂荣：《债法总论》（第三册），台湾植根法学丛书编辑室2010年版，第39页。

㊳ 认可由守约方自由选择，承认请求权竞合的，参见尚连杰：《先合同说明义务违反视角下的缔约过失与瑕疵担保关系论》，载《政治与法律》2014年第11期，第144页。

他方自由意志。㊴唯有告知义务与瑕疵之内部关联,构成两者制度适用关系交叉之缘由。买卖合同中,若告知内容与标的或价款直接相关,是否履行告知义务便会直接影响违约责任成立,由此引发缔约过失与违约责任之竞合。

16   违约责任与缔约过失责任竞合之案例亦见诸实务。㊵有观点认为,两者的规则适用应区分标的特性,在有体物买卖,应优先适用买卖合同违约责任规则,原因在于其解决方案更具体、明确、恰当;在非有体物买卖,应以约定优先,适用违约责任,缔约过失无适用余地,但若缺乏统一质量标准,又无明确约定时,可适用缔约过失中的欺诈和告知义务规则来处理与品质相关的争议;买受人在风险转移前发现瑕疵又已付款者,可拒绝受领标的,主张缔约过失责任,要求返还价款并赔偿损失;一旦受领标的,应主张违约责任。㊶

3.与性质错误之竞合

17   质量不符构成性质错误,能否适用本条？我国法上,性质错误构成重大误解,但须以造成较大损失为前提,即行为人因对行为的性质、对方当事人、标的物的品种、质量、规格和数量等的错误认识,使行为的后果与自己的意思相悖并造成较大损失的,可以认定为重大误解(《民通意见》第71条)。质量是否符合约定,应基于对应有品质之认定作出〔25—29〕,但因品质与性质错误的"性质"存在概念上的参照联动关系,性质错误系指足以影响标的物使用及价值的事实或法律关系,其"性质"包括但不限于物的材料,而是涵盖所有构成价值之要素。㊷例如,商品房销售合同的标的为危房、根本无治疗效果的贵重药品或保健品。㊸

㊴ 参见注㊱,第88页以下。

㊵ 参见王信芳主编:《民商事合同案例精选》,上海人民出版社2004年版,第296页以下。

㊶ 参见注㊱,第90页以下;天津市高级人民法院(1999)高审监经再终字第8-34号民事判决书。

㊷ 参见陈自强:《契约之成立与生效》,元照出版公司2014年版,第274页;陈自强:《契约违反与履行请求》,元照出版公司2015年版,第62页;陈自强:《契约错误之比较法考察》,载《东吴法律学报》第26卷第4期,第19页。

㊸ 参见浙江省台州市中级人民法院(2016)浙10民终1491号民事判决书;山东省菏泽市中级人民法院(2015)荷民再终字50号民事判决书;上述判决转引自李宇:《民法总则要义:规范释论与判解集注》,法律出版社2017年版,第552页。

构成性质错误之情形，也常构成质量不符约定，故学理就两者适用关系有"特别规定说"及"竞合说"之不同见解。"特别规定说"系指交易上重要性质错误，若同时符合买卖物的瑕疵担保规定，则后者排除适用前者。㊹ 若径行适用性质错误主张撤销，由出卖人承担缔约过失责任，其责任较违约责任更轻，或有架空瑕疵担保责任之嫌。㊺ "竞合说"系指两者并非一般与特殊关系，应自由竞合适用。㊻

本文认为，就《合同法》第111条与重大误解（《民法总则》第147条）之适用关系，宜采"竞合说"。㊼ 原因在于，性质错误与《合同法》第111条法效有异，尤以期间为甚，但在时效上，《合同法》第111条并无优先适用之特别理由，此点构成其与德国法上瑕疵担保责任优先适用于性质错误的重大区别！我国法上，依循性质错误撤销合同（《民法总则》第147条）适用3个月或5年的重大误解特殊期间（《民法总则》第152条）；主张违约责任的具体法效则须依买受人选择确定〔61—64〕，但由于违约责任无特殊时效，故适用3年及最长20年时效（《民法总则》第188条），故若适用撤销的特殊期间，或对出卖人而言更为有利。换言之，德国法上，瑕疵担保优先适用的理由主要在于瑕疵担保的特别时效，以及瑕疵担保责任与错误撤销构成特别规定与一般规定之关系。但在我国法上，性质错误与本条之间，不能仅因特别制度（违约责任）与一般制度（重

㊹ 德国采"特别规定说"，认为买卖法的瑕疵担保责任系特别规则，由此排除适用错误制度。Vgl. Walter Weidenkaff, Kommentar zum § 437, in: Palandt Bürgerliches Gesetzbuch, 74. Aufl., München: C. H. Beck, 2015, Rn. 53; 注㊲，Christian Berger 评注，§437 Rn. 32; Wolfgang Schur, "Eigenschaftsirrtum und Neuregelung des Kaufrechts", Archiv für die civilistische Praxis, Heft 6, 2004, S. 898. 但德国债法改革后，瑕疵担保法和一般履行障碍法的差别渐小，学界对特别规则优先适用的立场亦存质疑：其一，瑕疵担保自风险转移后方可主张，因此，风险转移前是否仍排除适用"错误撤销制度"存在争议；其二，当物的瑕疵系交易上重要的性质瑕疵时，能否排除适用错误撤销制度亦存在争议。目前认为，当物的性质不属于品质约定的内容时，不应适用错误撤销制度，但当补正（修理、更换）事实上无法履行，就不应阻碍买受人适用错误撤销制度。参见注㉛，Harm Peter Westermann 评注，§437 Rn. 53。

㊺ 参见维尔纳·弗卢梅：《法律行为论》，迟颖译，法律出版社2013年版，第576页。

㊻ 我国台湾地区采"竞合说"，参见史尚宽：《民法总论》，中国政法大学出版社2000年版，第416页；王泽鉴：《民法总则》，北京大学出版社2009年版，第300页；陈自强：《台湾民法契约错误法则之现代化》，载《月旦法学杂志》2015年第4期，第117页以下。

㊼ 我国大陆亦持"竞合说"观点者，参见注㊸，李宇书，第559页。

大误解)之形式性理由,而径行优先适用本条,更遑论违约责任与重大误解均属《合同法》总则规定,其是否构成特别和一般关系亦颇值怀疑。因此,当本条优先适用缺乏实质性的正当化理由时,自应允许两者自由竞合。唯须注意,性质错误与违约责任的规范事实虽有重合,但制度功能迥异,前者关注意思表示形成自由,后者旨在遵循当事人合意。基于合同信赖和交易安全,不能仅以形成意思或表示上重大误解为由而撤销合同,且撤销须限于交易上重要的性质错误,须涉及标的物本质,须构成"本质的性质错误"。[48]

20　当事人可就重大误解下的风险承担作出特别约定[41-44],问题在于,出卖人通过特别约定,排除其就买卖物应具备的特定品质所承担的责任时,买受人能否基于其对标的特性发生重大误解为由行使撤销权?免除特定瑕疵违约责任之约定,或对特定瑕疵拒绝保证品质,此种积极约定或消极拒绝保证,均以排除出卖人承担重大误解之风险为目的,此时亦应排除适用重大误解,否则,当事人基于约定来免除特定瑕疵违约责任的"风险限制目的"有落空之虞。换言之,当事人免责特别约定的内容涉及性质错误时,不仅性质错误的违约责任因特别约定免责而被排除,性质错误的撤销后果也应排除适用。[49] 但少数见解认为,合同未明确约定标的特性时,重大误解的前提条件,即"给付标的与给付约定不符",并未满足。[50]

21　标的尚未交付时,买受人能否依性质错误而行使撤销权?有见解认为,因买受人重大过失未注意到瑕疵而排除出卖人责任时,买受人在交付前所享有的权利,不应多于其在交付后所享有的权利,此种情形下,买受人不享有撤销权。[51] 本文认为,《合同法》第111条违约责任始于交付瑕疵标的之时,在交付前,买受人可基于性质错误行使撤销权。

---

[48]　参见注[42],陈自强文,第20页以下。

[49]　例如,承揽人以固定价格承揽工作,也默示承担可能发生的计算错误,嗣后不得以未正确估算工时及费用为由撤销合同。参见注[42],陈自强文,第38页以下。类似司法裁判,参见最高人民法院(2012)民提字第161号民事判决书。

[50]　参见注[45],第577页以下。

[51]　参见注[45],第576页。

4. "三包"规定:明示担保之效力判断

《合同法》第 111 条与"三包"规定[52]之关系,构成学理及实务争点。微型计算机、家用视听商品、移动电话商品、固定电话商品、家用汽车产品、农业机械产品及《部分商品修理更换退货责任规定》列举的 19 种商品出现性能故障时,应依"三包"规定进行修理、更换和退货。此种规定,系以部门行政规章形式就特定产品予以规制的特殊规定,原则上适用于消费者合同。"三包"规定的核心内容在于,"三包"有效期内,消费者可于 7 日内自由选择退货、更换或修理;8—15 日内,选择更换或修理;修理两次或无同类型产品更换的,可退货,有同类型产品更换的,可选择退货并承担折旧费。但是,学界对此类规定之合理性不乏质疑。[53]

司法裁判对"三包"规定之适用,多见于合同纠纷[54]和产品责任纠纷[55]。但《合同法》第 111 条和"三包"规定的关系如何,实务区分多数说和少数说。多数见解直接适用"三包"规定[56];少数见解或一并适用本条和"三包"规定[57];或径行适用《产品质量法》《消费者权益保护法》和"三包"规定[58];或直接适用《合同法》第 111 条[59]。

---

[52] 《部分商品修理更换退货责任规定》之外,另有《微型计算机商品修理更换退货责任规定》《家用视听商品修理更换退货责任规定》《移动电话机商品修理更换退货责任规定》《固定电话机商品修理更换退货责任规定》《家用汽车产品修理、更换、退货责任规定》及《农业机械产品修理、更换、退货责任规定》六项规章。

[53] 学者正确指出,"三包"制度形式上通过行政立法形式调整平等主体之间的关系,借用了物的瑕疵担保责任的"外壳",实质为管制规范,以国家政策为导向,一揽子解决包括产品缺陷和产品瑕疵在内的所有质量问题。参见钟瑞华,《中国"三包"制度总检讨》,载《清华法学》第 6 辑,清华大学出版社 2004 年版,第 97 页。

[54] 参见云南省高级人民法院(2008)云高民二终字第 34 号民事判决书。

[55] 参见湖南省长沙市中级人民法院(2014)长中民一终字第 05818 号民事判决书。

[56] 此种立场虽未见诸高级人民法院以上级别裁判,但在中级人民法院颇为普遍,参见海南省海南中级人民法院(2006)海南民二终字第 265 号民事判决书;辽宁省大连市中级人民法院(2016)辽 02 民终 866 号民事判决书;浙江省杭州市中级人民法院(2015)浙杭商终字第 1261 号民事判决书;广东省深圳市中级人民法院(2015)深中法民终字第 899 号民事判决书;上海市第二中级人民法院(2013)沪二中民一(民)终字第 1615 号民事判决书。

[57] 参见河北省沧州市中级人民法院(2015)沧民终字第 705 号民事判决书;湖北省武汉市中级人民法院(2015)鄂武汉中民商终字第 01053 号民事判决书。

[58] 参见河南省新乡市中级人民法院(2015)新中民二终字第 375 号民事判决书;广东省中山市中级人民法院(2015)中中法民二终字第 461 号民事判决书。

[59] 参见云南省高级人民法院(2008)云高民二终字第 34 号民事判决书。

24　　　司法裁判之分歧,宜正本清源,从学理层面厘清"三包"规定与本条之适用关系。"三包"规定系行政规章,其与《合同法》第111条甚难界定为特别法与一般法关系。本文认为,或可着眼于"三包"规定构成明示担保之特性,借助格式条款效力判断规则解决。申言之,其一,"三包"规定系国家就特定商品制定的最低要求,销售者、生产者可制定更严格的"三包"承诺;其二,"三包"规定明文将此种承诺界定为明示担保⑩;其三,消费者主张"三包"权利,须以有效的"三包"凭证为必要前提,而凭证之制作,亦须符合"三包"规定的强制性要求。⑪ 故可认为,"三包"凭证构成明示担保,而凭证制作的法定要求亦符合《合同法》第39条格式条款的一般特征。因此,"三包"凭证宜认定为是一种格式条款形式的明示担保,进而借助格式条款的效力规则,基于类型化,分别认定效力。对于消费者合同,可区分如下情形:①"三包"规定之一为"消费者于七日内自由选择退货、更换或修理",但就退货而言,本条以"满足法定解除条件,即根本违约为退货前提"〔77〕,故前述"三包"规定构成特约加重之明示担保〔40〕,更有利于保护买受人权利,若不违反强制性规定,应属有效,适用该明示担保之特别约定;②"三包"规定之二为"消费者可在八至十五日内,选择更换或修理;修理两次或无同类型产品更换的,可退货,有同类型产品更换的,可选择退货并承担折旧费"。"修理两次或无同类型产品更换方可退货"的"三包"规定,相较于《合同法》第111条"退货须满足根本违约"的前提条件,须作区别判断:其一,8—15日内出现根本违约,而"三包"规定仍要求两次修理或同类型产品更换,宜认定"三包"之明示担保构成本条之特别约定减免情形〔41—45〕,减轻了出卖人责任,宜依格式条款的效力判断规则判定效力

---

⑩　明文规定为"明示担保"的,参见《家用视听商品修理更换退货责任规定》第4条、《固定电话机商品修理更换退货规定》第4条、《移动电话机商品修理更换退货责任规定》第4条、《微型计算机商品修理更换退货责任规定》第4条;描述为"承诺"的,参见《部分商品修理更换退货责任规定》第4条;描述为"承诺"和"明示"字样的,参见《家用汽车产品修理、更换、退货责任规定》第4条、第12条,以及《农业机械产品修理、更换、退货责任规定》第4条、第14条。

⑪　例如《家用视听商品三包凭证》《固定电话机三包凭证》《移动电话机商品三包凭证》《微型计算机商品三包凭证》。参见《家用视听商品修理更换退货责任规定》第5条第4项第3点及附录2,《固定电话机商品修理更换退货规定》第7条第3项及附录2,《移动电话机商品修理更换退货责任规定》第7条第1项及附录2,《微型计算机商品修理更换退货责任规定》第5条第4项第4点及附件2。

〔45〕。其二,"有同类型产品更换时可以退货但须承担折旧费"之规定,较之《合同法》第 111 条,"三包"规定的退货《合同法》第 111 条限制更少,唯有承担折旧费部分,构成《合同法》第 111 条"免费退货"〔76—77〕的加重情形,宜认定"三包"规定中有关承担折旧费的明示担保属于特别约定之减免,减轻了出卖人责任,亦可依据格式条款效力规则判定效力〔45〕。

二、质量不符合约定

(一)认定标准

1.瑕疵类型

物的瑕疵,指标的本身的瑕疵足以减少物的使用价值、交换价值或不符合合同约定效用。㉖ 传统学说认为,质量不符合约定可区分价值瑕疵与效用瑕疵。㉗ 分类上,依发现难易程度和瑕疵性质,或区分表面瑕疵与隐蔽瑕疵,或区分品质瑕疵、种类瑕疵、数量瑕疵和包装瑕疵。《合同法》区分数量瑕疵和质量瑕疵(《合同法》第 157 条、第 158 条及《买卖合同司法解释》第 15 条),其中,质量瑕疵涵盖外观瑕疵和隐蔽瑕疵〔57—59〕。瑕疵之判定,应特别注意与性质错误相区别〔17—21〕。㉘

数量不符是否属于本条范畴?学说认为,瑕疵仅指品质,不包括种类或数量,交付异种物属于错误,数量不符属于不完全给付。㉙ 亦有见解将数量超过和数量不足视为性质瑕疵。㉚ 本文认为,《合同法》有关质量异议期的规定涵盖了数量问题,司法实务亦见诸相关裁判,故而数量不符原则上属于《合同法》第 111 条规制范畴。㉛ 就种类不符,司法实践亦适用《合同法》第 111 条判定违约责任,但数量寥寥。㉜

㉖ 参见陈聪富:《出卖人担保责任与债务不履行之关系》,载《月旦法学杂志》2017 年第 2 期,第 18 页。
㉗ 参见郑玉波:《民法债编各论》(上册),三民书局 1981 年版,第 41 页。
㉘ 参见注㊷,陈自强书,《契约之成立与生效》,第 274 页;注㊷,陈自强书,《契约违反与履行请求》,第 62 页。
㉙ 参见注㉗,第 43 页。
㉚ 参见注⑤,第 40 页。
㉛ 参见湖南省湘潭市中级人民法院(2015)潭中民二终字第 56 号民事判决书。
㉜ 参见福建省福州市中级人民法院(2013)榕民初字第 1374 号民事判决书;间接承认适用的,参见最高人民法院(2015)民申字第 3298 号民事裁定书。

27   实践中,鉴于瑕疵复杂多样,应综合情事并依诚实信用原则确定。商品房销售合同中,房屋建筑工程质量不符合法定标准和合同目的,构成质量缺陷,交付时即已存在的隐蔽的质量缺陷,应承担违约责任(《房屋建筑工程质量保修办法》第3条),房屋渗漏水、蚁害亦构成质量不符。⑩ 汽车买卖合同中,车辆仪表盘间隙过大等缺乏国家标准规范的事项,不影响质量性能,但影响外观美观评价,可能有安全隐患,可适用《合同法》第111条。⑪ 工作成果不符合质量要求,若因定作人指示或提供的材料所致,承揽人是否担责?于此,《合同法》虽无明文规定,但学理实务均持否认立场,若工作不合格系定作人原因所致,则承揽人不承担责任。⑫

2.认定标准:"主观说"

28   质量不符合约定的认定标准,学理区分"客观说"和"主观说"。依"客观说",交付标的不符合同种类物应具有的通常性质与客观特征,构成瑕疵,即以同种类标的客观通常的性质作为认定标准;依"主观说",交付标的不符约定品质,致灭失或减少其价值或效用,即具有瑕疵。⑬ 亦有观点认为,我国总体采纳"主观标准为主,客观标准为辅"的标准。⑭ 司法实务中存在如下六项标准,判断顺位为:①约定质量,从约定;②无约定,出卖人提供标的物样品或有关标的物质量说明,从样品或说明的质量标准;③无约定亦无样品或质量说明,若有协商标准,从之;④无协商标准,依合同条款或交易习惯确定;⑤仍无法确定,依国家、行业标准;⑥无标准,依通常标准或符合合同目的的特定标准。(《合同法》第61条、第62条、第153条、第154条)

29   疑点在于,"主观说"与"客观说"是否为相互对立的学说?本文认为,宜将瑕疵认定的两种学说理解为强调以何为准、以何优先,而非相互

---

⑩ 参见最高人民法院(2002)民一终字第4号民事判决书;江苏省盐城市中级人民法院2009年5月15日民事判决(《最高人民法院公报》2010年第11期:杨珺诉东台市东盛房地产开发有限公司商品房销售合同纠纷案)。

⑪ 参见山东省青岛市中级人民法院(2015)青民二商终字第820号民事判决书。

⑫ 参见注⑦,王利明书,第442页;广东省中山市中级人民法院(2015)中中法民一终字第681号民事判决书。

⑬ 参见注⑤,第39页;王泽鉴:《商品制造人责任与消费者之保护》,正中书局1979年版,第16页。

⑭ 参见周友军:《论出卖人的物的瑕疵担保责任》,载《法学论坛》2014年第1期,第109页。

对立或相互排斥。因此,"主观优先、客观为辅"的观点仍属于主观瑕疵概念。⑭ 司法实践所确立的综合判定标准及其顺位,宜解读为采"主观说",即以当事人约定作为判定瑕疵的优先基准。⑮

3.瑕疵存在时点

瑕疵应于何时产生?学理上以风险转移为时点,《合同法》原则上以交付为时点。学理上,风险转移有四种类型:①瑕疵于合同成立时已存在,至风险转移时仍存在,出卖人应负违约责任;②瑕疵于合同成立时虽不存在,但于风险转移时存在,出卖人亦负违约责任;③瑕疵于合同成立时虽存在,但于风险转移时已除去,出卖人不负违约责任;④瑕疵于合同成立后存在,于风险转移时已除去,出卖人不负违约责任。⑯

实务中,买卖合同和承揽合同均以交付为时点(《买卖合同司法解释》第33条、《合同法》第251条、第261条)。⑰ 但就承揽合同而言,仍存裁判尚未阐明之特别问题:交付前或交付后,工作成果有瑕疵,承揽人是否承担责任?就前者,工作完成前即已发生瑕疵,但承揽人可在完成前除去该瑕疵而交付无瑕疵工作,因此,是否除去瑕疵属于承揽人权利,定作人原则上不得诉诸违约责任;但工作尚未完成却已发生瑕疵,且瑕疵性质上不能除去或虽可除去但承揽人明确拒绝,或鉴于时间及费用因素,显然可以预期承揽人不能在清偿期前除去的,则继续等待承揽人完成工作已无实益,应允许定作人在例外情形下、在工作完成前主张违约责任。⑱ 就后者而言,若承揽合同约定保修期,只要瑕疵处于保修期且瑕疵非因定作

---

⑭ 德国债法改革后也明确采纳了主观具体瑕疵概念,以主观约定作为认定瑕疵的优先基准。参见注㉛,Harm Peter Westermann 评注,§ 434 Rn. 6。

⑮ 参见吉林省高级人民法院(2016)吉民申500号民事裁定书;山东省高级人民法院(2014)鲁民四终字第97号民事判决书;江苏省高级人民法院(2015)苏审二商申字第00330号民事裁定书。

⑯ 参见注㊳,第44页。

⑰ 参见广东省广州市中级人民法院(2015)穗中法民二终字第283号民事判决书。

⑱ 参见詹森林:《承揽瑕疵担保责任重要实务问题》,载《月旦法学杂志》2006年第2期,第14页;姚志明:《承揽瑕疵损害赔偿与不完全给付于"最高法院"判决发展之轨迹》,载赵万一、郑佳宁主编:《〈月旦法学〉民事法判例研究汇编》,北京大学出版社2016年版,第75页;宁红丽:《论承揽人瑕疵责任的构成》,载《法学》2013年第9期,第136页以下。

人原因所致,承揽人仍应承担责任。⑦⑨

(二)特别问题

1.公法上使用限制

32　　公法上使用限制,可否构成物之瑕疵?有见解认为,区分物之瑕疵与权利瑕疵,应以瑕疵是否为"物本身的瑕疵"为准。⑧⑩ 区别实益在于,物之瑕疵可以从物本身消除,权利瑕疵则须真实权利人配合。⑧① 依此类推,公法上使用限制亦应作个案判断,就标的本身瑕疵而作出限制,属物之瑕疵;限制存于物本身之外,为权利瑕疵。⑧② 亦有见解认为,物之瑕疵有别于标的本身无瑕疵,但标的所有权受限制的权利瑕疵,亦会贬损物的交换价值或不符合约定效用。⑧③《合同法》第150条及以下条款虽规定了权利瑕疵,但未明确具体法效,须返回《合同法》第107条主张违约责任,两者在法律效果上无甚区别。⑧④

33　　实务中,公法上使用限制所涉案型多见于租赁合同与建筑工程合同。就租赁标的瑕疵而言,公法上使用限制多为租赁物未完成公安消防验收、被吊销人民防空工程平时使用证⑧⑤;或合同标的被消防验收为车库,无法

---

⑦⑨ 参见注⑦⑧,宁红丽文,第136—137页;广东省佛山市中级人民法院(2015)佛中法民二终字第1489号民事判决书。

⑧⑩ 参见黄茂荣:《买卖法》,台湾植根法学丛书编辑室2004年版,第337页。

⑧① 就权利瑕疵与物之瑕疵的区别实益,我国台湾地区民法理论有所不同:物之瑕疵,买受人原则上无瑕疵修补请求权及损害赔偿请求权;权利瑕疵,买受人得请求出卖人排除瑕疵并请求损害赔偿。参见注⑥②,第19页。区分物之瑕疵与权利瑕疵,我国法在法律后果上虽无上述差别,但不意味着在边际性案件中准确区分物之瑕疵与权利瑕疵缺乏意义。

⑧② 参见注⑧⑩,第339页。但我国台湾地区"最高法院"多将公法上使用限制界定为物之瑕疵。

⑧③ 参见注⑥②,第18页。

⑧④ 类似的,德国法上,权利瑕疵与物之瑕疵在法律后果上也无根本区别。参见注③①,Harm Peter Westermann 评注,§434 Rn.1。

⑧⑤ 吊诡的是,根据《中华人民共和国行政许可法》第14条与第15条,法律、行政法规、地方性法规以及省、自治区、直辖市人民政府规章,可作为设定行政许可的法律依据。依《人民防空工程平时开发利用管理办法》[国家人民防空办办公室(2011)国人防办字第211号]第9条的规定,使用单位须持有《人民防空工程平时使用证》,方可使用人民防空工程。鉴于国家人民防空办无权设定行政许可,故《人民防空工程平时使用证》所依赖的行政行为本身的合法性存疑。

作为商业用房使用；或被认定为违法构筑物而被强制拆除。裁判多将此类瑕疵判定为物之瑕疵。[86] 本文认为，上述立场值得商榷，原因在于，公法上使用限制系指国家机关作为"第三人"对物的使用所施加之限制，多为行政行为（行政许可），其本质为权利瑕疵，而非标的本身瑕疵。司法裁判将之归为物之瑕疵，或可归咎于我国未规定权利瑕疵的具体法效，故在法律效果上，与物之瑕疵区别不大，法院或出于裁判便利性，径行援引本条，归为物之瑕疵。但是，私法与公法上的权利瑕疵之救济有所不同，私法上的权利瑕疵，原则上可以消灭（损害赔偿）或补正，无绝对意义上履行不能之空间；公法上的权利瑕疵，则存在可以补正和无法补正两种情形，例如，未取得权证属于可以补正情形，无法补正则构成部分履行不能。本文认为，公法上使用限制，宜回归本质，认定为权利瑕疵，进而探讨救济空间与方式。

就承揽合同而言，其使用限制常表现为未取得土地使用权、建设工程规划许可证或施工许可证，司法裁判多以其违反强制性规定为由（《城乡规划法》第40条、第64条，最高人民法院《关于审理建设工程施工合同纠纷案件适用法律问题的解释》法释〔2004〕14号第1条），判定合同无效。[87] 本文认为，若建设工程合同在缺乏权证情形下已履行完毕，司法解释判定合同无效之立场颇值商榷：其一，此类强制性规范应考虑其规范目的，即是否以消除合同履行过程与履行结果中产生的风险为规范目的；其二，建设工程合同本身亦有交易安全考量、所有权人一物二卖的可能性；故在建设工程合同，宜就缺乏权证的性质界定与法律后果作谨慎周密考量，宜将公法上限制（行政许可）本身是否合法及目的何在纳入考量。

2. 凶宅：规范意义上瑕疵

凶宅是商品房买卖合同纠纷的常见案型，但凶宅为交易用语，并非法

---

[86] 参见重庆市高级人民法院（2012）渝高法民终字第00140号民事判决书；江苏省高级人民法院（2015）苏民终633号民事判决书；江苏省高级人民法院（2015）苏民终627号民事判决书。

[87] 参见浙江省高级人民法院（2013）浙甬民二终字第177号民事裁定书；江苏省常州市中级人民法院（2014）常民终字第359号民事判决书；浙江省金华市中级人民法院（2015）浙金民终字第1930号民事判决书。

律概念，其法律界定在我国法上尚不明确。⑧⑧凶宅是否构成物之瑕疵，学理及实务中有肯定及否定见解，分别形成裁判的多数说及少数说。多数裁判持肯定见解，认为凶宅之认定，涉及房屋价值、效用或品质减损之考量，认定物的价值瑕疵与效用瑕疵时，不应限于物本身，凡影响物的价值或效用的因素，都可构成物的瑕疵⑧⑨；房屋价值由建筑成本、居住环境等多种因素构成，人们依观念和风俗习惯对住宅内发生非正常死亡事件感到恐惧、忌讳、焦虑，住宅实物虽未受损，未影响实际使用价值，但直接影响心理感受，降低了交易价值，构成重大瑕疵。⑨⑩少数裁判持否定观点，认为应以瑕疵定着点是否在物本身，而不应以瑕疵发生的影响作为瑕疵判断标准⑨⑪；凶宅缺乏法律上的明确界定，人们对其是否影响居住等认知观念存在差异，当事人未就交易房屋的居住历史等因素作明确约定时，不宜认定其影响合同效力。⑨⑫

学理上，或可将凶宅视为规范意义上瑕疵。⑨⑬实务中虽多认可凶宅构成物之瑕疵，认为其虽无物理缺陷，但在市场上被视为有害于通常使用或交易价值，属于价值减少（客观交易价值减少）之瑕疵。⑨⑭本文认为，上述裁判立场可资赞同，但论证层次仍可细分：其一，凶宅判定涉及客观事实判断，应以房屋是否发生非自然死亡的客观情形为准考量，不宜介入当事

---

⑧⑧ 我国台湾地区《不动产委托销售契约书范本》附件一《不动产标的现状说明书》第11项界定凶宅为：建筑改良物（专有部分）于卖方产权曾发生凶杀或自杀致死亡之情事，即非自然死亡情形。参见吴从周：《凶宅、物之瑕疵与侵权行为——以两种法院判决案型之探讨为中心》，载《月旦裁判时报》2011年第12期，第107页。

⑧⑨ 参见许政贤：《凶宅、物之瑕疵与法律适用》，载《月旦法学教室》2014年第138期，第13页；注⑧⑧，第110页。

⑨⑩ 参见四川省资阳市中级人民法院(2015)资民终字第1022号民事判决书；广东省广州市中级人民法院(2014)穗中法民五终字第474号民事判决书。

⑨⑪ 参见注⑧⑧，第108页以下。

⑨⑫ 参见河北省承德市中级人民法院(2013)承民终字第396号民事判决书。

⑨⑬ 参见詹森林：《买卖之物之瑕疵担保》，载《月旦法学》2017年第261期，第43页。

⑨⑭ 例如四川省资阳市中级人民法院(2015)资民终字第1022号民事判决书；广东省广州市中级人民法院(2014)穗中法民五终字第474号民事判决书。但此类合同在实务中多主张解除或撤销合同，鲜有援引本条主张违约责任者。

人主观认知;其二,凶宅是否构成违约责任,应先检视约定⑨,即出卖人在房屋买卖合同中有无告知凶宅情形,若约定出卖房屋无非自然死亡情形,而房屋现状与约定的应有状况不符,致使标的物价值减损,构成违约。⑩ 若出卖人故意隐瞒房屋系凶宅的真实信息,构成欺诈可撤销和《合同法》第111条之自由竞合,若买受人基于欺诈主张撤销合同,须提供充分证据证明出卖人确实知晓涉案房屋发生过死亡事件且作出虚假陈述。⑪

3.医疗服务合同:手段债务瑕疵

医疗服务合同的违约判断,与以买卖合同为典型的结果债务有所不同,原因在于,作为一种手段债务,债务人应负作为善良管理人或理性人的提出给付的注意义务,但不负发生一定结果的义务。所以,债务人尽到注意义务,应认定为符合合同本旨。⑫

实务中,医疗服务有无瑕疵,须考察医疗行为是否违反法定或约定义务,检视医院是否尽到合理注意义务、履行风险告知和提示义务。⑬ 判定违约时,应区分法定义务与约定义务,以审查医疗行为是否违反法定义务为主,即是否违反医疗卫生管理法律、行政法规和规章以及诊疗护理规范等义务,违反上述法定义务即违约;同时应审查是否违反双方特别约定。⑭

---

⑨ 例如,链家在线网站公开承诺,北京居间成交的二手房本体结构内曾发生自杀、他杀、意外死亡事件,且链家未尽信息披露义务的,链家将对购房人进行补偿,其承诺细则中载明的申请补偿的条件为:凶宅事件在签约前发生;……仅对该二手房涉及的出售人取得该房屋产权后发生的凶宅事件承担补偿责任,在其取得产权之前发生的,链家无调查能力;交易中,链家未就凶宅信息向客户如实披露;……有警方证明交易房屋本体结构内确发生自杀、他杀、意外死亡的凶宅事件;客户对该凶宅信息已知情的,链家不承担补偿责任。相关裁判参见北京市第一中级人民法院(2017)京01民终1274号民事判决书。

⑩ 参见向明恩:《物之瑕疵担保责任之再探——以凶宅案为例》,载《月旦裁判时报》2011年第12期,第99页;尚连杰:《凶宅买卖的效果构造》,载《南京大学学报》2017年第5期,第40页以下。

⑪ 参见河北省高级人民法院(2016)冀民申239号民事裁定书;江苏省南京市中级人民法院(2017)苏01民终3310号民事判决书;四川省资阳市中级人民法院(2015)资民终字第1022号民事判决书。

⑫ 参见注①,谢鸿飞书,第441页。

⑬ 参见湖北省高级人民法院(2016)鄂民申2105号民事裁定书;重庆市高级人民法院(2015)渝高法民申字第01112号民事裁定书;浙江省高级人民法院(2013)浙民申字第483号民事裁定书;云南省高级人民法院(2014)云高民申字第261号民事裁定书。

⑭ 参见四川省高级人民法院(2016)川民申1658号民事裁定书。

4.建筑工程瑕疵

39　建设工程合同中,以质量不符主张违约责任,须以竣工验收为法定前提,未经竣工验收,发包人擅自使用后,不得以使用部分的质量不符合约定为由主张权利(最高人民法院《关于审理建设工程施工合同纠纷案件适用法律问题的解释》第13条)。[101]

三、约定违约责任

40　本条属任意性规定,当事人可基于约定免除、限制或加重违约责任。依约定效果,分为:①减免责任之特别约定;②加重责任之特别约定[102]。实务裁判以减免特别约定及格式条款的效力判定为重点,兼以拍卖合同为常见案型。

(一)减免责任之特别约定

41　减免、限制违约责任的条款是否有效?特别约定条款的效力判断,应检视条款是否免除故意或重大过失所生责任(《合同法》第53条)及是否具备《合同法》第52条规定的无效情形。[103] 若免责条款免除一般过失责任或轻微违约责任,且履行了免责条款的提示说明义务、不违反公平原则,应基于自愿原则,认定免责条款有效。[104]

42　出卖人恶意隐瞒瑕疵时,减免责任之特别约定条款的效力如何?我国仅规定合同对标的物瑕疵担保责任有减轻或免除特殊约定,但出卖人故意或因重大过失不告知买受人瑕疵时,不得依特别约定减免责任(《买卖合同解释》第32条),但此种约定条款效力为何,并不明确,地方司法实践有所探索,认为不能因当事人约定、出卖人的说明或买受人明知而轻易

---

[101] 参见广西壮族自治区柳州市中级人民法院(2015)柳市民一终字第99号民事判决书;河南省新乡市中级人民法院(2016)豫07民终2143号民事判决书;江苏省扬州市中级人民法院(2015)扬民终字第01771号民事判决书。

[102] 加重责任之特别约定,又可分为保证无瑕疵之特别约定、品质保证之特别约定(多见样品买卖)、延长担保期间之特别约定等情形。参见注63,第56—58页。

[103] 参见浙江省高级人民法院(2013)浙甬民二终字第177号民事裁定书。

[104] 参见北京市第一中级人民法院(2016)京01民终1682号民事判决书。

排除出卖人的质量瑕疵担保责任。[105] 对此,或可类推适用《合同法》第53条,但也可作立法论探索,例如引入"特别约定减免违约责任的效力"的特殊规则加以明确,规定"出卖人恶意隐瞒瑕疵,排除或限制违约责任的约定无效"。

出卖人故意欺诈买受人,买受人怠于通知时,出卖人是否承担本条责任?我国法上,基于欺诈,合同可撤销,在消费者合同中,更会发生惩罚性赔偿的法定加重责任(《消费者权益保护法》第55条),此时多依当事人主张,适用撤销规则。[106] 比较法上更有将此种约定归于无效之立法例。[107]

拍卖合同构成瑕疵免责的重要案型,其条款效力应结合《中华人民共和国拍卖法》(以下简称《拍卖法》)特殊规定及《合同法》和司法解释一般规定综合判定。拍卖人在拍卖前声明不能保证拍卖标的真伪或品质的,不承担瑕疵担保责任(《拍卖法》第61条第2款)。竞买人应负谨慎审查义务[108],拍卖人应履行瑕疵告知义务(《拍卖法》第18条第2款,第41条,第61条第1款),免责约定应以履行法定的瑕疵说明义务为前提,竞买人知道或应当知道标的瑕疵的,出卖人不承担瑕疵担保责任。[109] 仅笼统声明"以拍品现状拍卖"或"不承担瑕疵担保责任",不能认定为达成免除瑕疵担保责任的约定,而须以明确告知并获得竞买人同意为前提。[110] 此外,学理上虽就权利瑕疵能否类推适用此条存有商榷空间,但司法实务中已有所适用。[111]

---

[105] 北京市高级人民法院关于印发《北京市高级人民法院审理买卖合同纠纷案件若干问题的指导意见(试行)》的通知(京高法发[2009]43号)第24条。

[106] 参见最高人民法院(2014)民申字第948号民事裁定书;最高人民法院(2012)民提字第161号民事判决书。

[107] 例如我国台湾地区"民法"第366条。参见注㊳,第38页。

[108] 参见江苏省高级人民法院(2013)苏民终字第0330号民事判决书;北京市第三中级人民法院(2015)三中民(商)终字第08512号民事判决书。

[109] 参见云南省高级人民法院(2008)云高民二终字第73号民事判决书;湖北省高级人民法院(2014)鄂民监三再终字第00018号民事判决书;辽宁省高级人民法院(2014)辽民二终字第00151号民事判决书;浙江省高级人民法院(2014)浙商提字第88号民事判决书。

[110] 参见最高人民法院民二庭编著:《最高人民法院关于买卖合同司法解释理解与适用》,人民法院出版社2016年版,第490页以下。

[111] 参见云南省高级人民法院(2008)云高民二终字第73号民事判决书。

(二) 格式条款减免

45　格式条款约定违约责任减免，系免除或限制责任的特殊情形，应适用《合同法》第39条、第40条、第53条及《合同法解释（二）》第10条综合判断：若以格式条款免除或限制违约责任，须首先符合《合同法》第39条格式条款的构成要件，进而考察其是否为免除己方责任，加重对方责任或排除对方主要权利的情形，并应考察出卖人是否履行了适当的提示义务，相对方对合同订立是否有选择权。[112]

四、法定违约责任

46　对违约责任没有约定或约定不明，依《合同法》第61条仍不能确定，受损害方可以合理选择要求对方承担修理、更换、重作、退货、减少价款或者报酬等违约责任。《合同法》第111条虽未直接规定损害赔偿，但从"等违约责任"解释，应认为该条亦包括损害赔偿、违约金。[113] 鉴于《合同法》第111条对后两项仅为说明性条文，而非请求权基础，故就损害赔偿与违约金之法律适用，应以各自请求权基础为准。

（一）前置性规则

1.检验通知义务

47　买受人检验通知义务是一种不真正义务，出卖人无法通过诉讼向买受人主张这一义务，该义务有别于传统意义上的可诉的义务。检验通知义务应界定为特别法域的一项特别法构造，尤对商事交易意义重大，但我国法上，其适用不应限于商事合同[59]。检验通知义务的功能有二：其一，旨在尽快清算合同关系，促进交易便捷性，尽快确定买受人是否拒收，以此保护出卖人；其二，便利举证，避免出卖人因长时间后所发现的瑕疵而承受举证难度，即出卖人仅就风险转移时标的无瑕疵承担违约责任，出卖人不应承担风险转移后标的发生变更之风险，例如出卖人不应承

---

[112] 参见最高人民法院（2015）民申字第1324号民事裁定书。
[113] 参见注①，韩世远文，第188页。

担因买受人不当使用而产生瑕疵的违约责任。我国法上,检验通知期间的定性构成理论争点,实务争议则集中于隐蔽瑕疵的检验通知期间。

(1)检验通知期间之性质:期限负担

规范层面上,买受人未在检验期间提出瑕疵异议,视为标的数量或质量符合约定,亦即通过法律拟制,产生标的无瑕疵之后果,类型上区分"约定期间""质量保证期"和"最长两年的合理期间"三种检验通知期间(《合同法》第157、158条和《买卖合同解释》第17、19条)。[114]

实务中,买受人怠于异议,视为标的符合约定。对此,司法裁判或判定当事人主张违约责任的理由不成立[115],或判定主张违约责任的诉讼请求不成立[116],或判定质量不合格的抗辩主张不成立[117]。

但上述裁判并未正面回应检验通知期间性质的理论之争。就检验通知期间的性质认定,学理存在"除斥期间说"[118]"或有期间说"[119]"失权期间说"[120]和"违约责任构成要件说"[121]四种见解。吊诡的是,检验通知期间性质争议之根源,或在于《合同法》第158条第1款第2句"视为符合约定"

---

[114] 参见最高人民法院(2001)民二提字第1号民事判决书;最高人民法院(2015)民申字第2807号民事裁定书;最高人民法院(2015)民申字第2868号民事裁定书;广西壮族自治区桂林市中级人民法院(2016)桂03民终3号民事判决书。

[115] 参见最高人民法院(2016)最高法民终36号民事判决书。

[116] 参见浙江省高级人民法院(2015)浙商终字第118号民事判决书;江西省高级人民法院(2016)赣民终84号民事判决书;山东省高级人民法院(2015)鲁商终字第100号民事判决书;甘肃省高级人民法院(2015)甘民二终字第79号民事判决书。

[117] 参见黑龙江省高级人民法院(2015)黑高商终字第146号民事判决书;山东省高级人民法院(2015)鲁商终字第215号民事判决书。

[118] 参见耿林:《论除斥期间》,载《中外法学》2016年第3期,第622页;韩世远:《租赁标的瑕疵与合同救济》,载《中国法学》2011年第5期,第57页。须特别注意,我国对检验通知期间系除斥期间的观点,或许受到《联合国国际货物销售合同公约》(以下简称《公约》)影响。但《公约》界定为除斥期间有明确的规范依据,即第39条明确规定了丧失权利的后果(买方应在发现或理应发现不符情形后合理时间内通知,"否则丧失声称货物不符合合同的权利")。换言之,《公约》并未采取期间经过,"视为"标的符合约定的法律拟制技术,而是直接规定为除斥期间,而我国则是通过法律拟制规制,并未从规范本身明确规定法律后果。鉴于此种规范基础的重大差异,不能理所当然地把我国的检验通知期间解释为除斥期间。

[119] 参见王轶:《民法总则之期间立法研究》,载《法学家》2016年第5期,第158页以下;注⑦,王利明书,第85页。

[120] 参见注①,崔建远书,第451页。

[121] 参见注①,王洪亮书,第291页以下。

的法律拟制路径存在逻辑跳跃,即在怠于通知的法律后果上,未采纳消极意义上"丧失权利"⑫或积极意义上"视为承认受领"⑬的两种立法例,而是独创性地采用了"视为符合约定"的法律拟制方案,但其理由不得而知。⑭

51 本文认为,基于现行规范基础,检验通知期间既非除斥期间,也非失权期间,亦非请求权产生的构成要件,或可界定为特别期间。解释论前提是,买受人的请求权自交付瑕疵标的之时起即已产生,至异议期间届满之时,买受人仅未行使请求权,异议期间届满,买受人怠于提出异议,构成买受人放弃行使请求权,排除适用违约责任,系对违约责任的消极限制。⑮ 因此,现行法上,检验通知期间性质的解释论路径,应从不真正义务的内涵和法效展开:

52 首先,检验通知义务是不真正义务,而非法定义务,未履行义务,仅对己方带来法律上的不利益,即通过法律拟制,视为标的符合约定。⑯ 买受

---

⑫ 采消极意义上"失权"后果的立法例,参见《意大利民法典》第1495条第1款"丧失担保权",以及《联合国国际货物销售合同公约》第39条第1款"怠于通知则丧失声称货物不符合合同的权利"。参见全国人民代表大会法制工作委员会民法室编:《〈合同法〉与国内外有关合同规定条文对照》,法律出版社1999年版,第122页。

⑬ 采积极意义上拟制为"承认受领"的立法例,参见我国台湾地区"民法"第356条第2款、第3款"视为承认其所受领之物",《瑞士债务法》第201条第2款、第3款"视为承认受领物"以及《德国商法典》第377条"视为承认受领"。

⑭ 从立法重要草稿观察,1995年《合同法(试拟稿)》(第一稿)第185条第2款"视为无瑕疵"、1997年《合同法(征求意见稿)》第107条第2款"视为标的物符合约定"、1998年《中华人民共和国合同法(草案)》第155条第1款"视为标的物质量或者数量符合约定"均采正面拟制,即自始采取"视为符合约定"之立法方案,但理由不得而知。参见全国人民代表大会法制工作委员会民法室、王胜明、梁慧星、杨明仑、杜涛编著:《中华人民共和国合同法及其重要草稿介绍》,法律出版社2000年版,第46、127、188页。

⑮ 本文认为,交付瑕疵标的时即产生请求权,检验通知期间是行使请求权的构成要件。亦认为违约责任产生于违约事实,在此基础上判断检验期间的,参见冯珏:《或有期间概念之质疑》,载《法商研究》2017年第3期,第143页以下。应注意,"或有期间说"对检验通知期间的解释论前提与本文不同,"或有期间说"认为,异议期间的法律效果是买受人是否取得请求权,即权利产生要件,参见注⑫,王轶文,第158页。因此,两种观点的解释论前提存在差异。

⑯ 应特别注意,就检验通知期届满的法律效果,中国法拟制为"视为符合约定",德国法和瑞士法则拟制为"视为买受人承认受领物"(《瑞士债法典》第201条第2款,《德国商法典》第377条第2款),虽然都是法律拟制,但拟制的内容和效果不同,故检验通知期间的性质界定应以立足我国现行法规范基础为妥。

人的请求权并非终局性消灭,买受人仅失去行使违约责任请求权的权利行使机会。[127] 不真正义务的法效是产生法律上的不利益,即以特定时间经过为前提的不利益,亦称负担。因此,检验通知期指向时间上的负担。

其次,基于本条文义,买受人自交付瑕疵标的之时即享有请求权,异议通知不影响请求权的发生,即异议通知系违约责任请求权的行使要件,而非请求权产生的构成要件。[128] 出卖人可在买受人检验通知前自行补正瑕疵,再由买受人受领,若以检验通知作为请求权产生的构成要件,则在前述情形中无适用空间,存在逻辑冲突。

最后,须甄别期间、期限与权利、义务的内在关联。期间规制权利的不利益或负担,故有权利履行期间之制度设置。但因检查通知期间指向不真正义务,故而"(不真正)义务的履行期间"的逻辑推演,即(消极的)"义务"与(积极的)"履行期间",并不搭配。或可将义务作为或不作为的时间,称为期限。这种不真正义务指向一种义务期限,其法律效果是使负有此种不真正义务的买受人蒙受法律上的不利益,即无法行使违约责任请求权之负担。故或可将买受人的检验通知期视为一种特别法构造,界定为期限负担。

---

[127] Vgl. Karl Larenz, Lehrbuch des Schuldrechts, Bd. 2. Besonderer Teil, Halbbd. 1, 13. Aufl., München: C. H. Beck, 1986, S. 49.

[128] 德国法上,"买受人的异议通知"构成买受人行使瑕疵担保请求权的前提,买受人的检验和通知义务(Untersuchungs-und Rügepflicht)以《德国商法典》第 377 条为规范基础,该义务仅适用于商事合同,不过,新近文献及实务中亦有将其扩张适用于其他合同之趋势。买受人的法律地位并不因其及时发出异议通知而发生变化,仅产生维持或保留其瑕疵担保请求权的法效。因此,异议通知仅构成买受人主张瑕疵担保请求权的前提,不进行异议通知的后果是构成"承认拟制"(Genehmigungsfiktion),进而排除适用瑕疵担保请求权。德国法对检验和通知义务的性质与法效之建构,符合《德国商法典》第 377 条之立目的:该条并非独立的规范依据,亦不创设新的权利,而以《德国民法典》瑕疵担保的规定为基础,仅补充《德国民法典》第 442 条,不影响《德国民法典》物之瑕疵的规定。因此,是否存在瑕疵、瑕疵担保请求权有无产生,仍应以《德国民法典》相关规定为据。Vgl. Barbara Grunewald, Kommentar zum § 377, in: Münchener Kommentar zum HGB, 3. Aufl., München: C. H. Beck, 2013, Rn. 1; Wulf-Henning Roth, Kommentar zum § 377, in: Koller/Kindler/Roth/Morck, Handelsgesetzbuch Kommentar, 8. Aufl., München: C. H. Beck, 2015, Rn. 19; Gerd Müller, Kommentar zum § 377, in: Ebenroth/Boujong/Joost/Strohn, Handelsgesetzbuch Kommentar, Bd. 2, 3. Aufl., München: C. H. Beck, 2015, Rn. 221; Robert Koch, Kommentar zum § 377, in: Oetker Handelsgesetzbuch Kommentar, 5. Aufl., München: C. H. Beck, 2017, Rn. 116; Klaus J. Hopt, Kommentar zum § 377, in: Baumbach/Hopt, Handelsgesetzbuch Kommentar, 37. Aufl., München: C. H. Beck, 2016, Rn. 44-45.

55　　　检验通知期间性质之争,究其根本,或可归咎于该规则在法律拟制技术上的不足。若欲在民法典中更妥善地解决这一理论争议,宜区分显而易见的表面瑕疵和隐蔽瑕疵〔57—59〕,进而区分相应的检验通知规则,明确怠于通知时法律拟制的具体法效。就显而易见的表面瑕疵而言,或可规定"买受人应在出卖人交付标的后,毫不迟延地检查受领标的,并在发现瑕疵时立即通知出卖人。怠于通知者,视为承认受领标的"。

(2)约定检验通知期

56　　　《合同法》第158条第1款一体规定检验期间和通知期间。有见解认为,检验期间吸收了通知期间,致使检验侧重及时性,忽略具体环境因素,在当事人约定期间过短的情形下,易滋生法院干预约定检验期的自由裁量权,即此举虽缓和了期间过短的不合理性,但削弱了期间的不变性,有所不足。⑫ 事实上,一体规定检验期间与通知期间并无不妥,理由有四:其一,检验通知期间重在通知,而非检验,买受人纵未检查而能获悉瑕疵之所在,亦可径行通知出卖人。其二,除非出现特约无效情形〔40—45〕,约定检验通知期间应尊重意思自治,约定期间过短亦系当事人自主分配交易风险之结果,而且,检验通知期旨在促进交易便捷、减轻时间过长致使举证困难之负担,故而原则上应允许约定较短的期间,法院不应多加干预。其三,法院干预期间的自由裁量权应仅限于当事人未约定期间时的隐蔽瑕疵(《合同法》第158条第2款、《买卖合同解释》第18条),不应盲目扩张至所有瑕疵类型。其四,检验通知的范围和强度不宜一概而论,而应结合标的性质,顾及商业惯例和行业通行做法,进而类型化判定,例如区分鲜活易腐标的、机器设备、大宗交易抽样检查等。

(3)隐蔽瑕疵

57　　　隐蔽瑕疵是否适用约定或法定检验通知期间?现行法并未明确规制,仅提出应综合认定隐蔽瑕疵异议的合理期间。实务裁判见解不一,或认为约定瑕疵检验期间的,其瑕疵涵盖隐蔽瑕疵,应依诚实信用原则确定合理期间⑬;或认为未及时提出异议,收货一定期间后(一年后)方提出隐

---

⑫ 参见武腾:《合同法上难以承受之乱:围绕检验期间》,载《法律科学》2013年第5期,第86页;武腾:《买卖标的物不适约研究》,中国政法大学出版社2017年版,第251页以下。
⑬ 参见最高人民法院(2015)民申字第2183号民事裁定书。

蔽瑕疵异议的,应认为"已过合理时间"。㉛ 地方实践提出,约定期间短于两年,隐蔽瑕疵的质量异议期间适用两年最长期间㉜,此举虽将隐蔽瑕疵的质量异议期间延至最长,看似符合瑕疵的"隐蔽"特性,但司法裁判有无权限干预意思自治,颇值怀疑。

  司法裁判对隐蔽瑕疵的见解不一,既与隐蔽瑕疵特性相关,亦可归咎于规则不明。隐蔽瑕疵检验通知期间的起算点、异议通知的法律效果,应有别于一般瑕疵的检验通知期间,对此,或可作立法论探索,宜单独规定,于检验通知期间规则中引入两款,分别解决:①隐蔽瑕疵与检验通知期间的关系,以及②隐蔽瑕疵与怠于通知的法效,例如"①买受人怠于通知,视为承认受领标的,但隐蔽瑕疵不在此限;②日后发现有瑕疵的,买受人应在发现后立即通知出卖人,怠于通知者,视为承认受领标的。"

  疑点在于,究竟应将检验通知期间视为一般法构造,一体适用于民商事合同;还是视为特别法构造,仅适用于商事合同?对此,学界尚无定论,主张适用范围限于商事合同之深入考量,亦见诸讨论。㉝ 从我国司法审判数据中观察,涉及《合同法》第158条的裁判中,商事合同约占70%,但不容忽视的是,民事合同亦约占30%之多,且以商品房销售(预售)合同为主要案型(约占民事合同总数的71%)。㉞ 有鉴于此,不宜主动限缩检验通知期间的适用范围,似应承认一体适用于民商事合同为宜。

（4）特别情形

  出卖人恶意隐瞒瑕疵,能否适用质量异议期间?司法裁判将出卖人

  ㉛ 参见最高人民法院(2013)民抗字第15号民事判决书;广东省深圳市中级人民法院(2015)深中法商终字第1683号民事判决书;上海市第一中级人民法院(2015)沪一中民四(商)终字第1745号民事判决书。

  ㉜ 参见北京市高级人民法院关于印发《北京市高级人民法院审理买卖合同纠纷案件若干问题的指导意见(试行)》的通知(京高法发[2009]43号)第16条。

  ㉝ 参见注㉕,冯珏文,第147页。

  ㉞ 事实上,商事合同或构成司法实务中检验通知期间争议之大部。例如最高人民法院(2016)最高法民终36号民事判决书;江苏省高级人民法院(2015)苏审二商申字第00391号民事裁定书。基于北大法宝司法案例库,截至2017年6月3日,《合同法》第158条项下再审案件共计24例,其中商事合同有18例,民事合同有6例,商事合同占比75%;终审案件共计577例,其中商事合同有400例,民事合同有177例,商事合同占比69%,但在177例民事合同中,商品房销售(预售)合同纠纷约有126件,占民事合同之大部(约71%)。

故意隐瞒瑕疵界定为欺诈行为,其权利不受质量异议期间保护。[135] 法理上,此种裁判立场可资赞同,在出卖人欺诈而买受人怠于检查通知的情形中,二者相较,应保护买受人。[136] 对此情形,或可作立法论探索,引入规则明定,例如规定:"出卖人故意欺诈买受人,买受人虽怠于通知瑕疵,出卖人仍应负违约责任。"

2.适用方式

(1)买受人选择权:请求权的有限聚合

在修理、更换、重作、减价、退货等形式之间,买受人享有选择权,但就选择权之性质,学理有"选择之债说"与"选择竞合说"之争。多数见解持"选择之债说",买受人选择一种方式,其与出卖人之间的法律关系即因选择确定,不得再变,该选择权是形成权,因行使而归于消灭。[137] 亦有见解认为,可在选择之债的基本立场下,在特定前提下赋予买受人变更权,允许买受人重新选择。[138] 少数见解持"选择竞合说",认为买受人享有针对不同给付的数项债权,一旦一项给付无法实现其履行利益时,可选择另一给付,即可在一次选择救济无果后再次选择。[139]

本文认为,买受人选择诸项违约责任方式时,"选择之债说"与"选择竞合说"的解释路径均欠妥当。[140] 原因在于,两者均为择一行使,难以解释违约责任形式中的并用问题。[141] 买受人对补正履行、减价、退货、损害赔

---

[135] 参见最高人民法院(2014)民申字第948号民事裁定书。

[136] 参见注[63],第49页。

[137] 参见注[73],第112页;韩世远:《减价责任的逻辑构成》,载《清华法学》2008年第2期,第22页。

[138] 参见贺栩栩:《论买卖法中继续履行规则的完善》,载《政治与法律》2016年第12期,第100页,第103页。

[139] 参见杜景林:《我国合同法买受人再履行请求权的不足与完善》,载《法律科学》2009年第4期,第156页;殷安军:《论违约救济方式选择后的可变更性》,载《华东政法大学学报》2015年第2期,第80页。

[140] 对选择之债和选择竞合亦持谨慎立场的,参见缪宇:《论买卖合同中的修理、更换》,载《清华法学》2016年第4期,第93页。

[141] 德国法上,选择竞合与选择之债的学说论争仅限于修理和更换(《德国民法典》第439条),不涉及损害赔偿、减价和解除。原因在于,损害赔偿、减价、解除各有其适用要件,德国转化欧盟《消费品买卖指令》后,方引入补正履行的优先适用规则,进而造成了补正优先、其他救济形式嗣后的顺位,因此,德国法上并不存在本条讨论的首次选择就可并用的问题。

偿等违约责任形式的选择权,原则上宜认定为请求权的有限聚合,即在不违背救济方式功能异质性的前提下聚合[67]。请求权聚合,指同一法律事实产生若干并行不悖的请求权,权利人可同时主张,既可单独起诉,亦可合并适用。⑫《合同法》第 111 条选择权的行使,符合请求权聚合的基本特征,修理、更换、重作与赔偿损失等"承担民事责任的方式,可以单独适用,也可以合并适用"的规定(《民法总则》第 179 条)亦可间接印证。但因目前学说将减价视为形成权,而本条的请求权聚合涵盖减价,故请求权聚合在减价问题上的说明力仍然有限。

实务中,有观点认为,买受人仅主张出卖人承担违约责任,未提出具体方式的,法院可酌情选择适当的责任方式,若买受人提出的诉讼请求包含违约责任的具体方式,但该方式明显不必要或导致出卖人不合理的较大支出,法院可以释明并予以调整。⑬本文认为,这一观点值得商榷,须区分情形判断:当事人诉请须具体,不能仅表达为要求承担违约责任,若法院释明后仍不能明确,将因诉请不明确而被驳回;当事人提出了具体方式,法院认为并不合理,法院可以释明,但释明后当事人不变更的,鉴于诉讼上的处分主义要求不告不理,法院无权主动调整,仅发生不支持诉请之后果。法院释明调整,多见于违约金数额过高案型。

选择权之行使,应以"合理性"为限。《合同法》第 111 条之"合理"选择,应以标的性质、损失大小为据,但实务判断不限于此,亦涵盖交易惯例、违约类型与实际可行性,应遵守诚实信用原则和公平原则,适当考虑债务人利益。⑭

(2)适用顺位与并行适用之限度

选择权之行使,属于自由选择,抑或应遵循一定顺位?对此,学理见解不一,或认为修理、更换等补正履行形式优先适用,仅在用尽后,方得考

---

⑫ 参见朱庆育:《民法总论》,北京大学出版社 2013 年版,第 553 页。

⑬ 参见注 110,第 507 页以下。

⑭ 参见上海市第二中级人民法院(2003)沪二中民一(民)终字第 2285 号民事判决书;上海市第一中级人民法院(2010)沪一中民四(商)终字第 1191 号民事判决书;广东省高级人民法院(2015)粤高法民一申字第 491 号民事裁定书;广东省广州市中级人民法院(2015)穗中法民二终字第 578 号民事判决书;北京市第三中级人民法院(2015)三中民(商)终字第 05389 号民事判决书。

虑减价和解除;⑭或认为各责任形式具有平等性,为并列关系,无先后顺序。⑭ 实务中普遍否认修理、更换的优先顺位,认可买受人的自由选择权,买受人可自主选择责任形式⑭,地方司法实践亦明文认可此种自由顺序。⑭ 唯须注意,自由选择权之行使,应以"合理性"为限〔64〕。

66　　诸项违约责任形式可否并用? 鉴于买受人之选择权属于请求权聚合,各违约形式自可并用,实务中亦不否认〔65—67〕。⑭ 在建设工程合同勘察、设计人质量责任的情形中,减价和损害赔偿的并用,更为法律明确实规定(《合同法》第280条)。

67　　诸项违约责任形式并行适用时,限度为何? 并用时,须甄别各形式的功能异质性。申言之,修理、更换、重作系补正履行的具体方式,旨在补正违约状态,维持原交易关系,使合同依约履行;减价则通过调整对价以维持合同均衡⑮;退货则是解除的表现形式和后果〔76—77〕;损害赔偿旨在填补合同违约所生损害。故在并用时,效果方向相反之违约责任形式,不予并用,效果方向相同之违约责任形式,可予并用。原则上,修理、更换、重作可与损害赔偿或减价并用⑮;退货仅可与损害赔偿并用,无从与其他形式并用;损害赔偿可与减价、违约金等违约责任形式并用,但须满足特定前提(《合同法》第112、113条)。⑮ 此外,《合同法》第280条亦肯认并用减价和损害赔偿。实务中亦不乏①并用修理、更换、重作与违约金⑮,

---

⑭　参见杜景林:《我国合同法上减价制度的不足和完善》,载《法学》2008年第4期,第53页。
⑭　参见注⑩,第381页,第507页;参见注⑦,韩世远书,第688页。
⑭　参见山西省高级人民法院(2012)晋民申字第49号民事裁定书;吉林省高级人民法院(2015)吉民申字第1530号民事裁定书;广东省高级人民法院(2015)粤高法民一申字第491号民事裁定书;上海市第一中级人民法院(2010)沪一中民四(商)终字第1191号民事判决书。
⑭　参见北京市高级人民法院关于印发《北京市高级人民法院审理买卖合同纠纷案件若干问题的指导意见(试行)》的通知(京高法发〔2009〕43号)第31条。
⑭　参见重庆市第二中级人民法院(2015)渝二中法民终字第01198号民事判决书。
⑮　参见注⑬,韩世远文,第28页。
⑮　参见注⑦,王利明书,第111页。
⑮　参见崔建远:《退货、减少价款的定性与定位》,载《法律科学》2012年第4期,第96页;注⑬,韩世远文,第28—29页。
⑮　参见上海市第一中级人民法院(2010)沪一中民四(商)终字第1191号民事判决书。

②并用退货与违约金或损害赔偿⑮以及③并用减价与违约金⑮情形。

（3）费用负担

行使违约责任形式之费用，应如何负担？实务中，修理多表现为修复（建筑工程、商品房买卖合同）、返修或维修，其费用负担亦系裁判焦点，包括三种案型：①出卖人修理的费用负担；②买受人自行修理或第三人修理的费用负担；③因修理产生的拆除和二次安装费用负担。规范层面和实务层面均认可买受人提出质量异议，出卖人未按要求修理或情况紧急时，买受人自行或通过第三人修理后，应由出卖人承担所产生的合理费用（《买卖合同解释》第 22 条）。⑯ 就因修理产生的拆除和（二次）安装费用而言，应由出卖人承担拆除瑕疵标的并重新安装无瑕疵标的所发生的实际费用⑮，但上述修理费用的承担，须以有充分证据证明实际发生为前提。⑯ 主张退货的，裁判亦认可出卖人自担费用、自行取回⑲，仅在七日无理由退货的情形下，由消费者承担运费（《消费者权益保护法》第 25 条、《网络购买商品七日无理由退货暂行办法》第 18 条）。

（二）补正履行

1.补正履行之形式

补正履行，有修理、更换、重作三种形式，旨在通过消除瑕疵或另行给付，以维持原交易关系。三者内容、适用范围与有不同，修理系指出卖人修补所售标的瑕疵，旨在完全消灭瑕疵，使标的符合约定。更换系出卖人另行交付无瑕疵标的，若出卖人在特定物买卖情形下交付异种物，则指交付符合合同约定之特定物。重作指承揽人重新完成工作并交付工作成果。修理普遍适用于包括承揽合同在内的诸合同类型，多见于买卖合同；更换不适用于承揽合同，但适用于以买卖合同为代表的种类物买卖；重作

---

⑭ 参见上海市第一中级人民法院（2015）沪一中民四（商）终字第 1269 号民事判决书。
⑮ 参见湖南省高级人民法院（2015）湘高法民再一终字第 14 号民事判决书。
⑯ 参见最高人民法院（2013）民二终字第 37 号民事判决书；最高人民法院（2016）最高法民申 491 号民事裁定书。
⑰ 参见安徽省合肥市中级人民法院（2015）合民二终字第 00403 号民事判决书。
⑱ 参见最高人民法院（2013）民二终字第 37 号民事判决书。
⑲ 参见江苏省高级人民法院（2014）苏商终字第 00444 号民事判决书；江苏省高级人民法院（2015）苏审二商申字第 00232 号民事裁定书。

以承揽合同为主要适用范围。

70　　就修理、更换、重作与强制履行、继续履行的概念关联,学理见解不一,或认为继续履行和采取补救措施均属强制履行的具体形态,修理、更换、重作是补救的履行请求[160];或认为修理、更换、重作属于继续履行[161];或认为修理、更换、重作是《合同法》第107条的补救措施。[162]本文认为,鉴于《民法总则》第179条第1款区分修理、更换、重作和继续履行,宜将修理、更换、重作和继续履行区别为两类不同的民事责任形式。就给付性质,继续履行指向原合同给付,多见于迟延履行;修理、更换、重作所履行的已非原合同给付义务,而是补正原合同给付,鉴于两者给付性质有别,应明确区分,宜将修理、更换、重作归为补正履行,以区别于继续履行。补正履行与同时履行抗辩相关联,例如,承揽合同在瑕疵完成修补前,尚有报酬未支付的,定作人可主张同时履行抗辩权,拒绝支付。[163]

71　　我国法上并无"补正履行"概念,或构成立法之不足。修理、更换和重作仅为补正履行之具体形式,修理、更换以买卖合同为原型,重作以承揽合同为原型,故就其他合同类型而言,例如技术合同、服务合同,乃至各色混合合同,适用上述违约责任形式有些牵强。换言之,修理、更换和重作无法涵盖所有特征性给付类型下的瑕疵救济。例如,在提供数字内容合同中[164],如购买数字软件、在线购买音乐,多以升级、更新方式补正瑕疵,于此,修理、更换乃至重作都缺乏解释力。遗憾的是,《民法总则》第179条仍采"修理、更换、重作"之表达,此种责任形式缺乏足够的抽象性。"民法典合同编"或可考虑在违约责任方式的一般规定中,扬弃"修理、更换、重作"之具象表达,引入"补正履行"的抽象概念,进而在买卖合同、租赁合同、承揽合同等有名合同规则中,嵌入修理、更换、重作等具体救济方式,由此保持"民法典合同编"总则规则的解释力和张力,并兼顾分则规则之妥适性。

---

[160] 参见注⑦,韩世远书,第607—608页。
[161] 参见注[152],崔建远文,第93页。
[162] 参见注①,崔建远书,第351页。
[163] 参见注⑳,第186页;注[73],詹森林文,第12页。
[164] 就"提供数字内容合同"之界定、内容、性质及其在瑕疵担保上的特殊要素,参见金晶:《数字时代经典合同法的力量——以欧盟数字单一市场政策为背景》,载《欧洲研究》2017年第6期,第68页以下。

2. 补正履行之行使

(1) 修理、更换、重作:选择竞合

补正履行之行使,是否以一次行使为限?就补正履行内部各形式之间,宜采"选择竞合说",即在修理、更换、重作三种不同的补正形式之间,形成选择竞合,买受人享有选择变更权,一次补正未达效果或遭出卖人拒绝,买受人可选择变更为其他补正形式,在诉讼中,体现为变更诉讼请求。

尽管学理并未明晰补正履行各形式之间的关系,但司法裁判对二次补正持认可立场,例如,更换品仍有瑕疵,买受人可要求重新更换,出卖人亦应承担二次修理的相应费用。[165] 但应注意,实体法上,选择竞合的适用范围应有所限定[166];程序法上,选择竞合应遵守变更诉讼请求的程序性规定(《民事诉讼法》第 51 条)。此外,"三包"产品二次无偿补正之可能,须个案判断"三包"凭证所涉明示担保条款之效力[24]。

(2) 行使限制

修理、更换、重作之行使,在给付不能、出卖人拒绝与不符合理性标准时,存在限制,即补正履行原则上不适用于给付不能情形,更换亦不适用于特定物买卖。但当补正履行发生不可预期之费用或引发不合比例之费用时,出卖人可否拒绝?《合同法》虽未明确规定出卖人的费用过巨抗辩权,但可基于选择权的合理性标准[64]解释适用。

---

[165] 参见浙江省宁波市中级人民法院(2015)浙甬商终字第 808 号民事判决书;陕西省宝鸡市中级人民法院(2016)陕 03 民终 183 号民事判决书;河南省平顶山市中级人民法院(2010)平民三终字第 407 号民事判决书。

[166] 应特别注意,"选择竞合"的适用范围应严格限于"修理"和"更换"。选择竞合应区分"变更诉讼请求"和"变更诉讼标的"两种情形:①变更诉讼请求,即基于同一请求权基础,对该规范的不同内容之间进行变更,例如将"修理"变更为"更换"。诉讼法允许变更诉讼请求,但应尽早提出(《民事诉讼法》第 51 条)。②变更诉讼标的,即针对同一生活事实在实体法上有两个以上的请求权基础,若当事人基于其中一个请求权基础起诉裁判后,欲再变更另一种请求权基础,以谋求再次司法救济。实务中,我国虽遵从实体法学说,但也吸收了诉讼法学说的观点,依据诉讼标的的诉讼法学说,我国不允许变更诉讼标的,法院可能基于《民诉法解释》第 247 条第 1 款,认为当事人和争议事实相同,后诉与前诉的诉讼请求相同,或者后诉的诉讼请求实质上否定前诉裁判结果时,构成重复起诉,不会受理。例如新疆维吾尔自治区高级人民法院(2015)新民二终字第 258 号民事裁定书;广东省高级人民法院(2016)粤民终 713 号民事裁定书。

(3) 保修与包修

75　　商品房销售合同和建设工程合同实行质量保修制度。房地产开发企业对商品房承担质量保修责任(《商品房销售管理办法》第 33 条)。房屋存在质量问题,保修期内由出卖人承担修复责任,出卖人拒绝修复或合理期限内拖延修复,买受人可自行修复或委托他人修复,出卖人应承担修复费用及修复期间造成的其他损失(最高人民法院《商品房买卖合同解释》第 13 条)。建设工程实行质量保修制度,地基基础工程和主体结构工程、装修工程等,保修期有特别规定(《建设工程质量管理条例》第 39 条以下)。"三包"商品之修理,应具体考察"三包"明示担保条款与本条适用关系[24]。

(三)退货

1.退货之性质

76　　就退货之性质,学界素有争议。有见解认为,应区分认定退货的法律意义,若是终局性的,符合解除通知,宜视为解除合同;若是中间过渡状态,最后更换同种物,则为更换;最后以其他标的代替且实际交付的,为代物清偿;若以其他标的代替但尚未交付的,为以物抵债,属于合同变更,但合同解除、代物清偿与合同变更都不属于违约责任。⑯⑦ 有观点提出,退货本身不宜等同于解除,而仅为拒绝接受标的物的结果,是行使拒绝受领权的表现。⑯⑧

77　　实务中,裁判焦点集中于退货前提,并区分多数说与少数说。多数说认为,可将退货视为解除合同的后果,须满足法定解除要件⑯⑨,出卖人自担费用自行取回。⑰⓪ 少数说认为,退货无须满足合同解除要件,可在违约时径行主张。⑰① 对于承揽合同,《合同法》第 262 条之规定虽未将退货纳入

---

⑯⑦ 参见注⑯㉒,崔建远文,第 95 页。
⑯⑧ 参见注①,韩世远文,第 187 页。
⑯⑨ 参见江西省高级人民法院(2016)赣民终 91 号民事判决书。
⑰⓪ 参见江苏省高级人民法院(2015)苏审二商申字第 00232 号民事裁定书。
⑰① 参见重庆市第五中级人民法院(2015)渝五中法民再终字第 00022 号民事判决书;北京市第三中级人民法院(2015)三中民(商)终字第 08512 号民事判决书;福建省厦门市中级人民法院(2015)厦民终字第 1360 号民事判决书。

违约责任形式,但实务中,解除承揽合同亦须满足法定解除要件。[172]

2.特别规定

商品房销售合同中,退房须以房屋主体结构质量不合格且工程质量监督单位核验确认为前提(《城市房地产开发经营管理条例》第 32 条、《商品房销售管理办法》第 33 条)。[173]

"三包"产品退货须符合特定前提,并须就其效力作个案判定[24]。

消费者合同须区分"质量不符合约定,七日内退货"及"远程交易,七日无理由退货"两种情形,二者均构成本条减轻情形。若经营者提供的商品或者服务不符合质量要求,无国家规定和当事人约定时,消费者可自收到商品之日起七日内退货;七日后符合法定解除条件的,消费者可及时退货(《消费者权益保护法》第 24 条)。就经营者采用网络、电视、电话、邮购等方式销售商品的远程交易情形,消费者有权自收到商品之日起七日内无理由退货(《消费者权益保护法》第 25 条及《网络购买商品七日无理由退货暂行办法》),此种无理由退货,亦称撤回权,系法定解除权。

(四)减价

1.减价之性质

就减价之性质,学理上存在"形成权说"和"请求权说"之争。"请求权说"认为,经出卖人同意,减价始生效力,原因在于,若界定为形成权,等于赋予买受人单方决定减少的具体数额的权利,实践中难以实现,如何减价并非债权人单方意思所能决定,而是须与债务人协议,或请求法院或仲裁机构确定,不属于形成权,而是请求权[174];更有观点提出,减价应为合同变更的请求权。[175]"形成权说"认为,减价是单方法律行为,可以通知相对人或通过诉讼方式行使。依行为人的意思表示确定其法律后果,一旦选择减价,便不可再改择其他与减价相冲突的救济方法。[176]

---

[172] 参见最高人民法院(2013)民申字第 418 号民事裁定书。
[173] 参见黑龙江省大庆市中级人民法院(2002)庆民再字第 43 号民事判决书。
[174] 参见注[73],第 111 页;注[153],崔建远文,第 97 页。
[175] 参见武腾:《减价实现方式的重思与重构》,载《北方法学》2014 年第 3 期,第 141 页。
[176] 参见注[138],韩世远文,第 21—22 页。

82　　　实务中,由于我国无减价除斥期间之规定,故不存在因减价性质认定不同而分别适用诉讼时效和除斥期间问题。换言之,减价的实施程序和结果不因性质不同而有所差异。⑰ 但减价须受检验期间和主债权诉讼时效之限制。

2.减价之计算

(1)时间标准

83　　　减价之计算时点为何?于此,《合同法》并无明文,鉴于有瑕疵的给付与无瑕疵的给付在合同订立和交付之间的期间内可能发生变动,故以合同订立时点计算减价,或将造成在有利于买受人的合同情形下,买受人因减价而丧失其应得利益之可能。鉴于《合同法》对买卖合同所有权转移采交付标准,故在解释论上,应以交付时间为计算时点。⑱

(2)价格标准

84　　　就减价之标准,存在"差额法"与"比例差额法"两种算法。①"差额法"[减价金额=约定价格-瑕疵标的市价],即减少的数额,应是瑕疵物的实际价值与无瑕疵物的买卖的差额⑲;②"比例差额法"[减价金额=(瑕疵市价/无瑕疵市价)×约定价格],即减少的数额,应依据买卖瑕疵物时(或实际交付时)应有的实际价值,与无瑕疵时应有的价值的比例,计算应减少的价格,减价也应维持当事人在缔约时的均衡关系,以免嗣后因为请求减少价金而加以影响。⑳ 就标准本身而言,"比例差额法"更为精细,并顾及价格与价值不完全一致及内在价值变动比率问题,较为合理,但法院在审判实践中存在操作难度。《买卖合同解释》第23条采"差额法",司法实务亦采此说。㉑

85　　　实务中,减价的计算远未及上述两种算法精细,法院多基于公平原

---

⑰ 参见注⑩,第378页。
⑱ 参见注⑩,第382页。
⑲ 参见注㊿,第53页。
⑳ 参见注㉝,韩世远文,第27页。
㉑ 参见最高人民法院(2016)最高法民终311号民事判决书。

则、根据案件实际情况减价⑱,亦有法院认为,应结合地区经济发展水平酌情减价。⑱ 酌情减价的幅度因个案而异,例如,不合格产品或双方均违约时,酌情减半。⑱ 此外,亦可酌情下浮30%⑱,或减价数额应与修复瑕疵的费用基本一致。⑱

3.特别规定

除承揽合同适用减少报酬外(《合同法》第262、280条),因承包人过错造成建设工程质量不符合约定,承包人拒绝修理、返工或者改建,发包人有权请求减少支付工程价款(最高人民法院《建设工程施工合同解释》法释[2004]14号第11条)。实务中,物业服务瑕疵情形下减价之适用,存在须以重大瑕疵为前提⑱,以及无须有重大瑕疵,但酌减幅度须符合实际情况⑱之不同见解。

五、举证责任

原则上,当事人应对自己提出的诉讼请求所依据的事实或者反驳对方诉讼请求所依据的事实,提供证据证明(最高人民法院《民诉法解释》第90条)。在质量不符合约定的情形下,买受人主张瑕疵,应由买受人就质量不符合约定的事实承担举证责任,出卖人应就买受人未在合理期间

---

⑱ 参见最高人民法院(2016)最高法民申285号民事裁定书;最高人民法院(2016)最高法民申1136号民事裁定书;湖南省高级人民法院(2015)湘高法民再一终字第14号民事判决书。

⑱ 参见贵州省黔西南布依族苗族自治州中级人民法院(2015)兴民终字第425号民事判决书。

⑱ 参见湖南省高级人民法院(2015)湘高法民再一终字第14号民事判决书。

⑱ 参见浙江省杭州市中级人民法院(2015)浙杭商终字第924号民事判决书。

⑱ 参见福建省厦门市中级人民法院(2015)厦民终字第2446号民事判决书。

⑱ 法院认为,物业服务具有公共物品的性质,系关全体业主利益,允许拒交物业管理费,会造成物业服务企业运营经费不足,无法维持正常管理水平,最终损害其他正常交纳物业管理费的业主利益。参见山东省济南市中级人民法院(2015)济民一终字第496号民事判决书;湖南省岳阳市中级人民法院(2015)岳中民二终字第91号民事判决书。

⑱ 参见天津市第一中级人民法院(2017)津01民终3344号民事判决书;河南省郑州市中级人民法院(2016)豫01民终14194号民事判决书;四川省成都市中级人民法院(2015)成民终字第3374号民事判决书。

内检验并提出质量异议的事实承担举证责任。消费者合同中,若经营者提供耐用商品或者装饰装修等服务,消费者自接受商品或者服务之日起6个月内发现瑕疵,发生争议的,由经营者承担有关瑕疵的举证责任(《消费者权益保护法》第23条第3款)。[189]

---

[189] 参见山东省德州市中级人民法院(2016)鲁14民终1015号民事判决书。

第114条　约定违约金[*]

姚明斌

《中华人民共和国合同法》第114条

当事人可以约定一方违约时应当根据违约情况向对方支付一定数额的违约金,也可以约定因违约产生的损失赔偿额的计算方法。

约定的违约金低于造成的损失的,当事人可以请求人民法院或者仲裁机构予以增加;约定的违约金过分高于造成的损失的,当事人可以请求人民法院或者仲裁机构予以适当减少。

当事人就迟延履行约定违约金的,违约方支付违约金后,还应当履行债务。

细　目

一、规范定位……1—13
　（一）条文构造……1—2
　（二）概念界定……3—5
　（三）内部类型……6—8
　（四）外部区界……9—13
　　1. 失权约款……9
　　2. 违约定金……10—11
　　3. 解约金……12
　　4. 责任限制条款……13
二、给付效力……14—52
　（一）发生要件……14—30
　　1. 违约金约定……15—21

---

[*] 本文首发于《法学家》2017年第5期(第154—174页),原题为《〈合同法〉第114条(约定违约金)评注》。

2. 违约……22—28
　　3. 是否要求违约造成损害……29
　　4. 是否要求可归责性……30
（二）效力内容……31—52
　　1. 违约金给付内容……31—32
　　2. 违约金与法定违约责任……33—44
　　3. 违约金与合同解除……45—47
　　4. 违约金与诉讼时效……48—52
三、司法调整……53—86
（一）司法酌减……53—76
　　1. 规范性质……53—54
　　2. 适用对象……55—60
　　3. 申请启动……61—64
　　4. 综合衡量……65—73
　　5. 举证责任……74—76
（二）司法增额……77—86
　　1. 体系意义……77
　　2. 规范性质……78
　　3. 申请启动……79—80
　　4. 增额前提……81—83
　　5. 增额幅度……84—85
　　6. 举证责任……86

一、规范定位

（一）条文构造

1　　《合同法》第114条隶属1999年《合同法》第七章"违约责任"，依之，违约金属于民事责任中违约责任的一种承担方式。① 但不应据此认为违约金不能适用于法定之债,针对缔约过失、无因管理、不当得利、侵权损害赔偿等法定债务,亦不妨约定违约金②[17]。违约责任之定位,只是凸显了违约金的核心适用领域。

《合同法》第114条结构上分3款,第1款延承《民法通则》第112条第2款,确认了当事人可就违约行为约定违约金,同时又涉及"损失赔偿额的计算方法",引发了后者是否亦属违约金的疑义;第2款确立了违约金的司法调整规则,2009年《合同法解释(二)》第27至29条对其规范内容作了针对性补充,亦须纳入本评注研讨范围[4];第3款规定了迟延履行违约金与继续履行的适用关系,属于违约金的给付效力内容,其中还隐含着不同违约事由下违约金与强制履行、损害赔偿等法定违约责任之关系的规制态度。唯规范逻辑上,先有给付效力发生,后有司法调整问题,故下文以第3款为先[14—52],以第2款为后[53—86]。

(二)概念界定

《合同法》第114条第1款的文义表明,违约金是违约前预先约定的,针对嗣后违约情形的违约责任,兼具预定性和约定性。故违约之后再就违约责任之范围、承担方式等作意定安排,并非违约金,而是对已成立的法定违约责任的意定变更[17]。由法律法规事先确定的违约责任③,并非基于约定而生,不属于本条规定的违约金。

文义上,第1款还区分了"一定数额的违约金"和"因违约产生的损失赔偿额的计算方法",故有观点认为二者为不同的制度,后者属于约定损害赔偿,并非违约金,欲适用《合同法》第114条第2款作司法调整,也只能是

---

① 这一体系定位呼应了1982年《中华人民共和国经济合同法》(已失效)第33至45条(位于第四章"违反经济合同的责任")、1985年《中华人民共和国涉外经济合同法》(已失效)第20条(位于第三章"合同的履行和违反合同的责任")、1986年《民法通则》第112条第2款、第134条第1款第8项(位于第六章"民事责任",包括第二节"违反合同的民事责任")。在1999年《合同法》后,2017年《民法总则》第179条第1款第9项再作确认。

② 参见张企泰:《约定违约金之比较研究》,载何勤华、李秀清主编:《民国法学论文精萃》(第3卷),法律出版社2004年版,第282页。

③ 比如最高人民法院《关于审理民间借贷案件适用法律若干问题的规定》第29条第2款第1项针对无息民间借贷合同迟延履行所规定之年利率6%的法定迟延罚息。

"类推适用"。④ 也有观点认为二者均属违约金,只是表现形式不同。⑤ 实践中交易主体在诸如迟延履行等场合中多会倾向于约定损失赔偿额的计算方法,但并不影响其违约金定性并适用司法调整。⑥《买卖合同解释》第 24 条第 4 款"买卖合同没有约定逾期付款违约金或者该违约金的计算方法"之措辞,显然亦持同一对待之立场。

如果将损失赔偿额的计算方法界定为"约定损害赔偿",则其性质仅为违约损害赔偿的特殊形态,应直接求助可预见性规则、与有过失、减损规则、损益相抵等损害赔偿的一般规则对其范围作刚性限制⑦;考虑到司法调整尤其是司法酌减时不仅仅考虑违约损害之大小[《合同法解释(二)》第 29 条第 1 款][65—72],即使是类推适用,正当性亦值怀疑。但是,若由此而放弃对损失赔偿额的计算方法作司法调整,则为交易实践规避司法调整规则提供了便利,难谓妥当。观察《合同法》第 114 条第 1 款的早期草案会发现,二者虽曾分立于两个条文,但在可以作司法调整方面并无实质差异。⑧ 1999 年《合同法》将二者统合在同一条文里,既未针对损失赔偿额的计算方法设置特别规范,与其并列的"违约金"又附有"一定数额"之定语,应可确认二者均属违约金,均可直接适用包括司法调整在内的违约金规则。

5 　　当然,即使是约定了损失赔偿额的计算方法,其构成因素至少要包含某种确定的基数和比例(如按日万分之五),以确保违约金的数额至少是可确定的。否则,违约责任之大小只能在实际违约后根据法定损害赔偿规则解决。

(三)内部类型

6 　　在违约金内部,学说存在所谓的"惩罚性违约金"与"赔偿性违约金"

---

④ 王利明:《合同法研究(第 2 卷)》(第 3 版),中国人民大学出版社 2015 年版,第 662—664 页;王利明:《违约责任的新发展》,载中国民商法律网(http://www.civillaw.com.cn/zt/t/?id=28531),访问日期:2019 年 8 月 25 日。

⑤ 参见罗昆:《违约金的性质反思与类型重构》,载《法商研究》2015 年第 5 期,第 109 页。

⑥ 参见焦作市东桂基金房地产开发有限公司与焦作电力集团预拌商品混凝土有限公司买卖合同纠纷案,河南省焦作市中级人民法院(2010)焦民二终字第 43 号民事判决书。

⑦ 参见王洪亮:《违约金功能定位的反思》,载《法律科学》2014 年第 2 期,第 116 页。

⑧ 参见何勤华、李秀清、陈颐编:《新中国民法典草案总览(下卷)》(增订本),北京大学出版社 2017 年版,第 1925、1969、2007 页。

的区分。早期观点一度根据违约金与实际违约损害的大小关系来判断违约金的惩罚性与赔偿性⑨,但当前主流学说更多地是以违约金是否排斥强制履行或损害赔偿等法定责任为区分基础,并行于法定责任的属于惩罚性违约金,反之则是赔偿性违约金;具体类型为何取决于当事人约定,约定不明时就推定为赔偿性违约金。⑩ 依之,违约金的惩罚性,体现在债务人须于法定违约责任外承受附加的负担,而赔偿性违约金则仅使债务人在法定违约责任的幅度内承担责任。

但实务中更受青睐的,反倒是早期学说聚焦"损失比较"的思路。依之,只要违约金不高于违约损害,即体现补偿性;若高于违约损害,则高出的部分体现惩罚性。⑪ 故与前述学理分类不同,最高人民法院持续确认的立场是:违约金兼具补偿性和惩罚性之双重属性,而《合同法》对违约金的规制态度应理解为"补偿为主,惩罚为辅"。⑫

---

⑨ 参见王作堂等编:《民法教程》,北京大学出版社 1983 年版,第 235 页。

⑩ 参见韩世远:《合同法总论》(第 4 版),法律出版社 2018 年版,第 825 页;王家福主编:《民法债权》,中国社会科学出版社 2015 年版,第 227 页;崔建远:《合同法》(第 3 版),北京大学出版社 2016 年版,第 392 页。

⑪ 典型案例如"武汉市荣钢市政工程有限公司与武汉辉腾达建筑工程有限公司建设工程合同纠纷案"中,法院认为"赔偿性违约金应相当于当事人的实际损失,而惩罚性违约金不超过实际损失的百分之三十"。参见湖北省武汉市中级人民法院(2015)鄂武昌民初字第 01536 号民事判决书。

⑫ 参见沈德咏主编:《最高人民法院关于合同法司法解释(二)理解与适用》(第 2 版),人民法院出版社 2015 年版,第 256 页;韶关市汇丰华南创展企业有限公司与广东省环境工程装备总公司广东省环境保护工程研究设计院合同纠纷案,载《最高人民法院公报》2011 年第 9 期;史文培与甘肃皇台酿造(集团)有限责任公司、北京皇台商贸有限责任公司互易合同纠纷案,最高人民法院(2007)民二终字第 139 号民事判决书,载《最高人民法院公报》2008 年第 7 期;上海文盛投资管理有限公司诉北京昊达建筑工程有限公司等借款合同纠纷案,北京市延庆区人民法院(2009)延民初字第 04667 号民事判决书;朱定江与林冬兰股权转让合同纠纷案,广东省广州市中级人民法院(2010)穗中法民二终字第 2287 号民事判决书;何宰飞与朱启娄企业租赁经营合同纠纷案,浙江省台州市中级人民法院(2009)浙台商终字第 505 号民事判决书。新近的确认态度,可参见中静汽车投资有限公司与被上海铭实业集团有限公司股权转让纠纷案,最高人民法院(2015)民二终字第 204 号民事判决书;大同市天力房地产开发有限责任公司与山西同至人商业管理有限公司、吴建功房屋租赁合同纠纷案,最高人民法院(2015)民一终字第 340 号民事判决书;焦秀成、焦伟因与毛光随、准格尔旗川掌镇石圪图煤炭有限责任公司股权转让合同纠纷案,最高人民法院(2016)最高法民终 18 号民事判决书。

8   违约金具有双重属性或功能,确实契合违约金功能的历史演进,并为当代比较法所确认。⑬ 只不过,双重功能并非取决于事后与实际违约损害的大小关系,毋宁须考虑所有当事人事先的约定意图。交易实践中,约定违约金一方面固然是为了事先确定违约后的赔偿数额以省却损害举证成本,但另一方面,交易主体亦不同程度地意图借约定违约金向对方施加履约压力,督促其依约行事,形成与违约金的补偿功能相对的担保功能。不同个案中当事人的不同意图,在规范适用尤其是司法调整时,必须得到认真对待,此乃约定违约金作为合同内容形成自由的应有之义。⑭ 新近的学理已开始尝试重新挖掘违约金担保功能的正当性,并提出新的类型区分构想。⑮

　　为了尊重自治,违约金的功能定位确实须着眼于约定意图中不同的功能取向,基于违约金和实际违约损害的大小关系作事后的"惩罚性"认定,充其量只是一种事实描述。但是,承认违约金可基于交易目的而兼具双重功能,不意味着就可以且必须依不同功能而作泾渭分明的区分,盖交易主体完全可以根据实际需要,通过违约金条款的设计对双重功能作权重各异的配置,其间的形态并不是概念之间的非此即彼,而是类型之间的流动过渡。⑯ 尤其考虑到《合同法》合一规制民商关系,动辄"以赔偿性为原则"并挂靠实际损害来控制违约金,或有无视商事活动中督促履约的交易需求之嫌,施压担保的自治意图也很容易遭受剪裁甚至扭曲。⑰

　　但是,承认违约金可基于自治意图而兼具不同比重的双重功能,也会引发两方面追问:其一,若不采"以赔偿性为原则"之推定,约定不明时如何确定违约金的效力内容?其二,违约金领域的私法自治若被滥用,又当

---

⑬　详细的梳理,参见姚明斌:《违约金论》,中国法制出版社2018年版,第59页以下。

⑭　Vgl. Schlechtriem, Richterliche Kontrolle von Schadensersatzpauschalierungen und Vertragsstrafen, in: Das Haager Einheitliche Kaufgesetz und das Deutsche Schuldrecht, 1973, S. 51; Westermann/Bydlinski/Weber, BGB-Schuldrech Allgemeiner Teil, 7. Aufl., 2005, Rn. 2/56.

⑮　三种不同的构造思路,可分别参见注⑦,第118—123页;注⑤,第106—107页;韩强:《违约金担保功能的异化与回归》,载《法学研究》2015年第3期,第57—61页。

⑯　参见注⑬,第122页以下。

⑰　最高人民法院新近对于高额违约金中预防违约意图的确认,参见普定县鑫臻酒店有限公司与普定县鑫臻房地产开发有限责任公司与黑龙江省建工集团有限责任公司建设工程合同纠纷案,最高人民法院(2016)最高法民终106号民事判决书。

如何规制？就前一问题，《合同法》第114条第3款作为任意性规范，能提炼出"法定模范类型"供约定不明时适用。只是在确定其各类型要素时，须为双重功能的并存留下空间[29]；当事人若作明确的另行约定，则可能形成功能上偏向补偿或偏向担保的"意定类型"。就后一问题，司法调整恰堪其任，且会受到前一问题的影响，即在司法调整时需要兼顾合理性控制与尊重当事人真意。

（四）外部区界

1. 失权约款

失权约款约定的是债务人一旦违约即丧失某项权利或利益（比如丧失预付款或其他请求权的提前届期）。[18] 不同于违约金债务在违约时才产生，失权约款并不产生新的给付义务，而是在违约时引发既有权利的消灭，其功能在于以丧失权利作为不利益，担保义务之履行。而且，失权约款的担保功能相比违约金甚至要大一些，因为约定违约金只是使债权人在相对方违约时取得违约金债权，但其尚未实际取得违约金；而失权约款则会导致违约债务人的权利自动丧失，施压效应更为直接。[19] 与这种功能亲缘性相比，产生新的给付义务和自动丧失既有权利之间的差异，只是一种表达上的不同，在实践中有时还很难区分。[20] 在"湖北汇通工贸集团有限公司与长江润发集团有限公司及无锡汇通钢铁工贸有限公司买卖合同纠纷案"中，最高人民法院即认为一方解除合同后可没收的"履约保证金"本身具有担保履约的违约金性质。[21] 故失权约款应准用违约金规则，[22] 尤其是失权幅度较大的失权约款，不仅在负担程度上与过高的违约金无异，在技术构造上更比违约金来得直接，从债务人保护的必要性角度观之，亦应接受司法酌减规则的规制[58]。

---

⑱ Vgl. MüKo BGB/Gottwald, 2007, Vorbemerkung §§ 339-345 Rn. 36.

⑲ 这种自动失权特征，在罗马法中曾被视为很危险的机制，失权约款也曾一度被禁止。参见 Knütel, Stipulatio poenae, 1976, S. 14。

⑳ HKK/Hermann, 2005, §§ 336-345 Rn. 14.

㉑ 参见湖北汇通工贸集团有限公司与长江润发集团有限公司及无锡汇通钢铁工贸有限公司买卖合同纠纷案，最高人民法院(2013)民提字第133号民事判决书。

㉒ Vgl. Palandt/Grüneberg, 2012, §339 Rn. 4; Jauernig/Stadler, 2009, §339 Rn. 7.

2.违约定金

10 违约定金在现行法上属于典型担保(《担保法》第89条),与违约金作为违约责任即属有别。违约金虽亦有担保功能,但由于并非事先支付,该担保仅在行为控制层面上有意义。㉓ 相比之下,违约定金系通过一方事先给付定金,从而使定金收受方在遭遇违约时可以该金额获得结果上的清偿保障。但同时,这种结果保障仅对定金收受方有意义,对于定金给付方而言,若其遭遇违约时并无清偿保障㉔,就额外请求返还的一倍定金实与违约金无异。法技术上,现行法的违约定金,实为以实际给付之金额为额度的失权约款和违约金的组合[59]。

11 为了避免赔偿责任过重,《合同法》第116条明确规定违约定金和违约金只能择一适用,并为司法实践所普遍遵循。㉕ 相应地,司法实践中对二者并用之特别约定持谨慎态度,在"惠阳惠兴实业有限公司与润杨集团(深圳)有限公司、惠阳松涛实业有限公司及惠阳物业开发(集团)公司、深圳市润迅实业有限公司、惠州市汇和实业有限公司股权转让合同纠纷案"中,一、二审法院将"除定金归甲方所有外,乙方还应向甲方支付总价款百分之十的赔偿金"之并用特别约定解释为"违约金=定金+赔偿金"并允许一并主张,但被最高人民法院在再审中否决。㉖ 倒是学理上有观点以第116条为任意性规范为据而主张肯认并用特别约定之效力。㉗ 由于违约定金在无特别约定时也构成违约损害赔偿最低额预定(《买卖合同解释》第28条),故不妨将并用特别约定中的违约金解释为对超出定金部分之损害的预估,二者并用即无超额赔偿的问题,个案中违约金若过分高于超出定金的部分损害,可求诸司法酌减解决,如此亦可兼而尊重并用特别

㉓ Vgl. Steltmann, Die Vertragsstrafe in einem Europäischen Privatrecht, 2000, S. 64.

㉔ 参见崔建远:《"担保"辨——基于担保泛化弊端严重的思考》,载《政治与法律》2015年第12期,第113页。

㉕ 最高人民法院新近的确认态度参见孙维良与东莞市明政塑胶五金制品有限公司、东莞鸿铨光电科技有限公司股权转让合同纠纷案,最高人民法院(2016)最高法民申3378号民事裁定书。

㉖ 参见惠阳惠兴实业有限公司与润杨集团(深圳)有限公司、惠阳松涛实业有限公司及惠阳物业开发(集团)公司、深圳市润迅实业有限公司、惠州市汇和实业有限公司股权转让合同纠纷案,最高人民法院(2015)民提字第209号民事判决书。

㉗ 参见注④,王利明书,第742页。

3. 解约金

解约金,是当事人约定一方支付一定金额即可解除合同的条款,其功能不在于担保既有合同义务的履行,而是以解除合同关系为目标,赋予当事人摆脱合同关系的可能性。㉙ 相应地,违约金和解约金在利益衡量的配置上也有所不同。在违约金场合,只要履行尚属可能,债权人一般可在强制履行和违约金之间做选择;但在解约金场合,是依约履行还是"交钱赎身"则取决于债务人〔42〕。故解约金条款中的债务人地位更为有利,没有必要准用违约金规则对其作特别保护。

4. 责任限制条款

责任限制条款也属于当事人对违约后果的规划。但与违约金不同,责任限制条款一般未预定给付条件和给付形式,而是就给付的大小设置最高限额:若损害低于预定额度,债权人只能就实际损害主张赔偿;若损害高于预定额度,债务人则仅以预定额度为限承担责任。上述两种情况下,债权人均须就损害的发生及大小承担举证责任,因此,责任限制条款只是一种搭载在法定损害赔偿规则上有利于债务人的责任"阀门",并无施加履约压力和补偿损害的功能,相应地也不适用违约金规则。㉚

交易实践中,约定的违约金可能低于之后实际发生的违约损害,确实可能在事实上限制了债务人承担的责任〔78〕,但若债权人能举证证明超出部分的损害,其尚可能申请司法增额,或依特别约定要求补充赔偿。这种补足机会在责任限制条款场合则不被允许,故不能认为违约金同时亦是责任限制条款。

㉘ 参见注⑬,第 239 页以下。
㉙ Vgl. BGB Handkommentar/Schulze, 2012, § 339 Rn. 1.
㉚ Vgl. Schlechtriem, Richterliche Kontrolle von Schadensersatzpauschalierungen und Vertragsstrafen, in: Das Haager Einheitliche Kaufgesetz und das Deutsche Schuldrecht, 1973, S. 51f.

二、给付效力

(一)发生要件

14 《合同法》第 114 条第 3 款规定针对迟延履行所约定的违约金,可与继续履行并行主张。主张违约金,须先满足违约金给付效力之发生要件,包括违约金约定和违约情事,另须讨论的是违约损害和可归责性的要件地位。

1.违约金约定

(1)违约金约定成立

15 违约金以双方约定为常见,但亦可经单方行为而设。㉛ 较具实践意义的是商店、超市等场所张贴的"假一罚十"或"偷一罚十"告示,是否构成商家或窃贼给付违约金之基础?"假一罚十"属于商家就商品货真价实以十倍价款之给付义务作为担保,宜认定为单方允诺。"偷一罚十"则是私法主体单方面对他人施加义务的行为,未经相对方同意不应发生法律效力。㉜

16 违约金约定的主体,通常是违约金所担保之主债务关系的当事人,也可以约定违约金债务人向第三人(比如慈善机构)给付违约金。但在违约金发生给付效力前,不得约定由第三人承担未来的违约金债务,在债务承担中约定仅承担主债务而不负担未来的违约金债务,亦属无效。㉝ 否则,违约金将丧失行为控制和违约预防之功效。另外,在保证场合中,基于违约金的补偿功能,若保证人清偿了主债务人违约所触发的违约金,可向主债务人追偿。㉞

17 违约金约定可与主债务关系同时成立,亦可在主债务关系成立后另行缔结,但必须在所针对之违约情事发生之前成立㉟,否则难谓对主债务

㉛ 参见史尚宽:《债法总论》,中国政法大学出版社 2000 年版,第 517 页。
㉜ Vgl. Bamberger/Roth Kommentar/Janoschek, 2007, § 339 Rn. 5.
㉝ Vgl. MüKo BGB/Gottwald, 2007, § 339 Rn. 1, 9; Staudinger BGB/Rieble, 2009, § 339 Rn. 409, 410.
㉞ Vgl. Staudinger BGB/Rieble, 2009, § 339 Rn. 436.
㉟ Vgl. MüKo BGB/Gottwald, 2007, § 339 Rn. 17; Staudinger BGB/Rieble, 2009, § 339 Rn. 3.参见王利明:《违约责任论》(修订版),中国政法大学出版社 2003 年版,第 613 页。

有何担保作用。在违约引发法定违约责任后再约定违约金,依合同解释,可能构成对法定违约责任的意定变更[3],或担保法定违约责任的履行。就后者而言,违约金指向的已非原有合同之主债务,而是以法定的第二性义务为主债务[1]。

(2)违约金约定无效力瑕疵

及至违约情事发生时,若违约金约定仍为无效或效力待定,无以引发违约金请求权,可撤销的违约金约定被撤销前则可触发违约金。㊱   18

违约金约定的效力瑕疵,还可源于主债务关系的效力瑕疵。学说上认为违约金与主债务之间存在从属关系,但论证进路各异,有的将违约金概括为从属于主债务的从债务㊲,有的以违约责任限于合同关系有效为理由,有的则以违约金作为合同条款的一部分因合同无效而无效为根据。㊳后两种进路更符合《合同法》在规制违约金时所采取的"违约责任条款"视角,但主从债务的从属性观点,对于违约金担保某些法定债务的情形,表现出违约责任条款进路所没有的解释力,因为此时虽然也有主债务,却不存在承载违约金条款的主合同。   19

违约金的从属性会与其他担保的从属性发生叠加。比如保证人的担保范围包括了主债务迟延还款的违约金,若同时就保证责任之承担又约定有迟延违约金,一旦主债务人和保证人均迟延履行,保证人的责任中会出现两笔违约金的"复利"状态。㊴   20

当然,从属性逻辑以违约金未发生给付效力为限。因债务人违约而引发的违约金请求权,与原主债务彼此独立,此时可以独立转让。㊵   21

㊱ Vgl. MüKo BGB/Gottwald, 2007, § 339 Rn. 17; Staudinger BGB/Rieble, 2009, § 339 Rn. 236.

㊲ 参见注㉛,第519页。Fikentscher/Heinemann, Schuldrecht, 10. Aufl., 2006, S. 87。对此应注意区分主债务(Primärpflicht)和主给付义务(Hauptleistung),被违约金这一从债务担保的主债务,可以是合同中的主给付义务,也可以是从给付义务或附随义务。

㊳ 参见崔建远:《合同责任研究》,吉林大学出版社1992年版,第246页。

㊴ 参见中国建设银行股份有限公司广州荔湾支行与广东蓝粤能源发展有限公司、惠来粤东电力燃料有限公司等信用证开证纠纷案,最高人民法院(2015)民提字第126号民事判决书,载《最高人民法院公报》2016年第5期。该案一、二审及最高人民法院的再审判决,均驳回了针对保证责任的违约金。

㊵ 参见史尚宽:《债法总论》,中国政法大学出版社2000年版,第519页。

2.违约

(1)违约作为停止条件之成就

22　　违约金是附有停止条件的债务,违约作为停止条件之成就,引发违约金请求权。㊶ 需要辨析的是,在违约金约定成立后、违约作为停止条件成就前,当事人之间的法律关系状态如何？一般来说,合同在停止条件成就前,虽未发生当事人效果意思追求之债权债务,但仍具有合同拘束力,当事人不得任意撤回其意思表示、解除合同或者违背诚实信用地左右条件之成就与不成就。㊷ 但是,学理上认为违约金债务的附条件与典型的合同附停止条件存在区别,停止条件涉及的并非违约金约定本身的有效性问题,而是基于该约定产生的违约金请求权——并非"法律行为附了条件,而是违约金请求权作为法律行为的结果附了条件"㊸。

(2)主债务有效存在且可实行。

23　　"只有当主合同义务在违约金发生给付效力那逻辑上的一秒钟还是存在且可实行的,违约金才能发生给付效力"㊹,否则无效的主债务会借违约金获得间接实现。㊺ 具体而言,自始无效或被撤销的主合同无违约问题。㊻ 若主债务效力待定,追认权人在债务人违反效力待定的债务后作出追认,债务人是否承担违约金责任,涉及追认的效力问题。现行法肯认追认具有溯及效力[《合同法解释(二)》第 11 条],但在债务人系限制行为能力人或无权代理人之相对人的场合,其在主合同被追认前所"违反"的只是效力待定的"债务",若因嗣后他人的追认而陷于违约金责任中,已然逾越理性人所应注意之范围,故追认对违约金原则上只应产生向将来有效的影响。㊼

㊶　Vgl. Staudinger BGB/Rieble, 2009, § 339 Rn. 230.

㊷　参见史尚宽:《民法总论》,中国政法大学出版社 2000 年版,第 484—486 页。

㊸　Staudinger BGB/Rieble, 2009, § 339 Rn. 230.

㊹　Staudinger BGB/Rieble, 2009, § 339 Rn. 25.

㊺　HKK/Hermann, 2005, §§ 336-345 Rn. 14.

㊻　参见广东黄河实业集团有限公司与北京然自中医药科技发展中心一般股权转让侵权纠纷案,最高人民法院(2008)民二终字第 62 号民事判决书,载《最高人民法院公报》2009 年第 1 期；王云飞诉施耐德电气(中国)投资有限公司上海分公司劳动争议纠纷案,载《最高人民法院公报》2009 年第 11 期。

㊼　Vgl. Staudinger BGB/Rieble, 2009, § 339 Rn. 234.

主债务有效存在过但已消灭者,亦排除违约金请求权的发生。若违 24
约金担保的是先合同义务,于合同因一方违反先合同义务而被撤销时,合
同溯及无效不影响违约金请求权,但担保这类法定的附随义务应限于明
确约定。[48]

主债权必须是可实行的,亦即其并未附有相对人的抗辩权。比如双 25
务合同中享有履行抗辩权的一方不因未按时履行而构成迟延,自然无以
触发违约金请求权。[49] 主债权罹于诉讼时效的情形亦同。但罹于诉讼时
效的主债权在时效完成前之迟延阶段,仍可引发违约金请求权,只是该违
约金本身又可能受制于诉讼时效。故须辨明,主债权罹于诉讼时效,决定
的是之后迟延违约金是否继续产生的问题;违约金之诉讼时效,涉及的是
已产生的迟延违约金请求权是否承受时效抗辩的问题[49]。

(3)违约的判断

何种违约情形得引发违约金的给付效力,取决于违约金约定的所针 26
对的义务[50];比如,专为迟延出资而约定的违约金,不适用于根本违约场
合。[51] 无特别约定时,依法定违约责任的构成规则判断是否构成违约。

若以违约金担保不作为的主债务,债务人做出违反行为时即触发违 27
约金。[52] 多次违反不作为之主债务,是否会多次引发违约金的给付效
力,取决于对违约金约定的解释,关键在于当事人所关切的具体利益为

---

[48] Vgl. MüKo BGB/Gottwald, 2007, § 340 Rn. 8.参见注⑩,崔建远书,第 403 页。

[49] 在"广宁百盈花园物业服务有限公司与黎海芳物业服务合同纠纷案"中,一审法院
即基于物业公司履行义务存在瑕疵,而"酌定"业主免于对未按时支付的物业费承担逾期违
约金责任,二审予以维持。从法理上看,体现的正是履行抗辩权阻却迟延之效力。参见广宁
百盈花园物业服务有限公司与黎海芳物业服务合同纠纷案,广东省肇庆市中级人民法院
(2015)肇中法民二终字第 177 号民事判决书。

[50] 参见广东达宝物业管理有限公司与广东中岱企业集团有限公司、广东中岱电讯产
业有限公司、广州市中珊实业有限公司股权转让合作纠纷案,最高人民法院(2010)民提字第
153 号民事判决书,载《最高人民法院公报》2012 年第 5 期。

[51] 参见香港锦程投资有限公司与山西省心血管疾病医院、第三人山西寰能科贸有限
公司中外合资经营企业合同纠纷案,最高人民法院(2010)民四终字 3 号民事判决书,载《最
高人民法院公报》2010 年第 12 期。

[52] Vgl. Staudinger BGB/Rieble, 2009, § 339 Rn. 283.

何(53)〔8〕,可侧重考虑的是违约金额度与通常可能损害的关系。(54)

28 与重复违约不同的是违反前义务必然“违反”后义务的情形,比如北京市高级人民法院(2015)高民申字第 1772 号民事裁定书中,合同就房屋所有权初始登记义务和转移登记义务分别独立约定违约金,法院认为两项义务的迟延系“同一违约行为所致”,“不宜重复评价”,驳回了针对前一项义务的迟延违约金。准此,针对后义务的违约金应解释为限于已履行前义务但违反后义务的场合发生给付效力;然而即便如此,直接驳回针对前义务的违约金也值得商榷,符合逻辑的处理应该是:前义务履行完毕前的迟延期间,按照针对前义务的约定计算违约金;从前义务履行完毕后到后义务履行完毕前的迟延期间,按照针对后义务的约定计算违约金;两项相加即为违约金之总额。

3.是否要求违约造成损害

29 虽有学者认为损害的实际发生并非违约金责任的成立要件(55),但主流学说基于赔偿性违约金与惩罚性违约金的二分,认为前者作为损害赔偿额预定,逻辑上当然要求损害发生,只是无须证明(56);反过来看,当事人约定了违约金即推定损害发生,未造成损害的债务人可经举证而免责。(57)

首先应明确,违约金责任的成立是否以损害发生为必要前提,其次才须考虑应否由债权人证明。基于双重功能立场,未作特别约定时所适用的法定模范类型在规范构成上应兼顾损害填补和督促履约〔8〕。《合同法解释(二)》第 29 条第 1 款总体上在责任效果环节较为凸显损害填补功能,那么在前端的责任成立环节,应对督促履约功能预留一定的规范空

(53) Vgl. Erman Kommentar/Schaub, 2008, § 339 Rn. 8; Bamberger/Roth Kommentar/Janoschek, 2007, § 339 Rn. 8.

(54) Vgl. Köhler, Vereinbarung und Verwirkung der Vertragsstrafe, in: Festschrift für Joachim Gernhuber zum 70. Geburtstag, 1993, S. 218.

(55) 参见朱广新:《合同法总则研究》(下册),中国人民大学出版社 2018 年版,第 735 页。

(56) 参见注⑩,韩世远书,第 827 页。

(57) 参见注⑩,崔建远书,第 404 页。

间,将规制重点更多地聚焦于债务人的行为,不必强以损害发生为必要。㊹

4.是否要求可归责性

就违约金给付效力之发生是否要求可归责性,应遵循以下三个层次递进判断:其一,当事人针对可归责性要件有所明确约定者,依约定处理;此类情形下,债务人举证证明自己无可归责性即可阻却违约金的给付效力。其二,虽无明确约定者,但《合同法》分则或其他特别法中典型合同的违约责任若对过错要件有特别要求(如《合同法》第374条后段、第406条第1款后段),则应适用于违约金。㊾此亦包括非典型合同根据《合同法》第124条参照典型合同规定的情况。有疑义的是第三个层次,无特别约定且无特别规定时,债务人的可归责性是否为违约金给付效力的发生要件。

虽然《合同法》第107条作为违约责任的统领性规范,并未明确将债务人的可归责性设置为违约责任尤其是违约损害赔偿责任的构成要件,但该"严格责任"立场从《合同法》出台以来一直备受争议,较为有力的"修正"思路是区分结果性义务和方式性义务,违反前者之责任的成立不问可归责性,违反后者之责任的成立则须考察债务人是否存在过错。㊿但是,即便认为在方式性义务的场合中应重视注意义务之违反,也不见得必须独立出一个过错要件。易言之,结果性义务和方式性义务的区分,其实可以作用于"违约"要件的认定上。故而,与法定损害赔偿责任的成立判断类似,在无特别约定或规定时,违约金责任之成立并不以过错为必要,但在责任成立后的司法调整阶段须考虑当事人的过错程度〔69〕。

(二)效力内容

1.违约金给付义务

违约金给付义务通常为金钱债务,故《合同法》第114条第1款谓之

㊹ 在合同法立法过程中亦有草案涉及。比如,1997年5月14日的《合同法(征求意见稿)》第77条第2款后段曾规定:"违约没有造成损失的,但按照约定支付违约金明显不合理的,当事人可以请求人民法院或者仲裁委员会适当减少。"(参见注⑧,第2007页。)依之,无实际损害并不会直接导致违约金责任不成立。

㊾ 参见注⑩,韩世远书,第826页。

㊿ 参见注㉟,第669页以下。

"支付"违约金。当事人也可以自行约定非金钱形式的违约金,若发行履行不能,则转化为金钱违约金。

32　　并非所有事先约定的"担保"既有债务的非金钱给付义务,都可归为违约金。比如,当事人在借款合同之外订立房屋买卖合同,并约定若到期不能还款,则通过履行买卖合同来抵偿借款债务。[61] 于此,履行房屋买卖合同的义务扣除借款本金及期内利息后的部分,是否构成非金钱形式的违约金,攸关可否对该部分义务作违约金司法调整。但合同解释的结论表明,若到期不能还款,则还款债务转为履行房屋买卖合同的债务,亦即还款债务已然消灭;而在违约金场合中,违约行为触发违约金给付义务,并不会同时消灭既有的主债务。故此类约定并不构成非金钱违约金,其间"担保"利益之兑现应交由清算规则处理。

2.违约金与法定违约责任

（1）基本思路

33　　《合同法》第107条以下配置的法定违约责任,主要系强制履行和损害赔偿,其中强制履行包括迟延履行场合的继续履行和瑕疵履行场合采取修理、更换、重作等补救措施。对于瑕疵履行,另有减价和退货之规定。

34　　违约金与上述法定违约责任的适用关系,应恪守以下三条基本思路:其一,需要讨论的是同一违约情事同时触发的违约金和法定违约责任之间的关系,若是不同违约情事引发各自的违约金与法定违约责任,参照不同违约情事所引发的诸项法定违约责任之间的关系处理。其二,以《合同法》第114条第3款为核心的给付效力内容规则,属于任意规范,故就违约金与法定违约责任的关系,应先考虑当事人之特别约定;无特别约定时,就各违约情事下违约金与法定违约责任的关系可根据《合同法》第114条第3款所确立的基本立场,即"法定模范类型"处理。其三,就该法定模范类型中违约金与违约损害赔偿的关系,应认为违约金构成损害赔偿总额之预定[77][62];同时,为恪守违约金之担保功能,无特别约定时应

---

[61] 参见朱俊芳与山西嘉和泰房地产开发有限公司商品房买卖合同纠纷案,最高人民法院(2011)民提字第344号民事判决书,载《最高人民法院公报》2014年第12期。

[62] 理由一在于《合同法》第114条并未延续《经济合同法》(已失效)第35条中段将违约金规定为损害赔偿最低额预定之立场,二在于其第2款前段另有司法增额规则,体系上亦无解释为最低额预定之必要。

肯认债权人可在违约金和其所预定之损害的法定赔偿之间择一主张。

（2）迟延履行

对于迟延履行,债权人可要求继续履行(《合同法》第107条),并主张迟延损害赔偿(《合同法》第112条);若继续履行已无意义,债权人可拒绝继续履行,要求替代给付赔偿;若迟延后履行陷于不能,债权人也可要求替代给付赔偿。该两种情形下替代给付赔偿可与迟延损害赔偿并行主张。

若针对迟延履行约定了违约金,且未作其他特别说明,《合同法》第114条第3款规定"违约方支付违约金后,还应当履行债务",应是针对迟延后履行尚属可能且对债权人有意义的情形。加之此时违约金可与继续履行并行主张,说明在该条第3款的立场下,针对迟延履行约定的违约金所预定的,仅系迟延损害赔偿之总额。倘若继续履行因对债权人无意义而被拒绝或在迟延后陷于不能,债权人可转而要求替代给付赔偿,该请求权作为继续履行之转化形态,在《合同法》第114条第3款之立场下,亦可与迟延违约金并行主张。所以,该条第3款的法律评价可总结为:若针对迟延履行约定了违约金,无其他特别说明时,预定的仅为迟延损害赔偿之总额,而非所有违约损害之总额。

需要说明的是,不应拘泥于《合同法》第114条第3款"先支付违约金,后继续履行"之文义表象,而作反面解释认为若债权人先主张继续履行或先行受领了继续履行,即不得请求迟延违约金或视为放弃迟延违约金。对此,《买卖合同解释》第24条第2款"买受人以出卖人接受价款时未主张逾期付款违约金为由拒绝支付该违约金的,人民法院不予支持"之规定可资佐证。故债权人受领了债务人迟延后的继续履行,仍可并行主张迟延违约金,此并行主张不以受领给付时作特别保留为必要[72]。

（3）瑕疵履行

瑕疵履行场合中,若瑕疵可得补正,债权人可要求主张修理、更换、重作等补救措施,以及补救期间的迟延损害赔偿。若瑕疵不可补正或补正已无意义,债权人可接受有瑕疵之给付同时主张减价或针对瑕疵部分的损害赔偿,也可以拒绝有瑕疵之给付而主张退货并要求替代整个给付之赔偿。在加害给付场合中,另可主张固有利益赔偿。

针对瑕疵履行约定的违约金,与上述法定责任关系如何,端视如何解释《合同法》第 114 条第 3 款的未尽之言。违约金的担保功能集中体现在违约阶段,违约后则落实其补偿功能,当事人就某类违约事由约定违约金,无特别约定时原则上应推定为对该类违约事由所引发之所有损害赔偿总额的预定,该条第 3 款将迟延履行违约金推定为仅预定了迟延损害赔偿而非预定了包括迟延损害、替代给付损害在内的全部损害之赔偿总额,属于例外性的特别规定。反过来,该条第 3 款未列明的瑕疵履行、拒绝履行、履行不能等违约情形,其相应的违约金应推定为预定了相应情形下产生的所有损害之赔偿总额。

准此,针对瑕疵履行的违约金,沿着后续责任关系的发展,原则上不得与各类损害赔偿并行主张,但作为各类损害赔偿总额之预定,违约金不仅可与采取补救措施并行主张(参照《合同法》第 112 条),也可与减价[63]、退货[64]等其他救济方式并行主张。只是后续责任关系发展的不同情境下,各类损害赔偿大小有别,预定其总额的违约金却自始确定,若违约金相形畸高或过低,可诉诸司法调整。具体而言,瑕疵履行被补正者,可结合实际发生的迟延损害及固有利益损害调整违约金[65];瑕疵履行被接受但债权人未主张减价者,可结合实际发生的瑕疵部分之损害及固有利益损害调整违约金,若已主张减价,则结合固有利益损害调整违约金;债权人主张退货者,可结合实际发生的整个履行利益损害及固有利益损害调整违约金。

40　　在瑕疵履行被补正的场合,债权人固然可以主张迟延损害赔偿或约定的瑕疵履行违约金,但若双方约定的是迟延履行违约金,债权人不得主张该迟延违约金,理由在于当事人预设的作为停止条件的违约情事(迟延履行)并未成就。但若债务人不仅迟延履行,迟延后还提供了瑕疵履

---

[63] 参见常德市科农农业物资有限公司与桂林井田生化有限公司买卖合同纠纷案,湖南省高级人民法院(2015)湘高法民再一终字第 14 号民事判决书。

[64] 参见上海泽胜复合材料有限公司诉上海康弘环保科技有限公司加工合同纠纷案,上海第一中级人民法院(2015)沪一中民四(商)终字第 1269 号民事判决书。

[65] 在"大同市天力房地产开发有限责任公司与山西同至人商业管理有限公司、吴建功房屋租赁合同纠纷案"中,最高人民法院认为"除了迟延履行违约金外,违约方在支付违约金后,可以不再履行债务",显系误解。瑕疵履行违约金在瑕疵可补正场合,可以与采取补救措施并行主张。参见大同市天力房地产开发有限责任公司与山西同至人商业管理有限公司、吴建功房屋租赁合同纠纷案,最高人民法院(2015)民一终字第 340 号民事判决书。

行,则迟延违约金与瑕疵履行的法律效果并行不悖。⑥

(4)拒绝履行

若针对拒绝履行约定了违约金,应推定为预定了拒绝履行所引发之损害总额,故不得与期前拒绝之替代给付赔偿(《合同法》第108条)并行主张,只能择一行使。 41

若拒绝状态延续至履行期届满进入迟延履行状态,债权人则可在继续履行、替代给付赔偿和针对拒绝履行的违约金之间做选择。该"三选一"状态涉及不同内容之请求权的选择,属于选择性竞合而非选择之债⑥,选择权属于债权人。无特别约定时,债务人并无选择主动支付违约金而逃避继续履行的权利,否则违约金将沦为解约金[12]。若债权人选择主张拒绝履行之违约金,则其他两项请求权消灭;但若债权人选择主张继续履行,拒绝履行之违约金请求权仍存续至债权人受领继续履行时才消灭⑥,此乃违约金担保债务履行功能的应有之义。由于针对拒绝履行之违约金预定了全部损害,故不得与迟延损害赔偿并行,亦不得与迟延违约金并行[36]。 42

(5)履行不能

在无免责事由的情况下,履行不能构成违约,排除债权人的强制履行请求权,仅须考虑针对履行不能的违约金与替代给付赔偿之间的适用关系。类似于期前拒绝履行情形,二者只能择一适用。 43

在部分履行不能的场合,如果债务人就履行可能部分已为履行,针对履行不能的违约金存在请求司法酌减的可能[68];就履行可能部分,债务人虽履行却有所迟延者,相应的迟延损害赔偿和针对履行不能之违约金(有酌减可能)并行不悖;若部分履行因对债权人无意义而被拒绝,债权人可以要求全部针对履行不能的违约金,此时不能同时要求履行可能的 44

---

⑥ 参见南宁广发重工集团有限公司、南宁发电设备总厂等与南宁广发重工集团有限公司、南宁发电设备总厂等买卖合同纠纷案,最高人民法院(2015)民提字第143号民事判决书;哈尔滨富华铸造材料有限公司与大连国丰机床有限公司、大连昌盛机床有限公司买卖合同纠纷案,黑龙江省哈尔滨市中级人民法院(2015)哈民三商再终字第3号民事判决书。

⑥ Vgl. Erman Kommentar/Schaub, 2008, §341 Rn. 3.

⑥ 此所以德国学说称该选择性竞合状态中债权人选择权仅具半面(halbseitig)的形成效力。参见 Staudinger BGB/Rieble,2009, §340 Rn. 26。

3.违约金与合同解除

45 　　根据《合同法》第 97 条之文义,无论合同解除是否基于违约,均可与违约损害赔偿并行不悖。倘若在违约金与合同解除之关系上作不同处理,会引发违约金和违约损害赔偿之间不恰当的区别对待,故合同解除与违约金亦应处于并行不悖的适用关系。⑩ 最高人民法院的裁判立场虽有过变化,但目前基本肯认了合同解除与违约金的并行关系⑩,并确立为《买卖合同解释》第 26 条前段之规定。当前学说也普遍持肯定态度⑪;但在规范依据方面,有的认为违约金系《合同法》第 98 条的"结算和清理条款",不受合同解除之波及⑫,有的则基于《合同法》第 97 条合同解除与违约损害赔偿的关系作推论。⑬

46 　　法政策上,并行关系值得赞同。当合同解除系基于非违约事由时,比如一方违约程度未达到成立法定或约定的违约解除权的程度,但已经触发违约金请求权,且违约方或守约方握有其他约定的解除权(比如解约定金),若是违约方解除,不遵行并行关系会使该约定解除权变成违约方逃避违约责任的暗门;若是守约方解除,不遵采并行关系无异于将守约方解除合同的行为拟制为放弃违约金之表示。当合同解除系基于违约时,一方违约既成立相对方的法定或约定的违约解除权,同时也触发了违约金请求权,当守约方解除合同时,若不遵行并行关系,则等于迫使守约方

---

⑩ 就担保合同未履行部分之违约金,由于解除使未履行部分之债务消灭,不存在履行问题,亦无从引发违约金,故违约金与合同解除关系主要涉及合同解除对已发生之违约金请求权的影响问题。

⑪ 否定并行者参见桂冠电力与泳臣房产房屋买卖合同纠纷案,最高人民法院(2009)民一终字第 23 号民事判决书,载《最高人民法院公报》2010 年第 5 期。支持并行之公报案例整理,可参见王成:《合同解除与违约金》,载《政治与法律》2014 年第 7 期。

⑫ 基于对合同解除是否具有溯及力持不同理解,支持并行关系的理由亦有所不同。分别参见注⑩,崔建远书,第 415 页;注⑩,韩世远书,第 841 页以下。

⑬ 参见注⑩,韩世远书,第 689、842 页;注⑩,崔建远,第 415 页。

⑭ 参见王洪亮:《违约金请求权与损害赔偿请求权的关系》,载《法学》2013 年第 5 期,第 119 页以下。

以放弃违约金为代价摆脱自己的给付义务。[74]

法技术上,合同解除后已发生给付效力的违约金是否仍然能够维持,取决于合同解除是否会推翻此前给付效力发生要件已被逐一满足之法律评价。给付效力发生之核心要件,一在于有效的违约金约定,二在于违约[15—28]。将违约金约定认定为《合同法》第 98 条中的"结算和清理条款",可确保违约金约定之有效性不因合同被解除而动摇,支持了第一个要件。基于《合同法》第 97 条,合同解除与违约损害赔偿并行不悖,而违约损害赔偿的要件之一即为违约,故第 97 条确保了解除前的违约评价不会因合同解除而被"平反",支持了第二个要件。所以,并行关系的规范依据应为《合同法》第 98 条结合第 97 条。[75]

4.违约金与诉讼时效

（1）适用资格

违约金请求权属于债权请求权,可适用诉讼时效。但其担保功能决定了,若主债权属于最高人民法院《关于审理民事案件适用诉讼时效制度若干问题的规定》（以下简称《诉讼时效规定》）第 1 条后段所规定不适用诉讼时效之类型,则相应的违约金请求权亦不应受诉讼时效限制。理由在于,将此类主债权排除适用诉讼时效,系基于社会公共利益、资本充足原则等各类法政策理由而决定侧重保护债权人[76],若相应的违约金适用诉讼时效,则债权人就主债权并无中断时效之负担,但为确保取得完整的违约金又负有中断时效之负担,则主债权时效方面的优待会被架空。

（2）时效期间

违约金请求权原则上适用 3 年的一般诉讼时效期间（《民法总则》第 188 条第 1 款前段）,对罹于时效之违约金请求权,债务人享有时效抗辩权（《民法总则》第 192 条第 1 款、第 193 条）[25]。

---

[74] Vgl. Emmerich, Das Recht der Leistungsstörungen, 6. Aufl., 2005, S. 199, Rn. 14.
[75] 类似见解,参见注[70],王成文,第 8 页。由于《合同法》第 97 条、第 98 条既适用于一方行使约定或法定解除权的单方解除场合,也适用于双方协商一致解除合同场合（《合同法》第 93 条第 1 款）,在协议解除中若当事人未明确约定排除该两条的适用,则协议解除下违约金之命运应与单方解除场合无异。
[76] 参见宋晓明、刘竹梅、张雪楳:《〈关于审理民事案件适用诉讼时效制度若干问题的规定〉的理解与适用》,载《人民司法·应用》2008 年第 21 期,第 18 页。

(3)起算规则

50 交易实践中通常不会专门就违约金给付义务本身约定履行期限,违约金发生给付效力后,似乎形成了一个未定履行期的违约金债务。《诉讼时效规定》第6条明确规定对于未定履行期的债务,除非经主张被债务人明确拒绝履行,否则应以债权人要求债务人履行的宽限期届满之日为时效起算点。但是该规则不应适用于违约金债务,理由在于,已成立但未定履行期的违约金债务,本身就是源于对主债务之违反,若要求债权人再作请求并给予宽限期方能起算时效,此时效所保护的"民事权利"已经变成此前产生的违约金请求权,而非诉讼中所聚焦的主债权。既然违约金因违约而生,诉请违约金就属于向法院请求保护未获履行或未获完全履行之主债权,诉讼时效应从权利人知道或者应当知道权利被损害以及义务人时(《民法总则》第188条第2款前段),即自违约发生时起算。⑦

51 针对迟延履行的违约金呈按日累计、持续递增之形态时,就如何确定其起算点,最高人民法院的判决存在不同立场,大体对应学理上的"单个不定期债权说"⑱和"多个单日定期债权说"⑲。"单个不定期债权说"主张对迟延违约金适用前述未定期债务的时效起算规则,时效起算以债权人主张违约金为前提。如此一来,若债权人一直不主张违约金,从违约时已经开始累计的违约金并不起算时效,也就不受时效抗辩,这显然不符合诉讼时效敦促权利行使之规范目的。依"多个单日定期债权说",每迟延一日成立一个违约金债权,各违约金债权独立起算诉讼时效;不存在其他中断事由的情况下,债权人首次主张违约金时不受时效抗辩的违约金债权,为从主张时倒计3年(《民法总则》第188条第1款前段)的部分——

---

⑦ 参见朱庆育:《民法总论》(第2版),北京大学出版社2016年版,第555页。

⑱ 韩世远:《商品房买卖中的迟延损害、违约金与时效》,载《法律适用》2010年第11期;泛华工程有限公司西南公司与中国人寿保险(集团)公司商品房预售合同纠纷案,最高人民法院(2005)民一终字第85号民事判决书,载《最高人民法院公报》2008年第2期。

⑲ 崔建远:《继续性债权与诉讼时效》,载《人民法院报》2003年6月27日;陈嘉贤:《按日累计的违约金请求权诉讼时效何时起算》,载《人民司法·案例》2011年第22期;程晓东、邢江孟:《持续增长迟延履行违约金诉讼时效的起算》,载《人民法院报》2012年6月28日;重庆渝西半岛实业有限公司、四川蜀天建设工程总承包有限公司与重庆渝西半岛实业有限公司、四川蜀天建设工程总承包有限公司建设工程施工合同纠纷案,最高人民法院(2015)民申字第3030号民事裁定书。

债权人的利益地位与其在时效期间内是否积极行使权利呈正相关关系,符合诉讼时效之规范本旨。

"多个单日定期债权说"在实务中遭遇的质疑是,其违背了按日累计违约金系"一个整体的合同权利,而不是按照违约的天数具体分割为若干分别计算诉讼时效的独立的权利"并作"累加计算"的当事人本意。[80] 其实,按日累计迟延违约金本身具有明显的施压担保功能,债务一日不履行,违约金的计算就增加一日,逐日形成对债务人的警示负担,促使其尽快结束迟延状态。当事人意思中的这种逐日施压以促使早日履约的意图,反而可以推论出对违约金应按日把握、个别看待的正当性。故而"多个单日定期债权说"所秉持的分别处理、逐一考量的方式,不见得完全有悖于当事人可能的自治意旨。

另须指出的是,"多个单日定期债权说"类比租金债务等继续性债务关系的时效起算规则证成其结论,但二者存在细微的区别:租金债权时效起算涉及的是租金债务本身逾期(即租金债权被侵害)的问题,而迟延违约金时效起算涉及的不是违约金本身逾期,而是其担保的主债务逾期(即主债权被侵害)的问题。法律效果的差异表现在,租金债务时效起算于租金债务到期日之次日,而每日的违约金债务则应从其产生当日即起算时效。

三、司法调整

(一)司法酌减

1. 规范性质

约定违约金彰显合同自由,但债务人在约定时通常自信能依约行事,预定性本身蕴含有诱发不公平结果的基因,提出了限制违约金的需求。司法酌减规则是在意思自治、形式自由基础上协调实质正义、个案公

---

[80] 参见泛华工程有限公司西南公司与中国人寿保险(集团)公司商品房预售合同纠纷案,最高人民法院(2005)民一终字第85号民事判决书,载《最高人民法院公报》2008年第2期。重庆市高级人民法院在该案一审中持此立场。

平的法技术,属于诚实信用原则的具体化。[81] 此一价值基础决定了,司法酌减不仅须严格把握,是否介入、如何介入、介入多少均应兼顾当事人自治的意旨。

54　　比较法上通常认为司法酌减属于不允许意定排除适用的强制规范。[82] 但从司法酌减的规范意旨出发,若违约金债务人被认为具有评估其违约金负担的能力(比如商事主体在商事交易中允诺了违约金),似无必要毅然否定其放弃酌减之特约的效力。[83] 裁判实务评价该特约效力时并未从债务人的商事主体属性着眼,在最高人民法院(2015)民一终字第340号民事判决书中,最高人民法院认为双方均排除酌减之事先约定"应以不违反公平原则为限……从平衡双方当事人利益的角度考虑,原判决对……(违约金)予以调整并无不当",强调的似乎还是法律效果的均衡性。在现行法民商合一的格局下,这种处理忽视了商事主体作为违约金债务人时的特殊性,此所以学说上有观点主张商人所负担的违约金原则上不得酌减。[84] 但另一方面,直接排除酌减缺少现行法依据,故不妨考虑在商事主体作为违约金债务人的场合,承认事先放弃酌减保护之特约的效力,相应地,司法酌减规则应属于主体性的半强制规范。若无放弃酌减之特约,在后续酌减环节,债务人的商事主体属性还应作为节制酌减幅度的一个理由〔71〕。

2.适用对象

55　　基于赔偿性和惩罚性之类型二分及不同的区分标准,学说或认为前者不适用酌减[85],或认为后者不适用酌减[86],但实务中鲜见纯粹以分类排

---

[81]　Vgl. Bötticher, Wesen und Arten der Vertragsstrafe und deren Kontrolle, ZfA 1970, S. 24 ff.
[82]　条文中明确规定这一强制性规范性质,可见于《法国民法典》原1152条第2款(现第1231-5条第4款)、《荷兰民法典》第6:94条第3款、《欧洲合同法原则》第9:509条第2款、《国际商事合同通则》第7.4.13条第2款、《欧洲共同参考框架草案》第三部分第3:712条第2款。
[83]　这也是《德国商法典》第348条特别规定商人在营业中所允诺的违约金不适用《德国民法典》第343条司法酌减的理由。参见EBJS HGB/Joost, 2015, §348 Rn. 1。
[84]　参见罗昆:《我国违约金司法酌减的限制与排除》,载《法律科学》2016年第2期,第123—124页。
[85]　参见王洪亮:《违约金酌减规则论》,载《法学家》2015年第3期,第139页以下。
[86]　参见注⑩,韩世远书,第829页以下。

除酌减的做法,即使合同明确约定违约金系并行于法定责任的"惩罚性违约金",亦会被酌减。[87] 若以前述给付效力内容为任意规范,则除非存在有效的事先排除特约,实践中宽严各异的违约金条款均应受到司法酌减的规制,只不过是否酌减及酌减多少,须就个案作具体判断。

56 非金钱违约金亦可酌减。若给付不可分,可考虑酌减后形成债权人与债务人的共有关系,或由债权人取得整个给付并返还被酌减部分之补偿金额,或允许债权人放弃非金钱违约金转而依酌减结果主张补偿金额[88],但以经合同的补充解释不为当事人可能的意思所排斥为限。[89]

57 法定违约金并非本条意义上的违约金,作为立法者衡诸相关交易形态和各类情事所预设的违约救济方案,其合理性问题或者债务人负担过重问题应视为在立法时已有所考量,不能酌减。[90]

58 若债务人给付违约金后再申请酌减,似有前后矛盾之嫌,以诚实信用原则衡之难谓妥当。[91] 给付违约金非出于自愿者,如有欺诈、胁迫、重大误解等情事,应由其他机制解决。与之不同的是违约前已有所给付、根据约定于违约后被没收的失权约款,基于功能上的亲缘性,可适用司法酌减[9]。

59 违约定金的酌减在实务中存在正反两方面立场[92],作为失权约款和违约金的组合,不宜排除其类推酌减的空间。现行法对违约定金另有具体的限制规则(《担保法》第91条、《担保法解释》第120条第2款),故违约

---

[87] 参见南京钰仕泉服饰贸易有限公司与南通市华荣制衣有限责任公司承揽合同纠纷案,江苏省南京市中级人民法院(2015)宁商终字第536号民事判决书。

[88] 参见 MüKo BGB/Gottwald, 2007, §343 Rn. 6; auch Bamberger/Roth Kommentar/Janoschek, 2007, §343 Rn. 9. 孙森焱:《民法债编总论》(下册),法律出版社2006年版,第608页;黄立:《民法债编总论》,中国政法大学出版社2002年版,第515页。

[89] Staudinger BGB/Rieble, 2009, §343 Rn. 21.

[90] 参见朱某与上海金轩大邸房地产项目开发有限公司商品房预售合同纠纷案,上海市虹口区人民法院(2011)虹民三(民)初字第792号民事判决书。另详见注⑬,第406页以下。

[91] 这方面的地方性探索如浙江省高级人民法院《关于审理民间借贷纠纷案件若干问题的指导意见》(浙高法〔2009〕297号)第26条。

[92] 肯定者参见张志闯诉三门峡市正信置业经纪有限公司房屋买卖纠纷案,河南省三门峡市湖滨区人民法院(2009)湖民二初字第234号民事判决书;否定者参见唐均贵与乌鲁木齐市米东区长新煤矿经营合同纠纷案,新疆维吾尔自治区乌鲁木齐市中级人民法院(2010)乌中民四终字第231号民事判决书。

定金类推适用司法酌减应限于极端情形[68]。

60　　此外,借款合同的期内利息法定限额规则(比如依《民间借贷规定》第 26 条,利息未支付者以年利率 24% 为限,已支付者以年利率 36% 为限),基于禁止法律规避之思想,亦应延伸适用于针对迟延还款所约定的违约金(《民间借贷规定》第 31 条)。故就民间借贷迟延还款违约金,并行有利息法定限额与司法酌减两项特别控制规则,应认为前者构成后者之特别法,司法酌减限于利息法定限额范围内依个案情事适用之。

3. 申请启动

61　　《合同法》第 114 条第 2 款后段明确规定司法酌减以申请为必要,申请启动的主体为债务人。该段表述以债务人为主语,"过分高于造成的损失"似乎构成申请酌减的前提。但是否过高属于规范判断,当事人在申请酌减前对此是无法确定的,故不能囿于该行文表述而作上述误解。不合理的违约金只是司法裁量决定是否酌减的前提,而非债务人申请酌减的前提。

62　　债务人以外的担保人虽非《合同法》第 114 条第 2 款后段可申请酌减的主体,但其承担的担保责任无特别约定时涵盖了主债务人所应承担的违约金(《担保法》第 21 条第 1 款、《物权法》第 173 条),故应承认担保人可类推适用《担保法》第 20 条抗辩援用规则,申请司法酌减。[93]

63　　《合同法》第 114 条第 2 款后段"请求"的用语并不意味着申请酌减系债务人的请求权,其实乃债务人的形成诉权,该形成诉权具有高度的人身属性,且不可脱离于违约金请求权,故不能单独处分。[94] 当事人可补充约定申请酌减的时间限制条款[95],若无特别约定,由于酌减权与违约金请求权密不可分,依后者的诉讼时效判断即可[72]。酌减后作出的给付判决中,其实带有隐性的形成效果。[96]

64　　依《合同法解释(二)》第 27 条,申请酌减的方式可以是在债权人的

---

[93] Vgl. Staudinger BGB/Rieble, 2009, § 339 Rn. 435.

[94] Vgl. Staudinger BGB/Rieble, 2009, § 343 Rn. 50f., Rn. 61; MüKo BGB/Gottwald, 2007, § 343 Rn. 2.

[95] Vgl. MüKo BGB/Gottwald, 2007, § 343 Rn. 2.

[96] Vgl. Staudinger BGB/Rieble, 2009, § 343 Rn. 53. 德国法另承认提起独立的违约金酌减之诉,由法院作出酌减之形成判决。MüKo BGB/Gottwald, 2007, § 343 Rn. 1.

给付之诉中提出抗辩⑨⁷或另行提出反诉⑨⁸,实践中甚至是单纯的否认亦可。⑨⁹申请时不要求债务人提出具体的金额,因为约定的金额已经限制了法官的裁量范围。⑩⁰违约方仅作免责抗辩而未申请酌减时,依《民商事合同指导意见》"人民法院可以就当事人是否需要主张违约金过高问题进行释明",而依《买卖合同解释》第27条第1款的规定则是"应当"释明。对此,有学者认为从"可以"到"应当"的变化,有悖于处分主义立场⑩¹,亦有论者主张将释明作为谨慎的例外。⑩²实践中的做法较为丰富,主动释明者有之⑩³,未经申请直接酌减者亦有之⑩⁴,甚至在债务人无正当理由未到庭应诉的情况下,法院在作缺席判决时自行减少了违约金。⑩⁵

当然,实务界也并非没有反思。最高人民法院即曾在一则二审判决

---

⑨⁷ 参见中国建设银行股份有限公司广州荔湾支行与广东蓝粤能源发展有限公司、惠来粤东电力燃料有限公司等信用证开证纠纷案,最高人民法院(2015)民提字第126号民事判决书,载《最高人民法院公报》2016年第5期。该案中,债务人抗辩其独立承担的违约金超出了作为担保人所应担保的主债务范围,一、二审法院将其"视为提出了违约金过高的抗辩",最高人民法院肯定了这一"举重明轻"的认定。

⑨⁸ 参见朱定江与林冬兰股权转让合同纠纷案,广东省广州市中级人民法院(2010)穗中法民二终字第2287号民事判决书。

⑨⁹ 参见深圳天狮电气有限公司与广东信源物流设备有限公司承揽合同纠纷案,广东省广州市中级人民法院(2010)穗中法民二终字第1082号民事判决书。

⑩⁰ Vgl. Staudinger BGB/Rieble, 2009, § 343 Rn. 87; MüKo BGB/Gottwald, 2007, § 343 Rn. 12.

⑩¹ 参见梁慧星:《违约金调整,应否"释明"?——买卖合同解释(法释〔2012〕8号)第二十七条解读》,载中国法学网(http://www.iolaw.org.cn/showArticle.asp?id=3483),访问日期:2019年8月25日。

⑩² 参见靳学军、李颖:《违约金调整的司法难题及解决》,载《人民司法·应用》2008年第19期,第49—50页。

⑩³ 予以释明后当事人一般都会请求酌减,鲜见的经法官释明债务人仍不要求酌减的情形,参见俞胜利与胡月伟委托创作合同纠纷案,北京市第一中级人民法院(2010)一中民终字第12578号民事判决书;北京市东方爱婴咨询有限公司诉郑州东方爱婴咨询有限公司特许经营合同纠纷案,北京市朝阳区人民法院(2010)朝民初字第34903号民事判决书。

⑩⁴ 参见广州某某物业酒店管理有限公司某某分公司诉韦某某物业服务合同纠纷案,广西壮族自治区来宾市忻城县人民法院(2013)忻民初字第86号民事判决书。

⑩⁵ 参见李某某诉曹某某保证合同纠纷案,浙江省杭州市萧山区人民法院(2011)杭萧商初字第519号民事判决书;漯河市永冠物业管理有限公司与马冠军物业服务合同纠纷案,河南省漯河市源汇区人民法院(2009)源民初字第321号民事判决书;株洲湘佳农林科技发展有限责任公司诉陈渡华等租赁合同纠纷案,湖南省株洲市株洲县人民法院(2012)株县法民二初字第214号民事判决书。

中,对一审法院未经债务人申请主动调整违约金表明了反对立场。⑯ 此外,对债务人缺席的情形,各地高级人民法院不乏作针对性规制的尝试。⑰ 笔者认为,法院是否主动介入酌减虽属程序问题,但未经申请径直酌减,显有架空违约金自治安排之虞,进而波及对实体利益关系的处理。

4.综合衡量

《合同法解释(二)》第29条对司法酌减的考量因素特设明文规定,其第1款认为"应当以实际损失为基础,兼顾合同的履行情况、当事人的过错程度以及预期利益等综合因素,根据公平原则和诚实信用原则予以衡量,并作出裁决";第2款则明确"当事人约定的违约金超过造成损失的百分之三十的,一般可以认定为合同法第一百一十四条第二款规定的'过分高于造成的损失'"。可以发现,虽同属一个条文,但两款规定对于酌减中的法官自由裁量权其实隐含了正反相对的不同立场,进而引发了该两款规定如何协调的问题。

违约金本属自治范畴,司法权即使依法介入,也须留有应对多样利益情境的空间,不宜拘泥于"数字型"的确定标准。逻辑上,先有判断违约金是否过高进而是否酌减的问题,后有结合各种因素决定酌减多少的问题。鉴于《合同法解释(二)》第29条以综合衡量思路为先、判断过高的标准为后,应认为其第1款中的"作出裁决"不仅涉及酌减多少,也包括是否酌减的判断。准此,则判断应否酌减以及决定酌减多少,均须结合第1款诸因素,第2款只是对该过程中应否酌减问题的一个具体化的指引。最高人民法院的后续表态是以第1款为重⑱,值得赞同。可以总结的思路是:

---

⑯ 参见山西嘉和泰房地产开发有限公司与太原重型机械(集团)有限公司土地使用权转让合同纠纷案,最高人民法院(2007)民一终字第62号民事判决书,载《最高人民法院公报》2008年第3期。类似反对一审依职权酌减违约金并改判的二审判决,可参见上海晨丰物流有限公司与湖南经阁投资控股集团有限公司公路货物运输合同纠纷案,湖南省长沙市中级人民法院(2009)长中民二终字第1980号民事判决书。另可参见上海市高级人民法院《关于商事审判中规范违约金调整问题的意见》(沪高法民二〔2009〕13号)第1条。

⑰ 参见上海市高级人民法院《关于商事审判中规范违约金调整问题的意见》(沪高法民二〔2009〕13号)第4条第3款。

⑱ 参见韶关市汇丰华南创展企业有限公司与广东省环境工程装备总公司广东省环境保护工程研究设计院合同纠纷案,最高人民法院(2011)民再申字第84号民事裁定书,载《最高人民法院公报》2011年第9期。

未超过造成的损失30%的违约金原则上不予酌减,除非依综合衡量应予酌减;高于造成的损失30%的违约金原则上应予酌减,除非依综合衡量不应酌减;应予酌减者,幅度控制也应经过综合衡量决定,衡量因素包括实际损失与预期利益、履行情况与过错程度、公平原则与诚实信用原则。

(1)实际损失与预期利益

《合同法解释(二)》第29条第1款涉及实际损失和预期利益,第2款涉及本条第2款后段之违约"造成的损失",须从规范目的角度厘清此三者的关系。违约"造成的损失"是否仅指经《合同法》第113条第1款可预见性规则检验的违约损害,理论和实务中均有持否定意见者[109],但结合《合同法》第114条第2款后段"过分高于"之限制,以及《合同法解释(二)》第29条第2款"造成的损失"上浮30%的立场,似无必要使"造成的损失"豁免于可预见性规则的检验。[110]

由于《合同法解释(二)》第29条第1款分别提及实际损失和预期利益,有观点认为,实际损失应理解为信赖利益损失,预期利益则指可得利益损失。[111]但是,第29条第1款中"实际损失"被赋予"预期利益"所没有的权衡基础地位,若将其定位在信赖利益,无异于认为针对违约金这种预定违约后果、关切履行利益的工具,应以信赖利益为导向予以控制。事实上,最高人民法院在其他场合中也认为违约金酌减应"以违约造成的损失为基准",只是"在计算实际损失数额时,应当……将合同以外的其他损失

---

[109] 参见韩世远:《违约金的理论争议与实践问题》,载《北京仲裁》2009年总第68期,第31页;武汉建工第三建筑有限公司与武汉天恒置业有限责任公司建筑安装工程施工合同纠纷案,最高人民法院(2004)民一终字第112号民事判决书。

[110] 需要注意的是,可预见性规则针对的是法定损害赔偿,而非约定的违约金,不能因为当事人约定了违约金,即认为违约方对于违约后须承担约定的违约金责任是"可以预见到的",否则违约金酌减制度将彻底丧失正当性。

[111] 参见雷继平:《违约金司法调整的标准和相关因素》,载《法律适用》2009年第11期,第25页。

排除在外"⑫,显然并未限于信赖利益。

从违约金的功能着眼,应将《合同法解释(二)》第 29 条第 1 款的实际损失定位为违约造成的损失,包括所受损失与预期利益(可得利益)。其同时强调兼顾预期利益,应理解为司法酌减时也应考量当事人约定违约金的意图。⑬

(2)履行情况与过错程度

司法酌减规则未就过高酌减和部分履行酌减作区别规制⑭,实践中亦不乏统一处理者;⑮若部分履行对债权人意义甚微,则应依综合衡量审慎酌减违约金,甚至不予酌减;⑯在金钱债务部分履行的场合,最高人民法院

---

⑫ 韶关市汇丰华南创展企业有限公司与广东省环境工程装备总公司广东省环境保护工程研究设计院合同纠纷案,最高人民法院(2011)民再申字第 84 号民事裁定书,载《最高人民法院公报》2011 年第 9 期。最高人民法院在司法酌减中计算调整基础时亦详细考虑可得利益损失的做法,还可见于武汉建工第三建筑有限公司与武汉天恒置业有限责任公司建筑安装工程施工合同纠纷案,最高人民法院(2004)民一终字第 112 号民事判决书。新近结合《合同法解释(二)》第 29 条第 2 款更为明确的表态,参见中国信达资产管理股份有限公司甘肃省分公司与庆阳市智霖房地产开发有限公司、庆阳智霖实业有限公司等债权债务概括转移合同纠纷案,最高人民法院(2018)最高法民终 355 号民事判决书("鉴于不少人对《合同法司法解释(二)》第二十九条第二款规定的当事人约定的违约金超过造成损失的百分之三十的,一般可以认定为《合同法》第一百一十四条第二款规定的'过分高于造成的损失'中的'损失'仅理解为实际损失,该理解不正确,本院在此强调,该损失不仅仅指实际损失,还包括合同履行后可以获得的利益。")。

⑬ 这种回溯考量当事人意旨的衡量思路,可参见马海力等与楼世良股权转让纠纷案,浙江省宁波市中级人民法院(2009)浙甬商终字第 948 号民事判决书。另可参见上海市高级人民法院《关于商事审判中规范违约金调整问题的意见》(沪高法民二〔2009〕13 号)第 3 条。

⑭ 在司法酌减外另设部分履行场合违约金酌减规则者,如《法国民法典》原 1231 条(现第 1231-5 条第 3 款)、我国台湾地区"民法"第 251 条。1995 年 1 月的《合同法(试拟稿)》(第一稿)第 148 条【部分履行和违约金的减少】曾规定:"已经履行部分合同债务的,应相应减少违约金。"参见全国人民代表大会常务委员会法制工作委员会编:《中华人民共和国合同法释义》,人民法院出版社 1999 年版,第 41 页;注⑧,第 1869 页。

⑮ 参见何宰飞与朱启娄企业租赁经营合同纠纷案,浙江省台州市中级人民法院(2009)浙台商终字第 505 号民事判决书;天水嘉和商贸有限责任公司等与汪根保项目转让合同纠纷案,甘肃省天水市中级人民法院(2012)天民二终字第 00015 号民事判决书。

⑯ 参见彭水县茂田能源开发有限公司与重庆茧丝绸集团有限公司买卖合同纠纷案,重庆市高级人民法院(2010)渝高法民终字第 150 号民事判决书。

认为违约金的计算基数仅能是未付款项而非总价款。[117] 至于部分履行场合的违约定金,《担保法解释》第 120 条第 2 款作为特别规定应予优先直接适用,只有当依比例适用定金罚则后定金数额仍然过高才考虑类推适用司法酌减,且此时无须再考量部分履行情事[59]。

反过来,债权人未积极履约,不应作为在酌减时遭受亏待的理由。一方面,债权人可能基于债务人的违约行为而享有履行抗辩权,其拒绝履行或未积极履行于法有据。[118] 另一方面,无履行抗辩权的债权人未依约行事可能构成违约,形成双方违约,也应交由债务人反诉处理。[119]

债务人过错程度的意义,源于违约金本身的履约担保功能,过错情节可以折射债务人对履约压力的态度,此在当事人追求履约担保功能的违约金类型中尤值重视。过错程度在决定是否酌减和酌减幅度时均有其作用。涉及故意违约时,违约方已意识到约定的违约金负担,故不应满足其获得宽待的愿望。[120] 特别是自义务产生时即从未履行[121],或违约持续时间长[122],原则上不应酌减或者应审慎酌减。相反,若违约时间很短,说明债务人可归责性较小,酌减正当性则较高。[123]

债权人方面的过错,若属故意创造条件诱使债务人违约者,属于"不

---

[117] 参见吴善媚、李耀生与梁新业、宋汉之等股权转让纠纷案,最高人民法院(2016)最高法民终 51 号民事判决书。

[118] 参见中建集团有限公司与湖北省和济投资有限公司、湖北三星贸易发展实业总公司瑞华置业有限公司股权转让纠纷案,最高人民法院(2013)民申字第 431 号民事裁定书。

[119] Vgl. Jauernig/Stadler, 2009, § 339 Rn. 23.

[120] 参见史文培与甘肃皇台酿造(集团)有限责任公司、北京皇台商贸有限责任公司互易合同纠纷案,最高人民法院(2007)民二终字第 139 号民事判决书,载《最高人民法院公报》2008 年第 7 期;广州市仙源房地产股份有限公司与广东中大中鑫投资策划有限公司、广州远兴房产有限公司、中国投资集团国际理财有限公司股权转让纠纷案,最高人民法院(2009)民申字第 1068 号民事裁定书,载《最高人民法院公报》2010 年第 8 期。在《合同法解释(二)》第 29 条的制定过程中,曾有过以下方案:"对于故意违约,违约方请求减少违约金的,人民法院不予支持。"参见注⑪,第 27 页。

[121] 参见南京紫金山影业有限公司与北京市润亚影视传播有限公司著作权许可使用合同纠纷案,江苏省高级人民法院(2009)苏民三终字第 0079 号民事判决书。

[122] 参见焦作市东桂基金房地产开发有限公司与焦作电力集团预拌商品混凝土有限公司买卖合同纠纷案,河南省焦作市中级人民法院(2010)焦民二终字第 43 号民事判决书。

[123] 参见刘学礼与安徽省天能电源有限公司买卖合同纠纷案,河南省商丘市中级人民法院(2009)商民终字第 827 号民事判决书。

正当地促成条件成就"(《合同法》第45条第2款后段),应视为停止条件未成就,不成立违约金责任,亦无司法酌减的问题。这种处理方案完全剥夺了债权人的违约金请求权,应限于债权人违反诚实信用原则的极端情况。如果债权人在违约情事上负有一定过失,则只能在司法酌减环节予以综合考虑,涉及与有过失法理的运用。实践中,双方对合同未完全履行均有过错时,法院有时会直接否定一方违约金诉请而判决双方继续履行合同。[124] 然而,即便是判决继续履行,旨在填补迟延损害的违约金本身仍有酌减并参考双方过错程度的余地,完全否定之则有失粗糙。此外,与有过失与双方违约应有所区别,有的法院错将前者认定为后者且以双方违约为由直接酌减违约金的做法[125],并不合法理。

(3)公平原则与诚实信用

70　过高的违约金约定不尽然都是显失公平的法律行为。法政策上,显失公平规则依托于公序良俗原则,聚焦合同订立时的相关情事[126];司法酌减则系基于诚实信用原则,关注合同整个履行过程的发展及至违约责任之形成。

71　结合公平原则,酌减时须考虑两个方向的特殊性。应节制酌减的,是商事主体所负担的违约金。有的法院即以双方当事人均为商事主体,"风险比例应在各自合理预见范围之内"作为无须酌减违约金的一个理由[54][127]。应重视酌减的,如经营者和消费者之间以格式合同为载体的交易关系最为典型。依《民商事合同指导意见》的规定,"当事人缔约地位强弱、是否适用格式合同或条款"亦属参酌因素[128]。至于债务人经济状况的意义,应限于可能严重影响债务人生存的程度,另外应结合个案中其他

---

[124] 参见于存库诉董成斌、董成珍房屋买卖纠纷案,载《最高人民法院公报》2001年第4期。

[125] 参见海口赛强发展公司与海南好莲广告有限公司合同纠纷案,海南省海口市中级人民法院(2011)海中法民二终字第156号民事判决书。

[126] 参见贺剑:《〈合同法〉第54条第1款第2项(显失公平制度)评注》,载《法学家》2017年第1期,第166页以下。

[127] 参见深圳市辰合投资控股有限公司等与张近高等股权转让纠纷案,广东省东莞市中级人民法院(2012)东中法民二终字第603号民事判决书。

[128] 参见上海市高级人民法院《关于商事审判中规范违约金调整问题的意见》(沪高法民二〔2009〕13号)第8条第4项、第5项。

情事做综合衡量,不能作为扩大酌减幅度的主要原因。[129] 反过来,若债务人因违约而获利,亦应纳入考量,方不至于产生评价矛盾。[130]

在综合衡量时考虑诚实信用原则,有助于接引其他具体规则,比如减损规则。[131] 司法酌减既然属于诚实信用原则的具体化,债务人缔结违约金约定,嗣后又申请酌减,并不构成对诚实信用原则的违反。[132] 反过来,现行法并未规定违约金保留义务〔37〕,债权人未作保留嗣后又提出违约金主张,也不构成违反诚实信用的"矛盾行为",除非债权人的行为足以引发债务人相信其不会再主张违约金的信赖。另外,债务人申请酌减的时间限制,无特别约定时依违约金诉讼时效规则处理〔63〕,亦无长时间不申请而遭债权人援用诚实信用原则之虞。

(4)衡量因素的判断时点

在法无明文规定的情况下,衡量因素判断时点的前后选择,仍应以司法酌减的规范目的为出发点。司法酌减规制的是合同成立及生效后履行的发展及相关效果的演进问题,所以不应以缔约时、违约时为准或以债权人主张违约金时为准,否则违约情节、损失确定以及其他后续进程中的评价因素,无法被正当地纳入考量。故直至法庭辩论终结前的所有相关情事,均应考虑。

5.举证责任

申请司法酌减属于有利于债务人的主张,举证责任自应由债务人承担(参照《民事诉讼法》第64条第1款)。[133] 债务人应证明的,是与确认违约金不合理之权衡有关的事实;权衡过程中有助于证成较高金额之事实

---

[129] Vgl. Erman Kommentar/Schaub, 2008, § 343 Rn. 3.

[130] 参见农工商超市(集团)有限公司诉上海伊塔纳旅游用品有限公司房屋租赁合同纠纷案,上海市第一中级人民法院(2005)沪一中民二(民)终字第2194号民事判决书。

[131] 参见重庆苯特钢结构有限公司与重庆百花生物医药股份有限公司、百花医药集团股份有限公司建设工程施工合同纠纷案,最高人民法院(2015)民一终字第342号民事判决书。

[132] 实践中有法院即以此为由认为债务人违反诚实信用原则。参见广州市番禺区绿庭雅苑房地产有限公司与杨海商品房预售合同纠纷案,广东省广州市中级人民法院(2010)穗中法民五终字第1147号民事判决书。

[133] 参见曹县谷丰粮食购销有限公司与佳木斯市惠农谷物专业合作社的其他合同纠纷案,最高人民法院(2014)民二终字第135号民事判决书。另可参见上海市高级人民法院《关于商事审判中规范违约金调整问题的意见》(沪高法民二〔2009〕13号)第6条。

（比如损害程度特别巨大），则应由债权人提出并证明。[134]

75　　问题的关键在于如何确定债务人的证明对象。《合同法》第114条第2款后段规定"过分高于造成的损失"是法院决定酌减的前提，其中约定金额"高于造成的损失"显然属于数额比较的事实问题，但"过分"的程度并非事实问题，因为《合同法解释（二）》第29条第2款"一般可以认定为"之措辞意味着很有可能存在约定金额超过造成的损失达30%以上，却基于个案情事不认定为"过分高于造成的损失"的情况，故"过分"程度的判断应属于综合衡量中的法律评价问题。

　　是以，债务人首先应证明约定金额高于违约造成的损失，比较的前提是约定金额和造成的损失两项。债务人应提供计算违约损害的计算基础及有关的个案情况（比如债权人购买标的物系为自用而非转卖获利）[135]，债权人则可提出反驳或反证。其次，一旦确定约定金额高于造成的损失，则进入是否"过分高于"的衡量阶段。债务人可基于之前的举证主张已达到30%标准，债权人则可提出其他情事并证明，以佐证即使达到30%标准，于本案亦不属于"过分高于"从而不应酌减。[136]最后，经综合衡量认定违约金确属"过分高于造成的损失"，就如何确定符合个案正义的违约金额度，双方也可各自提出有关事实并证明，并向对方提出反驳或反证。

76　　但在金钱债务迟延履行违约金的场合，虽然不乏坚持以债务人先行举证损失为原则者[137]，但更为普遍的做法，似乎是要求债权人就迟延还款所造成的实际损失提供证据，否则就以各种利率限制规则（组合或结合30%标准）作为资金占用损失的计算依据，对违约金作出调整。[138]金钱债务迟延履行违约金有其特殊性，但是这种做法其实降低了司法酌减的门

---

[134]　Vgl. Staudinger BGB/Rieble, 2009, §343 Rn. 125, 127.

[135]　参见广州市番禺区绿庭雅苑房地产有限公司与罗锡仔商品房预售合同纠纷案，广东省广州市中级人民法院（2010）穗中法民五终字第1527号民事判决书。

[136]　参见上海市高级人民法院《关于商事审判中规范违约金调整问题的意见》（沪高法民二〔2009〕13号）第7条。

[137]　参见史文培与甘肃皇台酿造（集团）有限责任公司、北京皇台商贸有限责任公司互易合同纠纷案，最高人民法院（2007）民二终字第139号民事判决书，载《最高人民法院公报》2008年第7期；另可参见深圳市辰合投资控股有限公司与张近高等股权转让纠纷案，广东省东莞市中级人民法院（2012）东中法民二终字第603号民事判决书。

[138]　相关整理，详见注[13]，第364页以下。

槛,反过来则有可能限制当事人的自治意思,因而在酌减幅度的控制上,仍应尽可能考量当事人对于双重功能尤其是担保功能的配置意旨。[139]

(二) 司法增额

1. 体系意义

《合同法》第114条第2款既允许司法酌减又允许司法增额的规范配置,基本承继了《涉外经济合同法》(已失效)第20条第2款后段的规制方案[140],并未采《经济合同法》(已失效)第35条将违约金预设为违约损害赔偿最低额的思路,若个案中违约金低于实际的违约损害,可诉诸司法增额。反过来,司法增额规则的体系意义在于,明确了违约金与损害赔偿之间总额预定的基本关系[34],在当事人无特别约定时,不允许债权人就超出违约金的部分损害要求补充的法定损害赔偿,《合同法解释(二)》第28条后段规定的"增加违约金以后,当事人又请求对方赔偿损失的,人民法院不予支持"可资佐证。

2. 规范性质

司法增额和违约损害赔偿最低额预定均有填补债权人超出违约金之部分损害的功能,但在法技术落实方面,二者实则有别。设置司法增额规则,意味着司法裁量因素介入修正自治方案,必须具备充分的必要性,这一点在违约金对接补充赔偿模式中是无须考虑的。尽管《合同法》第114条第2款前段并未如后段般对司法增额的前提设置"过分"之限定,但并非所有违约金过低的情形,均可申请司法增额。[141]易言之,司法增额亦应限于违约金引发显非合理的责任限制时方可适用。

准此,司法增额规则至少应具备一定的强制规范属性。若债权人属于商事主体,则无必要予以特别保护[54],应承认其事先放弃申请增额

---

[139] 鲜见的在酌减迟延付款违约金时兼顾约定之违约金比例(20%)的裁判,参见三亚洪源投资有限公司、海南洋浦天麒进出口贸易有限公司等与三亚洪源投资有限公司、海南洋浦天麒进出口贸易有限公司等项目转让合同纠纷案,最高人民法院(2016)最高法民申920号民事裁定书。但该案与通常的金钱债务迟延履行涉及资金占用损失的情境有所不同。

[140] 比较法上以单独规定司法酌减为常见,并配司法增额规则仅见于如《法国民法典》原第1152条第2款(现第1231-5条第2款)等少数立法例。

[141] 参见注[10],韩世远书,第830页;注[10],崔建远书,第405页。

之特别约定的效力。故司法增额规则亦可定位为主体性的半强制规范，只是强制方向与司法酌减规则相反。

3. 申请启动

79 　　司法增额须由债权人提出申请，该权利亦属于形成诉权。若合同约定违约金向第三人给付，只要未明确约定第三人享有独立的违约金请求权，则第三人无权申请启动增额。

80 　　《合同法解释（二）》第27条规定当事人的反诉或抗辩也属于"请求人民法院依照合同法第一百一十四条第二款的规定调整违约金……"，表面上未区分《合同法》第114条第2款前后段，似亦适用于司法增额。但是，债权人本身即为主张违约金的主体，并无抗辩之必要，即使其作为本诉债务人在诉讼中提出反诉，该反诉亦仅是对违约金之主张，尚不应直接认定为申请司法增额。相应地，《合同法解释（二）》第27条应限缩于司法酌减场合适用。

4. 增额前提

81 　　"低于造成的损失"是司法增额的实质前提，而非申请启动的前提。

82 　　"造成的损失"的内涵，指向债权人因债务人之违约行为而遭受的损失，包括可得利益的损失[142]，但以经过可预见性规则检验为限。

83 　　约定金额"低于"造成的损失，如前所述，必须达到一定的失衡程度。另外，《合同法》第114条第2款在司法增额的措辞上，未使用司法酌减中的"过分"作程度上的限定，加之相比《涉外经济合同法》（已失效）第20条第2款后段，《合同法》第114条第2款有意将增额和酌减分为独立的两句予以规定，应认为其中蕴含了立法者区别对待的意旨。故在过低不公平程度的把握上，至少不能严于司法酌减中的判断基础，尤其是《合同法解释（二）》第29条第2款的30%标准。故而，一旦约定金额低于造成的损失达30%，应认为符合予以增额的实质前提。[143]

5. 增额幅度

84 　　不同于《合同法》第114条第2款前段之"造成的损失"，在增额幅度方面，《合同法解释（二）》第28条前段又提出了"增加后的违约金数额以

---

[142] 参见注[111]，第25页。
[143] 实务界亦有观点建议以低于实际损失达20%为标准。参见注[102]，第53页。

不超过实际损失额为限"。于此"实际损失"应与"造成的损失"作同一把握,包括可得利益,但以经可预见性规则的检验为限。盖若不包括可得利益,无法填补全部"造成的损失";若不以经可预见性规则的检验为限,司法增额的结果可能会纳入不可赔损害。实践中,通过司法增额所填补之利益形态,有可能是所受损失[144],也有可能是可得利益。[145] 相比之下,《商品房买卖合同解释》第 16 条规定当事人以约定的违约金过低为由请求增加的,应当以"违约造成的损失"确定违约金数额,在措辞上更为可取。

《合同法解释(二)》第 28 条只是规定了实际损失构成司法增额的上限,可否确定一个高于约定金额却低于实际损失的金额,则尚未明确。第 28 条未如第 29 条第 1 款般对司法增额明确规定丰富的综合衡量因素,说明司法增额场合的裁量空间小于司法酌减。但是,诸如与有过失、损益相抵、减损义务等与法定损害赔偿范围密切相关的规则,于司法增额时仍应有所考量,从而会对赔偿范围构成限制。相应地,在判断时点上应与司法酌减类似,直至法庭辩论终结前的相关情事,均应纳入考量〔73〕。

6. 举证责任

申请司法增额,应由债权人就违约金低于造成的损失承担举证责任。[146] 实践中,债权人无法举证,有的法院会直接否决其增额请求[147],但存在其他参考标准时,亦不乏予以援用参考的处理。[148]

---

[144] 参见大庆××(深圳)有限公司诉深圳市×××海运有限公司航次租船合同纠纷案,广州海事法院(2011)广海法初字第 451 号民事判决书(租赁和运输替代标的的费用);严火平等诉苏州金球地产有限公司商品房预售合同纠纷案,江苏省苏州市吴江区人民法院(2015)吴江开民初字第 1531 号民事判决书(迟延交房期间的租金)。

[145] 参见中国建筑第八工程局有限公司与天津市永利鉴元混凝土有限公司买卖合同纠纷案,天津市第二中级人民法院(2015)二中民二终字第 394 号民事判决书(迟延付款期间利息)。

[146] 参见李秀峰与陈玉峰、王玉祥合伙协议纠纷案,吉林省集安市中级人民法院(2015)集民一初字第 86 号民事判决书。

[147] 参见广州光明房产建设有限公司与管球娣商品房预售合同纠纷案,广东省广州市中级人民法院(2010)穗中法民五终字第 3259 号民事判决书;向心琪与广西丰华房地产开发有限公司商品房预售合同纠纷案,广西壮族自治区南宁市中级人民法院(2012)南市民一终字第 1534 号民事判决书。

[148] 参见大庆××(深圳)有限公司诉深圳市×××海运有限公司航次租船合同纠纷案,广州海事法院(2011)广海法初字第 451 号民事判决书:在双方没有证据支持的情况下,法院以保险人的评估结论作为违约金是否低于损失的参考依据。

第 122 条　责任竞合*

叶名怡

《中华人民共和国合同法》第 122 条
　　因当事人一方的违约行为，侵害对方人身、财产权益的，受损害方有权选择依照本法要求其承担违约责任或者依照其他法律要求其承担侵权责任。

细　目

一、规范目的与适用范围……1—5
　（一）规范目的……1—3
　（二）适用范围……4—5
二、"违约行为"与"依照本法"……6—22
　（一）"违约行为"之类型限定……6—17
　　1. 迟延履行……9
　　2. 预期违约……10—12
　　3. 不履行……13
　　4. 不完全履行……14—17
　（二）"依照本法"的内涵……18—22
三、侵害、损害以及"依照其他法律"……23—35
　（一）"侵害""人身、财产权权益"及"受损害"……23—32
　　1. 侵害与损害……23—27
　　2. 绝对权与纯粹经济利益……28—30
　　3. 仅限于固有利益的损害？……31—32
　（二）"其他法律"对构成要件与抗辩的限定……33—35

---

* 本文首发于《法学家》2019 年第 2 期（第 171—190 页），原题为《〈合同法〉第 122 条（责任竞合）评注》。

四、法律效果……36—81
　　(一)请求权竞合相关理论之现状……36—47
　　　　1. 给付或法律效果不同……37—38
　　　　2. 给付或法律效果相同……39—47
　　(二)解释论:请求权相互影响说……48—63
　　　　1. 自由竞合说抑或相互影响说……48—50
　　　　2. 理论证成……51—57
　　　　3. 审判实务立场……58—63
　　(三)责任竞合规则的具体适用、异化及其批判……64—74
　　　　1. 责任竞合规则的具体适用……64—67
　　　　2. 责任竞合规则适用的异化——择一消灭模式……68—70
　　　　3. 对"择一消灭模式"的批判……71—74
　　(四)责任竞合理论的完善……75—81
　　　　1. 对请求权竞合说的反思……75—78
　　　　2. 完善责任竞合理论的各种努力……79—81
五、请求权竞合与诉讼标的理论的关系……82—104
　　(一)请求权竞合与旧诉讼标的理论……82—86
　　(二)与请求权脱钩的诉讼标的新学说……87—98
　　　　1. 新诉讼标的理论……87—92
　　　　2. 诉讼标的相对论……93—98
　　(三)《民诉法解释》第247条之下的请求权竞合……99—104
六、举证责任……105—108

一、规范目的与适用范围

(一)规范目的

所谓责任竞合,是指同一法律事实同时满足两个以上民事责任之构成要件,从而导致多个民事责任均告成立的法律现象。从义务人/责任人的角度为责任竞合,从权利人角度则为(广义上的)请求权竞合。

2 《合同法》第122条处理的是违约责任与侵权责任的竞合,即债务人的违法行为,既符合违约要件,又符合侵权要件,导致违约责任与侵权责任一并产生。① 在各类民事责任的竞合中,以违约责任与侵权责任的竞合最为典型,也最为重要,如何处理此二者关系,代表了责任竞合的一般立场。《民法总则》第186条几乎原文照搬了本条的表述,仅规定违约与侵权的竞合。

3 《合同法》第122条的立法目的在于充分尊重受害人的意愿,强化请求权的效力②,从而最大限度地保护债权人的利益,即"强烈的受害人中心主义"③。从逻辑上看,通过赋予受害人选择权,可让其根据自身的具体情况,趋利避害,作出使其自身利益最大化的抉择。当然,理论上对受害人的优待在实践中未必能取得预期的效果。

(二)适用范围

4 本条适用于所有的违约行为,既包括违反《合同法》规定的各类有名合同,也包括违反各类无名合同,还包括违反单行法规定的特殊类型的合同,如旅游合同、医疗合同、劳动合同等,但法律另有规定的除外。

5 本条适用于所有的侵权行为,既包括《侵权责任法》规定的各类"有名"侵权,也包括一般过错侵权,还包括单行法规定的特殊类型的侵权,如《消费者权益保护法》《反不正当竞争法》《产品质量法》等法律中规定的侵权行为。

二、"违约行为"与"依照本法"

(一)"违约行为"之类型限定

6 本条的第一个分句是"因当事人一方的违约行为",此处规定的是违约与侵权之责任竞合的第一个要件,即一方当事人存在违约行为。所有

---

① 参见胡康生:《中华人民共和国合同法释义》,法律出版社1999年版,第190页。
② 参见全国人大法制工作委员会民法室编著:《〈中华人民共和国合同法〉立法资料选》,法律出版社1999年版,第168页。
③ 谢鸿飞:《违约责任与侵权责任竞合理论的再构成》,载《环球法律评论》2014年第6期,第20页。

违反合同义务的行为都是违约行为。

在我国《合同法》上,从违约形态出发,违约行为可以分为:不履行、不完全履行、迟延履行、预期违约。从违约方所违反义务的性质出发,违约行为可以分为:对主给付义务的违反、对从给付义务的违反以及对狭义附随义务的违反。从违约行为侵害的利益出发,违约行为可以分为:对履行利益的侵害、对信赖利益的侵害以及对固有利益的侵害。当然,履行利益、信赖利益及固有利益这些利益之间不是截然三分的,相反,它们之间存在广泛的交叉和重叠。

考虑到构成侵权行为的不法行为原则上以侵害他人的绝对权和固有利益为要件,能够同时构成侵权行为的违约行为,其类型也是相当有限的。

1. 迟延履行

一般来说,迟延履行不会对他人的绝对权或固有利益构成侵害。不过,黄茂荣教授主张,给付迟延有时也会损害债权人的固有利益,例如由于债务人违约,债权人的出口配额遭到废止,或土地买卖中由于迟延而应按调高至公告现值计算其土地增值税等。④ 然而,这两种情况其实都可以视作对履行利益的侵害。因为一方面,更具体细致地考察,迟延履行应分为构成根本违约的迟延履行(《合同法》第94条第4项)和不构成根本违约的迟延履行(同条第3项),由于债务人违约导致债权人出口配额被废止,这已经不是单纯的迟延履行,而是构成完全不履行(合同目的已无法实现之根本违约);另一方面,在由于债务人迟延而导致债权人多交增值税的场合下,其实质是债权人通过本次交易的盈利减少,应当属于履行利益(而非固有利益)受损。因此,在不构成根本违约的迟延履行场合下,原则上不存在违约与侵权的竞合。

2. 预期违约

依《合同法》108条的规定,当事人一方明确表示或者以自己的行为表明不履行合同义务的,构成预期违约。按照多数说,该条中的"语言表示"与"行为表示"分别确立了"明示预期违约"和"默示预期违约"制

---

④ 参见黄茂荣:《债法总论》(第二册),中国政法大学出版社2003版,第124页。

度。⑤ 也有学者认为,我国的预期违约制度范围较英美法更为狭窄,只针对"以行为拒绝履行"这种情形,不包括"商业状况不佳、经济状况不佳、客观不能"等情形⑥,事实上,后一情形已被不安抗辩(《合同法》第68条)所涵盖,没必要再将其纳入预期违约制度中,在履行期之前拒绝履约才是预期违约的本质特征。

11　　明示预期违约与默示预期违约的共同构成要件在于,在履行期限届满前"不履行合同义务"。有学者认为,拒绝履行预期违约的核心要件是"债务人必须明确、彻底地声明不能或者不愿意履行债务",《合同法》第108条改变了第94条第2项中"不履行主要债务"的措施,转化为"不履行合同义务",显然不符合预期违约的规范意旨。⑦ 不过,如果将预期违约与期后违约对比可知,二者的主要区别仅仅在于履行期前后,倘若期后违约的构成不限于"不履行主要债务",那么期前违约又何必一定要限于"不履行主要债务"呢?我国《合同法》第108条规定的预期违约法律效果,是非违约方要求违约方承担违约责任,而不是非违约方解除合同。

12　　明示预期违约与默示预期违约的不同点在于,前者是语言表示,后者是行动表示。在语言表示的场合下,债务人并没有实施任何行动,也没有造成即时的任何损害,因此,此时债务人不可能因为单纯的言语表示而构成侵权,亦即,此时不存在违约与侵权的竞合。在行动表示的场合下,债务人虽然实施了有意识的行动,但该行动的目的旨在表明拒绝届期履约的态度,如债务人履行期到来之前出国长居,严格地说,这种表态行为本身不是违约行为,也未直接侵害债务人的固有利益,因此,此时也不存在违约与侵权的竞合。

3.不履行

13　　合同的完全不履行大多数情况下也不构成侵权,只有当合同一方当事人的主给付义务内容是保护另一方当事人的人身或财产安全时,才例

---

⑤ 参见王利明:《合同法研究(第2卷)》(修订版),中国人民大学出版社2011年版,第516页。

⑥ 参见范晓峰:《论〈合同法〉预期违约与不安抗辩权制度存在的缺陷》,载《河北法学》2001年第1期,第151页;张金海:《预期违约与不安抗辩制度的界分与衔接——以不履行的可能性程度为中心》,载《法学家》2010年第3期,第142页。

⑦ 参见朱广新:《合同法总则研究》(下册),中国人民大学出版社2018年版,第753页。

外地存在竞合。⑧ 例如医院不履行医疗合同救治患者、保安公司违反安保合同致使业主遭受人身财产损失等。

4.不完全履行

加害给付。与安全保障有关的主给付义务不完全履行,如旅游经营者不履行安保义务导致游客人身财产损害等。⑨ 与安全保障无关的主给付义务不完全履行,例如缺陷产品导致财产损失案。⑩ 与安全保障有关的从给付义务不完全履行,如机动车交通事故导致乘客受伤案。⑪ 与安全保障无关的从给付义务不完全履行,如产品销售者未履行必要的告知义务(如何使用汽化炉),导致购买者使用产品时受伤。⑫

违反附随义务(保护义务)的不完全履行。保护义务不完全履行,如维修工修理好梯子后,放置不当,梯子滑倒砸坏主人汽车;再如,汽修工更换完好的轮胎,但同时发现刹车有问题却未告知车主,致使车主随后在事故中受伤等。

恶意欺诈型给付。除了加害给付与违反附随义务这两种最典型、最常见的违约、侵权竞合之外⑬,知假卖假也可能构成另外一种违约与侵权

---

⑧ 参见〔德〕克里斯蒂安·冯·巴尔、〔德〕乌里希·德罗布尼希主编:《欧洲合同法与侵权法及财产法的互动》,吴越等译,法律出版社2007年版,第169页。

⑨ 《旅游纠纷解释》第3条规定:"因旅游经营者方面的同一原因造成旅游者人身损害、财产损失,旅游者选择要求旅游经营者承担违约责任或者侵权责任,人民法院应当根据当事人选择的案由进行审理。"

⑩ 法院指出,"扬州市通盛专用车配件有限公司提供的汽车专用牵引销系不适当的合同履行,造成产品的加害给付责任,构成其产生'履行合同利益以外'的损失,符合责任竞合的基本要素"。参见安徽省滁州市中级人民法院(2017)皖11民辖终122号民事裁定书。

⑪ 法院指出,"作为乘客的被上诉人涂桂益,有权依照上述《合同法》的相关规定请求作为承运人的陆通公司承担客运合同违约责任。但与此同时……黄毓朝(操作不当)的相关行为同时构成对涂桂益的民事侵权行为"。参见广东省云浮市中级人民法院(2017)粤53民终94号民事判决书。

⑫ 法院指出,"(本案)符合'产品责任纠纷'的构成要件;同时……也符合'买卖合同纠纷'的构成要件……被告郭文会作为原告购买的气化炉的销售及安装者,应当遵循诚实信用原则全面的履行合同义务:不仅仅包括交付气化炉及安装的合同主给付义务、交付票据单证及使用说明书的从给付义务,还应当包括合同附随义务——履行对原告正确使用及维护气化炉的安全警示说明义务……被告郭文会没有充分的证据证明其履行了该合同附随义务"。参见山西省永济市人民法院(2017)晋0881民初87号民事判决书。

⑬ 参见叶名怡:《违约与侵权竞合实益之反思》,载《法学家》2015年第3期,第126页。

的竞合。一方面,在知假卖假的场合下,卖方以次充好、以假充真,其给付行为属于不完全履行并构成违约,但知假卖假与加害给付的不同之处在于,后一场合下债权人的固有利益受到了损害;另一方面,知假卖假原则上属于欺诈(除非对方是知假买假),欺诈者是一种故意乃至恶意的主观过错状态,并损害到买方的经济利益,从而欺诈本身同时也构成一种侵权。[14]

17　违反后合同义务。合同的权利义务终止后,当事人应当遵循诚实信用原则,根据交易习惯履行通知、协助、保密等义务(《合同法》第92条),此种义务在学理上被称为后合同义务。不过,违反该义务的民事责任究竟如何,《合同法》第92条并未规定。依据德国法和我国台湾地区有关规定的通说,债务人违反后合同义务时,与违反一般合同义务相同,应承担违约责任。[15] 与此同时,债务人违反后合同义务导致债权人固有利益(与履行利益或有交叠)损害,也可构成侵权。因此,违反后合同义务致人损害也存在违约与侵权的竞合可能。

(二)"依照本法"的内涵

18　本条第三个分句规定,"受损害方有权选择依照本法要求其承担违约责任或者依照其他法律要求其承担侵权责任"。其中的"依照本法要求",实际上仍包含了关于构成要件和抗辩的特殊规定。也就是说,即使前半句(违约行为)已经被证实成立,但也未必有后半句的违约责任;因为"违约行为"这个概念既可以作为"合同义务违反+可归责性"均满足时的状态指称,也可以作为仅仅对"合同义务违反"这项客观事实的描述,不涉及归责问题,也不涉及损害赔偿范围因果关系问题,更不涉及抗辩问题,但在违约责任的最终判定上,这些问题均有重要意义。

19　首先,关于违约责任的归责原则,我国通说认为采"严格责任原则",过错责任原则仅在个别条文规定的场合下适用。[16] 然而,手段义务与

---

[14] 参见叶名怡:《涉合同诈骗的民法规制》,载《中国法学》2012年第1期,第139页。
[15] 参见王泽鉴:《债法原理》,北京大学出版社2013年版,第88页。
[16] 参见梁慧星:《从过错责任到严格责任》,载梁慧星主编:《民商法论丛》(第8卷),法律出版社1997年版,第1—7页;王利明:《合同法研究》(第一卷),中国人民大学出版社2015年版,第431页;韩世远:《合同法总论》(第四版),法律出版社2018年版,第748页。

结果义务的出现⑰,令原本散乱且稀少的个别过错违约责任,有机会统合成单独一类违约责任——过错违约责任。在手段义务与结果义务的区分渐成为世界主流的大背景下⑱,违约责任归责一元论遭到严峻挑战。

结果义务指债务人的义务为实现一定结果,如交付一台符合质量标准的特定品牌和型号的手机;手段义务指债务人的义务为提供符合一定技术水准和注意水准的行为给付,如律师为客户提供诉讼代理服务。不仅委托合同这些有名合同应遵循过错责任原则,而且那些合同义务应被定性为手段义务的无名合同或特殊类型合同,如医疗合同、旅游合同等,也应遵循过错责任原则。正如侵权法上危险责任上升为过错责任之外的另一种归责原则一样,《合同法》过错责任也因为手段义务/结果义务的二元区分,从而上升为与严格责任相提并论的另外一种独立的归责原则。也就是说,在违约责任归责问题上,无过错和过错"二元结构论"渐成有力说。"过错在认定根本违约、违约金的调整等方面,无疑具有重要意义……整体上看,学者为缓和严格责任的努力是值得肯定的。"⑲在奉行过错责任的违约责任中,需要探究债务人有无过错。例如,在客运合同中,若旅客行李丢失,从表面上看承运人存在违约行为(违反了安全完好地将旅客行李送至指定目的地的约定),但承运人对此损害结果可能并无过错,故根据《合同法》第303条的规定,不应承担违约责任。之所以认定承运人对旅客行李的运送负手段义务,是因为行李运输过程中,承运人对行李的管控在理论上不会超过旅客自身对行李的管控,从参与管理的程度上来说,这符合手段义务和结果义务区分的基本逻辑。⑳

其次,在确认存在违约行为的场合,要确定违约损害赔偿责任的有无及范围大小,还涉及因果关系的判定。相对于侵权法而言,《合同法》领域

---

⑰ S. Guinchard, S. Guinchard, T. Debard (dir.), Lexique des termes juridiques, 18e éd., Dalloz, 2011, p. 551.

⑱ 关于手段义务/结果义务的区分论,在法国、德国、日本、我国台湾地区乃至英美地区的盛行,参见陈自强:《不完全给付与物之瑕疵》,新学林出版股份有限公司2013年版,第61页。

⑲ 谢鸿飞:《合同法学的新发展》,中国社会科学出版社2014年版,第441页。

⑳ 当然,在采用手段义务/结果义务来解释行李承运人的合同义务时,单纯的行李丢失这项事实并不能证明承运人存在违约行为;只有同时存在"承运人违反必要注意"这项事实时,才能认定其违约。

的因果关系不太引人注意。韩世远教授称,"在《合同法》上,其(因果关系)存在意义更多地反映在责任范围上;而侵权法上,其存在意义更多地体现在责任的成立上"。[21] 之所以如此,是因为系结果义务的合同义务总体数量上更多,违反结果义务的行为与守约方所受损害之间的因果关系较为直观,而在违反手段义务的场合下(如医疗损害场合),债务人的违约行为与损害之间的因果关系就需要更仔细地辨明。依《合同法》第113条的规定,违约方的赔偿责任范围以履行利益为标准,同时受到可预见性规则的限制。也就是说,受害人在依据《合同法》第122条选择违约救济路径时,除了要证明该条前半句违约行为成立之外,还要证明因果关系要件(履行利益损害以及对可预见性标准的符合)。这是"依照本法"的内涵之一。

22　　最后,"依照本法要求"还涉及抗辩问题。违约责任的成立及其范围大小,还与若干抗辩有关,如不可抗力、意外事件、情事变更、与有过错、损益相抵等。每一种特殊违约责任都可能有自己独特的构成要件或抗辩事由。除法定抗辩外,还存在约定抗辩的情形。受害人若要援用《合同法》第122条来主张违约责任,则须注意这些特殊构成要件和特殊抗辩。

三、侵害、损害以及"依照其他法律"

(一)"侵害""人身、财产权权益"及"受损害"

1.侵害与损害

23　　本条第二分句"侵害对方人身、财产权益的"中,使用的是"侵害"。一般而言,侵害(verletzen)与损害(schaden)不同,是指对他人权益的侵犯,不必有损害后果发生,是一种广泛意义上的、侵犯他人合法权益的表达。例如,《侵权责任法》第2条"侵害民事权益,应当……",就是在此意义上使用该词的。除《合同法》第122条之外,该法还有另外四个条文使用了"侵害",也是在此意义上使用的。

24　　还有一种狭义的"侵害"。在"停止侵害"这样的术语运用背景下,我

---

[21] 参见注⑯,韩世远书,第787页。

国实证法以往曾将之用于知识产权、人格权遭受侵犯的场合,从而与"物权之妨害"(《物权法》第35条)相对,但在《侵权责任法》第21条中,停止侵害可针对一切权利和利益受侵犯而主张。㉒

不管是哪一种意义上的侵害,使用"侵害"即表明"无需损害后果"。然而,本条第三分句紧接着又说,"受损害方有权选择……",于是,在该第122条的适用条件上,损害又成为不可或缺的构成要件。

但实际上,在没有损害结果发生的情况下,违约责任和侵权责任仍然是可能发生竞合的。例如根据行业规范要求,一级易燃物品、遇湿燃烧物品、剧毒物品不得露天堆放,倘若仓储合同的保管方将存货方交付的化学危险品违规露天存放,或将其他存货方的货物堆放得离该存货方的货物太近,从而容易引发火灾,则保管方的不当保管行为不仅会导致《合同法》第107条的违约责任(采取补救措施),也会产生《侵权责任法》第21条的预防性侵权责任(消除危险)。这种情形因本条的措辞限制,在理论上被排除在本条适用范围之外。

损害,理论上分为财产性损害和非财产性损害,前者原则上采差额说,兼采组织说(客观损害说)㉓;后者涉及肉体和精神上的痛苦,相对于整体利益状况评估的利益说,着眼于具体对象之实际损害的组织说,更容易套用于其上。《合同法》第122条的损害既包括财产性损害,也包括非财产性损害(精神损害)。尽管有学者仍坚持"精神损害赔偿仅限于侵权的范畴,而排斥在违约情况下的适用"㉔,但学界主流意见已经逐渐转向"违约责任可涵盖精神损害赔偿"的立场。㉕ 在我国的司法实践中,违约之诉中不允许精神损害赔偿"是在责任竞合方面的最大错误"㉖。从逻辑上说,有什么样的损害,就有什么样的赔偿,"损害的大小和类型,决定了损害赔偿的大小和类型"㉗。当然,在审判实务中,由于理论更新的滞

㉒ 参见叶名怡:《论侵权预防责任对传统侵权法的挑战》,载《法律科学(西北政法大学学报)》2013年第2期,第126页。

㉓ 参见曾世雄:《损害赔偿法原理》,中国政法大学出版社2001年版,第129页。

㉔ 注⑯,王利明书,第610页。

㉕ 参见崔建远:《债权:借鉴与发展》(修订版),中国人民大学出版社2014年版,第763页;另见注16,韩世远书,第783页。

㉖ 同注③,第16页。

㉗ 同注⑬,第132页。

后,多数案例对违约精神损害赔偿仍持否定态度[28],审判实务立场的转变仍需时日。[29]

2.绝对权与纯粹经济利益

28 　　该第122条中"侵害对方人身、财产权益的",是否仅限于绝对权受侵害?对此,可从立法、司法和学说三个角度来解说。首先,关于立法规定。自文义角度看,"人身、财产权益"既包括人格权、身份权和财产权,也包括纯粹经济利益、一般人格利益以及一般身份利益。然而,从体系解释出发,因《合同法》第2条排除了身份类协议,故该第122条中的"人身权益"不应包括身份权益(如配偶权、亲属权等)。另外,债权作为侵权法所保护的权益,往往是针对负有不作为义务的第三人而言的,而债权作为《合同法》所保护的对象,存在于合同当事人之间,两种情形下的权利义务主体并不相同,不大可能发生竞合,因此,该第122条中的"财产权益"也不应该包括债权。综上,该第122条中的"人身、财产权益",仅限于绝对权(物权、知识产权、具体人格权及一般人格权)与纯粹经济利益。

29 　　纯粹经济利益受损是违约行为致害的典型样态,但其受侵权法保护则仅限于特殊场合之下。《侵权责任法》第2条和第6条的文义表明,纯粹经济利益可以在"等人身、财产权益"中存在。不过,学界通说认为,原则上对纯粹经济损失不予保护,在特定条件和类型下才例外给予保护,以避免给加害人设定过重的赔偿责任,从而维护个体的基本行动自由。针对我国侵权法上的上述规定,有学者认为,欲借助这种表面上的法国模式的一般条款实现原则不赔、例外赔偿,在立法技术上是不可行的;因为既然例外地逐个规定哪些纯粹经济利益可以赔偿,未列举的就不赔,那么在一般条款中规定"一切民事权益可以赔偿"就失去了兜底的意义。[30]还有学者径自主张,应采用德国式三个小的一般条款:即侵权法保护对象原则上以绝对权为限,但过错违反保护性法律致人损害,则不以行为人故意为

---

[28] 参见张家勇:《合同法与侵权法中间领域调整模式研究——以制度互动的实证分析为中心》,北京大学出版社2016年版,第305页。

[29] 明确排斥违约责任可包含精神损害赔偿的是《旅游纠纷解释》第21条,该条文宜早日废除。

[30] 参见葛云松:《纯粹经济损失的赔偿与一般侵权行为条款》,载《中外法学》2009年第5期,第724页。

限,如此可将诸如错误信息致人纯粹经济损失(专家责任)的情形完全覆盖,同时第三个条款规定,故意背俗致人损害,此种情形下,纯粹经济损失获得赔偿必须基于行为人故意。[31] 在立法论上,上述主张的正确性和妥当性毋庸置疑,值得赞同。在保护纯粹经济利益问题上,德国侵权法立法模式的优点是:其一,明确的指引性,不论是《德国民法典》第 823 条第 2 款还是第 826 条,构成要件明确,便于司法裁判,减少法官不当的自由裁量而导致的司法不统一;其二,开放性,德国模式并不是简单地对可保护的纯粹经济利益类型进行列举,从而避免了列举法带来的类型封闭性,使得可保护的纯粹经济利益具有极大的弹性和社会适应性。

然而,在此问题上,中国法目前的困境在于:第一,我国《侵权责任法》(2009 年)并未采取德国法三个小侵权一般条款的模式,在解释论上将现行法立法模式生硬地解释为德国模式是无比牵强的,没有说服力;第二,目前正在制定的中国民法典之侵权编,也没有改弦更张采用德国模式的任何迹象。在这样的背景下,如何设定纯粹经济损失的可赔偿规则,成为疑难问题。在侵权一般法不愿作出明确规定的情况下,只能交由特别法规定,或者寄希望于审判实践提供类型化的解决方案。

3.仅限于固有利益的损害?

该第 122 条中"侵害对方人身、财产权益的",是否仅限于固有利益受侵害?有学者认为,从《合同法》第 122 条及《民法总则》第 186 条的文义来看,其并未限制"人身、财产权益"的范围,但解释上只能是指理论上通常所称的固有利益或完整利益;也就是说,只有在违约行为侵害对方当事人固有利益时,才能成立违约责任和侵权责任的竞合。[32] 此论大体上成立,但需要注意两点:其一,对固有利益不能作静态狭隘的理解,它不仅仅指事故发生前一秒受害人的既存利益状态,而且还包括该状态自然延伸后通常可取得的利益状态,即尚未取得但将来特定期间内基本上肯定会取得的利益状态。例如,用于运营的车辆或承租房因合同相对方过错而

---

[31] 参见于飞:《违背善良风俗故意致人损害与纯粹经济损失保护》,载《法学研究》2012 年第 4 期,第 58 页。

[32] 参见张家勇:《中国法民事责任竞合的解释论》,载《交大法学》2018 年第 1 期,第 8 页。但作者在另外一处也强调:期待利益与固有利益不能作为违约与侵权的一般标准,"侵权也具有保护当事人期待利益的效果"。参见注[28],第 53 页。

毁损,并导致停业损失,本例中,不仅车辆或承租房的完好无损是固有利益,而且倘若事故未发生则车辆或房屋正常运营的可得利益,也属于固有利益。

32　　其二,固有利益与履行利益或信赖利益的区分并无截然界限,相反它们会发生交叠。固有利益与履行利益可能完全重叠,例如医疗合同中,当由于医生的过错导致患者病情恶化时,则患者既有固有利益损害,也有履行利益损害。二者也可能是相交关系,即存在部分叠合,如加害给付场合,违约行为同时侵害固有利益与履行利益,且二者范围不同,此时也存在竞合。㉝另外,固有利益有时候还可能与信赖利益混同,或者说信赖利益本身就是一种特殊的固有利益,即不该支出的费用实际支出,由于特定法律事实的发生,权利人的"现状利益从完整到残缺"㉞。

(二)"其他法律"对构成要件与抗辩的限定

33　　本条第三分句"受损害方有权选择……依照其他法律要求其承担侵权责任",其中"其他法律"指的是关于侵权责任的一般法(《侵权责任法》)与特别法(如《产品责任法》《消费者权益保护法》等),"依照其他法律"是指侵权法关于各类侵权责任特殊构成要件与抗辩的规定。

34　　关于构成要件的要求,例如,个人二手物品买卖中,因物的缺陷导致买方人身受到伤害时,因为偶发性个人卖家不属于《侵权责任法》第42条的"销售者",所以买方不能援引无过错产品责任的规定,只能求助于《侵权责任法》第6条过错侵权责任一般条款,即,须证明卖方有过错;又如,经营者售假场合,消费者若欲援引《消费者权益保护法》第55条惩罚性赔偿,则须证明"经营者提供商品或者服务有欺诈行为"。

35　　关于抗辩的限定,例如,在动物园动物致人损害的场合,依据《侵权责任法》第81条的规定,动物园免责抗辩的唯一特殊抗辩是"证明尽到管理职责";又如,在产品缺陷致人损害的场合,产品生产者针对受害人之索赔的特殊抗辩是《产品质量法》第41条第2款的规定,即"未将产品投入流通的"等三种情形。

㉝ 参见注③,第8页。
㉞ 叶名怡:《再谈违约与侵权的区分与竞合》,载《交大法学》2018年第1期,第16页。

四、法律效果

(一)请求权竞合相关理论之现状

同一案件事实满足多个请求权基础规范,即构成广义上的请求权之竞合,它又可分为:给付或法律效果不同和相同两大类。 36

1. 给付或法律效果不同[35]

累积性竞合(kumulativer konkurrenz),也称请求权聚合,即同一案件事实引发多个不同请求权,且指向不同给付,故它们可同时实现。 37

选择性竞合(elektive Konkurrenz),也称择一竞合,即同一案件事实引发多个请求权(或形成权),且法律效果不同,权利人只能选择其一并在可能时必须予以确定。如一方迟延履行,另一方可诉请解除合同并损害赔偿,亦可诉请实际履行。 38

2.给付或法律效果相同

同一案件事实同时满足多个请求权基础规范的构成要件,并且这些规范的法律效果或规定的给付相同,此时应如何处理它们的关系,存在多种不同见解。 39

法条竞合(Gesetzes konkurrenz)或排斥性竞合,即从体系解释和目的解释出发,其中一个请求权规范应被另一个请求权规范所排斥。[36] 在法国法上,合同法与侵权法被视为特别法和一般法的关系,故违约与侵权竞合时,原则上只适用违约责任,该立场又被称为违约与侵权"不竞合"(non-cumul)原则。[37] 其正当理由包括:法律常理和逻辑的要求;对当事人合同自由的尊重;特别法优于一般法的原理;《法国民法典》第1150条关于违 40

---

[35] Vgl. Bachmann, Kommentar zum BGB § 241, in: Münchener Kommentar zum BGB, 6. Aufl., München: C. H. Beck, 2012, Rn. 36, 38.

[36] 参见注[35], Rn. 37。

[37] 有学者认为"non-cumul"用词不准,因为其直译为"不聚合",但实际上指"不竞合"。V. Francois Chabas, Obligations, théorie générale, 9ᵉ éd., Montchrestien, 1998, no.404, p. 402.

约赔偿范围之可预见性原则的隐含要求。[38]

41 有学者主张新法条竞合说，即“从法律规范意旨出发，竞合时的法律适用分为适用《合同法》和适用侵权法两种情形，前者为原则，后者为例外”。[39] 诉诸规范目的而非逻辑层次，自然是更接近于实质正义的正确选择，不过，单从法律效果上而言，新法条竞合说与传统旧说几无区别，因为后者亦是以适用合同法为原则，以适用侵权法为例外。[40]

42 请求权规范竞合。该说主张此时只有一个请求权，但存在多个基础，即“请求权基础的复数或请求权规范竞合”。该说优点在于，“程序性的主张以及被通说所承认的、某些问题上竞合性请求权的相互影响，可获得更好的解释”[41]。其缺点是，合同请求权与侵权请求权有不同的点，应如何确定这种单一请求权的性质。[42] 该说在国内亦不乏支持者。[43]

43 请求权规范统合。该说认为，此时只有一个实质上的请求权，其属性由作为其基础的复数请求权规范的总体来统一决定；该说根据是否承认观念上的复数请求权、是否统合构成要件，又可细分为请求权二重构造说、属性规范统合说及全规范统合说等。[44]

44 请求权竞合（Anspruchskonkurrenz），同一案件事实引发多个请求权，并指向同一给付（或法律效果），由于给付目标同一，故其一请求权满足，其余皆随之消灭。[45] 请求权竞合理论又可分为自由竞合说和相互影响说。

45 请求权自由竞合说认为，每一个请求权原则上都独立于另一个请求权，对每一个请求权都按其自身规范来检验，“个别类型合同下的时效和

---

[38] P. Le Tourneau, Droit de la responsabilité et des contrats, 8e éd., Dalloz, 2010, no. 3299, p. 396.

[39] 同注③，第 21 页。

[40] 例外场合包括：债务人欺诈或重大过错，或其违约行为涉及刑事犯罪而债权人提起刑事附带民事赔偿、利他合同等。参见注㊲，p. 404.

[41] 同注㉟，Rn. 40。

[42] 参见〔德〕迪特尔·梅迪库斯：《德国债法总论》，杜景林、卢谌译，法律出版社 2004 年版，第 274 页。

[43] 参见注⑦，第 778 页。

[44] 参见〔日〕吉村良一：《日本侵权行为法》（第 4 版），张挺译，中国人民大学出版社 2013 年版，第 221 页。

[45] 参见注㉟，Rn. 39.

责任缓和的规定,也不存在任何例外。它们对于侵权请求权没有任何意义"㊻。

有学者主张有限自由竞合说,认为复数请求权原则上彼此不生影响,同时"不允许请求权人分别处分两个请求权,或让与不同之人,或自己保留其中一个而将另一个让与他人"㊼。然而,传统自由竞合说是否真的主张复数请求权可"分别为处分或让与不同之人"㊽,颇令人怀疑。一方面,在自由竞合说代表人物德国学者迪茨(Dietz)的名著《违约与侵权之请求权竞合》(1934年)中并无此类表述;另一方面,传统自由竞合说同样主张,给付只能实现一次,若允许分别处分或转让并取得两份对价,则等于实现了两次给付,这显然相互矛盾。正因为如此,自由竞合说代表人物之一的史尚宽先生说,"于一请求权转让时……如当事人无特别之订定,应解释为有将两者一并转让之意思。虽有特别之订定,亦应解释为不得与债务人以不利益"㊾。

请求权相互影响说。债权人原则上可选择侵权或违约,但"为顾及法律对契约责任所设的特别规定,其侵权责任的成立应受限制"㊿。依德国通说,"合同或类合同性请求权与侵权性请求权原则上是相互独立的并存关系,但并不排除,侵权性规则会被当事人的约定或债法规范而改变"[51]。可见,德国通说名义上采请求权自由竞合说[52],但实质上采相互影响说。

(二)解释论:请求权相互影响说

1. 自由竞合说抑或相互影响说

《合同法》第122条法律效果部分的表述是"受损害方有权选择依照本法要求其承担违约责任或者依照其他法律要求其承担侵权责任"。自

㊻ Rolf Dietz, Anspruchskonkurrenz bei Vertragsverletzung und Delikt, Ludwig Roehrscheid Verlag, 1934, S.334.
㊼ 同注⑯,韩世远书,第892页。
㊽ 王泽鉴:《民法学说与判例研究》(重排合订本),北京大学出版社2015年版,第594页。
㊾ 史尚宽:《债法总论》,中国政法大学出版社2000年版,第230页。
㊿ 王泽鉴:《侵权行为》,北京大学出版社2016年版,第79页。
[51] Johannes Hager, Kommentar zum Vorbemerkung zu §§ 823 ff., in: Staudinger Kommentar zum BGB, Berlin: Sellier/ de Gruyter oHG, 2017, Rn. 38.
[52] 参见注㉟, Rn. 40。

文义解释角度出发，本条承认复数民事责任，亦即复数请求权（违约请求权和侵权请求权）。从立法资料来看，本条的理论背景也是承认两个请求权，"违约责任引发债权人索赔的请求权，侵权责任也引发债权人索赔的请求权，两个请求权有重叠之处，形成请求权的竞合"㊼。那么，究竟是请求权自由竞合说还是请求权相互影响说呢？对此有不同的观点。

49　　部分学者认为，《合同法》第122条所采并非请求权相互影响说，而是修正了的请求权自由竞合说。此项见解的理由主要有两点：其一，司法实践中，两个请求权不能分别转让亦不能同时主张；其二，一个请求权未被满足时，不能再主张另一个请求权；其三，责任要件并不相互影响，否则突破《侵权责任法》第6条第1款"因过错"的文义。㊽ 不过，上述理由均值得商榷。首先，如前所述，在德国经典请求权自由竞合说之下，复数请求权也只能实现一次给付，不可分别转让。其次，我国司法实践中盛行的"择一消灭效果"（一请求权未获满足时不可再主张另一个）㊾，在我国现行实体法和诉讼法上均找不到任何法条支撑，不应作为论证依据。最后，《侵权责任法》第6条第1款只是侵权责任的一般条款，并不影响在有特殊规定（《合同法》）或特别约定（合同约定）时遵循特殊的构成要件。

50　　在解释论上，《合同法》第122条应被理解为采取了请求权相互影响说。对此，可从理论和实务两个角度予以证成。

　　2.理论证成

51　　德国通说认为，合同责任法规则对侵权请求权会产生影响，因为若非如此，则"关于注意义务标准、时效以及证明责任等合同性的特别规定实质上将变得毫无意义"㊿。这一论断同样适用于中国法，这是法律体系一致性的要求。

㊼ 同注①，第191页。
㊽ 参见注③，第14页；另见注⑱，第891页。
㊾ 最高人民法院指出，"本案中，电子学校提出的六项赔偿请求中有五项与上述赔偿请求所依据的事实、理由及赔偿数额均一致。因本案侵权诉讼与前述违约诉讼的当事人相同，其中五项诉请的诉讼标的相同、诉讼请求相同，故二审判决依据《中华人民共和国合同法》第一百二十二条认定电子学校上述五项诉请属于重复诉讼而对此不作审理并无不当"。参见最高人民法院(2016)最高法民申1439号民事裁定书。
㊿ 同注㊾，Rn. 42。

(1)时效期间

我国《合同法》第 129 条规定,"因国际货物买卖合同和技术进出口合同争议提起诉讼或者申请仲裁的期限为四年",而《民法总则》第 188 条第 1 款规定:"向人民法院请求保护民事权利的诉讼时效期间为三年。法律另有规定的,依照其规定。"《合同法》即为特别规定,故其不仅适用于合同之诉,也应适用于侵权之诉。[57] 其理由在于,"特别的时效自有特别的考虑,允许通过请求权基础的自由选择而任意绕开特别时效,该特别时效的目的即无法贯彻"[58]。

(2)法定的责任缓和

责任缓和(Haftungsmilderungen)问题涉及合同法上的或约定的责任限缩对侵权责任是否产生影响,可分为法定的责任缓和与约定的责任缓和。

在德国法上,几乎所有的合同法上的法定责任缓和(债务人仅故意或重大过失才负责任),都对侵权性请求权产生影响。[59] 具体类型包括:使用借贷之出借人(《德国民法典》第 599 条)、为避开对本人的危险而实施的无因管理人(《德国民法典》第 680 条)、无偿保管人(《德国民法典》第 690 条)、履行义务之合伙人(《德国民法典》第 708 条)等主体对合同相对方的损害赔偿责任。另外,在定作物出现瑕疵的场合,承揽人只有在被给予了事后补充履行机会但仍不能提供完全给付时,才会依《德国民法典》第 634 条第 4 项承担损害赔偿责任,此项合同法责任规定同样适用于侵权请求权。合同法对于上述这些主体的责任优待及其理据,"不应该由于不受影响的侵权请求权而变得毫无意义"[60]。合同法之所以对这些主体

---

[57] 《民法总则》第 188 条第 2 款规定,"诉讼时效期间自权利人知道或者应当知道权利受到损害以及义务人之日起计算",而《合同法》第 129 条的起算点规定与《民法通则》第 137 条的规定保持一致。笔者认为,这种差异只是民事立法更新而产生的暂时现象,而非立法者有意对二者的起算点作区别处理。

[58] 李宇:《民法总则要义:规范释论与判例集注》,法律出版社 2017 年版,第 879 页。

[59] Vgl. Wagner, Kommentar zum BGB § 823, in: Münchener Kommentar zum BGB, 6. Aufl., München: C. H. Beck, 2013, Rn. 71.

[60] 同注[35], Rn. 44。

给予注意标准的宽待,是因为这些合同几乎都属于无偿合同[61],从权利义务相一致的角度来说,对债务人不应要求过高。

55 我国《合同法》第 189 条规定:"因赠与人故意或者重大过失致使赠与的财产毁损、灭失的,赠与人应当承担损害赔偿责任。"此项责任缓和同样是基于无偿关系而存在的,若其不对侵权责任同样适用,则该规定势必要因受赠人有意选择侵权路径而架空。按照德国审判实践,《德国民法典》第 521 条关于赠与人的责任缓和规则,同样也适用于受赠人基于侵权行为而发生的请求权,只要损害与赠与物有关;因为"若责任缓和不对第 823 条的请求权发生作用,则契约性的责任限缩就会落空"[62]。另外,我国《合同法》第 374 条关于无偿保管人的责任缓和,《合同法》第 406 条关于无偿受托人的责任缓和[63],都属于这种情形。

(3)约定的责任缓和

56 责任缓和约定既可指向损害赔偿责任,亦可针对行为人注意标准的特殊限定。有学者认为,违约责任范围可事先约定,但侵权责任事先限制之约定"在本质上违反了法律规定的任何人不得侵害他人财产、人身的强行性义务,同时也违背了社会公共道德,因而应当是无效的"[64]。此论值得商榷。德国经典理论认为,侵权法是任意法(ius dispositivum),只要不违反《德国民法典》第 276 条第 3 款(故意责任不可预先免除),不违反格式合同之内容控制的规定,侵权责任也可协议变更。[65]

57 在德国,合同中关于责任缓和的约定,依其意义与目标,在有疑义时

---

[61] 《德国民法典》第 708 条是个例外,其立法目的是:共同有意缔结合伙契约的当事人,应当从一开始就相互理解彼此的个性,故只能期待和要求,其在处理合伙事务时尽到与其处理自身事务相同的注意。Vgl. Carsten Schäfer, Kommentar zum BGB §708, in: Münchener Kommentar zum BGB, 6. Aufl., München: C. H. Beck, 2013, Rn. 1.

[62] J. Koch, Kommentar zum BGB §521, in: Münchener Kommentar zum BGB, 6. Aufl., München: C. H. Beck, 2012, Rn. 6.

[63] 德国法对于无偿委托中的受托人没有明文规定一般性的责任缓和,但在具体个案中存在松动受托人责任的倾向。Vgl. Seiler, Kommentar zum BGB §662, in: Münchener Kommentar zum BGB, 6. Aufl., München: C. H. Beck, 2012, Rn. 54.

[64] 同注[16],王利明书,第 604 页。

[65] 参见注[59], Rn. 74。

也适用于侵权法。⑥⑥ 只要契约性的责任限制在法律上属于有效约定,则它扩展适用于侵权性请求权这一点不应受到质疑。⑥⑦ 法国法也是如此。"如果一个保管合同约定,保管人仅对重大过错致害负责,那么,双方意在从他们的合同关系中排除基于善良管理人之注意标准的侵权义务(《法国民法典》第 1382、1383 条)。他们的意志应当被尊重:即当保管人只有轻过失时,保管人既不承担合同责任也不承担侵权责任。"⑥⑧ 我国《合同法》第 53 条规定,关于人身伤害和重大过错致害责任的"免责条款无效"。基于反对解释可知,一般过失所致财产损失之赔偿责任可以预先排除。同时,本条并未将"免责条款"之"责",局限于"违约责任"。因此,在当事人并未明文约定责任减免仅限于违约责任时,应理解为该免责约定对侵权责任也发生作用。

3.审判实务立场

我国禁止当事人约定诉讼时效期间,而《合同法》上特殊诉讼时效仅有"国际货物买卖合同和技术进出口合同纠纷"适用 4 年诉讼时效,该规则是否适用于侵权之诉,迄今无案例。因此,以下仅考察和分析责任缓和规则在审判实务中的适用。

(1)法定责任缓和

关于赠与。《合同法》第 189 条关于赠与人的责任缓和能否适用于侵权责任,相关案例极少,可查询到的一例对此持肯定立场。在"A 与上海 B 物业管理有限公司财产损害赔偿纠纷案"中,法院认为,"B 公司为 A 更换水管以及所换水管发生破裂渗水虽是事实,但 A 据此要求 B 公司承担侵权责任,尚缺乏事实和法律依据……上诉人 A 接受该赠与而无依据证明部分管道发生破裂、漏水系被上诉人 B 故意或者重大过失所造成"⑥⑨。由本案可知,即便在侵权之诉中,法院同样会援引《合同法》关于赠与人的责任缓和规则。

---

⑥⑥ 参见〔德〕迪尔克·罗歇尔德斯:《德国债法总论》(第 7 版),沈小军、张金海译,中国人民大学出版社 2014 年版,第 9 页。

⑥⑦ Vgl. Dirk Olzen, Kommentar zum BGB §241, in: Staudinger Kommentar zum BGB, Neubearbeitung 2009, Berlin: Sellier/ de Gruyter oHG, 2009, Rn. 532.

⑥⑧ 同注㊲, p. 402。

⑥⑨ 上海市第一中级人民法院(2011)沪一中民二(民)终字第 2591 号民事判决书。

60 关于保管。最高人民法院研究室《关于住宿期间旅客车辆丢失赔偿案件如何适用法律问题的答复》(法研〔2004〕163 号)称,"根据《中华人民共和国合同法》第六十条的规定,旅客在宾馆住宿期间,依宾馆的指示或者许可,将车辆停放于宾馆内部场地后,宾馆对车辆即负有保管义务。但是,宾馆未对车辆停放单独收费且证明自己对车辆被盗没有重大过失的,不承担损害赔偿责任"。据此,不论受害人的索赔请求是基于违约还是侵权,宾馆均可享有《合同法》第 374 条作为车辆无偿保管人的责任缓和优待。至于《合同法》第 374 条关于无偿保管人的责任缓和规定能否适用于侵权责任,可查询到的数个案例对此同样持肯定立场。在赵咏冰、张志刚财产损害赔偿纠纷再审民事判决书中,法院认为,"孙雨石、赵义与赵咏冰之间形成保管合同纠纷……赵咏冰作为保管人……无证据证明没有重大过失,其应承担赔偿责任……孙雨石、赵义在一、二审法院审理时亦表示选择侵权之诉……故赵咏冰……的申诉理由不能成立"(70)。由此案可知,即使在侵权之诉中,《合同法》关于无偿保管人的责任缓和规定也同样被法院援引、适用。

61 关于委托。《合同法》第 406 条关于无偿委托之受托人的责任缓和能否适用于侵权责任,仅能查询到的一例对此亦持肯定立场。在"湖南兴盛水利水电工程建设有限公司与朱建平等委托合同纠纷上诉案"中,针对委托人(兴盛公司)主张受托人(朱建平)应承担侵权行为之损害赔偿时,二审法院认为,房屋买卖合同无效以及委托人对相对人(购房者)赔偿损失的原因,是委托人未办理商品房预售许可证;同时,由于兴盛公司的委托属于无偿委托,而委托人的损失并非因受托人的故意或者重大过失所致,故委托人的诉请不能成立。(71) 由本案可知,即便在侵权责任的判定中,法院同样会援引、适用《合同法》关于受托人的责任缓和规则。

(2)约定责任缓和

62 此类案件并不多见。在一起船舶触碰损害责任纠纷案中,法院认为,"存在违约和侵权竞合的情况下,合同条款并不必然不适用。如果对于当事人选择侵权之诉即排除适用合同免责条款,由于法律规定的竞合

---

(70) 黑龙江省高级人民法院(2018)黑民再 13 号民事判决书。

(71) 参见湖南省益阳市中级人民法院(2017)湘 09 民终 780 号民事判决书。

范围较大,实际上就使得在移转财产占有和所有权的合同中,一旦发生违约行为导致存在竞合,则合同免责条款一概不适用,从而违背了当事人订立合同的本意……双方之间的责任免除条款和结算条款均表明双方就修理过程和相互之间的损失不再索赔,故本院认为除了油污造成的损失外,其他损失均可认为双方已在责任免除条款和结算条款中达成协议,不再相互索赔,故对此亦不予认定”(72)。本案属于侵权之诉,但法院明确肯定合同免责约定对侵权请求权的影响。

综上,无论是从学理推演角度,还是从审判实务的主流立场来看,《合同法》第 122 条的解释论立场都应确定为请求权相互影响说。 63

(三)责任竞合规则的具体适用、异化及其批判

1.责任竞合规则的具体适用

关于责任竞合的范围,通说认为,违约责任与侵权责任竞合仅限于损害赔偿责任的竞合(73),而不包括其他责任方式的竞合(74)。因为:其一,某些责任方式是违约责任或侵权责任所特有的;其二,“责任择一适用的主要情形即在于合同当事人基于合同对未来风险的预先分配与全部损害之间的选择”(75),故只能限定于损害赔偿;其三,该第 122 条构成要件包含“损害”,故预防性责任方式在本条无法竞合。 64

审判实践对此问题也采通说立场。在某案中,被请求方抗辩称,“更换主机并非侵权责任的承担方式……‘修理、制作、更换’为违约责任的承担方式,而非侵权责任的承担方式”。最高人民法院对此予以肯定,并指出,“请求方(西霞口船业)请求瓦锡兰公司‘按合同约定提供同样的主发动机、推进系统一台套’,这明显是基于合同约定提出的请求”(76)。 65

---

(72) 浙江省高级人民法院(2009)浙海终字第 140 号民事判决书。

(73) 参见崔建远:《民法总则应如何设计民事责任制度》,载《法学杂志》2016 年第 11 期,第31 页。

(74) 追求统合法律效果的新法条竞合说则主张一切责任方式均可竞合。参见注③,第 23 页。

(75) 陈甦主编:《民法总则评注》(下册),法律出版社 2017 年版,第 1333 页。

(76) 最高人民法院(2016)最高法民再 15 号民事判决书。

66 受害人是否有权不在违约责任和侵权责任二者之间作出选择？有观点认为，法院此时可代为作出选择。(77)“在受损害方能选择而不选择的情况下，为避免诉讼僵局，从全面保护受害人的角度出发，可由法官进行选择，这也不存在脱离规范目的的问题。”(78)审判实践中也有支持此立场的判决。(79)但也有观点认为，由法院代为选择的做法违背法官的中立地位，有违辩论原则。(80)鉴于目前我国司法实践仍以旧诉讼标的理论为主流立场，请求权人有义务主张己方的请求权基础，并就相关要件事实进行证明，被请求权人则根据相应的法律观点进行回应（否认或抗辩）。据此，若请求权人不明确己方请求的实体法依据，被告方如何防御？法院代请求权人选择一个对后者最有利的实体法依据，显然违反司法中立原则。这种做法只有在新诉讼标的理论下才可获得解释，但我国司法实践并未采该理论。〔100〕

67 关于受害人行使选择权的时间，依据《合同法解释（一）》第 30 条规定，请求权人变更诉讼请求（变更请求权依据）须在一审开庭前提出。有学者认为，若允许请求权人在一审辩论终结前提出变更，将会使得已经走完的法庭调查、辩论程序推倒重来，不仅无效率，而且这种突然袭击式的选择也对被告方极度不公平。(81)不过，也有学者主张可在一审辩论终结前提出。(82)实际上，若贯彻旧诉讼标的理论，则行使选择权的时间点虽然紧要但并不致命；但若采取择一消灭模式，则将行使选择权时间点限定在一审开庭前，对受害人明显过于严苛，一旦选错再无补救机会。而且，“请求权竞合是动态的演变过程，始于原告的竞合主张，终于法官对数项权利的实体判断，而这一终点才是实体维度与诉讼维度的衔接点，只有在程序终点而非起点，让受害人行使选择权，才是请求权竞合的应有之义”(83)。

---

(77) 参见王利明：《侵权责任法与合同法的界分》，载《中国法学》2011 年第 3 期，第 122 页。

(78) 同注(75)，第 1334 页。

(79) 参见“李萍、龚念诉五月花公司人身伤害赔偿纠纷案”，广东省高级人民法院（2000）粤高法民终字第 265 号民事判决书。

(80) 参见注②，第 19 页；注㉘，第 313 页。

(81) 参见注(75)，第 1334 页。

(82) 参见注㉘，第 313 页。

(83) 袁琳：《基于“同一事实”的诉的客观合并》，载《法学家》2018 年第 2 期，第 152 页

2.责任竞合规则适用的异化——择一消灭模式

何谓择一消灭模式?即"对于同一个法律事实,适用竞合只能是一次,不可能是多次的反复适用,也不允许当适用一种责任失败或者不足后,又补充适用另外一种责任。当选择了一种责任形式后,不能允许回过头来再选择另外一种责任形式"[84]。择一消灭模式最早可见于最高人民法院《全国沿海地区涉外、涉港澳经济审判工作座谈会纪要》(法〔经〕发〔1989〕12号),该纪要明确指出:"当事人不得就同一法律事实或法律行为,分别以不同的诉因提起两个诉讼。"换言之,受害人一旦选择某一种请求权,其余请求权将终局性地消灭,不论被选择的请求权是否获得满足。

择一消灭模式在司法实践中应用得非常普遍。例如,在某案中,原告先提起侵权之诉,被法院驳回诉请后又提起违约之诉,法院认为,"尽管请求权是两个,但纠纷本身只是一个,不能就一个纠纷两次交由人民法院解决"[85]。又如,在另一案中,二审法院指出,"电子学校以华机公司停水停电构成违约为由……本案中,电子学校又以同样的停水停电事实主张华机公司构成侵权为由,要求华机公司承担赔偿责任……违反了侵权与违约相竞合时只能择一行使请求权的原则"[86]。电子学校后又向最高人民法院申请再审,最高人民法院指出,"因本案侵权诉讼与前述违约诉讼的当事人相同,其中五项诉请的诉讼标的相同、诉讼请求相同,故二审判决依据《中华人民共和国合同法》第一百二十二条认定电子学校上述五项诉请属于重复诉讼并对此不作审理并无不当"[87]。

当然,审判实践中偶尔也有不采"择一消灭"模式的判决。例如,"《合同法》第一百二十二条规定的是,当事人不能同时以两个诉由起诉,即当事人不能取得双倍赔偿,当事人的任何一个请求权(违约责任或侵权责任请求权)满足后,另一个请求权因此而消灭,但当事人的任何

---

[84] 吴庆宝:《论侵权责任与违约责任竞合的限制》,载《法律适用》2002年第8期,第36页。
[85] 湖北省襄阳市中级人民法院(2016)鄂06民终231号民事判决书。
[86] 广西壮族自治区高级人民法院(2015)桂民一终字第22号民事判决书。
[87] 最高人民法院(2016)最高法民申1439号民事裁定书。

3. 对"择一消灭模式"的批判

请求权竞合说原意是通过赋予受害人选择权来强化对其利益的保护[89]，但择一消灭说非但没有强化对受害人的保护，反而使其深受其害。如何能够要求作为非专家的受害人也能够正确地、最优地选择法律条文？日本学者对请求权非竞合学说的批评[90]，完全可以用来批判择一消灭模式。经典的请求权竞合说相对于非竞合说的比较优势（受害人不用担心首次选择并非最优，还有二次诉讼机会），在择一消灭模式之下丧失殆尽。[91]

为何会出现这种对受害人极端不利的择一消灭模式？实际上，择一消灭说是我国司法部门的自发创造，它既不能从实体法的规定或理论中推得，也并非诉讼法上旧诉讼标的理论的应用。首先，择一消灭说不是请求权竞合说的固有内容或应有内容。请求权竞合说（自由竞合说或相互影响说）主张的是，一个请求权获得满足后，另一个请求权才会消灭。它从来不会主张，一个请求权在被法院审查并被驳回后，另一个请求权也会随之消灭；更不会主张，一个请求权一旦在法院开庭前被原告选定，另一个请求权立刻随之消灭。

其次，择一消灭说也不是《合同法》第122条的应有内容。《合同法》第122条只明确了受害人在发生责任竞合时可以选择其一，并没有规定受害人一旦选择其一，而不论被选择的请求权是否获得满足，其他请求权均告消灭。可见，择一消灭说从实体法上是找不到任何依据的。从《合同

---

[88] 上海市浦东新区人民法院（2011）浦民六（商）初字第5595号民事判决书。

[89] 参见注⑦，第779页。

[90] 参见〔日〕田山辉明：《日本侵权行为法》，顾祝轩、丁相顺译，北京大学出版社2011年版，第15页。

[91] 参见段文波：《请求权竞合论：以诉之选择性合并为归宿》，载《现代法学》2010年第5期，第162页。

法》第122条根本推导不出择一消灭模式,这一点很多学者早就指出过。㉒

最后,择一消灭模式在实体法上和在诉讼法上均没有任何法律依据,不论是旧诉讼标的理论还是新诉讼标的理论,都不会如此苛刻对待请求权人,此点容后详述。

(四)责任竞合理论的完善

1. 对请求权竞合说的反思

请求权自由竞合说纯粹是概念法学的产物,是对不同法条从文义上作各自孤立的理解,然后对各自逻辑演绎的结果机械而被动地全盘接受的结果,它完全忽略了法律是一个有机整体。从体系解释和目的解释的角度出发,法条(请求权)之间不相互影响是不可能的。法国法以责任不竞合为原则,实际上采取的是《合同法》规则优先于(影响)侵权法规则的立场,其最主要的理由是"合同性的不同风险分配不因侵权法而被破坏,而这个问题,在德国法中是通过(因违约责任的特殊规定而导致的)侵权责任的修正解决的"㉝。可见,请求权相互影响是一种客观存在。

然而,请求权相互影响说也有诸多问题。首先,请求权相互影响说名不副实。既承认两个请求权得互相作用,则事实上已放弃两个请求权独立并存的概念。㉞复数请求权无差异时承认其相互独立本无意义,而在有差异时又极力调和其差异,如此一来,强调复数请求权的意义大为削弱。

其次,违约与侵权在竞合时的差异远不如想象中那么大,二者竞合实益相当有限,承认双重请求权无甚意义。在德国,竞合理论的选择,其早期在时效方面的实践重要性,已经因时效改革而大幅度削弱(零星的案型如瑕疵损害求偿等除外)。㉟而在我国,违约与侵权竞合主要有两类:加害给付型和违反保护义务型。在这两种情形下,无论是归责原则还是证明责任,抑或是法律效果(责任范围因果关系的判断、精神损害赔偿)、诉

㉒ 参见徐晓峰:《责任竞合与诉讼标的理论》,载《法律科学(西北政法大学学报)》2004年第1期,第73页;段厚省:《请求权竞合研究》,载《法学评论》2005年第2期,第157页;另见注㉘,第153页。

㉝ 同注㉖,第9页。

㉞ 参见注㊽,第599页。

㉟ 参见注㊻, Rn. 530。

讼时效、责任缓和规则等,两种责任在绝大多数时候是一致的。⑯ 在此背景下,坚持复数请求权并立的相互影响说,其意义也不会太大。

最后,司法实践中盛行的"请求权相互影响说+择一消灭模式"不利于保护受害人权益。《合同法》第122条的立法宗旨是通过赋予受害人选择权从而最大限度保障受害人利益,但由于奉行请求权相互影响说与择一消灭模式,故受害人对于请求权之间如何相互影响必须有准确预判,再在复数请求权中作出最优选择,这其实难以实现《合同法》第122条预想的立法目的。

2.完善责任竞合理论的各种努力

为了纠正请求权相互影响说在理论上的自我割裂及其在实践中的异化,不少学者提出了若干新主张,这些新主张在具体内容上虽各有不同,但总体方向趋于一致,即统合法律效果,强化对受害人利益的保护。例如,有学者主张新法条竞合说,即在解释论上将《合同法》第122条中的"有权选择"理解为当事人可以不选择何种请求权而只提出损害事实,在立法论上则废除这些竞合规范。⑰ 有学者认为,"由于责任竞合时依合同而非侵权处理对受害人并无不利,并与意思自治的私法理念相合,能够更为顺畅地贯彻法律的目的与当事人的意思,因而,采法条竞合说比其他处理模式更具合理性"⑱。另有学者推崇请求权规范竞合说,"无论依据哪一种法律主张权利,应综合考虑违约损失赔偿规范和侵权损失赔偿规范,决定债权人损失赔偿请求权的具体内容。无论如何,债权人的地位只能增强不能削弱"⑲。还有学者主张,"(例外情况下)从强化对受害人的救济、对受害人的权益进行全面保护的需要出发,有必要对受害人的选择作出必要的限制……即使是在当事人没有作出选择的情况下,也应当通过充分认识两法的不同价值和功能,依据个案的具体情况,来确定最有利于保护受害人的责任形式"⑳。该主张实际上是"原则上自由竞合+例外

---

⑯ 参见注⑬,第124页。
⑰ 参见注③,第26页。
⑱ 同注㉘,第330页。
⑲ 同注⑦,第780页。
⑳ 同注㊆,第122页。

法条竞合"的杂合物。

请求权竞合是法律体系中不同制度规则并存时自然产生的法律现象,对其既不能放任自流(如自由竞合说那样),也不能简单粗暴地压制(如择一消灭模式),而应该在符合逻辑的情形下,尽可能通过规则协调完善加以妥善解决。基于简化法律关系、切实维护受害人利益的考量,统合复数请求权法律效果的大方向无疑值得肯定,至于究竟是选择请求权规范竞合论、新法条竞合说或全规范统合论,其实都不是最紧要的。当然,鉴于我国目前诉讼法领域选择的是旧诉讼标的理论,从与诉讼法相协调的角度来说,在实体法上完善请求权相互影响说,仍然是最现实的选择。

"汝给我事实,我给汝法律。"这是很多实体法学者在谈及责任竞合时的理想图景。的确,当事人只负责事实证明并据以提出请求,法官对其请求是否存在法律依据作出裁决,这种模式是责任竞合的最佳模式。不过,这种模式绝非单单实体法改革即可以实现,毋宁说,它更多的是一个诉讼法问题,更准确地说,是一个选择何种诉讼标的理论的问题。

五、请求权竞合与诉讼标的理论的关系

(一)请求权竞合与旧诉讼标的理论

诉讼标的是关涉诉的合并与变更、重复起诉、既判力范围等民诉基本问题的核心概念,但对其定义和范围,众说纷纭。旧诉讼标的理论(旧实体法说、旧说)认为,实体法所规定的法律关系(请求权),在诉讼法上即对应形成诉讼标的。[100] 据此,在违约和侵权竞合时,诉讼法上存在两个诉讼标的,原告基于违约起诉失败后可再以侵权提起诉讼。

旧说将诉讼标的理解为实体请求权在诉讼法上的镜像投映。"一个请求权诉讼未决状态不会令另一个也处于诉讼未决状态,关于一个请求权存在或不存在的判决对于其他请求权没有既判力,从一个请求权向另

---

[100] 参见〔日〕高桥宏志:《民事诉讼法——制度与理论的深层次分析》,林剑锋译,法律出版社2003年版,第23页。

一个请求权的转换，构成诉的变更。”[102]迪茨教授这段经典总结，充分展现了请求权自由竞合说对旧诉讼标的理论的支配性影响。

84 旧说的优点主要是：其一，诉讼标的识别简单明了，两造攻防范围明确；其二，原告可逐个尝试基于不同请求权的诉讼，其实体权和诉权的保障均十分充分；其三，审判对象明确，法官释明义务较轻。因此，旧说在当今大陆法系多国的审判实务中仍居统治地位。

85 旧说最主要的缺点是未能实现“争端的一次性解决”。原本只有一个实质性争议，却可能存在多个诉讼。[103] 国家会因此而浪费司法资源，被告可能要忍受长期的应诉困扰，而原告可能由于法律知识的欠缺而不能作出最优选择，从而被迫多次起诉，增加诉讼成本。针对旧说存在的诉讼不经济之缺点，我国台湾地区“民事诉讼法”曾尝试通过修改加以克服。[104]

86 或有人认为，旧说会导致同一案件矛盾裁判、双重裁判，但这种担心诚属多余。因为第一，若原告前诉胜诉，则其后诉必败诉，“其中一个请求权的有效满足，会排除另外其他的相竞合的请求权，因为对于另外的请求权来说某项要件已不再具备”[105]。第二，若原告前诉败诉，则其在后诉中不论败诉还是胜诉，均不构成矛盾判决。第三，若前诉未决，原告又提起后诉，则构成诉的客观合并[106]，同样不会导致矛盾判决。

（二）与请求权脱钩的诉讼标的新学说

1.新诉讼标的理论

87 新诉讼标的理论（诉讼法说、新说）认为，诉讼标的应基于实体法上最终允许一次给付还是二次给付来定，“在不应当接受二重给付的情形中，诉讼标的就只有一个”[107]。据此，在违约与侵权竞合时，虽实体法上受害人有两个请求权，但只能受领一次赔偿，故诉讼标的仅有一个。

---

[102] 同注㊻，S.334。

[103] 参见〔德〕奥特马·尧厄尼希：《民事诉讼法》，周翠译，法律出版社 2003 年版，第 203 页。

[104] 参见郗伟明：《论诉讼标的与请求权规范之竞合》，载《法商研究》2016 年第 3 期，第 105 页。

[105] 同注㊻，S.334。

[106] 参见注㊃，第 153 页。

[107] 同注[101]，第 25 页。

88　在新说中,影响较大者有二分肢说和一分肢说。前者认为,诉讼标的有两个核心构成要素:生活事实与诉之声明。二者任一发生变化,均构成新诉讼标的。⑩⑧ 后者主张,诉讼标的唯一的构成要素是诉之声明。⑩⑨ 相较之下,二分肢说用以识别的因素更全面,识别效果显然更精确,故成为当今德国理论界和实务界通说。⑩⑩

89　依据新说,诉讼标的本身及其识别,均与实体法上的请求权或法律关系脱钩,转而采纯粹的诉讼法之视角;至于诉之声明是基于违约还是基于侵权,都仅为不同的攻防方法和法律观点。

90　新说的优点主要包括:其一,实现了纷争一次性解决的理想;其二,被告只须经受一次诉讼的纷扰,无须重复应诉;其三,原告无须再纠结选择何种实体法依据,法官应对其予以充分释明。

91　新说的缺点也很明显:其一,关于诉诸何种法律观点(违约或侵权),法官向原告的释明义务显著加重,裁判内容也随之倍增,这是新说最致命的缺陷,由此导致法官集体无意识地消极应对,使得新说在审判实务中很难获得支持,这一现象在日本和我国均清晰可见;其二,新说否认原告对其实体权利的程序处分权,形同剥夺其实体权利的行使自由;其三,原告在某项请求权尚未搜集充分事证时,将有"无端遭受败诉,而形同被逼放弃该权利或就该权利放弃提诉之危险"。⑪⑪

92　面对与实体法脱钩的新诉讼标的理论,实体法学者也尝试进行各种理论更新,如新实体法说、请求权规范竞合说以及全规范统合说等。⑪⑫ 然而,这些努力收效甚微。德国诉讼法学者认为,新实体法说与其说是民事

---

⑩⑧ Vgl. Becker-Eberhard, Kommentar zur ZPO, Vorbemerkung zu §§ 253 ff. in: Münchener Kommentar zum BGB, 4. Aufl., München: C. H. Beck, 2013, Rn. 32.

⑩⑨ Vgl. , Schwab , Noch einmal: Bemerkungen zum Streitgegenstand, in Festschrift für Gerhard Lüke,1997, S. 807. 一分肢说的缺点在于过度强调纷争解决一次性原则,对票据请求与原因请求二者的竞合无法给出合理解释。参见刘明生:《民事诉讼法案例研习》,元照出版公司2013年版,第43页。

⑩⑩ 参见注⑩⑧, Rn. 33。

⑪⑪ 许士宦:《新民事诉讼法》,北京大学出版社2013年版,第75页。

⑪⑫ 关于实体法学者的种种努力,参见曹志勋:《德国诉讼标的实体法说的发展——关注对请求权竞合的程序处理》,载《交大法学》2018年第1期,第33页。

诉讼标的新理论,不如说是对实体法上请求权概念的新整合。⑬ 日本诉讼法学者认为,请求权规范如何调整,是一个属于实体法领域解决的问题,与诉讼法理论关系不大。⑭

2. 诉讼标的相对论

93 诉讼标的相对论主张,诉讼标的在不同的诉讼环节和语境下有不同的内涵,有时指实体法律关系(请求权),有时指诉之声明(诉讼请求),有时指生活事实关系(纠纷),总之它是具体的、可变的。相对论的出现源于对新旧理论各自缺点的不可忍受,以及对一体化诉讼标的理论体系的深刻怀疑。

94 诉讼标的相对论在我国台湾地区⑮、德国、日本均有不同程度的接受度⑯。不过,美国和欧盟的情形更为特别。在美国,就"请求排除(既判力)"而言,对诉讼标的之识别,联邦法和大多数州法采"事务或事件"(transactional or occurrence test)标准⑰;据此,在同一损害事故中,原告只有一次诉讼的机会,其应在一次诉讼中将全部的赔偿请求和依据一并提出。欧盟法院则于1987年首次采用核心点理论(Kernpunkttheorie),即在不同诉讼程序中,若"争议的核心点"相同,则即使诉之声明在形式上不同,它们的诉讼标的亦为相同。⑱

95 从诉讼标的概念脱离内涵明确的实体权利和诉之声明这个角度来看,美国与欧盟的立场或可勉强纳入诉讼标的相对论的范畴,不过,若基于诉讼标的相对论着重于诉讼标的内涵的可变性而言,则美国、欧盟的立场只能理解为"诉讼标的可变论的晚近变种"⑲。

---

⑬ 参见注⑱,Rn. 32。

⑭ 参见注⑩,第25页。

⑮ 参见注⑪,第81页;邱联恭:《程序利益保护论》,三民书局2005年版,第188页。

⑯ 参见陈杭平:《诉讼标的理论的新范式——"相对化"与我国民事审判实务》,载《法学研究》2016年第4期,第175页。

⑰ 另有少数州采"主要权利理论"(primary rights theory)。参见〔美〕理查德·D.弗里尔:《美国民事诉讼法》(下),张利民、孙国平、赵艳敏译,商务印书馆2013年版,第662页。

⑱ 对于这种深受法国法和英美法影响的学说,德国学者持强烈批评态度:(1)因标准不统一而引发欧盟成员国内部的司法风险;(2)背离了重视诉之声明的欧洲传统;(3)忽略了相应的国际发展趋势——突出诉之声明而非生活事实。Vgl. Stein/Jonas, Kommentar zur Zivilprozessordnung, Vor §§ 253, in: Reinhard Bork und Herbert Roth Kommentar zur Zivilprozessordnung, 23. Aufl., Mohr Siebeck, 2014, Rn. 44.

⑲ 同注⑱。

诉讼标的相对论的最大优点是灵活以及由此带来的高度适应性。此外,在允许原告自由选择诉讼标的的类型的相对论看来,原告还可"避免蒙受因未被容许为上述诉讼标的之选择性、相对性特定时所可能招致程序上不利益或实体上不利益"。[120]

诉讼标的相对论也有不少缺点。首先,诉讼标的相对论本身缺乏统一的内涵和立场,既有美国和欧盟的生活事实说,也有主张大体上基于旧实体法说的、较保守的相对论,还有主张允许原告选择(权利型或纷争型)诉讼标的的激进相对论。[121] 其次,相对论主张在不同环节诉讼标的应有不同含义,但究竟在何种环节应有何种含义,回答既不清楚也不统一,从而"在基本的程序问题上欠缺法律明确性和可预见性"[122],易导致同案不同判。再次,在立法论上,同一概念(诉讼标的)在同一部法的不同法条中有不同含义,此现象应竭力避免而不应肯定,更不应成为从实然推导出应然的依据。最后,生活事实说并不严谨,其边界易泛化从而令原告权利受损,同时它对原告的法律知识有较高要求,与我国国情尚不匹配。

总的来说,诉讼标的旧说、新说以及相对论均有各自的优缺点,各国应根据自身国情选择合适的理论模式。

(三)《民诉法解释》第 247 条之下的请求权竞合

关于诉讼标的,在学说上,有不少学者主张新诉讼标的的理论。[123] 在审判实务上,究竟何种立场是主流则有争议,有学者认为我国的"实践操作更接近于新诉讼标的的理论的思维方式"[124],也有学者认为实务多采旧说[125]。

---

[120] 同注⑪,第 75 页。
[121] 权利性或纷争型诉讼标的之相对论,主要源自部分我国台湾地区学者对台湾地区"民事诉讼法"第 244 条第 1 项第 2 款的解释。参见注⑩,刘明生书,第 39 页。
[122] 同注⑩, Rn. 35。
[123] 参见张卫平:《重复诉讼规制研究:兼论"一事不再理"》,载《中国法学》2015 年第 2 期,第 57 页。
[124] 同注⑫,第 56 页。
[125] 参见李浩:《不当得利与民间借贷的交集》,载《清华法学》2015 年第 1 期,第 151 页;王亚新、陈晓彤:《前诉裁判对后诉的影响——〈民诉法解释〉第 93 条和第 247 条解析》,载《华东政法大学学报》2015 年第 6 期,第 13 页;另见注⑪,第 189 页。

但如前所述,择一消灭这种非新非旧模式在实务中有广泛应用。⑫⑥

100　　就立法规定来看,《民诉法解释》第247条规定,构成重复起诉的条件是前诉与后诉的当事人相同、诉讼标的相同、诉讼请求相同或相冲突。从文义解释出发,本条中的诉讼标的既然与诉讼请求并列,只能将其解释为旧说下的实体法律关系(请求权)。⑫⑦ 最高人民法院关于民诉法司法解释的释义书也是作如此解读。⑫⑧

101　　尽管如此,我国法对于请求权竞合的处理模式与旧诉讼标的理论仍存在若干重大差异。首先,旧说并不排斥原告在一个诉讼中同时主张违约和侵权(构成诉的追加与合并),例如我国台湾地区"民事诉讼法"第255条第1项第2款。然而,《合同法》第122条与《合同法解释(一)》第30条排除了诉的合并可能。其次,旧说最重要的优点在于,允许原告在损害得到填补之前基于不同的实体法请求权就同一生活事实多次起诉,而择一消灭模式恰恰否定了此点。

102　　择一消灭模式不仅在实体法上无任何依据(见前文),在诉讼法上也寻不到任何支持。首先,《合同法解释(一)》第30条只是排除了诉的合并可能,限制了诉的变更时间,但该条本身并未规定前诉败诉的原告不得再提出后诉。其次,择一消灭模式不符合《民事诉讼法》第247条的规定,因为该条对诉讼标的采旧实体法说,故前诉败诉的原告基于另一项竞合的请求权提起后诉,属于诉讼标的的不同,不构成重复起诉。⑫⑨

103　　无论是旧说,还是新说,抑或诉讼标的相对论,都各自有优缺点,通过相应的技术改造都可将负面效果降到最低,从而可堪适用。只不过,既然《民诉法解释》第247条选择了旧说,那么,就应依据旧说对请求权竞合之实体和程序规则予以各种完善。首先,应修改《合同法》第122条,允许债权人同时提出多项竞合性请求;其次,应修改《合同法解释(一)》第30条,允许原告在单一诉讼中同时提出多项竞合性请求(诉的客观合并),并

---

⑫⑥　参见王亚新:《诉讼程序中的实体形成》,载《当代法学》2014年第6期,第153页。

⑫⑦　参见卜元石:《重复诉讼禁止及其在知识产权民事纠纷中的应用——基本概念解析、重塑与案例群形成》,载《法学研究》2017年第3期,第104页。

⑫⑧　参见沈德咏主编:《最高人民法院民事诉讼法司法解释理解与适用》(上),人民法院出版社2015年版,第635页。

⑫⑨　参见注⑪⑥,第187页;另见注⑫⑦,第104页。

放宽诉的变更期限至庭审结束之前;最后,诉讼法理论和实务应根据《民诉法解释》第247条的规定,遵循和贯彻旧实体法说,尽快废除目前审判实务中盛行的择一消灭模式,因为它严重损害债权人的利益,既背离了旧说的程序内涵,也背离了请求权竞合的实体内涵。[130] 至于上述这些改革可能引发的若干问题,如管辖变更与管辖异议、举证期限以及审限延长等问题,都可以通过相应的技术调整予以因应。

总之,责任竞合/请求权竞合绝非单纯的实体法问题,唯有实体法和程序法二者协力,才能彻底解决该难题,因为"私法规则并没有建立起完全的私法秩序。民事诉讼帮助其实现内部的自洽"[131]。

六、举证责任

根据罗森贝克的证明责任一般原理,原告必须对权利形成规范的前提条件加以证明。[132] 此项原则在我国《民诉法解释》第90条、第91条亦有体现。据此,在责任竞合场合下,原告应对违约请求权和侵权请求权的构成要件承担证明责任。

如前所述,《合同法》第122条的责任竞合是损害赔偿责任竞合。因此,首先,原告应对损害的存在及其大小等事实予以证明。对于财产性损害,原告应证明自己的实际损失(差额说);对于非财产性损害,原告应证明自己遭受的肉体上和精神上的痛苦。

其次,原告应对其所受损害与被告的不法行为(违约或侵权)之间存在的因果关系事实予以证明,这里既包括责任成立因果关系,也包括责任范围因果关系。在特殊场合下,原告可享有因果关系推定的利益,如环境污染责任(《侵权责任法》第66条)。

最后,原告还应证明被告存在违约行为或侵害行为。就违约的证明而言,原告须证明被告存在违反已生效合同所规定义务的行为。详言

---

[130] 参见注⑧,第152页。
[131] 〔德〕康拉德·赫尔维格:《诉权与诉的可能性:当代民事诉讼基本问题研究》,任重译,法律出版社2018年版,第207页。
[132] 参见〔德〕莱奥·罗森贝克:《证明责任论》,庄敬华译,中国法制出版社2018年版,第130页。

之,若被告(债务人)负担结果义务,则原告应证明其未实现该结果,若被告(债务人)负担手段义务,则原告应证明其未尽到一般注意义务(过错)。就侵权的证明而言,原告原则上还应证明被告存在过错(故意或过失),除非法律明确规定系争场合适用无过错责任或过错推定责任。自纯粹理论角度而言,原告若欲援引本条,则应同时证明被告存在违约和侵权,但事实上,由于现行法禁止同时提出违约请求权和侵权请求权,并要求原告在第一次开庭前选定请求权且不得再更改,因此,不可能出现在庭审中原告必须同时证明被告存在违约和侵权的情形。

第 142 条 　交付移转风险*

吴香香

《中华人民共和国合同法》第 142 条

标的物毁损、灭失的风险，在标的物交付之前由出卖人承担，交付之后由买受人承担，但法律另有规定或者当事人另有约定的除外。

细　目

一、规范定位……1—7
　（一）规范意旨……1—3
　（二）规范属性……4—7
　　1. 抗辩排除规范……4—6
　　2. 任意一般规范……7
二、标的物毁损、灭失的风险……8—28
　（一）本条风险非物权风险……9—11
　（二）本条风险非给付风险……12—21
　　1. 买卖合同的给付风险……13—15
　　2. 给付风险与价金风险……16—21
　（三）风险事件的范围……22—25
　（四）毁损灭失与风险……26—28
三、交付作为风险移转的时点……29—73
　（一）适用范围……29—35
　（二）交付移转风险的正当性……36—60

---

* 本文系国家社科基金一般项目"民法典编纂中请求权基础的体系构建研究（18BFX110）"阶段性成果。

本文案例主要源自北大法宝司法案例库，统计时间为 2012 年 5 月 10 日（《买卖合同解释》生效）至 2018 年 7 月 30 日。

1. 价金风险移转的观点之争……37—46
  2. 交付移转价金风险的理由……47—57
  3. 不动产买卖的价金风险……58—60
 (三)现实交付与观念交付……61—73
  1. 现实交付……63—64
  2. 观念交付……65—73
四、风险移转效力的体系辐射……74—110
 (一)合同效力与风险移转……75—84
  1. 无效与风险移转……75—78
  2. 附条件与风险移转……79—84
 (二)给付障碍与风险移转……85—106
  1. 给付不能与风险移转……86—91
  2. 瑕疵给付与风险移转……92—100
  3. 给付迟延与风险移转……101—105
  4. 情势变更与风险负担……106
 (三)有偿合同的参照适用……107—110
五、举证分配……111—122
 (一)一般规则……111—114
  1. 标的物意外灭失……112
  2. 标的物意外毁损……113—114
 (二)特别规则……115—122
  1. 适用范围特则……115
  2. 合同效力特则……116—119
  3. 给付障碍特则……120—122

一、规范定位

(一)规范意旨

1　　标的物意外毁损灭失,既可能引发物法层面的物权灭失风险,也可能引发债法层面的给付风险与对待给付风险。物法领域,物之意外不利益由所有权人自担。物权风险无涉给付与对待给付关系,不在本条的射程之内〔9—11〕。债法领域,标的物意外毁损灭失,债务人不必再为给付(第 110 条①)。给付风险的移转,并非本条的问题,而系本条的前提〔12—21〕。

本条意在规范的,实为出卖人的对待给付风险,即"价金风险"。所处理的问题是,标的物意外毁损灭失,致出卖人不必再为给付,买受人是否仍须支付价金。对此,《合同法》所参照的《联合国国际货物销售合同公约》表达更直观:第 66 条风险移转后果是,"买受人支付价款的义务并不因此免除",显然以价金风险为规范对象。② 2

价金风险,若由出卖人承担,则买受人不必支付价金,若由买受人承担,则买受人仍受价金义务约束。依本条,价金风险原则上自"交付"时起移转于买受人。比较法上,类似的规范有《联合国国际货物销售合同公约》第 69 条第 1 款第一种情形、《德国民法典》第 446 条、我国台湾地区"民法"第 373 条等。 3

(二)规范属性

1.抗辩排除规范

基于双务合同的牵连性,给付义务消灭,对待给付义务也消灭。依此原则,买卖标的物意外毁损灭失,致出卖人不必再为给付的,买受人不再受价金义务约束,即使已经支付,也可以请求返还。这意味着,价金风险不应移转,买受人处应产生拒绝支付的抗辩可能〔17〕。 4

本条规则却是,交付前出卖人承担价金风险,交付后买受人承担价金风险。"交付前"仍在牵连性的框架之内,即使无此规定,也可由双务合同的特性推导得出。"交付后"才是本条的规范重心,因其突破了双务合同的牵连性。由此亦可解释,比较法上的类似规范(如《德国民法典》第 446 条、我国台湾地区"民法"第 373 条),何以仅规定"交付时"风险移转于买 5

---

① 除非特别说明,本文所提及的条文均为《合同法》条文,所使用的"合同"一词仅指"债权合同"。

② 参见〔德〕彼得·施莱希特里姆:《〈联合国国际货物销售合同公约〉评释》(第三版),李慧妮译,北京大学出版社 2006 年版,边码 222。

受人,而不就"交付前"特设规范。

6　　本条所设规范,可浓缩表述为"交付移转价金风险"。交付后虽出卖人不必再为给付,买受人却仍须全额支付价金[18]。尤其是,即使出卖人尚未让与所有权,买受人也丧失拒绝支付的抗辩。在"请求—抗辩—抗辩排除"的视角下,本条实为一项"抗辩排除"规范。因而,为了准确适用本条,需要解释排除抗辩的正当性何在,即交付为何可移转价金风险[47—57]。

2. 任意一般规范

7　　本条是处理买卖价金风险移转的任意性一般规范。所谓任意性,系指当事人特约可排除本条适用。当事人特约,于涉外买卖常体现为合同中所采纳的国际贸易术语。所谓一般性,则指若无特别规范即应适用本条。③ 在赴偿之债、往取之债与送付之债的区分下,代送买卖的价金风险有其特则(第145条、第144条)。影响合同目的实现的给付障碍(第148条)与买受人迟延(第143条、第146条)的情形,价金风险也有其特则。

二、标的物毁损、灭失的风险

8　　《合同法》买卖合同章所称"标的物毁损、灭失的风险",文义上可包含给付风险与对待给付风险,甚至还可包含物权风险。但根据规范体系,应限缩解释为仅指对待给付风险,即"价金风险"。

(一)本条风险非物权风险

9　　标的物毁损灭失引发的风险,不限于债法层面,还可能发生于物法层面,二者应予区分。物法领域,标的物意外毁损灭失,由其法律上的归属者承担权利丧失的风险。物权风险,是所有权对世效力的体现④,处理物权人与第三人的关系,为合同之外的现象,仅以所有权状况为断。因

---

③ 可再探讨的是,习惯作为被《民法总则》第10条认可的法源,应否纳入考量。关于习惯的法源地位,可参见朱庆育:《民法总论》(第二版),北京大学出版社2016年版,第40—42页。

④ 参见陈自强:《契约法讲义 III:契约违反与履行请求》,元照出版社2015年版,第227—228页。

而,该风险在所有权让与之前由出卖人承受,让与之后由买受人承受。

合同风险,则是典型的债法风险,处理合同内部关系,包括给付风险与对待给付风险。针对的问题是,风险事件发生后,债务人的给付义务与债权人的对待给付义务是否仍存在。合同风险必以合同有效且未履行完毕为前提。缔约前,标的物意外毁损灭失,"天灾归所有权人负担",所涉仅为物权风险。同理,清偿后,因债权实现而不存在给付障碍,也就不生合同风险。此后标的物毁损灭失,买受人作为所有权人负担的实为物权风险。

实务中,最高人民法院已认识到物权风险与合同风险的区别,指出合同风险负担实质是合同当事人间的损失分配,而因标的物毁损灭失丧失所有权则属于物权范畴,不应混淆物权关系和债权关系。⑤ 但仍有不少法院误判二者,最典型的表现是,于出卖人已交付并移转所有权,嗣后标的物毁损灭失的情形,以本条为依据判令买受人支付价款。⑥ 但此时出卖人义务已履行完毕,买受人债权完全实现,不生给付障碍,更谈不上合同风险,买受人支付价金是正常的债务履行。

(二)本条风险非给付风险

双务合同风险本有四项,即双方各自的给付风险与对待给付风险,但金钱债务无给付不能,买卖合同的给付风险仅限出卖人,其对待给付风险即价金风险,故买卖合同中,仅需讨论围绕标的物而产生的给付风险与围绕价金而产生的价金风险。给付风险与价金风险处理的问题不同、风险移转的缘由不同、移转时点也不同。

1.买卖合同的给付风险

给付风险处理的问题是,首次给付尝试失败后,债务人是否仍需再为给付,直至达到清偿效果。该问题并非买卖所独有,而存在于所有的债务关系中,体系上属于债法总则。买卖合同的给付风险并无特别之处,即特

---

⑤ 参见最高人民法院民事审判第二庭编著:《最高人民法院关于买卖合同司法解释理解与适用》,人民法院出版社 2016 年版,第 190 页。

⑥ 如辽宁省大连市中级人民法院(2014)大民三终字第 411 号民事判决书,陕西省清涧县人民法院(2017)陕 0830 民初 569 号民事判决书,江苏省盐城市中级人民法院(2017)苏 09 民终 1890 号民事判决书。

定之债自合同生效时移转⑦,种类之债自特定化时移转。特定化要求债务人完成为给付而必要的一切行为,所以特定化后标的物意外毁损灭失的,不应令债务人再行给付。

14　　债务人是否满足特定化的行为要求,取决于不同的债务类型。以给付行为地与结果地为标准,耶林首倡赴偿之债、往取之债与送付之债的区分⑧,并为后世所接受。赴偿之债,给付行为地与结果地均在债权人处,债务人将标的物送至债权人住所地,使债权人处于随时可受领状态,即完成特定化。往取之债,给付行为地与结果地均在债务人处,债务人将标的物从种类中分离并通知债权人提取,即完成特定化。送付之债,给付行为地在债务人处,结果地在债权人处,债务人并无运输义务,将标的物发送给第一承运人以交债权人,特定化行为即完成。⑨

15　　《合同法》未就给付风险单设规则,《买卖合同解释》第14条虽将特定化作为种类物买卖(价金)风险移转的前提,但也未能清楚揭示特定化与给付风险的关联。不过,给付风险仍不妨依第110条第1项推知。依该条规定,非金钱债务给付不能,原给付义务消灭,是否产生派生给付义务(如损害赔偿),则取决于可归责性。进而言之,非金钱债务一旦出现不可归责的给付不能,债务人给付义务即终局消灭:特定之债,合同生效后履行前,若标的物意外灭失,债务人原给付义务消灭;种类之债,特定化前不生给付不能,特定化后即转变为特定之债,此后奉行特定之债风险转移规则。

2.给付风险与价金风险

(1)价金风险的产生以给付风险移转且现实发生为前提

16　　与给付风险不同,价金风险处理的问题是,标的物意外毁损灭失,致出卖人不必再为给付,买受人是否仍须支付价金。给付风险移转之前,价

---

⑦　也有观点认为,给付风险产生的前提是给付的可替代性,特定之债无给付风险,如〔德〕迪特尔·梅迪库斯:《德国债法总论》,杜景林、卢谌译,法律出版社2004年版,第133页。但两种观点只是观察角度不同,法律效果并无差异。

⑧　Vgl. Rudolf von Jhering, Beiträger zur Lehre von der Gefahr beim Kaufcontracte, zweiter Beitrag, in: Jahrbücher für die Dogmatik des heutigen römischen und heutigen Privatrechts, 4 Band, 1861, S.366 ff.

⑨　参见王洪亮:《债法总论》,北京大学出版社2016年版,第94—95页、第107页。

金风险无从谈起。⑩ 移转之前,出卖人给付义务不消灭,买受人债权仍可能完满实现,自然仍须负担对待给付义务。即便给付风险移转,若风险事件未现实发生,也不生价金风险问题,原因很简单,风险事件既未现实发生,出卖人自须继续负担给付义务,买受人当然也须为对待给付。既然价金风险移转前给付风险必然已移转,前者就构成后者的可能最迟时点。

(2)给付风险非买卖独有,而本条价金风险仅限买卖合同

双务合同之对待给付风险针对的问题是,如果债务人不再承担给付风险,债权人是否仍有义务为对待给付。⑪ 一般规则是,风险事件发生,债务人不必再为给付(给付风险已移转且实现),债权人也不必为对待给付(对待给付风险不再转移于债权人,终局停留在债务人处)。其实质在于,不会令债权人既承担给付风险(无从获得对方给付),又承担对待给付风险(必须向对方为给付),债权人取得拒绝对待给付的抗辩可能。

买卖价金风险,突破了双务合同"无给付即无对待给付"的一般原则,系对待给付风险负担的例外。依本条,买卖价金风险因交付而移转于买受人,此后标的物意外毁损灭失,出卖人因给付风险已移转而不必再为给付,买受人的价金义务却并不消灭,拒绝对待给付的抗辩被排除。据此,给付风险与对待给付风险均由买受人承担。⑫ 其实质在于,因标的物交付,而例外地移转了原则上应终局停留于债务人(出卖人)处的对待给付风险。⑬

(3)给付风险与价金风险不应也无法采用相同判准

可区分特定买卖与种类买卖分别观察:在特定买卖中,能因交付移转的,只能是价金风险,不可能是给付风险,因为特定买卖的给付风险,自合同生效时起即由买受人承担,与交付与否无关。但本条并未区分特定买

---

⑩ 参见朱晓喆:《寄送买卖的风险转移与损害赔偿——基于比较法的研究视角》,载《比较法研究》2015 年第 2 期,第 32 页。

⑪ 梅迪库斯则认为,对待给付风险指双务合同一方虽未获得对待给付,但仍须履行己方给付的风险,请参见 Medicus/Petersen, Bürgerliches Recht, 22.Aufl., Köln: Carl Heymanns Verlag, 2009, Rn. 272,该见解较德国通说狭窄。对梅迪库斯观点的评析可参见 Dagmar Coester-Waltjen, Die Gegenleistungsgefahr, Jura 2007(2), S.110 ff.

⑫ Vgl. Fikentscher/ Heinemann, Schuldrecht, 10.Aufl., Berlin: De Gruyter, 2006, S.399.

⑬ 也有观点认为,交付移转买卖价金风险,是对待给付风险的"提前"移转,参见刘洋:《对待给付风险负担的基本原则及其突破》,载《法学研究》2018 年第 5 期,第 102 页。

卖与种类买卖设定不同规则,所涉风险并非给付风险。

20　　在种类买卖中,同样不宜将交付作为给付风险的移转时点。种类买卖的给付风险,在经济层面体现为,出卖人是否应继续采购种类标的物,并承担其价格上涨的风险。[14] 换言之,出卖人承担给付风险背后体现的是置办风险以及与其相关的额外代价。一旦出卖人已经完成给付所必要的一切行为(特定化),就不应再令其承受上述额外代价。特定化是债务人单方的债务履行,交付则需要双方合意,二者之间可能存在时间差。特定化后交付之前,标的物毁损灭失的,出卖人已为给付做出最大努力,若仍令其承担给付风险,有失公允。

21　　实务中,最高人民法院明确指出《合同法》买卖合同章的风险仅指价金风险,并进一步探讨了价金风险与继续履行的关系:若标的物是种类物且未经特定化,毁损灭失并不免除出卖人的给付义务;而若标的物是特定物或经特定化的种类物,毁损灭失即免除出卖人再为给付的义务;至于买受人得否免为对待给付,则是价金风险问题。[15] 该观点的实质,即区分给付风险与价金风险,并以特定化作为种类买卖给付风险移转的时点。

(三)风险事件的范围

22　　"不可归责"事件引发的标的物意外毁损灭失,才可称为风险。可归责于出卖人的毁损灭失,属于违约而非风险范畴。[16] 可归责于买受人的,则视同标的物不曾毁损灭失(视同出卖人义务已经履行),也与风险无关。先前违约行为在风险移转后才显现后果的,也属于可归责事由,如隐蔽瑕疵、包装不当导致风险移转后标的物受损等。

23　　何谓可归责?此涉及违约责任的归责原则。以归责原则为分界点,违约责任与风险负担呈此消彼长关系。[17] 具体而言,若采过错归责,过

---

[14] 参见朱晓喆:《我国买卖合同风险负担规则的比较法困境——以〈买卖合同司法解释〉第 11 条、14 条为例》,载《苏州大学学报(哲学社会科学版)》2013 年第 4 期,第 85 页。

[15] 参见注⑤,第 190—191 页。

[16] 出卖人也应为履行辅助人的行为负责,参见最高人民法院院(2017)最高法民申 2339 号民事裁定书。

[17] 参见易军:《违约责任与风险负担》,载《法律科学(西北政法大学学报)》2004 年第 3 期,第 52 页。

错之外皆风险;若采严格责任,则可归责范围扩张,风险范围缩减。关于《合同法》违约归责原则的争论,主要围绕过错的意义展开,有严格责任说⑱、缓和的严格责任说⑲、过错责任说⑳、过错推定说㉑、义务性质区分说㉒等不同观点,以严格责任与过错责任为对立两极。不过,与其说归责立场决定了风险负担的范围,不如说前者为后者提供了讨论的起点。

若采过错归责,不可抗力与通常事变属风险分配领域理所应当。严格责任立场下,不可抗力亦是当然的风险事件。至于通常事变,因可预见性原则(第113条第1款但书)将不可预见事件排除在违约责任之外,亦应纳入风险范畴。争议在于所谓第三人原因违约规则。虽然第121条第1句规定,因第三人原因造成违约的,应向对方承担违约责任,但"第三人的原因"文义涵盖范围甚广,为避免滥用,学理上有力主废除该条者㉓,也有从不同角度对其进行限缩解释者㉔,还有主张其仅确认合同相对性原则者㉕。笔者认为,该规范只意味着,即使因第三人原因造成给付障碍,违约

---

⑱ 参见王利明:《合同法研究(第三卷)》(第二版),中国人民大学出版社2015年版,第89页;韩世远:《合同法总论》(第四版),法律出版社2018年版,第754页。

⑲ 主张弹性解释不可抗力之三个"不能",扩张债务人免责机会,如戴孟勇:《违约责任归责原则的解释论》,载王洪亮等主编:《中德私法研究》(8),北京大学出版社2012年版,第38—39页。

⑳ 参见易军:《慎思我国合同法上违约损害赔偿责任的归责原则》,载王洪亮等主编:《中德私法研究》(8),北京大学出版社2012年版,第24页,从解释论视角,既有将《合同法》第107条解释为严格责任的空间,也有将其解释为过错责任的空间,考虑到《合同法》只规定了狭窄的法定免责事由,解释为过错责任原则更为优越。

㉑ 参见李永军:《合同法》(第三版),法律出版社2010年版,第505页;注⑨,第240页。

㉒ 该观点主张,第107条仅提纲挈领地宣示违约的法律后果,关于违约的归责原则,应通过解释方法确立如下标准:违反方式性义务承担过错责任;违反结果性义务承担严格责任。请参见朱广新:《违约责任的归责原则探究》,载《政法论坛》2008年第4期,第76—89页。

㉓ 参见解亘:《论〈合同法〉第121条的存废》,载《清华法学》2012年第5期,第143—152页。

㉔ 参见李永军、李伟平:《因第三人原因造成的违约与责任承担——兼论〈合同法〉第121条的理论解构》,载《山东大学学报(哲学社会科学版)》2017年第5期,第29页;周江洪:《〈合同法〉第121条的理解与适用》,载《清华法学》2012年第5期,第153—166页;耿卓:《〈合同法〉第121条中"第三人"的理解与适用》,载《贵州警官职业学院学报》2009年第3期,第64—67页;注⑨,第236页。

㉕ 参见纪海龙:《买卖合同中的风险负担》,载王洪亮等主编:《中德私法研究》(11),北京大学出版社2015年版,第305页。

责任的承担主体也只是合同债务人而非第三人。至于债务人在具体个案中是否承担违约责任,仍取决于可归责性。据此,第三人原因引发的通常事变并非违约事由,而系风险事件。

25　　可见,借助规范解释,过错归责与严格责任两种方案下风险事件的范围大致相当,均包括不可抗力与通常事变。实务中最高人民法院认为,可排除风险的"可归责性"与"过失"意义相同,"不可归责"就是非因双方当事人过失或者故意造成的毁损灭失,风险事件可能是行为也可能是事件,如火山爆发、地震、海啸、第三人纵火、故意侵权等。[26] 也有法院明确指出,"风险发生的事由一般包括不可抗力、意外事件和当事人不能预见的第三人原因"[27]。

(四)毁损灭失与风险

26　　风险事件导致标的物毁损灭失,才产生价金风险问题。"灭失"包括全部灭失与部分灭失,如数量减少。物理上未灭失但当事人丧失占有者(如丢失[28]、被扣押[29]),或当事人因法律障碍丧失权利者(如被征收[30]),也视同灭失[31]。"毁损"则指任何与合同约定品质不符的情形(如变质[32]、自

---

[26] 参见最高人民法院民事审判第一庭编著:《最高人民法院关于审理商品房买卖合同纠纷案件司法解释的理解与适用》,人民法院出版社 2015 年版,第 145 页、第 148 页。

[27] 北京市第一中级人民法院(2013)一中民终字第 11308 号民事判决书;第三方原因导致火灾事故,标的物被烧毁,因买卖双方均无过错被认定为风险,参见甘肃省武威市中级人民法院(2014)武中民终字第 153 号民事判决书;车辆被第三人开走为风险,参见湖南省株洲市石峰区人民法院(2017)湘 0204 民初 2480 号民事判决书,江苏宿迁宿城区人民法院(2017)苏 1302 民初 1282 号民事判决书。

[28] 参见河南省驻马店市驿城区人民法院(2009)驿民初字第 842 号民事判决书。

[29] 参见黄立主编:《民法债编各论》(上),中国政法大学出版社 2003 年版,第 105 页(杨芳贤)。

[30] 买卖房屋被纳入拆迁范围视同灭失,参见浙江省金华市中级人民法院(2003)金中民一终字第 180 号民事判决书;因政府实行粘土窑关闭政策,导致买受人窑厂关闭,购买的煤无法使用,视同灭失,参见安徽省枞阳县人民法院(2017)皖 0722 民初 2586 号民事判决书。

[31] 参见余延满:《货物所有权的移转与风险负担的比较法研究》,武汉大学出版社 2002 年版,第 246 页。

[32] 如苹果冻伤,参见陕西省清涧县人民法院(2017)陕 0830 民初 569 号民事判决书。

然属性受损㉝、重量改变),通常会导致物之瑕疵。㉞ 因法律障碍丧失使用可能(如标的物不符合买受人所在国的公法要求),或因政府禁令而无法使用(如被认为危害健康),也视同毁损。㉟

争议在于,意外毁损是风险抑或瑕疵。有观点认为,风险仅限给付不能㊱,不及于物之瑕疵,瑕疵救济与风险负担互不相关。也有观点认为,风险移转前的意外毁损为瑕疵,买受人享有瑕疵救济;风险移转后的意外毁损为风险,适用风险规则。㊲ 还有观点认为,意外毁损在风险移转前既是瑕疵也是风险,在风险移转后则仅是风险,不构成瑕疵。㊳

笔者认为,给付无瑕疵之标的物乃出卖人的原给付义务(第153条),是否存在物之瑕疵,以价金风险移转时为断。风险移转后的意外毁损仅涉风险,价金风险移转前的意外毁损则仍为瑕疵,可适用瑕疵补正、减价或解除等瑕疵救济〔113〕。

三、交付作为风险移转的时点

(一)适用范围

赴偿之债、往取之债与送付之债的区分,揭示了本条最重要的适用领域。赴偿买卖与往取买卖的价金风险适用本条,自交付时起移转。代送买卖的价金风险却有其特则:典型的代送买卖,价金风险自交付第一承运人时移转(第145条);出卖人有义务在特定地点将标的物交给承运人的代送买卖,价金风险自标的物于该地点交付承运人时移转(《买卖合同解释》第12条)。于后者,出卖人也可能委托承运人将标的物运送至特定地

㉝ 如雨淋致化肥失效,参见湖北省鄂州市梁子湖区人民法院(2018)鄂0702民初120号民事判决书。
㉞ Vgl. Harm Peter Westermann, Kommentar zum §446, in: Münchener Kommnentar zum Bürgerlichen Gesetzbuch, 7. Aufl., München: C. H. Beck, 2016, Rn. 10-11.
㉟ Vgl. Heinrich Honsell (hrsg.): Kommentar zum UN-Kaufrecht, 2. Aufl., Berlin Heidelberg: Springer, 2010, Art.66 (Schönle/Th. Koller), Rn. 21.
㊱ 参见邱聪智:《新订债法各论》(上),中国人民大学出版社2006年版,第122页。
㊲ 参见注㉛,第247页。
㊳ 参见黄茂荣:《买卖法》,中国政法大学出版社2002年版,第492页。

点,在此距离区间,承运人是出卖人的履行辅助人,价金风险并非自货交"第一"承运人时,而是货交"第一独立"承运人时移转。再者,路货买卖为代送买卖的特例,出卖人不承担运输义务,价金风险于合同成立时移转(第144条)。

30 《合同法》虽未直接使用赴偿、往取、送付的措辞,但以标的物是否"需要运输"为标准判断出卖人的给付行为地(第141条第2款),隐含了上述区分。"需要运输"仅指"标的物由出卖人负责办理托运,承运人系独立于买卖合同当事人之外的运输业者的情形"(《买卖合同解释》第11条),即仅限代送买卖,排除赴偿与往取。实务中,同样区分赴偿、往取与送付,常用的表述是送货、自提或代办运输。

31 唯应注意,代送买卖的核心并不在于"需要运输"。赴偿、往取同样可能需要运输。代送买卖的特征是,出卖人仅负责发送,而无运输义务,承运人并非出卖人的履行辅助人。与之相对,赴偿买卖之承运人是出卖人的履行辅助人,往取买卖之承运人是买受人的履行(受领)辅助人。据此,是否需要运输,是否委托承运人,由谁签订运输合同㊴,由谁承担运费等㊵,均非区分三者的关键。判断的核心毋宁在于,在买卖双方内部运输义务由谁承担。

32 有争议的是,在出卖人虽无义务仍自行运输的情形中,适用赴偿抑或代送的风险规则。支持赴偿者认为,于此相当于出卖人与买受人间增加了同向混合之运送契约,风险由出卖人负担。㊶ 支持代送者则认为,出卖人的地位不应低于委托第三人运输时,仍应适用代送买卖规则,同时,买受人地位也不应降低,对独立承运人享有的权利也均得对出卖人主张。㊷ 笔者从后者,既然出卖人不承担运输义务,风险负担就不应因其自行运输而有所不同。

㊴ 参见注㉟, Art. 31(Ernst/Lauko), Rn. 12。

㊵ 参见注⑤,第225页;双方约定出卖人代办运输,不因买受人承担运费转变为往取之债,参见上海市第一中级人民法院(2009)沪一中民四(商)终字第197号民事判决书;出卖人委托物流公司,即使买受人承担运费,仍为赴偿之债,参见宁波市镇海区人民法院(2016)浙0211民初1195号民事判决书。

㊶ 参见注㊳,第452页。

㊷ 参见注⑭,第89页。

问题还在于,无法根据合同约定或交易习惯(第61条)认定债的类型时,如何确定其风险规则。第62条第3项提供的原则性方案是推定为往取。第141条提供的方案则是,需要运输的推定为代送,不需要运输的原则上推定为往取。[43] 全国人大法工委与最高人民法院均认为,第141条作为买卖合同的特殊规定优先于第62条第3项。[44] 据此,涉及运输的,有疑义时推定为代送;其他情形,有疑义时推定为往取。

消费者买卖的价金风险有其特殊之处。首先,买受人为消费者的远程交易虽涉及运输,但得否径行推定为代送仍可争议。依《电子商务法》第20条的规定,消费者与电子商务经营者订立合同,电子商务经营者委托物流公司运输,原则上似应被认定为赴偿,除非消费者另行选择快递物流服务提供者。其次,比较法上,即使消费者买卖为送付之债,也不意味着货交第一承运人即移转风险。《德国民法典》第475条第2款规定,消费者合同即使为送付之债,也自交付时移转风险,除非买受人委托(经营者未曾向其指定的)其他人运送,风险才自货交第一承运人时移转。[45] 最后,《消费者权益保护法》第25条还规定了7日无理由退货期,可解释为消费者的任意撤回权,买受人行使该权利但退货途中标的物毁损灭失的,风险由经营者承担。

此外,有影响合同目的实现的给付障碍或买受人迟延时,价金风险的移转也有其特则〔85〕。

(二)交付移转风险的正当性

关于买卖合同价金风险移转的时点,有合同缔结说、所有权移转说与

---

[43] 第141条第2款第2项前半句之"出卖人和买受人订立合同时知道标的物在某一地点的,出卖人应当在该地点交付标的物",可能是单纯的往取买卖,也可能是赴偿与往取买卖的混合。

[44] 参见全国人民代表大会常务委员会法制工作委员会编:《中华人民共和国合同法释义》(第3版),法律出版社2013年版,第245页;注⑤,第210页。反对观点则认为,第141条并不排除第62条的适用,请参见徐建刚:《发送买卖的认定——兼论〈合同法〉第145条》,载《研究生法学》2015年第6期,第78页。

[45] 但需注意,当事人约定为送付之债的消费者合同,并不会因交付移转风险即转变为赴偿之债,因为特定化的时间点仍以货交第一承运人为断,给付风险在此时移转。Vgl. Roland Michael Beckmann, Kommentar zum §447, in: Staudinger Kommnentar zum Bürgerlichen Gesetzbuch, Berlin: Sellier-de Gruyter, 2013, Rn. 72.

标的物交付说之别。交付移转价金风险的正当性在于,交付后在买卖双方内部关系中,即以买受人为标的物经济利益之归属主体。

1.价金风险移转的观点之争

37　　罗马法上,买卖合同的风险自合同缔结时移转,而所有权让与以交付为前提。瑞士法继受了罗马法规则。自17世纪起,受胡果·格劳秀斯的影响,诸多法域以所有权移转作为买卖合同风险移转的时点,如法国、英国。而在19世纪商法法典化的潮流中,风险随所有权移转在商法领域被放弃,交付移转风险逐渐成为主流,德国、美国、《联合国国际货物销售合同公约》均采此模式。[46]

(1)合同缔结说

38　　罗马法上,买卖合同风险自合同缔结时移转。但古典时期,罗马法将事变分为不可抗力与通常事变(如盗窃)。买受人于合同缔结时承担的风险仅限前者。对后者出卖人则有担保义务。至优士丁尼时期,过错责任替代了出卖人担保义务,买受人应承担的风险范围得以扩张,不再限于不可抗力。[47]

39　　瑞士法将罗马法的原则明文化,《瑞士债务法》第185条规定,除有特定情况或契约另有约定外,买卖物的用益与风险,于合同缔结时移转。但种类物买卖的风险移转以特定化为前提。不过瑞士法上,合同缔结时并非物权变动时,动产所有权移转以交付为前提(《瑞士民法典》第714条第1款),不动产所有权取得须经登记(《瑞士民法典》第656条第1款)。因而,瑞士的买卖风险规则既未与交付挂钩,也未与所有权移转挂钩。然而在实务中,《瑞士债务法》第185条广受质疑,该条对瑞士最高法院的影响更是微乎其微。该条款的"原则—例外"设置在司法实践中被反转,法院通过扩张解释"特定情况或契约约定",通常以标的物交付买受人或承运

---

[46] See Schlechtriem & Schwenzer, *Commentary on the UN convention on the international Sale of Goods*(CISG), 4.Edn., New York: Oxford University Press, 2016, pp. 951-954. 关于风险移转规则的历史演变,可参见 Günter Hager, Die Gefahrtragung beim Kauf, Frankfurt am Main: Alfred Metzner Verlag, 1982, S.38ff; Wolfgang Ernst, Kommentar zum §446, in: Historisch-kritische Kommentar zum BGB, Band III, Tübingen: Mohr Siebeck, 2013, Rn. 2 ff.。

[47] 参见注[46], Wolfgang Ernst, Rn. 2.

人(代送买卖)作为风险移转的时点。㊽

(2)所有权移转说

风险随所有权移转的立法例,如《法国民法典》第1196条(旧法第1138条)、《意大利民法典》第1465条、《日本民法典》第534条(将于2020年施行的新法已删除该条)、《1979年英国货物买卖法》第20条第1款等,多区分特定买卖与种类买卖,前者的所有权与风险均自合同缔结时移转,后者的所有权与风险均自特定化时移转。㊾但因这些立法例以特定买卖为原型、种类买卖为例外,也有将其归入合同缔结说者。㊿不过就其本质而言,仍是将风险移转与所有权变动挂钩。在此模式之下,买卖风险规则仍是"事变由所有权人负担"的体现,合同法领域的风险负担并无独立意义。㉛物权风险与合同风险、给付风险与价金风险的精细区分于此丧失用武之地。

主张风险随所有权移转的理由在于,风险应与利益一致。所有权是最完整的物权,买卖又以所有权让与为主要特征,仅在所有权让与后,始得由买受人承担价金风险。㉜我国也有主张复活所有权主义者。㉝但反对观点指出,风险与利益一致,并不等于风险与所有权一致,标的物在流通中产生的价值不次于其本身的价值。而且,所有权仅涉物权归属,合同风险则是标的物意外损失在双方内部的分配,物权归属并不能决定债之关系。㉞更何况,所有权移转涉及第三方利益,而价金风险仅

㊽ 参见注㊻,Schlechtriem & Schwenzer,p. 952。

㊾ 风险随所有权移转的个别立法例中,所有权移转时点并非合同缔结时而是交付时,如《捷克共和国与斯洛伐克民法典》第133(1)条与第590条,请参见〔德〕克里斯蒂安·冯·巴尔、〔英〕埃里克·克莱夫主编:《欧洲私法的原则、定义与示范规则:欧洲示范民法典草案》(全译本)(第四卷),于庆生等译,法律出版社2014年版,第148页。

㊿ 参见史尚宽:《债法各论》,中国政法大学出版社2000年版,第61页。

㉛ 参见注④,第230页。

㉜ 参见注㉛,第323页。

㉝ 参见王轶:《论买卖合同标的物毁损、灭失的风险负担》,载《北京科技大学学报(社会科学版)》1999年第4期,第65页;王雪琴:《风险负担规则中的"交付主义"模式之质疑——以我国物权法与合同法对接为切入点》,载《法商研究》2009年第4期,第107—112页。

㉞ 参见注⑤,第193—194页。

(3) 标的物交付说

42　　标的物交付说之下,风险移转与所有权移转无关,仅以占有变动为断。比较法上的立法例有《德国民法典》第 446 条,《奥地利民法典》第 1064 条、第 1051 条,我国台湾地区"民法"第 373 条,《美国统一商法典》第 2—509 条[56],《联合国国际货物销售合同公约》第 69 条等。[57]值得关注的是,新《日本民法典》(2017 年 6 月 2 日公布,将于 2020 年 4 月 1 日起施行)删除了第 534 条,从而放弃了所有权移转说,并于第 567 条明确采纳交付说。[58]

　　风险移转的具体规则,因交付与所有权让与的时间先后不同而需分别观察：

　　① 交付的同时让与所有权

43　　于此情形,出卖人已完全履行,不生合同风险负担问题。因为,出卖人完全履行后,标的物毁损灭失与出卖人无关,价金请求权不再可能丧失[59],价金风险规则于此丧失意义。出卖人履约后,标的物毁损灭失涉及的风险,只可能是物权风险,而不会是合同风险。

　　② 已让与所有权但未交付

44　　有观点认为,买受人既已取得所有权,"天灾归所有权人负担",理应由买受人负担风险。而且,"举轻以明重",占有让与可移转风险,所有权让与更不待言。[60]笔者认为,风险与所有权让与无关,未交付者,价金风险不移转。此处并不适用"举轻以明重"规则,因为在买卖双方内部,经济地位的优劣并非以所有权外壳为断,享有对物用益的占有人经济地位可能

---

[55] 参见袁治杰：《〈联合国国际货物销售合同公约〉中的风险转移》,载《研究生法学》2004 年第 4 期,第 62 页。

[56] 也有学者认为,美国实质仍是所有权主义,因为交付也是所有权转移的绝对界限,参见注[31],第 318 页。

[57]《联合国国际货物销售合同公约》拒绝把风险移转与合同缔结、所有权移转、运输成本的支付等相联系,参见李巍：《联合国国际货物销售合同公约评释》(第二版),法律出版社 2009 年版,第 291 页。

[58] 但不区分给付风险与价金风险,统一以交付作为移转时点。

[59] Vgl. Karl Larnz, Lehrbuch des Schuldrechts, Bd. 2. Besonderer Teil, Halb. 1, 13. Aufl., München: C. H. Beck, 1986, S.97.

[60] 相关争议可参见注[38],第 444 页。

更优[52]。

③ 已交付但未让与所有权

这是价金风险移转的典型适用情形,如出卖人已交付但尚未让与所有权,利益与风险均归买受人。德国早期曾有观点将交付移转风险视为所有权让与转风险的体现,并认为移转风险的交付须以所有权让与为目的,出卖人须完全履行己方义务,在买受人取得所有权之前风险不移转。⑥¹ 当前的通说则认为,交付仅指占有移转,与所有权让与无关。在我国,依第 135 条之规定,出卖人负有两项义务,交付与所有权让与。笔者认为,移转风险的交付应与出卖人的交付义务相关联,而该交付义务独立于所有权让与。⑥²

唯应注意,无人占有之物,如沉船、无人占有的遗失物等,同样可作为买卖标的物,只是双方以明示或默示的合意,排除了出卖人的交付(占有让与)义务,通常合同成立时双方即合意移转所有权。⑥³ 出卖人的合同义务履行完毕,买受人应依约支付价款,不生价金风险问题。

2. 交付移转价金风险的理由

价金风险的移转,以所有权移转说与标的物交付说为两极。交付移转风险的正当性论证,也多借助与所有权移转说的对比展开,有管领便利、交易安全、风险利益一致、经济利益归属、核心义务履行等各种论点,也有综合运用其中两种或三种理由者。⑥⁴

(1)管领便利

该论点认为,管领物的一方通常处于保护标的物免于受损的最有利

---

⑥¹ 相关争议可参见 Ernst Hellhammer, Die Bedeutung der "Übergabe" im §446 BGB, Robert Noske, Borna-Leipzig Großbetrieb für Dissertationsdruck, 1915, S.11 ff. 类似观点可参见江海、石冠彬:《论买卖合同风险负担规则——〈合同法〉第 142 条释评》,载《现代法学》2013 年第 5 期,第 57 页。

⑥² Vgl. Franz Vollmer, Die Bedeutung der "Übergabe" im §446 BGB, Buckdruckrei Max Danielewski Düren-Rhld., 1932, S.40.

⑥³ 无人占有之动产,单纯物权合意即可移转所有权(不必交付),可参见〔德〕鲍尔、〔德〕施蒂尔纳:《德国物权法》(下册),申卫星、王洪亮译,法律出版社 2006 年版,第 382—383 页。

⑥⁴ 综合说如,宁红丽、耿艺:《合同法分则中的风险负担制度研究》,载《私法研究》(第三卷),中国政法大学出版社 2003 年版,第 465 页。

地位。⑥ 买受人因受领交付而使标的物处于自己的管领之下⑥,从而更有能力采取必要的保护措施,避免风险的发生⑥。而且,管领物的一方在处理保险方面也常处于更有利的地位。⑧ 据此,交付移转风险的理由在于,交付导致占有移转,而占有人更便于管领标的物。

49 但问题在于,风险要求"不可归责",首先即包括不可抗力,既然非人力可控,就不得以便于管领为理由,令占有人承受根本不可控的风险。否则,风险以不可控为前提,风险负担又以谁更能控制标的物为标准,不免自相矛盾。⑥ 而以管领物的一方更便于处理保险事宜作为占有人承担价金风险的理由,则无法解释当事人未投保或意外事件不可保险时,为何仍以占有人为风险承担主体。⑦

(2)交易安全

50 该论点认为,以所有权让与作为风险移转的判准,必须首先确定所有权移转的时间,但所有权移转的判断难以把握且易生纠纷。为了维护交易安全,风险负担的标准应清楚明确。交付的判断则更为直观,更容易满足交易安全的需要。⑦ 国际贸易领域尤其如此,各国的所有权变动规则千差万别,所有权移转说将导致极大的法律不确定性。⑦

51 国际贸易中,交付说确实比所有权说更有利于法律的确定性。但在内国法上,交易安全固然可辅助论证交付说的正当性,但尚无法构成突破双务合同牵连性的决定性理由,尤其不足以论证交付后标的物意外灭失

---

⑥ 参见注㊽,Schlechtriem & Schwenzer,p. 988。

⑥ 参见注⑫,S.400。

⑥ 参见注⑤,第195页。

⑧ 参见注㊼,第303页。

⑥ Vgl. Wilhelm Reinhardt, Gefahrtragungsregel beim Kauf unter besonderer Berücksichtigung des Schuldrechtsmodernisierungsgesetzes, in: Holger Sutschet (hrsg.), Tradtion und Moderne- Schuldrecht und Arbeitrecht nach der Schuldrechtsreform, Festschrift für Horst Ehmann zum 70. Geburtstag, Berlin: Duncker & Humblot, 2005, S.137.

⑦ 也有观点将不可保险事件排除在风险事件之外,如认为国家主权性质的干涉原则上不适用该风险移转规则,因其一般不可保险。但反对观点指出,是否可保险与风险移转规则无关,风险范围不应取决于保险行业承担风险的意愿。参见注㊽,Schlechtriem & Schwenzer,p. 959。

⑦ 参见注⑤,第195页。

⑦ 参见注㊽,Schlechtriem & Schwenzer,p. 952。

时,出卖人的所有权让与义务因给付不能被排除,买受人的价金义务作为对待给付为何不同时归于消灭。

(3) 风险利益一致

该论点认为,买卖合同中,风险负担与利益承受互为对应,同时随交付移转。[73] 随着占有的移转,合同追求的经济效果在本质上得以实现,买受人得对标的物为使用收益,且可对抗出卖人,出卖人的所有权只剩空壳。[74] 与之相应,买受人也应承担标的物的意外损失。交付后标的物意外灭失,即使出卖人尚未履行移转所有权义务(该义务也陷于不能),也不应再令其承担标的物的意外损失,因自交付时标的物即已不再处于他在经济上的处分领域。[75]

唯应注意,所有权移转说同样诉诸风险与利益一致解释其正当性,只不过在此观点看来,标的物利益的最终享有者是所有权人。而立基于风险利益一致论证交付移转风险者则认为,风险移转仅涉买卖双方的内部关系,与第三人无关。在合同内部,物之用益权随交付移转于买受人(第163条、我国台湾地区"民法"第373条,《德国民法典》第446条),风险应随用益权一同移转。

(4) 经济利益归属

该论点并不支持以"利益之所在即风险之所在"正当化交付移转风险,而是以"物主承担风险"解释交付说,只不过认为"物主"并不等于所有权人,而是物之(经济)交换价值的归属主体。[76] 在区分物之客观价值与经济价值(交换价值)的基础上,该观点指出:物之灭失导致的客观价值损害,由所有权人承受;但物之灭失导致的交换价值损失,则应由享受其经济价值者负担,该主体未必是所有权人。交付后买受人即取得了类似物权人的法律地位,该地位既可针对出卖人也可针对第三人。出卖人不仅丧失物之用益可能,不得向买受人主张所有物返还,且有义务不再处分

---

[73] 参见注⑭,第83页;注⑤,第196页;注㊳,第442页;田朗亮编著:《买卖合同纠纷裁判规则与案例适用》(增订版),中国法制出版社2013年版,第15页。

[74] 参见注㊺,§446, Rn. 9。

[75] 参见注㊾, S.97。

[76] Vgl. Wilhelm Reinhart, Die Gefahrtragung beim Kauf, Berlin: Duncker & Humblot, 1998, S.65 ff.

标的物。此后出卖人的所有权仅具有保障价金请求权的功能。若标的物灭失,出卖人在经济层面所遭受的损失以价金数额为限,买受人的损失则是标的物在市场上可能具有的价值增值。据此,交付标明了买卖之经济效果在本质上得以实现的时间点,既然物在经济上归属于买受人,买受人就应承受标的物的意外经济损失,即仍应向出卖人支付价金。⑦

55　　笔者认为,该观点虽明确与风险利益一致理论撇清关联,但二者的论点内核并无本质差异,只是观察角度不同。该观点虽从"物主"概念入手,但以经济利益归属主体作为"物主",就仍然是以利益归属作为风险负担的判准。

(5)核心义务履行

56　　该观点认为,交付是买卖的核心给付行为⑱,交付使标的物处于买受人保护之下,并同时进入其支配的危险范围⑲。基于交付对出卖人义务履行的影响,该观点进而认为,买卖价金风险规则实为双务合同牵连性的推衍,而非牵连性的例外。理由在于,一经交付出卖人即完成核心给付义务,基于双务合同功能上的牵连性,买受人也应履行相应的价金义务。⑳笔者认为,该观点隐含的前提同样是,交付后买受人即取得标的物之经济利益归属,从而仍不妨将其视为风险利益一致理论的侧面论证。

57　　综上,以管领便利立论可能导致悖论,而交易安全仅可作为交付移转风险的辅助理由。经济利益归属与核心义务履行两论点,实质是对风险利益一致的变相论证。据此,价金风险的移转同样奉行"利益之所在风险之所在"原则。在这一点上,所有权移转说与标的物交付说并无区别,只是二者对"利益享有者"的判断不同。所有权移转说以物法上的所有权作为合同关系中利益归属的判断标准,混淆了物权风险与合同风险。

3.不动产买卖的价金风险

58　　有观点认为,不动产买卖的价金风险应与动产区别对待,权利移转说较之交付说更可采,因为移转权利后即使尚未交付,不动产买卖的目的也

---

⑦ 参见注⑩,S.138 ff。
⑱ 参见注㊻,Wolfgang Ernst, Rn. 6。
⑲ 参见注㊾,第62页。
⑳ 参见注㊻,Hager, S.69。

已实现。[81] 旧《德国民法典》第 446 条第 2 款也曾就不动产买卖设置特别规范,以交付与所有权二者发生在先者为价金风险移转的时点,2002 年债法改革时该条文被删除。

笔者认为,占有物乃至使用收益,与标的物为动产或不动产无关。不动产买卖同样以交付为用益权行使要件[82],所有权已移转但未交付时,出卖人仍得行使其用益权,买受人尚未取得标的物之用益权,也无法为事实上的使用收益,风险尚不应移转于买受人,除非当事人有特别约定。不动产买卖有如动产,亦应以交付为价金风险移转准据。[83]

依《商品房买卖合同解释》第 11 条的规定,房屋毁损灭失的风险,自"交付使用"时移转。[84] 汶川地震曾引发大量房屋风险负担诉讼,最高人民法院《关于处理涉及汶川地震相关案件适用法律问题的意见(二)》第 3 条又重申了上述规范。实务中,不动产的"交付使用"仅指占有移转[85],并不当然含有办理登记手续等因素。[86]

(三)现实交付与观念交付

交付在物权法与合同法中的意义并不相同。物权法中,交付是动产物权变动的公示方式;合同法中,交付则是合同的履行行为。公示的侧重点在于可识别的权利外观,履行行为关注的则是合同双方的内部关系。[87]

---

[81] 参见注㊱,第 121、125 页。

[82] 有法院基于风险利益一致,以受领房屋交付的买受人已承担风险,即应享受利益为由,支持其执行异议,参见新疆维吾尔自治区高级人民法院(2017)新民终 63 民事判决书。

[83] 参见崔建远:《合同法》(第六版),法律出版社 2016 年版,第 312 页。

[84] 《商品房买卖合同解释》第 11 条之所以使用"交付使用"的措辞而未直接使用"交付",是因为编写者似乎认为,交付之于动产、不动产的表现方式不同。不动产方面,交付仅仅体现为登记,但房屋买卖的风险移转应取决于"占有移转",遂使用了"交付使用"表示房屋的占有移转,请参见注㊱,第 141—143 页。由此观之,如果不是误将不动产交付等同于登记,那么,本不必绕道借用"交付使用"的表述,直接使用"交付"即可。

[85] 参见浙江省金华市中级人民法院(2003)金中民一终字第 180 号民事判决书。

[86] 参见高圣平:《地震所引发的按揭房贷问题之研究——法律无法承受之重》,载《社会科学战线》2008 年第 9 期,第 199—204 页;最高人民法院(2017)最高法民申 339 号民事裁定书;四川省高级人民法院(2016)川民终 887 号民事判决书;福建省高级人民法院(2016)闽民再 301 号民事裁定书。

[87] 参见李先波、陈思:《履约中的风险负担——以交付为视角》,载《时代法学》2009 年第 6 期,第 64 页。

交付是出卖人的主给付义务之一,独立于所有权让与义务,同时也是价金风险移转的标志,不因标的物系动产或不动产而不同。

62 有疑问的是,移转风险之交付以现实交付为限,抑或涵括观念交付。对此问题的回答,又取决于如何解读交付移转风险的正当性。若以管领便利立论,合乎逻辑的立场是,将交付限于直接占有移转,而不包括间接占有让与。反之,若以风险利益一致立论,问题的关键即在于,观念交付是否满足用益移转的要求。

1. 现实交付

63 现实交付可移转价金风险并无争议。交付不必以让与所有权的意思为之,但须以履行买卖合同交付义务的意思为之。依其他原因的交付,如基于附从契约为一时之使用,或仅为检查而交付者,尚有未足。[88] 此外,交付应在约定的时间地点为之,但期限届至之前买受人受领的,风险同样移转。

64 现实交付的形态有:出卖人亲自将直接占有让与买受人,出卖人通过占有辅助人或占有媒介人向买受人(或其辅助人)[89]移转直接占有,出卖人(非占有人)指示其供应商(直接占有人)向买受人交货,出卖人依约向买受人指定的第三人(如连锁买卖的后手)移转直接占有等。[90] 开放占有的标的物(如森林里的木材),买受人可自行行使对物支配的,双方达成占有让与合意即可。须自土地分离的标的物分离时完成交付。[91] 房屋买卖,交付必要的钥匙即可,但交付备用钥匙尚有未足。[92] 实务中,出卖人向买受人发出书面交房通知、买受人在交房通知上签字等形式,也构成不动产的现实交付。[93]

2. 观念交付

65 动产买卖中,以观念交付代替现实交付,常同时伴随所有权的让与。于此,出卖人的两项主义务均履行完毕,买受人必须支付价款,不生合同

---

[88] 参见注50,第63页。
[89] 参见北京市西城区人民法院(2017)京0102民初19879号民事判决书。
[90] 参见注34, Rn. 7。
[91] 参见注45, §446, Rn. 21。
[92] 参见注45, §446, Rn. 20。
[93] 参见注26,第140页。

风险问题。⑭ 因此,仅在买受人尚未因观念交付成为所有权人时,才有必要讨论价金风险。⑮

(1) 简易交付

合同订立前买受人已占有标的物者,除非另为约定,合同订立时即可认为已有交付,此即简易交付。简易交付可替代现实交付,并据此移转价金风险,因为买受人已经取得直接占有。替代现实交付须具备合意,当事人一方(特别是买受人)的意思尚有未足。⑯ 不过该合意不妨默示为之,有疑义时推定有此合意。

代替现实交付之简易交付,同样须以履行合同交付义务的意思为之,但不以负载所有权让与意思为要。例如,甲将机械出租于乙,租期届满,双方签订买卖合同并合意以简易交付代替现实交付,但约定乙付清价款后再让与所有权。此例中,合同缔结的同时完成简易交付,买受人乙取得收益权,但尚未取得所有权,价金风险自简易交付时起移转。⑰

(2) 占有改定

反对价金风险随占有改定移转的理由在于,买受人并未取得直接占有。⑱ 笔者认为,占有改定与现实交付时立即租回的情形并无本质区别,既然后者的风险自现实交付时移转,就没有理由否认前者的风险自占有改定时移转。更重要的是,占有改定之后的有形交付,并非基于买卖的交付,而是基于占有媒介关系的占有返还,如出卖人租回标的物情形,租期届满后出卖人所为的"现实交付"是基于租赁而非买卖。若以嗣后的现实交付判断价金风险,则无法回答基于其他法律关系的交付为何可作为买卖价金风险移转的判准。⑲

自风险利益一致的角度考量,占有改定得否移转价金风险,关键应在于买受人是否取得标的物之经济上的收益权:若是,则由买受人承受价金

66

67

68

69

---

⑭ 参见注 34, Rn. 7.

⑮ Vgl. Hans Brox, Die Gefahrtragung bei Untergang oder Verschlechterung der Kaufsache, Juristische Schulung 1975(1), S. 1ff.

⑯ 参见注㊳,第 446 页。

⑰ 《合同法》第 140 条规定之"标的物在订立合同之前已经为买受人占有的,合同生效的时间为交付时间",可解释为"填补性任意规范",即仅在当事人无特约时才适用。

⑱ 参见注⑱,王利明书,第 95 页。

⑲ 参见注㊷, S.63.

风险,即使买受人未行使该权利也不生影响,因为他有权用益,物在经济上归属于他;若否,则即使所有权已随占有改定让与,出卖人仍有义务使买受人取得直接占有,在此之前风险不得移转。⑩ 兹举一例:甲将房屋出租与乙,租期届满后,甲将房屋出卖与乙,但一直未办理过户登记。之后乙因急需资金,将房屋转卖与丙,并与丙同时签订租赁合同,由乙承租房屋,向丙支付租金。乙丙间的买卖价金风险,自双方达成"占有改定"合意时移转与丙。

(3)返还请求权让与以代交付

70　　反对占有改定移转价金风险者,也反对返还请求权让与代替交付⑩,面临的质疑也类似:返还请求权让与以代交付的合意达成,出卖人的交付义务就履行完毕,嗣后第三人向买受人移转直接占有,依据并非买卖合同,而是买受人对第三人的返还请求权。⑩ 若以买受人取得直接占有作为买卖价金风险移转的判准,同样无法回答,基于其他法律关系的直接占有让与,为何可移转买卖合同的价金风险。

71　　得否以返还请求权让与的方式代替交付,在无明示合意时,应诉诸合同解释,买受人是否已取得标的物经济上的收益为关键因素。若是,如出卖人同时将与第三人的租赁合同转让与买受人,就应认为随着"经济上的让与"风险也移转。若否,则即使所有权随返还请求权让与而移转,价金风险也因尚未发生"经济上的让与"而不移转,需待买受人取得直接占有。⑩ 兹举一例:甲将房屋出租与乙,租期届满之前,甲又将该房屋出卖与丙,并将对乙的租赁物返还请求权让与丙以代交付,同时通知乙向丙支付租金,但甲丙一直未办理过户登记,甲丙间的买卖价金风险自达成"返还请求权让与以代交付"合意时移转与丙。

72　　"提取标的物的单证"之交付(第135条),性质上多属于返还请求权让与以代交付,是出卖人将向第三人请求提取标的物的债权让与买受人,以代

---

⑩　参见注㉙,第105页。
⑩　参见注⑱,王利明书,第95页。
⑩　参见注㊷,S.63。
⑩　参见注㊾,S.98。

替现实交付,最常见的是仓单和提单。⑭ 其他单证和资料的交付,如商业发票、产品合格证、质量保证书、使用说明书、产品检疫书、产地证明、保修单、装箱单等,则无法产生代替交付的效力。⑮ 出卖人通过保留单证保留所有权,或不交付其他单证和资料⑯,不影响价金风险的移转(第 147 条)。

综上,移转价金风险的交付,原则上指直接占有让与,买受人仅取得间接占有时,须考察经济用益是否移转,还应斟酌双方是否具备以观念交付"代替"现实交付之合意,是否以履行买卖合同交付义务的意思为之。实务中,最高人民法院也认为观念交付可移转风险。⑰

四、风险移转效力的体系辐射

在合同法的整体框架中,价金风险移转还可能产生更广泛的体系效应:首先,风险以合同有效为前提,在合同无效或被撤销、附条件或待追认等情形,就需探讨本可移转风险的"交付"会产生怎样的体系影响。其次,给付障碍有可归责与不可归责之分,可能与标的物毁损灭失有关,也可能是其他给付障碍,风险负担与给付障碍的适用关系仍可深掘。最后,买卖作为有偿合同的典型,对其他合同有参照价值,但买卖价金风险有其特殊之处,在多大程度上可适用于其他合同也值得探讨。

(一)合同效力与风险移转

1.无效与风险移转

交付后买卖合同被确认无效或被撤销,应适用不当得利规则,买受人有义务返还标的物,出卖人有义务返还已收取的价金。争议在于,返还前

---

⑭ 出卖人交付出库单,即完成交付义务,参见辽宁省大连市中级人民法院(2014)大民三终字第 411 号民事判决书。

⑮《货权转移证明》不能使买受人取得提取货物的权利,参见最高人民法院(2013)民提字第 138 号民事判决书。

⑯ 未交付合格证、使用说明书等产品技术资料及设计文件、监督检验证明等文件,不影响风险移转,参见广东省云浮市中级人民法院(2014)云中法民二终字第 123 号民事判决书;未交付车辆相关单证,不影响风险移转,参见重庆市第五中级人民法院(2016)渝 05 民终 7976 号民事判决书。

⑰ 参见注㉖,第 144 页。

标的物意外毁损灭失,返还不能的风险由谁承担。善意买受人是否有权主张得利不存在的抗辩,从而不必为价值补偿,仅在现存利益范围内负返还义务。

76　　有观点主张,标的物意外灭失致返还不能,买受人可主张得利不存在的抗辩,但出卖人仅有义务返还价金与标的物价值的差额。若买受人尚未支付价金,则出卖人不得请求买受人再为支付,也不得请求买受人补偿价值[108],即先给付者自担风险。该观点的实质是,买受人已支付价金的,由买受人承担返还不能风险,买受人未支付价金的,则由出卖人承担该风险。

77　　反对观点则认为,得利不存在的抗辩,仅限单方具有给付义务的情形。双务合同即使无效,也应将其风险规则纳入考量。[109] 据此,返还前标的物意外灭失,即使买受人尚未支付价金,也应类推风险移转规则,由已经取得占有的买受人负担返还不能的风险,不得主张得利不存在的抗辩。

78　　笔者认为,即使是善意买受人也应承担返还不能的风险。风险负担的基准在于风险利益一致,既然合同有效时取得收益权的买受人应承受价金风险,那么,合同无效时(善意)买受人无权取得收益,但误以为自己有权且事实上行使了该权利,就更应承受风险。据此,应类推交付移转风险规则,由买受人承受返还不能风险。但买受人欠缺行为能力的,不在此限。

2.附条件与风险移转

(1)附延缓条件

79　　有疑问的是,附延缓条件的买卖,标的物交付且意外灭失后条件成就的,价金风险是否以及何时移转。于此,出卖人的给付义务尚未产生标的物即已灭失,出卖人陷于给付不能。笔者认为,该情形构成交付义务的提前履行,风险亦在交付时随占有与用益权同时移转,条件一旦成就,买受人即负担价金义务。[110] 又因交付时双方明知条件成就与否不确定,可推定

---

[108] 参见注㉙,第 102 页。
[109] 参见注㊻,Hager, S.198 f.。
[110] 参见注㊾, S.99.

双方(默示)约定条件成就具有溯及力。(111)

若条件确定不能成就,则买受人不必支付价金,因该义务不曾产 80
生,返还义务也因客观不能被排除(112),但买受人不得主张得利不存在的抗辩(113)。理由同样在于,未附条件时取得收益权的买受人承受价金风险,那么,附延缓条件的买受人受领交付时明知对物用益权可能自始消灭(权利不确定仍对物进行使用收益),更应负担返还不能风险。

另外,待追认买卖与附延缓条件类似,可做相同处理。若被追认,追 81
认前的交付即已产生风险移转的效力(追认的溯及力)。若未被追认,则因无效而不生合同风险问题。(114)

(2)附解除条件

附解除条件的买卖,条件终局不能成就,价金风险自交付时移转。有 82
疑问的是,标的物交付且意外灭失后解除条件成就,出卖人是否负担价金返还义务,买受人是否有义务为价值补偿。有观点认为,交付移转价金风险溯及既往地不适用,出卖人有义务返还价金,买受人不必进行价值补偿。(115) 反对观点则认为,买受人虽不必为价值补偿,但已因交付而取得用益权,风险应随交付移转,出卖人不必返还价金;但买受人尚未支付价金的,出卖人无权请求支付。(116)

笔者认为,解除条件成就,合同关系消灭,价金义务也消灭,出卖人有 83
义务返还价金,未收取的无权再请求支付。但在买受人是否负担价值补偿义务这一问题上,得类推交付移转风险规则,因买受人有权收取并保有条件成就之前的物之用益,基于风险利益一致原理,买受人也应承担返还不能风险。于此,行使任意解除权可与解除条件成就相同对待。

(3)试用买卖

试用买卖虽可解释为附延缓条件,以买受人认可为支付价金的前 84

---

(111) 参见注㉞, Rn. 5-6.关于条件成就的溯及力,可参见翟远见:《〈合同法〉第 45 条(附条件合同)评注》,载《法学家》2018 年第 5 期,第 189—190 页。

(112) 参见注(59), S.99。

(113) 参见注(76), S.128。

(114) 参见注㊺, § 446, Rn. 18。

(115) 参见注㉞, Rn. 5-6。

(116) 参见注(59), S.100。

提,但仍与典型的延缓条件不同。试用买卖与风险负担的交叉问题是,在买受人认可或拒绝前,标的物意外毁损灭失,买受人是否仍有权拒绝购买?若是,买受人是否负担价值补偿义务?试用买卖纯粹为买受人利益考量,条件成就与否完全取决于买受人意愿。因而,即使标的物意外灭失,买受人仍有权拒绝购买。而且,试用买卖的交付仅是暂时的占有移转,买受人拒绝后返还不能的风险也应由出卖人承担。⑰

(二)给付障碍与风险移转

85　　给付障碍可能体现为物之毁损灭失,不可归责的为风险,可归责的为违约。但不可抗力致标的物灭失,既是风险问题,也产生法定解除权,二者发生效力重叠。给付障碍还可能体现为毁损灭失之外的其他障碍,如权利瑕疵、物之其他瑕疵、给付迟延等。于此,(毁损灭失的)风险负担与(其他给付障碍的)违约责任并行。风险负担不影响违约救济(第149条)。但违约救济的行使可能对风险移转产生影响,尤其是给付障碍影响合同目的实现时,买受人一旦行使解除权,(经济)风险即跳回出卖人(如第148条)〔94—96〕。买受人给付迟延或受领迟延的,即使标的物尚未交付,风险也移转(第143、146条)。

1.给付不能与风险移转

(1)可归责的给付不能

86　　依是否与标的物毁损灭失有关,可归责的给付不能可分为两类:其一,可归责的导致标的物灭失的给付不能;其二,可归责的与标的物毁损灭失无关的给付不能。第一种情形不属于风险,为违约问题。第二种情形,即使标的物本身尚存,但所有权让与不再可能的,同样构成出卖人主给付义务的给付不能,唯因给付不能与标的物毁损灭失无关,故不影响价金风险的移转。另外,风险移转不影响违约救济(第149条)。

87　　以不动产双重买卖为例,出卖人先向第一买受人移转占有,再向第二买受人让与所有权,嗣后标的物意外灭失的,第一买受人因受领交付承担价金风险,但权利瑕疵救济不受影响,如解除权、代偿让与请求权、损害

---

⑰　参见注⑯,S.46。

赔偿请求权。若行使解除权,则价金义务被排除⑱,返还不能风险由出卖人承担。若请求代偿让与或损害赔偿,则代替原定给付,相当于出卖人并未给付不能,排除风险规则。第二买受人则因未受领交付而不承受价金风险,且同时享有违约救济。

(2)不可归责的给付不能(意外灭失)

不可归责的给付不能,以不可抗力为典型。不可抗力致标的物灭失,一方面适用风险规则,另一方面又产生法定解除权(第94条第1项)。关于二者的关系,有一元论与并存论之争。一元论者或主张合同解除排除风险负担⑲,或主张风险负担排除合同解除⑳。并存论则主张二者得相竞合。㉑

笔者认为,二者关系应区分风险移转前后分别探讨。风险移转前,出卖人因给付不能不必再为给付(第110条),买受人也不必支付价金。此时,仅主给付义务消灭,抑或合同整体消灭,容有讨论空间。㉒ 双方也可行使解除权,但解除的是主给付义务之外的其他义务,因主给付义务在解除时已消灭。风险移转后,风险规则排除不可抗力解除权,买受人仍有义务支付价金。㉓ 原因在于,若风险移转后买受人仍享有解除权,就可借此逃避价款义务,规避风险负担。对此,实务中也有相应判例支持。㉔

(3)代偿请求权的影响

标的物灭失后有可能产生原物代偿,即在经济上代替给付标的之任何财产利益,可能体现为物(如保险金),也可能体现为权利(如保险金请求权)。我国实务认可代偿请求权,如房屋因地震灭失后的政府安置利益

---

⑱ 买卖标的物有权利瑕疵,交付后标的物灭失(被第三人拖走),买受人解除合同的,排除价金义务,参见河南省禹州市人民法院(2017)豫1081民初字6650号民事判决书。

⑲ 参见崔建远:《风险负担规则之完善》,载《中州学刊》2018年第3期,第58页。

⑳ 参注⑱,韩世远书,第649页;谢鸿飞:《合同法学的新发展》,中国社会科学出版社2014年版,第433页。

㉑ 参见周江洪:《风险负担规则与合同解除》,载《法学研究》2010年第1期,第77—80页。

㉒ 参见注④,第224页。

㉓ 参见注㉕,第309页。

㉔ 房屋交付后纳入拆迁范围的为风险问题,买受人解除权被排除,参见浙江省金华市中级人民法院(2003)金中民一终字第180号民事判决书。

(政府补偿金),买受人可请求出卖人让与。[125] 标的物意外灭失但有原物代偿的,无论风险是否移转,买受人均有代偿请求权。

91　　买受人主张代偿请求权,则法定解除与风险负担均被排除。因为原物代偿代替了原定给付,出卖人主张代偿让与,即相当于未发生给付不能,应负担相应的价金义务。[126] 但代偿利益低于对待给付的,对待给付应按比例减少。反之,若买受人放弃代偿请求权,则适用一般规则。故而,存在原物代偿的,须待买受人决定是否行使代偿请求权后,才能确定买受人的价金义务是否因风险移转而消灭。[127]

2. 瑕疵给付与风险移转

92　　瑕疵有物之瑕疵与权利瑕疵之分,权利瑕疵系毁损灭失"之外"的给付障碍,不影响价金风险的移转。同时,权利瑕疵救济也不因风险移转而丧失。物是否具有瑕疵,则以价金风险移转时为断。下文所涉为物之瑕疵与风险移转的关系,区分交付前或交付后分别予以探讨。

(1) 交付(价金风险移转)前产生的瑕疵

93　　物是否具有瑕疵,以价金风险移转时为断,即出卖人对交付前产生的瑕疵负责,即使该瑕疵在交付后才显现。交付前瑕疵标的物因其他原因意外毁损灭失的,因价金风险尚未移转于买受人,瑕疵责任与风险负担的关系隐而未现。有疑问的是,物之瑕疵产生于交付前,但交付后标的物因其他原因意外毁损灭失的,瑕疵责任与风险负担的关系如何:买受人是否仍应支付价款?买受人是否应补偿瑕疵标的物价值?买受人是否仍享有因之前瑕疵所生的救济?意外毁损灭失"之前"已经存在的物之瑕疵对风险负担的影响,因瑕疵是否影响合同目的而不同。

① 影响合同目的之重大瑕疵

94　　依第148条之规定,物之瑕疵影响合同目的的,买受人可拒绝接受标的物或解除合同,买受人行使拒收权或解除权的,标的物毁损灭失的风险

---

[125] 参见四川省都江堰市人民法院(2009)都江民初字第851号民事判决书,载最高人民法院中国应用法学研究所编著:《人民法院案例选》2009年第10辑,中国法制出版社2010年版,第41—47页。

[126] 参见朱晓喆:《买卖之房屋因地震灭失的政府补偿金归属——刘国秀诉杨丽群房屋买卖合同纠纷案评释》,载《交大法学》2013年第2期,第171页。

[127] 参见注⑪,Coester-Waltjen,S.110 ff.。

由出卖人承担。据此,重大瑕疵情形,价金风险仍随交付移转。但即使受领交付,买受人也享有拒收权或解除权。[128] 而买受人一旦拒收标的物或者解除合同,即产生风险回转的法律效果,且具有溯及力。因为标的物有重大瑕疵的,买受人即使受领交付也无法使用收益,从而也不应承受因物之瑕疵引发的不利益。

但回转至出卖人的"风险"因买受人行使解除权或拒收权而不同:

买受人行使解除权时,"风险由出卖人承担"意味着:首先,买受人不必再负担价金义务,形象的说法是风险"跳回"出卖人。但在法理层面,合同解除后价金义务即消灭,无所谓价金风险,更谈不上"跳回"。只是在经济效果上,相当于价金风险回转至出卖人。其次,返还不能风险也由出卖人承担。[129] 买受人虽有返还瑕疵标的物的义务,但返还前标的物意外毁损灭失的,不必为价值补偿。此外,买受人请求返还价金与损害赔偿的请求权也不受影响(第 97 条)。

买受人行使拒收权时,"风险由出卖人承担"可区分特定买卖与种类买卖分别观察:于特定买卖,价金风险自始回转至出卖人,不因交付而移转,嗣后标的物意外毁损灭失的,出卖人无权请求买受人支付价款。于种类买卖,买受人因重大瑕疵而行使拒收权,给付风险不移转于买受人,也就不生价金风险问题。但无论特定买卖还是种类买卖,买受人请求补正瑕疵(第 111 条)或损害赔偿的,即应履行相应的价金义务,此与风险无关,是合同履行问题。此外,"风险由出卖人承担"还意味着返还不能风险由出卖人承担[130],买受人不必为价值补偿。

买受人认可瑕疵标的物的,则视同放弃拒收权与解除权[131],自交付时终局承担价金风险。即使嗣后标的物因其他原因意外毁损灭失,买受人

---

[128] 参见吴志忠:《试论国际货物买卖中的风险转移》,载《中南财经政法大学学报》2002 年第 6 期,第 68 页。

[129] 参见刘洋:《根本违约对风险负担的影响——以〈合同法〉第 148 条的解释论为中心》,载《华东政法大学学报》2016 年第 6 期,第 179—181 页。

[130] 参见注[18],王利明书,第 103 页。

[131] 买受人提货前已发现严重质量问题仍然提货,不得主张解除权,参见浙江省台州市中级人民法院(2013)浙台商终字第 512 号民事判决书。买受人接受超过保质期的饲料即承受价金风险,但仍可请求出卖人赔偿饲料瑕疵损害,参见湖南省怀化市中级人民法院(2015)怀中民二终字第 110 号民事判决书。

也应全额支付价款,但瑕疵救济不受影响(第149条)。[132] 补正履行期间出现新的瑕疵,则风险"跳回"出卖人[133],即使该物仍在买受人处,或出卖人可证明无此瑕疵仍会毁损灭失的也不例外。瑕疵被补正后又在补正期间因其他原因意外毁损灭失的,价金风险仍由买受人承担,即使物在出卖人处。[134]

② 不影响合同目的的轻微瑕疵

98 物之瑕疵不影响合同目的实现的,不妨碍风险规则的适用,依第148条之反面解释,买受人无权行使拒收权或解除权。[135] 价金风险随交付移转,嗣后标的物意外毁损灭失的,买受人仍应支付价金,但因之前瑕疵所生的救济不受影响。[136] 实务中,最高人民法院也认为,物之瑕疵不影响合同目的实现的,不影响价金风险的移转,但买受人仍可要求出卖人承担违约责任。[137]

(2) 交付(价金风险移转)后产生的毁损

99 物是否具有瑕疵以交付时为断,由此引发的问题是,交付后产生的可归责于出卖人的物之毁损,其法律后果如何?交付前可归责于出卖人的物之瑕疵,违反的是交付无瑕疵标的物之义务。交付后可归责于出卖人的物之毁损,违反的则是附随义务,常同时构成侵权,似应适用违约责任的一般规则(第107条)或侵权责任规则。

100 但笔者认为,交付后的物之毁损与交付前的物之瑕疵,在物理样态上并无区别。所以,对交付后物之毁损的"补救措施"之解释(第107

---

[132] 仅限修理(之前的瑕疵)、减少价款(因之前瑕疵而产生的价值减损)或赔偿(之前瑕疵所生损害),第111条之更换、重作、退货等权利因与拒收、解除效果重叠,买受人同意受领后即不得再行使。若嗣后意外灭失的,则瑕疵补正(修理)也不再可能,从而只能请求减少价款或进行赔偿。

[133] 参见注㉞, Rn. 1-3。

[134] 参见注㉟, Art.70 (Schönle/Th. Koller), Rn. 19 f.。

[135] 房屋排水管漏水、窗户边渗水、伸缩缝有砖墙未拆等问题,并非房屋主体结构质量不合格或因质量问题严重影响正常居住的情况,仅属于房屋质量保修范围内的瑕疵,买受人无权因上述理由拒收房屋,参见广西壮族自治区高级人民法院(2013)桂民提字第190号民事判决书。

[136] 仅限修理(之前的瑕疵)、减少价款(因之前瑕疵而产生的价值减损)或赔偿(之前瑕疵所生损害)。若嗣后意外灭失的,则瑕疵补正(修理)也不再可能,只能请求减少价款或进行赔偿。

[137] 参见注⑤,第224页。

条),可参照第 111 条。若交付后产生的可归责毁损足以影响合同目的,也可类推适用第 148 条之拒收权或解除权。据此,二者的法律效果不妨同等对待,对风险负担的影响亦同。

3.给付迟延与风险移转

(1)出卖人迟延

给付迟延中发生的不可抗力不能免责(第 117 条第 1 款第 2 句),债务人须对迟延中的意外负责。具体到买卖合同,出卖人迟延交付,迟延期间标的物意外毁损灭失,成立违约责任,不适用风险规则。不过,《德国民法典》第 287 条第 2 句但书规定,即使及时履行也不能避免的除外,于此特殊情形回归风险规则。

出卖人虽迟延但仍交付的,嗣后标的物意外毁损灭失,不影响价金风险的移转。⑬ 出卖人按时交付,但迟延履行其他义务(如所有权让与义务),迟延期间标的物意外毁损灭失的,同样不影响价金风险的移转。⑭ 价金风险也不影响迟延救济。给付迟延致合同目的无法实现的,买受人可解除合同(第 94 条第 4 项)。买受人一旦行使解除权,价金义务即消灭,且返还不能风险由出卖人承担。

(2)买受人迟延

买受人迟延包括给付迟延(价金义务)与受领迟延。买受人受领迟延的,价金风险自此时移转(第 143 条、第 146 条、《商品房买卖合同解释》第 11 条第 2 款后半句)。因买受人受领障碍出卖人提存标的物的,自提存时价金风险移转(第 103 条)。买受人迟延支付价金,出卖人享有先履行抗辩权或同时履行抗辩权的,也属于"因买受人的原因致使标的物不能按照约定的期限交付"(第 143 条),自买受人迟延时价金风险移转。⑮ 此

---

⑬ 虽然出卖人迟延交货,但风险仍自实际交付时移转,参见山西省长治市中级人民法院(2014)长民终字第 01396 号民事判决书。

⑭ 买受人已取得房屋占有,但出卖人未及时履行过户登记手续,其间发生汶川地震,迟延履行过户登记不影响价金风险的移转,参见最高人民法院(2017)民申第 339 号裁定,四川省高级人民法院(2016)川民终 887 号判决。

⑮ 买受人拒不支付剩余货款,致使提货不成,因长期存放导致羽绒服霉烂、蓬松度下降的风险,自该日起由买受人承担,参见浙江省台州市中级人民法院(2013)浙台商终字第 512 号民事判决书。

外,买受人迟延支付价款,经催告后在合理期间内仍未履行的,出卖人有权解除合同(第94条第3项),若解除前标的物已经交付,返还不能风险由买受人承担。[141]

104 以上情形中价金风险移转的正当性在于,若非买受人迟延或受领障碍,出卖人已为获得价金而履行了己方义务,因而应使出卖人处于如同买受人未曾迟延或发生受领障碍的地位。此外,因价金风险以给付风险的移转为前提,所以,买受人迟延或受领障碍也导致给付风险的移转。不过,风险移转仍以标的物特定化为前提。

105 唯应注意,依《德国民法典》第300条第1款,债权人迟延期间,债务人仅对故意或重大过失负责,即债务人轻过失导致的毁损灭失也属风险范畴。我国无此规则,且规定了守约方的减损义务(第119条)。若借鉴德国规则,此处的减损义务或可限缩解释为以"故意或重大过失"为要。[142]

4.情事变更与风险负担

106 战争、灾害、暴动、罢工、征用、政府行为等,被视为无争议的情事变更事由,而这些事件也可能构成风险。虽然情事变更也具有风险分配的功能,但在规范适用上,风险规则排除情事变更。原因在于,情事变更系合同与任意规范均未为安排时,借助法官自由裁量进行的风险分配,目的在于填补规范漏洞[143],而风险规则是确定的权利义务规则。

(三)有偿合同的参照适用

107 买卖合同是双务合同的典型,在其他合同无特别规定之处,应参照买卖规则(第174条)。由此观之,买卖风险规则似应类推适用于其他双务合同。但本条实为买卖合同所独有,系为买卖合同量身打造,是对待给付风险移转的例外规范[18],参照适用须谨慎为之。[144] 实务中,也有法院明确指出,买卖风险规则并非有偿合同的普适规范。[145]

---

[141] 参见注㉙,第102页。
[142] 有法院认为,定作人(债权人)逾期提货,并不能减轻承揽人(债务人)的妥善保管义务,参见浙江省湖州市中级人民法院(2015)浙湖商终字第10号民事判决书。
[143] 参见注④,第342页。
[144] 参见注⑳,谢鸿飞书,第431页。
[145] 参见江苏省苏州市中级人民法院(2015)苏中民终字第01274号民事判决书。

交付移转风险　　　　　　　　　　108–110　　　　　　　　　　第 142 条

　　本条无法一般性地适用于其他有偿合同[146]，而仅对与买卖有实质相似性的合同具有参照价值，可纳入考量的为互易、权利买卖与承揽[147]。互易合同，双方的主给付义务与出卖人相同，应参照买卖规则（第 175 条），包括风险移转。互易常体现为特定物交换特定物，双方的给付风险均在合同成立时移转，对待给付风险则自交付时移转。 108

　　权利买卖（《合同法》未特别规定）作为有偿合同之一种，得否参照买卖风险规则，取决于作为买卖标的之权利有无占有权能。以具占有权能的权利为标的者，出卖人负担标的物交付义务，风险负担应与买卖相同，如停车位使用权之买卖。其他标的之买卖，在得依类似交付的行为取得处分权的限度内，也可准用本条，如完全有价证券[148]。无体权利之买卖则与物之买卖不同，让与合意达成权利即移转，利益及风险也同时归权利人享有负担。[149] 109

　　承揽风险负担的一般规则是，承揽人承担价金风险，直至工作被验收之时（定作人受领并承认标的物符合约定）。但若承揽以交付待制作或待生产的动产为内容，则更接近买卖，可参照买卖规则[150]，价金风险自交付（占有移转）时移转[151]。不过，定作人同时负担安装调试义务的，自安装调试完成并经定作人验收后，价金风险始移转。[152] 至于定作人提供的材料意外毁损灭失的，则并非价金风险，而是物权风险，应由所有权人（定作人）承担。 110

---

[146] 如不适用于车辆租赁合同，参见北京第一中级人民法院（2018）京 01 民终 3037 号民事判决书，北京市门头沟区人民法院（2016）京 0109 民初 5026 号民事判决书；不适用于经销合同，参见陕西省榆林市中级人民法院（2018）陕 08 民终 124 号民事判决书。

[147] 有法院认为，进出口代理合同风险负担也应参照买卖规则，参见山东省高级人民法院（2016）鲁民终 2385 号民事判决书。

[148] 参见注㉙，第 101、115 页。

[149] 参见注㊱，第 119 页。

[150] 建设菜棚之承揽的价金风险参照适用本条，参见甘肃省崇信县人民法院（2017）甘 0823 民初 417 号民事判决书。

[151] 参见注⑪，Coester-Waltjen, S.110 ff.。

[152] 买卖合同中，出卖人有安装义务的，安装完毕之前风险同样不移转，参见杭州市余杭区人民法院（2014）杭余塘商初字第 472 号民事判决书，甘肃省武威市中级人民法院（2014）武中民终字第 153 号民事判决书（电梯购销）。

五、举证分配

(一) 一般规则

111　　首先应明确,买卖纠纷中,风险移转时标的物存在且符合约定,恒由出卖人举证。[153] 具体而言,出卖人主张价款支付请求权时,由出卖人承担标的物符合约定之举证负担。买受人主张标的物与约定不符时,则仅需证明合理检验期内检验时(第157条)存在不符[154],即推定交付时瑕疵已存在,除非出卖人可反证推翻,即仍应由出卖人证明标的物具备约定的品质[155]。同理,在标的物灭失的情形中,若买受人未收到标的物,即推定出卖人未交付。

当事人对义务履行的时间与顺序无特别约定时,涉及风险时的举证分配规则如下:

1. 标的物意外灭失

112　　买受人请求出卖人交付标的物,证明合同有效成立即可。出卖人拒绝交付的,则需证明标的物已交付(义务已经履行),或给付风险已移转(如标的物已特定化,且灭失不可归责于己方)。出卖人请求买受人支付价金,需证明合同有效成立,且标的物已交付[156],从而说明交付时标的物尚存在,灭失发生在价金风险移转之后。若为观念交付,出卖人还需证明双方存在以观念交付替代现实交付的合意,以及买受人因观念交付而取得用益权。

---

[153]　参见注㉟,Art.66(Schönle/Th. Koller),Rn. 36, 40。

[154]　买受人未在合理检验期内提出异议的,标的物在交付前即存在瑕疵的举证负担由买受人承担,参见山东省潍坊市中级人民法院(2012)潍商终字第470号民事判决书;要求买受人举证证明交付前瑕疵即存在的判决,可参见天津市第一中级人民法院(2018)津01民终2493号民事判决书。

[155]　买受人发现购买的种苗腐烂,请求出卖人承担瑕疵责任,出卖人未能反证证明销售时种苗检验合格,即应承担瑕疵责任,参见甘肃省定西市中级人民法院(2015)定中民三终字第110号民事判决书;保修期内出现质量瑕疵,汽车产品质量是否合格的证据应由销售方承担举证责任,参见重庆市第二中级人民法院(2010)渝二中法民终字第405号民事判决书。

[156]　出卖人未能证明标的物已交付的,风险移转的主张不被支持,参见四川省德阳市中级人民法院(2014)德民三终字第92号民事判决书。

2.标的物意外毁损

买受人请求出卖人补正履行或减少价款,需证明合同有效成立,检验之时标的物品质与约定不符。若举证成功,即推定交付(价金风险移转)时不符即存在。出卖人拒绝的,则需证明交付时标的物品质符合约定(价金风险移转后的毁损推定不可归责于出卖人)。若出卖人证明价金风险移转时标的物品质符合约定,则可拒绝补正履行或减少价款。若买受人证明标的物毁损可归责于出卖人,则排除风险规则的适用。

出卖人请求买受人支付价款,需证明合同有效成立,标的物已交付(观念交付的举证分配与灭失情形相同)。买受人拒绝全额支付,只需证明检验之时标的物已毁损(即推定交付时毁损已存在)。出卖人反证证明交付时标的物品质符合约定的,则买受人仍须全额支付价款。

(二)特别规则

1.适用范围特则

本条为买卖价金风险负担的一般规则,适用于赴偿买卖与往取买卖,代送买卖有其特则。影响合同目的实现的给付障碍与买受人迟延也有其特则。主张适用例外规则者,需证明例外情形的存在。此外,本条为任意规范,主张双方另有明示或默示特约者,承担举证义务。互易合同得参照本条,举证分配亦然。其他双务合同的对待给付风险,则不可一般性地参照本条[107],除非主张方可举证证明该合同与买卖在风险负担方面具有实质相似性。

2.合同效力特则

买卖合同被确认无效或被撤销时,标的物已交付的,返还不能风险由买受人承担。出卖人请求返还标的物或补偿价值的,需证明合同无效,标的物已交付。买受人拒绝补偿价值的,则需证明标的物毁损灭失可归责于出卖人。

附延缓条件的买卖,交付后条件成就的,价金风险溯及至交付时移转。其间标的物意外毁损灭失的,买受人仍应支付价款。出卖人请求支付价金,需证明标的物已提前交付,条件已成就。条件确定不能成就的,返还不能风险由买受人承担。出卖人请求返还标的物或补偿价值,需证明条件确定不能成就,标的物已交付。待追认买卖与附延缓条件之举证分配类似。

118　附解除条件的买卖,标的物交付后条件成就的,买受人有义务返还标的物。其间标的物意外毁损灭失的,返还不能风险由买受人承担。出卖人请求返还标的物或补偿价值,需证明标的物已交付,解除条件成就。条件确定不能成就的,与正常的买卖无异。

119　试用买卖,在买受人表示认可或拒绝前,标的物意外毁损灭失,买受人仍有权拒绝购买,返还不能风险由出卖人承担。出卖人请求买受人返还标的物或补偿价值,需证明标的物已交付,买受人拒绝购买。买受人拒绝返还的,只需证明标的物毁损或灭失(推定不可归责于买受人)。出卖人进而请求价值补偿的,则需要证明标的物毁损或灭失可归责于买受人。

3. 给付障碍特则

120　标的物意外毁损灭失导致的给付障碍为风险。不可抗力致标的物灭失,既适用风险规则,也产生法定解除权。但交付后价金风险移转,即使不可抗力致标的物灭失,也是买受人应承受的风险,排除买受人的解除权。出卖人请求买受人支付价金的,证明合同有效成立,标的物已交付即可。

121　意外毁损灭失之外的其他给付障碍,如权利瑕疵、给付迟延、物之其他瑕疵等,风险规则与违约责任并行。价金风险移转不影响违约救济。若其他给付障碍未达影响合同目的实质之程度,违约救济也不影响价金风险。出卖人依风险移转规则请求买受人支付价款的,举证负担与一般规则无异。买受人主张违约救济的,需证明具备相应要件。

122　其他给付障碍影响合同目的的实现,买受人行使解除权的,"(经济)风险"回转至出卖人。解除后返还前标的物意外毁损灭失的,价金义务因解除而消灭,返还不能风险由出卖人承担。买受人行使拒收权的,"价金风险"自始回溯至出卖人,返还不能风险也由出卖人承担。出卖人请求支付价款,需证明合同有效成立,标的物已交付。买受人拒绝支付,需证明检验时标的物有重大瑕疵(从而推定交付时即具有该瑕疵,除非出卖人可反证交付时标的物品质符合约定),且已行使解除权或拒收权。出卖人进而请求买受人返还标的物或补偿价值的,买受人只需证明标的物毁损或灭失(推定不可归责于买受人)即可抗辩。

附录：

法律、司法解释等法律文件简全称对照表

序号	简称（汉语拼音序）	全称
1	《保险法》	《中华人民共和国保险法》
2	《保险法司法解释（二）》	最高人民法院《关于适用〈中华人民共和国保险法〉若干问题的解释（二）》
3	《保险法司法解释（一）》	最高人民法院《关于适用〈中华人民共和国合同法〉若干问题的解释（一）》
4	《不良资产案件规定》	最高人民法院《关于审理涉及金融资产管理公司收购、管理、处置国有银行不良贷款形成的资产的案件适用法律若干问题的规定》
	《裁判规范规定》	最高人民法院《关于裁判文书引用法律、法规等规范性法律文件的规定》
6	《产品责任法》	《中华人民共和国产品责任法》
7	《产品质量法》	《中华人民共和国产品质量法》
8	《城市房地产管理法》	《中华人民共和国城市房地产管理法》
9	《城乡规划法》	《中华人民共和国城乡规划法》
10	《城镇房屋租赁合同解释》	最高人民法院《关于审理城镇房屋租赁合同纠纷案件具体应用法律若干问题的解释》
11	《村民委员会组织法》	《中华人民共和国村民委员会组织法》
12	《担保法》	《中华人民共和国担保法》
13	《担保法解释》	最高人民法院《关于适用〈中华人民共和国担保法〉若干问题的解释》

(续表)

序号	简称(汉语拼音序)	全称
14	《电子商务法》	《中华人民共和国电子商务法》
15	《反垄断法》	《中华人民共和国反垄断法》
16	《非法集资解释》	最高人民法院《关于审理非法集资刑事案件具体应用法律若干问题的解释》
17	《港口法》	《中华人民共和国港口法》
18	《公司法》	《中华人民共和国公司法》
19	《行政诉讼法》	《中华人民共和国行政诉讼法》
20	《行政诉讼法解释》	最高人民法院《关于适用〈中华人民共和国行政诉讼法〉的解释》
21	《行政许可法》	《中华人民共和国行政许可法》
22	《海商法》	《中华人民共和国海商法》
23	《合同法》	《中华人民共和国合同法》
24	《合同法(征求意见稿)》	《中华人民共和国合同法(征求意见稿)》
25	《合同法(征求意见稿)说明》	《关于〈中华人民共和国合同法(征求意见稿)〉几个问题的说明》
26	《合同法(试拟稿)》(第二稿)	《中华人民共和国合同法(试拟稿)》(第二稿)
27	《合同法(试拟稿)》(第三稿)	《中华人民共和国合同法(试拟稿)》(第三稿)
28	《合同法(试拟稿)》(第一稿)	《中华人民共和国合同法(试拟稿)》(第一稿)
29	《合同法解释(二)》	最高人民法院《关于适用〈中华人民共和国合同法〉若干问题的解释(二)》
30	《环境保护法》	《中华人民共和国环境保护法》
31	《婚姻法解释(二)》	最高人民法院《关于适用〈中华人民共和国婚姻法〉若干问题的解释(二)》

附 录

(续表)

序号	简称(汉语拼音序)	全称
32	《建设工程施工合同解释》	最高人民法院《关于审理建设工程施工合同纠纷案件适用法律问题的解释》
33	《经济合同法》	《中华人民共和国经济合同法》(已失效)
34	《矿产资源法》	《中华人民共和国矿产资源法》
35	《劳动合同法》	《中华人民共和国劳动合同法》
36	《立法法》	《中华人民共和国立法法》
37	《旅游纠纷解释》	最高人民法院《关于审理旅游纠纷案件适用法律若干问题的规定》
38	《买卖合同解释》	最高人民法院《关于审理买卖合同纠纷案件适用法律问题的解释》
39	《民法通则》	《中华人民共和国民法通则》
40	《民法总则》	《中华人民共和国民法总则》
41	《民法总则(草案)》(三次审议稿)	《中华人民共和国民法总则(草案)》(三次审议稿)
42	《民间借贷规定》	最高人民法院《关于审理民间借贷案件适用法律若干问题的规定》
43	《民商事合同指导意见》	最高人民法院《关于当前形势下审理民商事合同纠纷案件若干问题的指导意见》
44	《民事诉讼法》	《中华人民共和国民事诉讼法》
45	《民事诉讼时效规定》	最高人民法院《关于审理民事案件适用诉讼时效制度若干问题的规定》
46	《民事诉讼证据规定》	最高人民法院《关于民事诉讼证据的若干规定》
47	《民诉法解释》	最高人民法院《关于适用〈中华人民共和国民事诉讼法〉的解释》
48	《民通意见》	最高人民法院《关于贯彻执行〈中华人民共和国民法通则〉若干问题的意见(试行)》

(续表)

序号	简称(汉语拼音序)	全称
49	《拍卖法》	《中华人民共和国拍卖法》
50	《票据法》	《中华人民共和国票据法》
51	《企业破产法》	《中华人民共和国企业破产法》
52	《侵权责任法》	《中华人民共和国侵权责任法》
53	《取缔办法》	《非法金融机构和非法金融业务取缔办法》
54	《人身损害赔偿解释》	最高人民法院《关于审理人身损害赔偿案件适用法律若干问题的解释》
55	《商品房买卖合同解释》	最高人民法院《关于审理商品房买卖合同纠纷案件适用法律若干问题的解释》
56	《涉外经济合同法》	《中华人民共和国涉外经济合同法》(已失效)
57	《水法》	《中华人民共和国水法》
58	《土地管理法实施条例》	《中华人民共和国土地管理法实施条例》
59	《物权法》	《中华人民共和国物权法》
60	《物业服务纠纷解释》	最高人民法院《关于审理物业服务纠纷案件具体应用法律若干问题的解释》
61	《消费者权益保护法》	《中华人民共和国消费者权益保护法》
62	《刑法》	《中华人民共和国刑法》
63	《刑事涉财产执行规定》	最高人民法院《关于刑事裁判涉财产部分执行的若干规定》
64	《证券法》	《中华人民共和国证券法》
65	《种子法》	《中华人民共和国种子法》

图书在版编目(CIP)数据

合同法评注选/朱庆育主编. —北京：北京大学出版社，2019.12
ISBN 978-7-301-30947-6

Ⅰ.①合… Ⅱ.①朱… Ⅲ.①合同法—研究—中国 Ⅳ.①D923.64

中国版本图书馆 CIP 数据核字(2019)第 264926 号

书　　　名	合同法评注选 HETONGFA PINGZHU XUAN
著作责任者	朱庆育　主编
责 任 编 辑	杨玉洁　靳振国
标 准 书 号	ISBN 978-7-301-30947-6
出 版 发 行	北京大学出版社
地　　　址	北京市海淀区成府路 205 号　100871
网　　　址	http://www.pup.cn　http://www.yandayuanzhao.com
电 子 信 箱	yandayuanzhao@163.com
新 浪 微 博	@北京大学出版社　@北大出版社燕大元照法律图书
电　　　话	邮购部 010-62752015　发行部 010-62750672 编辑部 010-62117788
印 刷 者	涿州市星河印刷有限公司
经 销 者	新华书店
	965 毫米×1300 毫米　16 开本　34.25 印张　519 千字 2019 年 12 月第 1 版　2019 年 12 月第 1 次印刷
定　　　价	138.00 元

未经许可，不得以任何方式复制或抄袭本书之部分或全部内容。
版权所有，侵权必究
举报电话：010-62752024　电子信箱：fd@pup.pku.edu.cn
图书如有印装质量问题，请与出版部联系，电话：010-62756370